ANNE JOHNSON

RÖMISCHE KASTELLE

In einem vorschriftsmäßig aufgeschlagenen Marschlager sind die Soldaten Tag und Nacht sicher, auch
wenn der Feind vor den Toren steht. Es ist so, als seien
sie in einer beweglichen Festung, die sie überall mit
sich führen.   (Vegetius, Epitoma rei militaris I, 21)

KULTURGESCHICHTE DER ANTIKEN WELT

BAND 37

VERLAG PHILIPP VON ZABERN · MAINZ AM RHEIN

ANNE JOHNSON

RÖMISCHE KASTELLE

des 1. und 2. Jahrhunderts n. Chr.
in Britannien und in den germanischen Provinzen
des Römerreiches

Übersetzt von
GABRIELE SCHULTE-HOLTEY

Bearbeitet von
DIETWULF BAATZ

VERLAG PHILIPP VON ZABERN · MAINZ AM RHEIN

370 Seiten mit 229 Textabbildungen, 8 Farbtafeln mit 15 Abbildungen
Printed on fade resistant and archival quality (PH 7 neutral)

Umschlagbild: Saalburg, Südtor (Porta praetoria). Rekonstruktion
aus dem Jahre 1898. Im Altertum war der Torbau verputzt (siehe Taf. 2 a).
Vorsatz: Trajanssäule, Rom. Römische Auxiliarsoldaten verteidigen ihr Kastell gegen angreifende Barbaren.
In den Händen der Soldaten befanden sich ursprünglich Speere, die aus Metall nachgebildet waren.

CIP-Kurztitelaufnahme der Deutschen Bibliothek

Johnson, Anne:
Römische Kastelle des 1. und 2. Jahrhunderts n. Chr.
in Britannien und in den germanischen Provinzen des
Römerreiches / Anne Johnson. Übers. von Gabriele
Schulte-Holtey. Bearb. von Dietwulf Baatz. –
Mainz am Rhein : von Zabern, 1987.
    (Kulturgeschichte der antiken Welt ; Bd. 37)
    Einheitssacht.: Roman forts of the 1st and 2nd
    centuries AD in Britain and the German provinces
    ⟨dt.⟩
    ISBN 3-8053-0868-X

NE: Baatz, Dietwulf [Bearb.]; GT

First published by A & C Black (Publishers) Ltd, London, as
ROMAN FORTS
of the 1st and 2nd centuries AD in Britain and the German Provinces
© Anne Johnson 1983
© für die deutsche Ausgabe 1987 Philipp von Zabern, Mainz am Rhein
ISBN 3-8053-0868-X
Satz: Typo-Service Mainz

Inhalt

Vorwort

Das römische Heer und seine militärische Leistung waren in Britannien, Deutschland und anderen Ländern Gegenstand umfassender historischer und archäologischer Studien. Das Ziel dieses Buches ist, die Aufmerksamkeit auf einen besonderen Aspekt des römischen Militärs zu lenken, auf seine Wehrbauten. Dabei soll ein Bezug hergestellt werden zwischen den überlieferten Schriftquellen und den Erkenntnissen, die bei den zahlreichen Ausgrabungen römischer Kastelle gewonnen worden sind.

In den letzten hundert Jahren sind die Grenzregionen des Imperiums, in denen der größte Teil des Heeres stationiert war, besonders in Britannien und in Deutschland intensiv erforscht worden. Die hier gegebene Übersicht über die Kastelle des 1. und 2. Jahrhunderts n. Chr. kann daher nur eine enge Auswahl ausgegrabener Militärlager berücksichtigen. Der Leser wird vielleicht manches ihm bekannte Objekt vermissen, vielleicht auch Fehler bemerken, die bei der Fülle des Materials und der rasch voranschreitenden Forschung nicht ganz zu vermeiden sind. — Ohne die Vorarbeit vieler Spezialisten in unterschiedlichen Forschungsbereichen hätte dieses Buch nicht geschrieben werden können. Ausgräbern und Fachleuten, die die Münzen, Keramik und andere Fundobjekte bearbeiteten, sowie jenen Wissenschaftlern, welche die antiken literarischen und epigrafischen Quellen erforschten, verdanke ich das hier vorgelegte Material.

Dieses Buch entstand aus Studien, die ich in Vorbereitung für meine Dissertation über »Die Bauplanung römischer Kastelle« an der University of Wales, Cardiff, unternahm. Herrn Prof. M. G. Jarrett, der mein Interesse an römischen Militärfragen ermutigte und förderte, bin ich zu großem Dank verpflichtet.

Danken möchte ich auch den vielen Ausgräbern, mit denen ich korrespondierte und die großzügig Auskünfte gaben und Fotos bereitstellten. Dankbar erwähnen möchte ich die freundlichen Fachkollegen, die mir während meiner Studienreise in Deutschland ihre Zeit widmeten und mich berieten, besonders Prof. Dr. H. Schönberger von der Römisch-Germanischen Kommission, Frankfurt a. M., Dr. D. Planck und Dr. A. Rüsch vom Landesdenkmalamt Baden-Württemberg, Stuttgart, Dr. Ph. Filtzinger vom Württembergischen Landesmuseum, Stuttgart, Dr. J. Prammer vom Gäubodenmuseum, Straubing, und nicht zuletzt Prof. Dr. D. Baatz vom Saalburgmuseum, Bad Homburg v. d. H., der mir während meiner Studien in Deutschland manchen Hinweis gab und auch später bei der Vorbereitung dieses Buchs Informationen sandte.

Schließlich möchte ich zwei Mitarbeiterinnen am University College, Cardiff, danken: Mrs. S. Pollard von der Arts and Social Sciences Library für ihre Unermüdlichkeit, all die gewünschte Fachliteratur zu besorgen, mochte sie noch so abgelegen sein: und Mrs. S. Thompson, Sekretärin des Department of Archaeology, für all ihre Hilfe. Die Zwischenfotos der Szenen von der Trajanssäule (aus dem Werk von C. Cichorius) fertigte freundlicherweise Mr. R. Watkiss, Penzance, an.

Ganz besonders aber möchte ich meinem Mann Tony danken, der einige vorzügliche Rekonstruktionszeichnungen und eine Anzahl von Fotos anfertigte. Er hat dieses Buch angeregt, denn er hat länger mit römischen Kastellen zu tun gehabt als seine Erinnerung zurückreicht.

Dowran, St. Just-in-Penwith, September 1982   Anne Johnson

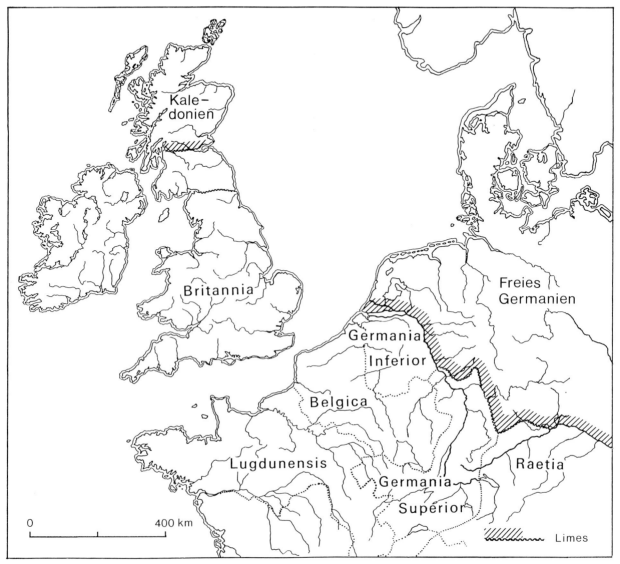

Nordprovinzen des Römerreiches

Vorwort zur deutschen Ausgabe

Der römische Limes und seine Bauwerke werden in Deutschland seit mehr als einem Jahrhundert erforscht. Die Ergebnisse der Kastellgrabungen sind in zahlreichen Büchern und Fachaufsätzen veröffentlicht. Als hervorragende Forschungsdokumentation dürfen das Limeswerk (ORL; siehe Literaturverzeichnis) oder die neueren Bände der Limesforschungen gelten. Eine Anzahl von Limeskastellen sind in Ruinen erhalten und stellen — wie etwa die Saalburg — touristische Anziehungspunkte dar. Doch ist erstaunlicherweise bis heute im deutschen Sprachraum kein Buch erschienen, in dem die vielen archäologisch nachgewiesenen römischen Militärlager zusammenfassend behandelt wären, in denen ihre Bauten erläutert, die Baugeschichte dargelegt und das einstige Leben in ihnen dem heutigen Leser nahegebracht wird.

Das Buch von Anne Johnson kann diese Lücke in idealer Weise schließen, weil es nicht nur die römischen Kastelle in Deutschland behandelt. Die britische Forschung war auf dem Gebiet der römischen Archäologie, speziell der Limesforschung, schon immer außerordentlich aktiv. Ihre Ergebnisse lieferten wichtige Beiträge auch zum Verständnis römischer Bauwerke an Rhein und Donau. Zwar wäre eine Gesamtbearbeitung sämtlicher Militärbauten im Imperium wohl noch wünschenswerter gewesen, sie hätte aber wohl den Rahmen eines Bandes gesprengt. Auch sind die römischen Limites in Britannien und in Deutschland am intensivsten erforscht worden, wenngleich die Donauländer und Nordafrika ebenfalls über eine Anzahl wohlerhaltener und eingehend untersuchter römischer Militärbauten verfügen. — Aus gutem Grund hat sich die Autorin auf die Kastelle des 1. und 2. Jahrhunderts n. Chr. beschränkt. In diesen beiden Jahrhunderten der römischen Kaiserzeit erreichte das römische Heer einen Höhepunkt seiner Schlagkraft und der technischen Ausrüstung. Seine Wehrbauten, die aus den Marschlagern der Frühzeit entstanden waren, strebten einem Endzustand der Entwicklung zu, der im 3. Jahrhundert erreicht wurde. Die Krise, in die das Imperium im 3. Jahrhundert n. Chr. geriet, führte zu einer grundsätzlichen Umstrukturierung des Heeres und zu einem völlig anderen Konzept des Wehrbaus. Auch aus der spätrömischen Epoche sind in Britannien und in Deutschland bedeutende Reste von Wehrbauten erhalten (etwa die Saxon Shore Forts in Britannien; Boppard, Alzey und andere in Deutschland). Gegenüber den älteren Limeskastellen stellen sie etwas durchaus Neues dar, das einer gesonderten Behandlung bedarf.

Die englische Fassung dieses Buches ist 1983 erschienen. Seitdem ist die Forschung nicht stehengeblieben. Die Verfasserin hat eine Anzahl von Nachträgen und Verbesserungen vorgenommen, die bei der Übersetzung ins Deutsche eingearbeitet wurden. Neue Forschungsergebnisse aus Deutschland und einige zusätzliche Beispiele vom obergermanisch-raetischen Limes hat der Bearbeiter für den deutschen Leser eingefügt.

Saalburg, August 1986   Dietwulf Baatz

Abb. 1 Kastell Housesteads an der Hadriansmauer, Luftbild. Das Stabsgebäude (Principia) liegt in der Kastellmitte, links davon das Haus des Kommandeurs (Praetorium), rechts die beiden Getreidespeicher (Horrea). Das Bauwerk hinter dem Stabsgebäude war vermutlich das Lazarett (Valetudinarium). Im Vordergrund rechts drei Mannschaftsbaracken (Centuriae), die beiden rechten kürzlich ausgegraben. — Das Kastell war an die Hadriansmauer angebaut. Diese läuft vom rechten Bildrand zur unteren rechten Kastellecke und zieht von der oberen rechten Kastellecke weiter zum oberen Bildrand. In der Umgebung des Kastells zeigt das Luftbild Spuren des Kastelldorfs sowie alte Ackerterrassen.

Einleitung

Wenn die Römer Feindesland betreten, beginnen sie den Kampf nicht, bevor sie ein festes Lager aufgeschlagen haben; sie errichten es aber keineswegs aufs Geratewohl und ohne Ordnung.
Josephus, Bell. Jud. III, 76

Das römische Heer war es gewohnt, während der Feldzüge jeden Abend ein Lager mit Wall und Graben zu errichten. Ein Meßtrupp eilte voraus und steckte nach einem rechtwinkligen Planschema den Lagerplatz ab. Dort eingetroffen, schlugen die Soldaten in präziser Ordnung lange Reihen von Lederzelten auf. Der Plan des Lagers blieb ohne Rücksicht auf das Gelände stets gleich, so daß jeder Mann beim Einmarsch mühelos seinen Zeltplatz finden konnte.

Die Ursprünge des römischen Marschlagers liegen im dunkeln. Die Aussagen der literarischen Quellen sind widersprüchlich, doch läßt sich die Bautradition bis in das 4. Jahrhundert v. Chr. zurückverfolgen. Damals begann Rom, Koloniestädte zu gründen, befestigte Städte mit regelmäßig geplanten, rechtwinkligen Straßenzügen. Sie sicherten die ersten Eroberungen in Italien. Die Bauform der Koloniestädte entstand unter griechischem Einfluß. Diese Städte wiederum prägten das Schema des römischen Militärlagers. Es war bezeichnend für die Römer, brauchbare Einrichtungen fremder Völker zu übernehmen, auszubauen und etwas unverwechselbar Römisches daraus zu machen.

Im zweiten Jahrhundert v. Chr. beschrieb der griechische Historiker Polybios als erster ausführlich ein solches Lager. Es war für zwei Legionen bestimmt. Sein Grundriß war rechteckig; es wurde durch Graben und Wall geschützt, auf dem eine Brustwehr aus Holzpfählen stand. Der Wall umschloß die regelmäßig aufgereihten Zelte. Militärlager aus dieser Zeit mit ähnlich gleichmäßigem Innenausbau sind bei Numantia in Spanien ausgegraben worden. Sie waren hier allerdings Teile eines Belagerungsringes, mit dem das römische Heer die iberische Stadt Numantia eingeschlossen hatte.[1] Wegen der Dauer der Belagerung standen keine Zelte in diesen Lagern, sondern leichtgebaute Baracken *(hibernacula)*.

Abb. 171 – 173

Das Heer der römischen Republik bestand anfangs aus wehrpflichtigen Bauern, Bürgern Roms und des zugehörigen Territoriums, aus denen für die sommerlichen Feldzüge Legionen aufgestellt wurden. Im Herbst, wenn der Krieg zu ruhen begann, kehrten sie nach Hause zurück. Dieses Heer war außerordentlich erfolgreich. Seit dem 3. Jahrhundert v. Chr. griffen die römischen Eroberungen über Italien hinaus nach Spanien, Griechenland, Kleinasien, Nordafrika und Gallien hinüber. Die Entfernung zur Heimat wurde so groß, daß die Truppen oft mehrere Jahre fernbleiben mußten, um die gewonnenen Länder zu sichern. Das bewirkte einen Zwang zu Neuerungen: Langsam wandelte sich das Heer zu einem Berufsheer. Es benötigte nun dauerhafte Winterquartiere.[2] Die Marschlager der Sommerfeldzüge *(castra aestiva)* wurden durch festere Winterquartiere *(castra hiberna)* ergänzt. Die Winterlager entstanden entweder auf dem Gebiet zuverlässiger Verbündeter oder auch gleich im eroberten Land. Sie boten festere Unterkünfte als die Sommerlager: Hütten aus Holz, Stein oder Rasensoden, dazu die nötigen Verwaltungs- und Speicherbauten. Die Winterlager hatten auch stärkere Umwehrungen. Sie beherbergten eine oder mehrere Legionen und die Truppen der Verbündeten.

Die Vorstellung einer Grenze des Imperiums gab es zu dieser Zeit noch nicht, weil die Römer keinerlei Einschränkung ihrer Macht anerkannten. Die Legionen drangen oft tief in das Feindesland ein. Sie maßen sich dort mit dem Gegner auf dem Schlachtfeld und schlugen ihn fast immer. Nachdem der Friede ausgehandelt war, der Gegner vielleicht auch Geiseln gestellt hatte, kehrten die Legionen in die Winterquartiere zurück und bereiteten sich auf die Feldzüge des nächsten Sommers vor.

Julius Caesar war einer der erfolgreichsten römischen Feldherren. Von seiner Hand besitzen wir Beschreibungen jener Lager, die er während des Gallischen Krieges in der Mitte des 1. Jahrhunderts v. Chr. errichten ließ. Von diesen Lagern wurde allerdings bisher nicht viel gefunden. Erst aus der Regierungszeit von Kaiser Augustus kennen wir Spuren von Marschlagern und umfangreiche Reste von dauerhafteren Militärbasen. Die römischen Heerführer haben sie in den Jahren von etwa 15 vor bis 16 n. Chr. für die Feldzüge gegen die Germanen im Rheinland, in Westfalen, Baden-Württemberg und Hessen errichten lassen.

Im Jahre 9 n. Chr. erlitten die Römer unter dem Legaten Varus eine vernichtende Niederlage im Teutoburger Wald. Der Verlust dreier Legionen erschütterte den Kaiser so tief, daß er erstmals an ein Ende der römischen Eroberungen zu denken begann. Kaiser Augustus legte seinem Nachfolger Tiberius nahe, den Machtbereich des Imperiums nicht weiter auszudehnen.

Als Ergebnis dieser Politik wurden Rhein und Donau ab 16 n. Chr. faktisch zur Grenze gegen die Germanen. Nunmehr bauten die Römer nicht nur feste Legionslager, sondern auch dauerhafte, kleinere Holzkastelle, um die neu aufgestellten Auxiliareinheiten (Hilfstruppen) unterzubringen. Diese umfaßten Infanterie und Kavallerie, auch eine Anzahl von Spezialtruppen. Die Hilfstruppen wurden aus Provinzbewohnern gebildet, die noch nicht das römische Bürgerrecht besaßen.

Im Jahre 43 n. Chr. begann unter Kaiser Claudius die Eroberung Britanniens. In dieser Zeit war der Unterschied zwischen den dauerhaften Legionslagern und Auxiliarkastellen einerseits und den nur kurzzeitig bestehenden Marschlagern andererseits schon voll ausgebildet. Die Eroberung Südenglands war gekennzeichnet durch den Bau guter Militärstraßen, die zahlreiche hölzerne Auxiliarkastelle miteinander verbanden. Die wenigen, großen Legionslager befanden sich in strategisch besonders wichtigen Positionen Südenglands. Die Truppen sollten die keltisch geprägte, einheimische Bevölkerung rasch unter Kontrolle bringen. Die römische Expansion in Britannien schritt auch in den folgenden Jahrzehnten nach diesem Schema fort; neu eroberte Gebiete wurden flächenhaft mit Kastellen gesichert. In der Zeit der flavischen Kaiser (69 bis 96 n. Chr.) ist zuerst Wales erobert worden, später folgten Nordengland und Schottland. Die Kastelle wurden meist in Abständen von einem Tagesmarsch angelegt. Sie lagen oft an wichtigen Straßenkreuzungen mitten im Siedlungsgebiet der einheimischen Bevölkerung. Auch die Legionslager sind in flavischer Zeit aus Südengland vorgeschoben worden.

Ähnlich gingen die Römer an der obergermanischen Grenze vor, als sie unter den flavischen Kaisern Vespasian und Domitian das Dekumatenland besetzten. Die beiden Legionslager Mainz und Straßburg bildeten die Basis der Eroberung. Von ihnen ausgehend sicherten die Römer ihre Herrschaft über die einheimische Bevölkerung durch ein Netz von Auxiliarkastellen. Diese lagen mitten in den Wohngebieten der Bevölkerung. Gleichzeitig entstanden feste Straßen, die die Kastelle miteinander verbanden.

In den späten Regierungsjahren Kaiser Domitians (81 bis 96 n. Chr.) setzte der Ausbau des obergermanischen und raetischen Limes ein. Damit begann eine neue, defensive Phase der römischen Grenzsicherung: Die Hilfstruppen wurden nun an einer langen Grenzlinie aufgereiht; die Römer hatten weitere Eroberungen in Germanien aufgegeben. — Einige Jahrzehnte später, unter Kaiser Antoninus Pius, sind einige Strecken des Limes in Obergermanien und Raetien noch einmal geringfügig vorgeschoben worden. — Der Limes wurde von Anfang an durch eine Kette von Türmen überwacht. Seit der Regierung Kaiser Hadrians erhielt er als zusätzlichen Schutz eine Palisade, die als Annäherungshindernis diente. Zahlreiche Kastelle lagen an der Grenzlinie. Als der Limes zu einer Dauereinrichtung wurde, sind die anfänglich hölzernen Kastelle nach und nach in Stein ausgebaut worden. Um 200 n. Chr. erhielt der obergermanische Limes ein zusätzliches Annäherungshindernis, nämlich Wall und Graben. An der raetischen Grenze wurde zur gleichen Zeit die Palisade durch eine Mauer ersetzt.

Die Nordgrenze Britanniens wurde unter Kaiser Hadrian mit einer gewaltigen Steinmauer befestigt, die die Mündungen von Tyne und Solway verband. Kaiser Antoninus Pius ließ die Grenze nach Norden vorverlegen und dort eine neue Grenzmauer aus Rasensoden errichten; die Hadriansmauer wurde aufgegeben. Die neue Grenze lief vom Firth of Forth zum Firth of Clyde. Genauso wie die Hadriansmauer war die Antoninusmauer mit zahlreichen Auxiliarkastellen besetzt.

Auxiliarlager sind außerdem für besondere Aufgaben gebaut worden, sie waren nicht immer nur Glieder in der Kette der Grenzüberwachung. So enthielt das Kastell Oberstimm an der raetischen Donaugrenze Werkstätten, die wesentlich größer waren als es für die Bedürfnisse der Besatzung nötig gewesen wäre. Kastell Oberstimm wurde unter Kaiser Claudius (41 bis 54 n. Chr.) errichtet. Wahrscheinlich lieferte es Nachschub an benachbarte Kastelle und Militärposten des Grenzabschnitts, die auf dem Strom durch Schiffe zu erreichen waren. Auch an der Meeresküste gab es Versorgungskastelle. So diente am Anfang des 3. Jahrhunderts n. Chr. das Kastell South Shields an der Tynemündung in Britannien als Versorgungslager für die Feldzüge von Kaiser Septimius Severus in Schottland. Kastelle mit Seehäfen gab es auch an anderen Orten im Norden Britanniens und an der Küste von Wales.[3] Viele Militärlager an der germanischen Grenze des Reichs konnten per Schiff über Rhein und Donau versorgt werden. In Britannien wurde der Hafen von Dover als einer der Stützpunkte der britannischen Flotte (Classis Britannica) ausgebaut. — In London, der Provinzhauptstadt Britanniens, gab es ein Kastell für die Leibwache (*singulares*) des Provinzstatthalters. Unterkünfte für die Singulares gab es auch in den anderen Provinzhauptstädten, etwa in Köln (Germania inferior), Mainz (Germania superior) oder Augsburg (Raetia). In diesen Städten sind sie allerdings noch nicht gefunden worden.

Einige Kastelle sind mit Bergbau in Verbindung zu bringen. So lag zum Beispiel das Kastell Pumsaint in Wales nahe an den Goldgruben von Dolaucothi, die im kaiserlichen Auftrag ausgebeutet wurden; es hatte zweifellos eine Schutzfunktion. Das Kastell Charterhouse in Somerset diente wohl zum Schutze der Blei- und Silberminen in den Mendips.[4] Zwei gestempelte Bleibarren aus dieser Gegend, der eine in das Jahr 49 datiert, der andere mit dem Stempel der Legio II Augusta versehen, sind Nachweise für die Gewinnung von Blei und des damit verbundenen Silbers sogleich nach der römischen Invasion Britanniens.[5] Funde von Blei und Bleierz in Brough on Noe und Bleibarren in der Nähe des Kastells Brough on Humber lassen einen Zusammenhang mit den Bleigruben von Derbyshire vermuten. Wahrscheinlich hatten die Kastelle Brough unter Stainmore, Whitley Castle und Kirkby Thore in Westmoreland mit dem Bleiabbau im nahen Alston Moor zu tun. — Gewinnung und Verhüttung von Eisenerz ist unter anderem im Umkreis der raetischen Limeskastelle Aalen und Buch nachgewiesen worden.[6]

In diesem Buch wird unter »Kastell« ein auf Dauer berechnetes Militärlager verstanden, das mit 0,6 bis 6 ha Fläche kleiner als ein Legionslager war. Es war eine befestigte Kaserne, die im allgemeinen mit Hilfstruppen (Auxilia) belegt war. Die Alen und Kohorten der Hilfstruppen waren entweder 500 oder 1000 Mann stark; außerdem gab es kleinere Numeri bis hinunter zu einer Stärke von 150 bis 200 Mann. Ein Legionslager nahm dagegen ungefähr 20 ha Fläche ein für die Aufnahme einer vollen Legion von rund 5000 Mann Stärke.

Literarische Quellen, epigraphische Zeugnisse und Bilddokumente

Es gibt zwei besonders wichtige literarische Quellen zum Bau römischer Militärlager. An erster Stelle steht der kurze, unvollständige Text »De munitionibus castrorum«. Er ist in einem antiken

Sammelwerk überliefert, das unter dem Namen des Vermessungstechnikers Hygin (Hyginus gromaticus) bekannt ist. Allerdings hat dieser Autor nicht das gesamte Werk geschrieben. Die kleine Schrift *De munitionibus castrorum* stammt von einem unbekannten Verfasser, der in der heutigen Literatur bisweilen als »Pseudo-Hygin« bezeichnet wird. Hier soll er der Einfachheit halber Hygin genannt werden. Die Entstehungszeit der Schrift ist umstritten; die diskutierten Vorschläge reichen vom Ende des 1. bis zur zweiten Hälfte des 2. Jahrhunderts n. Chr. — Als zweite Quelle ist das Buch »Epitoma rei militaris« des Flavius Vegetius Renatus zu nennen, das wahrscheinlich im späten 4. oder frühen 5. Jahrhundert n. Chr. geschrieben worden ist. Allerdings beruht es größtenteils auf wesentlich älteren Quellen, von denen einige bis in die Zeit der römischen Republik zurückreichen.[7]

Abb. 16   Die Schrift des Hygin war wohl als Handbuch für die Ausbildung der Truppe gedacht. Der Verfasser hat darin Grundmaße und Anweisungen für die Vermessung und Einteilung eines Marschlagers mitgeteilt, das eine ganze Armee aufnehmen konnte. Er hat also nicht etwa Auxiliarkastelle beschrieben. Doch bringt Hygin seine Leser mit allen Truppengattungen in Berührung, die es damals gab. Ob das beschriebene Marschlager wirklich existiert hat oder nur eine theoretische Konstruktion ist, mag dahingestellt bleiben. Seine Besatzung bestand aus drei Legionen, ferner aus Praetorianern, Einheiten der Auxiliarkavallerie und -infanterie, Marinetruppen, Kundschaftern, irregulären Aufgeboten von Verbündeten und sogar einem Kamelreiterkorps. Die Anweisungen Hygins sind so allgemein gefaßt, daß man danach ohne weiteres ein Marschlager für eine anders zusammengesetzte Armee entwerfen könnte. Das Lager war vielleicht, wie schon angedeutet, nur eine theoretische Konstruktion; es war als Marschlager nur für kurzfristige Benutzung gedacht und für einen Heereskörper von großem Umfang ausgelegt. Behält man diese Einschränkungen im Auge, so darf man mit einiger Vorsicht seine Organisationsprinzipien, die Funktionen der verschiedenen Teile und die Terminologie zum Verständnis der viel kleineren und auf Dauer berechneten Auxiliarkastelle heranziehen. Der Text enthält mehrere schlecht überlieferte Stellen, die einige Angaben unklar oder unvollständig erscheinen lassen. Trotzdem bietet er insgesamt einen verständlichen Abriß der Einrichtung eines großen Legions-Marschlagers und enthält auch Angaben zur Stärke und zur Lagerform der dort untergebrachten Hilfstruppen.

Flavius Vegetius Renatus behandelt ebenfalls hauptsächlich Marschlager und bringt zahlreiche Einzelheiten über Organisation und Taktik der Legionen, über die Aufgaben der verschiedenen Offiziersränge, die Ausbildung der Rekruten, über die Ortswahl und den Bau von Marschlagern. Auxiliarkastelle hat Vegetius nicht beschrieben. Leider hat er eine Vielzahl unterschiedlicher Quellen verarbeitet, ohne sie zu trennen. Sie reichen von der Mitte der republikanischen Epoche (etwa 3. bis 2. Jahrhundert v. Chr.) bis zum Ende des 3. Jahrhunderts n. Chr.; einzelne Angaben gehören sogar erst dem 4. Jahrhundert an. Sie umfassen mehr als ein halbes Jahrtausend, in dem sich das römische Heer beträchtlich gewandelt hat. Daher darf die Schrift des Vegetius nur in Grenzen und mit großer Vorsicht als Quelle herangezogen werden.

Abb. 15   Interessante Einzelheiten über römische Militärlager sind auch von anderen antiken Autoren überliefert worden. Der griechische Historiker Polybios schilderte römische Marschlager aus dem Zeitraum vom Ende des 3. bis zur Mitte des 2. Jahrhunderts v. Chr.[8] Ein Jahrhundert später berichtete C. Julius Caesar über den Gallischen Krieg und den darauf folgenden Bürgerkrieg. In seinen Schriften sind viele Einzelheiten über die Bauweise der Militärlager und über die Belagerungstechnik überliefert.[9] Wertvoll sind auch die Schriften des Flavius Arrianus, der zur Zeit Kaiser Hadrians Statthalter der Provinz Kappadokien war. Er hat unter anderem ein Handbuch über die Ausbildung der Auxiliarreiterei verfaßt.[10]

Abb. 2   Wenn die Umweltbedingungen günstig waren, blieben gelegentlich Fragmente militärischer Urkunden erhalten, besonders in Ländern mit trockener Luft wie Ägypten oder Syrien. So besitzen wir Tagesmeldungen über die aktuelle Truppenstärke, Dienstpläne für den Wachtdienst, Quittungen über Nachschublieferungen, Sold- und Urlaubslisten, Berichte über Abkommandie-

Abb. 2 Fragment einer Papyrusurkunde der Cohors I Hispanorum Veterana aus Moesia Inferior (heute in Bulgarien u. Rumänien). Die Urkunde enthält die jährliche Stärkemeldung (Pridianum). Anfang 2. Jahrhundert n. Chr. (Hunt's Pridianum; British Museum Papyrus 2851).

Abb. 3   Reste von der Innenseite einer hölzernen Schreibtafel aus Vindolanda (Chesterholm, Hadrians-mauer). Brief an einen Soldaten, in dem der Versand von Schuhen, Socken und Unterhosen erwähnt wird. Oben Fragment von der linken, unten von der rechten Seite des einst gefalteten, sehr dünnen Täfelchens (Vindolanda, Schreibtafel Nr. 38).

Abb. 3   rungen und ähnliches. Sie waren auf Papyrus oder Pergament geschrieben, manchmal auch auf Scherben eingeritzt (Ostraka, Graffiti). Besonders umfangreich ist der Aktenbestand der Cohors XX Palmyrenorum, einer Kohorte der Hilfstruppen, die in Dura-Europos (Syrien) lag.[11] Die Urkunden sind 1931 bis 1932 ausgegraben worden. Sie umfassen einen Zeitraum von rund fünfzig Jahren vom Ende des 2. bis zur Mitte des 3. Jahrhunderts und geben einen überaus lebendigen Eindruck vom täglichen Dienst dieser Auxiliartruppe. Weitere Dokumente sind die Ostraka und Papyri aus Pselcis (Ägypten), die Quittungen für Vorräte und Getreiderationen enthalten, ferner Schriften vom Wadi Fawakhir, unter denen sich persönliche Briefe von Soldaten befinden.[12] Eine andere Gruppe von Urkunden wurde kürzlich am Kastell Chesterholm unweit der Hadriansmauer entdeckt. Hier sind Texte auf Holztäfelchen in einer Fundstätte erhalten geblieben, die seit der Antike stets feucht geblieben ist. Die Schreibtäfelchen enthalten Vorratslisten und auch persönlichen Schriftverkehr von Soldaten, unter anderem einen Brief, der vom Versand eines Pakets mit Schuhen, Socken und Unterhosen berichtet.[13] Solche Dokumente sind besonders wertvoll, weil sie Einzelheiten aus dem Alltagsleben überliefern und von Dingen sprechen, die aus anderen Quellen nicht zu erfahren sind. Dazu kommt der Vorteil, daß sie dem Historiker und Archäologen Material aus erster Hand bieten, das nicht durch politische Tendenzen oder spätere Abschreibfehler entstellt ist.

Abb. 4   Trajanssäule, Rom. Legionssoldaten beim Lagerbau; Anfang 2. Jahrhundert n. Chr.

Eine wichtige Quelle stellen die Steininschriften dar. Nach der Fertigstellung der Umwehrung oder auch größerer Innenbauten war es üblich, einen Weihestein anzubringen; selbst größere Umbauten boten einen Anlaß dazu. Eine solche Bauinschrift beginnt mit dem Namen des regierenden Kaisers, dem sie geweiht ist. Sie nennt den Namen der Einheit und oft auch den verantwortlichen Offizier. Sie kann außerdem Angaben zum Bauwerk selbst und zu seinem Zweck enthalten.[14] Durch die Nennung des Kaisers und seiner Titel ergibt sich stets eine mehr oder weniger genaue Zeitbestimmung; manche Inschriften sind sogar auf den Tag genau datiert. Die römischen Militärlager sind heute alle stark zerstört. Daher findet man die Inschriften nicht mehr am ursprünglichen Ort, sondern irgendwo im Zerstörungsschutt der Bauwerke. Es ist dann nicht immer ganz einfach, das Gebäude zu ermitteln, an dem die Inschrift ursprünglich angebracht war. — Bei den Holzkastellen standen die Bauinschriften auf Holztafeln; sie sind fast nie erhalten geblieben.

Die gesamte Kastellbesatzung und auch einzelne Soldaten haben den verschiedensten Gottheiten Altäre mit Inschriften gestiftet. Sie enthalten oft wichtige Informationen: Sie können etwa

Abb. 5

Abb. 91, 157, 166

17

Abb. 5 Kastell Risingham (Northumberland), Bauinschrift des Südtors (RIB 1234). Lateinischer Text ergänzt, Abkürzungen aufgelöst:

Imperatoribus Caesaribus L. Septimio Severo Pio Pertinaci Arabico Adiabenico Parthico Maximo consuli III et M. Aurelio Antonino Pio consuli II Augustis et P. Septimio Getae nobilissimo Caesari portam cum muris vetustate dilapsis iussu Alfeni Senecionis viri clarissimi consularis curante Oclatinio Advento procuratore Augustorum nostrorum Cohors I Vangionum milliaria equitata cum Aemilio Salviano tribuno suo a solo restituit. — Übersetzung: »Für Kaiser L. Septimius Severus Pius Pertinax, Bezwinger Arabiens, Eroberer von Adiabene, den größten Sieger über Persien — während seines dritten Konsulats — und für den Mitkaiser M. Aurelius Antoninus Pius (Caracalla) — während seines zweiten Konsulats — und für den sehr edlen Caesar P. Septimius Geta hat die 1. Vangionen-Kohorte, tausend Mann stark und teilweise beritten, das Tor und die Wehrmauer von Grund auf erneuert, weil sie aus Altersgründen baufällig waren. Den Befehl dazu erteilte Seine Exzellenz Alfenus Senecio, Statthalter von konsularischem Rang. Die Aufsicht führten Oclatinius Adventus, Prokurator unserer Kaiser, zusammen mit dem Kohortenkommandeur Aemilius Salvianus« (205–207 n. Chr.)

Abb. 12–14 den Namen der Einheit erwähnen, vielleicht auch den des Kommandeurs. — Die Grabsteine aus den Gräberfeldern vor den Toren eines Militärlagers zeigen außer der Inschrift mitunter eine bildliche Darstellung des Verstorbenen, die ihn in seiner Ausrüstung abbildet oder auch mit den Werkzeugen und Geräten seines Berufs, falls er beim Militär eine bestimmte Spezialaufgabe erfüllte (Handwerker, Schreiber, Musiker). — Fehlen Steininschriften, so kann die Kastellbesatzung mitunter aus den mit Truppenstempeln versehenen Ziegeln erschlossen werden, die bei Ausgrabungen zutage kommen. Allerdings gab es Legionen und auch Hilfstruppen, die größere Zie-

Abb. 6 Militärdiplom (Bürgerrechtsurkunde) vom 30. Juni 107, gefunden in Weißenburg (Bayern). Die Urkunde besteht aus zwei Bronzetäfelchen, die mit Bronzedraht zusammengebunden und versiegelt waren. Eine solche Urkunde wurde den Auxiliarsoldaten bei der ehrenvollen Entlassung ausgehändigt. Sie beurkundete die Verleihung des römischen Bürgerrechts durch den Kaiser. Die Urkunde war für den Auxiliarreiter Mogetissa von der Ala I Hispanorum Auriana bestimmt. Auf der abgebildeten Seite (a) der Urkunde wird Kaiser Trajan mit seinen Titeln genannt, ferner der Statthalter Ti. Julius Aquilinus und die Provinz Raetia, in der die Hilfstruppe stand. Genannt wurden auch die anderen Auxiliareinheiten der Provinz, die zur gleichen

19

Q · POMPEI
L · PVLLI
P · CAVLI
P · ATINI
C · TVTICANI
Q · ADIDI
C · VETTIENI

HOMERI
VERECVNDI
VITALIS
AMERIMNI
SATVRNINI
THALLI
MODESTI

6 b

Zeit Soldaten entließen. Schließlich wird der entlassene Soldat erwähnt und seine Frau Verecunda sowie die Tochter Matrulla, die ebenfalls das Bürgerrecht erhielten. — Auf der Rückseite (b) sind die Namen der Zeugen aufgeführt, die die Richtigkeit der Abschrift von der Originalurkunde bestätigen. Die Originalurkunde war eine große Bronzetafel, die in Rom »an der Mauer hinter dem Tempel des vergötlichten Augustus und der Minerva« angeschlagen war.

geleien unterhielten und ihre gestempelten Ziegel für die Bauvorhaben anderer Einheiten lieferten. Zu ihnen gehörte beispielsweise die Cohors III Vindelicorum in Groß-Krotzenburg am Main in Obergermanien.[15] Der Fund von Ziegeln mit den Stempeln einer Truppe kann daher nicht ohne weiteres als Nachweis ihrer einstigen Anwesenheit am Fundplatz angesehen werden.

Abb. 6

Wertvolle Informationen liefern die Bürgerrechtsurkunden der Auxiliarsoldaten *(diplomata militaria)*, in denen die Verleihung des römischen Bürgerrechts an den Soldaten bei der Entlassung nach 25jähriger Dienstzeit ausgesprochen wurde. Die Urkunden sind stets genau datiert. In einem solchen Militärdiplom stehen nicht nur die Personalien des Empfängers mit seiner Einheit, sondern auch der Name des regierenden Kaisers, die Provinz, der Provinzstatthalter und eine Aufstellung der Auxiliareinheiten, die zum Zeitpunkt der Entlassung in der jeweiligen Provinz stationiert waren. Allerdings sind nur solche Einheiten aufgeführt, aus denen zur gleichen Zeit Soldaten entlassen wurden.[16] Das Studium dieser Diplome erlaubt es, die Bewegungen zahlreicher Auxiliareinheiten von Provinz zu Provinz mit erstaunlicher Genauigkeit zu verfolgen.

Darstellungen der bildenden Kunst sind eine weitere Quellengattung. Die Reliefs auf den Grabsteinen wurden schon erwähnt, sie geben allerdings keine Bauwerke wieder. Das bedeutendste Kunstwerk, das Militärbauten abbildet, ist die Trajanssäule in Rom. Im Jahre 113 n. Chr. ließ der Senat die Säule zur Erinnerung an den Sieg Kaiser Trajans über die Daker errichten. Sie besteht aus übereinandergefügten Säulentrommeln, die mit einem Relief-Spiralband verziert sind. Die Reliefs zeigen das römische Heer, Legionen und Hilfstruppen, in einigen Szenen beim Kampf. Häufiger aber sind Abbildungen von Bauarbeiten: Man sieht vor allem Legionäre bei der Errichtung von Marschlagern, Straßen und auch dauerhaft gebauten Militärlagern. Auf diese Reliefs gründet sich die Rekonstruktion mancher Einzelheiten der Umwehrung und der Innenbauten römischer Militärlager.[17]

*Abb. 4,
21, 24, 29,
35, 60, 116,
125, 135;
Vorsatz*

Die archäologische Forschung

Seit der Mitte des vorigen Jahrhunderts spielen Ausgrabungen römischer Militärlager eine bedeutende Rolle in der britischen und deutschen Archäologie. In den Jahrhunderten davor hatte sich das Interesse an römischen Altertümern an der Gewinnung schöner Fundstücke entzündet. Sammlungen von Inschriften, Skulpturen und Münzen wurden zusammengetragen, die zum Teil noch heute bestehen. Dieses Interesse war durch die Renaissance wachgerufen worden. Systematische Ausgrabungen und deren zuverlässige Dokumentation waren höchst selten. Eine der wenigen Ausnahmen machte Simon Studion, der in der Gegend um Stuttgart Inschriften sammelte, Grabungen unternahm und 1597 einen Ausgrabungsplan des Limeskastells Benningen am Neckar zeichnete, mit eingetragenen Abmessungen der untersuchten Bauwerke.

Abb. 7

Während des 17. und 18. Jahrhunderts befaßten sich die Altertumskundler schon intensiver mit Arbeiten im Gelände. Sie registrierten und erkundeten römische Ruinen und andere Fundstätten und erfaßten dabei auch die Funde. Diese Methode der Geländeforschung begann in England mit William Camden. Er veröffentlichte 1600 sein Buch »Britannia« mit Beobachtungen, die er auf eigenen Reisen gemacht hatte. In späteren Auflagen wurden sie durch Angaben lokaler Korrespondenten ergänzt. Eine Anzahl von Heimatforschern setzte die Tradition in der Folgezeit fort. Zu ihnen gehörte William Stukeley mit seinen 1766 posthum im »Iter Boreale« veröffentlichten Beschreibungen und Zeichnungen vieler Kastelle der Hadriansmauer.

Abb. 8

Damals waren noch bedeutende Reste zahlreicher Kastelle sichtbar, Ruinen der Umwehrung und der Innenbauten, besonders im Norden Britanniens und auch an den dichter bewaldeten Strecken des obergermanischen Limes. So waren die Wehranlagen des Kastells Housesteads an der Hadriansmauer offensichtlich noch intakt, weil es als Stützpunkt der Armstrongs diente, einer berüchtigten Bande von Pferdedieben. Ihr Ruf reichte aus, um Camden bei seiner Reise im Jahre 1599 von einem Besuch dieses Grenzabschnitts abzuschrecken. Auch die Gebäude des Kastells Carvoran und der angrenzenden Zivilsiedlung, ebenfalls an der Hadriansmauer, waren gut erhalten. 1708 wurde das Kastell geschildert als »viereckige römische Stadt, von tiefem Vallum oder Graben umgeben, einhundertzwanzig Yards auf der einen Seite und einhundertsechzig oder einhundertsiebzig Yards auf der anderen Seite lang. Große Ruinen von alten Gebäuden sind sehr gut zu sehen, mit ihren Straßenzügen; und außerhalb des Grabens an der Südseite gibt es ebenfalls mehrere lange Straßen und Grundmauern von Häusern.«[18] Als William Stukeley das Kastell Maryport an der Küste von Cumbria (Nordengland) aufsuchte, war er in der Lage, »viele rechteckige Grundrisse von Häusern auszumachen und Straßen, die mit breiten, sichtlich abgenutzten Steinplatten gepflastert waren«.[19] Diese Beschreibungen sind deswegen so bedeutsam, weil General Wade im Jahre 1751 den Bau einer Militärstraße quer durch mehrere Kastelle der Hadriansmauer anordnete, was einen ständigen Steinraub aus den Ruinen zur Folge hatte. Dann

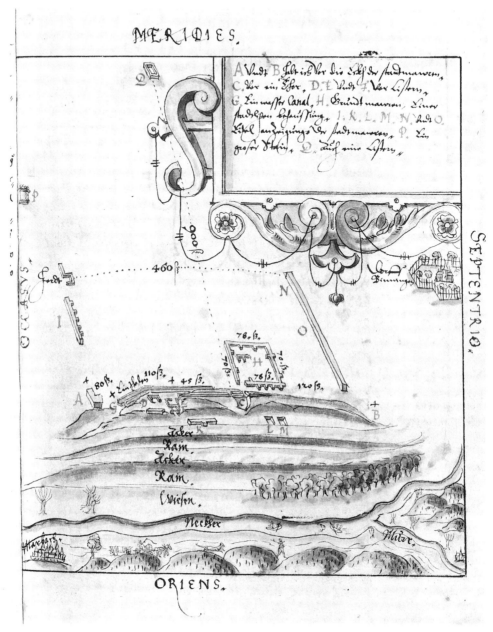

Abb. 7   Plan des Kastells Benningen am Neckar, Baden-Württemberg, gezeichnet von Simon Studion im Jahre 1597.

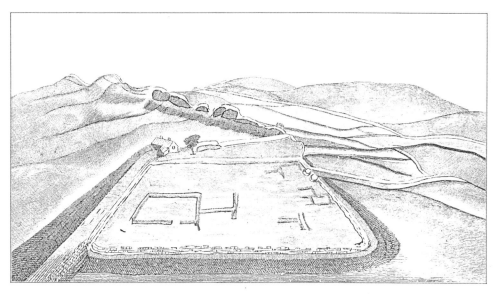

Abb. 8   Skizze des Kastells Greatchesters (Hadriansmauer), gezeichnet von William Stukeley im Jahre 1725.

hat auch die zunehmend intensive landwirtschaftliche Nutzung die antiken Ruinen geschädigt, so daß sie heute vielerorts von der Oberfläche verschwunden sind.

An der Nordgrenze Britanniens bildete die theoretisch-historische Interpretation der Geländedenkmäler bis ins 19. Jahrhundert den Schwerpunkt der Forschung. Reverend Anthony Hedley bildete eine Ausnahme. Er hatte 1818 das Osttor des Kastells Chesterholm an der Hadriansmauer ausgegraben und die Ergebnisse veröffentlicht. In seiner Schrift forderte er intensive Ausgrabungen in den Römerlagern; denn seit Camdens Zeit, so hob er hervor, »ist nichts oder so gut wie nichts getan worden, um auch nur für ein Kastell durch systematische Grabungen den Grundriß zu gewinnen«. Ausgrabungen würden »ein sehr interessantes und wünschenswertes Licht auf die Militärverwaltung und -wirtschaft der Römer werfen und auch auf den Aufbau sowie die Anordnung ihrer *castra stativa* (Standlager)«[20]. An zahlreichen Fundstätten wurden nun kleinere Ausgrabungen unternommen. Das erste britische Kastell, das eingehend untersucht wurde, war High Rochester (1852–1855). Am Ende des 19. Jahrhunderts folgten Grabungskampagnen in Housesteads und anderen Kastellen der Hadriansmauer, 1895 in Birrens im Süden Schottlands, 1896 bis 1903 an der Antoninusmauer, 1899 bis 1901 in Gelligaer in Wales, 1905 bis 1910 in Newstead in den schottischen Lowlands, 1898 bis 1902 in Hardknott im Lake District und in Melandra Castle bei Manchester. Fast alle Kastelle, die im vorigen Jahrhundert in Britannien untersucht worden sind, waren ganz oder teilweise aus Stein. Erst bei den Ausgrabungen im Kastell Ardoch (Schottland) sind kurz vor 1900 eine Anzahl einstiger Holzbauten untersucht worden.

Die altertumskundliche Forschung verlief in Deutschland ähnlich. Die Renaissance brachte dieser Wissenschaft einen enormen Aufschwung. Es sei hier nur an die Entdeckung der »Germania« des Tacitus im Kloster Hersfeld 1455 und ihre Drucklegung im Jahre 1473 erinnert. In dieser für Deutschland so wichtigen Schriftquelle wird auch der Limes zum erstenmal in der antiken Literatur erwähnt (Germania 29). Sammlungen von Inschriftsteinen und anderen interessanten Fundstücken standen damals im Vordergrund, doch gab es schon zu dieser Zeit Wissenschaftler, die Ausgrabungen unternahmen, wie der oben erwähnte Simon Studion (1543–1605). Am Mittelrhein hatte sich der Humanist Dietrich Gresmund d. J. (1477 bis 1512) mit einer Sammlung römischer Inschriften hervorgetan, die allerdings erst später durch Johann Huttich (1487/88–1544) veröffentlicht wurde. Schon im 16. Jahrhundert setzte in Süddeutschland die Geländeforschung ein, verbunden mit dem Namen des bayerischen Gelehrten Johannes Turmair, genannt Aventinus (1477–1534). Er war der erste, der eine längere Strecke des raetischen Limes — wenn auch mit manchen Irrtümern — beschrieben hat. Durch die Glaubenskämpfe des 16. Jahrhunderts, vor allem aber durch den Dreißigjährigen Krieg, erlitt die deutsche Forschung schwere Rückschläge, so daß sie fast ein Jahrhundert lang stagnierte.

Erst im 18. Jahrhundert kamen der Limes und seine Kastelle wieder in das Blickfeld der Forschung. Es gab schon Beschreibungen einiger Limesabschnitte, als 1748 die Preußische Akademie der Wissenschaften die Preisfrage stellte, wie weit die Römer nach Deutschland eingedrungen seien und welche Spuren davon künden. Diese Preisfrage veranlaßte Geländeforschungen und Ausgrabungen, darunter jene, die dem Buch von Christian Hanßelmann zugrundeliegen: »Beweis, wie weit der Römer Macht . . . auch in die nunmehrige Ost-Fränkische Lande eingedrungen« (1768). Das wachsende Interesse führte im 19. Jahrhundert zu vielen lokalen Untersuchun-

Abb. 215

gen und Grabungen. Von besonderer Bedeutung waren die Ausgrabungen im Kastell Niederbieber bei Koblenz (1791–1829). Sie wurden von Wilhelm Dorow mustergültig veröffentlicht:

Abb. 9   Kastell Saalburg im Taunus (Hessen). Die Wehrmauer, das Stabsgebäude, das Horreum, zwei Mannschaftsbaracken und ein Teil des Praetoriums wurden zwischen 1899 und 1907 auf Veranlassung Kaiser Wilhelms II. rekonstruiert.

»Römische Altertümer in und um Neuwied am Rhein« (1826) und mit ausgezeichneten, fast schon modern anmutenden Plänen und Fundabbildungen versehen. Zur gleichen Zeit ließ Graf Franz I. zu Erbach-Erbach (1754–1823), ein begeisterter Freund des Altertums, den Odenwald-limes mit seinen Kastellen und Wachttürmen untersuchen. Er wurde dabei von Friedrich Knapp unterstützt, der auch die Ergebnisse veröffentlichte: »Römische Denkmale des Odenwaldes« (1813). Graf Franz ließ die Ruinen einiger Wachttürme und Kastelle in seinen romantischen Eul-bacher Park versetzen, wo sie den ältesten archäologischen Park Deutschlands bilden. — Die For-schung des 19. Jahrhunderts erreichte ihren Höhepunkt in der Gründung der Reichslimeskommis-sion im Jahre 1892, für die sich der berühmte Althistoriker Theodor Mommsen zwei Jahrzehnte lang mit Zähigkeit eingesetzt hatte. Unter Leitung der Kommission, die mit Mitteln der deutschen Regierung ausgestattet war, wurden 1892 bis 1903 fast hundert Kastelle am obergermanischen und raetischen Limes systematisch ausgegraben. Die Ergebnisse dieser Forschungen sind zwischen 1894 und 1937 in den 14 Bänden des »Obergermanisch-raetischen Limes des Römerreiches« (ORL) veröffentlicht worden. Diese umfangreiche, grundlegende Dokumentation ist der jahrzehntelan-gen Arbeit des Freiburger Althistorikers und Archäologen Ernst Fabricius (1857–1942) zu ver-danken. — Um diese Zeit hat auch der Architekt und Archäologe Louis Jacobi (1836–1910) auf Veranlassung Kaiser Wilhelms II. die Wehrmauer und verschiedene Innenbauten des Kastells Saalburg im Taunus rekonstruiert. — Die archäologische Untersuchung des linksrheinischen nie-dergermanischen Limes konzentrierte sich in der Zeit zwischen dem Ende des vorigen und den ersten Jahrzehnten dieses Jahrhunderts auf die Ausgrabung der Legionslager Neuss (Novaesium), Xanten (Vetera) und Bonn (Bonna), die grundsätzlich wichtige Ergebnisse zum Aufbau römischer Legionslager brachten. Seit dem Ende des Zweiten Weltkrieges wurde auch hier eine Anzahl von Auxiliarkastellen untersucht.[21]

Abb. 9,
Taf. 1

Abb. 17 b,
185

Im vorigen Jahrhundert haben die Archäologen fast ausschließlich solche Militärlager aus-gegraben, die ganz oder teilweise in Stein ausgebaut waren. Die damaligen Ausgrabungsmetho-den reichten zur Untersuchung ehemaliger Holzbauten noch nicht aus. Die Ausgräber des augu-steischen Legionslagers Haltern an der Lippe (Friedrich Koepp und Mitarbeiter) waren die ersten, die auf großen Flächen hölzerne Bauwerke des römischen Heeres im Boden nachwiesen. Etwa gleichzeitig erfolgten die schon erwähnten, ähnlichen Untersuchungen im Kastell Ardoch (Schott-land). In England sind durch die Arbeiten hervorragender Fachleute wie J. P. Bushe-Fox in den zwanziger und dreißiger Jahren dieses Jahrhunderts großräumige Komplexe von Holzbauten fest-gestellt worden, beispielsweise in der römischen Nachschubbasis Richborough in Kent, Süßdeng-land.[22] In der gleichen Zeit, in der die englische Forschung außerordentliche Fortschritte erzielte — unter anderem durch die Arbeit von I. A. Richmond —, kam die Römerforschung in Deutsch-land unter der Naziherrschaft aus politisch-ideologischen Gründen nahezu völlig zum Erliegen.

Abb. 176

Der rasche Wiederaufbau nach dem Zweiten Weltkrieg brachte bedeutende Zuwachsraten an neu entdeckten und ausgegrabenen Kastellen. Gleichzeitig bewirkten verbesserte archäologische Ausgrabungsverfahren eine beachtliche Zunahme der untersuchten Holzkastelle. Eine bevor-zugte, ältere Grabungsmethode bestand in der Anlage schmaler, von Hand oder mit der Maschine gezogener Sondierungsschnitte. Nunmehr ging man verstärkt dazu über, große, zusam-menhängende Flächen freizulegen. Dies führte zur Aufdeckung vollständiger Kastellgrundrisse, aber auch zur Entdeckung interessanter, bisher unbekannter Bauwerke wie etwa der kreisför-migen Arena im Kastell Baginton oder des großen Werkstattgebäudes mit besonderen Verarbei-tungsräumen im Kastell Oberstimm. Die Luftbildarchäologie, die viele bisher unbekannte Kastelle aufspürte und auch mehr Klarheit über die Innenbauten und Außenanlagen bereits bekannter Wehrbauten brachte, trug seit 1945 in hervorragender Weise zur Erforschung römischer Militär-lager bei.[23]

Abb. 11

Zur Zeit sind etwa 250 Auxiliarkastelle in Britannien und über 200 in Deutschland bekannt. Darüber hinaus gibt es zahlreiche Fundstätten, an denen römische Lager vermutet werden. Trotz dieser Fülle von Informationsmöglichkeiten ist bisher nur eine geringe Anzahl römischer Lager

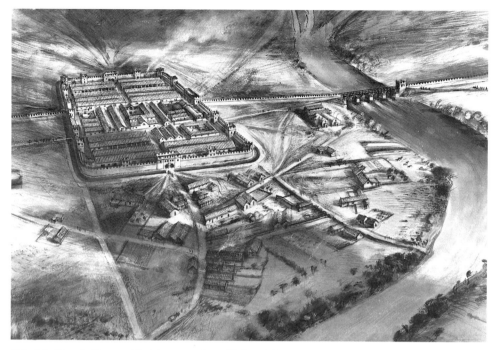

Abb. 10 Kastell Chesters (Hadriansmauer) mit Blick auf die Brücke über den Fluß North Tyne, das Badegebäude nahe der Brücke und das Kastelldorf am Hang zwischen Kastell und Fluß; Rekonstruktionszeichnung von Alan Sorell.

mit modernen Methoden vollständig untersucht worden. Der Grund dafür liegt in den hohen
Kosten solcher Forschungsvorhaben. — Die folgenden Seiten sollen eine Einführung in dieses
faszinierende und vielschichtige Gebiet geben. Ich habe den Versuch unternommen, die wichtigsten archäologischen Entdeckungen vorzustellen und mit den verfügbaren literarischen und epigrafischen Zeugnissen zu einem möglichst vollständigen Bild des römischen Kastells zu verbinden. Die Planung, die Anordnung und mögliche Rekonstruktion der Wehranlagen und Innenbauten werden dabei bevorzugt dargestellt.

Die in dieser Arbeit berücksichtigten Wehrbauten überspannen zeitlich das erste und zweite
nachchristliche Jahrhundert. Ihre geografischen Grenzen sind mit den Provinzen Britannia, Germania Inferior, Germania Superior und Raetia umschrieben. Die Truppenlager und der Limes
entstanden in den beiden Jahrhunderten in diesen Provinzen nach einem ähnlichen Schema. Sie
lagen in der gleichen Klimazone; das hat die Bauweise zweifellos beeinflußt. Gelegentlich sind
baugeschichtliche Entwicklungen zu beobachten, die von den Legionen einer Provinz getragen
wurden, oder die von einem Wehrbau auf andere übertragen worden sind.

Der erste Teil dieser Arbeit behandelt die Zusammensetzung der verschiedenen Truppengattungen im römischen Heer, gibt dann einen Überblick über den Plan und den Bau der Lager und
bespricht schließlich die Konstruktion der Umwehrung und der Innenbauten im einzelnen (Kap.
1–7). Der zweite Teil (Kap. 8–9) befaßt sich mit der Entwicklung der römischen Militärlager
vom Marschlager der Republik über die frühen augusteischen Legionslager und Auxiliarkastelle

Abb. 11 Kastell Beckfoot, an der Küste von Cumberland; Luftbild. Der unterschiedliche Reifegrad des Getreides läßt die Verteidigungsgräben, Teile der Umwehrung, die Kastellstraßen und einige Gebäudegrundrisse erkennen und zeigt in groben Umrissen ihre Anordnung.

zum stärker genormten Schema des Standlagers der hohen Kaiserzeit. Die spätesten hier behandelten Lager sind unter Kaiser Septimius Severus (193–211) entstanden. Wenige Jahrzehnte später änderten sich Organisation und Taktik des römischen Heeres grundlegend. Daher wurden auch die Wehrbauten des Heeres völlig umgestaltet[24]. — Zum Schluß folgt eine kurze Betrachtung der Frage, wie weit die Größe und der Grundriß eines Auxiliarkastells zur Bestimmung der Truppengattung und der Besatzungsstärke verwendet werden können.

Außerhalb fast aller Militärlager entwickelten sich rasch zivile Niederlassungen (Canabae, *Abb. 10* Vici). Sie können im Rahmen dieses Buches nicht behandelt werden. Diese Niederlassungen erreichten an der germanischen Grenze schon im 2. Jahrhundert n. Chr. ihren wirtschaftlichen Höhepunkt. Im Norden Britanniens erlebten sie noch im 3. und 4. Jahrhundert eine Blüte. In ihnen saßen die Familien der Soldaten, Veteranen und verschiedene Handwerks-, Handels- und Dienstleistungsbetriebe zur zusätzlichen Versorgung der Garnison. Hier gab es unter anderem Unterkünfte und Gaststätten. Außerhalb der Kastelle lagen ferner Tempel, Thermen und mitunter befestigte Anbauten. Die Toten wurden in Gräberfeldern außerhalb der Niederlassung bestattet. Neue Ausgrabungen in den Zivilsiedlungen vor den Toren der Kastelle sowie auch interessante Hinweise auf archäologischen Luftbildern lassen eine erneute wissenschaftliche Untersuchung dieser Siedlungsgattung lohnend erscheinen.[25]

KAPITEL 1

Das römische Heer

DIE LEGIONEN

Die Legionen bildeten die Elite der Streitkräfte Roms, sie waren das Rückgrat der Provinzheere. Eine Legion umfaßte etwa 5000 vorzüglich ausgebildete, gut ausgerüstete Infanteristen. Das Ansehen dieser Soldaten, ihre Besoldung und die Dienstbedingungen übertrafen diejenigen der Hilfstruppen. Die Legionen rekrutierten sich ausschließlich aus römischen Bürgern, die im allgemeinen 25 Jahre lang dienten. Bei ihrer Entlassung wurden sie vom Kaiser mit Land oder mit einer Geldzahlung belohnt.

Die Legion war in zehn Kohorten unterteilt. Jede Kohorte umfaßte sechs Centurien zu je achtzig Mann. Die Centurie wiederum war in Stubengemeinschaften (Contubernia) zu acht Mann gegliedert, die jeweils in einem Raum ihrer Unterkunft zusammenlebten. — In der frühen Kaiserzeit hatten anscheinend alle Kohorten die gleiche Stärke. Von einer bestimmten Epoche an, vielleicht der flavischen Zeit, wurde die erste Kohorte auf ungefähr doppelte Stärke gebracht und so umorganisiert, daß sie in fünf Centurien zu je 160 Soldaten gegliedert war. Ihre Gesamtzahl betrug nunmehr 800 Mann gegenüber den je 480 der Kohorten II–X. Die Frage der doppelten Stärke der 1. Kohorte ist wegen der ungünstigen Quellenlage in der Wissenschaft umstritten. — Jede Legion enthielt eine kleine Abteilung von 120 Reitern. Sie wurden hauptsächlich als Meldereiter oder Kuriere eingesetzt und waren auf die einzelnen Centurien verteilt.[1]

Der Legionskommandeur — der *legatus Augusti legionis* — und sein Stellvertreter — der *tribunus militum legionis laticlavius* — waren nicht unbedingt Berufssoldaten mit langer Dienstzeit und entsprechender Erfahrung. Sie stammten aus dem höchsten Adel, nämlich dem Senatorenstand, und waren etwa 30 bis 40 Jahre alt (Legatus) oder 20 bis 30 Jahre (Tribunus laticlavius). Das Legionskommando bildete für sie nur eine Stufe ihrer Karriere, die zu den hohen Verwaltungsposten des Reichs führen konnte. Dem Legionsstab waren ferner fünf rangniedere Tribunen — *tribuni militum angusticlavii* — aus dem niederen Adel, dem Ritterstand, beigeordnet. Sie waren als »Stabsoffiziere zur besonderen Verwendung« nur kurze Zeit bei der Legion und erhielten kurzfristige Sonderaufgaben.[2] Der ranghöchste erfahrene Berufsoffizier der Legion war der *praefectus castrorum*; er stand auf der dritten Stufe der Hierarchie. Er war vorher Centurio gewesen und hatte seine gesamte Laufbahn beim Militär verbracht. Die Verwaltung und Organisation der Legion fielen in seine Zuständigkeit; auch standen alle Pionierarbeiten, die Baumaßnahmen und Werkstätten unter seiner Aufsicht. — Die Verantwortung für die Disziplin der Truppe, für die Ausbildung und Schulung lag auf den Schultern der 60 Centurionen, deren Rangordnung in jeder Kohorte ihrem Dienstalter entsprechend gestaffelt war. Der ranghöchste und dienstälteste Centurio war der erste Centurio der ersten Kohorte, der *primus pilus*.[3] Zusätzlich gab es in jeder Centurie noch Unteroffiziere: den *optio* und den *tesserarius*. Spezielle Fachkenntnisse besaßen die *immunes* (Gefreiten), die innerhalb der Legion ihrem Beruf als Vermessungstechniker, Handwerker, Sanitäter oder Schreiber nachgingen und von den schweren Dienstpflichten der einfachen Soldaten teilweise befreit waren.[4]

DIE HILFSTRUPPEN

Üblicherweise gab es nicht mehr als 28 Legionen im gesamten Römerreich. Tacitus überliefert, daß im frühen 1. Jahrhundert (23 n. Chr.) acht Legionen im Rheinland, je vier in Germania Inferior und Germania Superior, stationiert waren. Ihre Zahl wurde später auf zwei Legionen pro Provinz verringert.[5] An der Eroberung Britanniens 43 n. Chr. waren vier Legionen beteiligt, von denen drei dauernd dort geblieben sind. — Die den Legionen zur Unterstützung angegliederten Hilfstruppen besaßen insgesamt etwa die gleiche Mannschaftsstärke wie die Legionen, manchmal sogar eine höhere. Bis zur Mitte des 1. Jahrhunderts n. Chr. standen Legionen und Auxiliareinheiten in engem Verband und waren oft gemeinsam in einem Lager untergebracht. Hilfstruppen wurden auch als Besatzung neu eroberter Gebiete verwendet. Als die Eroberungen jedoch gesichert schienen und die Grenzen des Imperiums sich kaum noch änderten, wurden die Hilfstruppen in die Kastelle an den Grenzen, den Limites der Provinzen verlegt. Dort versahen sie den Grenzschutz unter der Aufsicht des zuständigen Provinzstatthalters. Die Legionen hatten inzwischen dauerhafte Lager hinter dem Limes bezogen.

Aus vielen Inschriften geht hervor, daß die Legionen auf technischem Gebiet recht aktiv waren, vor allem im Bauwesen. Einige Beispiele dafür: Abteilungen aller drei in Britannien stationierten Legionen errichteten die Hadriansmauer mit den dazugehörigen Meilenkastellen und Auxiliarlagern. Die beiden Mainzer Legionen bauten zur Zeit Kaiser Vespasians eine große Rheinbrücke mit Steinpfeilern, eine technische Meisterleistung der damaligen Zeit, ferner einen hohen, steinernen Aquädukt zur Versorgung ihres Lagers. Die Legionen am Rhein wirkten ferner direkt oder durch die Lieferung von Baumaterial am Aufbau des niedergermanischen und obergermanischen Limes mit. Auch von anderen Provinzen ist bekannt, daß die Legionen eine Vielzahl von Werkstätten besaßen, darunter Kalköfen, Ziegeleien, Steinbrüche, Sägewerke und Waffenfabriken. Sie betrieben auch Bergwerke, und unter ihrer Aufsicht liefen Wasserleitungs- und Straßenbauprojekte. Wenn nötig, ordneten die Legionen erfahrene Offiziere ab zur Führung von Auxiliareinheiten oder zum Überwachen von Bauarbeiten. Auch konnten Legionscenturionen zum Dienst im Stab des Provinzstatthalters abkommandiert werden.

DIE HILFSTRUPPEN

Die Legionen stellten mit der schweren Infanterie den Kern des römischen Heeres. Die Römer waren aber immer schwach in der Reiterei und hatten auch Schwierigkeiten, aus dem eigenen Volk bewegliche, leicht bewaffnete Truppen für Spezialaufgaben aufzustellen. Daher ergab sich für die römischen Feldherren schon in der Republik die Notwendigkeit, solche Truppen aus Verbündeten herauszuziehen. Sie wurden daher auch *socii* (Verbündete) genannt. Diese Verbände besaßen spezielle Fähigkeiten, sie führten etwa besondere Waffen: den Bogen oder die Schleuder, oder sie waren ausgezeichnete Reiter. Schon während des Ersten Punischen Krieges (264–241 v. Chr.) sind gallische Reiter als Hilfstruppen *(auxilia)* eingesetzt worden. Die Anzahl dieser Truppen nahm in der späten Republik zu. Unter Kaiser Augustus sind sie schließlich in feste Einheiten des römischen Berufsheeres umorganisiert worden.

Im Gegensatz zu den Legionären wurde bei den Soldaten der Hilfstruppen das römische Bürgerrecht nicht vorausgesetzt. In der Kaiserzeit sind die Hilfstruppen aus der freien Bevölkerung der Provinzen rekrutiert worden. Ein freier Provinzbewohner ohne römisches Bürgerrecht wurde als *peregrinus* bezeichnet. Erst bei der Entlassung nach fünfundzwanzigjähriger Dienstzeit wurde den Auxiliarsoldaten und ihren Familien das römische Bürgerrecht verliehen. Eine Ausnahme bildeten die Bürger-Kohorten, die *cohortes voluntariorum civium Romanorum, ingenuorum c. R.* und *Italicae c. R.* Diese Hilfstruppen wurden von vornherein aus römischen Bürgern gebildet, zum Teil sogar aus Italikern.

Die Auxilia umfaßten verschiedene Truppengattungen. Die vornehmsten waren die reinen Kavallerieregimenter (*alae*); sie waren auch besser besoldet. Dann gab es reine Infanterieeinheiten

Abb. 12   Grabstein eines Centurio der Legio
XX Valeria Victrix aus Colchester, wahr-
scheinlich aus der Zeit vor dem Boudicca-
Aufstand 60–61 n. Chr. (RIB 200). Lateini-
scher Text, Abkürzungen aufgelöst:
*Marcus Favonius Marci Filius Pollia tribu
Facilis centurio legionis XX; Verecundus et
Novicius liberti posuerent; hic situs est.* —
Übersetzung: »Hier liegt Marcus Favonius
Facilis, Sohn des Marcus, aus dem Stimm-
bezirk Pollia, Centurio der 20. Legion. Seine
Freigelassenen Verecundus und Novicius
haben den Grabstein setzen lassen«.

Abb. 13   Grabstein eines Auxiliarreiters der ▷
Ala Noricorum aus Mainz, Mitte des 1. Jahrhunderts n. Chr. Der Reiter war römischer
Bürger und stammte aus Celeia in Noricum;
heute Celje, Jugoslawien (CIL XIII 7029).
Lateinischer Text, Abkürzungen aufgelöst:
*C. Romanius eques Alae Noricorum Claudia
tribu Capito Celeia annorum XL stipendiorum XIX hic situs est. Heres ex testamento
faciendum curavit.* — Übersetzung: »Hier
liegt Caius Romanius Capito aus Celeia,
vom Stimmbezirk Claudia, Reiter der Ala
Noricorum. Er starb 40 Jahre alt, nach
19 Dienstjahren. Entsprechend der Testa-
mentsbestimmung sorgte der Erbe für die
Aufstellung des Grabsteins«.

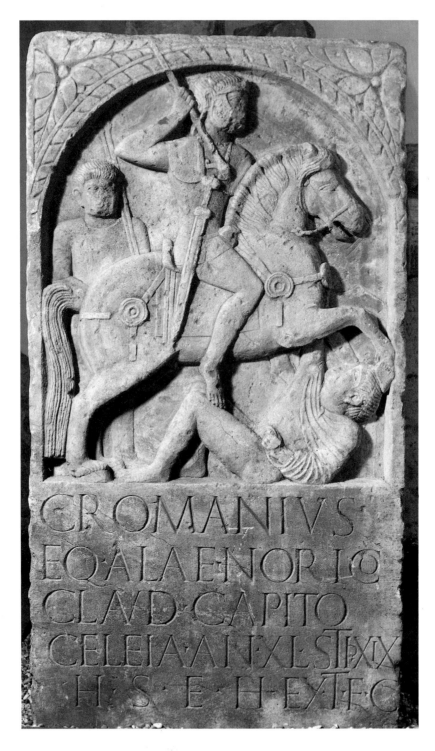

31

(*cohortes peditatae*) und schließlich die teilweise berittenen Kohorten (*cohortes equitatae*). Jede Einheit führte eine Nummer und war oft nach dem Volk benannt, aus dem sie zuerst aufgestellt worden war (Beispiel: *Cohors I Hispanorum* oder *Cohors II Raetorum*). Einige Einheiten sind auch nach ihrem ersten Führer benannt worden (Beispiel: *Ala Longiniana*; nach einem *Longinus*). Als Namensbestandteil einer Hilfstruppe kann ferner der Gentilname jenes Kaisers vorkommen, unter dem sie aufgestellt worden ist (Beispiel: *Ala II Flavia*; nach T. Flavius Vespasianus). Gelegentlich wird die besondere Bewaffnung oder Ausrüstung im Namen erwähnt (Beispiel: *cohors sagittariorum* — Kohorte von Bogenschützen; oder *ala catafractaria* — Ala schwergepanzerter Reiter). Nach der Rekrutierung wurden die Hilfstruppen meist in andere Gegenden des Römerreichs versetzt. Dadurch verschwand die Beziehung zum ursprünglichen Herkunftsland, denn der Rekrutenersatz kam nun aus der Provinz, in der die Einheit stationiert war. Bald erinnerte nur noch der Name an die Gegend, aus der die Truppe kam.

Alen und Kohorten konnten entweder 500 oder 1000 Mann stark sein; sie wurden dann als *quingenaria* oder *milliaria* bezeichnet. Die tausend Mann starken Hilfstruppen sind wohl nicht vor der Zeit der flavischen Kaiser entstanden (69 bis 96 n. Chr.).[6] — Hier soll nun ein kurzer Abriß über den Aufbau der sechs verschiedenen Gattungen von Hilfstruppen folgen. Die Einteilung einer Einheit, ihre Mannschaftsstärke und die Anzahl der Pferde spielen eine entscheidende Rolle für das Verständnis der Kastellbauten. Sie sind auch wichtig, wenn die Frage beantwortet werden soll, welche Truppe in einem Kastell lag (Kapitel 9). Leider ist die Organisation der Hilfstruppen nicht so gut durch Quellen belegt wie die der Legion. Hygin überliefert in seiner Beschreibung eines Marschlagers zwar die Anzahl der Centurien der Auxiliarkohorten und auch die Zahl der Turmen (Reiterschwadronen) in den Alen. Die Anzahl der Turmen in den Cohortes equitatae ist aber ausgefallen, und auch die genauen Gesamtstärken sind für die meisten Hilfstruppen nicht überliefert. Zwar teilt er mit, daß in der Centurie 80 Mann waren, doch handelt es sich nach dem Zusammenhang um eine Legionscenturie; so verbleibt eine gewisse Unsicherheit, ob die Centurien und Turmen der Hilfstruppen jeweils die gleiche Stärke besaßen. Das hat in der heutigen Forschung zu Diskussionen geführt, sowohl was die Stärke der Centurien[7] als auch jene der Turmen[8] betrifft.

Eine einfache Erklärung könnte davon ausgehen, daß möglicherweise die Stärke der Centurien und Turmen bei den Legionen und Hilfstruppen stets gleich war. Es fragt sich außerdem, wie genau die Bezeichnungen quingenaria und milliaria in der Antike genommen worden sind. Die einfache Auxiliarkohorte (Cohors quingenaria peditata) dürfte nach dem Muster der »normalen« Legionskohorten II-X organisiert gewesen sein, mit sechs Centurien zu je 80 Mann. Der Kohorte konnte ein Verband von rund 120 Reitern angegliedert sein; die Anzahl entsprach der Legionsreiterei. Die Einheit war dann eine Cohors quingenaria equitata. Die Cohors milliaria equitata enthielt die doppelte Anzahl von Reitern, also etwa 240. — Die Cohors milliaria peditata könnte nach der ersten Legionskohorte gebildet worden sein, die — wie oben schon gesagt — zwar als milliaria bezeichnet wurde, aber doch wohl nur 800 Leute umfaßte. Das Stärkeverhältnis der Tausender- zu den Fünfhunderterkohorten hätte demnach 10:6 betragen. Ähnlich steht es mit den Alen. Nimmt man an, daß die Turma stets die gleiche Anzahl von Reitern enthielt, nämlich 32, dann ergibt sich aus den überlieferten Turmenzahlen von 24 (Ala milliaria) und 16 (Ala quingenaria) ein Stärkeverhältnis von 3:2.[9] Die Tabelle 1 gibt eine Übersicht über die so gewonnenen, freilich teilweise hypothetischen Stärkezahlen.

Kavallerie (Alae)

Ala quingenaria (fünfhundert Mann starkes Reiterregiment). Der Befehlshaber der Ala war ein Praefectus. Nach Arrian bestand die Einheit aus 512 Reitern, die laut Hygin in 16 Schwadronen (Turmae) unterteilt waren, so daß sich 32 Mann pro Turma ergeben. Diese Zahl nennt auch Vege-

Hilfstruppen	Infanterie			Reiterei			Gesamtstärke der Einheit
	Anzahl der Centurien	Soldaten pro Centurie	Infanteristen Gesamtzahl	Anzahl der Turmen	Reiter pro Turma	Reiter Gesamtzahl	
ala milliaria	—	—	—	24	32 (42)	768 (1008)	768 (1008)
ala quingenaria	—	—	—	16	32	512	512
cohors milliaria peditata	10	80 (100)	800 (1000)	—	—	—	800 (1000)
cohors quingenaria peditata	6	80	480	—	—	—	480
cohors milliaria equitata	10	80	800	8 (10)	32	256	1056
cohors quingenaria equitata	6	80 (60)	480 (360)	4	32	128	608 (488)

Tabelle 1. Die Organisation und Stärke der Auxiliareinheiten (nach Breeze und Dobson 1976; Alternativzahlen in Klammern)

tius für eine Turma der Legionsreiterei.[10] Es ist nicht sicher, ob sich die Turma aus 30 oder 32 einfachen Soldaten zusammensetzte, weil aus Arrians Aufzählung nicht hervorgeht, ob die beiden Unteroffiziere, der Duplicarius und der Sesquiplicarius, mit eingerechnet sind. Dagegen war der Führer jeder Schwadron, der Decurio, sicher nicht in dieser Stärkezahl enthalten.

Ala milliaria (tausend Mann starkes Reiterregiment). Die Einheit wurde von einem Praefectus geführt. Sie war in 24 Turmen gegliedert, die jeweils unter dem Kommando eines Decurio standen.[11] Die Anzahl der Reiter in einer Turma ist nicht überliefert, daher ist auch die Gesamtstärke der Truppe nicht sicher bekannt. Legt man die Zahl von 32 Reitern pro Turma wie bei der Ala quingenaria zugrunde, dann errechnet sich eine Stärke von 768 Mann. Die so errechnete Stärke ist von einigen Forschern als zu gering angesehen worden, da die Einheit ja als »tausend Mann starke Ala« bezeichnet wurde. Daher wurde auch vermutet, daß die Turmen aus 42 Reitern bestanden. — Es gab immer nur wenige Alae milliariae im römischen Heer. In einer Untersuchung über den Aufbau des römischen Heeres in der zweiten Hälfte des 2. Jahrhunderts n. Chr. sind nur zehn dieser Einheiten gegenüber rund 90 Alae quingenariae festgestellt worden.[12]

Der Praefectus einer Ala milliaria stand im Rang höher als die Kommandeure anderer Auxiliareinheiten. Da eine solche Beförderung selten war, gab es unter den Bewerbern eine harte Konkurrenz. Aus Britannien kennt man nur eine einzige Ala milliaria, die Ala Petriana; sie lag im 3. Jahrhundert wahrscheinlich in Stanwix an der Hadriansmauer. In der Provinz Raetien stand ebenfalls eine Ala milliaria, die Ala II Flavia, die seit der flavischen Zeit in Heidenheim stationiert war und in der Mitte des 2. Jahrhunderts ein neues Kastell in Aalen bezog. In Obergermanien gab es überhaupt keine Ala milliaria. Die Ala nova Firma milliaria catafractaria, eine neue Einheit schwergepanzerter Reiter, hielt sich wohl nur vorübergehend wegen eines Krieges in den dreißiger Jahren des 3. Jahrhunderts in Obergermanien auf. Die Einheit wird auf den Grabsteinen gefallener Soldaten erwähnt, die in Frankfurt a. M.-Rödelheim und Stuttgart-Bad Cannstatt gefunden worden sind.

Infanterie (Cohortes peditatae)

Cohors quingenaria peditata (fünfhundert Mann starkes Infanterieregiment). Die Auxiliarkohorte wurde von einem Praefectus kommandiert und war nach Hygin in sechs Centurien unterteilt, so daß sich eine Gesamtstärke von 480 Mann ergibt.[13] Nur bei den oben schon erwähnten Bürger-Kohorten hatte der Führer den Titel Tribunus, auch wenn die Einheit nur fünfhundert Mann stark war. Das gilt gleichfalls für die Cohors quingenaria equitata, wenn es sich um eine Bürger-Kohorte handelte.

Cohors milliaria peditata (tausend Mann starkes Infanterieregiment). Der Befehlshaber war ein Tribunus. Die Einheit umfaßte zehn Centurien; ihre Stärke betrug daher wahrscheinlich 800 Mann. Allerdings hat die Forschung auch vermutet, daß die Stärke der Centurien bei diesem Kohortentyp auf 100 Mann vergrößert worden sei, um jene Gesamtstärke zu erreichen, die im Namen der Einheit angedeutet wird.[14] Die Truppengattung wird zuerst auf einem Militärdiplom aus Pannonien aus dem Jahr 85 n. Chr. erwähnt.[15]

Teilweise berittene Einheiten (Cohortes equitatae)

Cohors quingenaria equitata (fünfhundert Mann starkes, teilweise berittenes Infanterieregiment). Die Einheit wurde von einem Praefectus kommandiert. Hygin gibt an, daß sie aus sechs Centurien und 120 Reitern (ohne Offiziere) bestand.[16] Belege für die Einteilung dieses Truppenkörpers in sechs Centurien und vier Turmen stammen ferner aus einer Inschrift, auf der die Decurionen der vier Turmen namentlich genannt werden,[17] außerdem aus drei Papyri, die die Jahresmeldung (Pridianum) solcher Einheiten enthalten, die in Moesien und in Ägypten stationiert waren.[18]

Abb. 14 Grabstein eines Auxiliarsoldaten der Cohors Raetorum aus Andernach, Mitte des 1. Jahrhunderts n. Chr. (CIL XIII 7684). Der Soldat war nicht römischer Bürger. Lateinischer Text ergänzt, Abkürzungen aufgelöst: *Firmus Ecconis filius miles ex cohorte Raetorum natione Montanus annorum XXXVI stipendiorum X..II heres ex testamento posuit.* — Übersetzung: »Firmus, Sohn des Ecco, Soldat der Raeterkohorte, aus dem Stamm der Montani (»Gebirgsleute«), 36 Jahre alt, nach 18 (?) Dienstjahren gestorben. Der Erbe ließ den Grabstein dem Testament entsprechend setzen«. — Die kleine Figur links wird bezeichnet als: *Fuscus servus;* »Sklave Fuscus«. Die etwas größere Figur rechts dürfte der Erbe sein. Von der einstigen Inschrift unter der Figur blieben nur unleserliche Reste.

Wenn jede Centurie 80 Mann stark war, würde sich eine Zahl von 480 Infanteristen und 120 Reitern mit ihren Offizieren ergeben, also insgesamt 600 Soldaten. Es ist eingewandt worden, daß diese Zahl zu hoch sei für eine Einheit von nominell fünfhundert Mann; vielleicht enthielten daher die Centurien nur je 60 Mann, so daß die Gesamtstärke mit Reitern 480 Mann betrug.[19]

Eigentlich sollte die Entdeckung von Papyri, die die tatsächliche Mannschaftsstärke der drei Kohorten angeben, das Problem lösen. Aber die Überprüfung der dort angegebenen Zahlen macht die Schwierigkeiten eher noch größer. Das kürzlich veröffentlichte Pridianum (Jahresmeldung) einer namenlosen Cohors quingenaria equitata aus Ägypten scheint die geringere Anzahl der Infanteristen zu bestätigen: es nennt insgesamt 457 Mann, zusammengesetzt aus sechs Centurionen, vier Decurionen, 334 Infanteristen, 13 Kamelreitern (Dromedarii) und 100 Reitern. Doch kann das Beispiel irreführend sein, weil auch vorgebracht wurde, daß es sich hier um eine bei einem Aufstand und bei anschließenden Kämpfen dezimierte Truppe handelt.[20] — Das Pridianum der Cohors I Hispanorum veterana quingenaria equitata aus Moesien (etwa 105 n. Chr.) gibt eine
Abb. 2 Gesamtstärke von 546 Mann einschließlich 119 Reitern an, während das der Cohors I Augusta Praetoria Lusitanorum equitata, die um 156 n. Chr. in Ägypten stationiert war, 363 Infanteristen, sechs Centurionen, vier Decurionen, 19 Kamelreiter und 114 Reiter aufzählt. In beiden Fällen liegen die Zahlenangaben für die Reiterei nahe bei den 120 von Hygin zitierten, aber die Belege für die Stärke der Infanteristen sind nicht eindeutig. Nimmt man 360 Mann als normale Stärke der Infanterie, dann haben beide Einheiten 67 bzw. 9 Soldaten zuviel in ihren Listen. Andererseits, wenn 480 die richtige Sollstärke war, was wahrscheinlicher ist, hatten die Truppenkörper 53 bzw. 111 Mann zu wenig.[21]

Cohors milliaria equitata (tausend Mann starkes, teilweise berittenes Infanterieregiment). Der Kommandeur war ein Tribunus. Hygin überliefert, daß diese Einheit 10 Centurien Infanterie und 240 Reiter enthielt; die Anzahl der Turmen ist ausgefallen.[22] Es wird vermutet, daß die Reiter in acht oder zehn Turmen gegliedert waren. Wenn die Centurien genauso stark wie die der Legion waren, würde man auf 800 Infanteristen kommen und eine Gesamtstärke von 1040 Mann (ohne Offiziere) annehmen müssen. Falls es zehn Turmen gab, müßte die Turma 24 Reiter umfaßt haben. War die Turma jedoch genau so stark wie bei der Ala, dann müßten 8 Turmen mit je 30 Reitern angenommen werden, was wahrscheinlicher erscheint.

IRREGULÄRE HILFSTRUPPEN UND »NATIONALE NUMERI«

Wie eingangs gesagt, waren die Hilfstruppen (Auxilia) während der römischen Republik jene Truppenkontingente, die von den Verbündeten Roms im Kriegsfall vertraglich gestellt werden mußten. Diese Möglichkeit bestand während der Kaiserzeit fort. Die Römer haben im Krieg soweit möglich Truppen Verbündeter eingesetzt, die bei Kriegsende wieder nach Hause entlassen wurden. Sie bildeten keinen festen Bestandteil des römischen Heeres und können daher als »irreguläre Hilfstruppen« bezeichnet werden.

Aus den Hilfstruppen der Republik formte Kaiser Augustus die Alen und Kohorten der »regulären Hilfstruppen«. Sie sind anfangs als Spezialeinheiten zur Ergänzung der Legionen aufgestellt worden. Sie wurden in der Kaiserzeit in den Provinzen ausgehoben. Am Ende des 1. Jahrhunderts n. Chr. waren sie zu einem festen Bestandteil des römischen Berufsheeres geworden.

Als gegen Ende des 1. Jahrhunderts n. Chr. die ersten Limesstrecken entstanden, ergab sich erneut die Notwendigkeit, Truppenkörper aus Einheimischen für besondere Aufgaben aufzustellen. Es entstand ein Bedarf an kleinen Einheiten zur Bemannung und Kontrolle der Grenzen und Vorposten des Imperiums, speziell an abgelegenen Strecken, wo der Einsatz der größeren regulären Hilfstruppen zu teuer geworden wäre. So wurden junge Leute aus den Grenzprovinzen des Imperiums eingezogen und aus ihnen diese neuen Hilfstruppen aufgestellt. Sie wurden einfach »Einheiten« (*numeri*) genannt.[23] Sie führten den Namen des Herkunftsvolkes und werden daher von der heutigen Wissenschaft auch »nationale Numeri« genannt. Genauso wie die schon vorher aufgestellten Kohorten und Alen trugen die Soldaten der Numeri zum Teil ihre heimischen Waffen; mitunter standen sie anfangs unter Truppenführern ihres Volkes. Viele Numeri bildeten lange Zeit die Besatzung bestimmter Limeskastelle. Sie entwickelten sich dadurch zu festen Bestandteilen des römischen Berufsheeres.

Über die Stärke und Organisation dieser Einheiten, ihre Offiziere und Dienstverhältnisse ist wenig bekannt. Die Numeri waren weniger strikt genormt, zweifellos gab es bei ihnen im Lauf der Zeit auch eine Entwicklung. So war der Numerus Exploratorum Germanicorum Divitiensium, der seit Kaiser Commodus im obergermanischen Kastell Niederbieber lag, eine recht große Einheit, im Gegensatz zu den frühen, kleinen Numeri am Odenwaldlimes. — Die Soldaten der Numeri haben das römische Bürgerrecht bei der Entlassung anscheinend nicht erhalten. Die am besten bekannten Beispiele solcher Einheiten sind die Numeri Brittonum. Sie sind nach der Aushebung in Britannien in die Provinz Obergermanien versetzt worden und bildeten die Besatzungen der kleinen Kastelle des Odenwaldlimes. Bei neueren Ausgrabungen sind in dem 0,6 ha großen Kastell Hesselbach am Odenwaldlimes vier Mannschaftsbaracken entdeckt worden. Man könnte daraus schließen, daß der Numerus in vier Abteilungen gegliedert war. Allerdings lagen die Centurien im Kastell Valkenburg (Niederlande) je in zwei kleinen Baracken. Sollte das in Hesselbach ebenso der Fall gewesen sein, wäre mit einer Gliederung in nur zwei Abteilungen zu rechnen. Bei den Ausgrabungen im Numeruskastell Ellingen (Bayern) zeigte es sich, daß die Unterkunft der Besatzung aus einer Doppelbaracke bestand, die zwei Centurien normaler Stärke aufnehmen konnte. — Da Centurionen der Numeri aus Inschriften bekannt sind, müßten ihre Unterabteilungen Centurien gewesen sein. Die Größe und Inneneinteilung der ausgegrabenen Unterkünfte sind im Kastell Hesselbach in den zwei Bauperioden nicht gleich. Es ist daher schwierig, die Stärke der Besatzung abzuschätzen; überschlägige Rechnungen führen zu 150 bis 200 Mann. Das könnte für zwei Centurien zu je 80 Mann sprechen.[24]

Abb. 18, 199

Bisweilen waren Numeri den Auxiliarkohorten an der Grenze beigeordnet. Eine solche Zuordnung ist etwa am obergermanischen Limes in Neckarburken zu beobachten. Dort lag ein Numeruskastell nur 200 m von dem Lager einer Auxiliarkohorte entfernt. In Osterburken war seit der Regierung von Kaiser Commodus ein Numerus in einem umwehrten Anbau am Kastell der Cohors III Aquitanorum untergebracht. Im 3. Jahrhundert wurden solche kleinen Einheiten auch den Besatzungen der Kastelle an der Hadriansmauer beigegeben. Die Cohors I Tungrorum milliaria beispielsweise, die in Housesteads lag, wurde durch einen germanischen Numerus Hnaudifridi und einen Cuneus Frisiorum von der Rheinmündung verstärkt. Allerdings weiß man nicht, ob diese Einheiten in besonderen Unterkünften im Kastell selbst oder außerhalb untergebracht waren.[25]

Abb. 216

Die Inschriften erwähnen für die Numeri eine Vielfalt von Aufgaben: sie waren Grenzpatrouille und -polizei, stellten Besatzungen von Kleinkastellen und vorgeschobenen Posten; manche Numeri enthielten auch Reiter, etwa für Aufklärungszwecke (Exploratores).[26]

KAPITEL 2

Grundriß und Inneneinteilung römischer Militärlager

ANTIKE SCHRIFTQUELLEN ZU DEN MARSCHLAGERN

Nahezu alles, was wir über die Inneneinteilung römischer Marschlager wissen, wird von zwei antiken Autoren überliefert. Die älteste ausführliche Beschreibung eines römischen Marschlagers ist die des griechischen Historikers Polybios aus der Mitte des 2. Jahrhundert v. Chr. Er schildert recht genau, wie zwei Legionen mit zugehöriger Reiterei und verbündeten Truppen in einem Lager untergebracht waren. — Der zweite Autor ist Hygin, oder genau Pseudo-Hygin, dessen Schrift »De munitionibus castrorum« oben in der Einleitung schon besprochen wurde. Dieses kleine Werk, in dem ebenfalls ein Marschlager beschrieben wird, ist frühestens am Ende des 1. Jahrhunderts n. Chr. entstanden. Obwohl mindestens zweihundert Jahre zwischen den zwei Schriftquellen liegen, sind ihre Angaben doch vergleichbar. Allerdings hat sich die Lagerform im Lauf der Zeit entwickelt, und man kann bezeichnende Veränderungen feststellen. Diese Unterschiede spiegeln die organisatorischen Neuerungen im römischen Heer wider, die im Lauf der Zeit eingetreten sind.[1] Es muß betont werden, daß beide Autoren nur kurzfristig belegte Marschlager geschildert haben; die festen Bauwerke dauerhafter Truppenunterkünfte hatten selbstverständlich andere Grundrisse und Abmessungen als die Zeltreihen der Marschlager. Archäologische Ausgrabungen haben aber gezeigt, daß bei der Planung der dauerhaften Militärlager ähnliche Prinzipien angewandt worden sind wie bei den Marschlagern. Polybios und Hygin überliefern außerdem interessante Einzelheiten über die Planungs- und Vermessungsmethoden. Ihre Schriften enthalten ferner Angaben zur Organisation der Truppe und nennen Bezeichnungen einzelner Teile eines römischen Marschlagers. Diese Quellenangaben sind — mit einiger Vorsicht — auch für das Verständnis der dauerhaften römischen Auxiliarkastelle zu gebrauchen.

Das Marschlager nach Polybios

Abb. 15 Das Marschlager nach Polybios war ausgelegt für zwei Legionen und die dazugehörigen verbündeten Truppen, insgesamt 16 800 Infanteristen und 1800 Reiter.[2] Es bildete ein Quadrat mit einer Seitenlänge von 2017 römischen Fuß (1 Fuß = 0,296 m; Seitenlänge also rund 600 m). Zuerst bezeichnete der Vermessungstrupp der Legionen die Stelle für das Feldherrenzelt (Praetorium) mit einer weißen Fahne. Von diesem Punkt aus teilten die Vermesser den gesamten Raum des Lagers auf und markierten die verschiedenen Lagerplätze mit farbigen Fähnchen. Vor dem Praetorium wurden die Zelte der zwölf Legionstribunen aufgeschlagen, je sechs pro Legion. Breite Straßen durchzogen das Lager. Eine der wichtigsten Lagerstraßen, die Via principalis, lief vor den Zelten der Tribunen entlang; sie war 100 Fuß (etwa 30 m) breit. Ihre Mitte wurde Principia genannt. Parallel dazu, im vorderen Lagerteil, gab es eine weitere Straße, die Via quintana. Sie war nur halb so breit. Eine ebenso breite Straße zog auf der Mittelachse des Lagers vom Praetorium zum vorderen Lagertor. Sie teilte den Raum vor dem Praetorium in zwei Hälften. Jede dieser Hälften

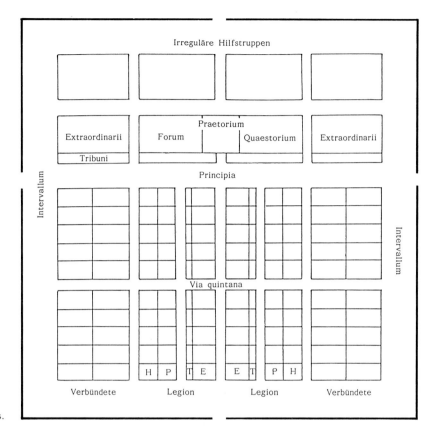

Abb. 15
Marschlager
nach Polybios.

war für die Zelte einer Legion und der zugehörigen Reiterei bestimmt. Umwehrt war das Lager mit Wall und Graben.

Wie Polybios überliefert, war im 2. Jahrhundert v. Chr. der Manipel die kleinste taktische Einheit der Legion. Der Manipel bestand aus zwei Centurien.[3] Jede Legion umfaßte 30 Manipel. Die Manipel wurden in der Schlacht in drei gleich starken Treffen hintereinander aufgestellt: vorne 10 Manipel Leichtbewaffnete (Hastati), dahinter vollbewaffnete Soldaten (Principes), schließlich kampferprobte Veteranen (Triarii). Diese Gliederung wurde auch im Lagerplan verwendet. Die Reiterei (Equites) der beiden Legionen lag direkt neben der Straße, die auf der Mittelachse des Lagers verlief (Via praetoria). Dahinter folgten die Zelte der Triarii, dann die der Principes und schließlich die der Hastati. Nach außen hin, in Richtung auf die Umwehrung, lagerten die Verbündeten mit ihrer Infanterie und Reiterei.

Seitlich vom Praetorium lagen das Quaestorium und das Forum. An diese besonderen Lagereinrichtungen grenzten die Zelte derjenigen Reiter und Fußtruppen, die den Feldherren — hier einen der beiden Konsuln — und seinen Stab auf dem Marsch begleiteten und als Leibgarde dienten (Equites und Pedites extraordinarii). Dahinter waren die übrigen Extraordinarii untergebracht sowie alle sonstigen verbündeten Truppen. — Zwischen dem Wall und den Zelten blieb ein 200 Fuß (60 m) breiter freier Raum, das Intervallum. Es war dazu bestimmt, die Bewegungsfreiheit der Truppe im Verteidigungsfall zu gewährleisten, Vieh und Beute aufzunehmen und die Zelte außerhalb der Reichweite von Geschossen zu halten. — Polybios berichtet außerdem über Einzelheiten des Lageralltags, wie Lagereid, Dienstanweisungen, Wacheinteilung, Paraden und Losungsworte. Schließlich schildert er, wie das Heer aus dem Lager aufbrach.

Das Marschlager nach Hygin

Abb. 16 Das von Hygin beschriebene Lager war für die Aufnahme von drei Legionen, vier Kohorten Kaisergarde (Praetorianer) und zahlreichen Einheiten der Hilfstruppen bestimmt, insgesamt für etwa 40 000 Mann. Sein Grundriß bildete ein Rechteck mit abgerundeten Ecken, es maß 2320 mal 1620 römische Fuß (687 mal 480 m). Es war demnach wesentlicher dichter belegt als das von Polybios überlieferte Lager. Als Umwehrung dienten Wall und Graben. Der Graben sollte mindestens fünf Fuß breit und drei Fuß tief sein; der Wall 8 Fuß breit, sechs Fuß hoch und mit einer leichten Brustwehr versehen werden (Holzpfosten und Flechtwerk). Als Material des Walles wird — je nach den Ortsverhältnissen — Rasensoden, Erde und Stein genannt; stets wurde der Erdaushub aus dem Graben im Wall verwendet. Weitere, kurze Gräben (Titula) wurden unmittelbar vor den Toren ausgehoben, sie bildeten einen besonderen Schutz der Lagereingänge.

Die Via principalis war 60 Fuß (20 m) breit. Sie lief quer durch das Lager und verband die zwei Seitentore, die Porta principalis dextra und die Porta principalis sinistra. Die beiden anderen Tore

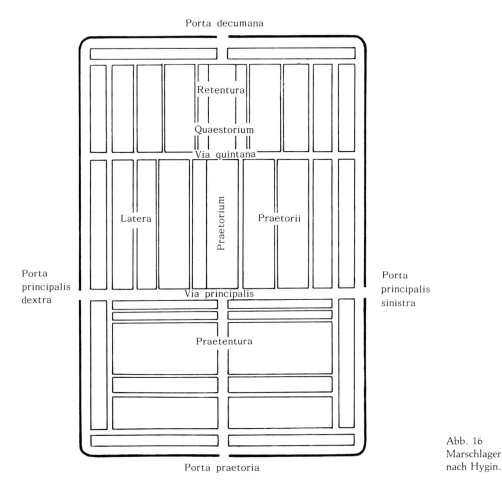

Porta decumana

Retentura

Quaestorium

Via quintana

Latera

Praetorium

Praetorii

Porta
principalis
dextra

Via principalis

Porta
principalis
sinistra

Praetentura

Porta praetoria

Abb. 16
Marschlager
nach Hygin.

lagen in der Mitte der Lager-Schmalseiten. Das dem Feind zugewandte, d. h. in Marschrichtung liegende Tor hieß Porta praetoria; das ihm gegenüberliegende, hintere Tor wurde Porta decumana genannt. Das Hauptquartier mit dem Zelt des Befehlshabers (Praetorium) befand sich in der Mitte des Lagers und nahm einen Raum von 720 mal 180 Fuß ein (213 mal 53 m). Es öffnete sich zur Via principalis. Hinter dem Praetorium lief eine weitere Straße, die Via quintana; sie war 40 Fuß (12 m) breit. Zusammen mit der Via principalis teilte sie das Lager in drei Teile.

Der Mittelstreifen des Lagers (Latera Praetorii) umfaßte das schon erwähnte Praetorium, das Auguratorium (für Opferhandlungen) und das Tribunal (für Ansprachen des Kommandeurs). Außerdem standen hier die Zelte des Stabspersonals und der Prätorianer, daran anschließend die der ersten Legions-Kohorten und der Vexillarii der zwei vornehmeren Legionen.

Der Vorderteil des Lagers wurde Praetentura genannt. Er reichte von der Via principalis bis zum Haupttor (Porta praetoria). Dort lagen zunächst die Zelte der Legionslegaten und -tribunen, ferner die Scholae (Versammlungsplätze) der ersten Legionskohorten mit Front zur Via principalis. Danach folgten die Quartiere der Alen und einer weiteren ersten Legionskohorte, das Lazarett (Valetudinarium), das Veterinarium (für Kranke und Pferde und Lasttiere?), die Feldschmiede (Fabrica) und die Zelte verschiedener Einheiten von Seeleuten, Pionieren und Aufklärungstruppen. Die Kohorten II-X der drei Legionen, die als Elite des Heeres aus den zuverlässigsten Soldaten bestanden, wurden direkt am Wall gelagert, so daß sie die Zelte der Hilfstruppen einschlossen. Gerade in dieser Einzelheit zeigt sich ein bemerkenswerter Unterschied zum Lagerschema nach Polybios.

Der hintere Teil des Lagers, als Retentura bezeichnet, beherbergte das Quaestorium des Lagerpräfekten; es handelte sich um einen Zeltkomplex für die Verwaltung, in dem auch Beute aufbewahrt und Gefangene bewacht wurden. Außerdem lagerten die verschiedensten Auxiliareinheiten in der Retentura. Auch hier waren die Legionssoldaten außen längs des Walls einquartiert. Das Intervallum, der Raum zwischen der Umwehrung und dem Lagerinneren, war 60 Fuß breit (20 m). Zum Lagerinneren hin wurde es durch die Wallstraße (Via sagularis) begrenzt. Kleinere Nebenstraßen und Gassen (Viae vicinariae), die zwischen den Zeltreihen lagen, waren zwischen 10 und 20 Fuß breit.

Der Bau eines rigoros genormten Lagers war unerläßlich, wenn derartig viele Soldaten, Reit- und Lasttiere, wie sie in den Schriften von Polybios und Hygin erwähnt werden, für eine einzige Nacht während des Marsches untergebracht werden mußten. Entscheidend war eine ohne Rücksicht auf das Gelände stets gleichbleibende Anordnung des Lagerinneren. Jede Einheit, ja jeder einzelne Soldat mußte genau wissen, wo die Zelte rasch und ohne Unordnung aufzustellen waren; war der Feind in der Nähe, konnte das lebenswichtig sein. Genauso wichtig war eine präzise Organisation beim Aufbruch aus dem Lager. Die Quartiere der verschiedenen Einheiten waren im Lager so angeordnet, daß sich das Heer beim Abmarsch ohne Zeitverlust sogleich in die Marschordnung entwickeln konnte.

DAUERHAFTE LEGIONSLAGER UND AUXILIARKASTELLE

Für die dauerhaften Militärlager der Legionen und Hilfstruppen, die in der Kaiserzeit entstanden sind, gibt es keine so ausführlichen Schriftquellen wie für die Marschlager. Bei ihrer Planung dürften aber verwandte Prinzipien benutzt worden sein, wie sie von Polybios und Hygin für die Marschlager überliefert sind. Die Abweichungen beruhen auf den unterschiedlichen Anforderungen, die das Heer an einen dauerhaften Standort im Gegensatz zu dem nur kurzfristig bestehenden Marschlager stellen mußte.

Hygin empfahl ein Verhältnis der Länge zur Breite von 3:2 für ein Legionslager und nannte einen derartig proportionierten Grundriß tertiata.[4] Seit der Mitte des 1. Jahrhunderts n. Chr. erhielten die meisten Umwehrungen der Legionslager und Auxiliarkastelle einen Grundriß in Recht-

Abb. 185

eckform mit abgerundeten Ecken, der einer Spielkarte ähnelt. Es gab außerdem quadratische Lager und solche mit unregelmäßigem Grundriß (siehe Kap. 8). In einem dauerhaften Legions-lager waren höchstens zwei Legionen stationiert; als Beispiel kann Vetera I bei Xanten genannt werden. Für eine Legion war ein Lagerplatz von rund 20 ha notwendig. — Die Fläche eines Auxiliarkastells war der Mannschaftsstärke angepaßt und schwankte zwischen etwa 1,4 ha für eine kleine Einheit von 500 Infanteristen, die Cohors quingenaria peditata, bis 6 ha für eine Ala milliaria. Als Beispiel für die beiden Extremwerte wurden das Kohortenkastell Holzhausen (Rheinland-Pfalz) am obergermanischen Limes und das Alenkastell Aalen (Baden-Württemberg)

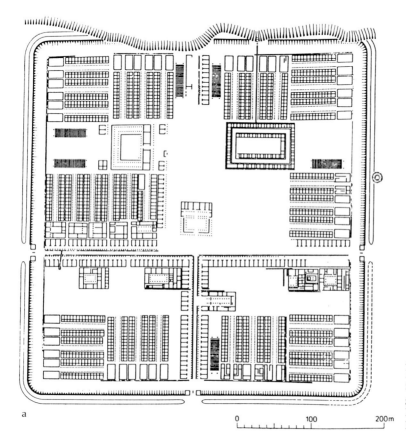

a

0   100   200m

Abb. 17 (a) Legions-lager Inchtuthil, Schottland; (b) Le-gionslager Neuss, Nordrhein-Westfalen. Maßstab 1 : 5000.

am raetischen Limes verwendet. Die meisten Kastelle der regulären Hilfstruppen besaßen Flächen zwischen 1,5 und 3,2 ha. — Die Flächen der Numerus-Kastelle lagen im allgemeinen bei nur 0,6 bis 0,8 ha.

Die dauerhaften Militärlager entwickelten sich aus den Marschlagern, wobei der Grundriß im Prinzip beibehalten wurde. Der flache Wall und Graben des Marschlagers sind allerdings von stärkeren Wehrbauten abgelöst worden. Man hob einen oder mehrere tiefere Verteidigungsgrä-ben mit V-förmigem Querschnitt aus. Nach ihrem Querschnitt, der unten spitz zuläuft, werden diese Gräben in der heutigen Fachliteratur auch als »Spitzgräben« bezeichnet. Dahinter entstand ein Wall aus Erde oder aus Rasensoden, der eine hölzerne Brustwehr trug. Andere Kastelle erhielten eine steinerne Wehrmauer, hinter der meistens ein Erdwall aufgeschüttet war. Die vier Lagertore wurden mit Tortürmen versehen. Weitere Türme entstanden in den vier Ecken des Kastells (Ecktürme) und in regelmäßigen Abständen an der Wehrmauer zwischen den Toren und Ecktürmen (Zwischentürme). Wie im Marschlager wurde der Innenraum durch die schon erwähnten

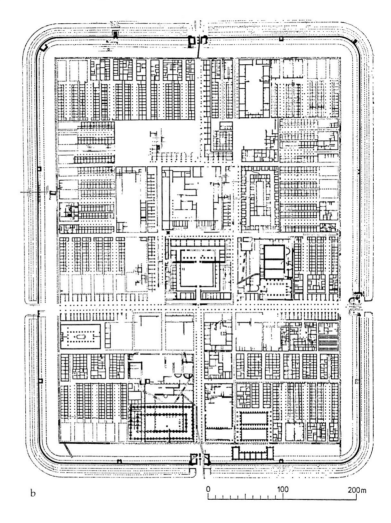

b

0   100   200m

Straßen in drei Abschnitte geteilt, und auch die Wallstraße an der Innenseite der Umwehrung blieb bestehen. Die genau ausgerichteten Zeltreihen wurden von hölzernen, später von steinernen Mannschaftsbaracken abgelöst. Der Grundriß eines Auxiliarkastells war etwa seit dem Ende des 1. Jahrhunderts n. Chr. weitgehend genormt. Bei dem Vergleich verschiedener Kastellgrundrisse sind allerdings mancherlei Unterschiede in den Einzelheiten der Bauausführung zu beobachten. Das gilt auch für die an sich gleichartigen Gebäudetypen im Kastellinneren. So ist trotz offensichtlicher Ähnlichkeiten keines der ausgegrabenen Auxiliarkastelle mit einem anderen völlig identisch.

Abb. 17a–b

Die Legionslager Inchtuthil in Schottland und Neuss am Niederrhein haben in der spätflavischen Epoche zeitweise gleichzeitig bestanden. In Inchtuthil waren die Innenbauten aus Holz, in Neuss aus Stein. Betrachtet man ihre Grundrisse, so zeigt sich zwar in beiden Fällen der typische Plan eines Legionslagers; zugleich erkennt man zahlreiche Unterschiede in den Einzelheiten. — Das Innere war durch zwei Straßen, die quer durch das Lager liefen, in drei Abschnitte geteilt. Der erhöhte Bedarf an Schreibstuben für die Verwaltung eines festen Standorts führte bei den dauerhaften Lagern dazu, Kommandantur und Wohnhaus des Kommandeurs zu trennen. Entsprechend seiner gestiegenen Bedeutung erhielt dieser Verwaltungsbau die beherrschende Position an der Kreuzung der beiden wichtigsten Lagerstraßen. Das Gebäude wurde Principia genannt (Plural des lateinischen Worts *principium*). Es stand genau an jener Stelle, an der im Marschlager das Zelt des Befehlshabers, das Praetorium, aufgeschlagen wurde. Das Wohnhaus des Kommandeurs, das weiterhin Praetorium hieß, erhielt in der Regel seinen Platz hinter den Principia wie in Neuss, bisweilen auch daneben (Vetera I). — Es ist ungewiß, wohin das Praetorium in Inchtuthil kommen sollte. Das Lager wurde aufgegeben, noch bevor es fertig war. Unbebaute Flächen, in die das Praetorium hineinpassen würde, sind sowohl hinter als auch neben den Principia freigeblieben.

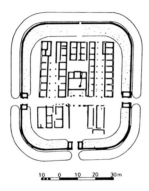

Abb. 18
Numeruskastell Hesselbach
am Odenwaldlimes,
Hessen.
Maßstab 1 : 2000.

In einem dauerhaften Militärlager mußte der Nachschub von Lebensmitteln sorgfältig organisiert werden. Die Römer legten Wert darauf, den Bedarf an Getreide und anderen Gütern für längere Zeit — bis zu einem Jahr — einzulagern. Dafür waren Lagerhäuser und Speicherbauten (Horrea) nötig, die üblicherweise wegen des leichteren Zugangs in der Nähe der Tore standen. In Neuss gab es Thermen neben den Principia; in Inchtuthil lag das Bad außerhalb der Wehrmauer, sollte aber wohl auf einer der erwähnten freien Flächen noch errichtet werden. Andere Gebäude im Mittelstreifen des Lagers waren das Lazarett, Werkstätten und Magazine für die Ausrüstung. Außerdem lagen die Unterkünfte der ersten Legionskohorte rechts neben den Principia. Die Wohnbauten der fünf ranghöchsten Centurionen dieser Kohorte grenzten an die Via principalis. Eine weitere Legionskohorte war zur Linken der Principia untergebracht. — Im Vorderteil des Lagers, in der Praetentura, lagen die Häuser der sechs Militärtribunen. Sie waren auf die Via principalis ausgerichtet. Dort war außerdem die Schola (Versammlungsplatz) der ersten Kohorte. In Inchtuthil sind allerdings nur vier der sechs Tribunenhäuser fertiggestellt worden. Der in Neuss stationierten Legion war eine Ala beigeordnet, deren Quartiere sich vor den Tribunenhäusern in der Praetentura befanden[5]. Die Mannschaftsbaracken der übrigen Legionskohorten standen im vorderen Abschnitt der Praetentura und nahmen außerdem fast die ganze Retentura ein. An den wichtigsten Straßen beider Lager waren Zeilen kleinerer, gleichartiger Kammern aufgereiht, die sich zu den Straßen hin in eine offene Vorhalle (Portikus) öffneten. Ihr Zweck ist unbekannt.

44

Vielleicht dienten sie als Schuppen für Troßfahrzeuge und Gerät, als zusätzliche Lagerräume oder auch als Werkstätten[6].

Die Auxiliarkastelle waren verkleinerte Abbilder dieser großen Legionslager. Meist waren Principia, Praetorium und Speicherbauten im Mittelstreifen des Kastells untergebracht, während die Mannschaftsbaracken vornehmlich in der Praetentura und in der Retentura standen. Werkstätten gab es in den meisten Kastellen, Lazarette wohl nur in den größeren. Das Badegebäude lag gewöhnlich außerhalb der Umwehrung.

Bisher sind nur wenige Numeruskastelle untersucht worden. Besonders zu erwähnen ist Kastell Hesselbach im Odenwald am obergermanischen Limes. Es besaß in der Mitte des 2. Jahrhunderts eine steinerne Umwehrung, die hölzerne Innenbauten umschloß. In diesem kleinen Limeskastell befand sich hinter den Principia ein kleiner Bau mit Mittelkorridor. Dieser Bau könnte das Praetorium gewesen sein, wenn man dafür nicht den etwas größeren Bau rechts in der Praetentura in Anspruch nehmen will. Die beiden kleinen Gebäude links in der Praetentura können Ställe gewesen sein.

Abb. 18

GRUNDRISS EINES AUXILIARKASTELLS

Im folgenden soll nun ein typisches Auxiliarkastell vorgestellt werden:

Abb. 19

Wehranlagen

1. Ein oder mehrere Verteidigungsgräben *(fossae)*, die um das Lager zogen. Bei manchen Kastellen liefen die Gräben vor den Toren durch und mußten dann von hölzernen Brücken überquert werden. Sie konnten aber auch vor den Toren unterbrochen sein, so daß die Zufahrtswege über Erdbrücken führten.

2. Bisweilen sind zusätzliche Annäherungshindernisse in der Form zugespitzter Pfähle oder ähnliche Vorrichtungen in oder zwischen den Gräben festgestellt worden. Auch vor den Gräben sind mitunter Hindernisse angelegt worden, etwa spitze Hölzer in zugedeckten Gruben *(lilia)*.

3. Wehrmauer: a) Aus Erde oder aus Rasensoden *(vallum)*. Die Erde stammte meist aus dem Grabenaushub. Unter solchen Wehrmauern fand man bei Ausgrabungen häufig einen Rost aus Rundhölzern oder eine Steinpackung. Die Frontseite der Umwehrung wurde durch eine Verkleidung aus Hölzern oder Rasensoden senkrecht gehalten. Zu dieser Art von Wehrmauern gehörten hölzerne Eck- und Zwischentürme, die in den Wallkörper eingebaut waren. b) Wehrmauer aus Stein *(murus)*, hinter der meist ein Erdwall aufgeschüttet war (Beispiel: Saalburg am obergermanischen Limes). Es gab andererseits auch Kastelle mit freistehenden Steinmauern (Beispiel: Kastell Welzheim-Ost am obergermanischen Limes). Zu diesen Wehrmauern gehörten üblicherweise steinerne Eck- und Zwischentürme.

Abb. 210

4. Das Intervallum. Es bildete einen freien Raum zwischen der Innenseite der Umwehrung und der bebauten Innenfläche des Kastells. Man fand dort Backöfen, Vorratsschuppen und Toiletten. Nicht jedes Kastell besaß ein ausgeprägtes Intervallum. Falls eine Via sagularis (Wallstraße) vorhanden war, nahm sie entweder das gesamte Intervallum ein oder begrenzte es zum Lagerinneren hin.

Tore und Straßen

1. Die Via principalis verband die Porta principalis sinistra (linkes Seitentor) mit der Porta principalis dextra (rechtes Seitentor).

2. Die Via praetoria führte von den Principia zur Porta praetoria (vorderes Tor, Haupttor).

3. Die Via decumana lief von der Rückseite der Principia zur Porta decumana (rückwärtiges Tor).

4. Hinter den Principia gab es bei vielen Kastellen eine Straße, die parallel zur Via principalis quer durch das Lager führte.

5. Die Via sagularis zog innen an der Wehrmauer um das Lager herum. Nicht bei jedem Kastell war eine ausgebaute Via sagularis vorhanden.

6. Viae vicinariae waren kleinere Nebenstraßen oder -gassen zwischen den Mannschafts- baracken, Ställen oder anderen Innenbauten des Lagers.

Inneneinteilung

1. Der Mittelstreifen des Lagers wurde im Marschlager als Latera Praetorii bezeichnet. Wie er in den Standlagern hieß, wissen wir nicht. Der Mittelstreifen enthielt die Principia und die Gebäude rechts und links davon. Bei den meisten Auxiliarlagern befand sich rechts neben den Principia das

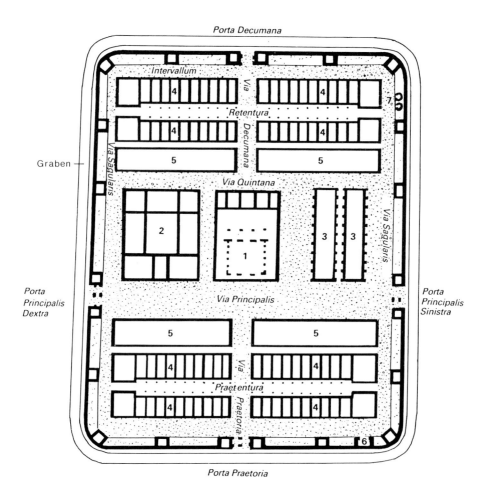

Abb. 19   Die wichtigsten Bauwerke eines Auxiliarkastells
1 Stabsgebäude (Principia)
2 Haus des Kommandeurs (Praetorium)
3 Getreidespeicher (Horrea)
4 Mannschaftsbaracken (Centuriae)
5 Speicher oder Ställe
6 Toiletten
7 Öfen an der Wehrmauer

46

Haus des Kommandeurs (Praetorium). Ferner standen ein oder zwei Getreidespeicher (Horrea), vielleicht auch eine Werkstatt (Fabrica) oder ein Lazarett (Valetudinarium) im Mittelstreifen. Bei einigen Kastellen sind Mannschaftsbaracken im Mittelstreifen des Lagers beobachtet worden (Hod Hill, Valkenburg, Saalburg, Hesselbach).

2. Die Praetentura war der vordere Teil des Kastells zwischen Via principalis und Porta praetoria. Hier standen Mannschaftsbaracken (Centuriae), Ställe (Stabula) und Speicher (Horrea) entweder parallel zur Via praetoria *(per scamna)* oder im rechten Winkel dazu *(per strigas)*. In manchen Kastellen Obergermaniens lag das Praetorium ausnahmsweise in der Praetentura (Saalburg).

3. Die Retentura, der rückwärtige Teil des Kastells, begann hinter den Principia und erstreckte sich bis zur Porta decumana. Sie enthielt Mannschaftsbaracken, Ställe und Versorgungsbauten, die wie in der Praetentura entweder *per scamna* oder *per strigas* ausgerichtet waren. Bei manchen *Abb. 180* Kastellen lag das Praetorium hinter den Principia in der Retentura (Oberstimm).

DIENSTBETRIEB IN EINEM KASTELL

Keine antike Schriftquelle berichtet in zusammenhängender Form über den Ablauf des täglichen Dienstes. Nebenher jedoch erfährt man manche Einzelheiten aus literarischen Texten, Steininschriften und Papyri. Daraus läßt sich ein ungefähres Bild des Dienstbetriebes zusammenfügen. In der Antike unterschied man 12 Tag- und 12 Nachtstunden, die jeweils von Sonnenaufgang bzw. Sonnenuntergang gerechnet wurden. So hatte die Stunde im Jahreslauf keine feste Länge, sie konnte damals auch nicht so genau gemessen werden wie heute. Das Zeitgerüst für den täglichen Dienst bildeten das Wecken, der Zapfenstreich und der Aufzug der Wachen. Sie wurden durch Signale mit dem Horn *(bucina)* angegeben; möglicherweise auch die Mahlzeiten. Jede Hilfstruppe hatte dafür mindestens einen Hornisten *(bucinator)*. — Geweckt wurde schon vor Sonnenaufgang. Das Frühstück war bald erledigt, für die Körperpflege war eine andere Tageszeit vorgesehen. Die Unterführer konnten ihre Leute daher bald zum Dienst heraustreten lassen. Etwa beim Sonnenaufgang eilten sie zur Morgenmeldung in die Kommandantur (Principia). Der Chef der Einheit oder sein Stellvertreter (»Offizier vom Dienst«) nahm die Meldung entgegen, verlas den Tagesbefehl mit Losungswort, gab Abkommandierungen bekannt und teilte die Wachen ein. Ein Schreiber nahm alles zu Protokoll, er stellte aus den Meldungen die Iststärke der Einheit fest und notierte die Abkommandierungen, Rückmeldungen und Krankheitsfälle. Einige solcher Morgenmeldungen haben sich in Dura-Europos (Syrien) im Original auf Papyrus erhalten.

Der Vormittag war Waffen- und Gefechtsübungen vorbehalten, besonders für die Rekruten, die noch in der Grundausbildung standen. Viele der älteren Soldaten waren allerdings auf Wache, andere im Außendienst oder durch Arbeit in den Werkstätten und in der Verwaltung beschäftigt. Doch weisen die Dienstvorschriften darauf hin, daß auch diese Soldaten einschließlich der Gefreiten immer wieder am Exerzieren teilzunehmen hatten. — Die Mittagszeit wurde durch ein Hornsignal bezeichnet. Es gab zugleich die Ablösung der Tagwachen an, die morgens aufgezogen waren. Der Nachmittag galt als Freizeit für die wachtfreien Soldaten und jene, die nicht für besondere Aufgaben abkommandiert waren. Die lateinische Bezeichnung dafür war *corpora curare*, wörtlich »Körperpflege«; es war im weitesten Sinn gemeint. Denn die Leute benötigten diese Zeit auch zur Bereitung des Essens innerhalb der Stubengemeinschaften. Dabei wurde unter anderem die Getreideration gemahlen und Brot gebacken. Jetzt konnte auch die Ausrüstung gepflegt werden. Jede Einheit besaß ein großes Badegebäude. Es stand nachmittags jenen Soldaten zur Benutzung offen, die dafür noch Zeit erübrigen konnten.

Die Hauptmahlzeit *(cena)* war abends vor Sonnenuntergang, etwa zur elften Stunde. Die Offiziere der Einheit nahmen sie wohl in der Regel bei ihrem Kommandeur ein, die Soldaten in den

Stubengemeinschaften. Nach Einbruch der Dunkelheit gab ein Hornsignal den Zapfenstreich an, zugleich den Aufzug der ersten Nachtwachen. Die Nacht war in vier Nachtwachen *(vigiliae)* eingeteilt, deren Anfang und Ende durch Hornsignale verkündet wurden. Jede Wache wurde schriftlich angeordnet und protokolliert. — Dieser eintönige Dienst wurde alle zehn Tage durch Geländeübungen, gelegentlich auch durch größere Manöver unterbrochen. Allerdings milderten viele Fest- und Feiertage seine Härte. Außerdem stand den Soldaten Urlaub zu.

KAPITEL 3

Bau eines Kastells

WAHL DER LAGE IM GELÄNDE

»Das Lager soll an einem sicheren Ort aufgeschlagen werden, besonders wenn der Feind nahe ist. Es darf nicht an Holz fehlen, auch muß es möglich sein, Lebensmittel zu requirieren und Wasser zu holen. Ist das Lager für einen längeren Aufenthalt bestimmt, so soll der Ort gesund sein. In der Nähe darf kein Hügel oder Berg liegen, der vom Feind besetzt, bedrohlich werden kann. Auch muß darauf geachtet werden, daß nicht etwa ein Wasserlauf das Lager überschwemmt und das Heer gefährdet.«[1] Nach Vegetius waren das die Kriterien für die Ortswahl eines Legions-Marschlagers; sie galten mit entsprechenden Abwandlungen auch für die Anlage dauerhafter Auxiliarkastelle. — Üblicherweise war der Praefectus Castrorum einer Legion verantwortlich für die Wahl des Lagerplatzes, doch haben auch andere Offiziere diese Aufgabe übernommen. Tacitus schreibt beispielsweise, daß Julius Agricola, unter Kaiser Domitian Statthalter in Britannien, auf seinen Feldzügen im Norden des Landes das Gelände erkundete und geeignete Lagerorte selbst aussuchte.[2]

Die Auxiliarkastelle des 1. und 2. Jahrhunderts n. Chr. wurden im Gegensatz zu mittelalterlichen Burgen nicht in erster Linie als möglichst uneinnehmbare und leicht zu verteidigende Wehrbauten geplant. Zwar besaßen die Kastelle Wehranlagen, doch waren sie eher Stützpunkte, von denen aus die Besatzungen das umliegende Land kontrollieren sollten. Falls erforderlich, traten sie dem Feind im offenen Gelände entgegen und verschanzten sich nicht hinter Mauern. Die relativ leichten Wehrbauten der Kastelle sollten lediglich einen Schutz gegen plötzliche Überfälle bieten. Nach den Empfehlungen Hygins sollte das Marschlager möglichst auf einer »zur Ebene sanft abfallenden Anhöhe« liegen, wohl auch in der Nähe eines Flusses; als weniger günstig wurde die Lage auf einer von Natur aus schwer zugänglichen Höhe angesehen.[3] Verkehrsgünstige Lage, gute Wasserversorgung und genügend Holz zum Bauen und zum Heizen waren sehr wichtig für die Wahl des Lagerorts. Oft wurde ein flacher Geländesporn oder eine Geländeterrasse gewählt, an deren Böschungskanten sich die Umwehrungen anlehnen konnten. War Sumpfgelände in der Nähe, so nutzte man es zum Schutz wenigstens einer Kastellseite. Gerne wurde die Lage am Zusammenfluß zweier Wasserläufe gewählt, wo eine gute Sicht weit in die Täler hinein möglich war. Eine solche Platzwahl hatte in Gebirgsgegenden besondere Bedeutung, wo die Verkehrsadern den Flußtälern folgten. In den Bergen Schottlands beherrschten Kastelle in ausgewählt günstiger Lage die Zugänge zu den Gebirgspässen.[4] Auxiliarlager wurden auch oft zum Schutz einer Flußbrücke oder -furt oder der Kreuzung zweier Fernstraßen errichtet. In solchen Fällen erschien die Funktion der unmittelbaren Überwachung des Flußübergangs oft wichtiger als eine Lage mit guter Geländeübersicht. — Viele Kastelle lagen an Flüssen, die in der Antike als Verkehrsadern oft eine größere Rolle spielten als heute. Jedes Kastell war durch ein gutes Straßennetz, das Nachrichtenübermittlung und regelmäßigen Nachschub garantierte, mit den Nachbarkastellen und dem Hinterland verbunden.

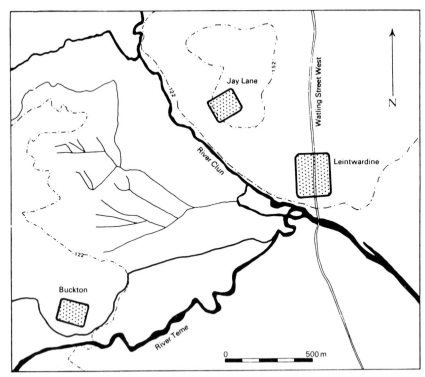

Abb. 20   Lageänderung aufeinanderfolgender Kastelle: 1 Jay Lane, 2 Buckton,
3 Leintwardine (Wales).

Abb. 216

Empfehlungen zur Ortswahl der Lager, wie sie Vegetius überliefert[5], sind allerdings nicht immer beachtet worden. Kastelle wie die von Chesterholm oder Risingham im Norden Britanniens konnten zwar von den umliegenden Anhöhen aus eingesehen werden, lagen aber außerhalb der Reichweite feindlicher Geschosse. Das war durchaus nicht der Fall in Osterburken (Baden-Württemberg), wo sich das Kohortenkastell seit der Mitte des 2. Jahrhunderts n. Chr. in sehr ungünstiger Lage am Fuß eines steilen Abhangs zum Tal hinabzog. Hier wogen die Vorteile einer leichten Wasserversorgung und einer guten Verkehrsanbindung die Nachteile der Lage anscheinend auf. Außerdem war der Ort des Kastells bis zu einem gewissen Grad durch den bereits vorgeplanten, schnurgeraden Verlauf des äußeren obergermanischen Limes bestimmt worden. Man erhält besonders hier den Eindruck, beim Bau des Kastells um 160 n. Chr. herrschten so friedliche Verhältnisse, daß die Römer mit keiner Gefahr rechneten. Das änderte sich bald; etwa 25 Jahre später, unter der Regierung von Kaiser Commodus, wurde der Abhang oberhalb des Kastells bis zur oberen Geländekante mit einer zusätzlichen, steinernen Umwehrung gesichert, die sich an das Kohortenkastell anlehnte. Sie nahm zugleich einen Numerus als Besatzung auf.

Bei anderen Kastellen haben die römischen Planer die Überschwemmungsgefahr unterschätzt. In Bochastle in Schottland sind die Wehrbauten auf der Nordseite von dem Fluß Leny überschwemmt und unterspült worden, so daß die Wehrmauer auf überschwemmungsfreies Gebiet zurückverlegt werden mußte. Mögliche Deichanlagen sind in Ambleside gefunden worden. Dort lief ein Damm vom Kastell zum Ufer des Windermere-Sees. Ähnliches beobachtete man am Kastell Caersws in Wales, an dessen Nordwestseite ein Deich vermutlich Schutz vor Überschwemmungen durch den Fluß Carno gewähren sollte. Das Kastell Dalswinton in Schottland ist wahrscheinlich das Opfer einer Überschwemmung geworden.

Gelegentlich erwies sich der anfangs gewählte Platz aus mancherlei Gründen als ungünstig, und das Kastell mußte verlegt werden. Eine solche Verlegung konnte durch Verstärkung oder Verringerung der Besatzung, durch Änderung der militärischen Lage, durch Überschwemmungsgefahr oder anderes verursacht werden. Das trajanische Kastell Gelligaer in Wales wurde 50 m von seinem größeren, flavischen Vorgänger entfernt neu gebaut, unter anderem wohl wegen Verringerung der Mannschaftsstärke. — Das flavische Kastell Easter Happrew am Fluß Lyne in Schottland wurde am Ende des 1. Jahrhunderts aufgegeben; in der Mitte des 2. Jahrhunderts entstand gegenüber auf der anderen Flußseite ein neues Kastell. Das ältere Lager bot zwar bessere Sichtverhältnisse, doch wurde die Verlegung durch die Anlage einer Fernstraße notwendig, die die Kastelle Newstead und Castledykes verband; es ergab sich, daß die Straßenverbindung auf der anderen Flußseite günstiger herzustellen war.[6]

Eine Veränderung der militärischen Lage spiegelt sich in der Verlegung des Kastells von Llwyn-y-Brain im oberen Severn-Tal (Wales) von der Berghöhe, wo es eine beherrschende Position besaß, auf ein niedrigeres Niveau in Caersws 1 km weiter westlich. Hier haben anscheinend zunächst taktische Erfordernisse während der Anfangsphase der Besetzung die Ortswahl bestimmt, nämlich die Notwendigkeit einer guten Einsicht in mehrere Täler. Später, als es im Lande ruhiger geworden war, brauchte man einen Stützpunkt, um eine wichtige Straßenkreuzung unten am Zusammenfluß zweier Wasserläufe überwachen zu können. — Die Verlegung aufeinanderfolgender Kastelle bei Leintwardine in Herefordshire (Wales) mag auf ähnliche Ursachen zurückgehen. Sie *Abb. 20* lagen etwa in der Mitte der Verbindungsstraße zwischen den Legionslagern Caerleon und Chester und nahmen dort über dreihundert Jahre lang eine militärisch wichtige Position ein. Das erste Kastell bei Jay Lane wurde aufgegeben zugunsten eines neuen bei Buckton, etwa 1,3 km südwestlich. Die Verlegung beruhte ähnlich wie bei Caersws darauf, daß in der späteren Zeit eine lokale Überwachungsaufgabe den Vorrang erhielt vor den taktischen Bedürfnissen der anfänglichen Eroberungsphase. Schließlich wurde direkt in Leintwardine ein wesentlich größeres Kastell errichtet. Diese Neugründung wurde unterschiedlich interpretiert; sie könnte durch Überschwemmung des letzten Kastellorts Buckton verursacht worden sein, vielleicht aber auch durch den Wunsch, näher an die bedeutende Fernstraße Watling Street West heranzurücken.[7]

VORBEREITUNG DER BAUSTELLE

Für die Vermessungsarbeiten wurde der gewählte Bauplatz von Bäumen und Buschwerk gesäubert. Dann konnte das Abstecken der Umwehrung und der Innenbauten beginnen. — Heute können botanische Untersuchungen von Pollen und Pflanzenresten wertvolle Aufschlüsse über die örtliche Pflanzengesellschaft geben, die vor dem Bau des Kastells vorhanden war. Man findet solche Pflanzenreste bisweilen auf der ursprünglichen Bodenoberfläche, wenn diese unter einer antiken Wallaufschüttung liegt und daher seit dem Altertum gewissermaßen versiegelt war. Auch Rasensoden aus der Umwehrung oder Ablagerungen in sumpfigem Milieu können botanische Informationen enthalten. Allerdings besitzt man bisher nur aus wenigen Kastellen solche Zeugnisse der antiken Umwelt. Pollenanalysen aus Brough on Humber und Pen Llystyn sprechen dafür, daß beide Kastelle auf Rodungen im Mischwald errichtet worden sind.[8] Die Analysen sind jedoch etwas problematisch, weil manche Pollen über weite Strecken verweht worden sein können. Zweige sind verläßlichere Zeugen; leider findet man sie selten, weil sie sich nur in sehr feuchtem Boden erhalten. — In bewaldeten Gegenden mußten die Bautrupps zahlreiche Bäume fällen und Baumstümpfe ausroden, um die Baustelle zugänglich zu machen, etwa in den bergigen Gegenden Britanniens und in den Mittelgebirgswäldern der germanischen Grenze. Eine neuere Untersuchung hat ergeben, daß in den tiefer gelegenen Zonen Britanniens und in den fruchtbaren Tälern des Berglands noch immer ausgedehnte Mischwälder mit Eichen vorhanden waren, trotz der Rodungen und des Ackerbaus seit der Jungsteinzeit. Im Bergland, bis zu einer Höhe von wenigstens 750 m, gab es schottische Kiefer und Birke. In den Mittelgebirgen West- und Süddeutschlands, durch die der Limes lief, dominierten Eichen-Buchen-Mischwälder; auf armen Sandböden, etwa über dem Sandsteinkeuper Frankens, wuchs auch die Kiefer.[9]

Außerdem mußte in der Umgebung des Kastells eine hinreichend große Fläche abgeholzt werden, um eine gute Sicht von der Wehrmauer aus zu schaffen und um den Angreifern jede Deckungsmöglichkeit zu nehmen. Der Bau eines Lagers mit einer Innenfläche von 1,6 ha erforderte beispielsweise, daß insgesamt rund 6 ha zu roden waren. Außer der Innenfläche des Kastells mußte der Raum für die Wehranlagen mit den Verteidigungsgräben gerodet werden und darüber hinaus ein freier Raum mit einer Tiefe von etwa 35 bis 45 m vor den Gräben hergestellt werden.[10]

Für den Bau eines Holzkastells wurde geeignetes Holz an Ort und Stelle geschlagen und sofort verwendet; man wartete nicht, bis es abgelagert war. Für die Holzeinbauten der Wehrmauer, die Tore, Türme und Innenbauten eines solchen Lagers von 1,6 ha Innenfläche waren immerhin etwa 650 Kubikmeter Bauholz notwendig. Die Truppen haben es nicht weiter als unbedingt nötig transportiert. Man mußte je nach Bestandsdichte 6,5 bis 12 ha einschlagreifen Wald roden, um diesen Bedarf zu decken.[11]

Waren die Bäume gefällt, dann wurde das Buschwerk und die überflüssigen Zweige abgebrannt. Das geschah etwa bei dem Bau der Kastelle Buckton (Wales) und Ebchester (Nordengland). Bei der Ausgrabung des Kastells Hesselbach im hohen Odenwald kamen ebenfalls Holzkohlereste zutage, die von den Rodungsarbeiten herrührten. Ihre botanische Untersuchung ergab, daß ein Eichenbestand niedergelegt worden ist, um das Kastell zu errichten.

Erbauten die Römer ein Kastell im Weideland, dann stachen sie Rasensoden auf der Lagerfläche ab, wenn die Wehrmauer aus diesem Material gebaut werden sollte.[12] — Oft war es erforderlich, den Baugrund vor dem Bau des Kastells erst einmal einzuebnen. So wurde zum Beispiel in Bowness an der Hadriansmauer der Boden mit einer Schicht hellen Lehms überplaniert, um eine ebene Fläche für die Kastellbauten zu schaffen. In Birdoswald an der Hadriansmauer lag ursprünglich ein vorgeschichtlicher Ringwall auf einer Landzunge, die an drei Seiten von sumpfigem Boden umgeben war. Um hier ein Kastell zu bauen, mußten die römischen Bautrupps zunächst die Vertiefungen ausfüllen und den Sumpfboden trockenlegen, ehe sie eine trockene und ebene Fläche für das Kastell erhielten.[13] — In manchen Fällen wurde der Baugrund auch dann durch Planierungsarbeiten hergerichtet und erhöht, wenn der Platz eines aufgegebenen Lagers wiedergewählt oder ein vorhandenes Kastell erneuert wurde. So ist beispielsweise bei den Kastellen Caersws, Binchester und Brough on Noe der Untergrund durch eine bis zu 60 cm dicke Planierschicht erhöht worden, um die Überschwemmungsgefahr zu mindern.[14]

VERMESSUNG UND ABSTECKEN DER GRUNDRISSE

In den Digesten, jener berühmten Gesetzessammlung aus der Spätantike, ist ein Text des Juristen Tarruntenus Paternus aus der zweiten Hälfte des 2. Jahrhunderts n. Chr. überliefert. Er gibt eine Liste der Immunes (Gefreiten) der Legion, also derjenigen Soldaten, die vom üblichen Dienst zum Teil befreit waren, um ihren erlernten Beruf dienstlich auszuüben. Er nennt dort auch *mensores;* allerdings ist nicht klar, ob er Vermessungstechniker *(mensores agrarii)* meinte oder Leute, die die Getreideration zumaßen *(mensores frumenti).* Bei Vegetius werden Mensores und auch Agrimensores als Vermessungstechniker erwähnt und ihre Tätigkeit beschrieben: »Die Mensores sind diejenigen, die die Plätze im Lager nach Fuß ausmessen, an denen der Soldat sein Zelt aufschlägt. Sie weisen den Truppen in den Städten auch die Quartiere zu«.[15] Ferner: »Die Agrimensores

Abb. 21   Trajanssäule, Rom. Legionssoldaten beim Fällen und Transport von Bauholz. Anfang 2. Jahrhundert n. Chr.

(Feldmesser) müssen die Abmessungen genau berechnen, damit das Lager zur Stärke des Heeres
paßt. In einem zu engen Lager behindern sich die Verteidiger gegenseitig, in einem zu weiten müssen sie sich auf einen zu großen Raum verteilen«.[16] Sicherlich besaßen die Vermessungstechniker
Handbücher, um sowohl den Verlauf der Wehranlagen als auch die Grundrisse der Innenbauten
für die vorgesehene Besatzung und den besonderen Zweck des Lagers planen zu können. Allerdings ist keines dieser Handbücher für die Planung römischer Standlager erhalten geblieben.

Dagegen besitzen wir in dem schon erwähnten Werk Hygins eine Art Handbuch, das zur Planung eines großen Marschlagers anleitete. Hygin empfahl dort unter anderem, das Lager solle um
die Hälfte länger sein als breit — er nannte ein solches Lager »tertiata« —, denn wenn man es länger bauen würde, könnten die Hornsignale nicht mehr überall gehört werden.[17] Diese Begrün-
dung Hygins für die Wahl der Lagerproportion ist natürlich nur für das ausgedehnte Marschlager
zutreffend, das er behandelte. — Vegetius meinte andererseits, die Gestalt der Befestigung solle
eher durch das Gelände bestimmt werden: ». . . das Lager soll je nach der Geländebeschaffenheit

quadratisch, rund, dreieckig oder oblong gebaut werden; seine Brauchbarkeit wird nicht von der Form bestimmt . . .«[18] Derartige Aussagen des Vegetius sind schwer einzuordnen, weil der spätrömische Autor ältere und zeitgenössische Quellen verarbeitet hat und oft wahllos zusammenfügte. Seine hier zitierte Meinung kann aus der Spätantike stammen. In dieser Spätphase des Römerreichs sind die Wehrbauten nach anderen Prinzipien geplant worden als in der frühen und hohen Kaiserzeit, deren Kastellbauten hier behandelt werden.

Im allgemeinen erhielten die Auxiliarkastelle etwa seit der Mitte des 1. Jahrhunderts n. Chr. einen rechteckigen Grundriß mit abgerundeten Ecken, die klassische »Spielkarten-Form«. Doch gab es Ausnahmen, etwa wenn der gewählte Ort Einschränkungen erzwang. So geschah es zum

Abb. 192

Beispiel in Fendoch im schottischen Hochland, wo sich der einzige geeignete Bauplatz oben auf einer langgezogenen Anhöhe befand, die eine schmale, ziemlich langgestreckte Rechteckform des Kastells bedingte.

Hygin führt aus, die Porta praetoria solle dem Feind zugewandt sein. Die gleiche Vorschrift wird von Vegetius wiederholt, und dieser fügt hinzu, das Lager solle entweder nach Osten oder zur vorgesehenen Marschroute hin ausgerichtet werden.[19] Beide antiken Autoren beschreiben Marschlager, bei denen die »dem Feind zugewandte« Ausrichtung sich einfach aus der Marschrichtung ergab: Das Heer hätte auf dem Marsch Tag für Tag viel Zeit verloren, wäre es aus einem der Marschrichtung abgewandten Tor ausgezogen. Für Standlager galt der Grundsatz der Orientierung auf den Feind nicht, weil praktische Rücksichten nicht selten andere Lagerorientierungen erforderten: Verkehrs- und Nachrichtenverbindungen, leichter Zugang und einfache Wasserversorgung erschienen den Planern dann vorrangig.

Polybios teilt mit, daß die Porta decumana, im Rücken des Marschlagers in relativer Sicherheit gelegen, das Tor für den Nachschub war; dort mußten auch diejenigen Soldaten hindurchgehen, die bestraft oder hingerichtet werden sollten.[20] Diese Aussage bezieht sich auf Marschlager des 2. Jahrhunderts v. Chr. und kann nicht ohne weiteres auf die Standlager der Kaiserzeit übertragen werden. — Nach Hygin soll die Porta decumana die höchste Stelle jener Lager einnehmen, die am Hang einer sanft abfallenden Anhöhe liegen. Die Porta decumana kam dann oben auf die Höhe, die Lagerfläche breitete sich unter ihr aus bis zum Fuß des Hügels. So wurde sichergestellt, daß das Lager auch die Höhe des Hügels und damit die Gegend beherrschte. Dieser Gesichtspunkt ist bei der Ortswahl einiger Standlager ebenfalls beachtet worden, beispielsweise bei dem neronischen Zweilegionslager Vetera I bei Xanten. — Hygin weist ferner auf die Notwendigkeit hin, das Lager so zu planen, daß genügend frische Luft durch die Lagergassen streichen kann. Der planerische Grundsatz stammt aus dem antiken Städtebau und findet sich in diesem Zusammenhang bei Vitruv.[21] Eine praktische Bedeutung hatte er nur beim Bau sehr großer Marsch- und Standlager.

Nach der Entscheidung über die Gestalt des Lagers steckten die Vermessungstechniker die beiden Hauptachsen ab, den Cardo und den Decumanus, und markierten deren Verlauf mit farbigen Fähnchen. Ein Vermessungsgerät, Groma genannt, wurde zum Abstecken rechter Winkel benutzt. Es bestand aus einem waagerechten Kreuz, dessen vier Arme jeweils Winkel von 90 Grad zueinander bildeten. Sie trugen an ihren Enden je ein Senkblei an einer Schnur.[22] Das Gerät war so an einem Stab befestigt, daß der Vermessungstechniker ungehindert über je zwei gegenüberliegende Senkelschnüre visieren konnte. Auf diese Art konnte er eine gerade Linie im Gelände

Abb. 22, 23

ausfluchten. Visierte er nun über die Schnüre des zweiten Senkelpaars, dann erhielt er eine Linie, die auf der ersten senkrecht stand. Ein weiterer Senkel hing von der Mitte des Kreuzes herab. Damit konnte der Mittelpunkt des Meßkreuzes genau über einen im Boden markierten Punkt gebracht werden. — Vielleicht war das Meßkreuz nicht bei jeder Groma genau justiert; dadurch entstanden Fehler beim Abstecken rechter Winkel. Die verschobenen Grundrisse der Kastelle Pfünz in Bayern und Easter Happrew in Schottland wie auch Unregelmäßigkeiten im Plan des Kastells Caernarfon in Wales können von einem solchen Gerätefehler herrühren. — Metallteile einer Groma sind in Pompeji ausgegraben worden. Ein merkwürdiges Eisengerät aus dem Kastell Pfünz ist ebenfalls als Groma angesprochen worden, aber wohl zu Unrecht, denn die Halterung des

Abb. 22   Abstecken eines rechten Winkels mit der Groma.

waagerechten Kreuzes entspricht nicht der oben gegebenen Beschreibung und würde Messungen behindern. Die kleinen, faltbaren Fußmaßstäbe aus Bronze, die man etwa aus den Kastellen Zwammerdam (Niederlande) oder Weißenburg (Bayern) kennt, sind eher von Handwerkern als von Feldmessern verwendet worden.[23] Metae oder Signa genannte Fluchtstäbe wurden zum Abstecken gerader Linien benutzt. Längen maß man mit Stäben von zehn Fuß Länge, sie wurden daher als Decempedae bezeichnet. Außerdem sind Meßschnüre und Markierungspflöcke verwendet worden. Studien über römische Maßeinheiten und -methoden im Kastell Gelligaer (Wales) scheinen zu ergeben, daß dort für die Längenmessung wohl eine Decempeda benutzt worden ist, weil die Abmessungen der Innenbauten häufig ein Vielfaches von 5 oder 10 römischen Fuß betragen.[24] Ein römischer Fuß *(pes)* war 29,6 cm lang.[25]

Der Punkt genau in der Mitte der Via principalis, über dem beim Ausfluchten der Lagerachsen die Groma gestanden hatte, hieß ebenfalls Groma. — Der Cardo bildete die Achse der Via principalis, der Decumanus die der Via praetoria im Vorderteil und der Via decumana im rückwärtigen Teil des Lagers. Waren die beiden Achsen abgesteckt, konnte die Lage der vier Tore bestimmt werden. Der Raum für die Gebäude im Mittelstreifen des Lagers wurde mit Fluchtstäben oder Schnüren markiert. Nach hinten war dieser Raum durch die Via quintana begrenzt. Die Lage der Nebenstraßen und -gassen, der Mannschaftsbaracken, Ställe und sonstigen Bauwerke wurde anschließend auf die gleiche Art festgelegt. — Vor Beginn der Bauarbeiten fand ein feierliches Opfer statt. Im Kastell Pen Llystyn (Wales) ist in den Principia, am Eingang zur Querhalle, eine flache, mit verkohltem Material gefüllte und mit Sand bedeckte Grube gefunden worden. Die Grube lag knapp einen römischen Fuß vom genauen Mittelpunkt des Lagers entfernt auf der Längsachse der Principia, 75 Fuß von der Mittelachse der Via principalis entfernt.[26] — Ungefähr in der Mitte des kleinen Holzkastells der Saalburg (Hessen) wurde ein quadratisches Pflaster von 1,20 m Seitenlänge gefunden, an dessen Ecken je ein Pfostenloch war; der Ausgräber hat es als Rest eines provisorischen Altars gedeutet.[27]

Einzelheiten des Absteckverfahrens für die Umwehrung und den Verteidigungsgraben sind nicht überliefert. Man wird sie einfach mit ausgespannten Schnüren markiert haben. Falls das Kastell in einem Wiesengrund lag, konnten längs der Schnüre Rasensoden ausgestochen und auf diese Art die Grundrisse deutlicher bezeichnet werden. Für die Markierung eigneten sich auch flache Gräben, die mit dem Spaten längs der Schnüre gezogen werden konnten. Solche Gräben,

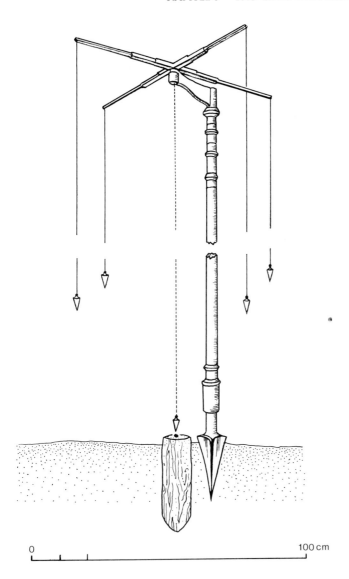

Abb. 23 Rekonstruktion der Groma nach einem Fund aus Pompeji.

0   100 cm

mit denen der Verlauf der Wehrmauer angegeben werden sollte, glaubt man in den Kastellen Buckton und Caersws beobachtet zu haben. In der Nähe des Südtors des Kastells Birdoswald (Hadriansmauer) ist ein unfertiger Abschnitt des Verteidigungsgrabens gefunden worden. Er scheint in der hier beschriebenen Art markiert worden zu sein.[28]

BAULEITUNG

Bei der Legion leitete der Praefectus Castrorum die gesamten Bauarbeiten. Er war verantwortlich für »den Ort des Lagers und die Planung von Wall und Graben; die Zelte oder Baracken der Soldaten und der gesamte Troß standen unter seiner Aufsicht«. Auch sorgte er für »das geeignete Werkzeug zum Holzschlagen und -sägen, zum Aushub der Gräben, Bau der Brustwehren und zum Verlegen von Wasserleitungen.«[29] Bei der Legion gab es eine große Zahl von Handwerkern und anderen Fachleuten unter den schon erwähnten Immunes: »Grabenbauer, Veterinarii, Architekten, Schiffssteuerleute, Schiffszimmerleute, Artilleristen, Glaser, Pioniere, Pfeilmacher, Bronzearbeiter, Helmklappenverfertiger, Zimmerleute, Schindelmacher, Schwertfeger, Wassertechniker, Rohrmacher, Musikinstrumentenbauer, Klempner, Grobschmiede, Steinmetzen, Kalkbrenner, Holzfäller und Köhler.«[30] Dagegen kennen wir nur wenige schriftliche Belege für Handwerker und Techniker bei den Auxiliareinheiten. Im Norden Britanniens ist vor der Regierung Kaiser Hadrians keine Inschrift bekannt, die Zeugnis von Handwerkern der Hilfstruppen gibt; allerdings sind aus dieser Epoche überhaupt nur wenige militärische Inschriften erhalten geblieben. Die Funde von Handwerkszeug aus Auxiliarkastellen erweisen nämlich, daß auch die Hilfstruppen Handwerker in ihren Reihen hatten. Auf den Reliefs der Trajanssäule in Rom sind zahlreiche Bauszenen wiedergegeben; hier sind stets Legionäre, nicht Auxiliarsoldaten abgebildet, die Bauarbeiten ausführen und Material heranschaffen. Man nimmt daher an, daß die Hilfstruppen für den Bau ihrer Kastelle anfangs nur in geringem Umfang eingesetzt wurden und vornehmlich Handlangerarbeiten leisteten, vielleicht bis in die Zeit Kaiser Hadrians. Zweifellos waren die weit zahlreicheren, spezialisierten Facharbeiter der Legionen besser ausgebildet und besaßen mehr Erfahrung als die wenigen Handwerker der Hilfstruppen.

Frühe Belege dafür, daß Auxiliareinheiten Bauarbeiten ausgeführt haben, stammen in Obergermanien und Raetien schon aus flavischer Zeit. In der Bauinschrift vom Kastell Günzburg (Bayern; 77–78 n. Chr.) bezeichnet sich der Präfekt der dort stationierten Ala als verantwortlich für die Bauarbeiten; ähnlich ist wohl auch die Inschrift vom Kastell Kösching aus dem Jahre 80 zu beurteilen. — Aus Obergermanien stammen spätflavische Ziegelstempel, die die Namen von Hilfstruppen nennen. Sie zeigen, daß die Hilfstruppen sogar Baumaterial hergestellt haben. Solche gestempelten Ziegel sind unter anderem in den Kastellen Rottweil, Frankfurt a. M.-Heddernheim und Wiesbaden gefunden worden. — In Britannien stammen die ersten inschriftlichen Belege für Bauarbeiten der Hilfstruppen aus der Regierungszeit Kaiser Hadrians. Im Kastell Benwell an der Hadriansmauer errichtete eine Abteilung der britannischen Flotte (Classis Britannica) zwischen 122 und 126 n. Chr. einen Kornspeicher. Im Kastell Carvoran, ebenfalls an der Hadriansmauer, wurde die Wehrmauer zwischen 136 und 138 n. Chr. von der dort stationierten Einheit, der Cohors I Hamiorum, vollendet.[31] Bauwerke, die von Hilfstruppen errichtet worden sind, werden in der Folgezeit immer häufiger auf Inschriften erwähnt.[32] Wahrscheinlich ist die handwerkliche Ausbildung der Auxiliarsoldaten im Laufe der Zeit verbessert worden. Im 2. Jahrhundert n. Chr. gab es auch bei diesen Einheiten so viele Handwerker, daß sie wenigstens einfachere Gebäude selber errichten konnten. Die Verantwortung für größere und kompliziertere Bauwerke lag aber nach wie vor bei den Legionen, die für solche Bauten der Hilfstruppen das nötige, höher qualifizierte Fachpersonal stellten. Nur bei der Legion gab es Architekten und bestimmte Fachhandwerker, die durch die seltenen Bauvorhaben einer Hilfstruppe nicht ausgelastet worden wären. — In der Nähe mancher Auxiliarkastelle hat man eine Anhäufung von Übungslagern gefunden, vor allem in Haltwhistle (an der Hadriansmauer) und Llandrindod Commons (Wales).[33] Das beweist, daß die Hilfstruppen auch im Bau von Marschlagern ausgebildet waren und die dafür nötige Fertigkeit besaßen.

Bei der Fabrica der Legion gab es wahrscheinlich ein Planungsbüro, das im Rahmen der allgemeinen Heeresdienstanweisungen eigene Baupläne und Bauverfahren entwickelte. Das wurde durch eine eingehende Untersuchung der Hadriansmauer deutlich. Diese wurde von drei Legionen errichtet, den Legionen II Augusta, XX Valeria Victrix und VI Victrix. Die Bautrupps der Legionen haben fertiggestellte Bauwerke oder Mauerabschnitte gerne mit einer Bauinschrift versehen. Viele dieser Inschriften sind gefunden worden. Sie zeigen, daß jede Legion einen individuellen Stil besaß, der an Einzelheiten der Architektur zu erkennen ist. Solche Einzelheiten waren etwa bestimmte Typen von Torbauten bei den Meilenkastellen; bei den Wachttürmen gab es unterschiedliche Mauerstärken, und die Turmeingänge konnten auf der rechten oder linken Seite liegen; an der Hadriansmauer selbst sind unterschiedliche Höhen des Mauer-Rücksprungs beobachtet worden. Diese kleinen Differenzen sind den verschiedenen Bautrupps der drei Legionen zugeordnet worden.[34] — Falls Legionssoldaten am Bau von Auxiliarkastellen beteiligt waren und die Planung in der Legions-Fabrica vorgenommen wurde, sollte die Handschrift der Legionen auch am Grundriß und am Mauerwerk der Kastellbauten zu erkennen sein. Das trifft tatsächlich bei den zwölf ursprünglichen Auxiliarkastellen der Hadriansmauer zu. Ihre Grundrisse lassen sich nach Größe und Gestalt in zwei Gruppen teilen, von denen die eine durch einen länglicheren Grundriß gekennzeichnet ist. Die beiden so definierten Gruppen lassen sich der Legio II Augusta einerseits und der Legio VI Victrix andererseits zuschreiben.[35]

Die Fabrica der Legion besaß wahrscheinlich einen Norm-Plan für die Erstellung eines Auxiliarkastells. Dieser wurde der vorgesehenen Mannschaftsstärke und den örtlichen Gegebenheiten angepaßt und — wenn nötig — bis hinab zur Größe eines Numeruskastells verkleinert. Das geht unter anderem aus dem Vergleich der Tore des Kohortenkastells Oberscheidental mit denen des benachbarten kleinen Numeruskastells Hesselbach hervor (am obergermanischen Limes). Beide Grundrisse sind fast identisch, der letztere ist allerdings viel kleiner.[36] — Im Numeruskastell Böhming (Bayern) kam eine Bauinschrift zutage. Sie berichtet von einer Zusammenarbeit von Legions- und Auxiliarsoldaten: Die Wehrmauer des Kastells wurde mit den Toren und Tortürmen von einer Abteilung der Legio III Italica begonnen. Diese kehrte dann in ihren Standort Regensburg zurück; der Bau wurde anschließend von der Cohors I Breucorum aus Pfünz vollendet, die damals unter dem Kommando eines Centurio der Legio III Italica stand (181 n. Chr.). Der Numerus, der als Besatzung des Kastells Böhming vermutet wird, erscheint nicht in der Inschrift; wahrscheinlich gab es in seinen Reihen allzuwenige Bauhandwerker.[37]

KAPITEL 4

Umwehrung

Die meisten Auxiliarkastelle des 1. Jahrhunderts n. Chr. waren mit einer Mauer aus Holz und Erde oder aus Rasensoden befestigt. Auf einer solchen Mauer befand sich stets ein Wehrgang und eine hölzerne Brustwehr. Vor der Mauer lag mindestens ein Verteidigungsgraben. Hölzerne Wehrtürme, die in die Mauer eingebaut waren, flankierten die vier Tore. Weitere standen in regelmäßigen Abständen an der Umwehrung und in den Ecken des Lagers. — Schon im 1. Jahrhundert n. Chr. sind einzelne Auxiliarkastelle mit Steinumwehrungen versehen worden. Im Laufe des 2. Jahrhunderts n. Chr. wurde die dauerhaftere Steinbauweise immer häufiger. Die Umwehrungen neuer Kastelle sind oftmals gleich aus Stein gebaut worden. Ältere Holzkastelle wurden jetzt umgebaut und erhielten eine steinerne Umwehrung. Auch die Eck- und Zwischentürme wurden nun aus Stein errichtet ebenso wie die Torbauten, unter denen es architektonisch eindrucksvolle Bauwerke gab. Je nach den Sicherheitsanforderungen sind die Verteidigungsgräben beim Umbau beibehalten oder auch weiter ausgebaut worden.

Die Wehranlagen römischer Kastelle sind einander im Prinzip zwar ähnlich, doch gab es viele Varianten; Baumaterial und Konstruktion können recht verschieden sein. Diese Unterschiede beruhen in erster Linie auf den örtlichen Gegebenheiten. Sie betreffen etwa die Anzahl, Abmessungen und Abstände der Verteidigungsgräben oder das Material der Wehrmauer. Die verschiedenen Möglichkeiten werden in diesem Kapitel behandelt.

VERTEIDIGUNGSGRÄBEN (FOSSAE)

In der Antike war es üblich, in dicht geschlossenen Reihen zu kämpfen, auch beim Angriff auf Wehrbauten. Die Angreifer versuchten, sich gegen den Beschuß durch die Verteidiger gegenseitig mit ihren Schilden zu decken; ein solches Schilddach nannte man *testudo* (Schildkröte). Daher war es die wichtigste taktische Aufgabe des Verteidigungsgrabens, die geschlossene Ordnung der Angreifer und ihre Deckung durch Schilde zu lockern. Das geschah zwangsläufig, wenn die Angreifer den Graben überschreiten mußten. Aus diesem Grund legten die Verteidiger die Außenkante des Grabens oder des Grabensystems in jener Entfernung von der Wehrmauer an, in der ihre Fernwaffen am wirksamsten waren. Dort empfingen sie die Angreifer mit einer Salve von Geschossen. — Ein Verteidigungsgraben konnte noch weitere Aufgaben haben, beispielsweise das Heranschaffen von Belagerungsmaschinen oder das Ansetzen von Leitern an die Wehrmauer zu erschweren.

Abb. 27

Vegetius beschreibt die Methoden für das Verschanzen der Marschlager und auch der Standlager. Das Marschlager erhielt danach rundherum einen 5 Fuß breiten und 3 Fuß tiefen Verteidigungsgraben, der zugleich die Erde zum Aufschütten des Walls hinter dem Graben lieferte. Schlug man das Lager im Weideland auf, dann wurden Rasensoden ausgestochen und daraus eine niedrige Wehrmauer aufgesetzt. Dauerhafteren Lagern widmete man mehr Sorgfalt; dann »legen die Soldaten ihre Schilde und das Gepäck im Kreis um ihre Fahnen ab und heben, nur mit dem

Abb. 24 Trajanssäule, Rom. Legionssoldaten beim Bau eines Lagers mit Rasensodenmauer. Im Vordergrund rechts heben die Soldaten einen Graben aus und bewegen die Erde mit Körben. Dort sind auch ausgestochene Rasensoden zu erkennen. — Der Wehrgang auf der Rasensodenmauer war wie ein Knüppeldamm mit Rundhölzern belegt, deren Köpfe an der Mauerfront sichtbar werden. Anfang 2. Jahrhundert n. Chr.

Schwert bewaffnet, einen Graben von 9, 11 oder 13 Fuß Breite aus. Wenn der Feind stark ist, erweitern sie ihn auf 17 Fuß; es ist nämlich üblich, ungerade Zahlen zu verwenden.«[1] Vegetius beschreibt einen Lagerbau, bei dem mit Feindeinwirkung zu rechnen war; sonst arbeiteten die römischen Soldaten unbewaffnet. — Den einzelnen Centurien wurde ein bestimmter Abschnitt des Grabens oder der Wehrmauer zugewiesen. Die Centurionen maßen den Leuten die Arbeit zu und kontrollierten sie. Das Ausheben des Grabens ging Hand in Hand mit dem Bau der Mauer, denn die Erde aus dem Graben wurde sogleich beim Mauerbau benötigt: sie bildete den Kern einer Rasensodenmauer, die Füllung einer Holz-Erdemauer oder den Damm hinter einer Steinmauer. *Abb. 24* Mehrere Reliefs der Trajanssäule zeigen römische Soldaten beim Ausheben von Verteidigungsgräben. Die Werkzeuge, die dort abgebildet sind, kamen auch in Auxiliarkastellen zutage. Sie sind den heutigen recht ähnlich und reichen von halbmondförmigen Rasensodenstechern über verschiedene Formen der Hacke *(dolabra, ligo)* bis zu dem eisernen oder eisenbeschlagenen Spaten *(pala)* oder der Schaufel *(rutrum)*. Die Erde aus dem Graben wurde mit Schaufeln oder mit Körben bewegt, wie es auf der Trajanssäule dargestellt ist.[2] Abb. 25 zeigt eine Auswahl römischer Werkzeuge, die nach Funden von der Saalburg wiedergegeben sind. — In dem Übungslager von Cawthorn in Yorkshire (Nordengland) wurde ein unfertiger Abschnitt des Verteidigungsgrabens entdeckt. Aus den Einzelbeobachtungen schloß der Ausgräber, daß die Soldaten zuerst eine Rinne entlang der Mittelachse der vorgesehenen Grabenlinie ausgehoben hatten. Dann stachen sie die Seiten des Grabens entsprechend der vorgesehenen Tiefe und Neigung mit dem Spaten ab.[3]

Hygin beschreibt zwei Typen von Verteidigungsgräben, die *fossa fastigata* und die *fossa Punica*.[4] Die Fossa fastigata hatte einen V-förmigen Querschnitt (»Spitzgraben«). Dieses Profil ist typisch für die Verteidigungsgräben römischer Kastelle. Manchmal hatten die Gräben am Boden noch eine schmale, kanalartige Vertiefung. Es ist anzunehmen, daß diese Vertiefung der Entwäs-

Abb. 26

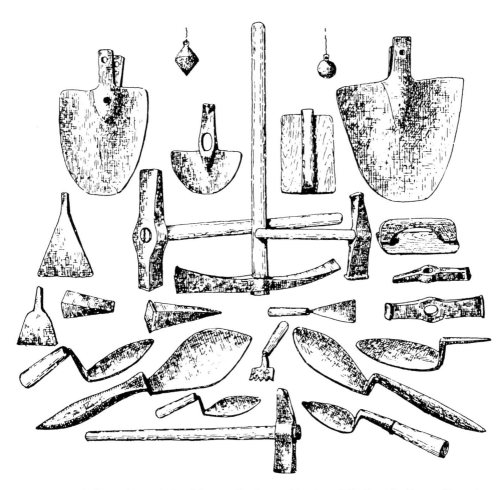

Abb. 25   Werkzeug des römischen Maurers. Funde vom Limeskastell Saalburg im Taunus (Hessen).

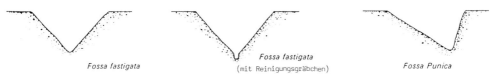

Fossa fastigata   Fossa fastigata (mit Reinigungsgräbchen)   Fossa Punica

Abb. 26 Querschnitte durch Verteidigungsgräben: *fossa fastigata* und *fossa Punica*.

serung diente oder ein zusätzliches Hindernis für die Angreifer sein sollte. Aus militärischen Papyri erfahren wir, daß das Grabenreinigen zu den normalen Dienstaufgaben gehörte. Vielleicht sind die Kanäle am Grabenboden daher auch unbeabsichtigt auf die Art entstanden, daß die Soldaten beim Ausräumen von Schlamm und Unkraut zu tief mit dem Spaten einstachen.[5]

Der andere von Hygin erwähnte Grabentyp war die Fossa Punica. Dieser Graben hatte eine steile, fast senkrecht abfallende Wand zur Feindseite und eine wesentlich flacher ansteigende zum Lager hin. Das Profil eignete sich besonders gut dazu, die geschlossene Kampfordnung der Angreifer aufzubrechen: Dies geschah, wie schon beschrieben, wenn sie die steile Böschung des Grabens beim Angriff überwinden mußten.[6] Gewöhnlich lag die Fossa Punica als letzte ganz außen in einem System mehrfacher Kastellgräben. Das wird verständlich, wenn man sich die eingangs erläuterte, taktische Aufgabe der Verteidigungsgräben vor Augen hält. — In der heutigen Forschung wurde auch die Meinung vertreten, das Grabenprofil der Fossa Punica könne mit dem Wunsch der Verteidiger nach ungehinderter Sicht von der Mauerkrone bis zum Boden des am weitesten entfernten Grabens zusammenhängen. Die Einsicht in den Graben wird jedenfalls durch die geringere Neigung der Innenböschung erleichtert. — Allerdings läßt nicht jeder Boden eine so steile Böschung zu, wie sie für die Außenböschung der Fossa Punica notwendig ist. Das ist vielleicht der Grund für das seltene Vorkommen dieses Grabentyps.

Bei Ausgrabungen sind gelegentlich Gräben mit W-förmigem Querschnitt entdeckt worden. Es ist unwahrscheinlich, daß der Querschnitt bewußt in dieser Form angelegt worden ist. Eher können solche Gräben dadurch entstanden sein, daß ein V-förmiger Spitzgraben, der durch Unwetter oder andere Einwirkungen teilweise zugefüllt worden ist, beim erneuten Ausheben und Wiederherstellen der V-Form leicht verschoben wurde. Dabei kann ein W-Profil durch die Überlagerung von zwei V-Profilen zustande kommen.[7]

Schließlich sind bisweilen auch Verteidigungsgräben mit flacher Sohle (»Sohlgräben«) und relativ steilen Böschungen beobachtet worden. Der Grabentyp ist selten; er kann in dieser Form ausgehoben worden sein, kann aber auch nachträglich durch Auswaschung der Böschungen aus einem Graben anderer Form entstanden sein.

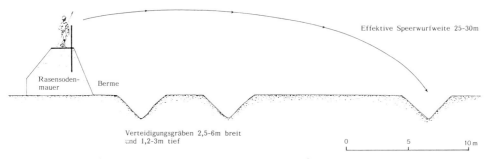

Effektive Speerwurfweite 25-30m

Rasensoden-mauer   Berme

Verteidigungsgräben 2,5-6m breit und 1,2-3m tief

0   5   10 m

Abb. 27 Verteidigungsanlagen eines Kastells mit Rasensodenmauer.

Abb. 28 Kastell Whitley Castle (Northumberland), Luftbild. Grabensystem aus mehreren Verteidigungsgräben.

Es gab große Unterschiede in der Anzahl der angelegten Gräben, ihrer Breite und ihren Abständen. Breite und Tiefe hingen bis zu einem gewissen Grad vom Untergrund ab. Die Breite
schwankte zwischen 2,5 und 6 m. Hatte das Kastell nur einen Graben, dann war er im Normalfall
3,5 bis 5 m breit. Besaß es zwei oder mehr Gräben, so waren diese meist etwas schmaler. An
Standorten mit lockerem oder sandigem Untergrund oder mit besonders hohem Grundwasser
war es nicht möglich, tiefe Gräben zu ziehen, selbst wenn die Grabenwände wie in Caerphilly
(Wales) mit Lehm ausgekleidet wurden. Die Tiefe der Gräben lag zwischen 1,2 und 3 m. Sie hing
außer von den Bodenverhältnissen von der Breite der Gräben ab, wohl auch von dem Wunsch
der Verteidiger, den Graben bis zu seinem Boden einsehen zu können. — Oft ist es für den Archäologen nicht einfach, die ursprüngliche Grabentiefe zu bestimmen, die ja von der römischen
Bodenoberfläche aus zu rechnen ist. Diese ist aber häufig durch nachrömischen Ackerbau zerstört
worden, so daß ihre Lage nur geschätzt werden kann. — Manchmal sind die Gräben dadurch
künstlich vertieft worden, daß die Bodenoberfläche jenseits des Grabens durch Erdauftrag erhöht

Abb. 29   Trajans-
säule, Rom. Zeltlager
mit Lederzelten. Das
Tor in der Wehr-
mauer ist mit einer
inneren Clavicula
versehen (Hinter-
grund links). Anfang
2. Jahrhundert
n. Chr.

wurde. Diese Erde konnte von anderweitig nicht benötigtem Grabenaushub herrühren oder auch aus dem Material bestehen, daß bei der regelmäßigen Reinigung des Grabens anfiel.[8]

Abb. 28   Ein Auxiliarkastell wurde meist durch einen einfachen oder einen doppelten Graben geschützt. Einige Lager besaßen auch komplizierte Systeme mehrfacher Gräben. In manchen Gegenden Britanniens sind römische Kastellgräben heute noch sichtbar und vorzüglich erhalten. Das gilt vor allem für jene Gegenden, in denen seit dem Ende der Römerzeit Weidewirtschaft getrieben wurde. Die Gräben sind dort nicht wie so häufig in Deutschland vom Pflug zerstört worden und liegen fast noch so da, wie sie die Römer verlassen haben. — Die Anzahl der Gräben konnte an den verschiedenen Seiten des Lagers unterschiedlich sein; an Steilhängen gab es manchmal überhaupt keine. Bei den Kastellen mit doppeltem Graben variieren die Abstände der beiden Gräben: es sind sowohl nahe beieinander liegende als auch weiter voneinander entfernte beobachtet worden; die Entfernung betrug bis zu 3 m. Zum Schutz gefährdeter Stellen der Umwehrung wurden bisweilen mehrere Gräben gezogen. Die Kastelle IV und V in Rottweil (Baden-Württemberg) besaßen an drei Seiten Doppelgräben; an der vierten jedoch, die bereits durch eine steile Böschung geschützt war, gab es nur einen Graben. Bei dem Lager Hod Hill (Südengland) sicherte ein zusätzlicher, vierter Graben die verwundbare Südostseite, und in Greatchesters (Hadriansmauer) und bei dem Kleinkastell Cappuck (Schottland) wurden die von Anhöhen überragten Teile der Wehrmauer durch einen weiteren Graben verstärkt. In Ardoch (Schottland) ist ähnlich wie in Rottweil nur ein

Graben an der Westseite gezogen worden, weil dort eine steile Böschung zum Fluß Knaick hinabführte. Im Norden und Osten dieses Lagers dagegen wurde die Anzahl der Gräben im Laufe der Zeit von der flavischen Periode bis zur zweiten Hälfte des 2. Jahrhunderts schließlich auf fünf erhöht.[9] — Das ansteigende Gelände vor dem Kastell Birrens (Schottland) wurde durch sechs Gräben abgesichert, und Whitley Castle (Nordengland) besaß bis zu sieben Gräben an der einen und drei oder vier an den anderen Kastellseiten. *Taf. 4a*

Abb. 28, 208

Die Breite der Grabenzone, nämlich der Raum zwischen der Außenseite der Wehrmauer und der Außenkante des äußersten Grabens, wurde durch die günstigste Geschoßwirkung der Kastellbesatzung bestimmt. Die wirksamste Schußweite eines Wurfspeeres, der häufigsten Waffe der Auxiliartruppen, kann auf etwa 15 bis 25 m geschätzt werden. War eine Einheit aber mit Pfeilbögen oder Handschleudern bewaffnet, deren Geschosse wesentlich weiter reichen, dann war der Bau mehrfacher Grabensysteme sinnvoll. — Wurfmaschinen wie Pfeilgeschütze und Steinschleudern (*scorpiones, ballistae*) gab es im 1. und 2. Jahrhundert n. Chr. nur bei den Legionen. Solche Waffen spielten daher in dieser Zeit kaum eine Rolle bei der Verteidigung von Auxiliarkastellen. Erst seit dem frühen 3. Jahrhundert n. Chr. lassen sich Geschützstände auch in den Lagern der Hilfstruppen nachweisen. *Abb. 27*

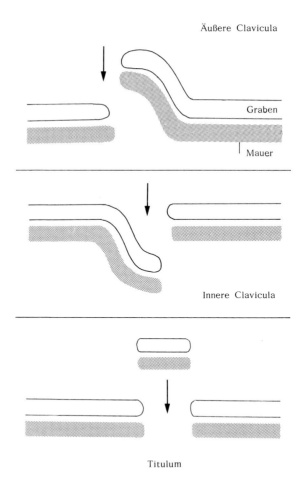

Äußere Clavicula

Graben

Mauer

Innere Clavicula

Abb. 30 Lagereingänge, durch Clavicula oder Titulum zusätzlich gesichert. Feldseite oben.

Titulum

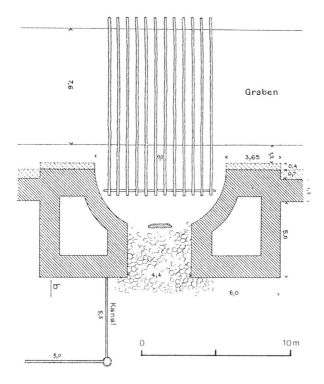

Graben

Abb. 31   Kastell Theilenhofen
(Bayern). Reste der Holzbrücke über
den Verteidigungsgraben vor dem
Südtor (Porta decumana), teilweise
ergänzt (nach ORL). Feldseite oben.
M. 1 : 250.

Die Tiefe der Grabenzone war bei einer Anzahl domitianischer Kastelle nördlich vom Main in Obergermanien bemerkenswert konstant, sie betrug etwa 60 Fuß (17,8 m).[10] Die Grabenabmessungen vieler Lager in Britannien sind damit vergleichbar. Andererseits dehnten sich die mehrfachen Gräben einiger Kastelle, wie Cardean, Birrens und Whitley Castle, zu einer bis 46 m freien Zone vor der Wehrmauer aus. Eine ungefähr gleich breite Grabenzone mit fünf Gräben fand sich vor der Mauer des Kastells Künzing (Bayern). Sie ist in der Mitte des 2. Jahrhunderts entstanden. — Untersuchungen über die Breite der Grabenzone von Kastellen des 1. Jahrhunderts n. Chr. in Britannien ergaben zwei Gruppen mit Breiten von 18 bis 21 m bzw. 27 bis 30 m. Sie sind vielleicht auf die Ausrüstung der Hilfstruppen mit unterschiedlich schweren Wurfspeeren zurückzuführen.[11]

Abb. 30

Titulum und Clavicula waren besondere Grabenstücke, die gelegentlich zum Schutz der Tore vor unmittelbaren Angriffen gebaut worden sind. Nach Hygin war das Titulum ein kurzes Grabenstück mit Wall, das ungefähr die Breite des Tordurchlasses hatte und 60 Fuß davor angelegt wurde.[12] Die Beschreibung Hygins bezieht sich, wie wir wissen, auf Marschlager. Titula waren vor den Toren römischer Militärlager nicht allgemein üblich. Sie sind in verschiedenen Epochen gebaut worden, schon zur Zeit des Kaisers Claudius am Kastell Hod Hill (Südengland); am Ende des 1. und noch in der ersten Hälfte des 3. Jahrhunderts an der Saalburg (Hessen); man fand sie auch am Marschlager Stracathro (Schottland) aus der Zeit des Kaisers Septimius Severus. — Eine Clavicula entstand dadurch, daß Graben und Wehrmauer an einer Seite des Tordurchgangs nach außen oder innen bogenförmig verlängert wurden. Dadurch wurde ein etwas längerer, verteidigungsfähiger Zugang zum Tor gebildet. Die Clavicula war so gebaut, daß der Angreifer gezwungen wurde, seine rechte, nicht durch den Schild gedeckte Seite den Schüssen und Würfen der Ver-

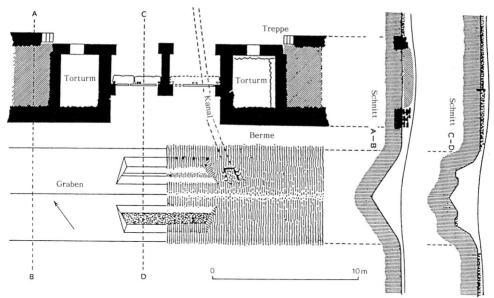

Abb. 32 Kastell Gelligaer (Wales). Fundamentgräben unten im Verteidigungsgraben vor dem SW-Tor (Porta decumana). Die Fundamentgräben dienten zur Aufnahme von Stützen für eine hölzerne Brücke (nach J. Ward). Feldseite unten. M. 1 : 250.

teidiger auszusetzen. Claviculae sind auf der Trajanssäule abgebildet. Sie wurden unter anderem bei flavischen Marschlagern und Kastellen in Nordengland und Schottland beobachtet.[13]

Die Gräben konnten ohne Unterbrechung um das Lager ziehen; dann wurden hölzerne Brücken vor den Toren gebaut. Bei anderen Kastellen waren die Gräben an den Toren unterbrochen. Sie konnten einfach stumpf enden, Doppelgräben konnten auch miteinander verbunden sein. Jedenfalls blieb eine Erdbrücke vor dem Tor stehen, die den Zugang zum Kastell vermittelte. — Mitunter kamen mehrere dieser beiden Zugangsmöglichkeiten zu den Kastelltoren bei ein und demselben Kastell vor, zum Beispiel in Bar Hill an der Antoninusmauer: dort liegt ein durchgezogener Graben vor dem Westtor, während die Gräben vor den anderen Eingängen unterbrochen sind. Bei der Saalburg war der Innengraben vor dem Westtor unterbrochen, vor dem Südtor aber der Außengraben. Möglicherweise befanden sich bei diesem Kastell ursprünglich vor allen Toren Erdbrücken, die in einer Gefahrenzeit ganz oder teilweise beseitigt worden sind. — Spuren von hölzernen Brücken, die vor den Toren über die Gräben führten, wurden beispielsweise an der Saalburg gefunden, ebenfalls am Kastell Gelligaer (Wales), wo die Einschnitte in den Grabenwänden vor dem Südwesttor als Brückenhalterungen angesehen wurden. In Theilenhofen (Bayern) sind sogar Reste der Balken einer solchen Brücke vor dem rückwärtigen Tor ausgegraben worden.[14]

Abb. 29, 125

Abb. 32

Abb. 31

ANNÄHERUNGSHINDERNISSE

Abb. 33

Zusätzliche Hindernisse konnten in den Gräben, zwischen den Gräben oder davor angebracht sein. Sie hatten die Aufgabe, einen Angreifer im Schußbereich zu behindern und festzuhalten, wozu heute Stacheldrahtverhaue und ähnliches dienen.[15] Die Hindernisse bestanden aus Dornenhecken, Pflöcken, angespitzten Hölzern oder Verhauen aus zusammengeflochtenen Ästen. Solche Vorrichtungen hinterlassen nur geringe oder überhaupt keine Spuren. Caesar hat die Annäherungshindernisse beschrieben, die er bei der Belagerung von Alesia im Jahre 52 v. Chr. hatte anlegen lassen: »Daher wurden Baumstämme oder hinreichend starke Äste geschnitten, oben entrindet und zugespitzt. Sie wurden dann in durchlaufende, fünf Fuß tiefe Gräben gesetzt, dort eingeschlagen und an den unteren Enden verbunden, so daß man sie nicht herausziehen konnte; mit ihren spitzen Zweigen ragten sie hervor. Es gab fünf Reihen dieser Hölzer in dem Graben, dicht aneinander und untereinander verbunden. Wer dort hineingeriet, spießte sich an den spitzen Hölzern auf. Die Soldaten nannten sie *cippi* (Grabsteine).«[16]

Am claudischen Kastell Hofheim am Taunus (Hessen) sind Verteidigungsgräben mit W-förmigem Querschnitt gefunden worden, von denen der Ausgräber der Beschreibung Caesars entsprechend annahm, sie hätten angespitzte Zweige enthalten; ob zu Recht, möge dahinstehen. — Aufrechtstehende, zugespitzte Pfähle sind am Boden der Verteidigungsgräben der Kastelle Wall, Coelbren und Zwammerdam befestigt gewesen. — Zwischen zwei Gräben an der Südostecke des Kastells Glenlochar (Schottland) aus der Zeit des Antoninus Pius lagen 19 große Gruben, die vermutlich auch zugespitzte Pfähle enthalten haben. Solche Pfostenlöcher im Zwischenraum zweier Verteidigungsgräben könnten von einer Palisade oder von Dornenverhauen herrühren. Flache Fundamentgräben an der gleichen Stelle wie die in Trawscoed (Wales) beobachteten haben wohl eine ähnliche Funktion gehabt.

Außer den Cippi beschrieb Caesar noch andere Annäherungshindernisse bei der Belagerung von Alesia: »Vor diesen wurden in schrägen Reihen Gruben von drei Fuß Tiefe gegraben, die sich nach unten verjüngten. In diese wurden glatte schenkeldicke Pfähle eingelassen, die oben angespitzt und durch Anbrennen gehärtet waren. Sie ragten nur vier Zoll über den Boden hinaus. Um sie gut zu befestigen, wurde einen Fuß hoch Erde in die Gruben geschaufelt und diese dann festgetreten. Im übrigen wurde die Grube mit Zweigen und Buschwerk abgedeckt, um die Falle zu verbergen. Acht Reihen solcher Gruben wurden angelegt mit Abständen von drei Fuß. Wegen der Ähnlichkeit mit der Blume wurden sie *lilia* (Lilien) genannt.«[17]

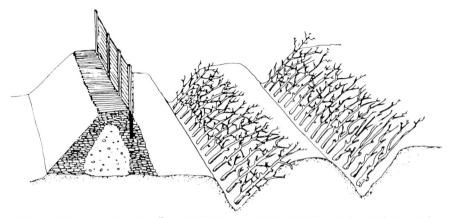

Abb. 33   Einsatz von dornigen Ästen als Hindernisse in Kastellgräben; Rekonstruktionszeichnung.

Abb. 34   Fallgruben (*lilia*) vor der Antoninusmauer bei Rough Castle (Ausgrabung 1904).

Solche gefährlichen Fallen sind am Kastell Rough Castle an der Antoninusmauer ausgegraben *Abb. 34* worden. Sie bildeten zehn parallele Reihen, die rund 27 m vor der Nordfront des Kastells lagen. Die Reihen waren versetzt angeordet; die Gruben waren oval, 2,1 mal 0,9 m im Grundriß und 0,75 m tief. Lilia sind auch am Kastell Piercebridge (Yorkshire) gefunden worden.

Hier konnten nur einige Hinweise auf verschiedene Typen von Annäherungshindernissen gegeben werden. Bei kaum einem Kastell ist das Vorfeld der Umwehrung so gründlich und lückenlos untersucht worden, daß festgestellt worden wäre, ob solche Hindernisse — falls überhaupt vorhanden — um den gesamten Umfang des Kastells zogen oder ob sie nur an besonders gefährdeten Stellen angelegt worden sind.

BERME

Zwischen der Außenfront der Wehrmauer und dem inneren Rand des ersten Verteidigungsgrabens befand sich stets ein gewisser, geringer Abstand. Dadurch entstand ein schmaler Streifen ebenen Bodens unmittelbar vor der Wehrmauer, den man Berme nennt. Er ist aus statischen Gründen notwendig. Würde der Graben direkt an der Wehrmauer beginnen, dann wären die Fundamente der Mauer durch Auswaschung gefährdet. So sichert die Berme die Mauer vor dem Abrutschen in den Graben. — Die Breite der Berme schwankte beträchtlich, zwischen 0,3 und mehr als 6 m; gewöhnlich lag sie bei 0,9 bis 2 m. Die Berme war nicht nur für die statische Sicherheit nötig, sie erlaubte auch den Zugang zur Außenseite der Mauer bei Reparaturarbeiten. Das Abschätzen der ursprünglichen Bermenbreite wird oft durch spätere Umbauten erschwert. Bei Reparaturen wurde bisweilen eine neue Mauerfront hochgezogen, der ursprüngliche Graben zugefüllt und als Ersatz ein neuer davor angelegt. Manchmal ist die neue Mauerfront unmittelbar in die frühere Berme hineingesetzt worden, so daß diese völlig verschwand (etwa in Tomen-y-Mur, Wales). Auch ist die Berme oft schon im Altertum durch Erosion verwaschen und verändert worden.

Bei mehreren Kastellen wurde beobachtet, daß die Berme geschottert oder gepflastert war. Am Kastell Arzbach (obergermanischer Limes) fiel das Gelände an der Nordwestseite so steil zur Bachaue hinab, daß ein Graben nicht erforderlich war, dafür aber die Berme zur Stabilisierung mit einer Trockenmauer verkleidet wurde.[18]

WEHRMAUERN AUS HOLZ, ERDE UND RASENSODEN

Nach Vegetius wurde ein Marschlager durch einen Wall geschützt, auf dem Pfähle in der Art einer Palisade standen. Wenn möglich, wurden Rasensoden ausgestochen und daraus eine Art Mauer aufgebaut. Wenn kein Rasen vorhanden war, der Boden aber hinreichend weich war, haben die Soldaten einen Graben ausgehoben, um Erdmaterial für den Wall zu gewinnen.

Auch dauerhafte Militärlager sind nicht immer durch steinerne Wehrmauern geschützt worden. Vor allem im 1. Jahrhundert n. Chr. waren rasch zu errichtende Mauern aus Holz, Erde oder Rasensoden üblich. Sie besaßen unterschiedliche Konstruktionen. In den Schriftquellen werden sie daher auch nicht mit einem festen Begriff bezeichnet; man findet die Worte *vallum, agger* und *murus*.

Eine Wehrmauer bot dem Verteidiger den großen Vorteil des erhöhten und gedeckten Standorts. Zwischen den Kastellmauern der frühen und hohen Kaiserzeit und den meisten antiken Stadtmauern gab es einen wichtigen Unterschied. Die antiken Stadtmauern mußten sturmfrei sein und so schwer gebaut, daß sie einer längeren Belagerung trotzen konnten. Eine Stadtmauer war dann sturmfrei, wenn es für den Feind nahezu unmöglich war, die Stadt beim ersten Ansturm zu nehmen, auch wenn sie nur durch ein Aufgebot der Bürger verteidigt wurde. Dazu mußte die Mauer so hoch gebaut werden, daß das Anlegen von Leitern und das Erklettern gefährlich wurde und leicht abzuwehren war. Die Mindesthöhe einer sturmfreien Mauer liegt bei etwa 6 m bis zum Wehrgang. — Die Forderung der Sturmfreiheit brauchte das geübte und in dieser Epoche meist überlegene römische Heer an seine Wehranlagen nicht zu stellen. Auch mit längeren Belagerungen rechnete man nicht, weil das Heer damals in der Bewegung kämpfte, sich durch einen Ausfall Luft schaffte und sich nicht hinter Mauern verschanzte.

Vegetius beschreibt bei der Behandlung von Stadtbefestigungen eine interessante Mauerkonstruktion, die zu seiner Zeit schon längst nicht mehr üblich war. Sie stellt auch nur eine unter mehreren Möglichkeiten des antiken Mauerbaus dar: »Eine Mauer aber, die nicht zerstört werden kann, wird auf folgende Art gebaut: zwei parallele Mauern werden in einem Abstand von 20 Fuß errichtet. Danach wird die Erde aus dem Verteidigungsgraben zwischen diese Mauern gefüllt und mit Rammen verdichtet. Die innere Mauer soll niedriger sein als die äußere, damit man von der Stadt aus leicht wie auf einer Treppe über die Böschung auf den Wehrgang steigen kann. Eine Stadtmauer, die so mit Erde gefüllt ist, kann nicht durch Mauerbrecher zerstört werden. Sollte das äußere Mauerwerk fallen, so tritt die festgestampfte Erde an ihre Stelle; sie bildet einen Damm gegen den angreifenden Feind.«[19] Es handelt sich hier um eine alte italische Bauweise, die beispielsweise bei der Stadtmauer von Pompeji zu beobachten ist. Ihr Prinzip ist vom römischen Militär für die Umwehrungen der Kastelle übernommen worden. Dabei wurde darauf geachtet, Materialien für die Wehrmauern zu finden, die überall zur Hand sind und dabei doch gewisse Mindestforderungen erfüllen: die Wehrmauer sollte einfachen Rammböcken widerstehen, feuersicher sein, und die Mauerfront sollte möglichst steil sein, um den Angreifern das Ersteigen zu erschweren.

Die erhaltenen Reste von Kastellmauern zeigen, wie die Mauerkonstruktion den Erfordernissen des Militärs angepaßt wurde. Im 1. Jahrhundert n. Chr. sind die beiden parallelen Steinmauern, die Vegetius erwähnt, meistens durch zwei Mauerschalen aus Rasensoden oder durch Holzversteifungen ersetzt worden. Diese Versteifungen sind entweder nur an der Vorderfront oder an der Vorder- und Rückfront der Wehrmauer angebracht worden. Der Kern der Mauer bestand wie bei dem Beispiel des Vegetius aus dem Grabenaushub: Erde, Lehm oder Schotter. Bei vielen Kastellen, die längere Zeit bestanden, mußten diese Wehrmauern gegen Ende des 1. oder am Anfang des 2. Jahrhunderts n. Chr. ausgebessert werden. Das geschah oft durch eine außen vorgeblendete Steinmauer. Im 2. Jahrhundert sind bei Kastellneubauten immer häufiger von vornherein Steinmauern errichtet worden, hinter denen sich üblicherweise ein Erddamm befand.

Da die Reste der Holz-Erde- und Rasensodenmauern heute nur selten höher als 0,5 m erhalten sind, können über ihre ursprüngliche Höhe und die Bauweise der aufgehenden Teile nur Mutmaßungen angestellt werden. Glücklicherweise vermitteln die Abbildungen auf den Reliefs der Trajanssäule wertvolle Informationen über das Aussehen dieser Mauern. Verschiedene heutige Rekonstruktionsversuche ermöglichten es, manche praktischen Fragen zu beantworten. Auf diese Weise konnten Erfahrungen gewonnen werden zu den Baumethoden, dem Aufwand an Arbeitszeit, zur Haltbarkeit und auch zur Wartung und den Reparaturmöglichkeiten. Aufgrund der Quellen und der Ausgrabungsergebnisse darf man sich das Aussehen einer Holz-Erde- oder einer Rasensodenmauer etwa folgendermaßen vorstellen: Die Außenfront bildete entweder eine senkrechte, mit Brettern oder Faschinen verschalte Wand oder sie wirkte wie ein sehr steiler, grasbewachsener Damm. Die Höhe bis zum Wehrgang betrug etwa 3 bis 3,6 m. Die Mauer trug eine hölzerne Brustwehr mit Zinnen zum Schutz der Verteidiger. Wehrtürme oder Wehrplattformen waren in regelmäßigen Abständen über die Umwehrung verteilt und überragten den Wehrgang um mindestens ein Stockwerk. Treppen oder Rampen (*ascensus*) ermöglichten den Zugang bei jenen Wehrmauern, die eine senkrechte Rückfront besaßen, die also hinten nicht abgeböscht waren.

Abb. 24

Unterbau

Um den Wallkörper durch gute Drainage vor dem Einsturz zu bewahren, erhielt er häufig einen Unterbau aus Holz oder Steinen. Hygin empfiehlt, die Rasensoden bei weichem Boden auf einer Bettung aus Zweigen aufzuschichten.[20] Dadurch wird das Gewicht der Wehrmauer gleichmäßiger über den Boden verteilt; vor allem aber bewirken Zweige genauso wie eine Steinunterlage eine Drainage des Wallkörpers. Denn nasse Rasensoden können nur einen geringen Druck aushalten; es besteht die Gefahr, daß eine nicht drainierte Rasensodenmauer einstürzt, wenn sie bei längerem Regen durchfeuchtet wird.

Bei mehreren Kastellen haben sich durch günstige Erhaltungsbedingungen in nassem Boden Rundhölzer erhalten, die als Unterlagen unter der Wehrmauer lagen. Sie nahmen meist die gesamte Breite der Mauer ein, bisweilen auch nur einen Teil. Im Kastell Coelbren (Wales) ruhte die südliche Kastellmauer und alle vier Ecken der Umwehrung auf einem Rost aus eng gelegten, kräftigen Eichenrundhölzern. An den Kastellecken war die Holzunterlage der Rundung folgend ausgefächert und durch Pfosten im Untergrund verankert. An den übrigen Seiten war die Mauer auf einer Reisigschicht gegründet. Reisig wurde als Unterlage auch unter den Wehrmauern anderer Kastelle gefunden, etwa in Corbridge (Nordengland), Caermote und Llandovery (Wales). Solche Holzunterlagen sind auch in Valkenburg (Niederlande) sowie in Altenstadt und Butzbach (Hessen) beobachtet worden. Wie weit verbreitet die Verwendung dieser Holzunterlagen war, wissen wir nicht, da ihre Reste nur in sehr feuchtem Boden erhalten bleiben. Holzunterlagen waren keineswegs auf Bauplätze mit sumpfigem Boden beschränkt. Wahrscheinlich ist die Technik häufig verwendet worden, um die Stabilität des Wallkörpers zu erhöhen. — Die Erbauer der Mauer des Kastells Chesterholm (Hadriansmauer) hatten Schwierigkeiten, als sie die Mauer über eine sumpfige Stelle führen sollten. Sie halfen sich, indem sie vor dem Verlegen des steinernen Mauerfundaments eine floßartige Holzkonstruktrion versenkten, die sie mit Steinen und Schutt beschwerten.

Taf. 4b   Seit der flavischen Zeit wurden auch Stein- bzw. Schotterunterlagen für die Wehrmauern aus Rasensoden verwendet. So sind pflasterartige Steinunterlagen bei mehreren frühflavischen Kastellen in Wales beobachtet worden.[21] Die Steinunterlage befindet sich meist unter der gesamten Umwehrung wie bei den Kastellen der Antoninusmauer in Schottland. Mitunter ist sie aber auch nur unter der Vorderfront der Wehrmauer gefunden worden, etwa im Kastell Newstead (Schottland). Wie notwendig ein solcher Unterbau ist, ergab sich bei der Rekonstruktion einer Rasensodenmauer in Chesterholm: wegen der ungleichmäßigen Durchfeuchtung der Rasensoden brach ein Teil der Wehrmauer ein. Die Mauer mußte durch eine Steinunterlage und den Einbau von Holzeinlagen im Wallkörper gefestigt werden.[22]

Holzeinlagen

Abb. 36   Vegetius erwähnt die Verwendung von Holz im Wallkörper eines dauerhaften Kastells: »damit die Erde nicht auseinanderfällt, werden Pfosten gesetzt und mit Hölzern und Zweigen verbunden; dann erst wird der Damm errichtet«.[23] Holzeinbauten zur Festigung von Wehrmauern aus Rasensoden oder Erde sind oft entdeckt worden; Reisig, stärkere Äste und auch Balken sind beobachtet worden. Neue Ausgrabungen in Carlisle (Nordengland) haben Reste solcher Holzeinlagen in der Rasensodenmauer eines flavischen Kastells zutage gefördert. Weil der Boden dort naß war, haben sich die Hölzer ungewöhnlich gut erhalten. — Reisigschichten wurden häufig in den Wallkörpern einer Erd- oder Rasensodenmauer eingelegt, zum Beispiel bei dem Kastell Brough by Bainbridge (Nordengland). Gelegentlich sind auch Reste stärkerer Quer- oder Längsbalken gefunden worden, etwa bei den Kastellen Caersws (Wales) und Rottweil III (Baden-Württemberg). Die Rasensodenmauer des flavischen Kastells Rottweil III besaß eine Unterlage aus Rundhölzern, die auf Schwellenbalken lagen. 0,5 m über diesem Holzrost entdeckte der Ausgräber im Mauerkörper einen zweiten Holzrost. Vermutlich waren im nicht erhaltenen, oberen Teil des Mauerkörpers noch weitere Holzeinlagen dieser Art.

Breite und Höhe der Wehrmauern aus Holz, Erde und Rasensoden

Die Breite einer solchen Mauer war von mehreren Faktoren abhängig. Es kam darauf an, womit die Fronten verkleidet waren, ob sie senkrecht oder abgeschrägt waren, welche Höhe für die Mauer vorgesehen war und welche Breite der Wehrgang erhalten sollte. Schließlich spielte es eine Rolle, welches Material im Mauerkern verwendet war, da beispielsweise eine Lehmfüllung stabiler ist als eine Sandfüllung. Der Wehrgang mußte breit genug sein, um zwei sich begegnenden Soldaten Platz zu bieten.[24] Wenn die Fronten der Mauer mit Holz oder Steinen verkleidet waren, standen sie senkrecht; die Mauer war daher unten schmaler als eine Rasensodenmauer mit abgeschrägten Fronten.

Abb. 50,   Schmale Mauern wurden bei den claudischen Kastellen Hod Hill und Wigston Parva in Süd-
55   england gefunden. Sie waren mit Rasensoden verkleidet und je 3 m breit. Die hauptsächlich von der germanischen Grenze bekannten Holz-Erde-Mauern, die durch ein Holzkastenwerk zusammengehalten wurden, hatten trotz ihrer senkrechten Fronten eine Breite von 3 bis 4 m. Die Breite anderer Konstruktionen von Rasensoden- oder Holz-Erde-Mauern lag sowohl in Britannien als auch in Deutschland im allgemeinen zwischen 4,5 und 9 m, mit einer Konzentration auf Maße von 5,5 bis 7,5 m.[25]

Am Kastell Baginton (Mittelengland) ist eine Rasensodenmauer mit Erdkern und Holzeinlagen rekonstruiert worden. Dabei wurde festgestellt, daß es möglich war, eine bis zum Wehrgang 3,6 m hohe Mauer über einem 5,5 m breiten Fundament zu errichten. Die mit Rasensoden verkleideten Fronten besaßen eine Neigung von 65 Grad. — Eine ungewöhnlich breite Mauer ist am Kastell Newstead (Schottland) beobachtet worden. Dort ist die Mauer in spätflavischer Zeit von ursprünglich 7 auf 17 m verbreitert worden; vielleicht sollte sie eine besondere Kampfplattform aufnehmen. [26]

Abb. 38, 39, 59

Es ist schwierig, die ursprüngliche Höhe von Kastellmauern aus den verbliebenen Resten zu erschließen. Da jedoch der Neigungswinkel der Rasensodenmauern ungefähr bekannt ist und die Breite des Wehrgangs aus praktischen Gründen bei etwa 2 m gelegen haben muß, läßt sich eine Mauerhöhe von ungefähr 3,5 m (bis zum Wehrgang) abschätzen. Dazu kam eine knapp 2 m hohe, hölzerne Brustwehr. — Bei dem Kastell Gelligaer (Wales) kann die Mauer 3,40 m bis zum Wehrgang hoch gewesen sein, wenn alle Erdmassen aus dem Verteidigungsgraben und auch aus den Fundamentgräben der Wehrmauer für das Aufschütten des Erddamms hinter der Mauer verwendet worden sind. Mit der Brustwehr war die Mauer rund 5 m hoch. [27] Die Kastellmauer von Gelligaer war allerdings eine Mörtelmauer, hinter der sich ein Erddamm befand. Auch kann man diese einfache Abschätzung nicht ohne weiteres auf andere Umwehrungen übertragen; das zeigte sich bei der Rekonstruktion der Rasensodenmauer in Baginton. Dort ergab sich nämlich, daß die Erde aus den beiden Verteidigungsgräben nur ein Drittel der erforderlichen Menge ergeben hätte. [28]

Verkleidungen der Mauerfronten

Ein häufig benutztes Verkleidungsmaterial waren Rasensoden (*caespites*). Die Voraussetzung für ihre Verwendung war allerdings das Vorhandensein von Weideland am Bauplatz. Die Rasensoden wurden vor Baubeginn von dem Geländestreifen entfernt, der für die Wehranlagen vorgesehen war, und wohl auch vom Innenraum des geplanten Kastells. Die Trajanssäule zeigt Szenen, in denen Soldaten mit dem Bau einer Rasensodenmauer beschäftigt sind und die Soden auf dem Rücken in Seilschlingen tragen.

Abb. 35

Vegetius gibt die üblichen Abmessungen der Rasensoden an: »Wenn die Erde von den Graswurzeln fest zusammengehalten wird, werden die Rasensoden $1/2$ Fuß hoch, 1 Fuß breit und $1^1/_2$ Fuß lang abgestochen«; das heißt also 15 x 30 x 44 cm. [29] Die Rasensoden sind heute zwar meist nur noch als schmale, dunkle Streifen im Boden zu erkennen, doch ließ sich gelegentlich ihre ursprüngliche Größe bestimmen, etwa im Kastell Rottweil III oder in Bearsden (Antoninusmauer). In Rottweil waren sie 25 bis 45 cm lang und 20 bis 35 cm breit, in Bearsden maßen sie 45 x 30 cm und waren auf 10 cm Höhe geschrumpft. Die römischen Soldaten werden sich nicht unbedingt an eine genormte Größe gehalten haben, denn die Qualität der Soden schwankte je nach Standort und Jahreszeit, und auch das Wetter, das beim Stechen der Soden herrschte, kann die Abmessungen beeinflußt haben. [30]

Taf. 4 b

In Britannien war die Verwendung von Rasensoden für den Bau von Wehrmauern seit dem Beginn der römischen Eroberung üblich und weit verbreitet, wesentlich mehr als an der germanischen Grenze. Das hängt wohl mit der Umwelt zusammen, die die Römer vorfanden; beim Überwiegen von Weidewirtschaft, womit vor allem in Nordengland und Schottland zu rechnen ist, waren Rasensoden überall leicht zu beschaffen. Wurde aber ein Kastell im Wald angelegt oder in Gelände mit vorwiegendem Ackerbau, dann standen Rasensoden überhaupt nicht oder nur in ungenügender Menge und Qualität zur Verfügung. Die Qualität des englischen Rasens ist auch von den Römern genutzt worden. — Eine Rasensodenmauer konnte entweder vollständig aus Rasensoden bestehen oder einen Erdkern enthalten, der mit Rasensoden verkleidet war. Unter diesen gab es Mauern, bei denen nur die Feindseite mit Rasensoden abgestützt war (einfache Verkleidung); bei anderen waren Außen- und Innenfront mit Soden versehen (doppelte Verkleidung).

Abb. 36

Abb. 35   Trajanssäule, Rom. Legionssoldaten bauen eine Lagermauer aus Rasensoden. Mit Hilfe einer Seil-
schlinge tragen sie die Soden auf dem Rücken (im Bild rechts).

Bei einer doppelten Verkleidung hatte gewöhnlich jeder der drei Bestandteile (vordere Verkleidung, Erdkern, hintere Verkleidung) ungefähr die gleiche Stärke, das heißt, je ein Drittel der Gesamtbreite.[31] Die einfache Verkleidung scheint in der flavischen Periode etwas häufiger gewesen
zu sein, doch war im allgemeinen die doppelte Verkleidung die gebräuchlichere, mindestens bis in
die Zeit Kaiser Trajans. Allerdings sind die beiden Mauertypen in den älteren Ausgrabungs-
berichten nicht immer auseinandergehalten worden, weil die damaligen Untersuchungsmethoden
noch unvollkommen waren.

Abb. 36,
57   Eine Variante der Mauer mit doppelter Rasensodenverkleidung schützte das frühflavische
Kastell Rottweil III. Hier war die Mauer zusätzlich mit Holz versteift. Zuerst wurden am gesamten Umfang der Umwehrung in einem Abstand von 4 m zwei Reihen horizontaler Schwellenbalken in Mauerrichtung parallel zueinander auf dem Boden verlegt. Außerdem befanden sich an
der Mauerfront mächtige Pfostengruben für senkrechte Balken. Sie reichten bis 1,3 m unter die
römische Oberfläche und hatten Abstände von 3,2 m. An ihnen war vermutlich die hölzerne

Brustwehr befestigt. An der Rückseite der Mauer waren keine Pfostengruben vorhanden. Auf den beiden Reihen der Schwellenbalken lag der oben schon erwähnte Holzrost aus Rundhölzern. Er besaß die gleiche Breite wie die Umwehrung. Die beiden Mauerfronten wurden dadurch hergestellt, daß zwei Mauerschalen aus Rasensoden auf den Holzrost gesetzt wurden. Fünf bis sechs Lagen dieser Rasensoden waren sogar noch in ihrer ursprünglichen Lage erhalten. Der Mauerkern wurde durch eine eingestampfte Schüttung aus Erde und zerbrochenen Rasensoden gebildet. Einen halben Meter über dem unteren Holzrost folgten die Reste eines zweiten. Darüber war die Mauer nicht mehr erhalten; sie dürfte noch weitere Holzeinlagen ähnlicher Art besessen haben. Die Höhe der Wehrmauer kann auf etwa 3 m bis zum Wehrgang geschätzt werden. Aufstiegsram-

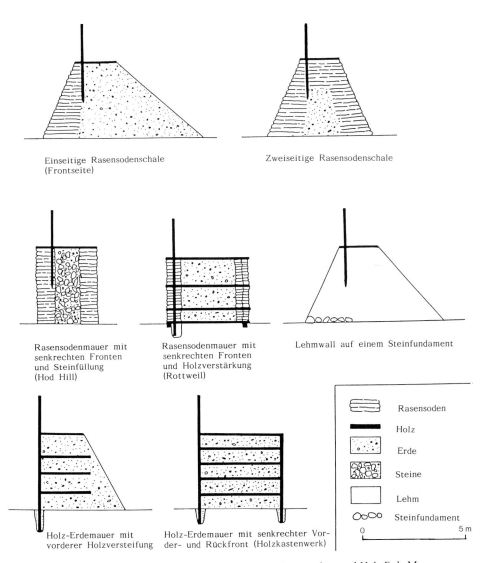

Abb. 36 Schnitte durch verschiedene Bautypen von Rasensoden- und Holz-Erde-Mauern.

pen (*ascensus*) an der Mauerrückseite bestätigen, daß die Rückfront ebenso wie die Vorderfront senkrecht war. — Mehrere andere Kastelle an der germanischen Grenze besaßen ähnlich konstruierte Mauern mit Holzunterlagen, zwei Mauerschalen aus Rasensoden und vielleicht einem Pfostengraben an der Vorder- und Rückseite der Mauer, in dem senkrechte Pfosten standen. Keine dieser Mauern hat allerdings Hinweise auf Schwellenbalken geliefert, wie sie in Rottweil den unteren Rost aus Rundhölzern trugen. Auch sind bei anderen Ausgrabungen bisher noch nirgends Reste der in höheren Schichten in die Mauer eingelegten Hölzer gefunden worden. Das liegt allerdings daran, daß die höher aufgehenden Teile von Rasensodenmauern in den Kastellen an der germanischen Grenze fast immer zerstört sind. [32]

Abb. 39   Interessante Ergebnisse brachte die Rekonstruktion von Rasensodenmauern in Baginton und Chesterholm. Die Mauer in Chesterholm bestand ganz aus Rasensoden, während die Umwehrung des Kastells Baginton eine zweischalige Rasensodenmauer war. Bei den Rekonstruktionsarbeiten in Baginton stellte sich heraus, daß die Soden in Normgröße 32 bis 34 kg wogen. Man mußte den Rasen an der Rückseite der Mauer in einer Breite von mindestens 38 m im Lagerinnern abstechen, um genügend Material für die Umwehrung zu erhalten. Diese war 5,5 breit und 3,6 m hoch. [33] An der Vorderfront besaß die Rekonstruktion eine Neigung von 65 Grad. Das entsprach einer Grabungsbeobachtung im Kastell Fendoch (Schottland). An der Rückseite der Mauer wurde unten zunächst eine niedrige, holzverschalte Abstützung errichtet, die senkrecht war. Darüber folgte eine steile, aus Rasensoden aufgesetzte Böschung mit einer Neigung von rund 45 Grad; sie reichte bis zum Wehrgang. Der Wehrgang erhielt eine Breite von 2 m. Berechnungen ergaben, daß für den Bau der gesamten Umwehrung des Kastells Baginton, die 283 m lang war, insgesamt 138 000 Rasensoden benötigt wurden; dabei wurde vorausgesetzt, daß die Wehrmauer einen Erdkern besaß, der ein Drittel der Gesamtmasse bildete. Die Umwehrung, bestehend aus Mauer und Doppelgraben, kann bei gutem Wetter in 9 bis 12 Tagen von 210 bis 300 Arbeitern fertiggestellt worden sein. Bei dieser Berechnung ist ein Zehnstundentag angenommen worden. Die beste Zeit für solche Arbeiten ist der Frühling oder der Spätherbst, denn bei milder Witterung kann der Grasboden am leichtesten abgestochen werden. [34]

In Britannien wurden manche Kastellumwehrungen ganz aus Lehm gebaut, vor allem seit der flavischen Zeit. Einige dieser Mauern besaßen Steinunterlagen wie in Newstead (Schottland); andere sind mit Holzeinlagen verstärkt worden, etwa in Leintwardine. Es gab auch die Kombination beider Möglichkeiten. Schließlich sind auch Mauerschalen aus luftgetrockneten Lehmziegeln beobachtet worden, die ähnlich wie die aus Rasensoden verwendet wurden. Die Lehmziegel vom Kastell Brough on Humber maßen 30 x 23 x 10 cm. Es ist allerdings nicht einfach, bei einer Ausgrabung die Reste ungebrannter Lehmziegel und verrotteter Rasensoden zu unterscheiden. Bei den älteren Ausgrabungen mit ihren noch unentwickelten Untersuchungsmethoden war das noch schwieriger. Umwehrungen mit luftgetrockneten Lehmziegeln können daher häufiger gewesen sein als es heute den Anschein hat. Sie benötigen allerdings ein Dach über dem Wehrgang, da ungebrannte Lehmziegel unbedingt vor Regen geschützt werden müssen. Dächer über Lehmziegelmauern sind aus der klassischen Zeit Griechenlands und aus der hellenistischen Epoche durch Inschriften und literarische Quellen belegt.

Zahlreiche Wehrmauern gehörten schließlich zum Typus der Holz-Erde-Mauer, bei denen die Vorderfront, oft auch die Rückfront eine Holzverschalung besaßen. Diese Bretterverschalung Abb. 36, wurde von senkrechten Balken gehalten, die in Pfostengräben oder -gruben eingesetzt waren. Die 37, 50, 55 senkrechten Balken an der Vorderfront der Mauer reichten vermutlich bis zur Oberkante der Brustwehr, sie müssen also ziemlich lang gewesen sein. Die Abstände der Balken lagen meist bei 1,2 bis 1,5 m. Der Mauerkern bestand aus Erde; er besaß horizontale Holzeinlagen, die mit den senkrechten Balken der Mauerfronten verbunden waren. Manche Holz-Erde-Mauern trugen nur an der Vorderfront eine Holzversteifung aus senkrechten Balken und Planken, etwa Kastell Hesselbach in Obergermanien oder Künzing Periode 1. Solche Mauern bestanden daher aus einem Erddamm, der nur an der Feindseite eine senkrechte, holzverschalte Front besaß, zum Kastellinneren aber abgeböscht war. Bei anderen Holz-Erde-Mauern gab es sowohl an der Vorder- als auch an der Rückfront senkrechte Holzverschalungen, die durch Querhölzer miteinander verbunden waren. Dadurch entstand eine Art Kastenwerk. Solche Holz-Erde-Mauern gab es in Künzing in Periode 2 und auch im Kastell Rödgen (Hessen). Die senkrechten Wände des Kastenwerks reichten bis zur Höhe des Wehrgangs. Diese Bauweise nimmt man bei jenen Kastellumwehrungen an, bei denen die Pfostengräben oder -gruben für die rückseitige Wallversteifung die gleichen Abmessungen aufwiesen wie die entsprechenden Pfostenspuren an der Vorderseite. Als Beispiel mögen die Umwehrungen der Kastelle Künzing Periode 2, Rödgen und Oberstimm genannt sein.[35] Bei anderen Umwehrungen wurde beobachtet, daß die Spuren der rückwärtigen Pfosten geringere Abmessungen hatten als die der vorderen. Hier ist an der Rückseite der Mauer nur eine niedrige, senkrechte Abstützung anzunehmen und darüber eine Böschung, die bis zum Wehrgang hinaufführte. Diese Bauweise dürfte z. B. bei dem Legionslager Lincoln angewandt worden sein.

Abb. 50, 55

Holz-Erde-Mauern in der beschriebenen Kastenwerk-Konstruktion gab es im Rheinland bereits zur Zeit des Augustus. Die Konstruktion wurde bis zum Ende des 1. Jahrhunderts n. Chr. häufiger. Sie blieb dort während des 1. Jahrhunderts n. Chr. der vorherrschende Typ. In Britannien dagegen, wo solche Mauern nur bei wenigen Kastellen beobachtet wurden, war die Mauer aus Rasensoden oder auch aus Lehm weit gebräuchlicher.[36] Diese Konstruktionsunterschiede sind auffällig. Die Zeitstellung der Wehrmauern scheint keine Rolle gespielt zu haben, da beide Typen bis zur Regierungszeit des Antoninus Pius in allen Epochen vorhanden waren. Einige Forscher haben die Möglichkeit erwogen, daß die Unterschiede der Bauweise auf Holzknappheit in Britannien bereits zur Zeit der römischen Eroberung zurückzuführen seien, doch weiß man heute, daß es den vermuteten Mangel an Bauholz für Militärlager in Britannien nicht gab.[37] Es wurde auch angenommen, daß dort Wehrmauern aus Erde oder Lehm nur dann mit Holz verstärkt worden sind, wenn sie sich als nicht stabil erwiesen oder repariert worden mußten. — Bei jenen Kastellen, die in ausgedehnten Wäldern am obergermanisch-raetischen Limes lagen, konnten Rasensoden nicht verwendet werden, weil es im Wald keinen Rasen gibt. So spielte doch wohl die Verfügbarkeit des Baumaterials eine entscheidende Rolle. Vielleicht aber waren die Konstruktionsunterschiede zwischen den Kastellumwehrungen Britanniens und der germanischen Grenze in Wirklichkeit gar nicht so ausgeprägt. Unsere Kenntnisse über die Wehrmauern in Kastenwerk-Bauweise stammen in den germanischen Provinzen überwiegend aus umfangreichen Grabungen der letzten Jahre, bei denen moderne Techniken angewandt wurden, die die Untersuchung großer Flächen erlaubten. Solche Methoden führen eher zur Entdeckung der bis zu 3 m voreinander entfernten Pfostengruben als die schmalen, oft nur von Maschinen ausgehobenen Sondierungsschnitte, die in Großbritannien bis vor kurzem üblich waren. Außerdem sind in Britannien viele Holz-Erde-Kastelle der flavischen Zeit später erneuert worden. Dabei ist oft die ursprüngliche Mauerfront zerstört und ein neues Fundament gelegt worden, so daß die Spuren einer möglichen, älteren Holzversteifung verschwunden sind.[38]

Abb. 37

Aussehen der Mauern

Die wichtigste Informationsquelle für das Aussehen einer Rasensodenmauer ist die Trajanssäule in Rom. Allerdings haben die stadtrömischen Bildhauer, die die Reliefs der Säule fertigten, diesen Mauertyp irrtümlich wie eine Steinmauer dargestellt. Sie arbeiteten nach Skizzen vom dakischen Kriegsschauplatz. Da sie nie eine Wehrmauer aus Rasensoden mit eigenen Augen gesehen hatten, stellten sie den Mauerkörper als Quadermauer dar, wie sie ihnen aus Italien geläufig war. Doch haben sie nach den Skizzen, die ihnen vorlagen, die Längshölzer dargestellt, die oben auf der Rasensodenmauer lagen; darüber gaben sie die Köpfe der Rundhölzer wieder, die den Wehrgang bildeten. Diese in der antiken Kunst einmalige Wiedergabe von Rundhölzern in einer Wehrmauer hat es erlaubt, in solchen Mauerdarstellungen der Trajanssäule Rasensodenmauern zu erkennen.

Abb. 24

Abb. 37   Legionslager Haltern (Hauptlager; Zeit des Augustus). Holz-Erde-Mauer an der Nordostecke des Lagers, Rekonstruktion aus dem Jahre 1905. Nach den heutigen Kenntnissen waren die senkrechten Pfosten in der Mauerfront keine Rundhölzer, sondern rechteckig behauene Balken. Die Zinnen waren im Altertum wohl etwas schmaler, die Zinnenöffnungen dafür entsprechend breiter als in der Rekonstruktion von 1905.

Abb. 39

Die Mauern werden, wie üblich, oben mit Brustwehr und Zinnen abgeschlossen. Beide können bei dieser Mauerkonstruktion nur aus Holz gewesen sein. — Vegetius weist ebenfalls darauf hin, daß die Mauern dauerhafter Militärlager genauso wie die Stadtmauern mit Brustwehr und Zinnen versehen waren.[39] Die hölzerne Brustwehr der Rasensodenmauern wurde von senkrechten Pfosten getragen, die fest im Mauerkörper verankert gewesen sein müssen. In der Rekonstruktion von Baginton wurden die Pfosten 1,5 m tief in den Mauerkörper eingelassen (1,8 m in Chesterholm) und in Dreiecksform verstrebt, um die Standfestigkeit zu erhöhen. Doch hat die Erfahrung mit der Rekonstruktion in Chesterholm gelehrt, daß die Pfosten haltbarer gewesen wären, hätte man sie durch den Mauerkörper hindurchgeführt und im Untergrund eingelassen. — Bei Holz-Erde-Mauern konnten die senkrechten Pfosten so lang gemacht werden, daß sie zugleich die Halterung für die hölzerne Brustwehr bildeten. Die Abstände der Zinnen können aufgrund der Abbildungen auf der Trajanssäule nicht sicher abgeschätzt werden, weil die Reliefs nicht maßstabsgenau sind. Es ist aber anzunehmen, daß die Zinnenöffnungen mindestens 1,2 m breit gewesen sind.[40]

Holz-Erde-Mauern können mit Brettern oder mit Flechtwerk verkleidet gewesen sein. Reste einer mit waagerechten Planken verkleideten Wehrmauer sind in Valkenburg (Niederlande) im feuchten Boden erhalten geblieben. Wahrscheinlich war auch die Brustwehr mit solchen Brettern beschlagen. Andererseits kann Flechtwerk, wie von Caesar beschrieben,[41] benutzt worden sein.

Es wurde zum Beispiel vermutet, daß die Außenseite der Wehrmauer des Holzkastells von Heidenheim (Baden-Württemberg) aus senkrechten Pfählen mit dazwischen angebrachtem Flechtwerk bestand und zusätzlich mit Lehm beworfen war. So entstand eine stabile, elastische und feuerfeste Vorderfront.[42]

Die Rückseiten der Rasensodenmauern können vom Boden bis zur Höhe des Wehrgangs rampenartig angestiegen sein wie am Kastell Pen Llystyn (Wales). Bei anderen Wehrmauern war ein senkrechter Sockel auf der Rückseite vorhanden, der durch Holz oder Rasensoden abgestützt *Abb. 39,* wurde und etwa 1 m hoch gewesen sein kann; darüber stieg die Rückfront der Mauer ziemlich *59* steil in einem Winkel von 40 bis 45 Grad zum Wehrgang auf. Im Lagerinneren wurden am Fuß der Wehrmauer oft Entwässerungsgräben beobachtet, denn eine gute Drainage war für die Haltbarkeit solcher Mauern unerläßlich.

Abb. 38   The Lunt, Baginton (Warwickshire, Mittelengland). Ein Stück der Rasensodenmauer und des Verteidigungsgrabens während der Rekonstruktion im Jahre 1966. Die Zinnen sind noch nicht aufgesetzt worden.

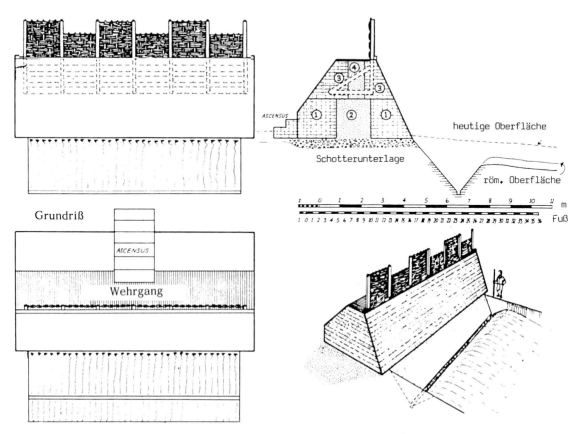

Vorderansicht   Schnitt durch die Mauer

Grundriß

Abb. 39 The Lunt, Baginton. Bauweise der rekonstruierten Rasensodenmauer und des Verteidigungsgrabens (nach B. Hobley).

Aufgänge (Ascensus)

Wenn die Rückseite der Umwehrung steil anstieg oder gar senkrecht ausgeführt war, wurde der Wehrgang durch Rampen oder Treppen aus Rasensoden, Stein, Holz oder einer Kombination dieser Materialien zugänglich gemacht. Hygin empfahl, im Feindesland solle das Marschlager mit einer größeren Anzahl doppelter Aufgänge versehen werden, damit die Soldaten den Wehrgang rasch erreichen könnten.[43]

In Hod Hill (Südengland) waren beiderseits des Südtors schmale Rampen aus Rasensoden parallel zur Mauer an deren Rückfront angebaut. Ähnliche Aufgänge, ebenfalls aus Rasensoden, wurden in den schottischen Kastellen Strageath und Lyne gefunden. Das Fundament eines Ascensus in Lyne war mit einer Steinkante eingefaßt. Auf der Innenseite der Umwehrung des Kastells Birrens (Schottland) wurde ein Fundament aus quadratischen Steinplatten beobachtet, deren Ränder eingekerbt waren, wohl um das Gerüst oder Geländer einer hölzernen Treppe zu halten.

80

— Am linken Seitentor des Kastells III in Rottweil wurde ein Ascensus nachgewiesen, ein holzverschalter Anbau aus Rasensoden. Die Wehrmauer des Kastells hatte eine senkrechte Rückfront, daher waren Aufgänge notwendig. — Fundamente aus Geröllsteinen bildeten am Kastell Baginton (Mittelengland) wohl den Unterbau von Treppen. Sie wurden mit ziemlich hohen Stufen (0,5 m) aus Rundhölzern rekonstruiert. Die Aufgänge bildeten einen 1,2 m breiten Anbau an der Rückseite der Wehrmauer. *Abb. 59*

In der Saalburg gab es mehrere lange, schmale Steinrampen, die zum Teil parallel, zum Teil auch senkrecht zur Holz-Stein-Mauer des Kohortenkastells (ältere Mauer des Kohortenkastells) verliefen. Sie besaßen die gleichen Holzeinbauten wie die Wehrmauer und waren durch horizontale Balken mit der Mauer verbunden. Ihre Länge betrug 8 bis 12 m, sie waren etwa 2 m breit. An *Abb. 42* jedem Tor gab es Aufgänge, ebenso in jeder Kastellecke, wo sie in den Unterbau der dort befindlichen Holztürme einmündeten. Weitere Aufgänge lagen an den Mauerstrecken zwischen den Toren und Ecken der Umwehrung; sie liefen zum Teil parallel zur Umwehrung, jedoch standen zwei Ascensus auch senkrecht zu ihr. An der älteren Wehrmauer des Kohortenkastells Saalburg kann es insgesamt 24 Treppenrampen gegeben haben. Sie waren in dieser Bauphase notwendig, weil die Rückfront der älteren Wehrmauer senkrecht war. Hinter der jüngeren Steinmauer, die die nächste Bauphase der Umwehrung bildete, ist ein abgeböschter Erdwall aufgeschüttet worden. Auf diesem konnte man den Wehrgang leicht vom Kastellinneren her ersteigen. Daher waren Aufgänge nicht nötig und sind auch nicht gefunden worden.

Ascensus sind auch von anderen Kastellen des obergermanisch-raetischen Limes bekannt, etwa vom Kastell Künzing Periode 2. Die Treppenrampen waren hier aus dem gleichen Grunde erfor- *Abb. 50,* derlich wie bei der älteren Mauer des Kohortenkastells Saalburg: die Rückfront der Holz-Erde- *55* Mauer Periode 2 in Künzing war senkrecht. Dagegen lief die Umwehrung in der älteren Bauperiode 1 und in der späteren Periode 3 mit einem abgeböschten Erdwall zum Kastellinneren aus; Aufgänge waren nicht nötig und sind auch nicht festgestellt worden.[44]

WEHRMAUERN AUS STEIN

Nach einer Inschrift aus dem Jahre 201 hat die Besatzung des Kastells Bumbesti in der Provinz Dacia (heute Rumänien), die Cohors I Aurelia Brittonum Antoniniana, ihre alten, baufälligen Wehrmauern aus Rasensoden *(muros caespiticios)* durch neue aus Stein ersetzt.[45] Ein ähnlicher Umbau in einem Lager am Phasis (östliche Schwarzmeerküste, heute Türkei) wird von Arrian beschrieben: » Vorher bestand die Mauer aus Erde, und die Türme darauf waren aus Holz. Jetzt sind Mauer und Türme aus Ziegeln. «[46] — In seiner Manöveransprache in Lambaesis (Algerien) im Jahre 128 n. Chr. lobte Kaiser Hadrian das Tempo der Soldaten beim Bau von Wehranlagen und verglich Aufwand und Methoden für eine Rasensoden- und eine Steinkonstruktion: »Ihr habt eine schwierige Wehrmauer gebaut, wie sie für ein dauerhaftes Lager üblich ist, und dafür nicht viel mehr Zeit gebraucht als für eine Mauer aus Rasensoden. Die Soden werden in Normgröße abgestochen und sind leicht zu transportieren und zu verarbeiten. Da sie von Natur aus weich und eben sind, lassen sie sich ohne Mühe verlegen. Ihr aber habt große, schwere und ungleiche Steine verbaut, die nicht leicht zu tragen, zu heben und zu vermauern sind. «[47]

Die Lebensdauer von Umwehrungen aus Rasensoden, Erde oder Lehm läßt sich aus der Abfolge von Bauperioden ausgegrabener Militärlager grob abschätzen. Auch wird die Beobachtung der Verwitterungserscheinungen an rekonstruierten Mauern in Zukunft wertvolle Aufschlüsse geben.[48] Tragende Hölzer in ständigem Bodenkontakt mußten etwa nach 25 bis 35 Jahren, je nach der verwendeten Holzart, nach Bodenfeuchte und Klima sogar eher ausgewechselt werden.[49] Ähnliches gilt für die Holzeinlagen im Wallkörper. Damit ist ein ungefährer Rahmen für die Haltbarkeit solcher Mauern abgesteckt. Viele Kastellmauern dieser Bauart zeigen Reparaturspuren: mit neuen Rasensoden oder mit Lehm geflickte Stellen oder mit einem Steinfundament zur Ab-

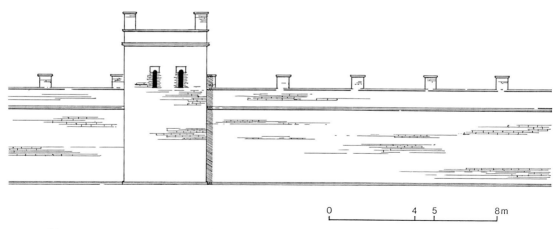

0   4   5   8m

Abb. 40   Praetorianerlager, Rom. Wehrmauer mit Zwischenturm (Zeit des Tiberius). Rekonstruktionszeichnung nach den erhaltenen Befunden (vgl. Taf. 2c).

sicherung unterlegte Mauerfronten. Oft wurde eine nachträglich der Mauerfront vorgeblendete
Steinmauer beobachtet. Derart vorgeblendete Mauern dienten dann als Steinverkleidung für den
Rest der alten Mauer, die als Erddamm hinter der neuen Steinmauer bestehen blieb. Diese Steinmauern waren also keine freistehenden Wehrmauern. Bei einem solchen Umbau wurde zuerst die
Vorderfront der bestehenden, baufälligen Wehrmauer abgetragen, dann ein Fundamentgraben
gezogen und die Steinmauer hineingesetzt. Dabei wurde der Aushub eventuell zur Erhöhung des
Erddamms benutzt. Meistens aber blieben der Wehrgang und die Rückseite der alten Kastellumwehrung ungeändert. — Am Kastell Urspring (Baden-Württemberg) brach das Baukommando die Vorderfront der baufälligen Wehrmauer aus Holz und Erde gar nicht erst ab, bevor es

Abb. 41 die neue Steinmauer vorblendete. Die Soldaten setzten die Mauer lediglich davor, so daß die Vorderfront der alten Mauer mitsamt ihren senkrechten Holzträgern als rückwärtige Schalung der
neuen Mauer diente. Dadurch formten sich die Balken der alten Umwehrung in der Rückseite der
neuen Mauer ab. Nach dem Vergehen des Holzes blieben anstelle der Balken Schlitze im Mauerwerk bestehen, die bei der Ausgrabung vorgefunden wurden. Ihre Abstände betrugen 1,4 m, von
Achse zu Achse gemessen.[50]

Unter den flavischen Kaisern sind an der germanischen Grenze und in Britannien zahlreiche
Auxiliarkastelle in Holzbauweise entstanden. Diese wurden nach einiger Zeit baufällig und muß-
ten renoviert werden. Das betraf vor allem die Umwehrungen aus Rasensoden, Holz und Erde.
Sie wurden häufig in der oben geschilderten Weise erneuert, indem der Mauerfront eine Mörtel-
mauer vorgeblendet wurde. Diese Art der Renovierung begann in den germanischen Provinzen
schon in flavischer Zeit, in Britannien während der Regierung Kaiser Trajans. Dort spiegelt der
Bau neuer Steinkastelle unter dem Nachfolger Kaiser Hadrian einen Wandel in der römischen
Grenzpolitik. Die Regierung des Imperiums setzte auf Konsolidierung des Erreichten und sicherte
die Grenze durch Truppen, die nun lange in ihren Standlagern blieben. Daher wurden haltbarere
Baumaterialien vorgezogen, die auf die Dauer wirtschaftlicher waren.

Die Umstellung auf die Steinbauweise bildete jedoch nur einen allgemeinen Trend. Sie stellte
nicht einen fest datierbaren, tiefen Einschnitt dar, denn die älteren Bauweisen wurden weiter verwendet. Außer steinernen Umwehrungen sind immer noch Holz-Erde- und Rasensodenmauern
gebaut und repariert worden, und der Ausbau in Stein erfolgte bisweilen nur zögernd und unvoll-

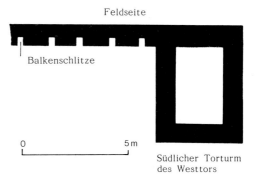

Abb. 41 Kastell Ursprung (Baden-Württemberg). Südturm des Westtors mit anschließender Wehrmauer, Grundriß. Die steinerne Wehrmauer wurde vor die ältere, baufällige Holz-Erde-Mauer gesetzt. Die senkrechten Holzträger, die sich in der Frontseite der Holz-Erde-Mauer befanden, drückten sich dabei in der Rückseite der Steinmauer ab. Die Rückseite der Steinmauer war daher gewissermaßen ein Abguß der älteren Holz-Erde-Mauer.

ständig. So waren zum Beispiel am Lager Corbridge (Nordengland) keine Anzeichen für irgendeine Veränderung an der Rasensodenmauer zu entdecken, so daß dieses Kastell neben seinen steinernen Nachbarkastellen an der Hadriansmauer offenbar von 90 bis 160 n. Chr. in der gleichen Gestalt bestehen blieb. In den Kastellen Ilkley und Slack in Yorkshire sind ebenfalls keine Hinweise auf eine Erneuerung der Umwehrung gefunden worden; das gilt für die gesamten fünfzig Jahre des Bestehens. Allerdings muß daran erinnert werden, daß Reparaturen am Aufgehenden nicht unbedingt Spuren am Fundament hinterlassen. Das Fundament ist aber oft das einzige, was von den Wehrbauten erhalten bleibt und der archäologischen Untersuchung zugänglich ist. — Unter Antoninus Pius sind viele Kastelle an den deutschen Limesstrecken in Steinbauweise erneuert worden. Ungefähr zur gleichen Zeit entstand eine bedeutende neue Grenzsperre in Schottland, die Antoninusmauer. Es ist bemerkenswert, daß diese Mauer und auch die Umwehrungen *Taf. 4b* der zugehörigen Kastelle aus Rasensoden und Erde, nicht aber aus Stein errichtet worden sind.

Die Wehrmauer des trajanischen Kastells Gelligaer (Wales) bestand aus zwei Mauerschalen, die einen Erdkern einschlossen. Die Frontmauer war 0,9 bis 1,2 m breit, die rückwärtige Mauer war etwas schmaler. Diese Konstruktion erinnert an die Mauern mit doppelter Rasensodenverkleidung oder an Holz-Erde-Mauern mit beidseitiger Holzversteifung. — Eine ähnliche Bauweise wie in Gelligaer wurde bei der hadrianischen Wehrmauer des Kastells Hesselbach (Hessen) beobachtet. Dort gab es eine 1,5 m breite Außenmauer und eine kaum schmalere Innenmauer, und im Erdkern enthielt das Bauwerk noch Spuren eines Holzrostes. Die beiden Mauerschalen sind ohne

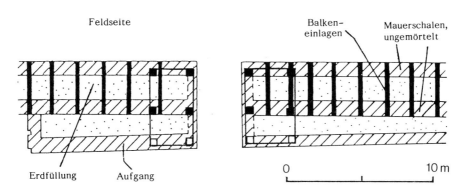

Abb. 42 Kastell Saalburg im Taunus (Hessen). Die Wehrmauer des ersten Kohortenkastells (um 135 n. Chr.) war eine sonst selten beobachtete Konstruktion aus Stein, Holz und Erde.

Mörtel aus Steinen aufgesetzt worden. An diesem Standort im hohen Odenwald gab es im Altertum keine Rasensoden. Der Ausgräber zog den Schluß, daß die Anwendung von Stein statt der Rasensoden ein Beispiel sei für die Anpassung der römischen Militärhandwerker an örtliche Gegebenheiten.[51]

Abb. 42

In der Saalburg baute die neue Besatzung, die Cohors II Raetorum, um 135 n. Chr. eine ungewöhnlich konstruierte Umwehrung. Sie bestand ebenfalls aus zwei ohne Mörtel aufgesetzten Mauern, die einen Erdkern einschlossen. Diese beiden Mauerschalen waren jeweils 0,8 m breit, ihr Abstand voneinander betrug 1,6 bis 1,9 m. Die Mauern waren durch hölzerne, etwa 20 x 40 cm starke, horizontale Querbalken miteinander verbunden, die Achsabstände von 1,8 m (6 Fuß) voneinander besaßen. Der Zwischenraum der beiden Mauerschalen wurde mit Erde und Bauschutt gefüllt. Das Bauwerk hatte eine Gesamtbreite von 3,2 bis 3,5 m. Die Balkenköpfe waren in den Mauerfronten sichtbar; sie waren in übereinanderliegenden Schichten gegeneinander versetzt und bildeten so ein Schachbrettmuster. Der Ausgräber rechnete mit der Möglichkeit, daß die Mauer durch ein Dach über dem Wehrgang trocken gehalten wurde. Diese Mauer besaß eine gewisse Ähnlichkeit mit den Umwehrungen spätkeltischer Oppida, die Caesar während des Gallischen Krieges antraf und folgendermaßen charakterisierte: »Die Bauweise ist für die Verteidigung von Städten äußerst nützlich, weil die Steine Schutz vor dem Feuer bieten, das Holzwerk aber vor dem Rammbock. Die Hölzer sind durch Längsbalken von mehr als vierzig Fuß Länge miteinander verbunden und bilden ein Gefüge, das weder durchstoßen noch eingerissen werden kann«.[52] Dieser keltische Mauertyp ist als *murus Gallicus* bekannt. Trotz der Ähnlichkeit beider Konstruktionen ist nicht anzunehmen, daß die Römer die keltische Bauweise kopiert hätten. An der Saalburgmauer wurden einige Besonderheiten beobachtet, die bei dem *murus Gallicus* nicht vorkommen; sie hat beispielsweise eine senkrechte Rückfront, während die keltischen Mauern zur Stadtseite hin eine abgeböschte Erdanschüttung besaßen. Es fehlen der Saalburgmauer andererseits die großen, eisernen Nägel, die das Balkenwerk des *murus Gallicus* zusammenhielten. Beide Konstruktionen dürften unabhängig voneinander aus hellenistischen Vorformen entstanden sein.

Abb. 46,
49, 61

Die gemörtelten Steinmauern der römischen Kastelle hatten üblicherweise einen Kern aus Bruchsteinmauerwerk, der an beiden Seiten von Mauerschalen aus regelmäßigen Handquadern eingefaßt war. Wenn eine solche Mörtelmauer einem bestehenden Wall vorgeblendet wurde, wurde die Quaderschale an der Rückseite fortgelassen, da sie ja nicht sichtbar war. Bei einem Neubau sind oftmals beide Seiten der Mauer mit Quaderschalen versehen worden. Häufig erhielt die Mauer Rücksprünge, vor allem an der Innenseite. Bei den Rücksprüngen verjüngte sich die Mauer; sie wurde dadurch oben schmaler als unten im Fundament. An der Frontseite konnten ebenfalls ein oder zwei Rücksprünge auftreten, sie kommen jedoch nur in der Sockelzone vor. Diese Rücksprünge waren als Schräggesimse ausgeführt, damit das Regenwasser nicht in die Mauer eindringen konnte. — Die Rücksprünge verbesserten die Standfestigkeit der Mauer, die ja den Druck des Erddamms hinter der Mauer aushalten mußte. Dieser Erddamm trug den Wehrgang. Die beschriebene Kombination von Mörtelmauer mit abgeböschtem Erddamm ist typisch für zahlreiche Auxiliarkastelle. — In späteren Bauphasen mancher Kastelle wurde der Erddamm streckenweise entfernt, um zusätzliche Gebäude im Lager unterzubringen, etwa Backöfen, Speicherbauten oder auch Toiletten. Als Beispiel seien die Kastelle High Rochester (Nordengland) und Miltenberg (Bayern) genannt. Der Wehrgang lief dann über die flachen Dächer dieser Anbauten. — Es gab auch freistehende Wehrmauern aus Stein, das heißt Mauern ohne Erddamm. Da die Kastellmauern meist recht schmal sind, waren in diesem Fall besondere Vorkehrungen notwendig, um einen hinreichend breiten Wehrgang zu schaffen. Der Wehrgang konnte etwa wie im Kastell Welzheim-Ost aus Holz sein und auf hölzernen Pfosten ruhen, deren Spuren hinter der Wehrmauer beobachtet worden sind. Bei anderen Kastellen Obergermaniens sind steinerne Pfeilervorlagen an der Rückseite der Mauer festgestellt worden, etwa am Kastell Stuttgart-Bad Cannstatt. Auch sie dürften einen hölzernen Wehrgang getragen haben.[53]

Die Breite der steinernen Kastellmauern schwankt zwischen 1 und 2 m über dem Fundament.

Das größere Gewicht einer Steinmauer erforderte bisweilen eine breitere Berme als bei einer Holz-Erde- oder Rasensodenmauer, um sie vor dem Abrutschen in den Graben zu schützen. Das ist deutlich an der Hadriansmauer zu erkennen. Dort besaß die steinerne Grenzmauer eine rund 6 m breite Berme, während an dem als Rasensodenmauer ausgeführten Westabschnitt der Hadriansmauer eine 1,8 m breite Berme ausreichend erschien.[54] — Wenn eine Steinmauer einer älteren Umwehrung vorgesetzt wurde, ist mitunter der innere Verteidigungsgraben zugeschüttet und ein neuer in etwas größerer Entfernung ausgehoben worden, um eine Gefährdung der Mauer auszuschließen.

Aussehen steinerner Wehrmauern

Bei der Ausgrabung des Kastells Wörth am Main (Bayern) stellte sich heraus, daß zusammenhängende Stücke der Wehrmauer in den Graben gestürzt waren. Wahrscheinlich ist das Mauerfundament bei einem Unwetter unterspült worden, nachdem das Kastell von den Römern längst verlassen war. Viele Einzelheiten der Mauerkonstruktion sind dadurch erhalten geblieben.[55] Es war sogar möglich, die ursprüngliche Höhe abzuschätzen. Das Fundament von 0,6 bis 0,7 m Tiefe bestand aus gemörteltem Bruchsteinmauerwerk; die Steine waren zum Teil im Fischgrätverband verlegt. Über dem Fundament folgte die 1 m breite, aufgehende Wehrmauer. Ihre Vorderfront wurde durch eine Mauerschale aus Handquadern gebildet, die 32 Quaderschichten hoch war. Auch die Rückfront war mit einer Handquaderschale versehen, doch waren die Quader kleiner. Der Mauerkern bestand aus gemörteltem Bruchsteinmauerwerk. In Höhe des Wehrgangs war die Mauerfront mit einem profilierten Gesims aus Buntsandstein geschmückt. Die Entfernung von der Fundamentoberkante bis zum Gesims betrug 4,15 m; dies wäre zugleich die Höhe des Wehr-

Abb. 43

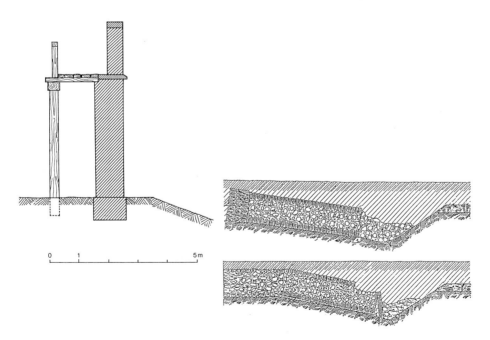

0   1   5 m

Abb. 43 Kastell Wörth am Main (Bayern). Rechts: Schnitt durch den Verteidigungsgraben, in den die Wehrmauer hineingestürzt ist (Ausgrabungszeichnung nach ORL). — Links: Rekonstruktion der Wehrmauer.

gangs über dem Boden. Allerdings ist die Mauer beim Fall etwas aus dem Gefüge geraten und kann daher ein wenig niedriger gewesen sein. Die steinerne Brustwehr war bei dem Sturz in den Graben zersprungen, so daß sich ihre Maße nicht exakt feststellen ließen. Sie dürfte in Analogie zu anderen Wehrmauern etwa 0,45 m breit und bis zur Oberkante der Zinnen vielleicht 1,80 m hoch gewesen sein. Ein Zinnendeckstein ist im Graben vor dem Haupttor gefunden worden. — Vermutlich gehörte die Kastellmauer von Wörth zu den freistehenden Wehrmauern ohne Erddamm. Dafür spricht die Quaderschale an der Rückfront; auch haben schon die Ausgräber erkannt, daß ein 4,15 m hoher Erddamm mit entsprechender Böschung innerhalb des kleinen Kastells viel zu viel Platz weggenommen hätte.

Zinnendecksteine sind am obergermanischen Limes auch von anderen Kastellen bekannt, sie fehlen bisher in den Kastellen Britanniens. Nach den erhaltenen Zinnendecksteinen zu urteilen, ist mit Zinnenbreiten von 0,6 bis 1,2 m zu rechnen. Die Weite der Zinnenöffnungen läßt sich nach erhaltenen Beispielen aus Rom und Italien abschätzen. Von besonderer Bedeutung für die Rekonstruktion römischer Militärlager ist die stellenweise noch erhaltene Wehrmauer des Prätorianerlagers in Rom aus der Zeit des Tiberius. Die Zinnenbreite beträgt dort 0,6 m, die Weite der Zinnenöffnungen ist mit 2,9 m überraschend groß. Die Weiten der Zinnenöffnungen lagen bei anderen erhaltenen Beispielen zwischen 1,2 und 2,4 m.[56] Einheitliche Abmessungen der Zinnen hat es bei den Kastellen wohl nicht gegeben. — Die Weite der Zinnenöffnungen römischer Militärlager wurde durch die Art der Verteidigung bedingt. Nach Reliefdarstellungen von Mauerkämpfen, etwa auf der Trajanssäule, sind Kastellmauern meistens durch Speer- und Steinwürfe verteidigt worden. Es ist schwierig, einen Speer oder einen Stein durch eine enge Zinnenöffnung zu werfen; der Verteidiger riskiert dabei, sich seine Hand zu verletzen. Schmale Zinnenöffnungen decken den Verteidiger zwar besser, setzen aber besondere Waffen voraus (etwa Pfeil und Bogen), mit denen in der frühen und mittleren Kaiserzeit nur wenige römische Einheiten ausgerüstet waren.

Bei einigen römischen Kastellen in Deutschland wurde beobachtet, daß die Wehrmauer und auch die Innenbauten mit weißem Verputz überzogen waren. In unserem Klima kann sich Außenputz nur selten unter günstigen Umständen halten. Es ist daher anzunehmen, daß eine große Anzahl von Kastellen, wenn nicht alle, weiß verputzt waren. Meist waren in den Verputz Linien eingeritzt, die die Fugen von Quaderwerk vortäuschen sollten. Die Fugenlinien waren rot ausgemalt, so daß sie deutlich hervortraten. Die Tendenz, Wehrbauten leuchtend weiß erscheinen zu lassen, geht auf hellenistische Vorbilder zurück. Auch bei einigen hellenistischen Wehrbauten ist Verputz mit plastisch angegebenem und farbig hervorgehobenem Scheinquaderwerk beobachtet worden. Dieses Scheinquaderwerk ist ja auch von der pompejanischen Wanddekoration des ersten Stils bekannt. Wahrscheinlich gab es bei manchen römischen Wehrbauten sogar auf den Putz gemalte oder im Putz plastisch wiedergegebene Architekturdarstellungen, wie etwa Gesimse, Fenstergewände, Pfeiler und ähnliches.[57]

Die bei Kastellumwehrungen angewandte Mauertechnik war im allgemeinen von guter Qualität: die Handquader waren fachgerecht zugehauen und in gleichmäßigen Lagen verbaut. Bearbeitete Quader sind aber nur an den Außenflächen der Mauern verwendet worden. Allerdings wurde bei den Handquadern nur die eine, nach außen gewandte Fläche sauber rechteckig behauen; der in die Mauer einbindende Teil des Quaders verjüngte sich ähnlich wie ein Pflasterstein leicht keilförmig nach hinten. Dieser Teil des Steins wurde mit wenigen Hieben roh zugehauen. Dadurch sparte man viel Arbeit, ohne die Festigkeit der Mauer zu beeinträchtigen. — Bisweilen war ein abgeschrägtes Sockelgesims vorhanden. Auch in der Höhe des Wehrgangs waren manche Mauern außen mit einem profilierten Gesims versehen.

Die Wahl des Steinmaterials hing von den örtlichen Gegebenheiten ab. Im Kastell Risingham (Nordengland) zum Beispiel wurde die Wehrmauer am Anfang des 3. Jahrhunderts aus einem besonders feinkörnigen Sandstein errichtet, der sich gut für monumentalen Quaderbau eignete. Daher sind große Quader mit sauber bearbeiteten Außenflächen verwendet worden; die Mauer erhielt auch ein Sockelgesims.[58] Am obergermanischen Limes wurde gutes Quaderwerk bei jenen

Kastellen beobachtet, die im Gebiet des Buntsandsteins liegen, etwa im Odenwald. Dieses Material war auch im Mittelalter für feine Bau- und Bildhauerarbeiten beliebt. Im hohen Taunus steht dagegen ein außerordentlich harter Quarzit an, der sich kaum bearbeiten läßt. Handquader, Schwellen oder Türgewände ließen sich daraus nicht herstellen. Daher bestehen die Mauern der Kastelle Feldberg, Saalburg und Kapersburg im Taunus aus unbearbeiteten Bruchsteinen. Für die Keilsteine der Torbögen, Schwellen, Mauerecken und Gewände mußte Sandstein und Basalt eigens von weiter entfernten Steinbrüchen herangeschafft werden; zum Teil wurde auch Holz eingesetzt.

Bauausführung

In Chesterholm (Nordengland) ist kürzlich ein Stück der Hadriansmauer rekonstruiert worden, und zwar in der von den Römern anfänglich gebauten Breite von 3 m. Dabei ergaben sich interessante Aufschlüsse über den Arbeitsaufwand. Die Rekonstruktion umfaßte folgende Leistungen: Steinbrucharbeiten, das Zurichten der Handquader für die Mauerschalen, das Bereitstellen von Bruchsteinen für den Mauerkern, das Herbeischaffen großer Mengen von Kalk, Sand und Wasser, den Antransport von Hölzern für das Baugerüst und schließlich die Maurerarbeiten selbst. Es zeigte sich, daß der Maurer, der mit sechs Gehilfen das 14 m lange Mauerstück rekonstruierte, 3 cbm Wasser pro Tag zum Mischen des Mörtels benötigte. Als sehr aufwendig erwies sich die Beförderung des Baumaterials und des Gerüstholzes zur Baustelle, wenn man dafür die Transportmittel des Altertums einsetzte.[59] Eine Schätzung ergab, daß auf je zehn mit den Bauarbeiten an der Mauer Beschäftigte weitere neunzig Mann für die Gewinnung und Lieferung des Materials notwendig waren. Ein ähnlicher Aufwand an Zeit, Arbeitskräften und Material ist für den

Abb. 47

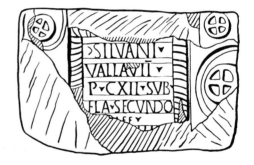

Abb. 44 Kastell Carvoran (Hadriansmauer). Bauinschrift einer Centurie, um 136–138 n. Chr. (RIB 1820). Lateinischer Text, ergänzt und mit aufgelösten Abkürzungen: *Centuria Silvani vallavit pedes CXII sub Flavio Secundo praefecto.* — Übersetzung: »Unter dem Präfekten Flavius Secundus baute die Centurie des Silvanus ein 112 Fuß langes Stück Wehrmauer«.

Bau der steinernen Umwehrungen der Auxiliarkastelle anzunehmen. — Die Leistungsfähigkeit und das Tempo des römischen Heeres bei Bauarbeiten werden von Flavius Josephus kommentiert: »Dank der Anzahl und dem Können der schanzenden Soldaten wächst der Wall und alles, was er umschließt, schneller als gedacht aus dem Boden«.[60] Josephus beschreibt hier zwar den Bau eines großen Marschlagers, doch wird die Leistung und Arbeitsorganisation bei dauerhaften Bauwerken des Heeres ähnlich gewesen sein.

Vegetius berichtet, daß bei den Bauarbeiten an der Umwehrung »die Centurionen die Arbeitsleistung mit 10 Fuß langen Stäben (Decempedae) nachmessen, damit niemand weniger als der andere zu tun bekommt und sich kein Fauler auf einen Irrtum herausredet«.[61] Drei Steininschriften vom Kastell Carvoran (Hadriansmauer) überliefern die Arbeitsleistung einzelner Centurien der Cohors I Hamiorum. Die Centurien waren beim Mauerbau eingesetzt und dort für 100 bzw. 112 Fuß lange Abschnitte verantwortlich. Beim Bau der Umwehrung des Kastells Zugmantel im

Abb. 44

Taunus kamen ähnliche Steininschriften zutage; eine von ihnen berichtet, daß die Centurie des Leubaccus einen Bauabschnitt von 72 Fuß Länge ausgeführt hat.[62] Offensichtlich wurde beim Bau steinerner Umwehrungen jeder Centurie ein bestimmter Bauabschnitt zugewiesen. Hierbei kann es sich um eine Mauerstrecke, aber auch um einen Turm oder einen Torbau gehandelt haben. Andere Steininschriften von Carvoran geben nämlich auch geringere Längen für die Bauabschnitte der Centurien an: 19, 20 bzw. $30^1/_2$ Fuß; sie beziehen sich vielleicht auf die Frontlänge von Türmen oder Torbauten.[63] Nahe an einem der Tore des Kastells Chesters an der Hadriansmauer wurde ein Eckstein gefunden, der auf zwei Seiten Inschriften trug. Wahrscheinlich war er in einem der Tortürme so eingebaut, daß beide Inschriften zusammen sichtbar waren. Die eine Inschrift besagt, daß ein Abschnitt der Mauer gebaut wurde, die andere gibt den Namen der verantwortlichen Einheit an, bei der es sich um eine Centurie oder eine Turma gehandelt haben muß.[64]

ECK- UND ZWISCHENTÜRME

In der schon erwähnten Schilderung eines großen Marschlagers äußert Flavius Josephus: »die Umwehrung macht den Eindruck einer Mauer und ist mit Türmen in regelmäßigen Abständen besetzt.«[65] Wahrscheinlich sind die Umwehrungen der Marschlager nur dann mit Türmen versehen worden, wenn mit unmittelbarer Feindberührung zu rechnen war. Bei den dauerhaften Militärlagern gehörten Wehrtürme jedoch zur normalen Ausstattung. Ausgrabungen in zahlreichen Auxiliarkastellen haben das Vorhandensein von Türmen in jeder der vier Kastellecken und auch an den Mauerstrecken dazwischen erwiesen. Sie waren zweifellos in den meisten Lagern von Anfang an vorhanden. Sowohl Eck- als auch Zwischentürme sind auf der Trajanssäule abgebildet.

Abb. 45, 60; Vorsatz

Sie überragen den Wehrgang um ein Stockwerk. Einige Reliefs der Säule bilden sie als hölzerne, lediglich von einem Holzgeländer eingefaßte Plattformen ab, eine andere Szene zeigte einen Eckturm mit Satteldach, wohl einen Holzbau, denn es ist kein Quaderwerk dargestellt. Andererseits sind auch Zwischentürme in Steinbauweise abgebildet. Ein Dach ist hier nicht sichtbar, doch könnte der Turm ein nach hinten abfallendes Pultdach besessen haben.

Holztürme gehörten zu Umwehrungen aus Holz, Erde oder Rasensoden. Sie standen im Mauerkörper und wurden von mächtigen Pfosten getragen, die durch die Wehrmauer hindurchreichten und fest im Boden eingelassen waren. Da die Türme über den Wehrgang hinausragten, dienten sie als Ausguck; hatten sie ein Dach, so konnten sie den Wachtposten Schutz vor dem Wetter gewähren. Gedeckte Turmgeschosse konnten auch als Stapelplätze verwendet werden. Vor allem aber boten die Türme die Möglichkeit, zusätzliche Verteidiger aufzustellen, die den Gegner von oben mit Geschossen bekämpfen konnten. Die Türme kamen auch als Geschützstellungen in Betracht.[66] Da der Einbau rechteckiger Türme in die abgerundeten Kastellecken technische Schwierigkeiten bereitete und auch taktische Nachteile mit sich bringen konnte, haben die römischen Militärarchitekten mit verschiedenen Lösungen experimentiert. In den claudischen Kastellen Hod Hill (Südengland) und Valkenburg (Niederlande) sind drei Pfosten vorne und drei hinten in einer geknickten Linie so angeordnet worden, daß sie der Mauerbiegung möglichst gut folgten. Ein Turm auf sechs Pfosten stand im vorflavischen Lager Jay Lane (Wales); er war rechteckig und wandte die Langseite dem Feinde zu. Dadurch war es möglich, mehr Verteidiger an den besonders gefährdeten Kastellecken aufzustellen. Etwa zwanzig Jahre später entstanden im Kastell Rottweil III relativ kleine, quadratische Türme in den Ecken, eine etwas weniger zweckmäßige Bauform. Die vielleicht günstigste Lösung stellte der im Grundriß trapezförmige Turm auf fünf Pfosten dar, von denen drei vorne und zwei hinten standen. Dieser Bautyp ist unter anderem in den flavischen Kastellen Künzing (Bayern) und Pen Llystyn (Wales) beobachtet worden. Der

Abb. 50

Turm erlaubt wegen seiner verlängerten Vorderfront ähnlich wie jener von Jay Lane die Aufstellung einer etwas größeren Anzahl von Verteidigern; er paßt sich jedoch besser in die Eckrundung ein.

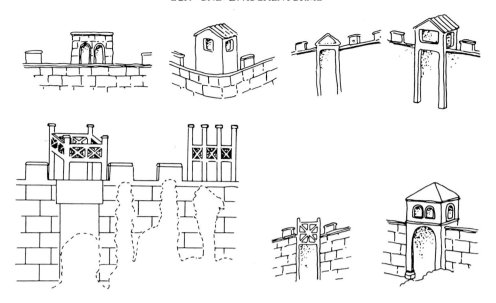

Abb. 45   Einige typische Lagertürme und -tore nach den Reliefs der Trajanssäule, Rom.

Die Zwischentürme wurden meist in gleichen Abständen zwischen den Kastellecken und den Toren angelegt. Sie hatten in der Regel quadratische Grundrisse und waren so breit wie die Mauer oder etwas schmaler. Die Feststellung, daß für die Ecktürme in Pen Llystyn stärkere Pfosten verwendet worden sind (Pfosten mit quadratischem Querschnitt, 36 cm stark bei den Ecktürmen, 15 cm stark bei den Zwischentürmen), führte zu der Annahme, daß hier die Ecktürme wohl höher waren als die Zwischentürme.[67] Das gilt aber keineswegs für alle Kastelle.

Die Ausstattung mit Eck- und Zwischentürmen war auch bei Steinkastellen üblich. Die Türme konnten entweder ganz aus Stein bestehen oder, wie das wohl in Gelligaer der Fall war, Holzaufbauten über einer Steinbasis besitzen. In Gelligaer ist diese Bauweise daraus erschlossen worden, daß die Mauern der Zwischentürme wesentlich leichter gebaut waren als die der Tortürme. — In den Kastellecken wurde die vordere Mauer des Turms oft von der abgerundeten Wehrmauer gebildet. Die anderen drei Seiten konnten einen quadratischen Raum umschließen, dessen Seitenlänge ungefähr der Breite der Umwehrung (Steinmauer mit Erddamm) entsprach. Es gab auch Türme mit trapezförmigem Grundriß, der sich zum Lagerinnern hin verjüngte; sie entsprachen den schon erwähnten Holztürmen mit ähnlichem Grundriß. — In den Kastellen Holzhausen (Rheinland-Pfalz) und Wiesbaden wies die Rückwand der Ecktürme die gleiche Rundung auf wie die Außenfront der Wehrmauer. — In Caerhun (Wales) standen die Ecktürme des Kastells während der antoninischen Bauphase von der Wehrmauer zurückgesetzt frei im Erddamm. Eine entsprechende Lage, 0,7 m hinter der steinernen Kastellmauer, hatte auch der einzige Torturm am rückwärtigen Tor des Kastells. Diese Beobachtungen lassen darauf schließen, daß die Türme einer älteren Bauphase angehören als die steinerne Kastellmauer. In der älteren Bauphase bestand die Umwehrung aus einer Holz-Erde- bzw. Rasensodenmauer, in die die Steintürme hineingesetzt worden sind. In der Mitte des 2. Jahrhunderts ist der baufälligen Umwehrung nachträglich eine Steinmauer vorgeblendet worden. Dabei blieben die Türme stehen und wurden auch nicht an die neue Mauer angeschlossen.[68]

Abb. 46, 50; Taf. 2 b

89

Abb. 46 Kastell Unterböbingen (Baden-Württemberg). Wehrmauer-fundament mit südöstlichem Eck-turm, Ausgrabung 1973.

Abb. 47 Vindolanda (Chesterholm, Northumberland). Rekonstruktion eines Stücks der Hadriansmauer mit einem steinernen Wachtturm.

Abb. 48   Kastell Osterburken (Baden-Württemberg), »Annexkastell«. Ruine der Wehrmauer mit vorgelagertem Verteidigungsgraben.

Abb. 49   Kastell Unterböbingen (Baden-Württemberg). Wehrmauerfundament mit Zwischenturm, Ausgrabung 1973.

91

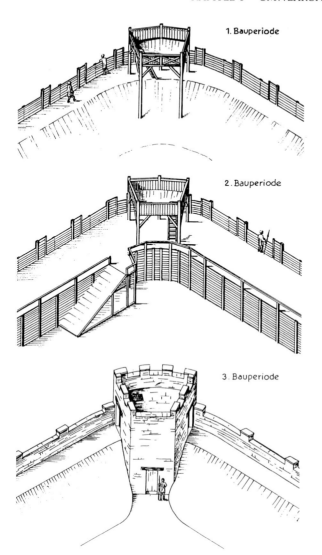

1. Bauperiode

2. Bauperiode

3. Bauperiode

Abb. 50 Kastell Künzing an der Donau (Bayern). Rekonstruktion des südöstlichen Eckturms der Umwehrung in drei aufeinanderfolgenden Bauphasen (nach H. Schönberger).

Abb. 49   Steinerne Zwischentürme hatten gewöhnlich einen quadratischen Grundriß. Ihre Größe wurde durch die Breite der Umwehrung bestimmt. Die Holztürme, deren tragende Pfosten in die Rasensoden- oder Holz-Erde-Mauer der Umwehrung eingebettet waren, besaßen kein zugängliches Erdgeschoß. Als sie durch Steintürme ersetzt wurden, entstand zugleich ein nutzbarer Raum im Erdgeschoß. Darin mag es Leitern oder Treppen gegeben haben, die zum Wehrgang führten. Oft waren im Erdgeschoß auch Backöfen oder Herde eingebaut. Doch dürften die Erdgeschosse der Türme nur eine untergeordnete Bedeutung besessen haben. Im Kastell Housesteads (Hadriansmauer) wurde beispielsweise der Zugang zum Erdgeschoß des südöstlichen Eckturms während der Erneuerung der Wasserversorgung der nahegelegenen Toilette zuerst eingeschränkt. Später wurde er durch den Einbau eines Wasserbehälters an der Tür völlig gesperrt. — Vegetius berichtet, daß sich bei Städten »in den Türmen gehaltene scharfe Hunde bewährt haben, weil sie

92

herannahende Feinde wittern und durch Bellen verraten«.[69] Es gibt indessen keine Hinweise darauf, daß in den Kastellen Hunde für diesen Zweck gehalten worden sind.

Die Türme der meisten Auxiliarkastelle des 1. und 2. Jahrhunderts n. Chr. waren an die Rückseite der Wehrmauer angebaut und sprangen nicht oder nur wenig auf die Feindseite vor. Seit dem späten 2. und dem frühen 3. Jahrhundert n. Chr. wurde die Notwendigkeit spürbar, festungstechnisch stärkere Umwehrungen zu bauen. Ein Kennzeichen der neuen Wehrarchitektur des römischen Militärs waren weit vorspringende Türme. Sie standen nicht nur an den Toren, sondern auch in regelmäßigen Abständen an der gesamten Mauer. Das erste Auxiliarkastell mit stark vorspringenden Türmen wurde bald nach 185 n. Chr. in Niederbieber (Rheinland-Pfalz) errichtet. Diese Türme erlauben es, feindliche Angriffskolonnen aus sicherer Deckung von der Seite her zu beschießen, sobald sie dicht an die Mauer herangekommen waren. Die Taktik des flankierenden Schusses aus vorspringenden Türmen war vor langer Zeit von den Hochkulturen des Orients für die Verteidigung von Städten entwickelt worden. Schon früh hatten die Römer über die hellenistische Wehrarchitektur Kenntnis davon erlangt und vorspringende Türme bei Stadtmauern verwendet. — Wie schon eingangs gesagt, kämpfte das römische Heer der frühen und mittleren Kaiserzeit in der Bewegung und hielt nichts davon, sich hinter Mauern zu verschanzen. Aus diesem Grunde besaßen die Militärlager zunächst nur leichte Umwehrungen und hatten keinen Festungscharakter. Seit der Krisenzeit der Markomannenkriege unter Mark Aurel begann beim römischen Militär eine Umorientierung. Das Reich geriet in die Defensive, und auch bei den Militärbauten erwies sich eine Verstärkung der Defensivmittel als notwendig. Die Bautypen, die neu eingeführt wurden, sind aber nicht eigens entwickelt worden; sie konnten im Mittelmeerraum der vorhandenen städtischen Wehrarchitektur entnommen werden. — Die neue Wehrarchitektur trat bei den Küstenfestungen des *litus Saxonicum* an der Südostküste Britanniens noch stärker in Erscheinung. Die Festungen, die mit mächtigen, stark vorspringenden Türmen versehen waren, sind am Ende des 3. Jahrhunderts entstanden. Sie sollten die Überfälle der germanischen Seevölker verhindert.[70] — An der germanischen Grenze hat das römische Heer nach dem Fall des Limes im 4. Jahrhundert n. Chr. ebenfalls zahlreiche, starke Festungen errichtet (Beispiele: Köln-Deutz, Koblenz, Boppard, Alzey, Passau). Sie stellen eine Bauform dar, die sich von jener der alten Militärlager grundsätzlich unterscheidet. Diese spätrömischen Festungen werden hier nicht mehr behandelt.

Abb. 215

TORE

Ein Auxiliarkastell hatte in der Regel vier Tore (*portae*). Das vordere und das rückwärtige Tor (Porta praetoria und Porta decumana) befanden sich stets in der Mitte der jeweiligen Kastellseite, während die beiden Seitentore (Portae principales) nicht in der Mitte der Kastellseiten lagen. Sie wurden durch die Via principalis verbunden und waren daher ein wenig in Richtung auf die Frontseite des Lagers verschoben. Gelegentlich wurden weitere Tore hinzugefügt. Das geschah zum Beispiel bei einigen Kastellen der Hadriansmauer. Sie waren so an die Grenzmauer angebaut, daß ihr vorderes Drittel, die Praetentura, jenseits der Mauer lag. in diesen Fällen öffneten sich drei Tore jenseits der Grenzmauer: die Porta praetoria und die beiden Portae principales. Zusätzliche Tore mit je einer Durchfahrt waren an jedem Ende der Via quintana angebracht, um den Zugang zum Lager diesseits der Grenzmauer zu erleichtern; außerdem besaßen diese Kastelle, wie üblich, ein rückwärtiges Tor (Porta decumana). Sie hatten also drei Tore vor der Grenzmauer und drei Tore dahinter. — Andererseits gab es einige Kastelle ohne die übliche Retentura; diese besaßen dann auch kein rückwärtiges Tor (Kastell Valkenburg, Niederlande). Bei kleineren Kastellen gab es mitunter nur zwei Tore (Ellingen, Bayern) oder — wie bei vielen Kleinkastellen — nur ein einziges an der Stelle der Porta praetoria.

Der Grundriß der Torbauten war bei Holz- und Steintoren im Prinzip der gleiche. Die Tore besaßen gewöhnlich Seitentürme mit quadratischem oder rechteckigem Grundriß. Die Tordurch-

Abb. 202

Abb. 179
Abb. 213

fahrt war in der Höhe des Wehrgangs überbrückt, um Verteidiger über der Durchfahrt aufstellen zu können. Das Stück des Wehrgangs über der Durchfahrt war bei manchen Tortypen als einfache Wehrplattform ohne Dach ausgeführt und trug lediglich vorne eine Brustwehr. Bei anderen war es überdacht und bildete mit den Türmen ein Torhaus, das zur Verteidigung mit Schießfenstern versehen war. Oft enthielten die Türme einen Raum im Erdgeschoß, in dem sich Wachstuben oder auch Treppen zum Ersteigen des Obergeschosses befunden haben können. Die Tordurchfahrt muß mindestens 3 m hoch gewesen sein, um beladene Wagen und Reiter durchlassen zu können. Bei den Obergeschossen der Tortüme ist mit einer Mindesthöhe von 2,5 bis 3 m zu rechnen, damit die Verteidiger sich frei bewegen konnten.[71]

Der eigentliche Torverschluß (zweiflügeliges, hölzernes Tor) lag der besseren Verteidigung wegen meist etwas hinter der Flucht der Mauerfront. So konnte er von den Tortürmen überblickt werden. Jeder hölzerne Torflügel war in zwei Zapfen drehbar gelagert, er bewegte sich nicht wie heutige Türen in Scharnieren. Die zwei Torflügel schlugen gegen eine erhöhte Schwelle (Toranschlag); sie öffneten sich stets nach innen. Eisenbänder und Torzapfenbeschläge, die am Nordosttor des Kastells Feldberg (Hessen) gefunden worden sind, stammen von 8 bis 9 cm starken Torflügeln aus Eichenholz. Reste von Eisenbändern kamen auch am Kastell Fendoch (Schottland) zutage. Die hölzernen Torflügel waren manchmal vielleicht mit Eisenblech verkleidet, wie es Vegetius für Stadttore empfiehlt: »Außerdem muß dafür gesorgt werden, daß die Torflügel nicht angezündet werden. Daher sind sie mit Tierhäuten oder Eisenblech zu bedecken«.[72] — Unter dem Straßenschotter verlegte Abflußrohre oder auch Frischwasserleitungen führten oftmals unterirdisch durch die Tore hindurch.

Torbauten aus Holz[73]

Tore ohne Seitentürme

Abb. 51 Der einfachste Torbau besaß keine seitlichen Tortürme. Er wurde von zwei oder mehr Pfostenpaaren getragen, die an beiden Seiten der Durchfahrt symmetrisch angeordnet waren. Die Pfosten hielten eine Bretterverschalung für die beiden Enden der Holz-Erde- oder Rasensodenmauer, die an der Stelle des Tores unterbrochen war. Außerdem ruhte eine brückenartige Wehrplattform aus Holz auf den Pfosten. Sie führte den Wehrgang über das Tor. Die Pfosten können darüber hinaus einen turmartigen Aufbau über dem Tordurchgang getragen haben. Archäologische Ausgrabungen liefern nur den Grundriß solcher Holzbauten; dieser alleine läßt nicht erkennen, ob einst ein *Abb. 60* hölzerner Turm über dem Tor gestanden hat. Immerhin sind auf der Trajanssäule einfache Tore abgebildet, über deren Durchfahrt sich ein Turm erhebt. Es erscheint auch unwahrscheinlich, daß an den regelmäßig mit Türmen versehenen Kastellumwehrungen kein Turm zum Schutz des Tores gebaut worden sein soll. — Die zwei hölzernen Torflügel waren an der Feindseite angebracht, im allgemeinen bündig mit der Außenfront der Wehrmauer oder leicht zurückgesetzt. So konnten sie vom Wehrgang aus gut beobachtet werden.[74] Die Torflügel besaßen oben und unten Zapfen. Diese drehten sich in Lagern, die oben in einem Sturz aus Holz und unten in einer hölzernen Schwelle eingelassen waren. — Bei den Toren mit drei oder vier Pfostenpaaren waren die Torflügel möglicherweise nicht bündig mit der Außenfront der Wehrmauer angebracht, sondern merklich nach innen versetzt. Dann war nur der Teil der Durchfahrt hinter den Torflügeln überbrückt und wurde vielleicht von einem Turm überragt.

Von diesem einfachen Tortyp ohne Seitentürme sind einige Varianten beobachtet worden. Die Torbauten hatten meist eine einfache Durchfahrt. Gelegentlich sind aber auch Torbauten mit doppelter Durchfahrt festgestellt worden. Torbauten mit einfacher Durchfahrt und zwei Pfostenpaaren gab es in den Kastellen Hod Hill und Great Casterton schon in der claudischen Periode. Sie sind bei dem kleinen, spätflavischen Holzkastell der Saalburg ausgegraben worden und auch noch in den Kastellen Old Kilpatrick und Cadder an der Antoninusmauer. In einem anderen Tor von Hod Hill standen drei Paar Pfosten, ebenso in dem flavischen Kastell Fendoch und im Südtor

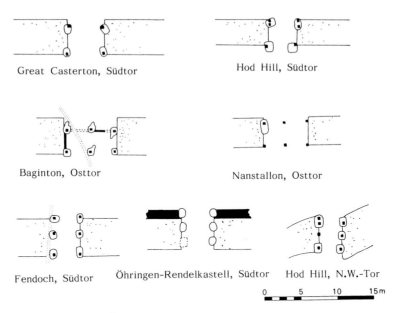

Great Casterton, Südtor

Hod Hill, Südtor

Baginton, Osttor

Nanstallon, Osttor

Fendoch, Südtor   Öhringen-Rendelkastell, Südtor   Hod Hill, N.W.-Tor

0   5   10   15m

Abb. 51   Einfache Tortypen mit Überbrückung der Durchfahrt; Feldseite oben. Maßstab 1 : 500.

des Rendelkastells in Öhringen am obergermanischen Limes, das in der Mitte des 2. Jahrhunderts n. Chr. entstanden ist (1. Bauphase). Dieses Südtor führte zwar durch eine steinerne Wehrmauer, hatte aber trotzdem nur eine holzverkleidete Tordurchfahrt. Über ihr befand sich eine hölzerne Wehrplattform oder vielleicht auch ein hölzerner Turmaufbau. Der gleiche Tortyp kam außerdem an jenen Meilenkastellen der Hadriansmauer vor, die aus Rasensoden erbaut worden sind. Dort sind bis zu vier Pfostenpaare nachgewiesen worden.[75] — Tore ohne Seitentürme mit doppelter Durchfahrt sind nur von drei Kastellen bekannt, Baginton und Nanstallon aus der neronischen Periode und Brough on Humber aus frühflavischer Zeit. Vielleicht ist diese Torvariante in der Mitte des 1. Jahrhunderts n. Chr. entstanden. Eine Rekonstruktion eines solchen Torbaus ist in Baginton errichtet worden. Sie erhielt einen Turmaufbau mit einer zweiten Wehrplattform im Obergeschoß.

Abb. 59

Tore mit mauerbündigen Seitentürmen

Diese Torbauten besaßen Seitentürme mit quadratischem oder rechteckigem Grundriß. Sie konnten eine oder zwei Durchfahrten besitzen. Die Türme nahmen ungefähr die Breite der Wehrmauer ein. — Torbauten mit einer Durchfahrt und Türmen auf je vier Pfosten sind in den flavischen Kastellen Jay Lane in Herefordshire und Crawford in Schottland gefunden worden. Ein anderes Tor in Jay Lane und eines im benachbarten Kastell Buckton besaßen ebenfalls Türme mit vier Pfosten, doch hatten die Tore doppelte Durchfahrten. Bei Torbauten mit doppelter Durchfahrt standen stets einige Pfosten zwischen den beiden Durchfahrten. Sie trugen nicht nur den Oberbau, an ihnen waren auch die inneren Torflügel befestigt. Einen solchen Torbau gab es in Oakwood (Schottland). Die Entdeckung einer Schotterung zwischen den Torpfosten dieses Kastells weist darauf hin, daß diese Pfosten freistehende Träger von Türmen oder Wehrplattformen gewesen sein müssen. Allerdings war hier ein Torbau anders als sonst üblich in die Wehrmauer eingebunden. Ähnlich wie bei einer Gruppe älterer Torbauten aus augusteischer Zeit zog die Wehrmauer

Abb. 52

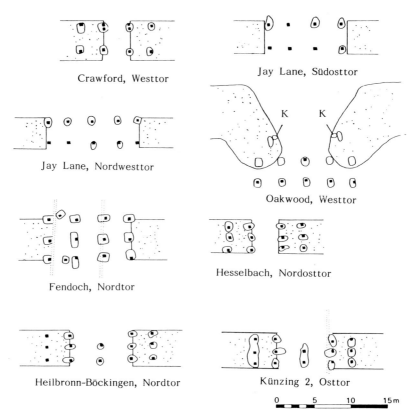

Abb. 52 Kastelltore, deren Tortürme mit der Mauerfront bündig abschließen. Feldseite oben, Maßstab 1 : 500.

zangenartig nach innen auf die Vorderfront der Türme zu. — Bei einem anderen Kastell aus der-selben Zeit, in Crawford (Schottland), waren die Turmpfosten — anders als in Oakwood — offensichtlich in die Umwehrung hineingesetzt; sie steckten bis zur Höhe des Wehrgangs in der Rasensodenmauer.

Es gab auch Torbauten des hier besprochenen Typs, deren Türme von sechs oder mehr Pfosten getragen wurden. Der Torverschluß (Torflügel) war dann wohl meist ein Stück in die Durchfahrt zurückgesetzt. Bei ihnen war daher nur der rückwärtige Teil der Durchfahrt überbrückt. Solche Torbauten mit einfacher Durchfahrt sind in Fendoch (Schottland), in den obergermanischen Kastellen Echzell und Hesselbach gefunden worden, ferner in Oberstimm (Bayern), wo allerdings die Türme acht Pfosten hatten. — Schließlich gab es den Tortyp auch mit doppelter Durchfahrt. Die Lage der Pfosten zwischen den beiden Durchfahrten zeigt, daß der Torverschluß stärker zu-*Abb. 55* rückgesetzt war. Bei den Kastellen Künzing und Heilbronn-Böckingen standen die Tortürme auf sechs, in Corbridge auf zehn Pfosten. Rekonstruktionszeichnungen für solche Torbauten in Kün-zing (Periode 1 und 2, etwa 90 bis 135 n. Chr.) zeigen Seitentürme, deren Pfosten in der Umweh-rung stehen. Ferner ist die Wehrplattform dargestellt, die sie verbindet; sie führt den Wehrgang über die beiden Durchfahrten. Es ist allerdings ungewiß, ob die hölzernen Turmgerüste stets in der Rasensoden- oder Holz-Erde-Mauer standen und daher kein zugängliches Erdgeschoß besaßen. Vielleicht blieben sie bei manchen Kastellen im Erdgeschoß offen und waren mit Räumen ausgestattet, die als Wachträume dienten oder von denen aus der Wehrgang über Leitern oder Treppen zu erreichen war. Der Ausgräber der Tortürme von Fendoch nahm beispielsweise an, daß diese im Erdgeschoß frei standen und vielleicht ganz offen blieben oder rundum mit Brettern verschalt waren.[76] Solche im Erdgeschoß offenen Türme hätten zur Feindseite hin nur mit einer dünnen Bretterverschalung geschlossen werden können. Sie hätte bei Angriffen leicht durchschlagen oder angezündet werden können. Daher ist es eher unwahrscheinlich, daß die Römer hölzerne Tortürme mit offenem Erdgeschoß gebaut haben. Tatsächlich sind kürzlich in Carlisle hölzerne Tortürme gefunden worden, deren tragende Pfosten in der Rasensodenmauer standen. Ihr Erdgeschoß war also nicht zugänglich.[76a]

Abb. 56

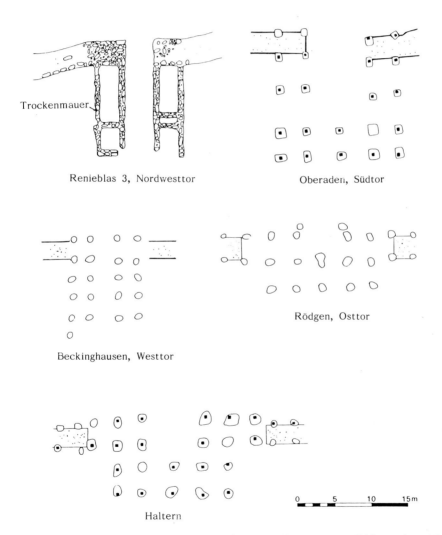

Renieblas 3, Nordwesttor

Oberaden, Südtor

Beckinghausen, Westtor

Rödgen, Osttor

Haltern

Abb. 53 Typische Grundrisse republikanischer und augusteischer Lagertore. Feldseite oben, Maßstab 1:500.

Tore mit zurückspringenden Seitentürmen

Abb. 53 Der dritte Haupttyp der Torbauten besaß Seitentürme, die mehr oder weniger weit in das Lagerinnere hineinreichten. Die Durchfahrt konnte wie bei den anderen Tortypen einfach oder doppelt sein. Die Torverschlüsse waren weit zurückgesetzt, so daß vor ihnen ein hofartiger Zwinger entstand, der von den Verteidigern leicht beherrscht werden konnte. Diese Bauweise hatte eine lange Geschichte; schon das Dipylon am Kerameikos des klassischen Athen war ähnlich gebaut. Das römische Heer verwendete den Tortyp um 153 v. Chr. in Trockenmauer-Ausführung am Nordwesttor des Lagers Renieblas III bei Numantia (Spanien). Auch in Italien ist dieser Tortyp bei der Stadtmauer von Pompeji schon früh angewandt worden.[77]

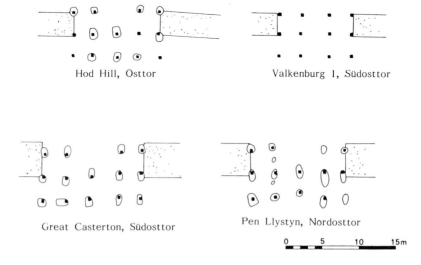

Abb. 54   Kastelltore mit nach innen versetzten Tortürmen. Feldseite oben, Maßstab 1:500.

Eine wichtige Gruppe von Torbauten aus Holz mit weit eingezogenem Torverschluß ist an den augusteischen Militärlagern in Deutschland beobachtet worden, zum Beispiel in Oberaden und Beckinghausen, beide um 11 v. Chr. errichtet (Abb. 53). Dort standen die Tortürme auf zehn Pfosten. In Haltern besaßen die Türme acht und in Rödgen sechs Pfosten, wie es auch später am häufigsten war. Andere Torbauten dieser Zeit waren vergleichbar weit in das Lagerinnere eingezogen, doch schlossen bei ihnen die Türme mit einem L-förmigen Grundriß an die Wehrmauer an. Solche Türme sind in Haltern und in Rödgen beobachtet worden.

Nach der Regierungszeit des Augustus blieb der hier besprochene Tortyp weiterhin üblich. Allerdings wurden die hofartigen Zwinger vor dem eigentlichen Torverschluß nunmehr weniger tief gehalten. Der Torverschluß wurde meist ungefähr in der Mitte der Durchfahrt so eingefügt, daß er mit der Rückseite der Wehrmauer eine Linie bildete. Solche Torbauten sind für die Regie-
Abb. 54 rungszeit des Claudius an den Kastellen Hod Hill und Valkenburg bezeugt. Aus der Zeit der flavischen Kaiser stammen beispielsweise die Tore der Kastelle Pen Llystyn, Rottweil und Heilbronn-Böckingen. In den Kastellen Rottweil III und Valkenburg gab es solche Torbauten mit einfachen Durchfahrten. Tore mit doppelten Durchfahrten waren aber gebräuchlicher, vor allem in Britannien. Wahrscheinlich war die vordere Hälfte der Tortürme in Fortsetzung der Wehrmauer mit

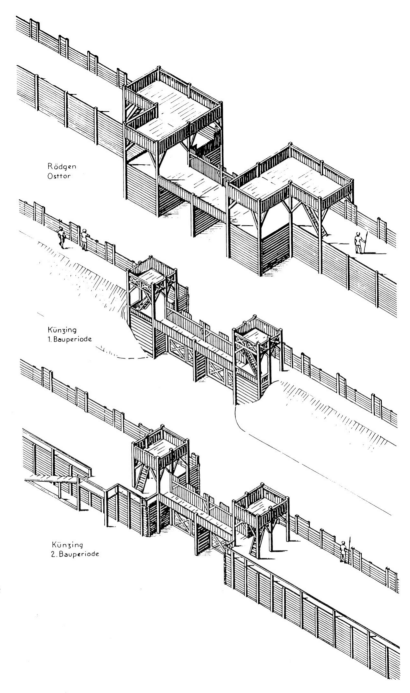

Rödgen
Osttor

Künzing
1. Bauperiode

Künzing
2. Bauperiode

Abb. 55 Kastelle
Rödgen und Kün-
zing. Zeichneri-
sche Rekonstruk-
tionen der hölzer-
nen Torbauten
(nach H. Schön-
berger).

Abb. 56   Kastell Carlisle (Hadriansmauer). Blick vom Kastellinneren durch das Südtor des flavischen Holz-kastells. Das Tor hatte eine doppelte Durchfahrt. In der Bildmitte erkennt man den senkrechten Pfosten, der die beiden Durchfahrten trennte; daneben Angellöcher für die Torflügel. In der rechten Durchfahrt sind durch Fuhrwerke Spurrinnen in die hölzerne Schwelle gefahren worden. Unter der Schotterung der antiken Straßendurchfahrt befanden sich holzverschalte und einst abgedeckte Abwasserkanäle, die freigelegt worden sind. — Der Brunnen im Vordergrund ist nachrömisch.

einer Füllung aus Erde und Rasensoden versehen, wegen der höheren Feuersicherheit und auch um dem Rammbock besser standhalten zu können. Dagegen kann der zum Lagerinneren liegende Teil offen geblieben oder mit Holz verkleidet worden sein, um Wachtstuben zu schaffen; dies zeigt die Rekonstruktion eines solchen Torbaus von Rottweil. Allerdings ist es auch möglich, daß das ganze Erdgeschoß mit dem Füllmaterial der Wehrmauer zugeschüttet war, um die Standfestigkeit der Türme und des Wehrgangs zu verbessern. So zeigt es die Rekonstruktion des Tores am Kastell Rödgen.

Datierung
Alle drei Haupttypen hölzerner Torbauten sind während einer längeren Zeitspanne gebaut wor-den, doch läßt sich eine gewisse chronologische Entwicklung beobachten. Das Tor ohne Seiten-türme war während des 1. und 2. Jahrhunderts n. Chr. in Gebrauch. Es war einfach und kam eher bei kleineren Kastellen vor wie Butzbach-Degerfeld und Neuwirtshaus in Hessen, Nanstallon (Cornwall) oder Old Burrow (Devon). Ferner ist der Tortyp für weniger wichtige Tore eines Lagers verwendet worden, etwa bei dem rückwärtigen Tor des Kastells Hod Hill oder bei jenen Toren, die in die Annexe (zusätzlich angebaute Wehrmauern) der Kastelle Fendoch und Great Casterton führten. — Die Torbauten augusteischer Lager mit Türmen, die weit in das Lagerinnere hineinreichten, bildeten eine zusammenhängende Gruppe. Seit der Regierungszeit von Kaiser Claudius wurden sie sowohl in Deutschland als auch in Britannien von Torbauten mit weniger

weit ins Lagerinnere zurückreichenden Türmen abgelöst. Dieser Tortyp hatte Bestand bis in die Zeit der flavischen Kaiser. Dann wurde er durch den einfacheren Tortyp verdrängt, bei dem die Tortürme die Breite der Wehrmauer nicht überschritten. Diese Konstruktion wurde dann auch für die Torbauten der Steinkastelle übernommen. Doppelte Durchfahrten waren gewöhnlich an der Porta praetoria, mitunter auch an den beiden Seitentoren zu finden, während die Porta decumana meist nur eine einfache Durchfahrt besaß. Das zeigt sich beispielsweise am flavischen Kastell Hofheim am Taunus: dort hatten die Seitentore und die Porta praetoria zwei Durchfahrten, die Porta decumana dagegen nur eine.

Rekonstruktion
Im September 1970 errichtete eine Abteilung der Royal Engineers eine Nachbildung des Osttors *Abb. 58–59* des Kastells Baginton.[78] Die Ausgrabungen hatten einen Torgrundriß aufgedeckt, der aus sechs großen Pfosten bestand. Sie lagen innerhalb der Breite der Wehrmauer. Der Grundriß wurde als

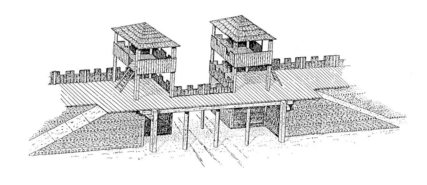

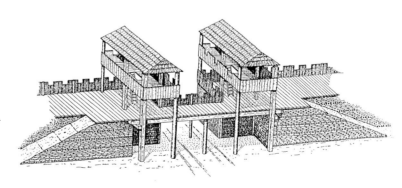

Abb. 57 Rottweil, Kastell III Hochmauren (Baden-Württemberg). Zwei Rekonstruktionsvorschläge für die Porta principalis sinistra (nach D. Planck).

Torbau ohne Seitentürme, aber mit doppelter Durchfahrt gedeutet. Die Ausführung des Bauwerks im Aufgehenden beruht auf den Reliefs der Trajanssäule. Allerdings sind dort im allgemeinen Tore mit einfacher Durchfahrt zu sehen. Den Reliefs der Trajanssäule entsprechend wurde ein *Abb. 60* Turmaufbau mit offener Wehrplattform im Obergeschoß rekonstruiert. Die Wehrplattform ist wie ihre Vorbilder auf der Trajanssäule mit einem hölzernen Geländer versehen. — Zu beiden Seiten des Torbaus führen Aufgänge zum Wehrgang hinauf. Von hier aus konnte die obere Wehrplattform über Leitern bestiegen werden. — Auf einigen Reliefs der Trajanssäule sind hölzerne Torbauten abgebildet, deren Obergeschoß ein Dach trug; diese Türme schlossen demnach oben *Abb. 45*

Abb. 58 The Lunt, Baginton (Warwickshire, Mittelengland). Die Royal Engineers rekonstruieren das hölzerne Osttor des Kastells (1970).

Abb. 58

nicht mit einer offenen Wehrplattform ab. Solche überdachten hölzernen Tortürme dürften häufiger gewesen sein. Sie sind haltbarer als die Türme mit offener Wehrplattform und schützen die Wachtposten besser vor der Witterung. Vielleicht erhielten Holzkastelle, die für eine längere Zeitspanne geplant waren, bevorzugt solche haltbareren Torbauten.

Die Torbauten eines Kastells stimmen oft in ihren Abmessungen und in den Dimensionen der Hölzer so gut überein, daß die Vermutung geäußert wurde, sie seien in der Legionswerkstatt vorgefertigt und an der Baustelle nur montiert worden. Die Konstruktion in Baginton wurde entsprechend errichtet: die Hölzer wurden in den heutigen Heereswerkstätten vorbereitet und dann an Ort und Stelle ohne neuzeitliche Hilfsmittel aufgestellt.[79] Dabei sind allerdings die heutigen Transportmittel verwendet worden. Der Transport schwerer Konstruktionsteile war in der Antike jedoch schwierig und sehr teuer. Daher haben die Römer vorgefertigte, sperrige Holzteile wohl kaum über größere Entfernungen transportiert. Die meisten Holzbauten der Auxiliarkastelle einschließlich der Tore dürften an Ort und Stelle zugerichtet worden sein, wobei die nötigen Bäume möglichst in der näheren Umgebung gefällt wurden. Das Holz wurde ohne Lagerung unmittelbar verwendet. Für die Zimmermannsarbeiten sind sicherlich oft qualifizierte Legionshandwerker herangezogen worden, denn nicht alle Hilfstruppen hatten hinreichend ausgebildete Handwerker in ihren Reihen. — Die Rekonstruktionsarbeiten in Baginton zeigten, daß zehn Mann die einzelnen Pfosten und Träger mit Hilfe eines einfachen Krans ohne Schwierigkeiten an den vorbestimmten Platz setzen konnten. In drei Tagen war der Torbau vollendet. — Nach der Beschreibung Vitruvs bestand ein einfacher Baukran aus einem hölzernen Ausleger, der durch Haltetaue in die gewünschte Lage gebracht wurde. Am Ende des Auslegers war ein Flaschenzug befestigt, mit dem

Abb. 59   The Lunt, Baginton. Der fertige Torbau, vom Kastellinneren aus gesehen. Aufgänge (*ascensus*) an beiden Seiten des Torbaus.

die Bauteile gehoben wurden. — Bei den Ausgrabungen in Baginton sind Rampen in mehreren Pfostengruben beobachtet worden. Sie erlaubten es, das Ende der mächtigen Pfosten beim Aufrichten mit dem Kran langsam in die Pfostengrube hineingleiten zu lassen. — Vor dem Ost- und dem Westtor des Kastells Oakwood sind kleine Vertiefungen im Boden entdeckt worden. Sie wurden als Lager der hölzernen Kranausleger interpretiert, die vermutlich dort hineingesetzt worden sind, um die großen Holzträger für die Torbauten aufzurichten.[80]

Abb. 60 Trajanssäule, Rom. Vordergrund: Kaiser Trajan hält eine Ansprache an seine Soldaten; Hintergrund: Ansicht eines Lagers mit hölzernem Torbau und hölzernen Ecktürmen. Im Lagerinneren standen feste Mannschaftsbaracken (Anfang 2. Jahrhundert n. Chr.).

Torbauten aus Stein

Die steinernen Torbauten waren mit ein oder zwei Durchfahrten versehen.[81] Die Seitentürme hatten quadratische oder rechteckige Grundrisse. Sie enthielten auch im Erdgeschoß Räume, die als Wachtstuben benutzt werden konnten. Bei den Toren mit doppelter Durchfahrt wurden die Durchfahrten meist durch eine Mauer voneinander getrennt, die als *spina* bezeichnet wurde. Sie trug zugleich das obere Stockwerk des Torbaus. Bei einigen Doppeltoren waren die beiden Durchfahrten nicht durch eine geschlossene Mauer voneinander getrennt, vielmehr war die Spina als Gewölbebogen ausgeführt, durch den man von der einen Durchfahrt zur anderen hinübergehen konnte. Der steinerne Bogen ruhte in diesem Fall auf zwei kräftigen Pfeilern. — Der eigentliche Torverschluß lag häufig ein wenig hinter der Vorderseite der Tortürme. Die hölzernen Torflügel waren unmittelbar hinter den steinernen Torbögen angebracht. Oft gingen die Torbögen von stei-

Abb. 61,
68; Taf.
3a–b

nernen Pilastern aus, die an den Seiten der Tortürme und der Spina vorsprangen. Sie bildeten *Abb. 69*
schützende Mauervorsprünge für die Torflügel, die sonst mit dem Rammbock leicht aus ihren
Lagern hätten herausgeschlagen werden können.

Aus dem gleichen Grund schlossen die Torflügel gegen eine erhöhte Schwelle (Anschlag) aus
Stein oder Holz. In mehreren Kastellen der Hadriansmauer sind die steinernen Schwellen noch er- *Taf. 3 a*
halten.[82] Sie lassen den erhöhten Anschlag für die Torflügel erkennen. Seitlich waren stets Löcher
für die eisernen Lager der Torzapfen in der Steinschwelle. Bisweilen kann man außerdem in der
Mitte der Schwelle ein Riegelloch erkennen. Diese Beobachtungen sind wichtig für die Rekonstruktion der Tore. — Ferner wurden die Torflügel durch kräftige Riegelbalken gesichert, die hinter den Torflügeln vorgeschoben werden konnten. — Am Süd- und Osttor des Kastells Chesters
und am Südosttor des Kastells Hesselbach (Odenwald) wurde je eine Rinne an den beiden Seiten *Abb. 62*
der Schwelle beobachtet. Sie führte zu den Lagern der Torzapfen (Torpfannen). Die Rinnen waren
notwendig, um die Torflügel am fertigen Bau anzubringen: der Torflügel wurde zunächst schräg
gestellt und der obere Zapfen in das obere Zapflager eingeführt. Dann steckte man das eiserne
Zapflager (»Torpfanne«) auf den unteren Zapfen und führte Zapfen und Pfanne durch die Rinne
an ihren Platz. Schließlich wurde die Rinne mit Blei vergossen, wodurch das untere Zapflager und
damit der Torflügel unverrückbar befestigt waren.

Die Tortürme waren im Erdgeschoß von der Durchfahrt her oder vom Lagerinnern aus zugäng-
lich. Die durchschnittliche Breite eines Torbaus mit Türmen betrug 15–18 m, ihre Tiefe 5–6 m.
Überdurchschnittlich groß waren die Torbauten des Kastells Niederbieber am obergermanischen
Limes, die eine Fläche von 20,7 x 7,4 m (153 qm) einnahmen. Der größte Torbau in einem Kastell
Britanniens war der von Buckton (Wales) mit Maßen von etwa 22 x 5,8 m (128 qm). Seine unge-

Abb. 61   Kastell Buch (Baden-Württemberg). Fundamente des Südtors (Ausgrabung 1972). Der Torbau
hatte zwei Durchfahrten, dazwischen Trennpfeiler (Spina). Feldseite oben.

wöhnliche Breite kann durch den Einbau steinerner Treppen in den Erdgeschossen der Tortürme erklärt werden; dadurch erhielt das Kastell sehr breite Tortürme. Bei den Toren anderer Auxiliarkastelle sind solche Treppen nicht entdeckt worden. Es ist jedoch möglich, daß Holztreppen oder Leitern im Erdgeschoß den Zugang zum Obergeschoß ermöglichten.

Aussehen

Von den steinernen Torbauten läßt sich leichter eine Vorstellung vermitteln, denn von diesen Bauwerken sind oft noch beachtliche Reste vorhanden. Nicht selten sind Architekturteile gefunden worden, wie Friese, Keilsteine der Torbögen, Fenster- und Türstürze und anderes. Weiteres Anschauungsmaterial liefern die Reliefs der Trajanssäule. Noch im vorigen Jahrhundert waren die Tore des Auxiliarkastells Bou Njem (Libyen) gut erhalten. Das inzwischen stark zerstörte Nordtor *Abb. 65* ist auf einer alten Zeichnung wiedergegeben, die G. F. Lyon 1819 angefertigt hat. Sie zeigt ein Tor mit einfacher Durchfahrt. Über dem Torbogen, dessen Schlußstein mit einem Adler verziert ist, befindet sich die Bauinschrift. Sie besagt, daß der Torbau im Jahre 201 von der Legio III Augusta errichtet worden ist. Das Tor besitzt Seitentürme mit rechteckigem Grundriß, die im ersten Ober-

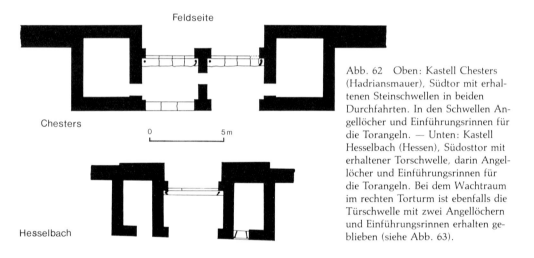

Feldseite

Chesters

0   5 m

Hesselbach

Abb. 62   Oben: Kastell Chesters (Hadriansmauer), Südtor mit erhaltenen Steinschwellen in beiden Durchfahrten. In den Schwellen Angellöcher und Einführungsrinnen für die Torangeln. — Unten: Kastell Hesselbach (Hessen), Südosttor mit erhaltener Torschwelle, darin Angellöcher und Einführungsrinnen für die Torangeln. Bei dem Wachtraum im rechten Torturm ist ebenfalls die Türschwelle mit zwei Angellöchern und Einführungsrinnen erhalten geblieben (siehe Abb. 63).

geschoß je zwei Schießfenster zeigen. Darüber ist andersartiges Mauerwerk zu erkennen, das von einer späteren (byzantinischen?) Reparatur herrührt.[83] — Als Vorbilder für die Torbauten der Auxiliarkastelle dienten die Tore der Legionslager. Auch sie sind durch archäologische Untersu-*Abb. 214* chungen bekannt. In Regensburg stehen wesentliche Teile der Porta praetoria des Legionslagers heute noch aufrecht. Letztlich aber gehen die steinernen Torbauten des Militärs auf städtische Wehrtore zurück. Das eindrucksvollste Beispiel für einen solchen Torbau ist in Deutschland die Porta Nigra in Trier.

Die Tortürme der Auxiliarkastelle dürften mindestens zwei Stockwerke hoch gewesen sein. Sie können Giebeldächer oder auch Wehrplattformen mit zinnenbewehrten Brüstungen getragen haben. Die Dächer wandten den Giebel feindwärts; sie waren je nach dem verfügbaren Baumaterial mit Ziegeln, Schiefer oder Holzschindeln gedeckt. Die Trajanssäule zeigt einen Torturm mit Giebeldach und kleinen Rundbogenfenstern im Obergeschoß. Zwei ähnliche Fenster befanden sich in Höhe des Wehrgangs in der Vorderfront der Tortürme von Bou Njem. Halbkreisförmige Tür- und Fensterstürze sind bisweilen bei Ausgrabungen im Schutt der Lagertore gefunden wor-

Abb. 63 Kastell Hesselbach,
Südosttor, rechter Torturm.
Schwelle des Wachtraums mit
Türanschlag sowie zwei Angel-
löchern mit Einführungsrinnen.

den, etwa am Kastell Birdoswald (Hadriansmauer). Solche Funde sind auch aus den Kastellen *Abb. 64*
Lützelbach und Hesselbach (Odenwaldlimes) bekannt sowie aus Stockstadt am Mainlimes.

Bei dem Nordtor des Kastells Bou Njem hatte der Wehrgang zwischen den Tortürmen wahrscheinlich kein Dach. Er war mit Brustwehr und Zinnen versehen. Die Türme schlossen wohl
ebenfalls oben mit Wehrplattformen ab. Auch bei anderen Kastellen sind Torbauten dieses Typs *Abb. 210*
anzunehmen. In weniger begünstigten Klimazonen dürfte der Raum zwischen den Türmen allerdings durch ein Dach geschützt gewesen sein. Dann war die Vorderfront wohl geschlossen und
mit Schießfenstern versehen. Die beiden Tortürme wurden dann durch den überdachten Mittel- *Abb. 220*
bau zu einem einheitlichen Torhaus zusammengeschlossen. — Mosaiken und andere bildliche
Darstellungen römischer Stadttore lassen weitere Rückschlüsse auf das Aussehen der Kastelltore
zu. Ein Mosaik aus Orange zeigt ein Stadttor mit zwei Torbögen, darüber ein Stockwerk mit drei
schmalen Schießfenstern. Die Tortürme sind drei Stockwerke hoch, besitzen rundbogige Schießfenster und schließen oben mit einer zinnenbekrönten Wehrplattform ab. Andere Mosaiken geben Stadttore wieder, die statt offener Wehrplattformen Dächer trugen. Zu erwähnen ist in die- *Abb. 66*
sem Zusammenhang auch das Tonmodell eines Stadttores aus Dunapentele.[84] Die Tortürme der
Porta Nigra in Trier waren ebenfalls mit Dächern versehen. Solche Torbauten mit Dächern liegen
dem Rekonstruktionsvorschlag des Haupttores des Kastells Hesselbach zugrunde. *Abb. 67*

Die Dächer konnten mit roten Ziegeln gedeckt sein wie etwa beim Kastell Rückingen (Hessen),
wo Bruchstücke von Dachziegeln bei der Ausgrabung gefunden worden sind. Eine andere Möglichkeit war die Schieferdeckung (Funde im Kastell Holzhausen, Rheinland-Pfalz). Mit Schieferplatten römischer Art sind die Torbauten der Saalburg bei der Rekonstruktion eingedeckt worden. — Bei vielen anderen Torbauten sind Dächer mit Holzschindeln zu vermuten; das ist durch
Ausgrabungen allerdings kaum nachzuweisen.

Abb. 64 Kastell Hesselbach.
Verzierte Türsturz-Lünette mit
Stierkopf-Motiv, einst wohl über
dem Eingang eines Wachtraums
an einem der Tortürme angebracht.

107

Abb. 65   Kastell Bou Njem (Libyen). Nordtor, erbaut unter Kaiser Septimius Severus. Das Bauwerk war zu
Beginn des vorigen Jahrhunderts noch wesentlich besser erhalten als heute. Es wurde 1819 von dem englischen Reisenden G. F. Lyon gezeichnet. Das oberste Geschoß mit abweichendem Mauerwerk dürfte aus
späterer (byzantinischer) Zeit stammen. Blick von der Feldseite.

Abb. 66   Pompeji, Auschnitt eines Mosaiks: Labyrinth, von Stadtmauer eingefaßt. Die zinnengekrönte
Stadtmauer ist mit Türmen unterschiedlichen Typs versehen: Rechteck- und Rundtürme, Türme mit Wehrplattform und Zinnen sowie mit Satteldach.

Abb. 67 Kastell Hesselbach (Hessen). Rekonstruktionsvorschlag für das Haupttor: (a) von der Feldseite, (b) vom Kastellinneren gesehen (nach D. Baatz).

Es gibt Hinweise auf architektonische Schmuckelemente an der Schauseite der Tore. Bereits die runden Torbögen betonten die Torfassade auf eindrucksvolle Weise. Weitere architektonische Akzente wurden durch Gesimse und verzierte Fensterstürze gesetzt, zu denen monumental gestaltete Bauinschriften kamen. Bei einer Anzahl von Kastellen der germanischen Grenze wurde weißer Verputz an der Wehrmauer beobachtet, mit eingeritzten und rot bemalten Quaderlinien. Reste von solchem Verputz an den Torbauten des Kastells Arnsburg (Hessen) zeigen, daß auch die Tore entsprechend behandelt waren. — Eine Bauinschrift mit dem Datum der Errichtung, der mit dem Bau beschäftigten Einheit und dem verantwortlichen Offizier war üblicherweise mitten

Abb. 68   Kastell Birdoswald (Hadriansmauer). Osttor, vom Kastellinneren gesehen.

Abb. 69   Kastell Birdoswald.
Detail des Osttors: Kämpfer am
Pilaster des Torbogens, mit
Bogenansatz.

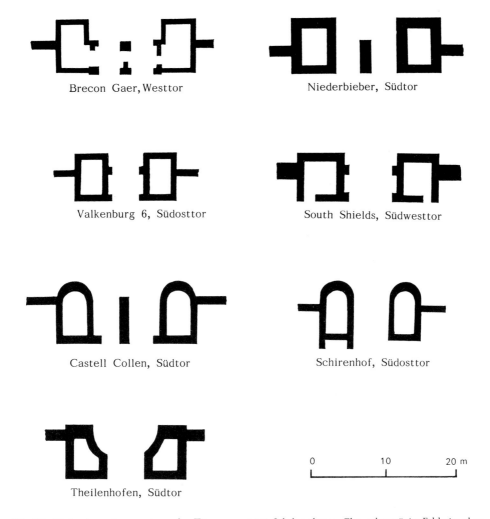

Abb. 70 Torbauten mit vorspringenden Türmen, meist 2. Jahrhundert n. Chr. oder später; Feldseite oben.

über dem Tor angebracht. Die Bauinschrift von Bou Njem befand sich 1819 noch an Ort und Stelle. Eine Bauinschrift ist auch am Osttor des Kastells Chesters (Hadriansmauer) im 18. Jahrhundert noch an ihrem ursprünglichen Platz beobachtet worden.[85] Die Inschriften waren meistens in Stein gemeißelt, wobei die Buchstaben und Zahlen mit roter Farbe nachgezogen waren. Da das Inschriftfeld mit leuchtend weißem Stuck überzogen war, hob sich die Schrift deutlich ab. Bei anderen Kastellen ist die Inschrift aus bronzenen, mitunter sogar vergoldeten Buchstaben zusammengesetzt worden, die auf einer Steintafel befestigt waren. Solche Inschriften sind in einigen deutschen Limeskastellen gefunden worden.[86]

Das wichtigste Tor eines Militärlagers war die Porta praetoria. Es führte geradeaus in die Principia und zu den anderen Gebäuden in der Kastellmitte. Dieses Tor ist mitunter besonders ausge-

111

stattet worden. An den Kastellen Saalburg (Hessen) und Ambleside (Lake District) war es beispielsweise das einzige mit doppelter Durchfahrt; in Ambleside hatten die drei anderen Tore nicht einmal Tortürme. — Am Kastell Brecon Gaer (Wales) wurde die Porta praetoria nach der Mitte des 2. Jahrhunderts in einer Bauform erneuert, die bis dahin in Britannien unbekannt war. Die Tortürme sprangen weit nach vorne über die Front der Wehrmauer hinaus. Dadurch kam der Torverschluß weit nach innen und konnte von den Türmen aus wesentlich besser als bei den herkömmlichen Toren geschützt werden. — Tore mit einfacher Durchfahrt sind auch aus Stein gebaut worden. Sie blieben bei größeren Kastellen gewöhnlich den anderen Eingängen vorbehalten, vor allem der Porta decumana. Gelegentlich war die Porta decumana ein Tor ohne Türme mit einfacher Durchfahrt oder gar nur eine kleine Schlupfpforte. Solche einfachen Tore sind auch bei den Portae quintanae jener Kastelle der Hadriansmauer zu beobachten, die nach Norden über die Grenzmauer vorsprangen.

Entwicklung der Tortypen[87]
Steinerne Tore mit deutlich vorspringenden Türmen sind schon in flavischer Zeit gebaut worden (z. B. Kastell Ladenburg, Baden-Württemberg). Allerdings waren sie in dieser Zeit selten; der Turmvorsprung hatte damals wohl keine fortifikatorische Bedeutung. Am Ende des 1. und in der ersten Hälfte des 2. Jahrhunderts sprangen die Tortürme meist nur wenig oder überhaupt nicht

Abb. 70 vor die Vorderfront der Wehrmauer. Erst nach der Mitte des 2. Jahrhunderts wurden vorspringende Tortürme häufiger. Von dieser Zeit an läßt sich ein Trend zu stärker befestigten Torbauten bei den Auxiliarkastellen beobachten. Die weit vorspringenden Türme waren mit seitlichen Schießfenstern versehen, von denen aus die Torverschlüsse besser beobachtet und verteidigt werden konnten. Als Beispiel seien die Torbauten des nach 185 unter Commodus erbauten Kastells Niederbieber (Rheinland-Pfalz) genannt. Solche Tore entstanden weiterhin am Anfang und in der ersten Hälfte des 3. Jahrhunderts, etwa beim Kastell Brecon Gaer (Wales), South Shields (Nordengland) und Valkenburg (Niederlande). Zugleich kamen neben rechteckigen auch halbrund vorspringende Tortürme auf. In der Provinz Raetien sind sie an manchen Auxiliarkastellen zu beobachten, wo sie wohl seit dem Ende des 2. Jahrhunderts nach dem Vorbild des Legionslagers Regensburg errichtet worden sind. Zu nennen sind die Kastelle Schirenhof (Baden-Württemberg) und Weißenburg (Bayern). In Britannien sind in Castell Collen (Wales) halbrund vorspringende Türme ungefähr zur gleichen Zeit entstanden. Aus anderen Provinzen lassen sich weitere Beispiele nennen, etwa das Nordtor des Legionslagers Lambaesis in Algerien.[88] — Aus dieser Zeit ist noch ein anderer Tortyp bekannt. Bei ihm sind die jeweils dem Tordurchgang zugewandten Ecken der Tortürme abgeschnitten; sie erhielten so einen fünfeckigen Grundriß. Der Zugang zum Tor

Abb. 70 verschluß verengte sich dadurch wie ein Trichter. Ein solches Tor ist am Kastell Theilenhofen (Bayern) festgestellt worden. Ähnliche Torbauten sind vom Legionslager Carnuntum (Österreich) und vor allem aus Nordafrika bekannt (Lambaesis, Bou Njem). — Die Torbauten des römischen Militärs sind später noch stärker befestigt worden. Die Tore der Kastelle des Saxon Shore in Südengland sind am Ende des 3. Jahrhunderts mit mächtigen, weit vorspringenden Rundtürmen versehen worden. Es handelt sich hierbei jedoch nicht um die Neuentwicklung bisher unbekannter Bautypen. Starke, vorspringende Tortürme und viele andere festungstechnische Einzelheiten sind längst bei den Wehrbauten der Städte im alten Orient und im Mittelmeerraum verwendet worden. Das römische Heer hat diese Bauformen nach Bedarf übernommen und den besonderen Gegebenheiten der Militärlager angepaßt.

GESCHÜTZSTÄNDE (BALLISTARIA)

Viele antike Schriftquellen berichten über die Bewaffnung der Legionen mit Wurfgeschützen (Katapulten). So überliefert etwa Vegetius, daß jede Legionskohorte einen schweren Steinwerfer führte. Diese Waffen wurden vor allem bei Belagerungen verwendet. Flavius Josephus gibt eine lebendige Schilderung ihres Einsatzes bei der Belagerung von Jerusalem 70 n. Chr. Noch in spätrömischer Zeit spielten Steinwerfer eine große Rolle bei Belagerungen, wie man bei Ammianus Marcellinus lesen kann.[89] — Jede Legionscenturie verfügte ferner über ein leichtes Pfeilgeschütz; es handelte sich um jene Waffe, die Caesar im »Gallischen Krieg« als *scorpio* bezeichnete. Katapulte werden auch in zahlreichen anderen Quellen erwähnt. Sie sind im 4. Jahrhundert v. Chr. von den Griechen erfunden worden. Eine römische Weiterentwicklung des Pfeilgeschützes ist auf der Trajanssäule mit Bedienungsmannschaft dargestellt, die aus Legionssoldaten besteht.[90] So kann es keinem Zweifel unterliegen, daß die Legionen mit einem beachtlichen Geschützpark versehen waren: zehn schwere Steinwerfer und rund sechzig Pfeilgeschütze waren in jedem Legionslager vorhanden. — Andererseits ist die Ausrüstung der Auxiliartruppen mit Katapulten während des 1. und 2. Jahrhunderts n. Chr. weder durch epigrafische noch durch literarische Quellen bezeugt. Die Geschützbewaffnung entsprach nicht der Art des taktischen Einsatzes dieser Truppen. So ist in den beiden ersten Jahrhunderten nicht damit zu rechnen, daß Hilfstruppen ihre Kastelle mit Katapulten verteidigten.[91]

Eine Ausnahme können Militärlager mit besonderen Aufgaben gebildet haben wie etwa Hod Hill (Südengland). Das Lager entstand bei der Eroberung Britanniens 43–44 n. Chr. und wurde in eine eroberte, einheimische Befestigung hineingebaut. An der Umwehrung des römischen

Abb. 71 Kastell High Rochester (Northumberland). Die Inschrift überliefert die Erneuerung eines Geschützstandes (*ballistarium*) in der Zeit zwischen 225–235 (RIB 1281). Lateinischer Text, ergänzt und mit aufgelösten Abkürzungen:
Imperatori Caesari Marco Aurelio Severo Alexandro Pio Felici Augusto et Juliae Mameae Augustae matri Imperatoris Caesaris et castrorum cohors I Fida Vardullorum milliaria Severiana Alexandriana ballistarium a solo restituit sub cura Claudi Apellini legati Augustorum instante Aurelio Quinto tribuno. — Übersetzung: »Für Kaiser Marcus Aurelius Severus Alexander Pius Felix Augustus und für Julia Mamaea, Mutter des Kaisers und der Militärlager, hat die Cohors I Fida Vardullorum Severiana Alexandriana, tausend Mann stark, diesen Geschützstand von Grund auf erneuert, auf Anordnung des Statthalters Claudius Apellinus, unter Aufsicht des Tribunen Aurelius Quintus«.

Lagers befanden sich wenigstens zwei Rampen-Anbauten nahe an den Toren der Ost- und der Südseite. Sie maßen 6,7 x 6,1 m, waren aus Kreideschotter aufgeschüttet und seitlich mit Holz verschalt. Nach Ansicht des Ausgräbers können sie zum Heraufschaffen von Katapulten auf den Wehrgang gedient haben. Diese Deutung ist allerdings hypothetisch und wird neuerdings bestritten; es handelte sich wohl nur um einfache Aufgänge. — Ein Bleianhänger aus dem flavischen Auxiliarkastell Hofheim am Taunus nennt den Namen eines Soldaten Justinus, der Artillerist (*scorpionarius*) war. Der Ausgräber nimmt an, daß Justinus ein Legionssoldat war. Neben der Auxiliarbesatzung kann eine kleine Abteilung von Legionären in dem vorgeschobenen Kastell stationiert gewesen sein, das offenbar mit Katapulten bestückt war.

Abb. 71

Bei vielen steinernen Kastellumwehrungen sind größere Anbauten an der Innenseite der Wehrmauer beobachtet worden, die zum Teil erst nachträglich angefügt worden sind. Bisweilen sind sie als Geschützstände gedeutet worden. Ihre Funktion und die Datierung sind jedoch nur selten gesichert. Bei ihnen kann es sich auch um Magazine, Schutzbauten für Backöfen, Mannschaftstoiletten oder anderes handeln. Vom Kastell High Rochester im Norden Britanniens sind allerdings datierte Inschriften bekannt, die Geschützstände (*ballistaria*) erwähnen. Die Inschrifttafeln überliefern den Bau eines Ballistarium im Jahre 220 n. Chr. und die Wiederherstellung dieses oder eines anderen Geschützstandes in den Jahren zwischen 225 bis 235 durch die Kastellbesatzung, die Cohors I Vardullorum.[92] Es sind die bisher einzigen Inschriften, die die Geschützbewaffnung einer Hilfstruppe belegen. Sicherlich ist es kein Zufall, daß gerade High Rochester damals als weit vorgeschobener Posten zusätzlich mit Katapulten bestückt war. Die Ausgrabungen in High Rochester waren nicht umfangreich genug, um einen der erwähnten Geschützstände mit Sicherheit nachweisen zu können. Vermutlich war die Kohorte mit Pfeilgeschützen jenes Typs versehen, der auf der Trajanssäule dargestellt ist. Das Wort *ballista* bedeutet wahrscheinlich am Anfang des 3. Jahrhunderts schon nicht mehr »Steinwerfer« wie noch bei Vitruv, sondern bezeichnete bereits wie in den Schriftquellen des 4. Jahrhunderts ein Pfeilgeschütz (bei Ammianus und Vegetius). Solche leichten Pfeilkatapulte waren für die Verteidigung des Kastells günstiger als schwere Steinwerfer. Leichte Pfeilgeschütze hatten eine weit raschere Schußfolge; sie ließen sich auch leichter auf neue Ziele einrichten und besaßen eine höhere Treffsicherheit. Schwere Steinwerfer sind im Altertum bei der Verteidigung von Wehranlagen eher gegen große, statische Ziele eingesetzt worden, etwa zur Abwehr von Belagerungsmaschinen. Technische Kriegführung mit dem Einsatz von Belagerungsmaschinen war jedoch den Stämmen des freien Germanien und den Gegnern Roms im Norden Britanniens fremd. — Die Inschriften aus High Rochester lehren, daß die Geschützbewaffnung von Hilfstruppen im 3. Jahrhundert vorkam, doch dürfte sie noch immer eine Ausnahme gewesen sein. Wahrscheinlich waren nur besonders exponierte Kastelle mit solchen Waffen versehen. Da Pfeilgeschütze nicht besonders groß und schwer sind, genügten einfache Anbauten an die Wehrmauer als Geschützstände. Eine höhere Aufstellung der Katapulte brachte nur selten Vorteile. Die Katapulte wurden daher wohl von der Höhe des Wehrgangs oder aus gedeckten Turmgeschossen eingesetzt. Die Geschützstände mußten überdacht sein, weil die antiken Torsionsgeschütze empfindlich gegen Regen und Nässe waren.

KAPITEL 5

Innenbauten

Die Innenbauten der Auxiliarkastelle bestanden im 1. Jahrhundert n. Chr. meistens aus Fachwerk. In den späteren Bauphasen wurden sie — wie auch die Befestigungsanlagen — zunehmend in Steinbauweise erneuert. Der Umbau in Stein erfolgte aber oft nur schrittweise: Zuerst wurde das Stabsgebäude (Principia) erneuert und die Speicher, vielleicht auch das Wohnhaus des Kommandeurs (Praetorium) und andere Bauwerke in der Kastellmitte. Erst dann wurden die Mannschaftsbaracken und die Nebengebäude umgebaut. Die verschiedenen Übergangsphasen vom Holzkastell zum vollständig ausgebauten Steinkastell werden beispielhaft durch die Baugeschichte des Kastells Corbridge aufgezeigt (um 90 n. Chr. bis zur Mitte des 2. Jahrhunderts). —   *Abb. 73*
In vielen Fällen ist der Umbau in Stein nie zu Ende geführt worden. Solange ein solches Kastell bestand, sind die Mannschaftsbaracken Fachwerkbauten geblieben, manchmal sogar das Praetorium oder andere Gebäude im Kastellinneren. Sie sind dann bei Baufälligkeit in dieser Form repariert oder erneuert worden.

Die meisten Kenntnisse über die Innenbauten der Auxiliarkastelle stammen aus Grabungen in der Kastellmitte. Das ist forschungsgeschichtlich bedingt und hängt damit zusammen, daß die Ausgräber die Untersuchung der Kastellmitte bevorzugten, vor allem im vorigen Jahrhundert, und besonders häufig die Principia freilegten. Dort waren mit einiger Sicherheit Steinbauten zu erwarten. Im vorigen Jahrhundert war die Ausgrabungstechnik für Holzbauten noch unentwickelt. Die Grundrisse der Steinbauten ließen sich jedoch schon damals leicht erkennen und nach ihrem Typus einordnen. Seit etwa 1900 ist dann eine wachsende Anzahl von Holz- und Steinkastellen mit neueren Methoden ausgegraben worden. Dabei gelang es, wesentlich mehr Einzelheiten zu erkennen und damit mehr Informationen über die Gebäude zu gewinnen als im 19. Jahrhundert. In einigen Fällen war es sogar möglich, den vollständigen Grundriß der Innen-   *Abb. 72*
bauten eines Kastells zu ermitteln. Doch hat die Forschung noch immer Schwierigkeiten bei der Einordnung gewisser Gebäudetypen. So kommen Bauwerke mit sehr einfachem Grundriß vor, die sonst keine besonderen Merkmale aufweisen. Es ist schwierig, ihre einstige Funktion eindeutig zu bestimmen; sie können als Ställe, Speicher oder Werkstätten genutzt worden sein.

BAUWEISE

Die senkrechten Ständer der Fachwerkbauten wurden in Fundamentgräben, in einzelne Pfostengruben oder in Schwellenbalken eingesetzt. Die häufigste Bauweise bestand darin, Fundamentgräben auszuheben, wo die Wände des geplanten Gebäudes entstehen sollten. In diese schmalen Gräben wurden dann die einzelnen, senkrechten Ständer hineingestellt, mitunter wohl auch ganze, auf der Baustelle vorgefertigte Rahmenteile des Fachwerks. Danach wurde die ausgehobene Erde wieder eingefüllt und festgestampft. — Einzelne Pfostengruben sind ausgehoben worden, wenn die hölzernen Ständer größere Lasten in der Konstruktion zu tragen hatten und daher tiefer in den Erdboden eingelassen werden mußten. Solche Ständer traten etwa auf als Pfosten

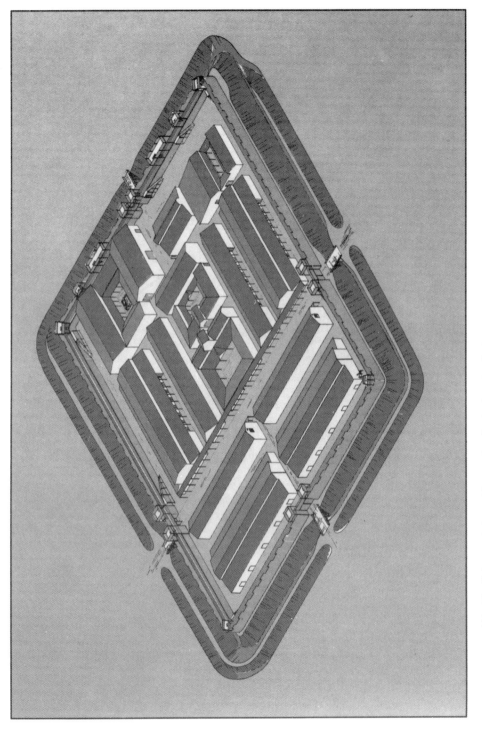

Abb. 72 Rekonstruktionszeichnung des claudischen Auxiliarkastells Oberstimm in Bayern (nach H. Schönberger).

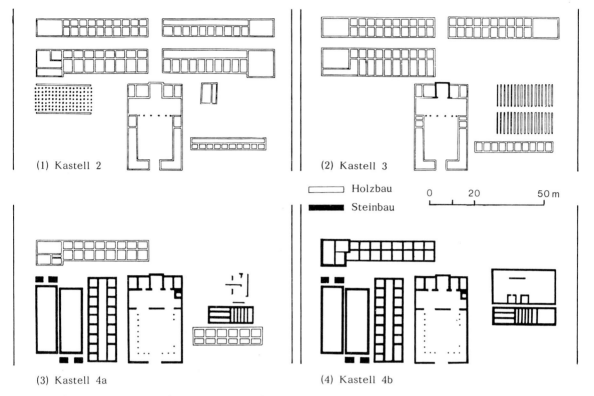

(1) Kastell 2

(2) Kastell 3

☐ Holzbau

■ Steinbau

0   20   50 m

(3) Kastell 4a

(4) Kastell 4b

Abb. 73   Kastell Corbridge (Northumberland). Die Grundrisse der aufeinanderfolgenden Bauphasen zeigen den schrittweisen Übergang vom Holzkastell zum Steinkastell.

für Vordächer, für den offenen Umgang von Innenhöfen oder als Träger der großen Hallen in den Principia. Oft wurden die Pfosten beim Einsetzen an eine Seitenwand der Grube gelehnt und mit Steinen verkeilt, um ihnen einen festeren Stand zu geben. Eine andere Technik bestand darin, die hölzernen Ständer in horizontale Schwellenbalken einzuzapfen, was allerdings mehr Zimmermannsarbeit erforderte. Die Schwellenbalken konnten in den Boden eingelassen werden; die archäologisch feststellbaren Spuren dieser Technik sehen ähnlich aus wie die schon erwähnten Fundamentgräben. Schwellenbalken konnten aber auch auf den Boden oder auf eine niedrige Mauer gelegt werden. Die zuletzt erwähnte Bauweise ist jedermann von den heutigen Fachwerkbauten geläufig.

Abb. 74, 75

Zwischen den hölzernen Trägern wurden dann die Fachwerkwände hochgezogen. Die Gefache wurden zuerst mit Flechtwerk versehen und dann mit Lehm gefüllt, der gehäckseltes Stroh enthielt. Das Fachwerk ist bei Ausgrabungen nur selten unmittelbar beobachtet worden, da es fast immer vergangen ist. Falls die Bauwerke verbrannt sind, kommen bei Ausgrabungen die hart gebrannten Reste der Lehmfüllung zutage, die einst in den Gefachen saß. Die Stücke zeigen Abdrücke des Flechtwerks oder der Holzträger; stets sind die Spuren der Häckselbeimischung zu erkennen. Nur in seltenen Fällen sind die Fachwerkfüllungen erhalten geblieben. Bei dem Kastell Valkenburg (Niederlande) hat der extrem feuchte Untergrund die Hölzer konserviert. Hier wur-

Abb. 74 Kastell Valkenburg (Niederlande), claudische Bauphase. Die hölzernen Schwellenbalken und Pfosten der Fabrica (Werkstattbau) blieben erhalten, weil sie seit dem Altertum unter dem Grundwasserspiegel lagen (der Brunnen im Hintergrund ist neuzeitlich).

Abb. 75   den leistenartige Spalthölzer in Nuten der senkrechten Träger eingesetzt und um diese horizontalen Leisten senkrechte Zweige in die Gefache eingewunden. Von dieser Technik rührt übrigens auch unsere heutige Bezeichnung »Wand« her. Die senkrechten Träger sind in Valkenburg in Fundamentgräben gesetzt, mitunter auch in Schwellenbalken eingezapft worden. Bei diesem Kastell sind außerdem hölzerne Türschwellen, mit Knüppeldämmen befestigte Straßen und hölzerne Abwasserkanäle in ihrer ursprünglichen Lage vorgefunden worden.

Die Außenseiten der Wände waren wohl meistens vollständig überputzt und weiß getüncht; Sichtfachwerk war anscheinend nicht üblich. Dafür sprechen Beobachtungen im Kastell Oberstimm (Bayern) und an den wenigen anderen Fundplätzen, wo noch der unterste Teil der Fachwerkwände beobachtet werden konnte. Der Verputz überdeckte hier auch die senkrechten Holzträger. Abgefallene Reste des weißen Verputzes von Fachwerkbauten sind häufiger gefunden worden, in der Nähe des Stabsgebäudes und auch der Mannschaftsbaracken. — Eine andere Möglichkeit des Wetterschutzes für Fachwerkwände stellten hölzerne Stülpschalungen dar, wie sie auf der Trajanssäule abgebildet sind. Sie bestanden aus aufgenagelten, horizontalen Brettern, die sich überlappten. Die Stülpschalung ist in regenreichen und holzreichen Gegenden vorteil-

Abb. 128   haft; Rekonstruktionen findet man in der Saalburg. — Auch die Innenwände der Holzbauten waren überputzt und weiß getüncht, sie waren manchmal sogar mit farbigen Wandmalereien versehen. Wandmalereien kamen wohl häufiger in den Principia vor. Sie sind im Kastell Echzell

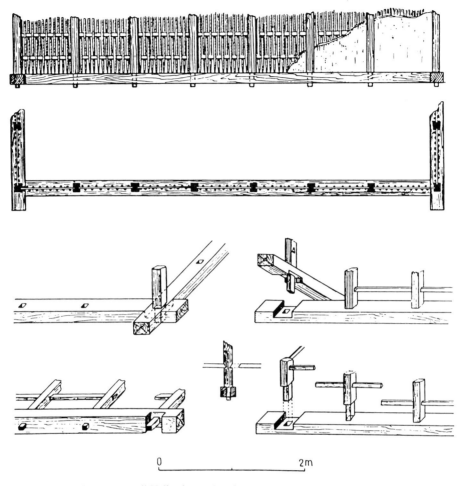

Abb. 75   Kastell Valkenburg. Einzelheiten der Wandkonstruktionen.

(Hessen) aber auch im Offiziersquartier einer Mannschaftsbaracke gefunden worden. Die Dächer *Abb. 130*
wurden üblicherweise mit Holzschindeln[1], gelegentlich auch mit Ziegeln oder Schieferplatten gedeckt. Strohdächer sind wegen der Brandgefahr wohl seltener verwendet worden. Fensterglas ist
im Schutt der Principia und des Kommandeurshauses gefunden worden, manchmal auch bei den
Mannschaftsbaracken. — Die Getreidespeicher aus Holz wiesen einige Besonderheiten auf, die
unten noch näher behandelt werden.

Um die Innenbauten eines Auxiliarkastells mittlerer Größe zu errichten, war eine beachtliche
Menge Holz nötig. Schätzungen besagen, daß für das Fachwerk eines Lagers von 1,6 ha Fläche
ungefähr 184 Kubikmeter Bauholz erforderlich waren, ohne mögliche Außenverschalungen und
ohne die Zweige und Spalthölzer der Fachwerkfüllungen. Weitere 283 Kubikmeter sind für Dach-
balken und -sparren hinzuzurechnen.[2] Die geeignetste Holzart war Eiche. Wo es keine Eiche gab,
mußten sich die römischen Bautrupps anders behelfen, wie in Valkenburg, wo weitgehend die

119

dort heimische Erle verbaut wurde, oder am Mittelabschnitt des raetischen Limes, wo auch Kiefer als Bauholz verwendet wurde.

Ein Eichenpfosten mit einem Durchmesser von 10 cm, der in ständigem Kontakt mit dem Boden steht, hat eine Lebensdauer von rund 30 Jahren. Andere Holzarten sind weniger langlebig. Dies mag einen Anhaltspunkt für die Haltbarkeit der hölzernen Pfostenbauten bieten. — Einige Forscher haben einen großen Bedarf an abgelagertem Holz für den Bau römischer Militärlager vermutet. Neuere Untersuchungen erhaltener, römischer Konstruktionshölzer zeigten dagegen, daß diese Ansicht auf einem Irrtum beruht. Die Römer haben das Bauholz möglichst an Ort und Stelle gefällt und unmittelbar danach verbaut. Gesunde, gebrauchte Hölzer, die bei Umbauten anfielen, sind wiederverwendet worden.[3] Nur wenn es in der Nähe eines Kastells kein geeignetes Bauholz gab, mußte es an anderer Stelle gefällt und angefahren werden; der Transport über Land war allerdings langsam und sehr teuer. — Das Fehlen von Eichenpollen bei der Untersuchung der Pflanzenpollen vom Kastell Fendoch (Schottland) weist darauf hin, daß geeignetes Bauholz an Ort und Stelle nicht vorhanden war; es mußte daher herbeigeschafft werden. Eine Notwendigkeit, das Holz abzulagern, war aber auch hier nicht gegeben.[4] Ebensowenig ist anzunehmen, daß genormte Fachwerkbauteile an einem weit vom Kastell entfernten Werkplatz gefertigt worden sind. Die sperrigen Fertigteile hätten den damals ohnehin schwierigen und teuren Transport noch mehr erschwert. Wie auf den Grabungsplänen zu erkennen ist, sind die Abstände der Fachwerkträger nicht so exakt eingehalten worden, daß eine Serienherstellung vorgefertigter Teile angenommen werden muß.[5] Allerdings hat das römische Militär genormte Grundrisse verwendet. Das ist nicht weiter verwunderlich, da ja eine große Anzahl von Bauwerken für den gleichen Zweck zu erstellen war.

Beim Neu- oder Umbau eines Kastells in Stein sind die vorhandenen Holzträger nicht immer entfernt worden. Es gibt Beispiele dafür, daß die alten Hölzer ummauert und in die Steinmauern einbezogen wurden. So verfuhr das römische Baukommando bei den Gebäuden im Mittelstreifen des Kastells Urspring (Baden-Württemberg). Dort sind bei der Ausgrabung Hohlräume im Mauerwerk beobachtet worden. Sie rühren von vergangenen Balken her und besaßen genau die Form der senkrechten Holzträger des Vorgängerbaus aus Fachwerk. Mit 1 m Abstand voneinander bildeten sie Gefache der üblichen Größe. Die Wände des steinernen Neubaus sind — wie üblich — innen und außen verputzt worden, so daß die Hölzer nicht sichtbar waren. Nur der Getreidespeicher und das Fahnenheiligtum des Kastells sind ohne diese Holzeinlagen ganz in Stein erneuert worden. — Ähnliches geschah im Kastell Corbridge. Dort sind die Holzträger des Fahnenheiligtums in den späteren Steinbau einbezogen worden.

Bauten mit Steinfundament waren nicht unbedingt reine Steinbauten. Oft bestanden sie lediglich aus Fachwerk, das auf einem Steinfundament ruhte. Anhaltspunkte dafür ergaben sich nur in den seltenen Fällen, in denen die Steinmauern im Aufgehenden noch so weit erhalten sind, daß die ebene Auflage für die Schwellenbalken zu erkennen ist. In einigen Kastellen, in denen Steinfundamente ausgegraben wurden, haben die Ausgräber nur wenig steinernen Bauschutt gefunden und daraus geschlossen, daß dort Fachwerkbauten über einem Steinsockel standen. Das kann allerdings auch eine Folge intensiven Steinraubs in nachrömischer Zeit sein.

Gelegentlich wurde die Stein- und Holzbauweise in einem Bauwerk kombiniert angewendet. So besaßen die Kastelle Echzell, Caerhun und Corbridge ein steinernes Fahnenheiligtum in dem sonst aus Holz errichteten Stabsgebäude. Ebenso war in einigen Kastellen des Taunuslimes (Hessen) nur das Fahnenheiligtum, vielleicht auch noch einige der Kammern im hinteren Flügel der Principia aus Stein, während das Gebäude sonst eine Holzkonstruktion war (Kastell am Feldberg, Kapersburg). In einigen Kastellen in Deutschland waren die Vorhallen von steinernen Stabsgebäuden *Abb. 76* aus Holz gebaut.[6] In anderen Kastellen, etwa in Niederbieber oder in der Saalburg, sind Holzgebäude ausgegraben worden, bei denen einzelne Räume oder auch Raumfluchten mit Hypokaustheizung ausgestattet waren. Die geheizten Räume waren als einzige gemauert und lagen isoliert in dem sonst aus Holz errichteten Gebäude. Hierbei handelt es sich oft um das Praetorium, doch sogar in den Centurionenquartieren hölzerner Mannschaftsbaracken gab es gelegentlich gemauerte, geheizte Räume, besonders in den späteren Bauphasen. Wie der Gesamtgrundriß eines solchen Gebäudes aussah, zeigt ein Beispiel im Kastell Cadder an der Antoninusmauer. Dort enthielt das Praetorium nur einen Raum mit Hypokausten und eine angrenzende Wand, die aus Stein bestand. Im übrigen war das Praetorium ein Holzbau. Bei älteren Ausgrabungen sind oft nur die steinernen Teile des Bauwerks entdeckt worden, die hölzernen Gebäudeflügel blieben unbekannt. — In den letzten Jahren sind auch steinerne Kastellbäder mit Umkleideräumen aus Holz ausgegraben worden, unter anderem am Kastell Walldürn am obergermanischen Limes und in Bearsden an der Antoninusmauer.

Abb. 76

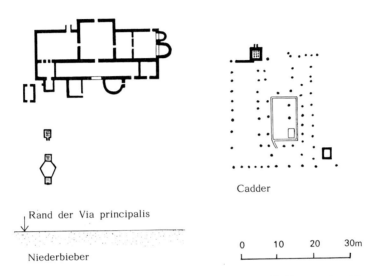

Cadder

Rand der Via principalis

Niederbieber

0   10   20   30m

Abb. 76   Kastelle Niederbieber (Rheinland-Pfalz) und Cadder (Schottland), Kommandeurshäuser. In Niederbieber sind bei der Ausgrabung nur die aus Stein gebauten Teile des Gebäudes festgestellt worden; die übrigen Gebäudeteile bestanden aus Holz. — In Cadder gab es nur einen kleinen Raum mit Hypokaustheizung und ein Stück Mauer in Steinbauweise; der größte Teil des Hauses war aus Holz.

Bei mehreren Kastellen in der Tiefebene nahe der Rheinmündung standen die Steinfundamente der Innenbauten auf Pfahlgründungen. Sie sollten die Standfestigkeit der Fundamente in dem weichen Untergrund verbessern und dadurch Setzungserscheinungen verhindern.[7] So bestand beispielsweise das Fundament der steinernen Principia im Kastell Zwammerdam (Niederlande) aus einer 2 m breiten und 0,5 m hohen Steinpacklage. Diese ruhte auf einem Pfahlrost aus sehr eng nebeneinandergesetzten Pfählen. Die Pfähle hatten eine Länge von 2 m, einen Durchmesser von 0,1 m und standen so dicht, daß 28 von ihnen auf einen Quadratmeter kamen. Rund 10 000 Pfähle waren alleine unter diesem Gebäude eingerammt!

Abb. 77

Die aufgehenden Mauern besaßen beidseitig Mauerschalen, die aus Handquadern aufgeführt waren. Zwischen den beiden Mauerschalen befand sich der Mauerkern, der aus Bruchsteinen mit reichlich Mörtel aufgesetzt wurde. Es gibt einige Hinweise auf Architekturschmuck an den Innenbauten, vor allem bei den Principia: Bisweilen blieben Kapitelle und Basen der Säulen des offenen Umgangs um den Innenhof der Principia erhalten, ferner verzierte Gewölbeschlußsteine und

Abb. 80, 81

121

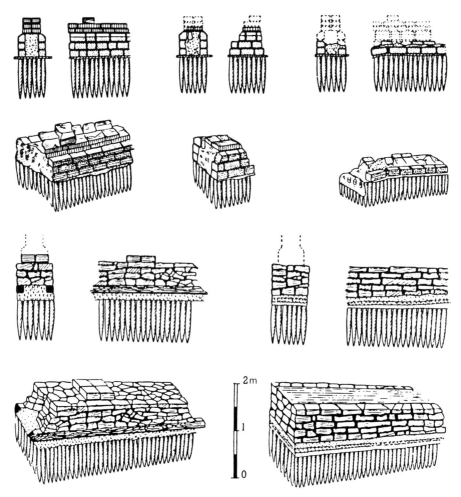

Abb. 77   Kastell Valkenburg (Niederlande). Konstruktion von Mauerfundamenten über eingerammten Holzpfählen. Diese Gründungsmethode wurde gelegentlich auch bei anderen Kastellen angewandt, vor allem bei unsicherem Baugrund.

Abb. 91   Bruchstücke von Gesimsen, auch Reste von Statuen und Reliefs. Dazu kommt eine Fülle von Steininschriften und Skulpturen innerhalb der Räume der Principia. Die Wände waren verputzt, die Innenwände bisweilen sogar bemalt. Die Fenster waren mit Holzläden versehen oder verglast. Die Dächer waren meist mit Holzschindeln oder Ziegeln gedeckt, manchmal auch mit Schieferplatten. Im Schutt einiger Stabsgebäude fanden sich sogar Reste einer Eindeckung mit Bleiplatten.

STABSGEBÄUDE (PRINCIPIA)

Den Mittelpunkt eines römischen Militärlagers bildete das Stabsgebäude, lateinisch *principia* (Plural!). Es war das verwaltungsmäßige und religiöse Zentrum des Kastells. Man kann es als Kommandantur bezeichnen. In der heutigen Fachliteratur findet sich auch die Benennung »Mittelgebäude«. Die Principia waren durch ihre Größe, ihre Architektur und die zentrale Lage am Schnittpunkt der beiden Hauptstraßen des Kastells besonders hervorgehoben. Die Front des Gebäudes war dem Haupttor zugewandt. Der Grundriß war im Idealfall dreiteilig. Er bestand erstens aus einem Innenhof, der von einem offenen Umgang eingerahmt war. Dahinter erhob sich als zweiter Teil eine hohe, oft mehrschiffige Halle. Diese Halle stand in ihrer Längsrichtung quer zur Achse des Stabsgebäudes, sie wird daher auch als Querhalle bezeichnet. An die Rückseite der Querhalle schloß sich als dritter Teil des Gebäudes eine Flucht von Räumen an. Sie enthielten das Fahnenheiligtum, Schreibstuben und die Kasse der Einheit. Vor der Front des Gebäudes lag oft eine Portikus, manchmal sogar eine große Vorhalle, wie etwa bei der Saalburg im Taunus. Das Stabsgebäude erinnert in vielen Einzelheiten an das Forum der römischen Koloniestädte; es hatte zum Teil auch verwandte Funktionen. Die Principia der Militärlager sind zweifellos aus dem Forum der Koloniestädte entstanden.

Abb. 78

Je nach der Kastellgröße hatten die Principia der Auxiliarkastelle recht unterschiedliche Abmessungen. Sie konnten etwa 60 x 45 m groß sein wie in den Kastellen der Ala milliaria von Aalen und Heidenheim, andererseits aber auch nur rund 14 x 11 m wie im Numeruskastell Hesselbach. In Britannien maßen sie im Durchschnitt nur ungefähr 30 x 25 m. Am obergermanischen und raetischen Limes war das Gebäude meist größer und hatte Seitenlängen zwischen 35 und 45 m.

Zur Bezeichnung des Gebäudes
Wie Hygin überliefert, wurde die Via principalis des Marschlagers nach den Principia benannt. Hygin beschreibt den Lagerteil »Principia« nicht, vielleicht ist ein Teil seines Textes ausgefallen. Vermutlich bezeichnete er damit den freien Platz vor dem Zelt des Feldherren; dieser enthielt zentrale Einrichtungen des Marschlagers (Tribunal und Auguratorium) und lag an der Via principalis. — Hygin gibt ferner an, daß das Feldherrenzelt in der Lagermitte stand und Praetorium hieß. In ähnlicher Weise äußerte sich schon der griechische Historiker Polybios in der Mitte des 2. Jahrhunderts v. Chr.[8] Aufgrund dieser Quellen sind im vorigen Jahrhundert die ausgegrabenen Stabsgebäude in der Mitte römischer Kastelle als Praetorium bezeichnet worden. Dabei wurde nicht bedacht, daß die Kastelle keine Marschlager waren. Erst 1899, nach umfassenden Studien am obergermanischen Limes und am Legionslager Lambaesis in Nordafrika, wurde ein deutscher Gelehrter, Alfred von Domaszewski, darauf aufmerksam, daß die Mittelgebäude der Kastelle gar

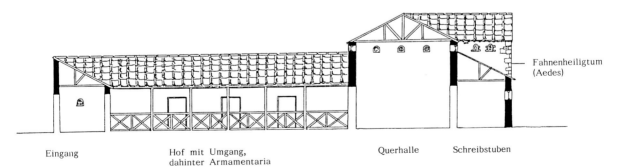

Fahnenheiligtum
(Aedes)

Eingang

Hof mit Umgang,
dahinter Armamentaria

Querhalle

Schreibstuben

Abb. 78 Schnitt durch ein Stabsgebäude ohne Vorhalle.

keinen geeigneten Wohnraum für den kommandierenden Offizier enthielten. So kam er zu dem Ergebnis, es könne nicht richtig sein, das Mittelgebäude der Kastelle Praetorium zu nennen. Er wies auch auf die wichtige Inschrift aus dem Kastell Lanchester (Nordengland) hin, die bereits seit 1715 bekannt ist und vom Wiederaufbau der Principia und des Armamentariums berichtet. Allerdings wußte man nicht genau, an welchem Gebäude des Kastells die Inschrift einst angebracht war.[9]

Abb. 79 Kastell Remagen (Rheinland-Pfalz). Die Inschrift überliefert die Reparatur der Lageruhr im Jahre 218 (CIL XIII 7800). Lateinischer Text, teilweise ergänzt, Abkürzungen aufgelöst:

. . . *Petronius Athenodorus Praefectus cohortis I Flaviae horologium ab horis intermissum et vetustate conlabsum suis impendis restituit Imperatore domino nostro Macrino Augusto II consule.* — Übersetzung: ». . . Petronius Athenodorus, Präfekt der Cohors I Flavia, ließ die Sonnenuhr auf eigene Kosten instandsetzen, weil sie die Stunden nicht richtig anzeigte und Altersschäden zeigte. Dies geschah in dem Jahr, in dem unser Herr und Kaiser Macrinus das zweitemal Konsul war«.

Die Entdeckung weiterer Inschriftsteine aus Kastellen in Britannien brachte neue Erkenntnisse. Aus dem Mittelgebäude in Rough Castle (Antoninusmauer) stammt die erste Inschrift, in der die Bezeichnung Principia auch wirklich auf dieses Gebäude bezogen werden konnte (1903). Eine weitere kam 1929 in Birdoswald (Hadriansmauer) zum Vorschein. Sie zeigte eindeutig, daß Principia und Praetorium zwei verschiedene Gebäude waren.[10] In diesen Zusammenhang gehören auch einige Altäre aus einem Gebäude im Mittelbereich des Kastells Chesterholm (Hadriansmauer); sie waren dem »Genius des Praetoriums« geweiht. Dadurch ist grundsätzlich geklärt worden, daß das Stabsgebäude in den Auxiliarkastellen Principia und das Wohnhaus des Kommandeurs Praetorium hieß.[11]

Die Gebäudefront

An der Frontseite war den Principia häufig eine offene Säulenhalle (Portikus) zur Via principalis hin vorgebaut. Bei manchen Kastellen stand dort sogar eine Vorhalle, die die gesamte Breite der Via principalis überspannte. Die Vorhalle wird unten noch zu besprechen sein. — Die Säulen bzw. Holzständer der offenen Vorhalle konnten auf Steinbasen gegründet, auf niedrige Schwellenmauern gestellt oder in Pfostengruben gesetzt sein. Im allgemeinen bildete ein Torbogen den Eingang in das Gebäude. Im Kastell Zwammerdam (Niederlande) bestand die Frontseite der Principia nur aus einer Reihe von Pfeilern. Das ist wenig üblich und weist auf das Vorhandensein mehrerer Eingänge hin. Ungewöhnlich ist auch der zurückgesetzte Eingang der Principia von Nanstallon (Cornwall). Davor liegt eine Eingangshalle, die von acht Pfosten getragen wird.　　*Abb. 98*

An der Frontmauer der Principia des Kastells Niederbieber (Rheinland-Pfalz) wurden Bruchstücke von bemaltem Verputz gefunden. Der Verputz war weiß getüncht; darauf waren die Fugen von Steinquadern mit roter Farbe gemalt. Dieser bemalte Verputz, der regelmäßiges Quaderwerk vortäuschen sollte, ist bei römischen Militärbauten immer wieder gefunden worden.

Über dem Eingang in die Principia war wohl eine Bauinschrift angebracht, die die Daten der Errichtung des Bauwerks festhielt. Die Frontseite des Gebäudes kann auch ein günstiger Platz zum Anbringen einer Lager-Sonnenuhr gewesen sein.[12] Eine Inschrift, die die Reparatur der Sonnenuhr bezeugt, wurde im Kastell Remagen am Rhein gefunden. Der Präfekt der Cohors I Flavia,　　*Abb. 79* Petronius Athenodorus, hatte die Uhr im Jahre 218 n. Chr. aus eigener Tasche erneuern lassen, weil sie wegen Altersschäden die Zeit nicht mehr richtig anzeigte.[13] — Auch Wasseruhren *(clepsydrae)* wurden beim römischen Heer benutzt, um die Dauer der vier Nachtwachen *(vigiliae)* zu bemessen. Möglicherweise standen auch diese Uhren in den Principia, weil sich die Soldaten hier vor dem Aufziehen zur Wache sammelten und ihre Befehle erhielten.

Der Innenhof

Der Haupteingang der Principia führte von der Via principalis her in einen offenen Hof, der geschottert oder gepflastert war. Er war auf drei oder vier Seiten mit einem offenen Umgang umgeben, der von Holz- oder Steinpfeilern oder auch Säulen getragen wurde. In einigen Principia　　*Abb. 80*

Abb. 80　Kastell Bar Hill (Antoninusmauer). Säulen und Säulenteile vom Umgang des Innenhofs der Principia. Die Bauteile sind bei der Zerstörung des Gebäudes in den Brunnen im Innenhof geworfen worden.

125

sind am Rande des Hofs Steinrinnen für die Dachtraufe gefunden worden. Sie zeigen, daß der Umgang zum Hof hin abfallende Dächer besaß. Der Innenhof der Principia diente sicherlich als Treffpunkt für die Kastellbesatzung, und man kann sich vorstellen, daß es im Umgang »Schwarze Bretter« mit Anschlägen und Dienstanweisungen gegeben hat. Die Höfe der Stabsgebäude waren in Größe und Gestalt recht unterschiedlich. Manche dehnten sich mit ihren Umgängen über die gesamte Breite des Bauwerks aus. Andere waren schmaler, weil sich an den Seiten außer dem Umgang noch je eine Flucht von Räumen befand, die als Waffenkammern dienten.

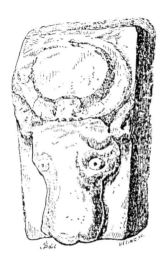

Abb. 81   Kastell South Shields (Northumberland). Schlußstein eines Gewölbebogens mit Darstellung eines Stierkopfs; gefunden im Innenhof der Principia, nahe der Außenwand der Querhalle.

Abb. 80   Bei den Ausgrabungen im Kastell Bar Hill an der Antoninusmauer sind Reste von Säulenschäften, Kapitellen und Basen des Umgangs entdeckt worden. Sie sind im Altertum in den Brunnen im Innenhof der Principia geworfen woren, als das Bauwerk zerstört wurde.[14] Darunter waren Säulenbasen mit doppeltem Torus, ferner Kapitelle mit Akanthus- und Kerbschnittverzierung. Aus den Architekturteilen ist zu schließen, daß der Umgang dieses relativ kleinen Bauwerks mindestens 2,4 m hoch war.[15] An zwei Säulenbasen befanden sich runde Löcher von 5 bis 6 cm Durchmesser über dem oberen Torus an einer Seite des Säulenschafts. Ähnliche Löcher wurden am unteren Ende von zwei zerbrochenen Säulenschäften beobachtet. Diese Beobachtungen deuten darauf hin, daß Holz- oder Eisenstangen etwa 25 cm über dem Boden waagerecht zwischen den Säulen angebracht waren. — Bei Säulenbasen vom Umgang in den Principia des Kastells Ribchester waren seitlich Nuten eingearbeitet, in die wahrscheinlich Holzschranken eingelassen waren.[16] Zwei Säulenschäfte aus Bar Hill trugen Konsolen in Gestalt von Stierköpfen, die eine beschriftete Tafel gehalten haben könnten; vielleicht waren sie einst in der Nähe des Eingangs in die Principia oder am Zugang zur Querhalle aufgestellt.

Abb. 82   Oft gab es in einer Ecke des Innenhofs einen Brunnen, vielleicht als Wasserreserve für Notzeiten, eher aber wohl für Opferhandlungen zu Ehren der Götter und des Kaiserhauses. In den Kastellen, in denen der Grundwasserspiegel zu tief oder der felsige Untergrund zu hart war, wurden statt dessen Wasserbehälter gebaut. Im Hof der Principia von Benwell an der Hadriansmauer *Abb. 159*   ist beispielsweise ein Leitungs- und Reinigungssystem für Wasser entdeckt worden mit fünf steinernen Absetzbecken. Im Kastell Lyne (Schottland) lief das Wasser durch einen Kanal, der den Hof überquerte; er führte das Wasser in ein rechteckiges Becken, das gegen die Frontmauer der

126

Abb. 82 Principia des Kastells Aalen (Baden-Württemberg). Luftbild der Ausgrabung Sommer 1986. Im Vordergrund die sehr breite Vorhalle mit Vorbauten an den Straßeneingängen. Das Stabsgebäude besaß keine Querhalle und keine Armamentaria. Das Fahnenheiligtum (Raum mit Rundapsis) war teilweise unterkellert. Mehrere Schreibstuben im rückwärtigen Trakt neben dem Fahnenheiligtum konnten mit Hypokausten geheizt werden. Auf dem Hof wird gerade der Brunnen ausgegraben. Der größte Teil der Gebäudefundamente (rechts und hinten) ist nach der Ausgrabung bereits konserviert worden. Frisch ausgegrabene Mauern sind links im Bild zu erkennen. — Die Größe des Stabsgebäudes wird im Vergleich zu dem Einfamilienhaus links oben deutlich.

Principia gebaut war. Hölzerne oder mit Ton ausgekleidete Behälter, die im Innenhof oder im Umgang der Stabsgebäude mehrerer Holzkastelle zutage kamen, dienten wohl dem gleichen Zweck.

Außer zwei Brunnen wurde im Principia-Innenhof der Saalburg ein viereckiger Mauergrundriß von etwa 5 m im Quadrat ausgegraben. Er dürfte als Fundament eines Tribunals zu deuten sein.[17] Ähnliche quadratische Fundamente sind in anderen Innenhöfen von Stabsgebäuden entdeckt worden, so in Arnsburg (Hessen) und Casei (Rumänien); ihr Zweck ist nicht in jedem Fall klar. In Rottweil Kastell III lag ein etwa 1,8 x 1,6 m großes Steinfundament in der Mitte des Innenhofs, wahrscheinlich die Basis eines Altars oder einer Statue. Ein solches Fundament wurde auch in den Kastellen Stockstadt am Main und Valkenburg (Niederlande) entdeckt.

Die Waffenkammern (Armamentaria)

An den beiden Längsseiten des Innenhofs befanden sich oft zwei Reihen von Räumen oder lange Hallen ohne erkennbare Inneneinteilung. Sie entsprechen den Kammerreihen an den Seiten des Innenhofs von Legions-Principia. Diese Räume werden gewöhnlich als Waffenkammern *(armamentaria)* interpretiert, sie können auch als Magazine für andere Ausrüstungsteile gedient haben.[18] Die Ansicht, daß Waffen im Stabsgebäude gelagert wurden, wird durch die schon erwähnte Inschrift vom Kastell Lanchester gestützt, die den Wiederaufbau der baufälligen Principia und Armamentaria bezeugt (. . . *principia et armamentaria conlapsa restituit* . . .).[19] Der Zusammenhang ist aber nicht eindeutig erwiesen, denn Principia und Armamentaria müssen nach dem Wortlaut der Inschrift auch zwei selbständige Gebäude gewesen sein. Tatsächlich erwähnt eine Inschrift aus Leiden-Roomburg (Niederlande) nur den Neubau eines Armamentariums; in diesem Kastell gab es daher wohl ein besonderes, von den Principia unabhängiges Waffenmagazin.[20]

Abb. 92

Andererseits sind immer wieder Waffen und andere militärische Ausrüstungsstücke in den Principia gefunden worden. Das spricht entschieden dafür, daß die Waffenkammern üblicherweise in diesem Gebäude lagen, zumal die Principia besonders gut bewacht waren. So wurden beispielsweise neben dem Innenhof der Principia des Legionslagers Lambaesis (Algerien) Räume gefunden, die sich durch Funde und Inschriften als Waffenkammern auswiesen. In einem Raum lagen 6000 Schleuderkugeln aus Ton zusammen mit 300 Steinkugeln. In Nebenräumen kamen Altäre zum Vorschein, die von Waffenmeistern *(custodes armorum)* und sogar von dem für das Arsenal zuständigen Unteroffizier *(curator operis armamentarii)* gestiftet worden waren. Ihre Schreibstuben lagen wahrscheinlich neben den Waffenkammern.[21] Gelegentlich kamen in Auxiliarkastellen entsprechende Funde zutage: Eine Anzahl von Waffen und eisernen Rüstungsteilen ist in den Principia von Niederbieber gefunden worden, eine Menge noch nicht geschliffener Speerspitzen in Stockstadt, 800 Pfeilspitzen in Housesteads, mehrere eiserne Speerspitzen in Niederberg. Alles das wurde in den Räumen gefunden, die den Hof der Principia flankierten. Ein weiteres, indirektes Indiz liegt aus dem Kastell Künzing (Bayern) vor, wo Bruchstücke bronzener Paraderüstungen und Pferdegeschirrteile direkt vor der westlichen Waffenkammer der Principia des frühen 3. Jahrhunderts n. Chr. vergraben waren, während auf der anderen Seite des Gebäudes in einer flachen Grube ein Hort eiserner Waffen, Geräte und Werkzeuge im Gesamtgewicht von 82 kg lag. Zu diesem Hort gehörten auch Nägel, Zeltheringe, Äxte, Hacken, eiserne Fesseln mit Handschellen und Schloß, die aus einem Magazin in den Principia stammen können.[22] Waffenkammern sind ferner am Innenhof der Principia im Kastell Old Kilpatrick (Antoninusmauer) anzunehmen, weil Hunderte von Schleudersteinen in der Verfüllung der Pfostengruben für die hölzernen Träger des Umgangs entdeckt worden sind.

In einigen Principia bestanden die Armamentaria aus einer Flucht von Räumen an den Seiten des Hofs; bei anderen Stabsgebäuden wurden lange Hallen ohne Trennwände beobachtet. Allerdings können in den Hallen kleinere Räume durch leichte Zwischenwände abgetrennt gewesen sein, die keine Spuren im Boden hinterließen. — Nicht jedes Stabsgebäude hatte seitliche Räume

Abb. 82

oder Hallen. Als Beispiele seien die Kastelle Aalen und Hesselbach erwähnt. In diesen Kastellen müssen die Waffen in einem besonderen Magazinbau untergebracht gewesen sein. Auf diese Möglichkeit wies ja auch die oben erwähnte Inschrift von Leiden-Roomburg hin.

Die Querhalle

Taf. 6a

Hinter dem offenen Innenhof befand sich fast immer eine Halle, die die ganze Breite der Principia einnahm. Ihre Achse lag quer zur Achse der Principia; man bezeichnet sie daher als Querhalle. Eine Inschrift aus dem Kastell Reculver an der Südostküste von England überliefert, daß dieser Teil des Stabsgebäudes im Altertum *basilica* genannt wurde.[23] Die ältesten, bekannten Stabsgebäude besaßen meist nur einen Innenhof mit Umgang, ohne Querhalle, hinter dem sich eine Reihe von Schreibstuben befand. Die Querhalle ist aber schon im augusteischen Legionslager Haltern (Westfalen) zu beobachten sowie in dem claudischen Kastell Valkenburg 1. Die Principia des Legionslagers Vindonissa, die im Jahr 47 errichtet worden sind, besaßen eine Querhalle, ebenso das Stabsgebäude des Zweilegionslagers Vetera bei Xanten aus der Zeit des Nero. Das älteste Beispiel aus Britannien wurde in den Principia des Kastells Fendoch festgestellt; das Bauwerk ist während der Statthalterschaft Agricolas entstanden (77 bis 84 n. Chr.). *Abb. 97, 98*

Früher bezweifelten einige Archäologen, daß die Querhalle überdacht war. Aus seinen technisch noch unvollkommenen Grabungsbeobachtungen in der Saalburg schloß der deutsche Gelehrte L. Jacobi, daß dieser Raum offen geblieben sei. Deshalb wurde beim Wiederaufbau der Saalburg am Anfang dieses Jahrhunderts irrtümlich keine Querhalle, sondern ein offener Hof rekonstruiert. Er ist von dem Innenhof der Principia durch einen gedeckten Umgang getrennt, bei *Taf. 1* dem es sich in Wirklichkeit um das südliche Seitenschiff der ehemaligen Querhalle handelt.[24] — Zahlreiche neue Grabungsbeobachtungen aus Legionslagern und Auxiliarkastellen bestätigen, daß dieser Raum der Principia eine hohe und geräumige Halle bildete. So sind beispielsweise Reste von Lehmestrich oder auch Dachziegelbruchstücke gefunden worden (in den Kastellen Ambleside und Niederberg) oder Spuren von eichenen Dachsparren im Kastell Croy Hill; sie lagen auf dem Boden der Querhalle.

Wegen ihrer Lage in den Principia konnte die Querhalle Licht nur durch Fenster erhalten, die über dem Dach des Innenhof-Umgangs und über den Dächern der rückwärtigen Raumflucht der Principia angebracht waren. Die Wände der Halle müssen daher höher als die der anstoßenden Gebäudeteile gewesen sein; nur das Fahnenheiligtum kann zur gleichen Höhe aufgeführt gewesen sein. In den Principia des Kastells South Shields (Nordengland) war die Vordermauer der Querhalle mindestens 9 m hoch. — Ihrer Lage nach entspricht die Querhalle des Militärs der Marktbasilika am Forum zahlreicher römischer Städte Britanniens und Germaniens. Als Beispiele können Augst bei Basel, Ladenburg bei Heidelberg, Silchester, Wroxeter und Caerwent in Britannien genannt werden. Diese städtischen Basiliken sind ebenfalls »Querhallen« in dem Sinn, daß sie zur Hauptachse des Forums quer stehen. Offensichtlich gab es eine Wechselwirkung zwischen militärischen und städtischen Bauformen.

Bei einigen Stabsgebäuden waren die Fundamente der Querhallen-Vordermauer stärker als die für die übrigen Wände des Gebäudes. Das gilt schon für Holzkastelle: Im Kastell Hesselbach Periode 2 war der Pfostengraben breiter und die Eckpfosten verstärkt; auch im Kastell Fendoch (Schottland) sind stärkere Pfosten für diese Wand verwendet worden. In Steinkastellen wurden hier oft dickere Mauern (Kastell Stockstadt am Main) oder massivere Pfeiler festgestellt. An sich wäre eine solche Verstärkung eher bei der Rückwand der Querhalle zu erwarten, weil diese gleichzeitig die Frontmauer der rückwärtigen Raumflucht bildete und deren Dachlast mittragen mußte. Eine besondere Verstärkung des Rückwand-Fundaments scheint aber nicht vorzukommen. Zwar war das Fahnenheiligtum (*aedes*) in der Mitte der rückwärtigen Raumflucht meist besonders fest gebaut, doch blieben die Vordermauern der übrigen Räume oft dünn. Die Vermutung liegt nahe, daß das Fundament der Querhallen-Frontmauer vielleicht verstärkt worden ist, um die Frontmauer mit vielen Eingängen durchbrechen zu können wie etwa in Burnum. Eine breite Frontmauer könnte auch notwendig gewesen sein, wenn das Fußbodenniveau der Querhalle höher lag als der Innenhof (Beispiel: Principia von Lambaesis). Die Frontmauer hatte dann zusätzlich als Stützmauer den Erddruck einer Auffüllung zu halten und konnte zugleich als Unterlage für Stufen oder Treppen dienen, über die man den erhöhten Boden der Halle erreichen konnte.

Wahrscheinlich waren an den Eingängen zur Querhalle große, hölzerne Torflügel angebracht. Hier haben wohl die Wachtposten gestanden, die zur Sicherheit des Fahnenheiligtums und der Truppenkasse in den Principia Dienst hatten. — Bisweilen gab es einen oder zwei weitere Eingänge an den Schmalseiten der Querhalle. Sie mündeten meist in ein Seitenschiff.

Abb. 83   Legionslager Lambaesis (Algerien). Torhalle am Eingang der Principia, errichtet 267 – 268 n. Chr.
Die Torhalle wird inschriftlich als *groma* bezeichnet. Zustand um 1900.

An einer Schmalseite der Querhalle, gewöhnlich rechts, befand sich ein rechteckiges Podium,
das Tribunal. Von dort aus konnte der Kommandeur Ansprachen an die Truppe halten, Befehle
erteilen oder religiöse Zeremonien und Feste leiten.

In der Querhalle standen Altäre und Statuen. Ein Altarfundament wurde in situ vor dem Fahnenheiligtum der Principia von Stockstadt (Bayern) gefunden; Sockel von Statuen standen neben
dem Eingang zum Fahnenheiligtum in Brough-by-Bainbridge und neben dem Eingang zur Querhalle in den konstantinischen Principia von Risingham (Nordengland).

Bei einer Gruppe von Stabsgebäuden sind Kammerreihen nicht nur in der rückwärtigen Raumflucht, sondern auch an den Schmalseiten der Querhalle entdeckt worden.[26] Im Legionslager
Lambaesis wurden in diesen Räumen an der Querhalle Inschriften gefunden, die sich auf die
scholae, die Versammlungsräume der Offiziere der Legion bezogen.[27] Vergleichbare Inschriften
kamen auch in Auxiliarkastellen zutage, etwa die Weihung an den Genius der Vexillarii und Ima-
Abb. 91   giniferi aus Niederbieber (CIL XIII 7753). Die Inschrift wurde in einem Raum neben dem Fahnenheiligtum gefunden, der wohl zugleich als Schola der Fahnenträger gedient hat. So dürfte es auch
in den Principia der Auxiliarlager Scholae unter den Räumen gegeben haben, die an die Querhalle
anschlossen.[28]

Die Ähnlichkeit der Querhalle mit der städtischen Marktbasilika weist darauf hin, daß dort
eine Vielzahl von zeremoniellen, religiösen, juristischen und Verwaltungsfunktionen vereint war,
für die letztlich der Kommandeur zuständig war. Er hatte nicht nur das militärische Kommando,
sondern war in seinem Bereich auch für Recht und Ordnung im zivilen Bereich zuständig, etwa im
Lagerdorf. Die Funktionen der Querhalle lassen sich nicht vollständig bestimmen, weil es zu

wenige Quellen dafür gibt. Seit dem späten 3. Jahrhundert n. Chr. scheint sich die Bedeutung der Querhalle verringert zu haben, denn sie wird nunmehr bisweilen in kleinere Räume unterteilt, die wohl mehr Raum für Schreibstuben und andere Funktionen für einen erweiterten Stab von Verwaltungspersonal bieten sollten.[29]

Die rückwärtige Raumflucht

Hinter der Querhalle lag eine Reihe von Räumen, gewöhnlich fünf.[30] Der mittlere war von besonderer Bedeutung, er stellte das Fahnenheiligtum (aedes) dar.[31] Der Raum war durch seine Lage auf der Achse der Principia besonders hervorgehoben. Die Frontseite des Heiligtums war von der Via praetoria aus sichtbar, wenn alle Eingänge auf der Achse der Principia geöffnet waren. Der Raum bildete gewissermaßen das Zentrum des Stabsgebäudes, ja des ganzen Kastells.

Eine Liste der offiziellen Festtage des Militärs ist auf einem Papyrus aus Dura-Europos (Syrien) erhalten geblieben. Er stammt aus dem Archiv der Cohors XX Palmyrenorum und wurde unter Kaiser Severus Alexander etwa in der Zeit zwischen 225 bis 227 n. Chr. niedergeschrieben. Der Papyrus wird heute als Feriale Duranum bezeichnet. Es handelt sich um eine Abschrift des vorgeschriebenen Festkalenders, den jede Truppe im Römerreich erhielt.[32] Der leider unvollständige Papyrus gibt die Daten der Festtage an und schreibt auch genau vor, welcher Gottesdienst und welches Opfer durchzuführen waren. Danach gab es drei Arten feierlicher Handlungen: die Festtage der altrömischen Götter, die Feiern des Kaiserkults, wozu auch die jährlich wiederkehrende Vereidigung auf den Kaiser gehörte, und einige militärische Feiern, etwa den Geburtstag der Einheit und den Kult der Fahnen (signa). Die hohe Bedeutung des Kaiserkults für das Militär geht deutlich aus dem Feriale Duranum hervor, denn 27 von insgesamt 41 Eintragungen beziehen sich auf diesen Kult. So ist es auch verständlich, daß das Fahnenheiligtum in einigen antiken Schriftquellen caesareum genannt wird.

Wie Tacitus überliefert, stand das Bildnis des Kaisers in den Principia.[33] Teile von Kaiserstatuen sind in mehreren Fahnenheiligtümern gefunden worden: Bruchstücke einer Bronzestatue kamen in der Saalburg zutage, ähnliche Reste im Kastell Theilenhofen. Der Zeigefinger eines überlebensgroßen Bronzestandbilds stammt aus dem Kastell Marköbel. Die Statue eines Kaisers in Gestalt des Herkules hat in den Principia des Kastells Brough-by-Bainbridge gestanden. — Es ist sogar ein Bericht über die Feier überliefert, die im Stabsgebäude der Cohors I Flavia Cilicum in Syene (Assuan, Ägypten) am Geburtstag von Kaiser Severus Alexander am 1. Oktober 232 stattfand. Er hat sich auf einem Papyrus erhalten. Außer dem Kommandeur der Kohorte, einem Tribunen, waren die beiden Praetorianerpräfekten anwesend, ferner der Statthalter Ägyptens, schließlich der Chef der Legio II Traiana in Alexandria, der die Feier leitete; vermutlich waren ihm die Hilfstruppen der Provinz unterstellt. Er wird hier als »General« bezeichnet:

»Anläßlich der Feier des Geburtstags unseres Kaisers Marcus Aurelius Severus Alexander opferte der General gemeinsam mit dem Tribunen der Kohorte und mit deren Centurionen, dem Beneficiarius, den Principales und den Soldaten, weil sich die Götter als gnädig erwiesen hatten. Die Feier fand in den Principia und im Caesareum des Lagers in Syene statt. Nach Verteilung der üblichen Donative an die Soldaten betete er auf Knien unseren Herrn und Kaiser Marcus Aurelius Severus Alexander an und auch unsere Kaiserin Julia Mamaea, die Mutter des Kaisers und Beschützerin der Militärlager. Daraufhin hielt er eine Ansprache an die Kohorte. Dann folgte eine Truppeninspektion durch die erlauchten Praetorianerpräfekten, den Statthalter Ägyptens und den General Maximinus und seinen Sohn Maximus. Anschließend nahmen der General und der Tribun den Vorbeimarsch der Truppe ab. Nahe dem Caesareum wurde ein Festmahl aufgetragen, zu dem auch die Principales der Kohorte eingeladen waren.«[34]

Im Fahnenheiligtum wurden außer dem Standbild des Kaisers die Feldzeichen und Standarten der Kastellbesatzung aufbewahrt, die signa der Infanterie und die vexilla der Reitereinheiten.[35] Dort standen auch Altäre, die die Truppe geweiht hatte. — Als im Jahre 260 das obergermanische

Abb. 84 Kastell Niederbieber (Rheinland-Pfalz). Silberne Scheibe mit Darstellung eines jugendlichen Feldherrn über besiegtem Barbar und Beutewaffen. Beschlagstück des Feldzeichens der 7. Räterkohorte, gefunden im östlichen Nachbarraum des Fahnenheiligtums. Durchmesser 19 cm.

Abb. 84 Limeskastell Niederbieber von den Germanen erobert wurde, hat der Fahnenträger der Cohors VII Raetorum seine Fahne bis zuletzt verteidigt. Man fand sein Skelett in einem Nachbarraum des Fahnenheiligtums. Neben dem Skelett lagen die Reste des Feldzeichens, unter anderem eine silberne Inschriftplatte mit dem Namen der Einheit und eine silberne Signumscheibe mit der Darstellung eines jugendlichen Mannes. Vermutlich war der Caesar Saloninus abgebildet, der Sohn des damals regierenden Kaisers Gallienus.[36] — Ein Teil einer Statuenbasis, die einst im Fahnenheiligtum gestanden haben muß, wurde im Kastell Birdoswald an der Hadriansmauer gefunden. Die Inschrift enthält eine Weihung an »die Feldzeichen und die Majestät des Kaisers«.[37]

Aus einer Nachricht bei Tacitus scheint hervorzugehen, daß die Feldzeichen im Fahnenheiligtum auf einem Podium erhöht aufgestellt waren.[38] In Castell Collen (Wales) standen sie sicherlich auf der steinernen Bank, die sich an drei Seiten des Raums an den Wänden entlangzog. Im Kastell Risingham (Nordengland) gab es im Fahnenheiligtum ein Podium, zu dem zwei Stufen hinaufführten. — Der offizielle Festkalender der römischen Armee, der nach dem oben erwähnten Fund aus Dura-Europos (Syrien) als *feriale Duranum* bekannt ist, verzeichnet ein Fest, bei dem die Feldzeichen (*signa*) besonders verehrt wurden. Es hieß *rosalia signorum* und wurde im Mai gefeiert: die Einheit versammelte sich im Hof der Principia, und in einem feierlichen Akt wurden die Feldzeichen mit Rosengirlanden geschmückt. Mit dem Fest war eine Danksagung an die Götter (*supplicatio*) verbunden. Ein weiteres Fest ausschließlich zu Ehren der Fahnen war *natalis signorum* (»Geburtstag der Feldzeichen«). Es war der Gründungstag der Einheit, der Tag, an dem sie einst die Fahne erhalten hatte. — Aber auch bei den anderen offiziellen Feiern der Truppe spielten die Fahnen stets eine wichtige Rolle.[39]

Abb. 85 Legionslager Neuss (Nordrhein-Westfalen). Schlüssel für die vom Signifer verwaltete Geldtruhe. Auf dem Griff ist folgende Inschrift eingepunzt (Text ergänzt; die jeweils ersten Zeichen der beiden Zeilen sind auf der Zeichnung nicht dargestellt): *centuria Bassi Claudi / L. Fabi signiferi*. — Übersetzung: »Eigentum des Signifers Lucius Fabius aus der Centurie des Bassus Claudius«.

In mehreren Fahnenheiligtümern sind Altäre gefunden worden, die den Göttern oder dem Genius (Schutzgott) der Truppe geweiht waren. Ein Altar und eine Jupiterstatue kamen in dem Keller unter dem Fahnenheiligtum des Limeskastells Murrhardt zutage, eine Geniusfigur in der Kapersburg, Teile einer Bronzestatue in Theilenhofen und Bruchstücke einer überlebensgroßen Herkulesskulptur im Kastell Köngen. Oft werden die Altäre, wie es im Altertum üblich war, vor dem Fahnenheiligtum gestanden haben, in der Mitte des Innenhofs oder in der Querhalle der Principia (Kastell Stockstadt am Main). Standbilder flankierten bisweilen den Eingang zum Heiligtum. — Zwei Inschriften aus dem Legionslager Caerleon in Wales bezeugen Weihungen der Legio II Augusta aus den Jahren 234 und 244 n. Chr., jedesmal vom 23. September, dem Geburtstag von Kaiser Augustus, nach dem die Legion benannt war.[40]

Auf einen anderen militärischen Festtag, das *armilustrium*, beziehen sich zwei Altar-Inschriften aus dem Auxiliarkastell Papcastle (Nordengland). Das Fest wurde am 19. und 20. Oktober gefeiert. Es war eine Waffenweihung zu Ehren des Mars und bezeichnete zugleich das Ende der kriegerischen Saison des Jahres. Vermutlich standen die Altäre einst im Fahnenheiligtum oder davor.[41]

Das Fahnenheiligtum enthielt ferner die Lagerkasse, in der die Gelder der Einheit für Soldzahlungen und Sachanschaffungen aufbewahrt wurden, die aber auch die Ersparnisse der Soldaten enthielt. Wie Vegetius überliefert, war jeder Soldat verpflichtet, die Hälfte jeglicher kaiserlichen Geldschenkung »bei den Feldzeichen« (*ad signa*) in der Kasse im Fahnenheiligtum zu deponieren, denn »der Mann, der weiß, daß sein Vermögen bei den Fahnen steht, denkt nicht ans Desertieren. Er fühlt sich vielmehr den Fahnen um so mehr verbunden, er kämpft verbissener, um sie zu verteidigen«. Wie so oft bei Vegetius, ist es nicht deutlich, aus welcher Epoche der römischen Mili-

133

tärgeschichte diese Nachricht stammt.[42] — Die Kontenführungen für mehrere Soldaten sind auf einigen Papyri erhalten geblieben. Daraus ergibt sich, daß nach den üblichen Abzügen ein Guthaben verblieb.[43] Abzüge wurden berechnet für Verpflegung, Kleidung, Schuhwerk und wohl auch Bettzeug sowie für »Sozialbeiträge«, etwa für die Sterbekasse und gelegentliche gemeinsame Festessen. — Seit der Regierungszeit Kaiser Domitians wurde das Guthaben eines einzelnen Soldaten auf 1000 Sesterzen begrenzt; der Überschuß wurde ausgezahlt. Im Jahre 88 n. Chr. hatte nämlich der obergermanische Statthalter Saturninus die Gelder in den Kassen der beiden Mainzer Legionen zur Finanzierung seines Putsches gegen den Kaiser verwendet. Der Putsch wurde 89 niedergeschlagen. Die Maßnahme des Kaisers sollte eine Wiederholung des Vorgangs verhindern.[44]

Vegetius überliefert ferner, daß die Geldmittel der Einheiten durch die Fahnenträger (*signiferi*) verwaltet wurden. Sie bewahrten die Gelder in Kästen, Säcken oder Körben auf und führten *Abb. 85* Buch darüber.[45] Ein Truhenschlüssel, der in einer Mannschaftsbaracke des Legionslagers Neuss gefunden wurde, gehörte einem Signifer.[46] Wahrscheinlich wurden die Gelder im Fahnenheiligtum in einer eisenbeschlagenen Holztruhe verschlossen. In den meisten Holzkastellen des 1. Jahrhunderts n. Chr. stand die Geldkiste wohl direkt im Heiligtum auf dem Boden. In manchen Kastellen war sie der größeren Sicherheit wegen in einer holzverschalten Grube aufgestellt, die

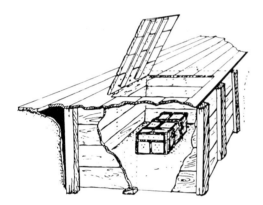

Abb. 86 Rekonstruktion einer holzverschalten Grube unter dem Fahnenheiligtum, die zur Aufbewahrung der Geldtruhe (Truppenkasse) diente.

unter dem Fahnenheiligtum lag. Sie war nur über eine Falltür im Fußboden des Fahnenheiligtums *Abb. 86* zu erreichen. Frühe Beispiele holzverschalter Gruben aus vorflavischer Zeit sind in den Kastellen Baginton (Mittelengland) und Oberstimm an der Donau gefunden worden. Allerdings kam schon in den hölzernen Principia des flavisch-trajanischen Kastells Brough-by-Bainbridge in Nordengland ein Kellerraum mit Steinwänden zutage. Oft gab es aber auch im 2. Jahrhundert keine Grube im Fahnenheiligtum oder nur eine sehr flache. In diesen Fällen ist wohl der Fußboden des Heiligtums erhöht gewesen, so daß er von der Querhalle aus über eine kleine Freitreppe betreten werden konnte. Dadurch entstand unter dem Fußboden des Heiligtums Platz für einen gesicherten Raum, ohne daß ein Keller gebaut werden mußte. Beispielsweise lag im Kastell Künzing (Donau) der Fußboden des Fahnenheiligtums in der Mitte des 2. Jahrhunderts 1,5 bis 2 m über dem Grund, so daß darunter ein gesicherter Raum entstand. Das Heiligtum war von der Querhalle aus über eine Treppe zu erreichen.[47] Bei einigen Fahnenheiligtümern kamen steinerne, vorgelagerte Funda- *Abb. 88* mente zutage, die in einigen Fällen den Eindruck eines Vorraums machen, etwa in Echzell, Neckarburken-West, Osterburken und Aalen. Sie dürften jedoch die Fundamente für eine Frei- *Abb. 82* treppe zu dem erhöhten Fahnenheiligtum gebildet haben.[48] Oft war das Fahnenheiligtum solider gebaut als die übrigen Räume der rückwärtigen Raumflucht der Principia. Bisweilen errichtete

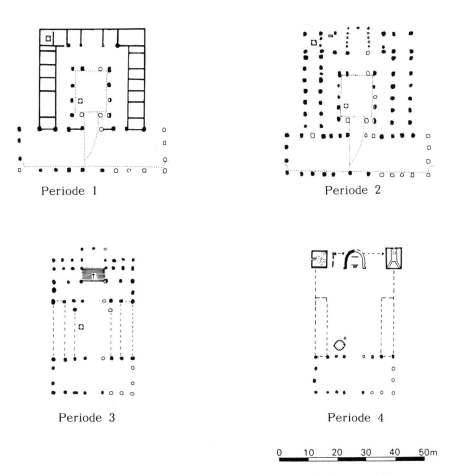

Abb. 87 Kastelle Feldberg und Kapersburg (Hessen). Die Principia sind teilweise in Holz-, teilweise in Steinbauweise errichtet worden (vgl. Taf. 5). Maßstab 1 : 1000.

Feldberg

Kapersburg

Periode 1

Periode 2

Periode 3

Periode 4

Abb. 88 Kastell Künzing (Bayern). Aufeinanderfolgende Bauperioden der Principia. Maßstab 1 : 1250.

135

Abb. 89 Kastell Chesters (Hadriansmauer). Blick vom Fahnenheiligtum nach Osten. Der Keller zur Aufbewahrung der Truppenkasse lag unter dem östlichen Nachbarraum des Fahnenheiligtums; der Eingang war nur vom Fahnenheiligtum aus möglich.

Abb. 87   man es als einzigen Raum eines im übrigen hölzernen Stabsgebäudes aus Stein. Seine Fundamente sind oft besonders stark. Das deutet darauf hin, daß das Heiligtum die anderen Räume an Höhe überragte. In einem Stabsgebäude mit Querhalle lag das Dach des Heiligtums wahrscheinlich genau so hoch wie das der Querhalle. Das Fahnenheiligtum war dann trotz seines erhöhten Fußbodens immer noch bemerkenswert hoch und besaß daher Proportionen, die seine zentrale Funktion im Lager unterstrichen.

Während des 2. Jahrhunderts n. Chr. war die einfache holzverschalte Grube bzw. ein kleiner Keller unter dem Fahnenheiligtum weithin üblich geworden. Etwa zur Zeit der severischen Kaiser hatte sich diese Grube oftmals zu einem regelrechten Tresorkeller entwickelt, der über eine Treppe *Abb. 88*   betreten werden konnte. Diese Entwicklung kann an den vier Bauperioden des Kastells Künzing abgelesen werden. In den beiden frühen Perioden, etwa 90 bis 135 n. Chr., stand die Geldtruhe vermutlich in einer rechteckigen, holzverschalten Grube in einem der Räume des rückwärtigen Traktes nahe dem Fahnenheiligtum. In der Mitte des 2. Jahrhunderts wurde der Fußboden des Heiligtums erhöht, so daß darunter ein gesicherter Raum für die Kasse entstand (Periode 3). In Periode 4 (Anfang bis Mitte des 3. Jahrhunderts) befand sich unter dem Fahnenheiligtum ein etwa 2 m tiefer, rechteckiger und überwölbter Keller aus Stein. Der Keller besaß eine lichte Höhe von 1,6 m bis zum Gewölbescheitel und war über eine steile Treppe zu erreichen, die wohl nur fünf Stufen besaß.

Manchmal lag der Keller nicht unter dem Fahnenheiligtum, sondern unter einem der angrenzenden Räume; er war dann aber vom Fahnenheiligtum aus zugänglich. Diese Anordnung gab es *Abb. 89*   beispielsweise in den Kastellen Chesters und Benwell an der Hadriansmauer. Steinstufen führten hinab zum Eingang, der wohl durch eine schwere Holztür gesichert war. Im Kastell High Rochester (Schottland) war der Zugang durch eine schwere Steinplatte gesichert, die auf zwei Eisenrollen in eine Nische an der Seite des Eingangs geschoben werden konnte.[49] — Als der Kellerraum in den Principia von Chesters im Jahre 1840 untersucht wurde, fanden die Ausgräber noch Reste der Eichentür an Ort und Stelle. Die Tür war mit eisernen Beschlägen und Ziernägeln verstärkt. Sie zerfiel leider bald, nachdem sie der Luft ausgesetzt worden war.[50] — Der Fußboden solcher Keller war bisweilen mit Steinplatten belegt. Die Decke war häufig gewölbt. Es gab Überwölbungen, die aus mehreren parallelen Gurtbögen bestanden, die mit Steinplatten abgedeckt waren. Solche Überwölbungen sind in Chesters und in Greatchesters (Hadriansmauer) beobachtet worden. Es gab aber auch Tonnengewölbe (Kastell Künzing Per. 4). — Gelegentlich sind Reste von Fensteröffnungen zur Beleuchtung der Keller erhalten geblieben. In Benwell war ein Fenster unten an der Außenmauer jenes Raums angebracht, unter dem der Keller lag. In South Shields kam das Licht der Querhalle durch ein Fenster mit drei eisernen Gitterstäben. — Der Boden des Kellers in den Principia von Brough-by-Bainbridge lag 1,7 m unter dem Fußboden des Fahnenheiligtums. Sein Eingang befand sich direkt unter der Türschwelle des darüberliegenden Heiligtums. Er war über eine Treppe zugänglich, die von der Querhalle ausging. Sie führte in einen 2 m langen Gang hinunter; vermutlich wurde sie oben von einer hölzernen Falltür abgedeckt.

Abb. 90

Eine Inschrift aus dem Legionslager Aquincum (Budapest) erwähnt den Umbau des Wachtlokals für die Soldaten, die bei den Feldzeichen auf Posten standen.[51] Auch geht aus mehreren Papyri von Dura-Europos (Syrien) hervor, daß eine Wache am Fahnenheiligtum stand (. . . *excubant ad signa*). In Dura-Europos war die 20. Palmyrenerkohorte stationiert. Sogar der Wachteid ist überliefert: *quod imperatum fuerit faciemus et ad omnem tesseram parati erimus* (wir werden tun, was befohlen wird; jeden Befehl sind wir bereit auszuführen). Es ist allerdings ungewiß, ob es eine besondere Wachtstube nahe dem Eingang des Fahnenheiligtums oder in der Querhalle gegeben hat. — Der christliche Schriftsteller Tertullian beschrieb um 200 n. Chr. das Dilemma eines christlichen Soldaten, der gezwungen war, das heidnische Fahnenheiligtum zu bewachen.[52]

Vegetius berichtet über den beachtlichen Umfang der Schreibarbeit, die bei der Verwaltung einer Legion anfiel. Es war daher üblich, bei der Aushebung von Rekruten auch ihre Kenntnisse im Lesen, Schreiben und Rechnen zu berücksichtigen.[53] Bei der Verwaltung eines Auxiliarkastells und seiner Besatzung gab es ebenfalls einige Schreibarbeit. Unter den erhaltenen Papyri gibt es interessante Belege für die Vielzahl von Listen und anderen Aufzeichnungen, die in einem Auxiliarlager laufend geführt werden mußten. Besonders aufschlußreich sind die Akten der schon erwähnten 20. Palmyrenerkohorte aus Dura-Europos. Sie enthalten Reste von Tagesberichten (Morgenmeldungen), aus denen die genaue Mannschaftsstärke jedes Tages hervorgeht, mit der Angabe von Abkommandierungen und Rückmeldungen. Ferner wurden Listen geführt, in denen die persönlichen Daten jedes einzelnen Soldaten aufgezeichnet waren, wie Dienstjahre, Besoldung und Beförderung. Es gab Wachtlisten, Urlaubslisten, Marschbefehle; Belege über Beförderungen, Versetzungen, Rechtsbescheide, dienstliche Korrespondenz und Quittungen über Requisitionen.[54]

Die Stelle für die Bearbeitung und Aufbewahrung all dieser Akten war das *tabularium* (Schreibstube) der Einheit, geleitet von einem Verwaltungsoffizier (*cornicularius*), dem ein Stellvertreter (*actuarius*) und oft auch noch mehrere Schreibkräfte (*librarii*) zur Seite standen. Die Schreibstube des Cornicularius lag in der rückwärtigen Raumflucht der Principia an einer Seite des Fahnenheiligtums und umfaßte meistens zwei Räume. Der äußere davon war manchmal kleiner; er war oft nicht direkt von der Querhalle aus zugänglich, sondern nur vom Nachbarraum, der eigentlichen Schreibstube. Vermutlich wurde er als Aktenablage genutzt. Im Kastell Niederbieber (Rheinland-Pfalz) wurde in dem östlichen Eckraum der rückwärtigen Raumflucht eine Inschrift gefunden, die von einem der Schreiber dem Genius des Tabulariums der Einheit geweiht war. Der Schreiber (*librarius*) gehörte dem Numerus Brittonum Antoninianorum an.[55] In dem angrenzenden Raum wurden Metallbeschläge, Schlösser und Scharniere von Aktenschränken oder -truhen entdeckt. In den Principia von Chesterholm (Hadriansmauer) lag in dem Raum neben dem Fahnenheiligtum der Bronzedeckel einer *capsa*, eines Behälters für Dokumente oder Schrift-

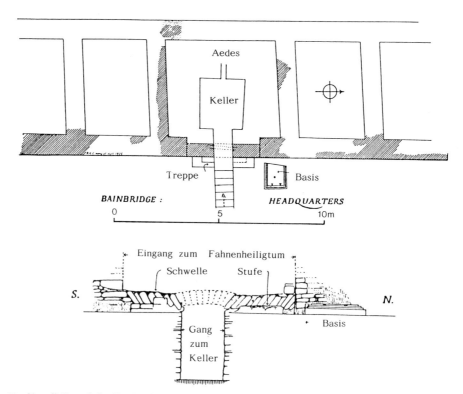

Abb. 90   Kastell Brough by Bainbridge (North Yorkshire). Keller unter dem Fahnenheiligtum, Zeit des Septimius Severus.

rollen. Die große Menge von Schreibtäfelchen, die aus einem älteren Militärlager am gleichen Ort stammt, könnte ebenfalls einst im Tabularium der Einheit aufbewahrt gewesen sein. — Verwaltungspersonal ist mehrmals auf Inschriften aus Auxiliarkastellen erwähnt, so ein Cornicularius von Greatchesters, Actuarii von Ebchester, Ambleside und Caernarfon, sowie je ein Librarius von Corbridge und Schirenhof.[56]

Abb. 91   Die Diensträume des Fahnenträgers (*signifer* bzw. *vexillarius*), der die Geldmittel der Truppe verwaltete, lagen auf der anderen Seite des Fahnenheiligtums. In Niederbieber wurde ein Raum neben dem Fahnenheiligtum dadurch als Schreibstube des Fahnenträgers erkannt, daß dort eine Statue aus Sandstein zutage kam. Sie war von einem Standartenträger (*vexillarius*) und einem Bildnisträger (*imaginifer*) dem Genius der Fahnenträger geweiht worden.[57] Alle Haushaltsakten, Bücher und Belege für die Geldverwaltung der Truppe wurden hier aufbewahrt. Der Fahnenträger war auch für die Kasse und den gesicherten Keller nebenan unter dem Fahnenheiligtum verantwortlich. In den Principia der Kastelle Housesteads und Chesterholm (Hadriansmauer) besaß der Raum des Fahnenträgers zur Querhalle hin einen Kassenschalter. Er bestand aus einer halbhohen Trennwand, einer Brüstung, über der ein Gitter angebracht war. Dort erfolgten die Zahlungen. In den entsprechenden Räumen der Principia des Kastells Rottweil III zeigten sich im Grundriß Reste kleiner Einbauten, die vielleicht von Einbauschränken oder -regalen für die Akten herrühren könnten. Ähnliche Spuren sind aus den Kastellen Fendoch (Schottland) und Caerhun (Wales) bekannt.

Gelegentlich waren die rückwärtigen Räume der Principia anders angeordnet, zum Beispiel in dem augusteischen Versorgungslager Rödgen (Hessen), wo Principia und Wohnhaus des Kommandeurs anscheinend in einem Gebäude untergebracht waren. Dieses Lager hatte allerdings eine besondere Funktion, es gehörte auch in die Frühphase der Entwicklung römischer Standlager. — Abweichende Einteilungen der rückwärtigen Raumflucht gab es in den Stabsgebäuden jener Truppenlager, in denen zwei Einheiten untergebracht waren. Aus Obergermanien können als Beispiele die Auxiliarkastelle Echzell und Niederbieber genannt werden. Sie besaßen in den Principia ein *Abb. 95* gemeinsames Fahnenheiligtum für beide Einheiten, während die Verwaltungsräume getrennt waren. Bei den Principia von Niederbieber ist durch Inschriftenfunde bekannt, daß der Westflügel für die Verwaltung des Numerus Divitiensium, der Ostflügel für die des Numerus Brittonum vorgesehen war. Beiden Einheiten standen je vier Verwaltungsräume zur Verfügung. — Im Truppenlager Hod Hill (Zeit des Kaisers Claudius) haben vielleicht auch zwei Einheiten das gleiche Stabsgebäude benutzt. Der Plan der rückwärtigen Raumflucht zeigt hier je einen kleinen Raum an jeder Seite und einen größeren in der Mitte. Der Ausgräber meinte, daß der größere Raum eine für beide Truppenteile gemeinsame Querhalle und die beiden kleinen die getrennten Fahnenheiligtümer gewesen seien.[58] In Vetera (Xanten), dem claudisch-neronischen Legionslager in Niedergermanien, teilten sich zwei Legionen ein gemeinsames Stabsgebäude. Hier nahm der Ausgräber ge-

Abb. 91   Kastell Niederbieber (Rheinland-Pfalz). Genius-Statue aus Sandstein. Gefunden in den Principia, im östlichen Nachbarraum des Fahnenheiligtums. Die Inschrift der Basis besagt, daß die Statue zusammen mit einem Schrein, in dem sie aufgestellt war, und einer Marmortafel von einem Vexillarius (Standartenträger) und einem Imaginifer (Bildnisträger) im Jahre 239 geweiht worden ist (CIL XIII 7753). Lateinischer Text mit aufgelösten Abkürzungen:
In honorem domus divinae Genio vexillariorum et imaginiferorum Attianus Coresi filius vexillarius Fortionius Constitutus imaginifer signum cum aedicula et tabulam marmoream dono dederunt dedicaverunt Imperatore domino nostro Gordiano Augusto et Aviolo consulibus. — Übersetzung: »Zur Ehre des Kaiserhauses! Dem Genius der Standarten- und Bildnisträger haben der Vexillarius Attianus, Sohn des Coresus, und der Imaginifer Fortionius Constitutus eine Statue, einen Schrein und eine Marmortafel dargebracht und geweiht, als unser Kaiser und Herr Gordianus zusammen mit Aviolus Konsul war«.

trennte Fahnenheiligtümer für die beiden Legionen an und vermutete, daß diese sich an den beiden Schmalseiten der gemeinsamen Querhalle befunden hätten.[59] Allerdings waren von dem Bauwerk nicht einmal mehr Fundamente vorhanden, sondern nur noch schuttgefüllte Ausbruchgruben. Die Deutung ist daher recht hypothetisch. Die als Fahnenheiligtümer angesehenen Räume können eher Tribunalia gewesen sein. Ob die Legionen ein gemeinsames oder getrennte Fahnenheiligtümer hatten, läßt sich hier kaum noch feststellen. Das Fahnenheiligtum dürfte eher in der rückwärtigen Raumflucht zu suchen sein.

Die Vorhalle

Manche Principia besaßen einen zusätzlichen Gebäudeteil, eine an die Front angebaute große Halle, die die gesamte Breite der Via principalis überspannte. Diese Vorhalle ragte oft an einer oder an beiden Seiten über das Stabsgebäude hinaus. In vielen Lagern war sie mit den Nachbargebäuden verbunden und bildete mit ihnen eine architektonische Einheit.[60] Solche Vorhallen waren in den Kastellen der germanischen Provinzen und in Raetien häufig, doch gibt es nur wenige Beispiele in Britannien.[61]

Abb. 203

Die Forschung hat Verbindungen gesehen zwischen der Entwicklung der Vorhalle in den Militärlagern und gewissen Tendenzen der zivilen Architektur. Seit späthellenistischer Zeit entstanden in manchen größeren Städten Prachtstraßen mit Säulenkolonnaden und Prunktoren.[62] Die Legionslager besaßen seit der Mitte des 1. Jahrhunderts ebenfalls Kolonnaden an den Hauptstraßen. Sie waren in Lambaesis mit einem prunkvollen Torbau (*quadrifrons*) am Eingang zu den Principia verbunden. Dieser hallenartige Torbau stand über der Kreuzung der Via principalis mit der Via praetoria, wo einst das Meßgerät Groma zum Abstecken des Lagers aufgestellt worden war. Daher führte auch der Torbau die Bezeichnung Groma. Ähnlich monumentale Zugänge zum Stabsgebäude sind aus Dura-Europos und vom Legionslager Lauriacum bekannt. Eigentliche Vorhallen wie bei den Principia mancher Auxiliarkastelle gab es in den Legionslagern aber nicht.[63] — In mehreren hölzernen Auxiliarkastellen des 1. Jahrhunderts n. Chr. gab es Kolonnaden aus Holzsäulen bzw. Pfosten, die an den Hauptstraßen entliefen und auch die Vorderfront der Principia bildeten. In dem kleinen Numeruskastell Hesselbach war die Vorhalle, obwohl sie die Via principalis ganz überspannte, nicht viel breiter als solche Kolonnaden. Deshalb wurde vermutet, daß die Kolonnaden vor den Stabsgebäuden des 1. Jahrhunderts n. Chr. Vorgänger der Vorhallen gewesen seien.[64] Die älteste uns bekannte Vorhalle stand im Kastell Künzing, das etwa 90 n. Chr. errichtet worden ist; sie war aus Holz.

Abb. 83, 92

Abb. 95

Vor den Principia der kleinen Kastelle Kapersburg und Feldberg im Taunus gab es ebenfalls hölzerne Vorhallen. Die Principia selbst waren in der letzten Bauphase teils aus Holz und teils aus Stein. Hölzerne Vorhallen standen aber auch vor Stabsgebäuden, die ganz aus Stein waren, beispielsweise in den Kastellen Zugmantel, Stockstadt und Ursping. Aus der asymmetrischen Verbindung von Vorhalle und Principia im Kastell Brecon Gaer (Wales) könnte umgekehrt geschlossen werden, daß die steinerne Vorhalle ursprünglich an ein Stabsgebäude aus Holz angebaut worden ist.[65] — Steinerne Vorhallen sind vor allem seit der Mitte des 2. Jahrhunderts bekannt. In der zweiten Hälfte des 2. und am Anfang des 3. Jahrhunderts wurden sie architektonisch weiter vervollkommnet. Diese Entwicklung läßt sich an den severischen Bauten der Kastelle Haltonchesters oder Ribchester studieren.

Abb. 87

Abb. 95

Die Vorhalle hatte üblicherweise breite Eingänge an den Schmalseiten, an denen es manchmal Vorbauten gab (Saalburg, Aalen). An der Frontseite befand sich entweder ein einziges Tor, das ebenfalls durch einen Vorbau geschützt sein konnte, wie in Eining, Weißenburg, Aalen oder in der Saalburg. Einige Vorhallen besaßen mehrere Zugänge in der Frontseite. Beispiele gibt es in Gnotzheim und Buch. Die Frontseite der Vorhalle war bei der spätesten Bauphase der Principia von Valkenburg (Niederlande) völlig geöffnet; sie bestand nur aus einer Säulen- oder Pfeilerreihe. Die 4,6 m breiten Seitentore der Vorhalle in Theilenhofen besaßen verstärkte Torgewände. Dies

Abb. 82, 93, 95

und die Fundamenttiefe des Quaderunterbaus brachten den Ausgräber zur Ansicht, »daß der Torbau hochragend und . . . reich gegliedert war«.[66]

Gelegentliche Beobachtungen von Innenpfosten und die Reste von Dachmaterial in mehreren Vorhallen sprechen dafür, daß diese Räume unter Dach waren. So scheinen beispielsweise beim Kastell Zugmantel Pfostenreihen das Innere der Vorhalle in ein 4,5 m breites Mittelschiff und zwei *Abb. 95* 3,3 m breite Seitenschiffe aufzuteilen. Allerdings können diese vermeintlichen Innenpfosten auch einer anderen Bauphase angehören; die Ausgrabung fand vor 1908 statt, als die Bauphasen hölzerner Bauwerke noch nicht sicher getrennt werden konnten. Entsprechendes gilt für die Vorhalle *Abb. 87* im Kastell Kapersburg im Taunus. — Vier der ursprünglich acht Steinsäulen, die in der Vorhalle des Kastells Ribchester ein Seitenschiff abtrennten, standen noch zur Zeit der Ausgrabung. Ihr Profil mit doppeltem Torus und Zierleisten weist auf eine architektonisch anspruchsvolle Gestaltung hin. Bauschutt mit Dachziegeln sind von der Frontseite der Vorhalle im Kastell Gnotzheim gefunden worden. Im Kastell Weißenburg lagen vor den drei Außenseiten der Halle ebenfalls Dachziegel, außerdem kam eine große Anzahl von Nägeln zutage, die aus dem Dachstuhl stammen dürften. Diese und ähnliche Befunde sprechen entschieden dafür, daß die Vorhallen ein Dach trugen und keine offenen Höfe waren, wie früher gelegentlich vermutet wurde. Die Mauern

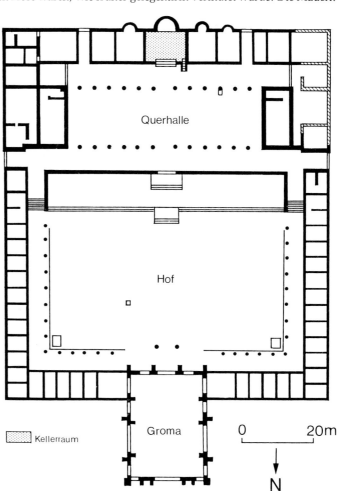

Abb. 92 Legionslager Lambaesis (Algerien), Grundriß der Principia. Das Fahnenheiligtum war unterkellert, davor dreischiffige Querhalle. Am Eingang des Gebäudes stand eine monumentale Torhalle, die inschriftlich als »Groma« bezeichnet wurde. Maßstab 1:1000.

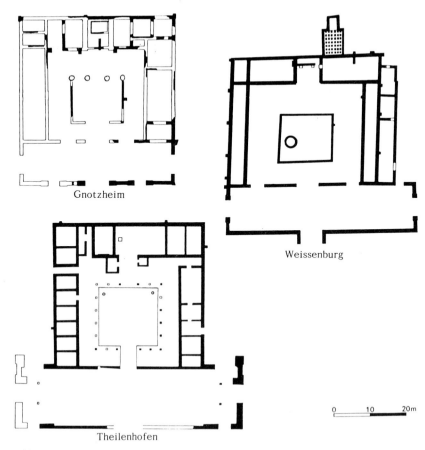

Gnotzheim

Weissenburg

Theilenhofen

0   10   20m

Abb. 93   Principia-Vorhallen mit architektonisch betonten Eingängen. Maßstab 1 : 1000.

der Vorhallen in den Kastellen Saalburg und Butzbach waren mit Strebepfeilern verstärkt. Die Außenwände müssen daher recht hoch gewesen sein und eine beträchtliche Dachlast getragen haben. Daher wurde in der Saalburg eine hohe, geräumige, nicht unterteilte Halle rekonstruiert.

Abb. 94   Sie hatte eine lichte Weite von 11,5 m und besaß zur besseren Beleuchtung eine obere Fensterfront. Drei Eingänge führen von den Kastellstraßen in die Halle; sie sind durch Vordächer geschützt. Fünf breite Durchgänge öffnen sich aus der Halle zum Innenhof der Principia.

Abb. 95   In der Vorhalle des Kastells Niederbieber (Rheinland-Pfalz) fanden sich keine Dachziegelbruchstücke, keine Pfostengruben für hölzerne und auch keine Basen für steinerne Dachstützen. Da der Raum die beachtliche lichte Weite von 21 m hat, zweifelt der Ausgräber daran, daß er überdacht war.[67] Tatsächlich stellt dieses Maß die bisher größte Breitenabmessung einer Principia-Vorhalle dar. Die Römer waren aber technisch durchaus in der Lage, solche Spannweiten zu überbrücken. Das Mittelschiff der Basilica Ulpia am Trajansforum in Rom hat eine noch größere freie Spannweite (25,1 m). Bei neueren Grabungen an zwei anderen Auxiliarkastellen wurden hölzerne bzw. steinerne Vorhallen nachgewiesen, die sicher ein Dach mit rund 15 m freier Spannweite trugen (Echzell und Aalen). So ist auch in Niederbieber ein freitragendes Dach anzunehmen, das wohl mit Holzschindeln gedeckt war.

142

Ferner wurde bezweifelt, daß die Vorhalle im Kastell Brecon Gaer (Wales) überdacht war, weil eine Wasserrinne im Inneren beobachtet wurde, deren Abfluß durch einen der Seiteneingänge hinausführte.[68] Die Wasserrinne wurde als Traufrinne eines Daches gedeutet, das in den Innenraum eines vermeintlichen, offenen Hofes entwässerte. Solche Rinnen sind auch in anderen Vorhallen entdeckt worden, beispielsweise in Künzing und Urspring. Sie waren keine Traufrinnen, sondern unterirdisch verlegte, gedeckte Kanäle. Meist dienten sie der Entwässerung der Principia, je nach Geländegefälle ist aber auch das Abwasser benachbarter Gebäude durch diese Kanalisation gelaufen. — Manchmal stellt die Vorhalle eine spätere Ergänzung der Principia dar wie in Newstead oder Weißenburg. Dabei schloß sie eine Fläche vor den Principia ein, auf der sich die geschotterte Via principalis mit ihren Straßengräben befand. Diese Gossen werden dann bei Ausgrabungen festgestellt, sie gehörten jedoch nicht zu der Vorhalle, sondern in die erwähnte frühere Bauphase. Bei alten Ausgrabungen sind die Bauphasen nicht immer getrennt worden, so daß unklar blieb, welche Bauteile gleichzeitig bestanden haben.

Abb. 95

Die Ausgrabungen im Numeruskastell Hesselbach (Hessen) zeigten, daß die Vorhalle Periode 2 von hölzernen Stützen getragen wurde, die einzeln in großen Pfostengruben standen. Die Stützen waren quadratisch mit einem Durchmesser von 30 bis 40 cm. Im Gegensatz dazu standen die Holzträger der Principia in durchlaufenden Pfostengräben; sie hatten geringere Abmessungen und standen dichter aneinander. Daher wurde vermutet, daß die Wände der Vorhalle im unteren Bereich offen waren und wohl nur einen Wetterschutz im oberen Wandteil trugen. Die Principia besaßen hingegen wie üblich feste Wände aus Fachwerk.[69] Eine entsprechend offene Vorhalle aus Stein besaß das Kastell Valkenburg in Periode 6. — Dieser Unterschied der Konstruktion zwischen Vorhalle und dem eigentlichen Stabsgebäude ist auch im Kastell Künzing zu beobachten.

Abb. 94   Kastell Saalburg im Taunus (Hessen). Innenansicht der rekonstruierten Principia-Vorhalle.

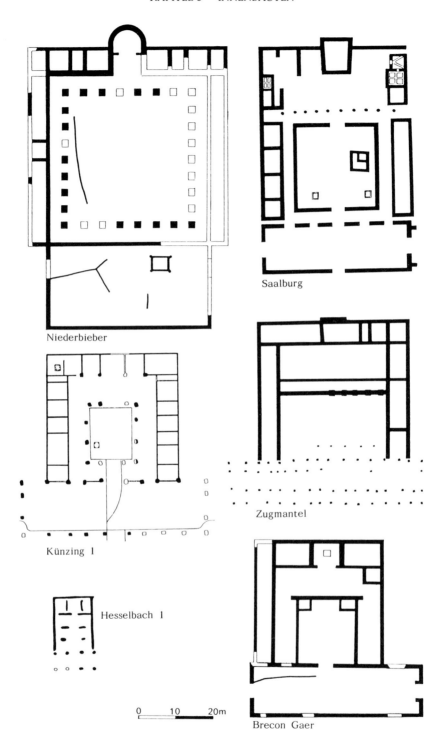

Niederbieber

Saalburg

Künzing 1

Zugmantel

Hesselbach 1

Brecon Gaer

0   10   20m

Eindeutige Schlüsse für das Aufgehende lassen sich aus diesen Grabungsbeobachtungen allerdings nicht ziehen: in Künzing wurden die Principia Periode 1 in hadrianischer Zeit durch ein Gebäude ersetzt, das nur einzelne Pfostengruben im Boden hinterließ, sowohl bei der Vorhalle als auch am Hauptbau (Periode 2). Hier müssen im Hauptbau jedenfalls geschlossene Wände vorhanden gewesen sein. Das Beispiel zeigt, wie vielgestaltig die römische Holzbautechnik war. Leider findet man bei der Ausgrabung antiker Bauwerke aus Holz fast ausschließlich jene Bauteile, die einst unter dem Fußbodenniveau lagen, so daß die Rekonstruktion des Aufgehenden dann zum Teil auf Vermutungen beruht.

Die Funktion der Vorhalle erscheint noch nicht völlig geklärt. Nicht jedes Kastell besaß eine solche Halle. Sie trat wesentlich häufiger in den beiden germanischen Provinzen und in Raetien auf als in Britannien. Sie war auch nicht an eine bestimmte, kurze Periode gebunden. Wie schon ausgeführt, wurde die bisher älteste Halle im Kastell Künzing (Bayern) beobachtet (erbaut um 90 n. Chr.) Noch in der Periode der Severer entstand eine Vorhalle in Haltonchesters an der Hadriansmauer. Deutsche Ausgräber haben sie bisweilen als »Exerzierhalle« bezeichnet.[70] Bei der Beschreibung der Vorhalle im Kastell Brecon Gaer zog auch Sir Mortimer Wheeler eine Verbindung zu der Exerzierhalle für die Kavallerie (*basilica equestris exercitatoria*). Eine solche Halle wird auf einer Inschrift vom Kastell Netherby erwähnt; danach wurde die Halle 222 n. Chr. durch die Cohors I Aelia Hispanorum milliaria equitata erbaut.[71] Wo die Halle stand, ist allerdings unbekannt. Wheeler zitiert noch zwei weitere Inschriften, die sich jeweils auf eine *basilica* beziehen, die von Kavallerieeinheiten errichtet worden sind; sie stammen aus Lancaster und Assuan (Ägypten). Allerdings mußte er einräumen, daß die Bezeichnung *basilica* nicht stets für den gleichen Gebäudetyp gebraucht wurde. Auch ist keine der erwähnten Inschriften an oder bei einer Principia-Vorhalle gefunden worden.[72] Von den über 30 bekannten Vorhallen können mehr als die Hälfte mit Reitertruppen in Verbindung gebracht werden, entweder Alae oder Cohortes equitatae. Dagegen ist die Vorhalle im Kastell Murrhardt von der Cohors XXIV Voluntariorum c. R. errichtet worden, von der man annimmt, daß sie eine Cohors quingenaria peditata war. Das gleiche gilt für die Vorhalle im Kastell Holzhausen (Rheinland-Pfalz), die von der Cohors II Antoniniana Treverorum (peditata) gebaut wurde, und von der Vorhalle Periode 3 im Kastell Künzing, in dem damals wohl die Cohors V Bracaraugustanorum (peditata) lag. Für die übrigen Hallen gibt es keine hinreichend genauen Informationen zur Kastellbesatzung.[73] Ein sicherer Zusammenhang zwischen der Truppengattung und dem Auftreten von Vorhallen läßt sich also nicht herstellen. — Steinerne Principia mit hölzernen Vorhallen mögen an der Rhein- und Donaugrenze des Reichs häufiger gewesen sein, als es aus den augenblicklich vorliegenden Unterlagen hervorgeht. Sie sind bei den alten Ausgrabungen meist nicht erkannt worden. Bei neueren Grabungen sind solche hölzernen Vorhallen häufiger festgestellt worden. Wahrscheinlich besaßen die Limeskastelle in den germanischen Provinzen und in Raetien seit dem 2. Jahrhundert n. Chr. in der Regel eine Principia-Vorhalle, die aus Holz oder aus Stein sein konnte.

Dic Weite der nicht unterteilten Halle weist auf die Nutzung als Versammlungs- oder Exerzierraum hin. Vegetius beschreibt gedeckte Hallen sowohl für Reiter als auch für Infanteristen: »Um die Truppen auch im Winter bei schlechtem Wetter oder Sturm unter Dach an den Waffen zu üben, errichtete man für die Reiter Hallen, die mit Ziegeln oder Schindel gedeckt waren; falls diese nicht zu beschaffen waren, mit Schilf, Binsen oder Stroh. Für die Infanteristen aber baute man Basiliken«.[74] Vegetius schrieb ferner: »Erfahrene Offiziere meinen, daß für die Gesundheit der Truppe die tägliche Übung an der Waffe mehr wert ist als Ärzte. Daher empfehlen sie, die Infanterie ohne Unterbrechung durch Regen oder Schnee unter Dach üben zu lassen, an den übrigen Tagen aber auf dem Felde«.[75] Leider bleibt es bei diesem spätantiken Autor notorisch ungewiß,

◁ Abb. 95 Stabsgebäude (Principia) von Auxiliarkastellen mit Vorhallen. Maßstab 1 : 1000.

auf welche Epoche er sich bezieht und ob er Hilfstruppen oder Legionssoldaten meint. — Es erscheint ausgeschlossen, daß die Alen der Hilfstruppen in den dafür viel zu kleinen Vorhallen ihrer Principia geübt hätten. Das gleiche gilt für die Auxiliarinfanterie. Keine Einheit konnte in einer solchen Halle eine Schwenkung ausführen, geschlossen Speere werfen oder andere taktische Manöver ausführen. Die Vorhallen können für den Zweck der Truppenübung also kaum gebaut worden sein.

Sie boten jedoch genau den Platz, den die Kastellbesatzung zum Antreten benötigte. Vielleicht geschah das täglich zur Morgenmeldung, vielleicht auch nur bei besonderen Anlässen, etwa bei Feiern, bei Ansprachen oder um Tagesbefehle entgegenzunehmen. Da die Vorhalle über der einzigen freien Stelle des dichtbebauten Kastells an der Kreuzung der beiden Hauptstraßen stand, war sie zugleich der ideale Versammlungsplatz für die Soldaten. Der mittlere Abschnitt der Via principalis dürfte zu allen Zeiten die Funktion des Sammel- und Antreteplatzes der Truppe besessen haben, auch bei jenen Kastellen, in denen es keine Vorhalle gab.[76]

Die Entwicklung der Principia

Durch die Forschung sind inzwischen zahlreiche Grundrisse von Stabsgebäuden bekannt. Daher läßt sich in großen Zügen eine Übersicht über ihre Entwicklung geben, bei der auch regionale Besonderheiten hervortreten. — In den Marschlagern stand das Zelt des Kommandeurs an der Kreuzung der beiden Lager-Hauptstraßen, sowohl im republikanischen Marschlager nach Polybios als auch in dem Musterlager der Kaiserzeit, das Hygin beschrieben hat. Das großartig ausgestattete Zelt des Kommandeurs wurde Praetorium genannt. An dem freien Platz davor stand ein Altar; hier wirkten die Auguren (*auguratorium*). Dort gab es ferner ein Tribunal, von dem aus Befehle an die Truppen erlassen und Ansprachen gehalten wurden.

Abb. 96 Die ältesten, einigermaßen vollständigen Pläne römischer Praetoria stammen von den republikanischen Lagern Castillejo und Peña Redonda, die Scipio 134 bis 133 v. Chr. bei der Einschließung der einheimischen Befestigung Numantia in Spanien anlegen ließ (siehe Kap. 8). Allerdings sind diese Lager nicht nur für eine Nacht errichtet worden und waren daher keine Marschlager. Die Unterkünfte darin waren auch keine Zelte, sondern leichtgebaute Hütten (*hibernacula*). Dennoch enthielten die Lager des Scipio manche der von Polybios beschriebenen Elemente. Die Grundrisse der Praetorien zeigen einen von der Hauptstraße aus zugänglichen Hof, der auf drei Seiten mit Reihen von Kammern umgeben war. In Peña Redonda war der äußere Hof vom inne-

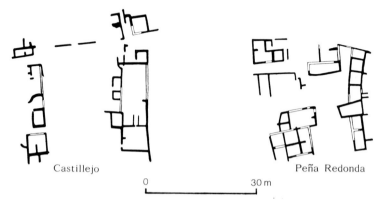

Castillejo   Peña Redonda

0   30 m

Abb. 96 Mittelgebäude römischer Militärlager der späten Republik aus Spanien (134–133 v. Chr.). Maßstab 1 : 1000.

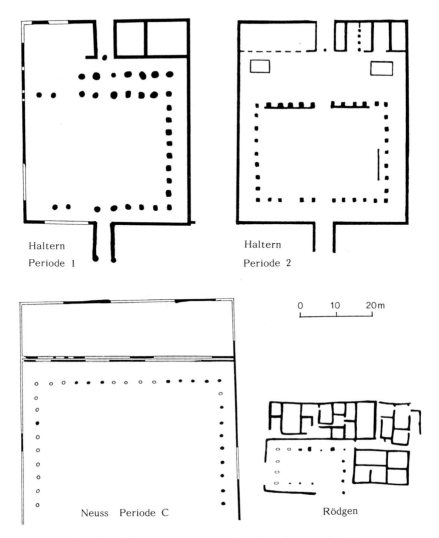

Haltern
Periode 1

Haltern
Periode 2

Neuss   Periode C

Rödgen

0   10   20 m

Abb. 97   Principia augusteischer Militärlager. Maßstab 1 : 1000.

ren durch zwei gegenüberliegende, vorspringende Flügelräume getrennt. In beiden Fällen lagen die Wohnräume des Kommandeurs und jene Räume, die er für die Verwaltung benötigte, im gleichen Bauwerk.[77] Ein ähnlicher Grundriß wurde bei dem Praetorium eines weit späteren Lagers festgestellt, das im Jahre 72 bis 73 n. Chr. zur Belagerung der jüdischen Festung Masada (Israel) entstand (Lager B der Circumvallation). Auch dieses Lager war nur für vorübergehende Benutzung gedacht und stand in seiner Bauweise den Marschlagern nahe.

Die Stabsgebäude (Principia) dauerhafter Militärlager sind erst aus der Zeit des Augustus bekannt. Sie wurden in den Legionslagern Neuss und Haltern (Nordrhein-Westfalen) und in dem kleinen Versorgungslager Rödgen (Hessen) ausgegraben. Ihre Vorgänger aus der Epoche der späten römischen Republik kennen wir nicht. Solche Vorgängerbauten sind etwa bei den Hiberna der Legionen Caesars in Gallien zu erwarten. — Das Stabsgebäude der Periode C in Neuss war ein

Abb. 97

147

Holzbau mit großem Hof, der auf mindestens zwei Seiten einen gedeckten Umgang besaß. Von den Flügeln des Gebäudes, die den Hof einfaßten, war wenigstens einer in kleinere Kammern unterteilt. Leider ließen sich genauere Einzelheiten des Grundrisses nicht ermitteln. — Die Principia von Haltern, ebenfalls ein Holzbau, waren besser erhalten. Der Innenhof des Gebäudes wurde an allen vier Seiten von einem Umgang begrenzt. Hinter dem Hof befand sich in Periode 1 eine zweischiffige Querhalle. In den Principia von Haltern gab es sogar schon die rückwärtige Raumflucht hinter der Querhalle. Allerdings fehlte der Mittelraum, der bei den späteren Principia die Funktion des Fahnenheiligtums hatte. An seiner Stelle lag ein Durchgang, der zu einem größeren Gebäude hinter den Principia führte. Dieses Gebäude dürfte das Praetorium (Wohnhaus des Legaten) gewesen sein.

Wenn ein römisches Heer im Felde stand, führte es nur das Notwendigste an Ausrüstung, Vorräten und Schreibmaterial mit. Es mußte ja an jedem Marschtag von neuem ein Lager aufschlagen. Wenn die Truppe andererseits dauernd in einer festen Garnison lag, brauchte sie wesentlich mehr Raum zur Aufbewahrung von Waffen, Gerät und Vorräten. In einem festen Lager mußte die Verwaltung eine größere Rolle spielen; sie benötigte Schreibstuben und Ablageräume für die Akten. Dieser Platzbedarf der Verwaltung entstand im Zentrum des Lagers, wo in den Marschlagern der Republik das Praetorium stand; denn letztlich hatte der Kommandeur über Verwaltungssachen zu entscheiden. Die Ausbreitung der Verwaltung im Zentrum des Lagers bewirkte jedoch, daß das Mittelgebäude langsam den Charakter eines Wohngebäudes verlieren mußte. Es wandelte sich zu einem Verwaltungs- und Gemeinschaftsbau. Diese Entwicklung führte dazu, daß der Kommandeur eine Wohnung vorzog, in der er nicht mehr von der notwendig mit der Verwaltung verbundenen Geschäftigkeit und Unruhe gestört wurde. So bezog er ein Wohngebäude, das zwar in der Nähe des Mittelgebäudes lag, von diesem aber getrennt war. — Im augusteischen Legionslager Haltern gab es in den Principia offensichtlich schon keine Wohnräume mehr für den Legaten. Dieser hat dort wohl das große Gebäude hinter den Principia bewohnt, das durch eine Gasse von den Principia getrennt war. Damit kündigt sich hier wohl schon die in späteren Legionslagern häufige Anordnung des Praetoriums (Wohngebäude des Kommandeurs) hinter den Principia an. — Bei den frührömischen Militärlagern von Neuss reichen die veröffentlichten Grabungsergebnisse zur Zeit noch nicht aus, um erkennen zu können, wo der Truppenführer untergebracht war.

Abb. 97, 98 Nur bei zwei frühen Kastellen kommen die Principia anscheinend noch mit dem Praetorium kombiniert vor, und zwar in Rödgen und vielleicht in Valkenburg 1. Bei Marschlagern und bei kurzfristig benutzten Belagerungslagern blieb diese Kombination jedoch weiterhin bestehen, wie etwa der Befund im Lager B der Circumvallation von Masada zeigt (72 bis 73 n. Chr.). — Das augusteische Versorgungslager Rödgen (Hessen) besaß ein asymmetrisches Mittelgebäude. Die Umwehrung des Kastells hatte einen unregelmäßigen, polygonalen Grundriß mit abgerundeten Ecken. Die Wohnung des Kommandeurs dürfte hier noch in dem Mittelgebäude gelegen haben, zusammen mit Räumen für die Verwaltung. Diese Räume umgaben an zwei Seiten einen Hof, der mit einem gedeckten Umgang versehen war. — Die Principia des ersten Kastells in Valkenburg (Niederlande) sind um 40 n. Chr. entstanden. Das Bauwerk besaß nach Ansicht des Ausgräbers einen Wohntrakt im rückwärtigen Bereich, der durch einen Korridor von den eigentlichen Principia abgesetzt war. Diese Deutung ist aber bezweifelt worden, weil in der Praetentura des Kastells ein Gebäude mit Innenhof entdeckt wurde, das als Wohnhaus des Kommandeurs angesprochen werden kann. Der Vergleich mit anderen Kastellen dieser Größe und Zeitstellung zeigt, daß dort schon regelmäßig ein separates Praetorium auftritt, das als Gebäude mit Innenhof ausgeführt war,
Abb. 180 etwa in Oberstimm (Bayern).[78]

Abb. 98 Entwicklung des Grundrisses der Principia von Auxiliarkastellen. Oben: claudisch; Mitte: neronisch; unten: flavisch. Maßstab 1 : 1000. ▷

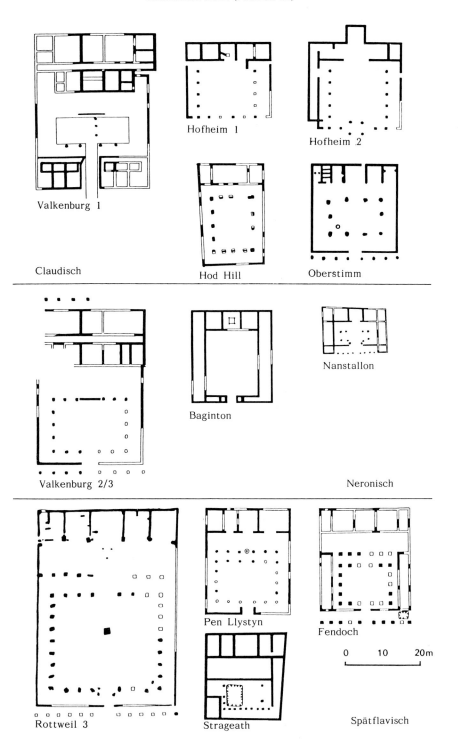

Valkenburg 1

Hofheim 1

Hofheim 2

Claudisch

Hod Hill

Oberstimm

Nanstallon

Baginton

Valkenburg 2/3

Neronisch

Rottweil 3

Pen Llystyn

Fendoch

Strageath

0 10 20m

Spätflavisch

149

Abb. 98   Die Stabsgebäude der claudischen Kastelle Hofheim, Hod Hill und Oberstimm haben im wesentlichen übereinstimmende Grundrisse. Jedes umfaßt einen Hof mit gedecktem Umgang an vier Seiten und eine Flucht kleiner Räume im rückwärtigen Bereich. Alle diese Principia waren aus Holz. Eine Variante des Grundrißschemas trat im claudischen Kastell Valkenburg auf, wo es zusätzliche Reihen von Räumen sowohl im rückwärtigen Teil des Gebäudes als auch am Eingang gab. — Bei den Principia der neronischen Lager Baginton und Nanstallon wurden lange, schmale Hallen an den Seiten des Hofs festgestellt, die vielleicht Armamentaria waren. In den Principia von Baginton gab es im Fahnenheiligtum einen kleinen, holzverschalten Keller. — Der zurückgesetzte Eingang der Principia von Nanstallon mit vorgeblendeter Portikus scheint bisher einmalig zu sein. — Bei den Principia von Nanstallon und Valkenburg ist die Entfernung vom Umgang zu der Raumflucht im rückwärtigen Bereich merklich größer als an den Seiten des Hofs. Dieser erweiterte Umgang dürfte die gleiche Funktion besessen haben wie die Querhalle vieler anderer Principia. Der Principia-Typ ohne eigentliche Querhalle ist aber nie aufgegeben worden; er wurde

Abb. 82,   noch um 185 n. Chr. im Kastell Niederbieber gebaut. Es gab ihn unter anderem auch in den Ka-
95   stellen Aalen und Eining an der Donau, beide in Raetien. Er kommt allerdings im ganzen relativ selten vor; insgesamt sind weniger als zwei Dutzend Exemplare bekannt. Da er gleichzeitig mit dem Querhallentyp auftrat, war der Bautyp offenbar nicht auf eine bestimmte Zeit beschränkt.

Der Standardtyp der Principia, wie er bei Auxiliarkastellen seit flavischer Zeit häufig war, besaß in der Mitte einen Hof, der an zwei, drei oder vier Seiten von gedeckten Umgängen umgeben war. An den beiden Seiten befanden sich Flügelbauten, die als Armamentaria verwendet wurden. Im rückwärtigen Bereich des Stabsgebäudes folgte auf den Hof die Querhalle, auf die sich die Flucht der Verwaltungsräume und das Fahnenheiligtum öffneten. — Dieser Bautyp kam in augu-

Abb. 185   steischer Zeit noch nicht vor, wenngleich einzelne Elemente des Grundrisses bereits angewandt wurden (Haltern). Wenige Jahrzehnte später war er voll ausgebildet; er tritt uns zuerst in den Principia des neronischen Zweilegionslagers Vetera bei Xanten entgegen.

Als sich seit der späten römischen Republik an der Stelle des Feldherrnzeltes ein Gemeinschaftsbau im Zentrum des Standlagers entwickelte, werden sich die für die Planung verantwortlichen Offiziere bewußt oder unbewußt an den Marktplatz mittelmeerischer Städte erinnert haben. Das Forum war Zentrum der Stadtverwaltung und Treffplatz der Bürger; es enthielt Bauwerke für Gemeinschaftsfunktionen, die auch in einem Militärlager wichtig waren, wie Rechtsprechung (Basilika) oder Verehrung der Götter (Tempel, Heiligtum). So ist es verständlich, daß die Militärarchitekten wohlbekannte städtische Bauformen übernahmen und sie den besonderen militärischen Bedürfnissen anpaßten. Durch zahlreiche Koloniegründungen unter Caesar und Augustus hatte die Architektur des Forums der Koloniestädte neue Impulse erhalten. Oft wurden bei der Gründung der Kolonien Soldaten angesiedelt, deren Baufachleuchte in der Gründungsphase mit der Planung zu tun hatten und auf sie einwirkten. Von hier gab es zweifellos über Jahrzehnte hinweg Ausstrahlungen auf die Planung der Principia in den großen Standlagern der Legionen. Auf die interessante baugeschichtliche Wechselwirkung zwischen städtischen Fora und den Principia der Militärlager werfen die wenigen ausgegrabenen Beispiele der frühen Kaiserzeit nur Schlaglichter. Die Principia der Auxiliarkastelle entstanden — wohl mit einer gewissen zeitlichen Verzögerung — nach dem Muster der großen Legions-Principia. Sie wiederholten deren Bauform in entsprechend reduzierter Form.

Eine Gruppe hölzerner Principia der flavischen Zeit zeigt im Grundriß gewisse Ähnlichkeiten. Sie besaßen eine doppelte Pfostenreihe zwischen dem Hof und der rückwärtigen Raumflucht. Es handelt sich um die Principia der Kastelle Echzell und Rottweil in Deutschland sowie Fendoch

Abb. 98   und Pen Llystyn in Britannien. Sie sind in dem Zeitraum zwischen 80 und 100 n. Chr. entstanden. Bei anderen Principia dieser Zeitstellung wurde ein durchlaufender Pfostengraben für die Außenwand der Querhalle gefunden, etwa in Strageath, oder es gab nur eine einfache Pfostenreihe wie in Corbridge und in Valkenburg. Zur gleichen Zeit ist im Kastell Künzing die erste, uns bekannte Principia-Vorhalle errichtet worden.

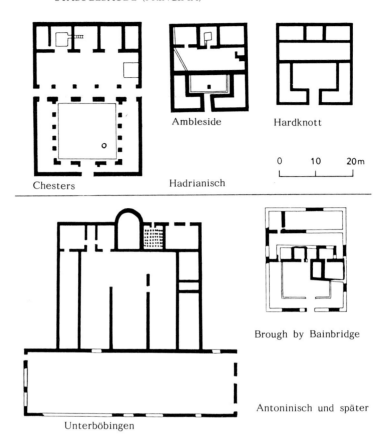

Ambleside

Hardknott

0   10   20m

Chesters   Hadrianisch

Abb. 99 Entwick-
lung des Grundrisses
der Principia von
Auxiliarkastellen.
Oben: hadrianisch;
unten: Mitte 2. bis
Anfang 3. Jahrhun-
dert. Maßstab
1 : 1000.

Brough by Bainbridge

Antoninisch und später

Unterböbingen

Seit der Regierung Kaiser Domitians wurden die Principia der Auxiliarkastelle immer häufiger aus Stein gebaut, oder wenigstens mit Steinfundamenten für einen hölzernen Aufbau versehen. Es sei nebenher erwähnt, daß die großen Legions-Principia, die ja stets als Vorbild für die Principia der Hilfstruppen dienten, oft schon um die Mitte des 1. Jahrhunderts n. Chr. aus Stein gebaut worden sind (Vindonissa, Neuss, Vetera). — Die Pfosten oder Säulen für den Umgang um den Hof konnten auf einzelnen Steinbasen ruhen wie im Kastell Wiesbaden oder auf einer durchlaufenden, niedrigen Mauer. Eine Querhalle war meist, wenn auch nicht immer vorhanden. In Raetien wurden die ersten, steinernen Principia-Vorhallen zwischen 90 und 150 errichtet (Kastell Heidenheim, Baden-Württemberg). — In Britannien wurden die meisten Principia unter Trajan schon aus Stein gebaut. An der germanischen Grenze sind andererseits unter Hadrian noch immer hölzerne Principia entstanden (Künzing, Echzell).

Eine Anzahl steinerner Principia in Kastellen der Hadriansmauer haben nahezu gleiche Grundrisse, etwa in Rudchester, Chesters, Benwell und Housesteads. Sie alle besaßen einen Umgang um *Abb. 99* den Hof und eine zusätzliche Reihe von Säulen bzw. Pfeilern in der Querhalle. Alle vier genannten Principia sind architektonisch gut durchgeformt. In Chesters und Rudchester, wohl auch in Housesteads, gab es Eingänge an den Schmalseiten der Querhalle, die in das Seitenschiff führten, das dem Hof zugewandt war. Andere Principia hadrianischer Zeit waren ähnlich gebaut. Bei ihnen war der Hof mitunter auf drei Seiten von Mauerfundamenten umgeben, die einen L-förmigen Grundriß besaßen. Vermutlich handelte es sich um Schwellenmauern, die Säulen

151

Abb. 99   oder Holzstützen für einwärts entwässernde Dächer trugen. Gute Beispiele für diesen Bautyp sind in den Kastellen Ambleside, Hardknott und Melandra Castle aufgedeckt worden.

Die meisten ausgegrabenen Principia gehören in die Zeit der antoninischen Kaiser. Seit der zweiten Hälfte des 2. Jahrhunderts wurde an der germanischen Grenze eine Anzahl von Fahnenheiligtümern mit Apsis gebaut. In Britannien gab es diese Bauform nicht. Dort war in mehreren Fällen zu beobachten, daß die Rückwand des rechteckigen Fahnenheiligtums aus der rückwärtigen Gebäudefront vorsprang. Diese Bauform ist an der germanischen Grenze ebenfalls beobachtet worden (z. B. Saalburg). Der Grund für die Unterschiede ist unbekannt. Wahrscheinlich wurde die Bauform der Auxiliar-Principia von den Architekten der Legionen bestimmt, die jeweils in der Provinz stationiert waren. Bei den Militärarchitekten der Legion bildete sich wohl eine gewisse Bautradition heraus; sie benutzten vermutlich auch die Gebäude ihres Lagers als Vorbild für jene der Hilfstruppenkastelle.

Abb. 99   Ein ungewöhnlicher Grundriß ist bei den Principia des Kastells Brough-by Bainbridge beobachtet worden. Hier sind anstelle einer Querhalle vier Schreibstuben errichtet worden, die vom Hof aus betreten werden konnten; zwei Räume waren sogar in den Hof hinein gebaut. Vermutlich handelt es sich hier um spätere Einbauten. Im späten 2. und 3. Jahrhundert sind die Stabsgebäude nämlich oft umgebaut worden. Den Principia einiger Kastelle Britanniens wurden Vorhallen angefügt, etwa in Newstead (Schottland) und in Haltonchesters an der Hadriansmauer. Zusätzliche Armamentaria wurden gebaut. An der germanischen Grenze erhielten einige Fahnenheiligtümer nachträglich die schon erwähnte Apsis. Unter den Fußböden vieler Fahnenheiligtümer entstanden steinerne Keller für die Truppenkasse. Es gibt eine Anzahl von Beispielen für die bessere Ausstattung des Gebäudes. Erwähnenswert ist der Einbau von Hypokaustheizungen in vielen Schreibstuben, eine verständliche Maßnahme, wenn man bedenkt, daß der Schriftverkehr im Winter weitergehen mußte. Sogar Toiletten sind bisweilen angebaut worden. — Bei jenen Kastellen, die noch im 4. Jahrhundert besetzt waren, traten weitere Änderungen ein. Seit der Heeresreform Diokletians war der Aufbau des römischen Heeres grundsätzlich verändert worden. Mitunter sind Querhallen und Armamentaria unterteilt worden, um Platz für zusätzliche Schreibstuben, für kleine Lagerräume und sogar Wohnräume zu schaffen. In Housesteads wurden beispielsweise in den ursprünglich offenen Umgang kleine Kammern eingebaut, und in der Querhalle wurden Herde gefunden, die auf Wohnfunktionen hindeuten. Eingreifende bauliche Veränderungen sind in dieser Zeit auch in den Principia von Chesterholm festgestellt worden. Dort entstanden im Umgang Speicherräume mit erhöhtem Fußboden; die seitlichen Räume der rückwärtigen Raumflucht sind in Wohnräume umgewandelt worden.

WOHNHAUS DES KOMMANDEURS (PRAETORIUM)

Während der Feldzüge hatte der Befehlshaber eines römischen Heeres sein Zelt in der Mitte des Marschlagers. Es wurde als *praetorium* bezeichnet. Bei den dauerhaften Legionslagern der römischen Kaiserzeit war das Stabsgebäude (Principia) an die Stelle des Feldherrnzeltes getreten. Die Wohnung des Truppenführers befand sich bei den Standlagern nicht mehr in der Lagermitte, hieß aber weiterhin Praetorium. — Analog dazu stand den Kommandeuren der Hilfstruppen ein geräumiges Wohnhaus im Kastell zu, das ebenfalls Praetorium genannt wurde. Es stand bei den meisten Auxiliarlagern unweit von den Principia im Mittelstreifen des Kastells.[79]

Es ist schwierig, die Kopfzahl des Haushalts zu schätzen, mit dem sich ein Hilfstruppenkommandeur umgab. Noch unter Augustus war es selbst hohen Truppenoffizieren nicht gestattet, ihre Ehefrauen mit in das Lager zu nehmen (Sueton, Augustus 24). Dieses Verbot wurde später gelockert und aufgehoben. Allerdings waren die Kommandeure der Auxiliarkohorten und -alen meist verhältnismäßig junge Männer aus dem Ritterstand, für die der Posten eines Kohorten- oder Alenkommandeurs eine Durchgangsstation am Anfang ihrer Laufbahn war. Viele von ihnen hatten noch nicht geheiratet. Waren sie aber verheiratet, so wird die ebenfalls aus dem Geldadel des Imperiums stammende Frau kaum Lust verspürt haben, dem Mann an den Rand der zivilisierten Welt in ein Militärlager zu folgen. — Jedenfalls besaß der Auxiliarkommandeur ein Gefolge von persönlichen Dienern. Außerdem gab es im Praetorium vermutlich Arbeitsräume für Soldaten des Stabes, vielleicht sogar Wohnräume. Ferner mögen Gästezimmer für Offiziere vorhanden gewesen sein, die das Kastell auf Dienstreisen besuchten. Für diesen Zweck war allerdings bei vielen Kastellen ein besonderes Unterkunftshaus (*mansio*) außerhalb der Mauern vorhanden. — Zwei Inschriften vom Kastell Birdoswald an der Hadriansmauer bieten den seltenen Nachweis für die Anwesenheit der Familie des Kommandeurs. Die erste ist die Bauinschrift eines neuen Speichers, den der Tribun Aurelius Julianus am Anfang des 3. Jahrhunderts einweihte. Die andere ist der Grabstein seines kleinen Sohnes Aurelius Concordius, der im Alter von einem Jahr und fünf Tagen starb.[80] — Gelegentlich sind Reste von Lederschuhen für Frauen und Kinder an feuchten Stellen im Kastell oder im Kastelldorf erhalten geblieben, in tiefen Brunnen, im Kastellgraben oder in Abfallgruben.[81] Zweifellos bezeugen diese Funde die Anwesenheit von Frauen und Kindern bei den Kastellen, die wohl im Lagerdorf (Vicus) neben dem Kastell lebten. Keiner dieser Funde kann bisher auf die Familie des Kommandeurs bezogen werden.

Abb. 100

Grundriß und architektonische Gestalt

Das Praetorium besaß vier Flügel, die einen Innenhof einschlossen. Sie boten reichlich Platz für die Wohnung des Kommandeurs, für seine Diener, den Stab und eventuelle Gäste. Wie der Grundriß zeigt, gehörte das Gebäude dem wohlbekannten Bautyp des Peristylhauses an. Dieses stammt aus dem Osten des Mittelmeerraums und spielte dort im städtischen Wohnbau schon vor

Abb. 100 Kastell Birdoswald (Hadriansmauer). Grabstein für den Sohn des Kommandeurs (RIB 1919). Lateinischer Text, Abkürzungen aufgelöst: *Dis Manibus Aureli Concordi vixit annum unum dies V filius Aureli Juliani tribuni.* — Übersetzung: »Den Totengeistern des Aurelius Concordius geweiht. Er war Sohn des Tribunen Aurelius Julianus und lebte ein Jahr und fünf Tage«.

Abb. 101 der römischen Epoche eine bedeutende Rolle. Der Name rührt von dem offenen Säulenumgang her, dem Peristyl, der den Innenhof umgab. Im Römerreich verbreitete sich der Bautyp in alle Provinzen; er ist auch in den Städten Britanniens und der germanischen Grenze zu finden.[82] Das Haus schließt sich nach außen ab. Es erhielt Licht und Luft größtenteils von innen, vom Hof her. In den Militärlagern war diese Bauform sehr gut dazu geeignet, die Privatsphäre zu schützen und sie gegen den Lärm des rauhen Dienstbetriebs abzuschirmen. Höfe, Gärten, Dienstbotenkammern, Ställe und auch Baderäume waren bisweilen an einen Flügel des Hauptbaus angefügt. Das Peristylhaus ist als Wohnung für höhere Offiziere schon in einigen Militärlagern der späten römischen Republik bezeugt. Bei Auxiliarkastellen läßt sich der Bautyp seit der Regierung des Clau-

Abb. 180, 190
Abb. 185 dius nachweisen (Kastelle Hofheim am Taunus und Oberstimm). Er wurde bis in das 4. Jahrhundert n. Chr. gebaut (z. B. Kastell Caernarfon, Wales). Als Vorbilder für die Praetoria der Auxiliarkastelle dienten wahrscheinlich die Tribunenhäuser in den Legionslagern. Diese Wohnhäuser waren für die gleichen Offiziere bestimmt, wenn sie sich auf einer anderen Rangstufe ihrer Karriere, der *militia secunda*, bei der Legion befanden.

Wegen ihres mehr privaten Charakters sind die Kommandeurshäuser nicht ganz so strikt genormt wie die anderen Innenbauten der Kastelle. Deshalb besitzen wir heute nur wenige Anhaltspunkte für die Funktionen der einzelnen Räume. Bei Steinbauten konnten mitunter Reste der Fußbodenheizung beobachtet werden, gelegentlich sind auch Abwasserrinnen oder Toiletten festgestellt worden. In vielen Fällen sind die Fußböden und auch leichtere Zwischenwände in nachrömischer Zeit durch den Pflug oder durch Steinraub zerstört worden. Dadurch wurden Merkmale beseitigt, die zur Deutung der Räume beigetragen hätten. — Vergleicht man die archäologischen Zeugnisse mit der Beschreibung des typischen römischen Hauses bei Vitruv, so erscheint es möglich, Vermutungen über die einstige Nutzung der Räume anzustellen.[83] Allerdings sind solche Vergleiche mit Vorsicht zu gebrauchen, denn Vitruv schrieb zur Zeit des Augustus, die beobachteten Grundrisse des Praetorien in den Auxiliarkastellen sind aber Jahrzehnte bis Jahrhunderte später entstanden. Als Peristylhäuser einer späteren Epoche entsprechen sie nur bedingt dem Atriumhaus Vitruvs.

Wer das Praetorium von der Straße her durch den Haupteingang betrat, gelangte meist in eine Eingangshalle, die bisweilen von kleinen Räumen flankiert war. Sie können als zusätzliche Empfangsräume gedient haben, dürften aber vor allem als Wachtlokal die Stabswache beherbergt haben. Oft führte die Eingangshalle direkt zum Innenhof des Gebäudes. — Im Praetorium von

Abb. 101 Fendoch gaben drei Eingänge Zutritt zu verschiedenen Teilen des Hauses. Sie waren nach außen durch offene Vorhallen geschützt. Vermutlich führten die Eingänge zu den Privaträumen des Kommandeurs, in den Dienertrakt und in eine größere Empfangshalle. — Direkt gegenüber vom Haupteingang lag bei vielen Praetorien ein größerer Raum jenseits des Innenhofs. Er konnte nur vom Innenhof aus betreten werden (Fendoch, Oberstimm). In Analogie zu besser erhaltenen Peristylhäusern des Südens darf der Raum als repräsentativer Speiseraum (*triclinium*) gedeutet werden.[84]

Im übrigen bestand das Haus oft nur aus Fluchten kleinerer Räume, deren Zweck schwer zu bestimmen ist. Im Praetorium von Fendoch kann ein Wasserbehälter in der Südwestecke als Badebecken innerhalb der Privaträume gedient haben. Der Nordflügel mag die Küche und Wohnräume für Diener enthalten haben, während der Westflügel dem Empfang von Gästen und auch offiziellen Zwecken vorbehalten gewesen sein kann. Vielleicht gab es auch Schreibstuben für den persönlichen Stab des Kommandeurs. Aber gerade bei einem Holzbau wie dem Praetorium von Fendoch übermitteln die Spuren im Boden nicht viel mehr als den Grundriß, dem man nur schwer die einstigen Funktionen ablesen kann. — Küchen sind gelegentlich durch die Beobachtung eines Herdes oder Backofens erkannt worden, wie in Housesteads, oder durch die Entdeckung von Küchenabfällen. Die Lage der Küche im Praetorium des Militärlagers Hod Hill war beispielsweise durch einen Haufen von Austernschalen an einer Außenwand gekennzeichnet. Im Kastell Hofheim am Taunus (»Erdlager«) werden einige außen vor dem Gebäude gefundene Müllgruben als

WOHNHAUS DES KOMMANDEURS (PRAETORIUM)

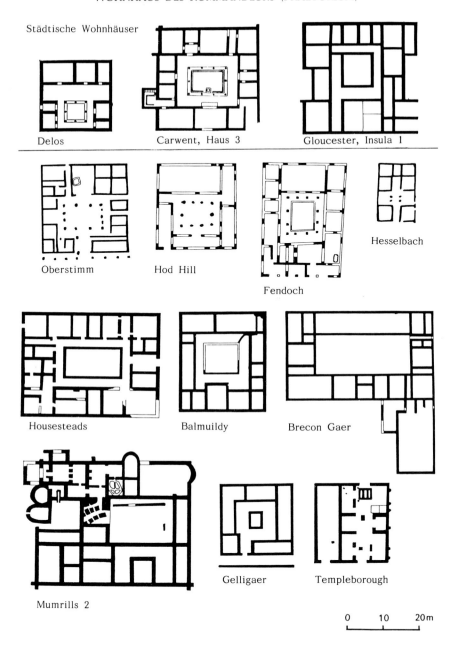

Städtische Wohnhäuser

Delos — Carwent, Haus 3 — Gloucester, Insula 1

Oberstimm — Hod Hill — Fendoch — Hesselbach

Housesteads — Balmuildy — Brecon Gaer

Mumrills 2 — Gelligaer — Templeborough

0 10 20 m

Abb. 101 Kommandeurshäuser (Praetoria) im Vergleich zu städtischen Wohnhäusern. Maßstab 1 : 1000.

Hinweise für die Lage der Küche gewertet. Die Gruben enthielten Tierknochen und Austernschalen. — Die Wohnräume waren in den späteren Bauwerken oft mit einer Fußbodenheizung (Hypokaustum) versehen, ebenso die Warmräume des Bades, das dem persönlichen Gebrauch des Kommandeurs diente. Kleine Badebecken sind auch in den älteren Praetorien oft beobachtet worden. Umfangreichere, heizbare Fluchten von Baderäumen sind in den Praetorien vor der zweiten Hälfte des 2. Jahrhunderts n. Chr. jedoch nur selten anzutreffen. Oft stellen sie spätere Anbauten dar, etwa am Praetorium im Kastell Chesters (Hadriansmauer). — Am Praetorium der zweiten *Abb. 101* Bauphase des Kastells Mumrills (Antoninusmauer) gab es einen etwas größeren Thermenflügel. Dieses Bad war wohl nicht nur für den Haushalt des Truppenchefs vorgesehen, sondern vielleicht auch für seine Unterführer.

Reste von bemaltem Wandverputz, Steinestrichböden (*opus signinum*), Funde von Fensterglas-Bruchstücken, einmal sogar ein Fragment einer profilierten Marmorplatte aus *verde antico* vom Praetorium Kastell Bewcastle: diese archäologischen Beobachtungen geben eine gewisse Vorstellung von dem Komfort, den sich der Kommandeur eines Auxiliarkastells in seinem Praetorium leistete. Seine Wohnung erweist sich sogar als enormer Luxus im Vergleich zu den Mannschaftsunterkünften. Im Kastell Housesteads nahm eine Mannschaftsstube für 8 Leute mit Außenmauern 38 qm, im Lichten sogar nur 25 qm ein; auf einen einfachen Soldaten entfielen also lediglich rund 3 qm. Im Gegensatz dazu bedeckte das Praetorium ungefähr 1000 qm und diente nur einem einziger Offizier als Wohnung! Dieses Zahlenverhältnis vermittelt einen Eindruck von den großen sozialen Unterschieden im römischen Heer.

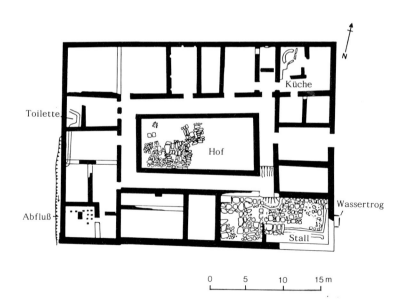

Abb. 102 Kastell
Housesteads
(Hadriansmauer).
Grundriß des
Kommandeurs-
hauses. Maßstab
1 : 500.

Abb. 102,
103

Neue Ausgrabungen im Praetorium des Kastells Housesteads und eine Neubewertung alter Beobachtungen haben die Kenntnisse über die Inneneinteilung und die Baugeschichte des Bauwerks wesentlich erweitert.[85] Das Gebäude besaß ursprünglich einen L-förmigen Grundriß, gehörte also zunächst nicht dem Bautyp des Peristylhauses an. Seine beiden Flügel wurden an der Oberkante einer Geländemulde errichtet, die verhältnismäßig steile Hänge besaß. Später wurden zwei weitere Flügel im Süden und Osten unten in der Mulde dergestalt angefügt, daß der bekannte Grundriß eines Peristylhauses entstand. Der zeitliche Abstand zwischen den beiden Bauphasen war gering. Darauf wurde das Gebäude im wesentlichen unverändert von der Zeit Ha-

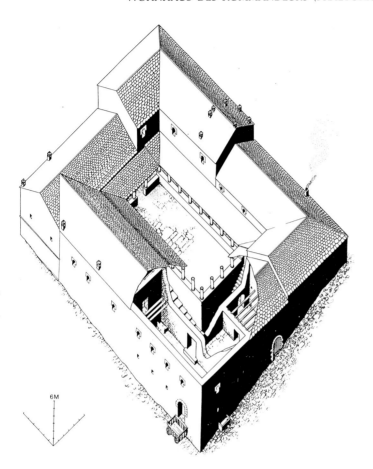

Abb. 103 Kastell Housesteads. Haus des Kommandeurs (Praetorium), Rekonstruktionszeichnung.

drians bis in das 4. Jahrhundert n. Chr. benutzt. Unter der Regierung der severischen Kaiser ist es renoviert worden. Die beiden Flügel im Norden und Westen, die Räume mit Hypokaustheizung, mit einem Badebecken und einer Toilette umfaßten, stellten sicherlich die Privaträume des Kommandeurs dar. Es war der ruhigste und abgelegenste Teil des Gebäudes; er lag von den Arbeitsräumen und vom Lärm des Betriebes auf der Via principalis am weitesten entfernt. Die Eingangshalle befand sich in der Mitte des Ostflügels, an der Via principalis. An die Halle grenzte südlich ein Raum an, der als zusätzlicher Empfangsraum gedient haben kann, eher aber wohl das Wachtlokal der Stabswache war. — In der Nordostecke des Gebäudes befand sich die Küche mit einem Backofen in der Ecke, westlich daneben ein schmaler Flur, der die Küchendüfte von den westlich anschließenden Wohnräumen fernhalten sollte. Ein etwas größerer Raum südlich von der Küche war sicherlich der Vorratsraum; er konnte nur von der Küche aus betreten werden. — Die zwei Räume in der Südostecke des Praetoriums hatten Steinpflasterböden, einer davon außerdem eine in den Felsen gehauene Abflußrinne; diese Räume dienten als Ställe. Dazu paßt auch der steinerne Wassertrog an der östlichen Außenmauer.

Wie schon gesagt, entstanden die einzelnen Flügel des Praetoriums terrassenartig auf unterschiedlichem Niveau. Um einen ebenen Innenhof zu schaffen, mußte an der tiefer gelegenen Südseite eine Stützmauer gebaut und die Fläche des Hofs dann mit Erde und Steinen aufgefüllt wer-

157

den, um eine einheitliche Höhe zu erreichen. Der Nordflügel lag am höchsten. Er konnte von der Eingangshalle her über den Säulenumgang des Innenhofs erreicht werden. In dem Umgang muß man sich eine Treppe vorstellen, die den Höhenunterschied überwand. Eine entsprechende Treppe führte im südlichen Säulenumgang vom tiefsten Gebäudeteil in der Südostecke zum Westflügel hinauf. Die Höhenunterschiede bewirkten, daß der Südflügel und vielleicht auch ein Teil des Ostflügels wohl zwei Stockwerke besaßen und somit zusätzliche Räume für Diener oder Lagerräume über den Ställen boten.

Anbauten am Praetorium

Bei einer geringen Anzahl von Praetorien sind Anbauten beobachtet worden, zum Teil Wirtschaftshöfe oder auch Gärten, die an den Hauptbau angrenzten. Die Wirtschaftshöfe konnten mit Nebengebäuden wie Ställen, Scheunen oder Schuppen eingefaßt sein. Das früheste bekannte Beispiel wurde im Kastell Hofheim am Taunus (»Erdlager«) ausgegraben. Es gehörte in die Mitte des 1. Jahrhunderts n. Chr. Nördlich vom Praetorium lag ein offener Platz, auf dem ein großer, hölzerner Wasserbehälter lag; auch wurden mehrere Abfallgruben entdeckt. Der Hof wurde durch leichtgebaute Schuppen begrenzt, von denen die Pfostengruben übriggeblieben waren. Vielleicht gab es auch Ställe und eine Unterkunft für Pferdeknechte oder Burschen. Die Ausgrabung in Hofheim fand allerdings in einer Zeit statt, in der die Ausgrabungstechnik für Holzbauten noch wenig entwickelt war, so daß viele Einzelheiten unsicher bleiben.

Abb. 177

An das Praetorium des Kastells Nanstallon grenzte ein Hof an, der von einem hölzernen Zaun eingefaßt war. Der Hof selbst war geschottert. Von einer Toilette in einer Ecke des Hofs lief ein Abfluß in die Kanalisation der Via principalis. Pfostengruben im Hof rühren vielleicht von einigen leichten Schuppen her. Die Deutung des Hofs ist schwierig. Ein ummauerter Platz im Mittelstreifen des Kastells Gelligaer zwischen den Principia und einem Speicher könnte eine ähnliche Funktion besessen haben. Auch hier wurde in einer Ecke eine Toilette beobachtet. Dieser Hof schloß allerdings nicht an das Praetorium an. So stellt sich die Frage, ob der Hof mit dem hölzernen Zaun im Kastell Nanstallon wirklich in einem Funktionszusammenhang mit dem Praetorium stand. — Das Praetorium im Kastell Pen Llystyn besaß ebenfalls einen Anbau. Er bestand aus einer Anzahl von kleinen Kammern, die durch einen Korridor verbunden waren. Ein noch größerer Anbau wurde hinter dem Praetorium II des Kastells Rottweil III entdeckt. Trotz des schlechten Erhaltungszustandes sind dort die Fundamentgräben von Innenräumen und auch eine Wasserleitung nachgewiesen worden. Der Ausgräber vermutete eine Nutzung zu »handwerklichen Zwecken«. Diese Deutung ist nicht unwahrscheinlich; wenn sie zutrifft, hatte der Bau keinen direkten Funktionszusammenhang mit dem Praetorium. — An dem Praetorium des Kastells Caernarfon lag ein Hof oder Garten mit einem unterteilten, langgestreckten Flügelbau. — Der Praetoriums-Anbau im Kastell Caerhun, ebenfalls in Wales, ist schwierig zu deuten. Er stellt vermutlich ein zweites Gebäude mit zugehörigem Hof dar. Das eigentliche Praetorium bestand wohl wie üblich aus vier Flügeln, die einen Hof umschlossen; dahinter lag vermutlich ein Garten. Daneben befand sich der Anbau. Er ist vielleicht als Wirtschaftshof mit Nebengebäuden zu interpretieren. Die Außenmauern von Praetorium und Anbau scheinen gleichzeitig entstanden zu sein. Falls das Bauwerk wirklich insgesamt der gleichen Bauperiode angehört, so wäre es ein ungewöhnlicher Bau und wäre auch — gemessen an der Kastellfläche — wesentlich größer als übliche Praetorien.

Abb. 104

Abb. 104

Abb. 104

Die Funktion dieser Anbauten ist nicht sicher festzustellen; sie dürfte auch unterschiedlich gewesen sein. In einigen Fällen kann der Anbau zum Unterbringen der Pferde des Kommandeurs gedient haben wie vielleicht im Kastell Hofheim; auch Dienstpersonal kann hier gewohnt haben. Manche Anbauten standen wohl gar nicht in einem Funktionszusammenhang mit dem Praetorium.

WOHNHAUS DES KOMMANDEURS (PRAETORIUM)

Die Lage des Praetoriums

Meistens lag das Praetorium im Mittelstreifen des Kastells neben den Principia, üblicherweise an der rechten Seite. Unter »rechte Seite« ist hier jene Seite zu verstehen, die sich ergibt, wenn man in der Richtung der Kastellorientierung schaut. Man stelle sich in Gedanken an den Eingang der Principia mit dem Rücken zum Gebäude und blicke in Richtung auf die Porta praetoria. Die Seite des Kastells, die jetzt zur Rechten liegt, galt den Römern als die vornehmere. — Das Praetorium konnte den gesamten Raum zwischen dem Stabsgebäude und der Wehrmauer einnehmen. Bei größeren Kastellen standen hier noch weitere Bauwerke, darunter meist ein Getreidespeicher. Gegen die Via principalis bildeten die Gebäude eine gemeinsame Front; nach hinten reichten sie an die Via quintana. Von dieser Regel gibt es aber Ausnahmen. Bei den claudischen Kastellen Hod Hill und Oberstimm sowie bei dem Numeruskastell Hesselbach (um 100 n. Chr.) lag das Praetorium wie in vielen Legionslagern hinter den Principia. Bei einigen Kastellen an der germanischen Grenze befand sich das Praetorium im Vorderteil des Lagers (Praetentura), und zwar wieder auf der rechten Seite, beispielsweise in Valkenburg 1, Saalburg, Kapersburg(?), Arnsburg und vermutlich in einigen weiteren Kastellen. Oft sind die Kommandeurshäuser nur zum geringen Teil aus Stein, zum größeren aus Holz errichtet worden. Bei älteren Ausgrabungen sind dann nur einige scheinbar isolierte Fundamente steinerner Räume entdeckt worden, die nicht sicher als Teile eines Praetoriums identifiziert werden können.

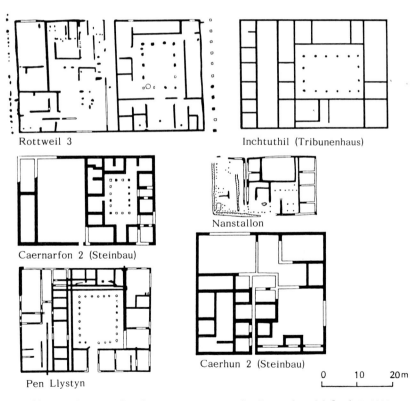

Rottweil 3

Inchtuthil (Tribunenhaus)

Caernarfon 2 (Steinbau)

Nanstallon

Pen Llystyn

Caerhun 2 (Steinbau)

0   10   20m

Abb. 104 Kommandeurshäuser mit angrenzenden Bauwerken. Maßstab 1 : 1000.

War der Platz für das Praetorium einmal festgelegt, so blieb das Gebäude meist an der gleichen Stelle, auch wenn es mehrmals umgebaut oder erneuert werden mußte. Im Kastell Mumrills (Antoninusmauer) ist beispielsweise das ursprünglich hölzerne Praetorium bald in Steinbauweise erneuert worden und hat schließlich noch einen umfangreichen Badetrakt erhalten. — Im Kastell Corbridge ist die Lage des Praetoriums allerdings mehrmals verändert worden, wobei das Gebäude aber anscheinend im Mittelstreifen des Lagers blieb, wo es außer den Principia auch Getreidespeicher gab. Die Lageänderung kann vielleicht so erklärt werden, daß bei einem Umbau die Getreidespeicher zunächst in Betrieb blieben, um die Versorgung der Besatzung zu gewährleisten. Die neuen Horrea entstanden dann dort, wo das alte Praetorium gestanden hatte. Nach Fertigstellung der neuen Horrea konnte das Getreide umgelagert werden, und die alten Speicher machten einem neuen Praetorium Platz.[86] Diese geistreiche Hypothese kann allerdings durch die lückenhaften Grabungsbeobachtungen in Corbridge nicht schlüssig erwiesen werden. Beim Umbau anderer Kastelle ist es, wie oben schon gesagt, zu derartigen Lageänderungen kaum je gekommen.

Kastelle mit zwei Kommandeurshäusern

Abb. 182

Bei einigen Kastellen sind weitere Gebäude mit Innenhof entdeckt worden, die nach ihrem Grundriß ebenfalls als Praetorium angesprochen werden müssen. In dem claudischen Kastell Hod Hill (Dorset) gab es beispielsweise ein Peristylhaus hinter den Principia. Zwei weitere Häuser mit Innenhof lagen rechts und links in der Praetentura. Obgleich der Ausgräber die Pfostengräben dieser Holzbauten nur teilweise untersucht hat, wagt er doch einige interessante Vermutungen. Er nimmt für das Kastell eine gemischte Besatzung aus Legionären und Auxiliarreitern an und meint, das Peristylhaus hinter den Principia sei die Wohnung des Legionscenturio, der die Legionäre geführt habe. Das größere Haus mit Innenhof links in der Praetentura besitzt einen etwas atypischen Grundriß. Dieses interpretiert er als Wohnhaus des Reiterführers, der möglicherweise ein Präfekt (*praefectus equitum*) war und daher einen höheren Rang hatte als ein Legionscenturio. Wegen des höheren Ranges hätte ihm eine größere Wohnung zugestanden als dem Centurio.[87] Das dritte Gebäude mit Innenhof rechts in der Praetentura ist noch weniger untersucht worden. Der Ausgräber hat es als Valetudinarium (Lazarett) gedeutet. Die Interpretationen der beiden Bauwerke mit Innenhof in der Praetentura von Hod Hill erscheinen hypothetisch und etwas will-

Abb. 187

kürlich. — Im Kastell Baginton kam ein Praetorium in üblicher Lage im Mittelstreifen des Lagers zutage. Außerdem wurde in der Praetentura links ein Gebäude ausgegraben, das geräumiger war als das erstgenannte. Es wurde — ähnlich wie in Hod Hill — als Unterkunft eines Reiteroffiziers von höherem Rang angesehen, unter dessen Befehl die in dem Kastell vermutete Kavallerieausbildung gestanden haben kann.[88]

Abb. 189

In dem frühflavischen Kastell Rottweil III standen an beiden Seiten der Principia Peristylhäuser. Das eine (Gebäude B) wies eine Reihe von ähnlich bemessenen Räumen um den großen Innenhof auf. Das zweite (Gebäude C) bestand aus zwei getrennten Bauwerken: der Westbau, dessen Front auf die Via principalis hinausging, war ein normales Peristylhaus. Der Ostbau hatte einen komplizierteren Grundriß. Er wurde oben bereits unter den »Anbauten« besprochen. — Leider konnte der Innenraum des Lagers nicht vollständig untersucht werden. Daher bleibt die Gesamtzahl der Mannschaftsbaracken und damit die Zusammensetzung der Besatzung unbekannt. Bei der Größe des Lagers ist jedoch anzunehmen, daß entweder zwei Auxiliareinheiten oder eine Hilfstruppe zusammen mit einer Abteilung von Legionssoldaten in dem Kastell lagen. So darf angenommen werden, daß zwei höherrangige Truppenführer unterzubringen waren. Aus diesem Grund sind hier vermutlich zwei Kommandeurshäuser erbaut worden.[89]

Abb. 180, 196

Die Identifizierung der hier besprochenen Gebäude als Offizierswohnungen beruht allerdings auf ihrer Bauform und Größe. In einigen Kastellen sind Gebäude mit Innenhof ausgegraben worden, etwa in Oberstimm und Wiesbaden, bei denen Funde und gewisse Baudetails für die Nutzung als Fabrica sprechen. In Oberstimm kam in einem solchen Bau eine wohlerhaltene, ziemlich große Räucherkammer zutage, in Wiesbaden gab es Hinweise auf Metallverarbeitung. Beide Gebäude besaßen einen große Wasserbehälter im Innenhof. Als gedeckte Zisterne gehört ein solcher allerdings im Mittelmeerraum zu den selbstverständlichen Einrichtungen eines Peristylhauses, das als Wohnhaus genutzt wird. — Doch ist zu erwägen, ob nicht manche Innenbauten der Auxiliarkastelle, die dem Peristylhaus-Typ angehören, anderen als Wohnzwecken dienten. Solche Erwägungen können etwa bei dem Gebäude in der rechten Hälfte der Praetentura des Kastells Valkenburg 1 angestellt werden. Die Beobachtung eines Wasserbehälters auf dem Hof reicht aber nicht *Abb. 179* aus, dem Haus die Funktion eines Wohngebäudes abzusprechen. Andererseits ist es nicht sicher, ob die erwähnten, zusätzlichen Gebäude mit Innenhof von Hod Hill und Baginton wirklich Wohnbauten waren oder ob sie als Werkstatt- oder Speicherbauten anderen Zwecken dienten.

Rang und Stellung eines Auxiliarkommandeurs

Der Kommandeur einer Auxiliareinheit war ein Offizier aus dem Ritterstand, dessen Karriere in der Regel nach einem bestimmten Schema ablief.[90] Die erste Stufe, die *militia prima*, war das Kommando über eine Cohors quingenaria (*praefectus cohortis quingenariae*). Die zweite Stufe der Rangleiter (*militia secunda*) bildete meist der Posten eines Legionstribunen (*tribunus angusticlavius*), manchmal auch das Kommando über eine Cohors milliaria (*tribunus cohortis milliariae*). Danach kam als dritte Stufe (*militia tertia*) die Beförderung zum Präfekten einer Ala quingenaria (*praefectus alae quingenariae*). Damit war der Militärdienst eines Ritters meist beendet, und er konnte eventuell in höhere Zivilämter des Imperiums aufsteigen. Einige Offiziere aus dem Ritterstand haben andererseits als *militia quarta* den seltenen und begehrten Posten des Kommandeurs (*praefectus*) einer Ala milliaria erreicht. — Auf jeder Stufe der Beförderungsleiter gab es allerdings mehr Anwärter als Stellen. So betrug im 2. Jahrhundert n. Chr. das Verhältnis der Alae quingenariae zu den Alae milliariae 9 : 1, so daß nur wenige Offiziere Chef einer tausend Mann starken Ala werden konnten. Auch auf den unteren Rangstufen fielen die weniger Fähigen in dem Maß der Auslese zum Opfer, wie die verfügbaren Stellen abnahmen.[91] Die Karriere eines Offiziers aus dem Ritterstand verlief aber nicht immer nach diesem Schema; Glück, Bewährung im Krieg sowie hohe oder höchste Empfehlungen konnten sie beträchtlich beschleunigen.

An sich ist zu vermuten, daß der Kommandeur im Kastell eine Unterkunft erhielt, deren Größe seinem Rang entsprach. Daher sollte es umgekehrt möglich sein, aus dem Grundriß und den Abmessungen eines Praetoriums den Rang des Kommandeurs und damit auch die Art und Stärke der im Kastell stationierten Truppen zu erschließen. Dem stehen leider manche Schwierigkeiten entgegen. Von den Praetorien sind meistens nur die Fundamente erhalten. Wie oben schon dargelegt, ist es in diesen Fällen schwierig, die einstigen Funktionen der Räume zu bestimmen. Der private Wohntrakt, die Unterkünfte für die Diener und die sonstige Gefolgschaft, Wirtschaftsräume, Höfe und Gärten lassen sich nicht immer als solche erkennen. Das erschwert Vergleiche zwischen verschiedenen Kommandeurshäusern. Auch läßt sich der Einfluß eines Kommandeurs auf die Einteilung und Einrichtung des Hauses kaum ermessen. Selbst bei den wenigen Kastellen, von denen durch Inschriften bekannt ist, daß sie mit gleichartigen Besatzungen belegt waren, können beträchtliche Unterschiede zwischen den Praetorien beobachtet werden.

In der *militia secunda* hatten der Legionstribun (*tribunus angusticlavius*) und der Kommandeur einer Cohors milliaria den gleichen Rang. Daher ist es nicht verwunderlich, daß die Grundrisse *Abb. 17,* der Tribunenhäuser in den Legionslagern Inchtuthil, Vindonissa und Vetera Parallelen zu den *178, 185* Kommandeurshäusern der Auxiliarkastelle aufweisen. Wie oben schon ausgeführt, haben die Tribunenhäuser zweifellos als Vorbilder für die Praetorien der Auxiliarkastelle gedient. Bemerkenswert ähnlich sind die Tribunenhäuser des Legionslagers Inchtuthil und die Kommandeurshäuser *Abb. 101,* in den Kastellen Pen Llystyn, Caernarfon, Hod Hill und Rottweil. Allerdings kennen wir von kei- *104* nem dieser Kastelle die Besatzung und wissen daher nicht, ob auch nur in einem eine Cohors milliaria lag. Daher ist es bisher nicht möglich, durch Vergleiche der Tribunenhäuser mit den Kommandeurshäusern der Hilfstruppen auf die einstige Besatzung zu schließen.

Die meisten Praetoria standen im Mittelstreifen der Kastelle und nahmen dort etwa 20 bis 30 Prozent des verfügbaren Raums ein. Im Mittelstreifen wurden außer dem Praetorium stets die Principia errichtet, oft auch noch weitere Gemeinschaftsbauten wie Horrea, manchmal ein Lazarett und sogar Werkstätten und Unterkünfte. Die Planungsgrundsätze sind leider unbekannt. Im Legionslager Inchtuthil waren die Arbeiten am Praetorium noch nicht begonnen worden, als das Lager nur kurze Zeit nach Baubeginn schon aufgegeben wurde. Vielleicht ist daher das Kommandeurshaus auch bei den Auxiliarkastellen erst zuletzt errichtet worden. Sichere Hinweise darauf gibt es aber nicht. Die Gründe dafür, daß der Bau des Praetoriums im Legionslager Inchtuthil verzögert wurde, kennen wir nicht. Sie mögen spezieller Art gewesen sein und brauchen sich nicht bei jedem Legionslager wiederholt zu haben. — Bei dem Umbau eines Holzkastells in Stein ist das Praetorium meistens erst nach den Principia und den Horrea erneuert worden. In vielen Kastellen ist das Kommandeurshaus nie als Steinbau ausgeführt worden. Das gilt aber genauso für die übrigen Soldatenunterkünfte. Principia und Horrea sind wohl aus Sicherheitsgründen vorrangig in Stein ausgebaut worden.

GETREIDESPEICHER (HORREUM)

Die Getreidespeicher standen meistens im Mittelstreifen des Kastells in der Nähe der Principia. Wegen ihres charakteristischen Grundrisses sind sie für den Archäologen leicht zu erkennen. — Steinerne Horrea besitzen fast immer eine so massive Bauweise, daß sie zu den am besten erhaltenen Gebäuden eines Kastells gehören. Im Kastell Kapersburg (Taunus) kam bei der Ausgrabung der Grundriß eines kleinen, kräftigen Steinbaus zutage. An seiner Giebelseite fand man die Bauinschrift, die das Gebäude als Horreum bezeichnet. — Eine Inschrift vom Eingang des westlichen Horreums in dem Versorgungslager Corbridge erwähnt ». . . den für die Horrea verantwortlichen Offizier während der überaus erfolgreichen, britannischen Expedition«. Wahrscheinlich sind hier die Feldzüge von Kaiser Septimius Severus in Schottland 209 bis 211 n. Chr. gemeint.[92]

Grundsätze der Getreidelagerung

Will man Getreide ohne Verlust über längere Zeit lagern, muß man Keimung und Insektenbefall sowie Schädigung durch Nagetiere und Vögel verhindern. Noch lange nach der Ernte »atmet« das Getreide, nimmt Sauerstoff auf und gibt Wärme, Kohlendioxid und Wasser ab. Bei der Lagerung müssen diese Prozesse soweit wie möglich durch Niedrighalten von Temperatur und Feuchtigkeit verzögert werden.[93] Solange dieser Grundsatz beachtet wird, bleibt das Getreide in gutem Zustand. Wenn es aber zu feucht und zu warm lagert, fängt es an zu keimen. Zugleich beginnt das Wachstum von Bakterien, die den Befall mit Schimmel und anderen Pilzarten vorbereiten. Das Getreide ist dann bald verdorben. Insekten oder Milben schädigen das Getreide unmittelbar, indem sie es fressen oder verseuchen; mittelbar durch Anwärmen, denn durch die Stoffwechselvorgänge der Tiere entsteht Wärme. Das begünstigt den schon erwähnten Bakterien- und Pilzbefall, so daß das Getreide für die Verarbeitung zu Mehl oder zum Mälzen unbrauchbar wird. Die gefährlichsten Schädlinge in heutigen Getreidesilos sind der Getreideschmalkäfer (Oryzaephilus surinamensis), der Kornkäfer (Sitophilus granarius), der rostbraune Kornkäfer und die Mehlmilbe (Aleurobius Farinae). Bis vor kurzem meinte man, der Getreideschmalkäfer sei verhältnismäßig spät als Folge des starken Handelsverkehrs mit dem Ausland nach England eingeführt worden. Die Analyse der Insektenfauna aus verschiedenen Ausgrabungen hat aber gezeigt, daß er bereits im römischen Britannien als Schädling auftrat.[94] Nach wie vor besteht die wirksamste Methode zur Verhinderung des Insektenbefalls, des Bakterienwachstums sowie der Schimmelbildung in der Absenkung des Feuchtigkeitsgehalts und der Temperatur.

Die Lagerung von losem Getreide als Schüttgut stellt bestimmte baustatische Forderungen an den Speicher. Das Getreide hat eine verhältnismäßig hohe Dichte und belastet daher den Fußboden sehr stark. Außerdem ist es gewissermaßen »halbflüssig«. Dadurch übt es auf senkrechte Wände, gegen die man es schüttet, einen beträchtlichen Seitendruck aus; das gilt besonders für die Außenmauern der Horrea.[95]

Um den besonderen Forderungen der Getreidelagerung zu genügen, wurde ein römisches Horreum mit einem erhöhten, belüfteten Fußboden ausgestattet. Dadurch wurde die Bodenfeuchtigkeit mit Sicherheit ferngehalten. Außerdem wurde der Speicher recht massiv gebaut, damit er die Bodenbelastung und den Seitendruck des Getreides aushalten konnte. Gleichzeitig versah man ihn mit den nötigen Öffnungen und Lüftungsvorrichtungen, um durch Luftzirkulation auch über dem lagernden Getreide die erforderliche niedrige Temperatur und Luftfeuchtigkeit aufrechtzuerhalten. Durch ein zuverlässig dichtes Dach, das wahrscheinlich weit überkragte, wurde der Regen vom Gebäude ferngehalten. Er fiel in Traufrinnen, die um den Speicher liefern und in die Kanalisation entwässerten.

Antike Quellen zur Getreidelagerung

Die antiken Autoren berichten einiges darüber, welche Maßnahmen die Römer trafen, um Getreide und verderbliche Lebensmittel zu lagern. Marcus Cato, der um 160 v. Chr. ein landwirtschaftliches Fachbuch schrieb, empfahl eine Mischung aus Lehm, Spreu und dem wäßrigen Rückstand von gepreßten Oliven (*amurca*) auf die Wände eines Getreidespeichers zu streichen, um Schäden durch den Kornwurm oder Mäuse zu verhindern. Varro schrieb nach 36 v. Chr. ein Buch über Landwirtschaft. Er schlug einen Verputz vor, der entweder aus Mörtel mit Marmormehl bestand oder — genauso wie Cato — aus Lehm mit Spreu und Amurca; damit sollten die Wände und der Boden eines solchen Speichers überzogen werden.[96] Columella beschrieb in der Mitte des 1. Jahrhunderts n. Chr. eine verwandte Methode der Lagerung. Der Speicher soll überwölbt sein. Die Erde des Bodens soll umgegraben und mit frischer, ungesalzener Amurca getränkt werden. Danach soll sie wie Fußbodenestrich festgestampft und schließlich mit einem Estrich aus Ziegelbruch und Mörtel überzogen werden. Diese Estrichmasse wird mit Amurca statt mit Wasser angerührt. Dann sollen die Wände mit einem Gemisch aus Lehm, Amurca und getrockneten Blättern des wilden Olivenbaums verputzt werden. Jede Fuge zwischen Boden und Wänden muß sorgfältig abgedichtet werden, damit die Schädlinge keinen Unterschlupf finden.[97] Nach Varro verwendeten manche Landwirte auch noch andere Schädlingsbekämpfungsmittel: sie besprengten den Weizen mit Amurca oder bestreuten ihn mit chalkidischer Kreide oder getrocknetem Wermut.[98] Falls das Getreide lange gelagert werden sollte, empfiehlt Columella, es zweimal zu worfeln, um den Kornwurm abzuhalten.[99] Auch Aberglaube war im Spiel; Varro erwähnt ein merkwürdiges Mittel bei Schädlingsbefall: man solle das Getreide nach draußen in die Sonne bringen und rundherum mit Wasser gefüllte Gefäße aufstellen in der Hofnung, daß »sich die Kornwürmer dort versammeln und selbst ertränken«.[100]

Varro sagt, Weizen soll in Speichern gelagert werden, die erhöht liegen (*granaria sublimia*); ferner soll die Luft von der Nord- und der Ostseite Zutritt haben, weil diese weniger aufsteigende Feuchtigkeit mitbringt. Er beschreibt Beispiele aus der Provinz Hispania citerior und aus Apulien, wo man die Speicher im Feld auf Stelzen baute, damit der Wind das Getreide über Lüftungsöffnungen an den Seiten und auch von unten kühlen konnte.[101] Vitruv, der seine Schrift über Architektur im zweiten Jahrzehnt v. Chr. fertigstellte, äußerte ebenfalls die Ansicht, die Getreidespeicher sollten erhöht und nach Norden oder Nordosten ausgerichtet werden.[102] Plinius maior stellte sein umfangreiches Werk »Naturalis Historia« im Jahre 77 n. Chr. fertig. Er gab darin eine

Übersicht über die wichtigsten Methoden der Getreidelagerung und auch über die Meinungsverschiedenheiten der damaligen Fachleute: Einige zogen Speicher mit 3 Fuß (0,9 m) dicken Ziegelmauern ohne Belüftung oder Fenster vor. Anderen zufolge sollten Speicher aus Holz gebaut sein und auf Pfählen stehen, um die Luftzirkulation von allen Seiten und von unten zu gewährleisten; es gab aber auch Experten, die glaubten, daß das Getreide schrumpft, wenn es auf einem belüfteten Fußboden gelagert wird. Plinius berichtet ferner von dem Aberglauben jener Bauern, die vor dem Einlagern des Getreides einen Frosch an einem Hinterbein am Speichereingang aufhängten. Er selbst war der Meinung, es sei das Wichtigste, das Getreide zur rechten Zeit einzulagern; denn wenn es nicht trocken genug, unreif oder im erwärmten Zustand eingebracht wird, müsse das notwendigerweise die Schädlinge begünstigen. Ferner erwähnt er die Lagerung von ungedroschenen Ähren als eine mögliche Methode, das Getreide vor dem Verderben zu bewahren.[103]

Die Bauweise der Horrea

Die Getreidespeicher in den Auxiliarkastellen Britanniens und an der germanischen Grenze waren rechteckige Gebäude mit erhöhtem, belüftetem Fußboden. Bei hölzernen Speichern wurde der Fußboden von zahlreichen, senkrechten Pfählen gehalten; bei steinernen von mehreren Reihen niedriger, paralleler Mauern oder von vielen, kleinen Steinpfeilern, die den Pfählen unter den hölzernen Speichern entsprachen.[104] Horrea aus Stein waren gewöhnlich außen mit Strebepfeilern verstärkt und hatten unterhalb des Fußbodens Lüftungsöffnungen in den Außenmauern. Meistens wurden Getreidespeicher paarweise gebaut; sie flankierten oft die Principia oder lagen im Mittelstreifen des Kastells nebeneinander. Gelegentlich sind steinerne Horrea als Doppelbau mit gemeinsamer Zwischenmauer errichtet worden, etwa in den Kastellen Benwell oder Saalburg. Mitunter grenzten zwei Horrea auch an einen gemeinsamen Innenhof wie in den Kastellen Caerhun und Ambleside. Nur selten waren sie in der Länge nach hintereinander angeordnet (Kastell Birrens). Den Ausschlag für die Wahl zwischen Einzelbau und Doppelspeicher gab wahrscheinlich die Zugänglichkeit des jeweiligen Standorts; das war wichtig für das reibungslose Be- und Entladen.

Größe und Maßverhältnisse: Es gab Horrea von sehr unterschiedlicher Größe. Hölzerne Speicher besaßen Abmessungen zwischen 35 mal 10 m (Loudon Hill, Schottland) und 8 mal 6 m (Abergavenny, Wales). Im Durchschnitt waren sie 17 bis 24 m lang und 8 bis 9 m breit. — Zwischen den Abmessungen der steinernen Horrea in Britannien und denen an der germanischen Grenze gab es einen bemerkenswerten Unterschied. In Britannien waren diese Speicher im Mittel 20 bis 30 m lang und 6 bis 10 m breit; das größte Horreum eines Auxiliarkastells maß 41 mal 10 m (Haltonchesters), das kleinste 14 mal 5 m (Croy Hill). An der germanischen Grenze hatten die steinernen Horrea zwar die gleiche Durchschnittslänge, waren aber mit etwa 10 bis 14 m meist wesentlich breiter als in Britannien. Die Horrea des Kastells Niederbieber übertrafen mit 53 mal 16 m sogar die des Legionslagers Chester; die geringsten Maße wurden in der Kapersburg gefunden, wo der Speicher nur 16 mal 9 m groß war. Entsprechende generelle Größenunterschiede finden sich auch bei den Kastellen selbst, wenn man die Auxiliarlager Britanniens mit jenen an der germanischen Grenze vergleicht. Auf diesen bemerkenswerten Unterschied wird noch einzugehen sein.

Fußbodenunterstützungen und Fußbodenbeläge: Der erhöhte Fußboden der Horrea ermöglichte eine Belüftung von unten und garantierte damit günstige Bedingungen für die Getreidelagerung. — In einem hölzernen Speicher hielten mehrere Reihen senkrechter Pfosten den Fußboden.[105] Oft hatten die Pfosten einen runden Querschnitt und ragten etwa 0,8 bis 1 m hoch aus dem Boden heraus. Auf diesem Rost aus Pfosten erhob sich der Speicher.[106] Diese Pfosten

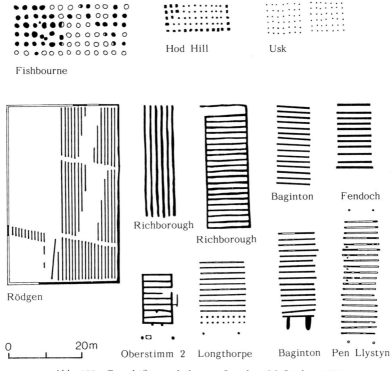

Fishbourne

Hod Hill

Usk

Rödgen

Richborough

Richborough

Baginton

Fendoch

0   20m

Oberstimm 2   Longthorpe   Baginton   Pen Llystyn

Abb. 105   Grundrißtypen hölzerner Speicher. Maßstab 1:1000.

Abb. 105

standen entweder in einzelnen Pfostengruben oder in durchlaufenden Pfostengräben. Nur selten sind sie mit einer Ramme in den Boden getrieben worden. Zeitliche Unterschiede in der Anwendung der einzelnen Techniken scheint es nicht gegeben zu haben. Pfostengruben aus augusteischer Zeit sind in Haltern beobachtet worden, aus der Zeit des Claudius in dem Versorgungslager Fishbourne (Südengland) und in den Auxiliarkastellen Hofheim und Hod Hill. Die gleiche Bauweise wurde noch bei weit späteren Speichern angewandt, etwa in Old Kilpatrick und Brough-on-Noe (Antoninusmauer). Die ursprünglichen hölzernen Horrea mit Pfostengräben im Kastell Corbridge sind im frühen 2. Jahrhundert n. Chr. durch einen Speicher ersetzt worden, der auf Pfählen in einzelnen Pfostengruben stand. Bei einem späteren Umbau kam man jedoch wieder auf die erste Bauweise zurück.

Die Pfostengräben konnten längs oder quer zur Gebäudeachse liegen. Pfostengräben in Längsrichtung sind schon in den Horrea des augusteischen Versorgungslagers Rödgen beobachtet worden, ferner in den claudischen Lagern Richborough, Fishbourne und Wall. In einem Speicher von Richborough wurden die Längsgräben nachträglich durch Quergräben ersetzt. — Quer zur Gebäudeachse laufende Pfostengräben fand man im claudischen Kastell Oberstimm. Diese Art der Anordnung war die häufigste bei den hölzernen Horrea des 1. Jahrhunderts n. Chr. Im Kastell Valkenburg ist sie noch in der zweiten Hälfte des 2. Jahrhunderts n. Chr. festgestellt worden. Der Abstand der Pfostengräben betrug häufig 1,5 m (5 römische Fuß), von Mitte zu Mitte gemessen. Falls man die Spuren der einzelnen Pfosten in den Pfostengräben nachweisen kann, zeigt es sich

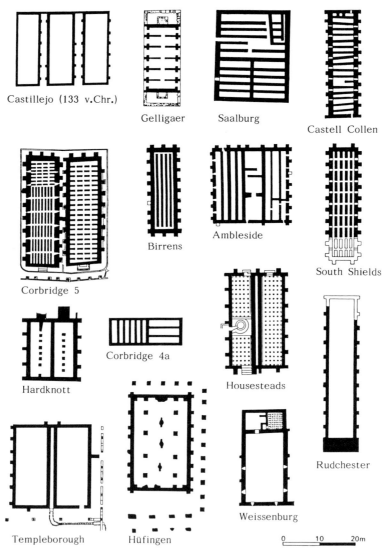

Castillejo (133 v.Chr.)

Gelligaer

Saalburg

Castell Collen

Corbridge 5

Birrens

Ambleside

South Shields

Hardknott

Corbridge 4a

Housesteads

Templeborough

Hüfingen

Weissenburg

Rudchester

0   10   20m

Abb. 106   Grundrißtypen steinerner Speicher. Maßstab 1 : 1000.

Abb. 106

meist, daß sie ebenfalls diesen Abstand besaßen. Selbst dort, wo die Pfostengräben unregelmäßig angelegt zu sein scheinen, waren die Abstände zwischen den erhaltenen Pfosten nahezu gleich.[107]

Bei steinernen Horrea sind drei unterschiedliche Arten der Fußbodenunterstützung zu beobachten[108]: es gab Mauerunterzüge in Längs- oder in Querrichtung sowie Reihen von kleinen Steinpfeilern. In einigen Horrea war der Fußboden allerdings nicht erhöht und daher auch nicht belüftet. — Steinerne Horrea kommen gelegentlich schon in den Militärlagern der späten römischen Republik vor (Castillejo III bei Numantia, etwa 133 v. Chr.). Dann findet man sie in den

Legionslagern der frühen Kaiserzeit seit der Mitte des 1. Jahrhunderts n. Chr. (Nijmegen, Neuss, Vindonissa). Das älteste Beispiel eines steinernen Horreums in einem Auxiliarkastell stammt aus der gleichen Zeit (Kastell Hüfingen, Baden-Württemberg). Einige Jahrzehnte später, gegen Ende des 1. Jahrhunderts, sind die Horrea in den obergermanischen Kastellen Wiesbaden und Okarben (Hessen) errichtet worden.

Die querliegenden Mauerunterzüge steinerner Horrea besaßen meist eine Breite von 0,6 m und Abstände von 0,7 bis 0,9 m. Ein Horreum hatte je nach Größe sechs (Gelligaer) bis 17 (Castell Collen) solcher Mauerunterzüge. Die ältesten Beispiele für diese Bauweise sind in den Horrea trajanischer Kastelle in Wales festgestellt worden; sie könnte auf einer Übernahme der bei Holzbauten bewährten Bauart beruhen.[109] Spätere Beispiele sind von den Horrea der Kastelle Gnotzheim, Lyne und Unterböbingen bekannt (Mitte 2. Jahrhundert). Sie waren jedoch nicht sehr verbreitet. Mitunter waren die Quermauern in der Mitte unterbrochen, wohl um eine bessere Luftzirkulation zu erzielen; andere dagegen liefen kontinuierlich durch. In den Horrea von Penydarren sind beide Bauweisen nebeneinander verwendet worden. Funde von Nägeln im Schutt zwischen den Mauerunterzügen der Horrea von Gelligaer und Penydarren sprechen für das einstige Vorhandensein eines Bretterfußbodens. Die Kombination von querliegenden Mauerunterzügen mit Bretterfußboden scheint für die ältesten, steinernen Horrea Britanniens kennzeichnend zu sein; sie gehören der trajanisch-hadrianischen Periode an.

Die in den Horrea Britanniens häufigste Fußbodenunterstützung bestand allerdings aus längsliegenden Mauerunterzügen, die andererseits in den Kastellen der germanischen Grenze nur selten angewandt wurde.[110] — Die Anzahl längsliegender Mauerunterzüge schwankte zwischen vier und acht. Manchmal liefen sie durch, manchmal waren sie in regelmäßigen Abständen unterbro- *Abb. 107*

Abb. 107 Corbridge (Northumberland). Steinerner Speicher (Horreum) mit längsgerichteten Mauerunterzügen, die einen Steinplatten-Fußboden tragen.

167

Abb. 108 Kastell Housesteads (Hadriansmauer), steinerner Speicher (Horreum). Der Fußboden des Speichers wurde von mehreren Reihen kleiner Steinpfeiler getragen. Rechts im Bild erkennt man die Fundamente
der Strebepfeiler an der Außenmauer.

chen; die Abstände der Unterbrechungen hingen von der Lage der Lüftungsöffnungen in den
Außenmauern ab. Diese Bauweise war anscheinend vom späten ersten bis zum Beginn des
3. Jahrhunderts üblich.[111] Eine Variante dieses Typs ist in den Kastellen Old Church, Brampton
und Ribchester beobachtet worden. Dort gab es nur einen einzigen Mauerunterzug in der Mitte
des Gebäudes. — Der Fußboden wurde entweder aus Brettern oder Steinplatten gebaut. Es sind
Abb. 107 nur wenige Horrea mit Steinplattenböden bekannt; sie scheinen in Britannien erst seit der Mitte
des 2. Jahrhunderts aufzutreten.

Gelegentlich lagen die Fußböden der Horrea auf Steinpfeilern. In den Kastellen Britanniens sind
Abb. 108 nur wenige Beispiele dafür gefunden worden; das gleiche gilt für die Kastelle an der germanischen
Grenze (Hüfingen und Unterböbingen). Allerdings wurde diese Bauweise bei den rheinischen
Legionslagern Bonn und Neuss angewandt.[112] Bei dem gut erhaltenen, nördlichen Horreum des
Kastells Housesteads sind an der Innenseite der Längs-Außenwände Balkenlöcher für die Balken
zu erkennen, auf denen der Holzfußboden lag. Außerdem sind dort die Lüftungsöffnungen erhalten. Sie liegen in regelmäßigen Abständen stets dort, wo sich Lücken in den Reihen der Steinpfeiler befinden. In den steinernen Horrea des Kastells Niederbieber sind statt der Steinpfeiler mehrere Reihen hölzerner Stützen entdeckt worden, wie sie für die hölzernen Horrea bereits beschrieben wurden. Wahrscheinlich gab es diese Bauweise auch bei anderen militärischen Horrea am
obergermanisch-raetischen Limes.

Die unterschiedlichen Bauweisen für die Fußbodenunterstützung steinerner Horrea scheinen
nicht an bestimmte Zeiten oder Gegenden gebunden zu sein. Das hadrianische Horreum im

Kastell Haltonchesters enthielt beispielsweise querliegende Mauerunterzüge in einer Hälfte des Gebäudes und längs laufende in der anderen. In einem der großen Speicher von Corbridge gab es zwei Längs-Unterzüge im Westteil, im Osten dagegen sechs querliegende. Im Kastell Lyne hatte der einzelne Speicher auf der einen Seite der Principia querliegende, der Doppelspeicher auf der anderen Seite dagegen längslaufende Unterzüge. Unterschiedliche Fußbodenunterstützung gab es auch im Kastell Ribchester: in der einen Hälfte des Doppelspeichers sind längs laufende Unterzüge, in der anderen Steinpfeiler beobachtet worden. Die unterschiedliche Bauweise der Fußbodenunterstützung ist in den erwähnten Fällen wohl meist eine Folge späterer Umbauten oder Reparaturen.

Bei einigen Horrea lag der Fußboden direkt auf dem Grund und war daher nicht belüftet. Bisweilen bestand er aus Steinplatten, die auf dem natürlichen Untergrund verlegt waren, bei anderen nur aus festgestampftem Lehm. Bei der Ausgrabung des Speicherfußbodens im Kastell Caerhun wurde eine 3 bis 7 cm dicke Schicht zersetzten Estrichs gefunden, der an die Beschreibung bei Columella erinnert. Es läßt sich aber oft nicht mehr feststellen, ob der Speicher von vornherein einen ebenerdigen, unbelüfteten Fußboden haben sollte oder ob ein anfänglich vorhandener, belüfteter Boden bei einem späteren Umbau beseitigt worden ist. Ein solcher Umbau könnte etwa durch eine Funktionsänderung des Gebäudes verursacht worden sein, wenn für die neue Aufgabe ein belüfteter Fußboden nicht mehr erforderlich war. Auch muß ein Steinboden nicht unbedingt hoch liegen, um trocken zu sein. Im Gegensatz zum Holzfußboden kann ein Steinboden bei günstigem Untergrund die Feuchtigkeit einigermaßen fernhalten. Auch dürfte alleine schon die Kombination von Steinwänden und Plattenfußboden eine gewisse Kühlwirkung gebracht haben.

Mauerwerk und Strebepfeiler. Das charakteristische Merkmal der militärischen Stein-Horrea ist ihre massive Bauweise. Die Mauern hatten eine Stärke von 0,6 bis 1,3 m. Die meisten Speicher besaßen außen an den Längsseiten Strebepfeiler von bis zu 1 m im Quadrat im Grundriß. Mitunter hatten sie auch an den Schmalseiten Strebepfeiler. Die Pfeiler standen mit den Mauern im Verband und waren in regelmäßigen Abständen angebracht. Wo sie gut erhalten sind, erkennt man, daß sie an beiden Seiten des Gebäudes symmetrisch vorkommen. — Es gab aber auch steinerne Horrea ohne Strebepfeiler. Vielleicht hatten diese Speicher nur ein Steinfundament und waren im Aufgehenden aus Holz; statt eines schweren Ziegeldachs können sie ein leichteres Dach mit Schindel- oder Strohdeckung getragen haben.[113] Solche Bauwerke benötigen dann keine Strebepfeiler.

Die Steinfundamente waren in der üblichen Art gebaut. Einige Speicher in Britannien besaßen bemerkenswerte Fundamente, in denen Lagen flacher Steinplatten über einem festgestampften Gemisch von Lehm und Geröllsteinen eingebracht waren. Drei Beispiele dieser Bauweise sind in Kastellen der Hadriansmauer beobachtet worden, in Benwell, Haltonchesters und Rudchester. Sie sind einander so ähnlich, daß sie von der gleichen Einheit gebaut worden sein könnten. Vielleicht war es eine Abteilung der Britannischen Flotte (*classis Britannica*), die jedenfalls einen dieser Speicher (im Kastell Benwell) errichtet hat.[114]

Belüftung. Lüftungsschlitze, die gewöhnlich zwischen je zwei Strebepfeilern angebracht waren, durchbrachen die Außenmauern vieler steinerner Horrea unter dem Fußbodenniveau. Ihnen entsprachen Zwischenräume der Mauerunterzüge unter dem Fußboden. Dadurch war eine gute Luftzirkulation unter dem Boden gewährleistet. Das gleiche galt für die Horrea mit Steinpfeiler-Abstützung des Fußbodens. Die Breite der Lüftungsschlitze lag zwischen 0,3 bis 0,8 m. Um Nagetiere und anderes Ungeziefer fernzuhalten, wurden die Schlitze mit Holz- oder Eisengitter versehen. Bei Ausgrabungen in mehreren Kastellen Britanniens kamen Ablagerungen verbrannten Materials an den Außenwänden der Horrea zutage, beispielsweise in den Kastellen Cadder, Castlecary und Slack. In Castell Collen waren die Brandreste vor einer der Lüftungsöffnungen besonders deutlich. Es wurde vermutet, daß die beobachteten Brandreste von Versuchen herrühren, die Schädlinge durch Beräuchern des Belüftungssystems unter dem Fußboden zu vernichten.[115]

Abb. 109

169

Abb. 109 Corbridge (Northumberland), steinernes Horreum. Blick von außen auf die Grundmauer. Lüftungsöffnung für die Unterflurbelüftung mit steinernem Mittelpfeiler anstelle eines hölzernen oder eisernen Gitterstabes.

Zugang und Laderampen: Der Zugang zum Speicher befand sich an einer der Schmalseiten des Bauwerks. Gelegentlich sind dort auch Laderampen gefunden worden, die das Abladen des Getreides vom Wagen und den Transport in das Gebäude erleichtern sollten. Mitunter befand sich über der Laderampe ein Vordach, das auf Säulen oder Pfosten ruhte; dadurch war das Be- und Entladen auch bei ungünstigem Wetter möglich. Bei anderen Horrea führte eine Treppe zum Eingang. Solche Treppen sind bei den Horrea von Housesteads und Benwell erhalten geblieben und in der Saalburg rekonstruiert worden.

Spuren von Laderampen vor Holzspeichern sind selten gefunden worden. Bei den Horrea von Baginton springen zwei kurze Pfostengräben aus der Schmalseite des einen Horreums vor, ähnlich am Horreum von Oberstimm Periode 2, wo zwei kleine, ein wenig vorspringende Pfostengruben unmittelbar am Gebäude entdeckt wurden. An diesen hölzernen Speichern kann man Laderampen vermuten. Bei hölzernen Horrea könnten die Laderampen auch im Gebäude selbst durch Rückversetzen des Speicherteils geschaffen worden sein, wie es die Rekonstruktion in Baginton *Abb. 111* zeigt. Durch archäologische Beobachtungen an den Pfostengräben lassen sich solche Rekonstruktionen allerdings kaum begründen, denn man findet ja meistens nicht die Hölzer selbst, sondern nur Erdverfärbungen. Immerhin wurden bei der Ausgrabung der hölzernen Horrea in den Kastellen Fendoch und Longthorpe gewisse Unterschiede in der Anordnung der Pfostenspuren festgestellt, die auf eine geringere Belastbarkeit an einem Ende des Gebäudes hindeuten. Vielleicht befand sich hier eine Laderampe.[116]

Im Gegensatz dazu sind gut erhaltene Laderampen bei einer Anzahl steinerner Horrea bekannt, etwa in den Kastellen Hardknott, Ribchester, Rudchester, Rough Castle und Corbridge. Sie be- *Abb. 110* standen aus festem Mauerwerk und sprangen bis etwa 2 bis 3 m vor die Schmalseite des Speichers, in der sich der Eingang befand. Es gab auch schmalere Laderampen, beispielsweise in den Kastellen Castlecary und South Shields. Dort wurde die Außenmauer am Zugang doppelt breit gebaut, wodurch eine schmale Laderampe entstand. Im Kastell Gelligaer gab es sogar Laderampen an beide Schmalseiten der Horrea; sie sprangen rund 1,8 m vor und besaßen die gleiche Breite wie das Gebäude. Sie waren mit Steinplatten bedeckt, die zum Teil noch vorhanden waren. Einige nicht abgenutzte Stellen am Rand der Rampen könnten Auflager für die Holzträger eines Vordachs gewesen sein.[117] Bei den meisten steinernen Horrea wurden allerdings keine gemauerten Laderampen entdeckt; das gilt besonders für die Speicher an der germanischen Grenze des Römerreiches. Bei diesen Horrea könnten hölzerne Laderampen vorhanden gewesen sein. Die Pfostengruben für ihre Holzträger sind vielleicht bei älteren Ausgrabungen in den Jahren vor und um 1900 nicht gefunden worden, weil damals die Ausgrabungstechnik dafür noch nicht entwickelt war. Bei manchen Ausgrabungen ist nach solchen Pfostengruben wohl auch gar nicht gesucht worden. Immerhin sind vor den Horrea der Saalburg Pfostengruben beobachtet worden. Sie kön- *Abb. 113* nen ein Vordach getragen haben, wie es die Rekonstruktion zeigt, oder eine hölzerne Laderampe; vielleicht auch beides. — Es ist andererseits denkbar, daß steinerne Rampen bisweilen nicht so solide gebaut waren wie der eigentliche Speicher und in nachrömischer Zeit durch den Pflug oder durch Steinraub zerstört wurden. — In einigen Kastellen war der Platz so knapp, daß er für das Gebäude selbst benötigt wurde und kein Raum mehr für eine vorspringende Laderampe blieb.

Vor den hölzernen Horrea von Pen Llystyn und Oberstimm Periode 2 wurden Pfostengruben für ein Vordach entdeckt. Säulenbasen oder Steinfundamente für Pfeiler oder Holzpfosten sind vor den steinernen Speichern der Kastelle Benwell, Newstead, South Shields und Corbridge beobachtet worden. Im Kastell Templeborough lagen sie vor zwei Seiten des Gebäudes, in Hüfingen sogar vor drei Seiten und bildeten daher eine Art Umgang. Vielleicht hat es solche Säulengänge

◁ Abb. 110 Corbridge, steinernes Horreum. Im Vordergrund links: Portikus-Säule; dahinter Fundament der Laderampe. Im Vordergrund rechts: gedeckte Abflußrinne.

um die Horrea häufiger gegeben; ähnlich wie die vermuteten hölzernen Laderampen sind sie bei älteren Grabungen möglicherweise nicht entdeckt worden.

Die Lage der Horrea im Kastell

Die Horrea mußten für die Anlieferung von Getreide leicht zugänglich sein. Andererseits sollte der Wagenverkehr den laufenden Dienstbetrieb möglichst wenig behindern. Daher standen die meisten Speicher im Mittelstreifen des Kastells an der Via principalis, entweder einzeln zu beiden Seiten der Principia oder paarweise auf nur einer Seite. Es war weniger üblich, daß — wie in den Kastellen Beckfoot und Bearsden — ein Speicher im Mittelstreifen und der andere auf der gegenüberliegenden Seite der Via principalis stand. Im Kastell Birrens gab es ein Doppelhorreum an der Via principalis in der Praetentura; an der gegenüberliegenden Straßenseite standen zwei einzelne Speicher an den beiden Seiten der Principia. — Das einzige Horreum in Hod Hill stand nicht im Mittelstreifen, sondern in der Praetentura dicht am Osttor. Ein solcher Standort wurde in Legionslagern bevorzugt. In einigen weiteren Kastellen, besonders an der germanischen Grenze, gab es ebenfalls Horrea in der Praetentura. Allerdings sind die Kastelle nicht immer vollständig ausgegraben worden, und so könnte es sein, daß in einigen Fällen außerdem noch ein Horreum am üblichen Platz im Mittelstreifen des Kastells stand. In den Kastellen Saalburg, Kapersburg und Feldberg im Taunus befanden sich die Horrea jedoch mit Sicherheit nur in der Praetentura und nicht im Mittelstreifen des Lagers. — Seltener waren Horrea in der Retentura. Im Kastell Baginton gab es in der 1. Periode dort zwar einen Speicher, außerdem aber einen zweiten, der normal im Mittelstreifen stand. In der 2. Periode des Kastells entstanden zwei Horrea in ungewöhnlicher Anordnung im hinteren Teil der Retentura. Der schon erwähnte Speicher von Oberstimm lag in der Retentura; das gleiche gilt von dem großen steinernen Horreum der Phase 4 des Kastells Okarben (Hessen), der um 90 n. Chr. erbaut wurde. In eine spätere Zeit gehört das Horreum in der Retentura des Kastells Theilenhofen (Bayern). — Besonders bemerkswert sind die Horrea im Kastell South Shields. Dort ist unter Kaiser Hadrian ein Doppelhorreum erbaut worden, wie üblich im Mittelstreifen des Lagers, neben der damaligen Porta principalis sinistra. Zur Vorbereitung der Feldzüge, die Kaiser Septimius Severus in Schottland führte (208 bis 211 n. Chr.), wurde das Kastell in eine Versorgungsbasis umgewandelt. Zu den zwei bereits vorhandenen kamen wahrscheinlich 22 weitere Horrea. Sie standen in drei parallelen Reihen und nahmen die gesamte Praetentura, den Mittelstreifen des Lagers neben den Principia und die Hälfte der Praetentura ein; zwei weitere Horrea wurden in die aufgegebenen Principia eingebaut.

Abb. 207
Abb. 208

Abb. 182

Taf. 1, 5

Abb. 187

Abb. 218

Rekonstruktionsversuche

Horrea aus Holz: Die Grundrisse hölzerner Horrea sind wohlbekannt; sie zeigen, daß der Schüttboden von einem dichten Rost aus Holzpfosten getragen wurde. Es gibt jedoch keine antiken Schriftquellen und keine unmittelbaren archäologischen Beobachtungen zur Bauweise und zum Aussehen des aufgehenden Bauwerks. Daher muß jede Rekonstruktion hypothetisch bleiben. — Einige Hölzer des Pfostenrostes sind vielleicht als senkrechte Träger in das aufgehende Gebäude einbezogen worden. Es ist aber auch denkbar, daß dieses unabhängig von dem Pfostenrost auf der hölzernen Plattform errichtet wurde, die den Fußboden des Speichers bildete. Für die hölzernen Horrea des Kastells Valkenburg[118] ergab eine neue Auswertung, daß die aufgehenden Wände auf eigenen Pfosten errichtet waren, unabhängig von dem Pfostenrost des Fußbodens. Die Wände können aus Lehmfachwerk bestanden haben; vielleicht ist aber nur eine einfache Bretterverschalung verwendet worden. Bei einigen neueren Ausgrabungen wurde nämlich festgestellt, daß bei den Horrea Reste von Fachwerklehm fehlen, die man sonst häufig bei den hölzernen

Abb. 111 Kastell The Lunt, Baginton (Warwickshire). Hölzerner Speicher, im Jahre 1973 von den Royal Engineers rekonstruiert.

Abb. 112 The Lunt, Baginton. Hölzerner Speicher. Rekonstruktionszeichnung von Alan Sorrell.

Abb. 113   Kastell Saalburg im Taunus (Hessen). Doppelhorreum aus Stein, im Jahre 1906 nach dem damaligen Forschungsstand rekonstruiert. Das Gebäude war im Altertum verputzt; statt der Treppen vor den Eingängen sind hölzerne Laderampen anzunehmen.

Innenbauten römischer Kastelle findet.[119] — Zur Belüftung waren vermutlich jalousieartige Öffnungen oben in den Außenwänden direkt unterhalb des vorspringenden Dachs angebracht. Das Fehlen von Dachziegeln im Schutt hölzerner Horrea deutet darauf hin, daß die Dächer wahrscheinlich mit Schindeln oder Stroh gedeckt waren.

Abb. 111,
112

Eine Truppe der Royal Engineers hat 1973 in Baginton ein solches Horreum rekonstruiert. Die Rekonstruktion wurde genau über dem römischen Grundriß errichtet. Der Speicher mißt 21 x 9 m und ist bis zum Dachfirst 9 m hoch. Der Fußboden ruht auf einem Rost hölzerner Pfosten, die 1,5 m Abstand haben. Die Außenwände an den Schmalseiten des Gebäudes wurden ein wenig zurückgesetzt, so daß jeweils ein Stück der Fußboden-Plattform frei blieb. Dadurch entstanden Laderampen, die mit seitlichen Treppen versehen wurden. Die zeichnerische Rekonstruktion von Alan Sorrell vermittelt einen Eindruck von dem antiken Ladebetrieb. Die Wände des rekonstruierten Speichers sind 3 m hoch; sie sind mit einer Bretterschalung versehen. Lüftungsöffnungen mit jalousieartigen Gittern sind in regelmäßigen Abständen unter den Dachvorsprüngen angebracht, und das Dach ist mit Holzschindeln gedeckt.[120]

Horrea aus Stein: Ein typisches Kennzeichen zahlreicher steinerner Horrea sind die Strebepfeiler an den Außenmauern. Oft ist angenommen worden, daß diese Verstärkung erforderlich gewesen sei, weil das aufgeschüttete Getreide einen beträchtlichen Seitendruck ausgeübt habe.[121] Aber der Druck auf die Außenmauern kann ja nicht stärker gewesen sein, als der auf die Außenwände von hölzernen Horrea, die keine Strebepfeiler besaßen. Außerdem wurde berechnet, daß die freilich enorm dicken Wände der Horrea im Versorgungslager Corbridge (1,06 m!) dem Seitendruck von 3 m hoch aufgeschüttetem Getreide standhalten konnten.[122] Trotzdem besaßen diese Horrea Strebepfeiler. So wurde andererseits vermutet, daß es die Funktion der Strebepfeiler gewesen sei, das hohe Gewicht eines Ziegeldachs und des kräftigen, hölzernen Dachstuhls zu tragen. Tatsächlich sind bei der Ausgrabung steinerner Horrea bisweilen große Mengen von Dachziegeln gefunden worden. Bei anderen Untersuchungen sind die Schiefer- oder Steinplatten einer harten Dachdeckung beobachtet worden. — Im Kastell Okarben (Hessen) wurde 1894/95 ein Horreum hinter den Principia entdeckt, an dessen nördlicher Längsseite zahlreiche Dachziegel lagen; man meinte damals, sie stammten vom Dach des Bauwerks. Bei einer Nachuntersuchung im Jahre 1976 stellte sich aber heraus, daß das Horreum zu einer späteren Phase des Kastells gehörte (Phase 4), und daß die Ziegel von einem älteren Bauwerk herrühren. Am obergermanischen Limes ist die Verwendung von Dachziegeln für die Innenbauten der Limeskastelle überhaupt selten, und es gab hier sicher Horrea mit Strebepfeilern, die kein Ziegeldach trugen. Auch hatten zahlreiche, darunter sehr große Bauwerke der zivilen Steinarchitektur Ziegeldächer, waren aber nur selten mit Strebepfeilern verstärkt, die so charakteristisch für die Horrea sind. So wurde auch vermutet, daß die Außenwände der Horrea im Aufgehenden besondere Vorrichtungen besaßen, um eine kräftige Belüftung des Getreides zu erzielen. Die Wände — so wurde vermutet — mögen von einer gewissen Höhe an in tragende Pfeiler und wohl nur mit hölzernen Gittern verschlossene Zwischenräume aufgelöst gewesen sein, so daß die gesamte Dachlast nur von den Pfeilern getragen wurde.[123] Die Diskussion um eine zutreffende Rekonstruktion der steinernen Horrea wird gewiß noch weitergehen. Dabei sollten auch die spätrömischen Horrea von St. Irminen in Trier beachtet werden, die vielleicht den Zwecken des Militärs dienten. Das hervorragend erhaltene Doppelhorreum besaß zahlreiche Pfeilervorlagen, die jedoch Blendarkaden trugen. Die Wände waren bis auf wenige Schlitzfenster völlig geschlossen.

In Dover befand sich das Kastell der *classis Britannica*. Bei einem Horreum in diesem Kastell war das aufgehende Mauerwerk noch 2,75 m hoch erhalten. Die Entdeckung einiger Balkenlöcher

Abb. 107

Abb. 114

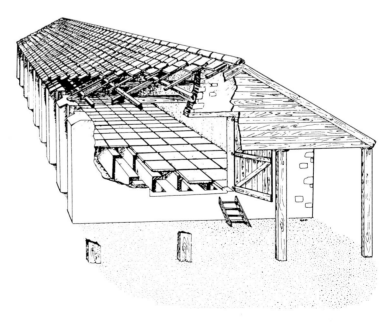

Abb. 114 Steinerner Getreidespeicher (Horreum), Rekonstruktionsversuch.

Taf. 1   Die Saalburg bei Bad Homburg v. d. H., Luftbild. Limeskastell, 1898–1907 teilweise rekonstruiert. In der Mitte des Kastells liegt das Stabsgebäude (Principia) mit Vorhalle. Das Haupttor (Porta praetoria) befindet sich unten im Bild.

Taf. 2a   Saalburg. Rekonstruierter Verputz an der Wehrmauer (Südostecke des Kastells). Die Zinnenabstände waren ursprünglich wesentlich größer.

Taf. 2b   Kastell Köngen (Baden-Württemberg). Südöstlicher Eckturm des Kastells, Rekonstruktion aus dem Jahre 1911. Turm und Wehrmauer waren im Altertum verputzt; die Zinnenabstände waren ursprünglich größer.

Taf. 2c   Rom. Wehrmauer des Praetorianerlagers (21–23 n. Chr.). Die Mauer ist vom Fundament bis zu den Zinnen vollständig erhalten, weil sie durch spätere Mauererhöhungen versiegelt und vor der Zerstörung bewahrt wurde. Durch Erosion ist das Bruchsteinfundament der Mauer zum Teil freigelegt worden (hinter den Autos). Darüber folgt das Ziegelmauerwerk des Aufgehenden, das mit einem Gesims aus Ziegeln abschließt. Darauf erhebt sich die Brustwehr, auf der die Zinnen stehen, die relativ große Abstände voneinander haben. Die Zinnen und die Brustwehr sind in das Mauerwerk der späteren Mauererhöhungen eingebettet (vgl. Abb. 40).

Taf. 3a   Kastell Chesters (Hadriansmauer). Westtor (Porta principalis sinistra) vom Kastellinneren gesehen. Das Tor hatte zwei Durchfahrten, die durch einen Steinpfeiler (Spina) voneinander getrennt waren. Dieser erscheint im Vordergrund. Daneben die nördliche Tordurchfahrt mit Steinschwelle. Dahinter nördlicher Torturm mit Eingang des Wachtraums zur Durchfahrt hin.

Taf. 3b   Kastell am Feldberg (Taunus). Nordosttor (Porta principalis dextra) vom Kastellinneren gesehen. Das Tor des kleinen Kastells hatte nur eine Durchfahrt.

Taf. 4a   Kastell Ardoch (Schottland). Blick von dem Schuttwall der einstigen Wehrmauer über das System der zahlreichen, vorgelagerten Verteidigungsgräben.

Taf. 4b   Kastell Rough Castle (Antoninusmauer), Ausgrabung 1959. Blick auf die durchschnittene Wehrmauer. Das Fundament der Mauer wird durch eine Lage unvermörtelter Steine gebildet. Darüber liegt die eigentliche Mauer aus Rasensoden. Noch heute erkennt man die einzelnen Soden, deren Grasschicht vertorft ist. Der Verteidigungsgraben ist im Hintergrund rechts als flache Mulde sichtbar. Zum Kastellinneren schließt die Wallstraße (Via sagularis) an die Wehrmauer an (am linken Bildrand).

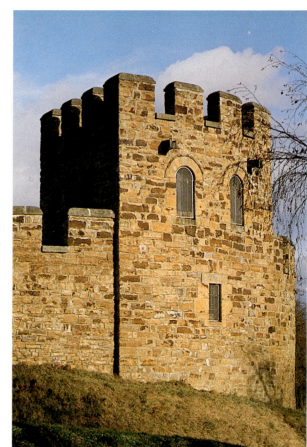

Taf. 2

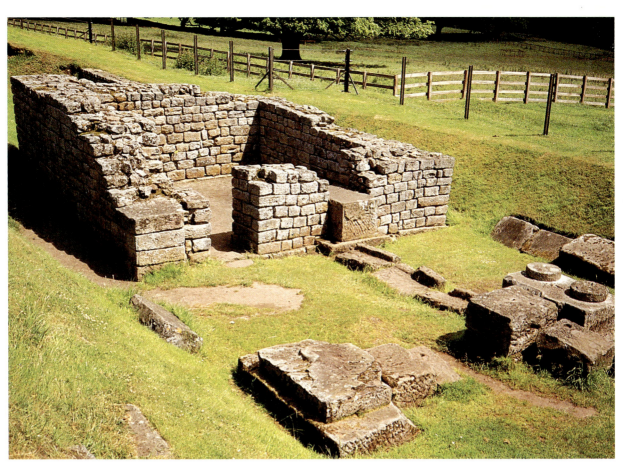

Taf. 3

Taf. 4

Taf. 5 ▷

Taf. 6

Taf. 7

Taf. 8

Taf. 5   Kastell am Feldberg (Taunus), Luftbild. Die Porta praetoria befindet sich im Bild unten. In der Kastellmitte liegt das Fahnenheiligtum (Mauerrechteck mit Apsis), ein Steinbau in dem sonst ehemals aus Fachwerk gebauten Stabsgebäude (vgl. Abb. 87). Rechts unten: Horreum (einfaches Mauerrechteck).

Taf. 6 a   Kastell Housesteads (Hadriansmauer). Blick über die Querhalle auf den Innenhof der Principia. Im Vordergrund: Unterbau des Tribunals; dahinter die Säulenreihe, die das Hauptschiff der Querhalle vom Seitenschiff trennte. Bildmitte rechts: Eingang in die Querhalle. Im Hintergrund sind die Reste zweier Säulen zu erkennen, die das Dach des Umgangs um den Innenhof trugen (vgl. Abb. 1).

Taf. 6 b   Kastell Chesters (Hadriansmauer). Blick über die Stubenreihe einer Mannschaftsbaracke. Der vorspringende Bauteil im Hintergrund war der „Kopfbau" (Wohnung des Centurio). Am rechten Bildrand: Kopfbau der Nachbarbaracke. Zwischen beiden Baracken befand sich eine Lagergasse mit steinerner Wasserrinne.

Taf. 7 a   Kastellbad Walldürn (Baden-Württemberg), Ausgrabung 1973. Die Warmräume des Bades wurden mit Hypokausten geheizt, deren Steinpfeiler bei der Ausgrabung auftauchen.

Taf. 7 b   Kastellbad Chesters (Hadriansmauer). Blick in das Apodyterium (Umkleideraum) mit steinernen Nischen. Darin befanden sich Regale zum Ablegen der Kleidung (vgl. Abb. 170).

Taf. 8 a   Kastell Eining (Bayern). In der Kastellmitte: Grundmauern der Principia. Vor dem Kastell (im Bild unten): Fundamente zweier Bäder. — Kastell Eining hat in verkleinerter Form in spätrömischer Zeit weiterbestanden. Die Befestigung des 4. Jh. n. Chr. besaß sehr starke Mauern, füllte aber nur eine Kastellecke aus (rechts oben).

Taf. 8 b   Kastell Weißenburg (Bayern), Senkrechtaufnahme. Die Kastellfläche blieb von der heutigen Ortsbebauung ausgespart. Der niedrige Sonnenstand des Wintertages macht durch Schattenwirkung die konservierten Grundmauern der Umwehrung und einiger Innenbauten sichtbar.

in den Wänden brachte die Ausgräber zu der Ansicht, das Gebäude sei zweistöckig gewesen.[124] Eine Auflösung der Wand in einzelne Pfeiler ist nicht beobachtet worden. — Da in keinem Auxiliarkastell das aufgehende Mauerwerk des Horreums so hoch erhalten ist wie in Dover, muß die Frage offenbleiben, ob auch hier zweistöckige Horrea vorkamen.

Die Inneneinteilung: Für die Inneneinteilung der Horrea gibt es nur wenige Anhaltspunkte. Unter anderem wurde angenommen, daß das Getreide in einer Anzahl von Holzverschlägen gelagert war, die zu beiden Seiten eines Mittelkorridors angeordnet waren. Auf dieser Vermutung beruhen verschiedene Berechnungen der Speicherkapazität, die dann mit der geschätzten Stärke der Kastellbesatzung verglichen wurden.[125] Es ist aber durchaus nicht sicher, ob solche Verschläge überhaupt existiert haben. Da ihre Wände dem Seitendruck des aufgeschütteten Getreides ausgesetzt gewesen wären, hätten sie im Fußboden und in den Wänden fest verankert sein müssen. Davon sind aber nie irgendwelche Spuren entdeckt worden, auch nicht auf den wohlerhaltenen Fußböden der Speicher von Corbridge.

Abb. 115   Ostia (Italien). Wandmalerei mit Darstellung eines Fluß-Frachtschiffs, das aus Säcken mit Getreide beladen wird. Der Name des Schiffs (Isis Geminiana) ist links zu lesen; der Steuermann (*magister*) hieß Farnaces. Mitten auf dem Schiff steht ein großes Kornmaß, in das ein Sackträger Getreide (als *res* bezeichnet) hineinschüttet.

Es ist zwar denkbar, daß das Getreide in den Speichern lose aufgeschüttet war. Diese Lagerungsart ist aber nicht die einzig mögliche, und sie war wohl auch nicht die günstigste. Für die damaligen Verhältnisse dürfte es eher zweckmäßig gewesen sein, viele kleine Behälter zu benutzen, etwa Weidenkörbe oder Säcke. Die Verladung von Getreide in Säcken ist auf einer römischen Wandmalerei aus Ostia (Italien) dargestellt.[126] Das deutsche Wort »Sack« ist übrigens ein Lehnwort aus dem Lateinischen. — Säcke würden das unbedingt erforderliche, regelmäßige Umlagern des Getreides im Speicher sehr erleichtert haben, ebenso die Verteilung an die Truppe. Eine andere Lagerungsart als die in Säcken oder Körben ist in Versorgungslagern wie South Shields wegen des hohen Durchsatzes an Getreide auch kaum vorstellbar.

Das Grundnahrungsmittel des römischen Heeres war Getreide. Deswegen war die Speicherung von Getreide besonders wichtig. Trotzdem sind sicherlich auch andere Lebensmittel in den Horrea gelagert worden. Die niedrige Temperatur und die gute Belüftung waren für die Lagerung vieler anderer Nahrungsmittel ebenfalls günstig. Die massive Bauweise der Horrea garantierte außerdem eine sichere Aufbewahrung der Vorräte. Vielleicht hat es sogar Vorrichtungen zum Aufhängen von Rümpfen geschlachteter Tiere gegeben, wie sie in heutigen Kühlhäusern verwendet werden. Mehrere antike Autoren beschreiben die Verwendung eines *carnarium* in Küchen und Gaststätten. Es handelte sich um einen Holzrahmen, der von der Decke herabhing und mit Haken versehen war, so daß man Speck, Wurst und Schinken daran aufhängen konnte.[127] Solche oder ähnliche Einrichtungen können auch in den Horrea des Militärs in Gebrauch gewesen sein. Die Rekonstruktion des hölzernen Speicherbaus in Baginton zeigte, daß unter dem Dach viel Platz frei blieb, so daß Raum für zusätzliche Vorräte vorhanden war. — Mitunter sind im rückwärtigen Teil von steinernen Speichern kleine Räume entdeckt worden, die manchmal sogar mit einer Hypokaustheizung ausgestattet waren. Solche Räume fand man besonders am obergermanisch-raetischen Limes.[128] Vielleicht waren es Schreibstuben für die Verwaltungsgefreiten, die in den Horrea Dienst taten (*librarii horreorum*). Es kann sich aber auch um Trockenräume für Getreide gehandelt haben, das zu feucht angeliefert wurde und getrocknet werden mußte, da es sonst verdorben wäre.

LAZARETT (VALETUDINARIUM)

Die Erhaltung der Gesundheit und der körperlichen Fitness war von größter Bedeutung für das römische Heer. Bei Vegetius liest man, einen wie großen Wert die verantwortlichen Offiziere auf die medizinische Fürsorge für die Soldaten legten; auch waren sie sich der positiven gesundheitlichen Wirkung regelmäßiger Gelände- und Gefechtsübungen bewußt. Vegetius wies auch auf die sorgfältige Wahl des Lagerstandorts in hygienischer Hinsicht hin und auf die Versorgung der Truppe mit gutem Wasser. Diese Grundsätze sind noch heute an der günstigen Ortswahl römischer Kastelle ablesbar. Das gilt auch für die Frischwasserversorgung, die meist aus Quellen über Aquädukte erfolgte; Quellfassungen, Wasserleitungen und darauf bezügliche Inschriften sind bei Ausgrabungen gefunden worden. Stets bemühten sich die römischen Architekten um eine gute Abwasserentsorgung und um angemessene sanitäre Einrichtungen. Toiletten mit Wasserspülung waren nichts Außergewöhnliches, wenn sie auch anders gebaut waren als heute. Jedes noch so kleine Auxiliarkastell besaß ein Badegebäude, in dem die Truppe warm und kalt baden konnte. Diese Bäder lagen meist außerhalb der Kastellmauern.

Wie schon gesagt, dienten häufiges Exerzieren und regelmäßige Geländeübungen zur Aufrechterhaltung der Kampfkraft und Moral der Truppe. Vegetius überliefert die Meinung römischer Offiziere: »die Gesundheit im Lager und der Sieg auf dem Schlachtfeld hängen davon ab«. Alle zehn Tage mußte jede Einheit in feldmarschmäßiger Ausrüstung zu einer Marschübung von 10 000 Schritt (15 km) ausrücken, zum Teil im Laufschritt, mit Gefechtsübungen und Lagerbau. Diese Übung wurde als *ambulatus*, »Spaziergang« bezeichnet.[129]

Vor der Einstellung wurden die Rekruten ärztlich untersucht, wie es auch heute üblich ist. Während der Grundausbildung wurde weiter ausgesiebt; physisch Ungeeignete wurden entlassen.[130] Wenn aber ein ausgebildeter Berufssoldat verwundet wurde oder erkrankte, dann, so überliefert Vegetius, »ist es die Pflicht der Offiziere, der Tribunen und besonders des Oberbefehlshabers, dafür zu sorgen, daß kranke Soldaten eine geeignete Diät erhalten und durch die Kunst der Ärzte geheilt werden«. Falls aber ein Mann nicht mehr für tauglich gehalten wurde, konnte er wegen Invalidität entlassen werden (*missio causaria*).[131]

Viele Militärärzte waren Griechen, wie auch zahlreiche ihrer zivilen Kollegen. In der römischen Welt war die ärztliche Kunst hoch entwickelt. Die Ärzte waren gut ausgebildet und genossen ein entsprechendes Ansehen. Mehrere Fachbücher sind erhalten; besonders bekannt sind die Werke von Celsus, Galen und Paul von Aegina. Sie enthalten Darstellungen der Anatomie, genaue Be-

Abb. 116   Trajanssäule, Rom. Rechts: ein Soldat wird im Felde auf dem Verbandsplatz versorgt; links: ein
Verwundeter wird von Kameraden zum Verbandsplatz getragen.

schreibungen chirurgischer Techniken, Anweisungen zur Entfernung von Geschossen, allgemeine
Behandlungsmethoden und Übersichten zur Pharmazie. Bis weit ins Mittelalter hinein griff das
ärztliche Wissen und Können in Europa auf diese Abhandlungen zurück.[132]

Die Sanitätsdienste der Legion sind in literarischen, epigrafischen und archäologischen Quellen
einigermaßen gut dokumentiert. Über entsprechendes Material für die Auxiliartruppen verfügen
wir aber kaum. Daher soll zunächst eine Übersicht darüber gegeben werden, was von den
Legionslazaretten und dem Sanitätspersonal der Legion bekannt ist, um einen Eindruck vom Umfang der medizinischen Versorgung beim römischen Heer zu vermitteln.[133] Denn die gleiche medizinische Fürsorge dürfte auch den Auxiliartruppen zuteil geworden sein, die sich den Legionstruppen im Lauf der Kaiserzeit immer mehr angeglichen haben.

Der Sanitätsdienst bei den Legionen

Die Verantwortung für die gesamte Organisation des Sanitätsdienstes und für die Versorgung der
Legion mit Arzneien und anderen medizinischen Hilfsmitteln lag beim Praefectus Castrorum. Das

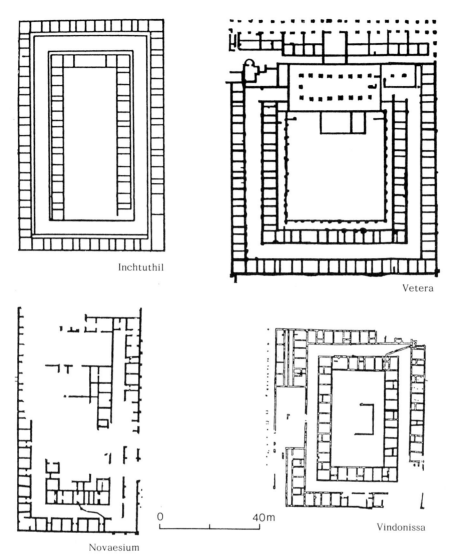

Abb. 117 Grundrisse von Lazaretten in Legionslagern. Maßstab 1 : 1500.

Lazarett wurde vom Optio Valetudinarii geleitet.[134] Der Titel *medicus*, der auf vielen Inschriften erscheint, ist von Soldaten sehr verschiedenen Ranges geführt worden, vom leitenden Militärarzt (*medicus ordinarius*), dessen Stellung wohl mit der eines Centurio (Hauptmann) vergleichbar war, bis zum *miles medicus*, dem Sanitäter, der als Gefreiter für Krankenpflege ins Lazarett abgestellt war. Er war daher vom normalen Truppendienst befreit.[135] Verbände wurden von den *capsarii* angelegt und erneuert. Die Capsarii waren ebenfalls Sanitätsgefreite. Ihre Berufsbezeichnung rührte von dem zylindrischen Verbandskasten *capsa* her. Eine Szene auf dem Reliefband der Trajanssäule zeigt die Tätigkeit dieser Sanitäter auf dem Schlachtfeld. Man sieht, wie ein Capsarius

Abb. 116

181

auf dem Verbandsplatz die Oberschenkelwunde eines Auxiliarsoldaten verbindet, während im Hintergrund ein verwundeter Legionär von zwei Sanitätern vorsichtig zum Verbandsplatz getragen wird. — Das Sanitätspersonal wurde auch bei der Legion ausgebildet; das ergibt sich aus einer Inschrift aus dem Legionslager Lambaesis, in der Krankenpflegeschüler (*discentes capsariorum*) erwähnt werden.[136] In größeren Einheiten gab es sogar Fachärzte: nach einer Inschrift aus Rom waren in der Cohors IV Praetoria sowohl ein Chirurg (*medicus chirurgus*) als auch ein Internist (*medicus clinicus*) tätig; die Britannische Flotte (*classis Britannica*) hatte ihren eigenen Augenarzt (*medicus ocularius*).[137]

In dem Marschlager, das Hygin beschrieb, wurden die Lazarettzelte als *valetudinarium* bezeichnet. Sie standen auf besonders ausgewählten Plätzen in der Praetentura des Marschlagers, »damit sie wegen der Kranken ruhig liegen«.[138] — In den Standlagern der Legionen war das Valetudinarium ein festes Bauwerk. Es befand sich in den verschiedenen Lagern nicht immer an der *Abb. 17* gleichen Stelle; häufig lag es in der Praetentura, bisweilen aber auch in der Retentura (Inchtuthil, Neuss, Carnuntum) oder im Mittelstreifen des Lagers (Bonn).[139] — Das Legionslazarett war ein großes Gebäude mit Innenhof. Der Innenhof wurde von den vier Flügeln des Krankenhauses eingerahmt. Jeder Krankenhausflügel besaß einen langen Mittelkorridor, an dessen beiden Seiten die Krankenzimmer lagen; insofern war ihre Anordnung ähnlich wie heute. Allerdings lagen die einzelnen Krankenzimmer oft in Zweiergruppen zusammen, zwischen denen sich kurze Stichkorridore befanden. Diese zweigten seitlich vom Hauptkorridor ab. Ob diese Stichkorridore mehr Licht und Luft hereinlassen oder ob sie als besonders geschützte Zugänge zu den Krankenzimmern dienen sollten, ist ungewiß. Ein besonders gut erhaltenes Beispiel für diese Bauweise ist das *Abb. 117,* Lazarett des Legionslagers Vetera bei Xanten. Auch dieses Lazarett besaß einen Innenhof. Er war *118* auf drei Seiten von Krankenhausflügeln mit doppelten Reihen von Krankenzimmern eingefaßt. In der Mitte der vierten Seite befand sich eine große, dreischiffige Eingangshalle, an die zum Hof hin zwei größere Räume angebaut waren, vielleicht Operationssäle. An der einen Schmalseite der Eingangshalle lag der Küchentrakt, an der anderen der Badetrakt sowie Toiletten. Man kann abzählen, daß dieses Legionslazarett rund 60 Krankenzimmer besaß. In Vetera maß ein Krankenzimmer 3,4 mal 4,2 m im Lichten und hatte damit eine Fläche von 14,3 qm; man konnte drei einfache, im Notfall vielleicht drei Doppelbetten hineinstellen. Die Räume haben möglicherweise den rund 60 Centurien der Legion entsprochen und konnten bei normaler Vollbelegung einen Krankenstand von knapp 4% der Einheit aufnehmen.[140]

Die Identifizierung dieser Lagerinnenbauten als Lazarett beruht in erster Linie auf Funden chirurgischer und sonstiger medizinischer Instrumente. Solche Funde sind vom Valetudinarium des Legionslagers Neuss bekannt; unter anderem sind Skalpelle, Spatel, Sonden, Scheren, Pinzetten, Löffel und Mischgefäße gefunden worden.[141] In dem gleichen Gebäude kamen auch beachtliche *Abb. 120* Reste pflanzlicher Arzneimittel zutage. — In den Principia des Legionslagers Haltern kam der bleierne Deckel einer Apothekerbüchse zutage mit der Aufschrift »Ex radice Britanica«; sie weist auf die Heilpflanze *herba Britannica* hin, wohl eine Ampferart. Plinius maior beschrieb sie als Heilmittel gegen eine Krankheit, die die Besatzung eines Kastells in Friesland dem Trinkwasser zuschrieb, bei der es sich in Wirklichkeit aber wohl um Skorbut handelte. Die Römer erhielten das Heilmittel von den ansässigen Friesen.[142] — Ein Amphorenbruchstück aus dem Truppenlager Carpow in Schottland besaß eine Ritzinschrift, die den Inhalt als mit Andorn versetzten Wein bezeichnet. Dieser Wein war ein Arzneimittel, das der antike Arzt Dioscurides gegen Husten empfahl.[143] Belege für Wein, der mit Arzneien versetzt war, stammen auch aus Aquincum (Budapest), wo die Legio II Adiutrix stationiert war. Dort sind Reste großer Fässer gefunden worden mit einem Fassungsvermögen von fast 700 Litern, die folgendermaßen gestempelt waren: »*immune in r(ationem) val(etudinarii) leg(ionis) II Adi(utricis)*«, also: »für das Legionslazarett der Legio II Adiutrix bestimmter, zollfreier« Wein.[144]

LAZARETT (VALETUDINARIUM)

Der Sanitätsdienst bei den Auxiliartruppen

Einige Sanitätsdienstgrade der Auxiliartruppen sind durch Inschriften bezeugt. Den höchsten Rang nahm der Regimentsarzt ein, der *medicus alae* beziehungsweise *medicus cohortis*. In Vinovia (Binchester, Nordengland) hat der Regimentsarzt der Ala Vettonum einen Altar gestiftet. Die Regimentsärzte der Cohors IV Aquitanorum und der Cohors IV Vindelicorum sind durch Altarinschriften von den Kastellen Obernburg und Stockstadt am Main bekannt. Bei den Hilfstruppen gab es auch den *medicus ordinarius* wie bei der Legion; er ist anscheinend mit dem *medicus alae* bzw. *medicus cohortis* identisch. Ein Grabstein aus Housesteads (Hadriansmauer) nennt einen solchen *medicus ordinarius*. Ein Arzt dieses Ranges erscheint auch auf einer Inschrift aus dem Kastell Niederbieber, zusammen mit mehreren Sanitätsgefreiten *(capsarii)*.[145] Ärztliche Instrumente sind oft in Auxiliarlagern entdeckt worden. Allerdings konnten sie bisher nicht mit einem Gebäude in Verbindung gebracht werden, das als Lazarett angesehen werden könnte.[146] — Die römischen Auxiliareinheiten hatten außer den täglichen Morgenmeldungen auch einen schriftlichen Jahresbericht über die Mannschaftsstärke zu erstatten *(pridianum)*. Aus dem erhalten gebliebenen Pridianum einer Auxiliarkohorte, die um 105 n. Chr. in Stobi (Makedonien) stationiert war, erfahren wir zwar die Anzahl der krankgemeldeten Sodaten *(aegri)*, erhalten leider aber keine Auskunft darüber, wo sie behandelt oder gepflegt wurden.[147]

Die archäologische Forschung hat zwei Gebäudetypen in Auxiliarkastellen nach ihren Grundrissen als Lazarette interpretiert. Bei dem einen handelt es sich um Gebäude mit Innenhof, wie etwa der Bau hinter den Principia des Kastells Housesteads. Man könnte diese Bauwerke mit Innenhof als verkleinerte Legionslazarette ansehen. Der andere Bautyp umfaßt Korridorhäuser, wie sie unter anderem in den Kastellen Künzing und Oberstimm beobachtet wurden. Bei ihnen liegen zwei Reihen kleiner Zimmer an den beiden Seiten des Mittelkorridors. Von beiden Bautypen sind nur wenige Beispiele bekannt. Bei dem erwähnten Bauwerk im Kastell Housesteads

Abb. 121

Abb. 118   Legionslager Vetera (Xanten). Modell des Lazaretts.

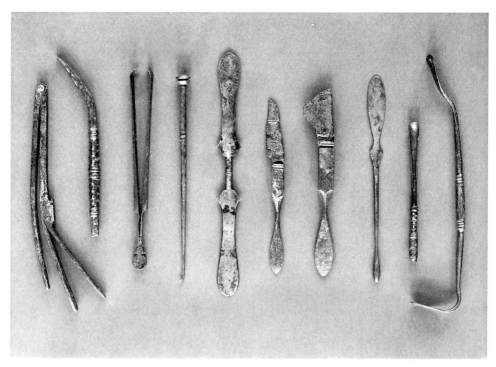

Abb. 119   Bingen (Rheinland-Pfalz). Chirurgische Instrumente, Beigaben aus dem Grab eines römischen Arztes.

waren vier Gebäudeflügel mit Reihen meist kleiner Räume um den Innenhof gruppiert. Einer dieser Räume war größer; es wurde vermutet, daß es der Behandlungsraum war.[148] Das Gebäude hatte eine abgeschirmte, ruhige Lage. Der Innenhof könnte einen Garten für Heilkräuter enthalten haben.[149] Ähnliche Gebäude mit Innenhof, die in den Kastellen Benwell und Wallsend sowie in der Praetentura des Lagers Hod Hill standen, werden ebenfalls als Lazarette dieses Typs angesehen.[150]

Abb. 121   Das Korridorhaus ist gleichfalls nicht häufig in Auxiliarkastellen gefunden worden; es wurde meist als Lazarett interpretiert. Ein klassisches Beispiel für diese Bauart stand im Kastell Fendoch. Der Flur in der Mitte des Gebäudes wurde auf einer Seite von acht kleinen, fast quadratischen Zimmern flankiert; gegenüber lag eine lange, nicht unterteilte Halle mit einer kleinen Kammer an jedem Ende. Der Ausgräber meinte, daß die zehn kleinen Räume für je eine Centurie der vermuteten Besatzung, einer Cohors milliaria, als Krankenzimmer bestimmt waren; die lange Halle als Behandlungsraum oder zusätzlicher Krankensaal.[151] Bei anderen Bauten dieses Typs waren die an den beiden Seiten des Flurs aufgereihten Räume gleich groß und symmetrisch angeordnet, etwa im Kastell Corbridge. Im Valetudinarium des Kastells Künzing lagen die Krankenzimmer einzeln oder in Zweiergruppen, die jeweils von einem schmalen Stichkorridor getrennt wurden, ähnlich wie in den großen Lazaretten der Legionen.

Bisher allerdings gibt es aus diesen Bauwerken keine Fundstücke, mit denen der Nachweis geführt werden könnte, daß sie wirklich Lazarette waren. Auch sind nur wenige römische Auxiliarlager mit modernen Grabungsmethoden vollständig untersucht worden. So fehlt es an präzise dokumentierten und gut datierten Grundrissen. Die beiden oben genannten Bautypen »Gebäude mit Innenhof« und »Korridorhaus« sind viel zu unscharf definiert; zur sicheren Ansprache möglicher Lazarette in Auxiliarlagern reichen derartig locker gefaßte Definitionen nicht aus. Gebäude mit Innenhof, die dem »Valetudinarium« von Housesteads sehr ähnlich sind, sind in anderen Kastellen ohne weiteres als Praetorium angesprochen worden; unten wird gezeigt werden, daß der Bautyp auch als Werkstattbau (Fabrica) Verwendung fand. Das gleiche gilt für das Korridorhaus. In manchen römischen Dörfern und Städten diente es als Wohnhaus mit verschiedenen Varianten des Grundrisses, ebenso auch als Speicher oder Werkstattbau. Der Verdacht auf eine solche Nutzung kam auf, als kürzlich im Kastell Red House bei Corbridge ein Korridorhaus ausgegraben wurde.[152] Direkt vor dem Haus lagen in einem umzäunten Hof mehrere Schmelzgruben für die Metallverarbeitung. Sie waren mit Holzkohle gefüllt und durch starkes Feuer rot verfärbt. Der enge räumliche Zusammenhang zwischen dem Korridorhaus und den Schmelzöfen deutet darauf hin, daß dieses eher als Werkstatt angesehen werden sollte.[153] — Unter dem Fußboden eines Korridorhauses im Kastell Corbridge sind die Reste einer kleinen, eisenbeschlagenen Holztruhe gefunden worden. Sie enthielt Schrott: Nägel, Lanzenspitzen, Maurer- und Zimmermannswerkzeug, Platten von eisernen Panzern (*lorica segmentata*), eine Schwertscheide aus Bronze, außerdem aber auch Schreibtafeln, einen Holzkrug, Lederteile und gläserne Spielmarken.[154] Dieser Fund ist unter dem Fußboden eines Lazaretts schwer erklärbar, und so wäre es denkbar, daß der Schrott von einer Werkstatt gesammelt worden sein könnte.[155] Klarheit bringt aber auch diese Vermutung nicht, denn was sollte die Metallwerkstatt mit den gläsernen Spielmarken, den Schreibtafeln und den Lederresten anfangen? Wir wissen nicht, unter welchen Umständen der ungewöhnliche Fund deponiert wurde und müssen uns hüten, zu weit gehende Schlüsse daraus zu ziehen.

Unter den städtischen Bauten gab es auch Lagerhäuser in der Bauform des Korridorhauses, etwa in Ostia (Italien).[156] Dort sind sogar kleine Speicher mit ähnlichen Abmessungen ausgegraben worden (etwa 25 x 15 m), wie sie die Korridorhäuser in den Auxiliarkastellen Britanniens und an der germanischen Grenze aufwiesen. — Unter Kaiser Septimius Severus wurde in Rom ein riesiger Stadtplan aus Marmor aufgestellt, von dem viele Bruchstücke gefunden worden sind. Auf

Abb. 122

Abb. 121

Abb. 120 Legionslager Haltern (Nordrhein-Westfalen). Deckel einer Apothekerbüchse aus Blei mit der Inschrift EX RADICE BRITANICA. Plinius maior erwähnt die Pflanze *radix Britannica* (wohl eine Ampferart). Sie diente vermutlich als Mittel gegen Skorbut.

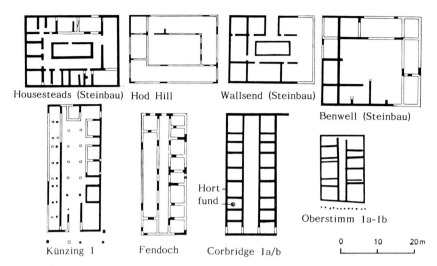

Housesteads (Steinbau) Hod Hill Wallsend (Steinbau)

Benwell (Steinbau)

Hort-
fund

Oberstimm 1a-1b

0   10   20m

Künzing 1   Fendoch   Corbridge 1a/b

Abb. 121   Bauwerke in Auxiliarlagern, als Lazarette gedeutet. Maßstab 1 : 1000.

Abb. 123,
124   dem Plan sind große Speicherbauten dargestellt und auch als solche bezeichnet, etwa die Horrea Lolliana. Außerdem sind einige kleine Korridorhäuser dargestellt, die den Korridorhäusern in den Auxiliarlagern erstaunlich ähnlich sehen. Ihre Funktion geht zwar aus dem Marmorplan nicht hervor, doch können sie wie die ähnlichen Bauten aus Ostia kleine Speicher gewesen sein.[157]

Zusammenfassend muß festgestellt werden, daß es bis heute schwierig ist, Valetudinarien in den Auxiliarkastellen nachzuweisen. Man kann sogar daran zweifeln, ob es in den Kastellen überhaupt Lazarette gegeben hat. Zwar könnten die Gebäude mit Innenhof in den Kastellen Housesteads, Benwell und Wallsend an der Hadriansmauer verkleinerte Fassungen der großen Legionslazarette gewesen sein. Es gibt aus diesen Gebäuden jedoch keine Funde, die diese Ansicht belegen, etwa chirurgische Instrumente oder andere medizinische Gerätschaften. — Der Bautyp des Korridorhauses kann nicht einer bestimmten Funktion zugeordnet werden; solche Häuser dienten in den Städten und Vici des Römerreichs als Wohnhäuser, Werkstätten oder Speicher. So kann man die Korridorhäuser innerhalb der Kastelle, die bisweilen als Lazarette gedeutet worden sind, genausogut für Werkstätten, Speicher oder Unterkünfte halten. — Für das hohe Niveau des Sanitätsdienstes im römischen Heer gibt es zahlreiche antike Schriftquellen, auf die oben hingewiesen wurde. Darunter sind Belege dafür, daß die Auxiliareinheiten ihr eigenes, differenziertes Sanitätspersonal hatten; außer dem Regimentsarzt (Medicus Cohortis bzw. Alae) gab es einfache Sanitätsgefreite (Capsarii). Doch bleibt es unklar, wo die Kranken und Verwundeten in den Ka-

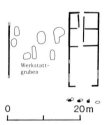

Werkstatt-
gruben

0   20m

Abb. 122   Kastell Red House bei Corbridge (Northumberland). Kleines Langhaus, vermutlich Werkstatt für Metallverarbeitung. Maßstab 1 : 1000.

186

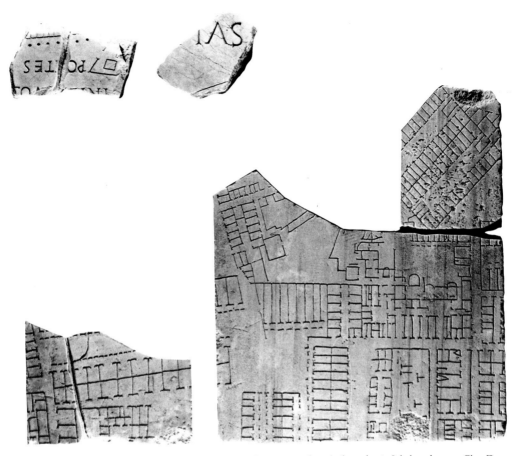

Abb. 123   Rom, Bruchstücke des Stadtplans aus Marmor aus dem Anfang des 3. Jahrhunderts n. Chr. Dargestellt sind Gewerbeviertel nahe dem Aventin. Die Gebäude mit den regelmäßigen Kammerreihen waren Speicherbauten.

stellen versorgt und gepflegt wurden. Man könnte sogar vermuten, daß die Ärzte und Sanitäter der Hilfstruppen nur die leichteren Fälle behandelten und die schweren ins Legionslazarett überwiesen. Das aber wäre eine an heutigen Verhältnissen orientierte, anachronistische Auffassung. Denn viele Auxiliarkastelle lagen vom nächsten Legionslager sehr weit entfernt. Manche Kranken hätten den Transport mit den damaligen Transportmitteln über Straßen, die mit den heutigen nicht zu vergleichen sind, wohl kaum überlebt. Außerdem gab es keineswegs in allen Grenzprovinzen, in denen Hilfstruppen standen, zugleich auch Legionen. Die Provinz Raetia war nach ihrer Gründung unter Claudius über ein Jahrhundert lang ohne Legion. So mußten die Kranken des raetischen Grenzheeres ohne die Hilfe des Legionslazaretts versorgt werden. Es sind daher wohl doch Lazarette in den Auxiliarkastellen anzunehmen, und dafür kommen vor allem jene Innenbauten in Betracht, die die Forschung bisher dafür in Anspruch genommen hat. In einigen Kastellen, besonders in den kleineren, gab es wohl nur Krankenreviere, für die ein besonderer

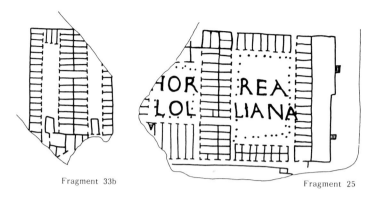

Fragment 33b

Fragment 25

Abb. 124 Rom, Bruchstücke des Marmor-Stadtplans. Speicherbauten; der große Baukomplex rechts wird als HORREA LOLLIANA bezeichnet.

Raum in den Mannschaftsbaracken vorhanden gewesen sein mag. Zukünftige Ausgrabungen in Auxiliarkastellen werden diese Fragen vielleicht lösen können: ein glücklicher Fund medizinischer Instrumente kann zur Deutung eines Bautyps beitragen. Eine genauere Dokumentation der Gebäudegrundrisse und eine präzisere Gebäudetypologie könnten wohl auch dazu verhelfen, die unscharf definierten Bautypen besser aufzugliedern und jene Gebäude auszuschließen, die anderen Zwecken gedient haben. Dabei wäre auf solche Einzelheiten zu achten wie die eigentümliche Anordnung der Zimmer in Zweiergruppen in dem Korridorbau des Kastells Künzing und die dort beobachteten, kurzen Stichkorridore zwischen den Zimmergruppen, die den Grundrissen der Krankenhausflügel bei den Legionslazaretten überraschend ähnlich sind.

MANNSCHAFTSBARACKE (CENTURIA)

Abb. 29, 125

Abb. 126

Die Mannschaftsbaracken in den dauerhaften Militärlagern gehen auf die Zeltreihen der Marschlager zurück. Nach Hygin kampierte jede Legionscenturie in neun Lederzelten (*papiliones*), die in einer Reihe aufgestellt waren. Zwei Centurien lagerten stets einander gegenüber; der Lagerstreifen, den beide einnahmen, hieß *striga*. Entsprechend wurde der Lagerplatz einer Centurie als *hemistrigium*, »Halbstreifen« bezeichnet.[158] Jedes dieser Zelte maß zehn Fuß im Quadrat (etwa 3 x 3 m) und beherbergte eine Zeltgemeinschaft (*contubernium*) von acht Mann. Es wurden nur acht Zelte für die Mannschaften der Centurie benötigt, weil ständig 16 Soldaten Wachtdienst hatten; von den 80 Leuten der Centurie lagen also nur 64 in den Zelten. Am Anfang jeder Zeltreihe stand das Zelt des Centurio, das den Raum von zwei Mannschaftszelten einnahm. Zwischen den Zeltreihen der zwei Centurien, die einander gegenüber lagen, blieb ein Streifen von 40 Fuß (etwa 12 m) Breite frei. Er diente dazu, die Waffen (*arma*) vor den Zelten abzulegen (2 mal 5 Fuß) und die Tragtiere (*iumenta*) anzubinden (2 mal 9 Fuß); die restlichen 12 Fuß in der Mitte wurden als Lagergasse zum Zugang benötigt. Die Abstände zwischen den neun Zelten waren mit zwei Fuß so knapp, daß gerade noch Platz für die Zeltschnüre und Heringe blieb.[159]

Abb. 127

Die Baracken in den Legionslagern und in den Auxiliarkastellen hatten eine verwandte Anordnung wie die Zeltreihen im Marschlager. Sie waren allerdings geräumiger. Ein solcher Bau besaß einen L-förmigen Grundriß, wobei der verbreiterte Kopf des Gebäudes die Offiziersunterkunft bildete. Dieser Gebäudeteil grenzte meist an das Intervallum bzw. an die Via sagularis; er blickte also auf die Umwehrung. Im übrigen bestand die Baracke aus einer Reihe von Stuben für die Mannschaften, vor denen eine offene Vorhalle lag. Die Baracke für die Centurie hieß ebenfalls *centuria*. Diese Baracken standen meistens paarweise einander gegenüber, genauso wie die Lagerplätze der Centurien im Marschlager.[160] Zwischen ihnen befand sich eine geschotterte Lagergasse.

Abb. 125 Trajanssäule, Rom. Vordergrund rechts: hölzerne Pionierbrücke. Hintergrund: Militärlager. Die Umwehrung besitzt Tore mit Claviculae; im Inneren Lederzelte.

Die Auxiliarbaracken hatten im Mittel eine Breite von 10 m und eine Länge von 50 m. Sie standen fast immer in der Praetentura und in der Retentura. Der Mittelstreifen des Lagers war bei den Kastellen Britanniens regelmäßig den Verwaltungs- und Spezialbauten vorbehalten; Mannschaftsbaracken sind hier nicht beobachtet worden. Eine Ausnahme bildete lediglich das claudische Kastell Hod Hill, das aber praktisch keine Retentura besaß. Bei den Kastellen an der germanischen Grenze war der Lager-Mittelstreifen ebenfalls häufig nur für die Verwaltungs- und Spezialbauten vorgesehen (z. B. Kastelle Wiesbaden und Künzing). Doch gab es eine Anzahl von Auxiliarlagern, die anders eingeteilt waren; bei ihnen kamen Mannschaftsbaracken auch im Mittelstreifen vor. Dazu zählen bereits claudische Kastelle wie Oberstimm und Valkenburg. In eine etwas spätere Zeit gehören die obergermanischen Kastelle Echzell, Hesselbach, Saalburg und Kapersburg, bei denen Mannschaftsbaracken seitlich von den Principia beobachtet worden sind. Diese Anordnung der Mannschaftsbaracken war am obergermanischen Limes einst wohl gar

Abb. 182

Abb. 179, 180

189

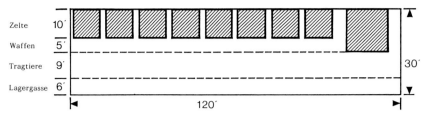

Zelte	10´
Waffen	5´
Tragtiere	9´
Lagergasse	6´

Abb. 126 Lagerplatz für die Zelte einer Centurie nach den Angaben Hygins (Maße in römischen Fuß zu je 29,6 cm). Maßstab 1 : 400.

nicht so selten. Es fehlt allerdings an neueren Ausgrabungen, bei denen nicht nur die Steinbauten, sondern auch die meist hölzernen Mannschaftsbaracken dokumentiert worden sind. Die Anordnung von Baracken im Mittelstreifen erscheint nicht ganz ungewöhnlich, weil sie auch bei den Legionslagern vorkam.

Abb. 127,   Eine Mannschaftsbaracke für Infanterie enthielt üblicherweise zehn Stuben (*contubernia*), um *128, 129*   die 80 Mann einer Centurie unterzubringen, außerdem die Quartiere für den Centurio und seine Unterführer (Signifer, Optio und Tesserarius). — Eine Baracke für Kavallerie sah im Prinzip genauso aus und war wohl für 64 Reiter berechnet (zwei Turmae). Es gab daher mindestens acht Contubernia für je acht Mann sowie die Unterkünfte für die Führer und Unteroffiziere der beiden Turmen (Decurio, Duplicarius und Sesquiplicarius). Oft findet man in den Baracken zusätzliche Räume, die als Unterkünfte für Unteroffiziere, als zusätzlicher Platz zum Speichern, vielleicht auch als Werkräume oder Krankenreviere benutzt worden sind.

Dem Centurio oder Decurio stand ein geräumiges Quartier in Form einer abgeschlossenen Wohnung zur Verfügung. Sie umfaßte mehrere Räume. Die Wohnung lag am Anfang der Baracke und nahm ihre ganze Breite ein. Gelegentlich war eine solche Unterkunft sogar vom Hauptteil der Baracke abgesetzt; sie war dann durch eine schmale Traufgasse von dem Mann-
Abb. 132   schaftstrakt getrennt. Bei den Ausgrabungen im Kastell Valkenburg (Niederlande) konnten in den Offizierswohnungen Einzelheiten der Inneneinrichtung untersucht werden. Die Baracken bestanden aus Fachwerk. Seit der Antike hat sich in Valkenburg der Grundwasserspiegel gehoben. Die hölzernen Wände gerieten dadurch dauernd unter Wasser und haben sich hervorragend erhalten. Man hat folgendes beobachtet: Die Offizierswohnung bestand aus sechs oder sieben Räumen, die

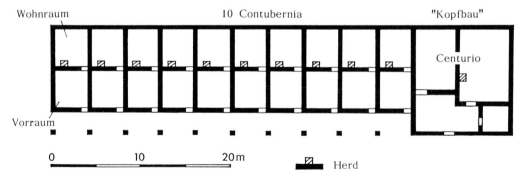

Abb. 127 Grundriß einer typischen Mannschaftsbaracke für eine Centurie. Maßstab 1 : 400.

an einem bisweilen abgewinkelten Flur lagen. Ein Herd, eine Toilette sowie holzverschalte Abwasserkanäle, die nach außen in eine Sickergrube führten, gehörten regelmäßig zur Ausstattung.[161] Die Größe dieser Wohnungen und ihre Einrichtung mit Herd und Toilette stellten im Vergleich zu den Mannschaftsunterkünften einen beträchtlichen Komfort dar; sie können als Hinweis auf die großen gesellschaftlichen Unterschiede im römischen Heer dienen. Noch deutlicher wird das durch den Fund zahlreicher Bruchstücke von bemaltem Wandverputz, der einst auf den Fachwerkwänden der Offiziersunterkunft in einer Mannschaftsbaracke des Kastells Echzell (Hessen) angebracht war. Es gelang, die Bruchstücke zusammenzufügen; sie zeigten Wandbilder von erstaunlicher Kunstfertigkeit. Die Malereibruchstücke waren beim Abriß der Baracke in einen einstmals holzverschalten Keller geworfen worden, der sich unter der Offizierswohnung befand.[162] Solche mit Holz verschalten Keller oder auch kleinere Vorratsgruben wurden nämlich oft unter den Barackenfußböden angelegt, auch im Mannschaftstrakt. Sie enthielten wohl Holzkästen oder Beutel mit persönlichem Eigentum der Soldaten. In einer solchen Vorratsgrube im Kastell Great Casterton lagen noch die Ziernägel und ein Bronzeband von einem Holzkasten.[163] Wieviele Menschen in einer Offiziersunterkunft wohnten, wissen wir nicht. Es ist denkbar, daß dort nicht nur der Centurio oder Decurio, sondern auch ihre Unterführer lebten. Andererseits

Abb. 130

Abb. 128   Kastell Saalburg im Taunus (Hessen). Zwei rekonstruierte Mannschaftsbaracken (Centuriae), Holzbauten auf Steinfundamenten. Die Baracken sind nicht verputzt, sondern mit einer Bretterschalung versehen, nach Darstellungen auf der Trajanssäule. Bei der rechten Baracke ist das Vordach vor den Eingängen der Mannschaftsstuben deutlich zu erkennen. Am Ende dieser Baracke: vorspringender »Kopfbau« für den Centurio. Mit rund 35 m Länge gehören die rekonstruierten Baracken der Saalburg zu den kleinsten Bauwerken dieses Typs (Größe etwa wie in den Kastellen Hod Hill, Valkenburg, Hesselbach).

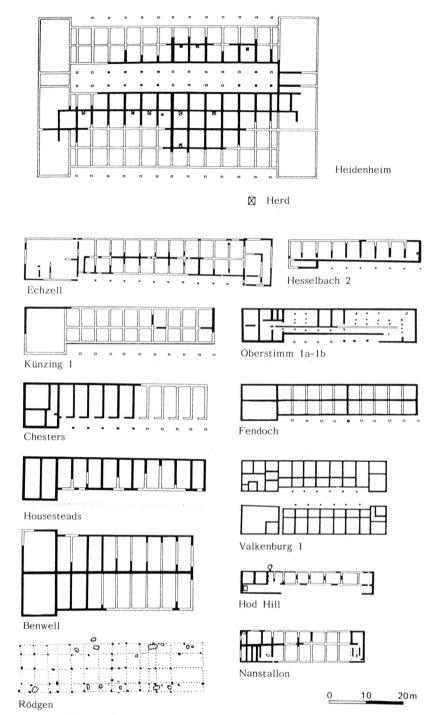

Abb. 129   Mannschaftsbaracken in Auxiliarkastellen. Maßstab 1 : 1000.

Abb. 130 Kastell Echzell. Auschnitt einer Wandmalerei: Fortuna und Hercules. Aus dem Offiziersquartier einer Mannschaftsbaracke. Mitte 2. Jahrhundert n. Chr.

könnte die Unterkunft auch nur für den Centurio bzw. Decurio und für dessen Sklaven und Freigelassene bestimmt gewesen sein.[164]

In dem Legions-Marschlager, das Hygin beschrieben hat, standen die Zelte der angeseheneren Legion auf der rechten Seite. Ähnlich war in einem dauerhaften Legionslager der Platz rechts von den Principia der besonders angesehenen, ersten Legionskohorte vorbehalten.[165] Man hat vermutet, daß in den Auxiliarkastellen nach dem gleichen Grundsatz verfahren wurde, so daß die Baracke mit dem Quartier des ranghöchsten Centurio oder Decurio auf der rechten Seite gelegen haben dürfte. Entsprechend ist anzunehmen, daß bei jedem Paar von Baracken der ranghöhere Truppenführer das rechte Gebäude bewohnte. »Rechts« bezieht sich auf die Blickrichtung vom Ende der Baracke (Mannschaftsteil) zum Offiziersquartier.[166] Es gibt Beispiele, die diese Annahme zu bestätigen scheinen, weil die Unterkunft für den Offizier in der rechten Baracke geräumiger war. Es gibt aber auch Barackenpaare, bei denen die Offiziersquartiere auf der linken Seite größer waren, und in vielen Kastellen sind keine Größenunterschiede zwischen den Offizierswohnungen festzustellen.[167]

Das lateinische Wort *contubernium* bezeichnete nicht nur die Zeltgemeinschaft im Marschlager, sondern auch die mit ihr identische Stubengemeinschaft im festen Standlager. Das Quartier für die Stubengemeinschaft wurde ebenfalls als Contubernium bezeichnet. Ein Contubernium umfaßte acht Mann; das Quartier für diese Mannschaft bestand in den Auxiliarkastellen meist aus zwei Räumen, einem hinteren Raum zum Wohnen und Schlafen und einen vorderen zur Aufbewahrung der Ausrüstung und der persönlichen Habe. Im Marschlager wurden diese beiden Wohnbereiche als *papilio* (»Schmetterling« im übertragenen Sinn: Zelt) und *arma* (Waffenplatz) bezeichnet. Ob diese Bezeichnungen auch auf die festen Unterkünfte übertragen wurden, ist unbekannt. — Vor der Baracke lag eine offene Vorhalle, die gewissermaßen als weiterer Raum benutzt werden konnte. In dem hinteren Raum eines Contuberniums (Wohnraum) gab es gewöhnlich einen ebenerdigen Herd, der an einer der Innenwände lag. Er war ähnlich gebaut wie ein heutiger, offener Kamin. Längs der Wand führte ein Rauchabzug hoch, vielleicht gab es auch einen Rauchfang. Die Fußböden bestanden oft nur aus einem Lehmestrich. Gelegentlich fand man Spuren von hölzernen Unterzügen für einen Bretterfußboden. In mehreren Kastellen kamen Fensterglasbruchstücke im Schutt von Mannschaftsbaracken zutage. Wenigstens gelegentlich gab es also Glasfenster. Allerdings dürften Fenster mit hölzernen Läden oder Holzgitter häufiger gewesen sein.

Ausgrabungen im Lager der Ala milliaria von Heidenheim (Baden-Württemberg) erlauben interessante Einblicke in die Inneneinrichtung der Contubernien.[168] Die Herde lagen wie üblich im hinteren Raum, und zwar an der Zwischenwand zum Vorderraum. Sie waren halbrund, aus Steinen oder Ziegeln gesetzt und hatten wahrscheinlich einen kaminartigen Rauchfang. Die Fußböden bestanden aus festgestampftem Lehm, der mit Ziegelsplitt gemischt war. Die Spuren von schmalen Vertiefungen, in denen einst die Zwischenwände aus verputztem Fachwerk standen, traten klar zutage. In einem der hinteren Räume befanden sich vor dem Herd vier Pfostenlöcher, die in einem Rechteck angeordnet waren. Hier dürften die Beine einer Bank oder eines Tisches verankert gewesen sein, an dem die Soldaten aßen, tranken und wohl auch Brettspiele spielten; unter den Trümmern dieser Baracken wurden nämlich viele Spielsteine gefunden. An drei Seiten des Contuberniums begrenzten kleine Pfostenlöcher Flächen von etwa 200 x 80 cm. Wahrscheinlich standen hier die Bettpfosten für Etagenbetten, die einst an den Wänden aufgereiht und um den Herd gruppiert waren.[169] Der Vorraum des Contuberniums war meist wesentlich kleiner als der Wohnraum; nur in wenigen Unterkünften hatte er die gleiche Größe. Er war nicht beheizt und wohl mit Spinden oder Regalen ausgestattet, die zur Aufnahme der Waffen und der militärischen Ausrüstungsstücke sowie der persönlichen Habe der Soldaten dienten.[170] Zum privaten Besitz eines Soldaten gehörten Kleidungsstücke, Wertsachen, Waffen, Werkzeuge und Küchengeräte. Außerdem muß es Raum für das gemeinsame Eigentum des Contubernium gegeben haben, nämlich Getreidemühle, Kochtöpfe und anderes Geschirr, vielleicht auch das lederne Zelt. Hier und in der offenen Vorhalle der Baracke reinigten die Soldaten Waffen und Rüstung und bereiteten wohl auch ihre Mahlzeiten vor; gekocht wurde im Wohnraum über dem Herd.

Mitunter sind zwei Baracken Rücken an Rücken aneinandergebaut worden. Bei solchen Baracken konnten die Wohnräume nur durch Oberlichter Tageslicht erhalten. Im Kastell Carrawburgh (Hadriansmauer) sind die Fundamente für die Trennmauer einer solchen Doppelbaracke verstärkt worden. Vermutlich stand sie höher als die Frontmauer und trug Oberlichter.[171]

Die Anzahl der Contubernien in einer Baracke schwankte je nach der Art der Besatzung. Die 80 Mann der Centurie einer Infanterie-Einheit waren meist auf zehn Stuben verteilt. Bei der Kavallerie lagen zwei Turmae von je 32 Mann in einer Baracke, die insgesamt mindestens acht Contubernia benötigten. Häufig gab es weitere Räume in einer Baracke, so daß es schwierig ist, die Unterkünfte von Infanterie und Kavallerie durch die Anzahl der Contubernien zu unterscheiden. Das Kastell Chesters ist eines der wenigen Kastelle an der Hadriansmauer, von dem man sicher weiß, daß die Besatzung eine Kavallerieeinheit war. Hier läßt sich die Truppengattung zu den ausgegrabenen Unterkünften in Beziehung setzen. Die Baracken hatten in Chesters je zehn Contubernien. In anderen Kastellen, die ebenfalls als Kavallerielager angesehen werden, schwankt die Anzahl der Contubernien zwischen sechs und zehn.[172] Mitunter hatten die Baracken sogar noch

Abb. 131,
133

Abb. 129;
Taf. 3 a

Abb. 131   Innenansicht einer Mannschaftsstube (Contubernium). Rekonstruktion nach Beobachtungen im Kastell Heidenheim (Baden-Württemberg).

mehr Contubernien, etwa im augusteischen Versorgungslager Rödgen (Hessen), wo jede Unterkunft 11 bis 16 Räume unterschiedlicher Größe aufwies; allerdings waren hier nur sehr geringe Spuren der Holzbauten erhalten, so daß die Zählung unsicher ist. — Im flavischen Kastell Rottweil III wurden 13 Contubernien pro Unterkunft nachgewiesen. In diesen Fällen waren aber die Lager vielleicht gar nicht für Auxiliareinheiten geplant, sondern für Abteilungen von Legionssoldaten. Solche Legionsvexillationen können auch mit Hilfstruppen zusammen in einem Kastell stationiert gewesen sein. *Abb. 189*

In dem Marschlager, das Hygin beschrieb, stand den Reitern zweieinhalbmal mehr Platz zu als den Infanteristen; sie mußten allerdings auch die Pferde auf ihrem Lagerplatz vor dem Zelt unterbringen.[173] In den dauerhaften Kastellen, in denen die Pferde in besonderen Ställen untergebracht waren, gab es keinen Grund, einem Reiter soviel mehr Platz zuzuweisen. Er mußte aber wohl den Sattel, das Zaum- und das Putzzeug in seiner Unterkunft aufbewahren; doch könnten auch Sattelkammern in den Ställen eingerichtet gewesen sein, so daß dort wenigstens ein Teil des Pferdegeschirrs gelagert wurde. Wegen der Notwendigkeit, eine umfangreichere Ausrüstung unterzubringen, aber auch weil ein Alen-Reiter besser bezahlt und höher angesehen war als ein Auxiliar-Infanterist, stand ihm ein geräumigeres und etwas komfortableres Quartier zu. Tatsächlich sind in den Reiterkastellen geräumigere Contubernia festgestellt worden. Die unterschiedlichen Besatzungen des Kastells Valkenburg in den aufeinanderfolgenden Perioden 1, 1 a und 2/3 zeigten sich auch in der Vergrößerung der Unterkünfte: die Anzahl der Contubernien wurde von sieben auf sechs pro Baracke reduziert, der Vorraum des Contuberniums wurde in seinen Maßen verdoppelt, so daß er fast die Größe des Wohnraums erreichte. Es wird vermutet, daß dieser Umbau mit der Ablösung des Infanteriekontingents einer Cohors equitata durch Teile einer Ala zu- *Abb. 132*

Abb. 73

sammenhängt.[174] Entsprechend schwankte auch die Anzahl der Contubernien einer Baracke in der Retentura des Kastells Corbridge während der Dauer dieses Kastells zwischen acht und zehn; daher wurde ein Wechsel zwischen Kavallerie und Infanterie angenommen. In den älteren Kastellen Britanniens, etwa dem claudischen Hod Hill oder dem neronischen Baginton, sind die Contubernien sehr klein und bestehen nur aus einem Raum. Das rührt vermutlich daher, daß diese Lager ganz am Anfang der Entwicklung standen und zu den ältesten dauerhaften Stützpunkten gehörten. Die Soldaten waren noch an die beengten Verhältnisse in den Marschlagern gewöhnt und hielten den knappen Raum für ausreichend.[175] Im Laufe der Zeit wurden die Unterkünfte geräumiger. In den drei Bauphasen 4–6 des Kastells Valkenburg wurden die Contubernia der Cohors IIII Thracum nach und nach vergrößert, ein Zeichen für eine gewisse, wenn auch geringfügige Verbesserung des Wohnstandards.[176]

Abb. 129

In einigen Unterkünften gab es zusätzliche Räume. Im Kastell Echzell (Hessen) wurde eine Mannschaftsbaracke ausgegraben, bei der zwischen dem Offiziersquartier und dem ersten regulären Contubernium eine etwas andersartige Unterkunft mit abweichender Inneneinteilung lag. Ähnliches wurde auch bei den Mannschaftsunterkünften des Legionslagers Neuss festgestellt. Die Funktion dieser Räume ist unbekannt. Wegen ihrer Lage neben der Wohnung des Centurio oder Decurio wurde vermutet, sie seien für die Unterführer (Optio, Signifer, Tesserarius oder Duplicarius, Sesquiplicarius) bestimmt gewesen.[177] In anderen Kastellen sind »Endräume« oder »Endbauten« an jenem Ende der Baracken festgestellt worden, die der Offiziersunterkunft gegenüberlagen. Manchmal waren diese »Endbauten« lediglich eine Fortsetzung der Contubernien, und die offene Vorhalle lief davor weiter, wie etwa im Kastell Rottweil III. Mitunter war der »Endbau« breiter als die Contubernien, so daß er aus der Gebäudefront vorsprang, beispielsweise in den Kastellen Oberstimm oder Valkenburg.

Abb. 179,
132

Üblicherweise waren eine Centurie oder zwei Turmen in einer Baracke untergebracht. Gelegentlich aber zwang Platzmangel zur Aufteilung des Baus in zwei Hälften. Das wurde im Kastell Valkenburg beobachtet, wo in der claudischen Periode 1 vier Paar (also acht) Mannschaftsbaracken neben den Principia lagen. Vier der Bauten hatten vorspringende Offiziersunterkünfte nach der Wehrmauer hin. In der jeweils gegenüberliegenden Baracke befanden sich an ihrer Stelle große, rechteckige Bauteile, die nicht für Wohnzwecke gedacht waren. Sie enthielten nämlich Ge-

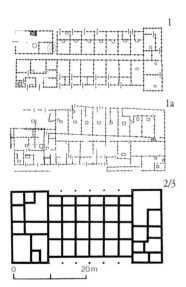

Abb. 132 Kastell Valkenburg (Niederlande). Grundrisse einer Doppelbaracke in drei aufeinanderfolgenden Bauperioden. Die Änderung des Grundrisses beim Übergang von Per. 1 zu Per. 1a deutet auf einen Wechsel der Besatzung. Maßstab 1 : 1000.

Abb. 133   Kastell Heidenheim (Baden-Württemberg), Nordwestecke; Ausgrabung 1965. Das Foto zeigt die Fundamentgräben hölzerner Mannschaftsbaracken. Sie wurden nach dem Abräumen des Mutterbodens in einem ehemaligen Garten als Erdverfärbungen sichtbar.

treidemühlen und Feuerstellen für Gewerbezwecke, sie boten wohl auch Speichermöglichkeiten. Jedes Gebäudepaar bildete offenbar die beiden Teile der Wohneinheit für eine Centurie; es enthielt die Offizierswohnung, 13 Contubernien, zwei »Endbauten« sowie den besprochenen rechteckigen Bauteil, der Mühle, Werkstatt und Speicher kombinierte. Er könnte als *fabricula* bezeichnet werden. Eine verwandte Anordnung ist im Kastell Hod Hill beobachtet worden.[178] Der Grund für diese Bauweise wird wohl darin liegen, daß die ungeteilten Mannschaftsbaracken in Valkenburg fast 80 m lang gewesen wären und in dieser Länge nicht in das Kastell gepaßt hätten.

Abb. 129,
133, 197

Es gibt nur wenige Militärlager, in denen mit einiger Wahrscheinlichkeit Mannschaftsbaracken für Reiter identifiziert worden sind. Die einzigen Unterkünfte von Reitern einer Ala milliaria sind vor einigen Jahren in dem Kastell Heidenheim (Baden-Württemberg) ausgegraben worden. In diesem Kastell lag die Ala II Flavia milliaria.[179] Die drei untersuchten Baracken (Abmessungen etwa 75 x 10 m) enthielten an ihren Enden jeweils eine Wohnung für einen Decurio, dazwischen lagen zwölf gleichgroße Contubernien. In der Mitte war jede Baracke durch eine etwas stärkere Trennwand unterteilt; an dieser Stelle stießen die Quartiere der zwei Turmen aneinander, die in der Baracke lagen. Auf jede Turma, die bei der ala milliaria wohl 42 Mann stark war, entfielen demnach sechs Contubernien sowie der Wohnteil des Decurio. — In Kastellen, in denen eine Ala

Abb. 129

quingenaria (fünfhundert Mann starke Ala) lag, etwa in Chesters (Hadriansmauer) und Newstead (Schottland), ist die Anzahl der Contubernien in den Unterkünften unterschiedlich. Ähnlich verhält es sich mit den Unterkünften für Cohortes quingenariae equitatae (teilweise berittene, fünf-

Abb. 195

hundert Mann starke Kohorten): im Kastell Künzing (Bayern) hatten die Reiterbaracken wahrscheinlich zehn Contubernien; im Kastell Valkenburg (Niederlande) neun oder zehn. Auch die Größe der Contubernien schwankte beträchtlich; die von Künzing boten bis zu einem Drittel mehr Platz als die in Valkenburg. — Es gibt bisher kein Kastell mit ausgegrabenen Mannschaftsbaracken, von dem wir durch Inschriften sicher wissen, daß eine reine Infanterietruppe die Besatzung bildete. Man nimmt aber an, daß die zehn Baracken mit je zehn Contubernien in den Kastellen Fendoch (Schottland) und Housesteads (Hadriansmauer) die Unterkünfte je einer Cohors milliaria peditata bildeten (tausend Mann starke Infanterie-Einheit). In beiden Kastellen hatten die Contubernien ähnliche Abmessungen; sie boten weniger Platz als die Unterkünfte für Reiter.[180]

Abb. 18

Unterkünfte eines Numerus sind im Kastell Hesselbach (Hessen) ausgegraben worden. Dort bot jede der vier Baracken wahrscheinlich Raum für eine kleine Unterabteilung von 30 oder 32 Mann; die Anzahl der Contubernien war verschieden. — Bis heute sind viel zu wenige Auxiliarlager vollständig mit allen Innenbauten ausgegraben worden. Daher sind manche Fragen nach den Planungsgrundsätzen der Mannschaftsunterkünfte noch nicht sicher zu beantworten. Diese haben sich im Laufe der Zeit offensichtlich geändert und waren auch in den verschiedenen Provinzen des Reichs nicht einheitlich.

STALL (STABULUM)

Abb. 135

Bei den Alen, den Kavallerieeinheiten des römischen Heeres, gab es Hunderte von Pferden. Außerdem hatte jede Hilfstruppe Last- und Zugtiere. Über die Ställe in römischen Militärlagern weiß man aber wenig.[181] Oft ist die Identifikation von Ställen durch die Ausgräber unsicher. Nirgends ist es gelungen, ausreichende Informationen für ihre Rekonstruktion zu gewinnen. Das mag daran liegen, daß viele Ställe leicht gebaut waren, so daß sie nur geringe Spuren hinterließen. Es ist auch schwierig, die Gebäude als Ställe zu erkennen. Die wenigen, einwandfrei erkannten Ställe waren lange, schmale Bauten. Manche langgestreckten Bauwerke waren Ställen ähnlich: Schuppen, Speicher, kleine Werkstätten oder auch Mannschaftsbaracken; sie können leicht verwechselt werden. Zwar ist damit zu rechnen, daß ein Stall einen Jaucheabfluß hatte. Ein solcher muß allerdings nicht unbedingt erhalten sein. — Vielleicht waren die Pferde und Lasttiere in einigen Lagern auch gar nicht innerhalb der Mauern untergebracht.[182]

Die wenigen Belege, die wir für römische Militärpferde und ihre Ställe haben, sind rasch zusammengefaßt. Die Kavalleriepferde der damaligen Zeit waren im allgemeinen etwas kleiner als die heutigen. Untersuchungen an Knochenresten aus dem Kastell Newstead (Schottland) haben ergeben, daß das einheimische »keltische Pony« eine Widerristhöhe (Stockmaß) von 1,10 bis 1,20 m, andere Ponytypen eine solche von 1,20 bis 1,30 m hatten; Pferde konnten bis zu 1,50 m groß sein, viele maßen aber unter 1,40 m.[183] Funde aus anderen römischen Kastellen Britanniens zeigen, daß ein Reitpferd dort gewöhnlich eine Widerristhöhe von etwa 1,40 m hatte. Dagegen liegt die Normalgröße neuzeitlicher Reitpferde bei 1,50 m. In den germanischen Provinzen waren die Verhältnisse ähnlich. Die Untersuchung der Pferdeknochen ergab, daß die Römer einerseits einheimische Pferderassen verwendeten, die eine geringe Widerristhöhe besaßen (um 1,30 m) und ponyartig ausgesehen haben müssen. Andererseits haben sie höher gezüchtete Rassen eingeführt, die eine Widerristhöhe bis um 1,50 m erreichten. — Kleine Ponies und Maultiere wurden als Lasttiere eingesetzt.[184]

Nach den wenigen ausgegrabenen Beispielen und nach der neuzeitlichen Praxis zu urteilen, war ein guter Stall folgendermaßen gebaut: Er stellte ein langes, rechteckiges Gebäude dar, in dem die Pferde in ein oder zwei langen Reihen mit den Köpfen zur Wand standen. Hinter den Pferden lief ein Bedienungsgang, an dem auch die Jaucherinne entlangzog. Die Tiere konnten durch Holzstangen getrennt werden, die an Seilen hingen; vielleicht waren sie auch in Holzständen aufgestellt.[185] Einzelboxen zum Isolieren und zum Behandeln kranker Pferde wurden ebenfalls benötigt. Es gab kleinere Ställe mit nur einer Reihe von Pferden und auch größere mit zwei Reihen, bei denen der Bedienungsgang in der Mitte lag.[186]

Da Reste von Mist, Streu und Futter kaum erhalten bleiben, kann man einen römischen Stall nur an dem sehr einfachen Grundriß und eventuell am Vorhandensein von Jaucherinnen im Gebäude erkennen; sie waren notwendig, um den Boden trocken zu halten. Der Athener Xenophon, der im 4. Jahrhundert v. Chr. ein Handbuch über die Reiterei verfaßt hat, riet dazu, im Stall unbedingt für einen gesunden, trocken Fußboden zu sorgen:

»Die feuchten und glatten Ställe schaden auch von Natur gut geformten Hufen. Damit die Ställe nicht feucht sind, soll der Fußboden geneigt sein und so die Nässe abführen, und damit er nicht glatt ist, soll er mit Steinen von Hufgröße gepflastert sein. Solche Böden festigen außerdem die Hufe der Pferde.«[187]

Reste von steinernen Ställen, die Abflußrinnen besaßen, sind in den Kastellen Ilkley und *Abb. 134*
Brough-on-Noe gefunden worden. In Ilkley wurde ein doppelter Stallbau in der Praetentura entdeckt. Er stammt aus dem Anfang des 3. Jahrhunderts. Jeder einzelne Stall war mit einer steinernen, in Längsrichtung laufenden Jaucherinne versehen; sie lag hinter den vermuteten Pferdeständen. Wenigstens in dem einen Stall wurde die Rinne durch Wasser gespült, das von der Traufe des Daches in den Stall geleitet wurde. In der Füllung dieser Gosse entdeckte man einen bronzenen Strigilis (Schaber), der an sich von Menschen im Bad als Reinigungsgerät verwendet wurde. Dieser Schaber hatte aber einen alten Bruch, und deshalb ist er wohl im Stall zum Pferdestriegeln verwendet worden.[188] Auf dem Boden standen zwei Futtertröge. Der Boden selbst war mit Geröllsteinen gepflastert. Außerdem wurden Spuren von Pfosten entdeckt, die zum Anbinden der Tiere gedient haben können. — Im Kastell Brough-on-Noe scheint am Ende des 3. oder *Abb. 134*
am Anfang des 4. Jahrhunderts die eine Hälfte eines langgestreckten Bauwerks eine Mannschaftsunterkunft, die andere ein Stall gewesen zu sein. Hier wurde nämlich eine steinerne Abflußrinne im gepflasterten Fußboden entdeckt; sie lag 1 m von der Außenwand entfernt. Am Gebäudeende bog sie rechtwinklig um, verließ den Stall, lief unter der angrenzenden Via sagularis weiter und führte schließlich aus dem Lager. In der Füllung wurden einige Pferdezähne gefunden. Allerdings sind die Gebäude in beiden Kastellen nicht vollständig ausgegraben worden.

Von dem hölzernen Bau 14 in dem claudischen Kastell Valkenburg (Niederlande) sind mehr *Abb. 179*
Einzelheiten erhalten geblieben. Er lag links in der Praetentura, einer Mannschaftsbaracke gegenüber. Leider ist das Gebäude nur zum Teil ausgegraben worden. Es wurde vermutet, daß es ein Stallbau war. Sollte das zutreffen, dann handelt es sich jedenfalls um einen anderen Gebäudetyp als jene oben beschriebenen, langgestreckten Ställe mit Bedienungsgang in Längsrichtung des Gebäudes. Bau 14 in Valkenburg besaß nämlich Querwände. Sie trennten einige größere Räume ab, die durch schmale Durchgänge(?) voneinander getrennt waren. Es wurde auch eine Abflußrinne festgestellt, die aber außerhalb des Bauwerks lag, ebenso wie der hölzerne Wasserbehälter, der

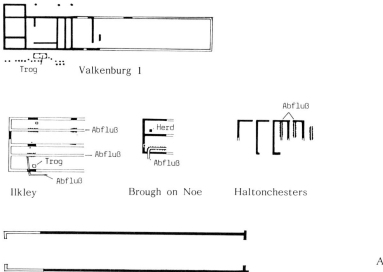

Trog   Valkenburg 1

Ilkley

Brough on Noe

Haltonchesters

Niederbieber

0   10   20m

Abb. 134   Grundrisse von Ställen in Auxiliar-kastellen. Maßstab 1:1000.

hinter dem Gebäude beobachtet wurde. Darin lag eine kleine Tonlampe in Form eines Pferde-kopfes, aber solche Bildlampen gehören eher zur Ausstattung von Wohnräumen. In der Nähe des Wasserbehälters standen Pfosten, die vielleicht zum Anbinden von Pferden gedient haben. Ins-gesamt sind die Beobachtungen so wenig aussagekräftig, daß die Identifikation als Stall unsicher erscheint.

Abb. 134, 215

Der oben bei Kastell Ilkley schon beschriebene Stalltyp wurde auch im Kastell Haltonchesters (Hadriansmauer) beobachtet. Er stammt aus dem Anfang des 3. Jahrhunderts. Insgesamt wurden fünf langgestreckte Ställe festgestellt; sie hatten Abflußrinnen, die in der Längsachse des Gebäu-des liefen. — Zwei Stallbauten des gleichen Typs sind in der Praetentura des Kastells Niederbieber (Rheinland-Pfalz) gefunden worden. Der eine wurde vollständig ausgegraben und maß etwa 9 mal 31 m; der andere war etwas breiter (10 m) und mindestens doppelt so lang. Die Ausgräber deuteten die Gebäude als Ställe und schätzten, daß in dem großen Stall Standmöglichkeiten für 80 Pferde, in dem kleinen für 30 bis 40 vorhanden waren. Leider fand die Grabung vor 1900 statt, als die Details der Bauwerke noch nicht so genau aufgenommen wurden. Daher wissen wir nicht, ob die Gebäude Abflüsse besaßen. Interessant ist jedoch die Beobachtung breiter Eingänge in den Schmalseiten der Gebäude. Wenn es sich um Ställe handelte, führten die Eingänge direkt in den Mittelgang, zu dessen beiden Seiten die Pferde standen. Diese Anordnung ist noch heute bei gro-ßen Pferdeställen üblich. Die Besatzung des Kastells bestand aus zwei Einheiten, dem Numerus Exploratorum Germanicorum Divitiensium und einem Numerus Brittonum; die Anwesenheit von Reitern ist durch die inschriftliche Erwähnung von *vexillarii* gesichert. In den nicht ausgegra-benen Teilen der Retentura können weitere Ställe gestanden haben.

Nicht in jedem Stall muß es eine Jaucherinne gegeben haben. Im Kastell Dormagen am Rhein (Nordrhein-Westfalen) lag die Ala Noricorum, eine fünfhundert Mann starke Ala. Dort sind kürzlich Reste von vier hölzernen Gebäuden gefunden worden, die als Ställe interpretiert worden sind.[189] Der Ausgräber deutete einige in den wasserdurchlässigen Untergrund eingetiefte Gruben als Sickergruben. Das besterhaltene Gebäude mit solchen Gruben lag nahe der südlichen Umweh-

200

Abb. 135   Trajanssäule, Rom. Römische Auxiliarreiterei bei der Attacke. Die Reiter sind mit langen Schwertern ausgerüstet. In der rechten Hand trugen sie Wurfspeere. Diese waren am Relief aus Metall nachgebildet und sind heute verloren. Die Schutzwaffen der Reiter waren Helm, Kettenpanzer und Ovalschild.

rung und hatte einen Grundriß ähnlich einer Mannschaftsbaracke. Die Räume in der Südhälfte des Bauwerks dienten Wohnzwecken, weil sie einen Herd besaßen, der an der Trennwand lag; in der Nordhälfte befanden sich Räume ähnlicher Größe, die als Ställe gedeutet worden sind. Der Boden um die Sickergruben war durch hohen Phosphatgehalt verfärbt und chemisch verändert. Analysen des verfärbten Bodens können darauf hindeuten, daß der Gebäudeteil ein Stall war, ebenso Funde verkohlter Reste von Heu und anderem Pferdefutter. Einen sicheren Nachweis eines Stalls stellen solche Untersuchungsergebnisse aber nicht dar.[190] Bedauerlich ist, daß in Dormagen kaum sichere Grundrisse gewonnen werden konnten, so daß die Deutungen ungewiß bleiben.

Jedenfalls mußten die Ställe mit Streu versehen und regelmäßig ausgemistet werden, vorzugsweise täglich, wie Xenophon rät.[191] In der Stammrolle der Cohors XX Palmyrenorum aus Dura-Europos vom Jahre 222 n. Chr. wird ein Soldat aufgeführt, Julius Maximus, der vielleicht dazu abkommandiert worden war: »*(ad) ras(trum)*« = mit der Forke zum Stallausmisten; die Lesung ist allerdings unsicher.[192] Der Mist mußte regelmäßig entfernt und aus dem Kastell gefahren werden.

Abb. 136, Einige langgestreckte Gebäude im Kastell Hod Hill sind von dem Ausgräber als Ställe inter-
182 pretiert worden, obgleich er keine Abflußrinnen fand. Er glaubte, die Funktion der Gebäude daran erkennen zu können, daß der Fußboden zertrampelte und abgetretene Stellen besaß und meinte, daß diese von Pferdehufen herrührten. Die Gebäude lagen links neben den Principia im Mittelstreifen des Lagers; es waren sechs Bauten, die eine einheitliche Gruppe bildeten. Anscheinend besaßen sie regelmäßig angeordnete Trennwände. Die vollständige Anordnung der Trennwände konnte nur in Bau II bestimmt werden, der insgesamt 11 Räume enthielt, fünf größere in der Mitte und je drei kleinere an den Enden. In einem Raum von Bau I war der Felsuntergrund (Kreide) in zwei getrennten Reihen parallel zu einer Querwand festgetreten, und der Boden war stark dunkel verfärbt. Der Ausgräber meinte, daß diese Erscheinungen durch die Hufe von Pferden verursacht worden seien, die nicht an die Längs-, sondern an die Querwände angebunden waren. Er schätzte, daß zwei Reihen von je drei Tieren auf diese Weise in jedem der Räume untergebracht werden konnten, wenn zwischen ihnen ein 1,8 m breiter Gang lag. Die Unterkünfte für die Pferdeburschen und die Futter- und Sattelkammern vermutete er in den kleineren Räumen an den Gebäudeenden.[193] Allerdings lagen die veränderten Stellen des Bodens nur 0,9 m weit auseinander. Sie müßten der Stellung der Vorder- und Hinterhufe entsprechen, und dann könnten die Pferde nur etwa 1,1 m Widerristhöhe besessen haben. Das ist weniger als das Stockmaß eines heutigen Ponys für Kinder und kann daher nicht für römische Reitpferde zutreffen.[194] Wenn die Gebäude in Hod Hill überhaupt Ställe waren, dann müssen dort kleine Lasttiere untergebracht gewesen sein. — Die unterteilten, langgestreckten Bauten sollten wohl eher als Mannschaftsbaracken gedeutet werden, wenn auch die Unterteilung etwas ungewöhnlich aussieht. Dafür spricht, daß die Gebäude in drei Paaren angeordnet waren, eine typische Anordnung für den Lagerplatz der sechs Centurien einer Cohors quingenaria peditata. Die verdichteten, verfärbten Stellen im Boden können sich unter den Herdstellen gebildet haben.

Abb. 137, Die Ausgrabungen im Kastell Künzing (Bayern) lieferten den fast vollständigen Grundriß des
195 Holzkastells Periode 1 (etwa 90–120 n. Chr.). Als Besatzung wird die Cohors III Thracum quingenaria equitata in Betracht gezogen. Vier lange, schmale Bauten in der Retentura sind als Ställe gedeutet worden. Ihre Grundrisse waren recht schmal; hinter ihnen lag ein breiteres, das zwei Trennwände in Längsrichtung aufwies. Der vierte Bau auf der anderen Seite der Via decumana besaß nur eine solche Längswand. Leider blieb die Ausgrabung dieser Gebäude auf wenige Sondierungsschnitte beschränkt. Daher ist von der Inneneinteilung der Gebäude wenig bekannt, und ihre Rekonstruktion bleibt hypothetisch.[195] — Ehe nicht ein Reiterkastell vollständig ausgegraben ist und man die Ställe mit Sicherheit identifiziert hat, bleiben noch viele Fragen offen.

Für die Lagerung von Futter und Streu sowie für die Aufbewahrung von Sattel- und Zaumzeug, Geschirr und weiterer Ausrüstung wurde ausreichender Platz benötigt. — Polybios gibt in der Mitte des 2. Jahrhunderts v. Chr. rund 1,9 kg Weizen als Tagesration eines Reiters und 6,1 kg Gerste für sein Pferd an.[196] Mehrere Papyrus-Dokumente überliefern, daß den Reitern Gerste *(hordeum)* zugeteilt wurde. Ein Papyrus aus Ägypten vom Jahre 185 n. Chr. gibt als Jahresmenge für die fünfhundert Mann starke Ala Heracliana 20 000 Artaba (ägyptisches Maß) Gerste an, was umgerechnet weniger als die Hälfte der von Polybios genannten Ration bedeutet.[197] Allerdings würde diese Getreidemenge für ein römisches Reitpferd ausreichen, falls sie durch etwa 4,5 kg Heu und Grünfutter pro Tag ergänzt würde.[198]

Teile einer Quittungsrolle für Heugeld *(faenarium)*, die von der Ala Veterana Gallica geführt wurde, sind auf Papyrus erhalten geblieben. Die Rolle enthielt 67 Empfangsbescheinigungen aus

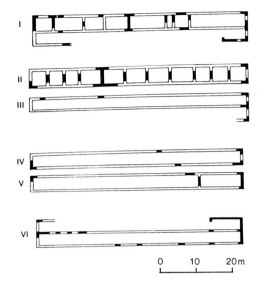

Abb. 136   Kastell Hod Hill (Südengland). Lang-
bauten unsicherer Deutung (Ställe oder Mannschaftsbaracken?). Maßstab 1 : 1000.

der Zeit vom 9. Januar bis zum 10. April 179 n. Chr.[199] Eine typische Eintragung stammt vom 16. Januar (21. Tybi des ägyptischen Kalenders): »Julius Serenus, Reiter der Ala Gallica, Turma des Herodianus, und Julius Nepotianus, gleiche Turma, sowie Pathermouthis Orsenuphis, Turma des Pactumeius Serenus, an Julius Serenus, Oberverwalter. Wir haben heute von Dir unser Heu-geld für das 19. Jahr in Höhe von je 25 Denaren erhalten; im 19. Jahr unserer kaiserlichen Herren, der Aurelier Antoninus und Commodus, am 21. Tybi. Ich, Sossius Eudaemon, Signifer der Turma des Herodianus, habe das für sie auf ihre Bitte hin geschrieben, weil sie nicht schreiben können.« — Andere Quittungen und Dokumente erwähnen Heuladungen für die Kavallerie; allerdings ist es nicht möglich, die Mengen in heutige Maße umzurechnen.[200]

Heuböden können im Dachstuhl der Ställe eingerichtet gewesen sein, womit eine trockene und gut belüftete Lagerung gewährleistet war. Ferner mußte Speicherplatz für beträchtliche Mengen von Futtergerste vorhanden sein. Vielleicht gab es dafür besondere Speicher, die den Horrea ent-sprochen haben können, die für die Versorgung der Soldaten dienten. So wird zum Beispiel ein Bauwerk mit Strebepfeilern neben dem rückwärtigen Tor des Kastells Caernarfon (Wales) für einen solchen Speicher gehalten.[201] In anderen Kastellen lagerte das Futtergetreide wohl im glei-chen Speicher wie das Brotgetreide.

Antike Autoren wie Josephus, Vegetius und Varro weisen auf die Bedeutung der Weidemög-lichkeit für die Tiere hin. In der Nähe eines Reiterkastells mußte es unbedingt Weidegründe für

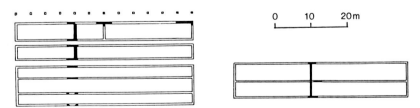

Abb. 137   Kastell Künzing (Bayern). Vermutliche Stallbauten. Maßstab 1 : 1000.

die Pferde und Lasttiere geben.[202] Ferner brauchte man viel Streu, um die Ställe regelmäßig damit zu versehen; für die Gesundheit der Tiere war das unerläßlich. Als Streu konnte Stroh, Farnkraut, Laub, Torf oder Moos verwendet werden.[203] Ebenso wichtig war eine gute Wasserversorgung, weil ein Pferd zwischen 35 und 55 Liter pro Tag verbraucht.[204]

Sättel, Zaumzeug und Rüstungen konnten an den Stallwänden aufgehängt, in einer angebauten Sattelkammer gelüftet und gepflegt oder auch in den Stuben der Reiter aufbewahrt werden. Vegetius berichten, daß es die Pflicht der Decurionen war, ihre Leute dazu anzuhalten, »die Rüstungen, Lanzen und Helme immer auf Hochglanz und stets in Ordnung zu halten. Eine schimmernde Wehr hat eine nicht zu unterschätzende Wirkung auf den Feind«.[205]

Veterinarium

In dem Marschlager, das Hygin beschrieben hat, gab es ein Veterinarium. Hygin sagt nichts über die Funktion dieser besonderen Einrichtung. Sie lag neben der Feldschmiede (Fabrica). Es wird vermutet, daß das Veterinarium für kranke und verletzte Pferde bestimmt war.[206] Die Pfleger für die Pferde und Lasttiere einer Legion, die auch für die Opfertiere zuständig waren, wurden Veterinarii und Pecuarii genannt.[207] — Über die tiermedizinische Versorgung von Pferden in Auxiliarlagern ist so gut wie nichts bekannt; es ist lediglich ein Tierarzt für Pferde (Hippiatros) bei der Cohors I Thebaeorum equitata bekannt.[208]

WERKSTATT (FABRICA)

Im römischen Heer gab es zahlreiche gut ausgebildete Handwerker. Vegetius gibt ein Verzeichnis von *immunes* (Gefreiten) der Legion. Sie hatten besondere Aufgaben und waren daher vom normalen Dienst befreit. Eine ausführlichere Zusammenstellung überliefert der römische Jurist Tarruntenus Paternus. Er nennt unter anderem »Erdarbeiter für den Grabenbau, *veterinarii* (Tierbetreuer oder Tierärzte?), Baumeister, Schiffssteuerleute, Schiffbauer, *ballistrarii* (Geschützbauer oder Artilleristen?), Glasmacher, Schmiede, *sagittarii* (Bogenschützen oder Pfeilmacher?), Bronzearbeiter, Helmmacher, Wagenbauer, Schindelmacher, *gladiatores* (hier wohl: Schwertschmiede), Wasserbautechniker, Musikinstrumentenhersteller, Bogenmacher, Klempner, Grobschmiede, Maurer, Kalkbrenner, Holzfäller und Köhler. Zu ihnen gehören auch Metzger, Jäger, Opferdiener und . . . .«.[209] Alle diese Handwerker unterstanden dem Kommando des Optio Fabricae. Vegetius erwähnt auch die Werkstätten, in denen Schilde, Helme, Rüstungen, Speere und andere Waffen hergestellt wurden, denn »es war den Römern sehr wichtig, daß das, was das Heer benötigte, im Lager nie fehlte«.[210] Im Marschlager Hygins befand sich der Lagerplatz der Feldschmiede (Fabrica) in der Praetentura; er war so weit wie möglich vom Lazarett entfernt, damit der Lärm die Patienten nicht störte.[211]

Abb. 138,
139 Fabricae sind in mehreren dauerhaften Legionslagern vor allem daran erkannt worden, daß dort gewerbliche Öfen, darunter Schmelzöfen, gefunden worden sind, ferner Schlacke oder andere Abfälle der Metallverarbeitung. Die ausgegrabenen Werkstattbauten in Legionslagern lassen sich grob in drei Gruppen gliedern.[212] Viele hatten die Gestalt eines langen, rechteckigen Bauwerks mit Mittelkorridor oder Mittelschiff, an dem seitlich Räume unterschiedlicher Größe liegen konnten. Die Werkstätten der zweiten Gruppe besaßen einen U-förmigen Grundriß; bei ihnen umschlossen Reihen von Räumen oder mehrschiffige Hallen einen Hof. Ein gutes Beispiel für diesen Bautyp ist im Legionslager Inchtuthil ausgegraben worden. Das ziemlich große Gebäude lag in der Retentura. Es bestand aus drei dreischiffigen Hallen, die U-förmig angeordnet waren; die vierte Seite war durch einen Trakt größerer Räume geschlossen. Reste der Esse eines Grobschmieds, Asche und Werkabfälle bezeugen seine Funktion als Fabrica. Unter dem Gebäude sind

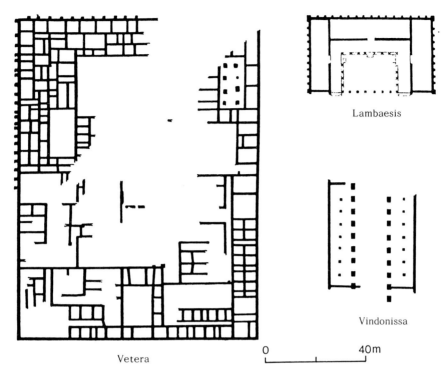

Lambaesis

Vindonissa

Vetera

0   40m

Abb. 138   Werkstattgebäude (Fabricae) in Legionslagern. Maßstab 1 : 1500.

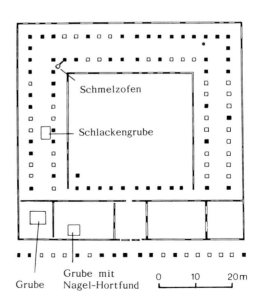

Schmelzofen

Schlackengrube

Abb. 139   Legionslager Inchtuthil
(Schottland). Werkstattgebäude (Fabrica).
Maßstab 1 : 1000.

Grube

Grube mit
Nagel-Hortfund

0   10   20m

205

in einer Grube versteckt fast eine Million Nägel verschiedener Größen gefunden worden, ferner einige Wagenteile. Das Gewicht des vergrabenen Eisens betrug rund 10 Tonnen.[213] In den Legionslagern Vindonissa und Lambaesis gab es ähnliche Fabricae, allerdings mit nur drei Flügeln. Die dritte Gruppe von Werkstätten bestand aus großen quadratischen oder rechteckigen Gebäuden mit zahlreichen Räumen unterschiedlicher Größe, deren vier Flügel einen Innenhof umschlossen. Solche Fabricae sind unter anderem in den Legionslagern Haltern und Vetera ausgegraben worden.

Es ist ungewiß, ob die Liste der Militärhandwerker des Paternus auch für die Hilfstruppen galt. Jedenfalls wurden dort ebenfalls Handwerker gebraucht. Qualitätvolle Werkzeuge, Waffen und Ausrüstungsteile sind aber kaum in den Auxiliarkastellen hergestellt worden. Sie mußten von der nächsten Legion oder aus dem Nachschublager bezogen werden. Doch erforderte die Bauerhaltung der Kastelle geschulte Handwerker. Das gilt auch für die Wartung der Fahrzeuge, der Waffen, Werkzeuge und der Rüstung. Dafür mußte es geeignete Werkstätten und Lagerraum für Material geben. Solche Werkstätten, allerdings von sehr unterschiedlichem Bautyp, sind tatsächlich in Auxiliarkastellen gefunden worden.

Abb. 140 Besonders gut ist das Werkstattgebäude im Kastell Oberstimm (Bayern) bekannt. Sein Grundriß liegt vollständig vor.[214] Der Holzbau ist in claudischer Zeit entstanden und gehörte zu den Fabricae mit Innenhof. Das Gebäude nahm die gesamte rechte Hälfte der Retentura ein und reichte dicht an die Wehrmauer heran. Der Innenhof war von einem offenen Umgang umgeben. In seiner Mitte befand sich ein holzverschaltes Wasserbassin. Es erhielt durch eine unterirdisch verlegte, hölzerne Leitung Frischwasser. Die Leitung kam durch die nahegelegene Porta decumana in das Kastell. Im Nordflügel lag ein besonders großer Raum mit Brunnen, der von der Via decumana aus zugänglich war. Die Nordwestseite des Gebäudes bestand aus einer Gruppe von drei Räumen. In einem von ihnen kam ein gewerblicher Herd aus Ziegeln zutage. Der daran anschließende Raum ist besonders interessant, denn er enthielt eine 4,4 mal 3 m große, rechteckige Kammer, deren Boden und Wände aus ungebrannten Lehmziegeln aufgesetzt waren. Der Boden dieser Kammer war um reichlich 1 m vertieft. In der Mitte des Bodens befand sich eine flache Mulde, die als Feuerstelle gedient haben muß, denn die Ziegel waren hier durch die Hitze hellrot verfärbt. Der Ausgräber nahm an, daß dort Feuer zum Räuchern brannte, also nicht für intensive Brennvorgänge, denn die Wände des Raums waren nicht durch das Feuer verändert worden. Er interpretierte den Raum daher als Räucherkammer für Fleischwaren.[215] In dem Gebäude fanden sich ferner Eisenschlacken und Gußtiegel für Buntmetall und auch einige Abfallstücke der Metallverarbeitung. Die Fabrica war ungewöhnlich groß; auch konnte in der Räucherkammer wesentlich mehr Räucherfleisch produziert werden als für den Verbrauch der Besatzung erforderlich war. Daher vermutete der Ausgräber, daß die Besatzung für die Versorgung anderer Militärlager an der Donau tätig war, indem sie haltbare Fleischwaren und andere Nachschubgüter lieferte.[216]

Abb. 140 Werkstätten mit ähnlichem Grundriß sind aus dem Kastell Wiesbaden (Hessen) und vielleicht aus Valkenburg bekannt. Im Kastell Wiesbaden nahm ein Steinbau mit Innenhof den gesamten Platz links von den Principia ein. In der Mitte des Hofs wurde ein steinernes Wasserbassin entdeckt, das im Lichten 7,5 mal 3,1 m maß. Sein Boden lag 2,6 m unter der heutigen Oberfläche. Von einer Schmalseite des Bassins führte eine schmale Treppe hinunter. Auf der Gegenseite begann ein Abflußkanal, der eine vollständige Entleerung des Bassins ermöglichte. — Zahlreiche Räume unterschiedlicher Größe umgaben den Hof. In zwei Räumen wurden Reste von Hypokaustheizungen beobachtet. In einem anderen befand sich ein freistehender Herd aus Ziegeln mit einer Schicht von Asche, Kohle, Schlacken, elf kleinen Schmelztiegeln und Bronzeabfall. Offenbar handelte es sich um die Esse einer Werkstatt für Bronzearbeiten.[217]

Das oben schon besprochene Praetorium (Wohnhaus des Kommandeurs) war in der Regel ebenfalls ein Gebäude mit Innenhof. Wegen der verwandten Grundrisse bereitet es bei Auxiliarkastellen mitunter Schwierigkeiten, das Praetorium und die Fabrica auseinanderzuhalten. Diese Schwierigkeit trat etwa bei Periode 1 des Kastells Valkenburg auf. Hier stand in der rechten

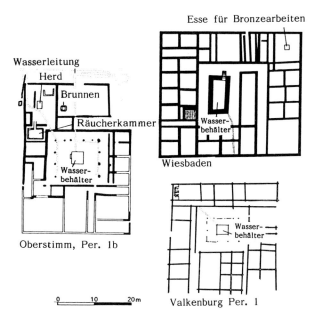

Esse für Bronzearbeiten

Wasserleitung

Herd
Brunnen
Räucherkammer

Wasser-
behälter

Oberstimm, Per. 1b

Wiesbaden

Wasser-
behälter

Wasser-
behälter

Valkenburg Per. 1

Abb. 140   Werkstattgebäude in
Auxiliarkastellen. Maßstab 1 : 1000.

0   10   20m

Hälfte der Praetentura ein Holzgebäude mit Innenhof. Es ist von einigen Archäologen als Praeto-   *Abb. 140,*
rium angesprochen worden, wurde andererseits aber auch als Fabrica gedeutet.[218] In der Mitte des   *179*
Hofs befand sich ein holzverschaltes Wasserbassin. Die Funde aus dem Gebäude deuten eher auf
Wohnfunktionen hin. Die einzigen Fundsachen, die eine Deutung als Fabrica stützen könnten,
sind zwei Stücke Eisenschlacke. Das ist etwas wenig; die Schlacken können auch bei einem antiken Planierungsvorgang verschleppt worden sein. Ein Wasserbecken im Hof ist zweifellos für
viele gewerbliche Zwecke nützlich. Doch gehörte ein Becken im Hof zur herkömmlichen Ausstattung des mittelmeerischen Peristyl-Wohnhauses. Es kann sich dabei um eine unterirdische
Zisterne handeln, in der das Regenwasser von den Dächern gesammelt wurde. Auch gab es in den
Gartenhöfen städtischer Peristylhäuser Zierbecken und Springbrunnen. Eine Zisterne oder ein
Brunnenbecken sind im Innenhof eines Praetoriums daher durchaus möglich, sie können nicht als
besonderes Merkmal einer Fabrica angesehen werden. Tatsächlich ist auf dem Innenhof des Tri-
bunenhauses II im Legionslager Inchtuthil ein Wasserbassin gefunden worden.
   In einigen Auxiliarkastellen sind auch in lang-rechteckigen Gebäuden Spuren handwerklicher
Tätigkeit nachgewiesen worden. Diese lassen sich daher ebenfalls als Fabricae ansprechen. Im
Kastell Benwell (Hadriansmauer) stand ein solches Steingebäude im Mittelstreifen des Lagers
dicht am Westtor. Dort fand man den Kehricht einer Schmiedewerkstätte gegen die Wand gefegt
und auch einen Haufen Kohle, der als Brennmaterial dienen sollte. — In dem langen, schmalen
Gebäude IX neben dem Nordosttor des Kastells Crawford (Schottland), Periode »Antonine II«,
stand das Fundament einer steinernen Esse, an der eine dicke Schicht aus Holzasche und
Schlacken von der Metallverarbeitung lag. — Entsprechendes wurde bei einem verwandten Gebäude im Mittelstreifen des Kastells Housesteads (Hadriansmauer) beobachtet. Dort fanden sich
Eisenschlacken und Brocken verbrannten Lehms, vielleicht von einem Schmelzofen. — Spuren
einer Gruppe von vier Gebäuden mit insgesamt sechs Gewerböfen sind im Kastell Pumsaint
(Wales) ausgegraben worden; allerdings sind die Grundrisse und Abmessungen der Gebäude
nicht vollständig bekannt. — In Chesterholm (Nordengland) wurde lediglich die Ecke eines Gebäudes aus der Zeit um 100 n. Chr. ausgegraben. Der Bautyp bleibt daher vorerst unbekannt.

Gewerbeabfälle weisen auf eine Fabrica hin. Das feuchte Milieu der Fundstelle begünstigte die Erhaltung von organischem Material. Spuren von Urin und (Hunde-?)Exkrementen wurden nachgewiesen, die zusammen mit Funden entsprechender Werkzeuge auf eine ehemalige Gerberei hindeuten.

Der U-förmige Gebäudetyp, der bei einigen Legions-Fabricae beobachtet wurde, ist bisher nur von drei Auxiliarkastellen bekannt, nämlich Gelligaer, Bearsden und South Shields. Dort sind aber keine Anzeichen einer gewerblichen Tätigkeit entdeckt worden, und so bleibt die Funktion dieser Gebäude ungewiß. — Für eine Werkstatt waren allerdings keine aufwendigen Bauten nötig. Es konnten einfache Schuppen sein, die sich an die Rückseite der Wehrmauer lehnten. An der Innenseite der Umwehrung des Kastells Pen Llystyn (Wales) lag neben dem rückwärtigen Tor ein hölzernes Wasserbassin, das mit Ton abgedichtet war. Daneben war eine Fläche von etwa 9 x 3 m mit Eisenschlacke bis zu einer Dicke von 20 cm bedeckt. Die genaue Ausdehnung der Fläche wurde leider nicht bestimmt, auch wurden keine Öfen gefunden. Es ist aber möglich, daß an dieser Stelle Eisen verhüttet wurde, vielleicht in einem Schuppen, der gegen die Wehrmauer gebaut war.

Von allen Handwerkern des Militärs hinterließen der Schmied und die anderen Metallarbeiter die meisten archäologisch faßbaren Spuren: Essen, Schmelzöfen, Wasserbehälter, Werkstattabfälle, Holzkohle, Halbfertig- und Fertigteile. Funde von Eisen- und Bronzesachen in vielen Kastellen zeigen, was in der Fabrica hergestellt oder wenigstens repariert worden ist: bronzene Beschlagnägel und Nieten, Gürtelbeschläge, Gefäße, Laschen und Verschlüsse aus Bronze, Helme, Rüstungen, Waffen und Werkzeuge aus Eisen, Beschläge und Angeln für Tore und Türen, Fenstergitter, Ketten, Eimerhenkel, Schlösser und Schlüssel, Pferdetrensen und -geschirr, Wagenzubehör, Reifen für Wagenräder und vieles andere.

Obwohl die meisten Funde aus der Metallverarbeitung stammen, war dies nicht das einzige Handwerk in der Fabrica, vielleicht nicht einmal das wichtigste. Gewerbe, deren Rückstände nicht dauerhaft sind, bieten dem Archäologen nur sehr unvollkommene und lückenhafte Einblicke in die einstige Arbeitstätigkeit. So bedeutete die Entdeckung der Räucherkammer in Oberstimm, daß die Konservierung von Fleischwaren für den Nachschub auch zu den Aufgaben einer Fabrica gehören konnte und vielleicht weiter verbreitet war als man bis dahin meinte.

In den Holz- und Steinkastellen der Hilfstruppen waren Schreiner und Zimmerleute für die Wartung und Reparatur von Toren und Verteidigungsanlagen, von anderen Kastellbauten und deren Inneneinrichtung notwendig. Holzgegenstände gehören zu den seltenen Funden, da sie sich nur unter dem Grundwasserspiegel halten. Holzsachen sind unter anderem aus den Kastellen Bar Hill, Valkenburg, Newstead, Saalburg und Zugmantel bekannt. Sie vermitteln einen Eindruck von der Vielfalt der hölzernen Gegenstände, die in den Werkstätten des Militärs gefertigt oder repariert werden konnten: Wagenräder und andere Wagenteile, Eichenfässer und -eimer, Tore und Türen, Möbel und Kästen, Winden und Flaschenzugrollen sowie verschiedene Griffe für Waffen und Werkzeuge. Die Einrichtung einer Zimmermanns- oder Tischlerwerkstatt bestand aus hölzernen Hobelbänken und Sägeböcken, die natürlich nicht erhalten geblieben sind. Es gibt aber genügend Belege für die Holzbearbeitung durch die Funde von eisernem Werkzeug, etwa Hobeln, Sägen, Stemmeisen, Bohrern, Hämmern, Keilen und Messern.

Leder war ein wichtiger Rohstoff für viele Teile der militärischen Ausrüstung: Zelte, wasserdichte Planen, Schildüberzüge, Gürtel und Wehrgehänge, Pferdegeschirr, ebenso für Kleidung und Schuhwerk. Auch wenn eine Einheit im Frieden in einer festen Garnison stand, benötigte sie für Geländeübungen Lederzelte. Selbstverständlich mußte eine Truppe stets für den Kriegsfall einsatzbereit sein und die notwendige Ausrüstung bereithalten. Bei Ausgrabungen sind daher Reste lederner Zeltplanen in den Kastellen Birdoswald, Valkenburg und Bar Hill gefunden worden. Eiserne und hölzerne Zeltheringe sind aus vielen Militärlagern bekannt. Die 48 Lederstücke vom Kastell Bar Hill (Antoninusmauer) stammten nicht nur von ein oder zwei ausrangierten Zelten, sie waren vielmehr ausgeschnitten und mehrfach gebraucht. Aus größeren, verschlissenen Planen waren kleinere, benutzbare Flicken herausgetrennt worden. Es ist denkbar, daß sowohl neues Rohmaterial als auch Reste für Reparaturzwecke in der Fabrica gelagert worden sind.[219] Zahlreiche Schuhe, Stiefel und Sandalen für Männer, Frauen und Kinder sind bei der Ausgrabung dieses Kastells geborgen worden, ferner Schildüberzüge, eine Ledertasche und eine Menge anderer, nicht identifizierbarer Lederreste.[220] Ähnliche Funde sind von anderen Auxiliarkastellen bekannt, u. a. Chesterholm, Birdoswald, Valkenburg, Zwammerdamm, Saalburg, Zugmantel und Welzheim-Ost.

Die Existenz von Gerbern (*coriarii*) unter den Legionshandwerkern ist umstritten; ob die Gerberei regelmäßig in den Auxiliarkastellen ausgeübt wurde, ist ebenfalls unsicher.[221] Zum Gerben wurden Behälter für die Gerbmittel und zum Einlegen der Häute benötigt, ferner Gestelle zum Trocknen der Häute und viel Wasser. Auf die Funde aus Chesterholm, die auf eine Gerberei hindeuten, wurde schon hingewiesen.[222] Anscheinend wurde dieses Gewerbe gelegentlich auch in den Hilfstruppenlagern ausgeübt.

Aus den Funden von Schusterwerkzeug wie Ahlen, Messern und Schabern ergibt sich, daß Lederarbeiten und -reparaturen auch in Auxiliarlagern ausgeführt wurden. Wahrscheinlich wurde neues Leder von der Legion geliefert. Alte Zeltplanen und andere ausgediente Ledersachen sind oft für Reparaturen wiederverwendet worden. Dieses Material dürfte dem Schuster eines Auxiliarkastells genügt haben, so daß dort nicht unbedingt Häute gegerbt werden mußten.

MAGAZIN

In jedem Kastell war Lagerraum für die vielen Ausrüstungsstücke, für Geräte, Wagen und Vorräte der Truppe notwendig. Einige dieser Speicher lassen sich leicht identifizieren, etwa die bereits behandelten Getreidespeicher. Andere sind schwerer zu erkennen. Vegetius schrieb: »zur Waffenherstellung müssen die Magazine Eisen beiderlei Beschaffenheit (weiches und härtbares Eisen) enthalten und Kohle, auch Holz zum Fertigen von Speeren und Pfeilen«.[223] Diese Stelle bezieht sich zwar auf die Verteidigung römischer Städte, gilt aber entsprechend auch für Militärlager. Lagerraum für dieses Material mußte entweder in der Fabrica selbst oder in einem besonderen Gebäude vorhanden sein. Vielleicht sind einige der kleinen Kammern in den Fabricae mit Innenhof als Magazine genutzt worden. Im übrigen ist es keineswegs sicher, daß alle Vorräte im Kastell gelagert wurden. Sperrige Güter wie Baumaterial, Feuerholz, Futter und Streu für Pferde und Lasttiere können in Magazinen und Schuppen außerhalb der Mauern untergebracht gewesen sein.

Im Kastell wurden jedenfalls gut gesicherte Magazine für die Waffen und Werkzeuge benötigt. *Abb. 141*
Ein Hammerkopf aus dem Kastell Bar Hill trug die Inschrift *centuriae Ebuti* »Eigentum der Centurie des Ebutius«. Daraus läßt sich schließen, daß es Werkzeug gab, das den Centurien gehörte, und für dessen sichere Aufbewahrung sie verantwortlich waren.[224] Im claudischen Kastell Val- *Abb. 132*
kenburg (Periode 1) gehörte zu jeder Centurien-Baracke ein besonderer Gebäudeteil, der offensichtlich Werkstatt und Magazin (*fabricula*) dieser Untereinheit darstellte.[225] In zwei dieser Gebäudeteile war die runde Tretspur einer Eselsmühle erhalten, in der Ecke eines anderen wurden drei Reihen von Pfosten beobachtet. Sie hielten vermutlich einen erhöhten Boden für die Lagerung von Getreide oder anderen Lebensmitteln. Es gab dort einfache Feuerstellen, die anders gebaut waren als die Herde in den Contubernien. Die Eingänge waren besonders breit, damit Wagen hineinfahren konnten.

Gelegentlich können Funde auf die Funktion eines Gebäudes als Magazin hindeuten. Im Kastell Hod Hill glaubte der Ausgräber, ein Werkzeuglager an den dort gefundenen, gut erhaltenen Werkzeugen erkennen zu können. — Im Kastell Pen Llystyn kamen in einem rechteckigen Holzbau in der Praetentura drei Terra-sigillata-Gefäße zutage, die an Ort und Stelle zerbrochen waren. Der Ausgräber vermutete, daß sie die Reste eines Geschirrlagers seien.[226] In beiden Fällen war die Fundmenge gering, und wir wissen auch nicht sicher, warum die gefundenen Gegenstände im Altertum gerade dort deponiert worden sind.

Üblicherweise läßt sich die Funktion eines Gebäudes eher anhand seines Grundrisses bestimmen; aber gerade das ist bei den einfachen Magazinbauten schwierig. — Im Mittelstreifen einiger Kastelle standen Gebäude mit einem Mittelkorridor, zu dessen beiden Seiten Fluchten kleinerer Räume lagen. Der Bautyp wurde oben schon unter den Lazaretten besprochen. Ein Vergleich mit den Grundrissen bestimmter, kleiner Lagerhäuser in Ostia und in Rom erlaubt die Vermutung, daß wenigstens einige dieser Bauwerke Magazine waren.

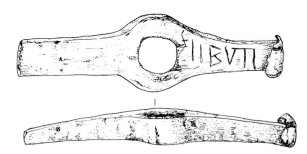

Abb. 141   Kastell Bar Hill (Antoninusmauer). Hammer mit eingravierter Inschrift: ›IIBVTI. Umschrift, Abkürzung aufgelöst: *centuria Ebuti*. Übersetzung: »Eigentum der Centurie des Ebutius«.

Abb. 142   Lange, hölzerne Schuppen, die offen waren oder breite Tore besaßen, sind unter anderem in den Kastellen Fendoch, Birdoswald und Red House bei Corbridge gefunden worden. In der Praetentura des Kastells Oberstimm lag ein Schuppen, der sich zur Via principalis öffnete. Vor dem Gebäude lag eine schmale, offene Vorhalle, die von einer Pfostenreihe gestützt wurde. Das Gebäude enthielt mindestens acht Räume, die anscheinend alle zur Straße hin offen waren, hinten aber unterteilt waren. Dort lagen einige große Kellergruben. Der Ausgräber hat angenommen, daß der Bau als Werkstatt, Magazin oder Wagenschuppen gedient hat. In gewisser Hinsicht *Abb. 17* gleicht er den langen Reihen rechteckiger Räume, die längs den Hauptstraßen der Legionslager beobachtet worden sind. Sie wurden als Remisen gedeutet, in denen Vorräte gestapelt waren oder Fahrzeuge und Gerät untergestellt werden konnten.[227]

Magazine eines anderen Typs gab es im Mittelstreifen des Kastells Old Kilpatrick (Antoninusmauer). Ihr Fußboden stand auf hölzernen Pfosten ähnlich wie bei manchen Getreidespeichern; der Zweck war sicher auch hier, den Inhalt trocken zu halten. — Im Kastell Caernarfon (Wales) sind die Reste eines Steingebäudes mit Strebepfeilern nahe dem rückwärtigen Tor ausgegraben worden. Es ähnelte einem Getreidespeicher und kann auch einer gewesen sein. Doch hatte das Gebäude anscheinend weder einen erhöhten Fußboden noch Lüftungsöffnungen. Daher wurde vermutet, daß es zur Unterbringung von Waffen, Gerät oder Futter benutzt wurde. — In vielen

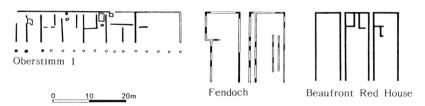

Oberstimm 1

0   10   20m

Fendoch   Beaufront Red House

Abb. 142   Werkstatt- oder Speicherbauten. Maßstab 1 : 1000.

Kastellen war die Waffenkammer (Armamentarium) in Räumen untergebracht, die am Innenhof der Principia lagen. In anderen Kastellen gab es dafür einen besonderen Bau. Im Kastell Buch (Baden-Württemberg) kamen in einem einfachen, langgestreckten Schuppen in der Praetentura dicht an der Kastellmauer mindestens 800 eiserne Geschoßspitzen zutage. Er wurde daher als Armamentarium gedeutet. Allerdings könnten die Geschoßspitzen auch einen Depotfund bilden, der in keinem Zusammenhang mit der Gebäudefunktion stand. — In der Praetentura und in der Retentura vieler Kastelle sind lange, rechteckige Bauwerke an den Hauptstraßen beobachtet worden. Wahrscheinlich waren es Magazine. Leider ist von der Inneneinrichtung praktisch nichts bekannt, auch sind die schlichten, rechteckigen Grundrisse so wenig aussagekräftig, daß eine Funktionsbestimmung schwierig ist.

SONSTIGE INNENBAUTEN

Ein Rundbau: Gyrus — vivarium?

Die östliche Umwehrung des neronischen Kastells Baginton umzog mit einer eigenartig geschwungenen Biegung einen Rundbau, der in der Retentura lag. Ein solcher Rundbau ist bisher in keinem anderen Auxiliarkastell gefunden worden. Er besaß in der Mitte eine Art Arena von 34 m Durchmesser. Diese war etwa 0,8 m in den Schotterboden eingetieft und sorgfältig planiert. Um die Arena lief ein Pfostengraben. Unmittelbar hinter ihm lagen in regelmäßigen Abständen fünfzig halbrunde Pfostengruben. Die senkrechten Pfosten, die einst darin standen, dürften einen Rahmen aus horizontalen Hölzern getragen haben. Dieser war mit senkrechten Planken verkleidet, die in dem Pfostengraben Abdrücke hinterließen. So wurde die Arena von einer Plankenwand begrenzt, die mehr als 2 m über den Boden aufgeragt haben kann. Der Eingang lag an der Nordwestseite; er war mit einem vermutlich zweiflügeligen Tor versehen. An dieses Tor schloß sich eine rund 9 m lange Gasse an, die auf beiden Seiten von einem ähnlichen Holzzaun abgesperrt war wie die Arena. In diese Zugangsgasse führte ein weiteres Tor; es lag gleich hinter der Rückseite der Principia. Die Gasse führte rampenartig zur Arenasohle hinunter. Nur ein geringer Rest des ursprünglichen Schotterbelags ist in der Mitte der Arena erhalten geblieben. Es ist anzunehmen, daß die Arena nicht unter Dach lag, denn es gibt keine Anhaltspunkte für Dachstützen.

Da ein solches Bauwerk bisher in keinem anderen römischen Militärlager gefunden worden ist, läßt sich sein Verwendungszweck nicht leicht bestimmen. Immerhin gibt es verwandte Bauten außerhalb von einigen Auxiliarkastellen, etwa bei den Kastellen Tomen y-Mur (Wales), Zugmantel (Hessen) und Dambach (Bayern). Die Funktion dieser schanzenartigen Bauwerke ist aber auch nicht genau bekannt. Unter anderem wurde vermutet, daß sie — ähnlich wie die größeren Amphitheater an den Legionslagern — für Waffenübungen oder auch Schauübungen der Solda-

Abb. 187

Abb. 143, 144

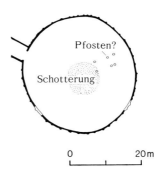

Abb. 143   The Lunt, Baginton (Warwickshire). Rundbau. Maßstab 1 : 1000.

0   20 m

Abb. 144   The Lunt, Baginton. Rekonstruierter Rundbau.

ten verwendet worden sind. Der Ausgräber des Rundbaus in Baginton vermutete, es könne sich um einen Reitplatz (*gyrus*) handeln, vielleicht von der Art, wie ihn der antike Autor Xenophon beschreibt.[228] Andererseits kann der Bau der abgezäunten Eingangsgasse mit Toren an beiden Enden darauf hindeuten, daß vielleicht eine Sicherung und Überwachung von wilden Tieren bezweckt worden ist. Daraus wurde geschlossen, daß die Arena vielleicht ein *vivarium* war, in dem wilde Tiere für die Tierhetzen im Amphitheater bereitgehalten wurden. Eine andere Vermutung geht dahin, daß hier Kriegsgefangene oder Geiseln festgehalten worden seien. Auf den Reliefs der Trajanssäule sind mehrere kreisrunde Bauwerke aus Rasensoden und Holz abgebildet, die mit dem Rundbau von Baginton verwandt sein können. Eines davon enthält ein Gebäude oder Zelte. In der Arena von Baginton sind allerdings keine Spuren von Bauwerken gefunden worden. Am wahrscheinlichsten ist doch wohl, daß der Rundbau ein kleiner Übungsplatz für Pferde und Reiter war.[229]

Sonderunterkünfte

Abb. 145   Im Mittelstreifen der Kastelle Corbridge, Pen Llystyn und Housesteads standen lange, rechteckige Gebäude mit regelmäßiger Inneneinteilung, die den Mannschaftsbaracken sehr ähneln. Im Kastell Pen Llystyn gab es ein solches Gebäude mit zehn gleichgroßen Stuben, dazu kam ein größerer Raum an dem einen Ende. Vor dem Gebäude lag eine offene Vorhalle. Angeziegelte Stellen auf dem Fußboden zweier Stuben geben wohl die Lage von Herden an. — Im Kastell Corbridge sind bei diesen Gebäuden nur geringe Reste der Trennwände erhalten, doch läßt sich aus den Abständen schließen, daß es auch hier zehn Stuben gab. — Die wenigen Räume, die in dem entsprechenden Gebäude im Kastell Housesteads untersucht worden sind, hatten eine ähnliche Größe. Ihre Anzahl ist aber unbekannt.

Die Ähnlichkeit mit Mannschaftsbaracken und die Spuren der Herde in Pen Llystyn weisen auf eine Funktion als Wohngebäude hin. Allerdings ist auch eine Deutung als Lazarett oder als Gefängnis in Betracht gezogen worden. Sie sind sogar als »Verwaltungsblock« bezeichnet worden, weil vermutet wurde, daß dort vielleicht in der Nähe tätige Soldaten, etwa Schreiber aus den

212

Principia oder den Kornspeichern, vielleicht auch Burschen des Kommandeurs oder Sanitäter untergebracht gewesen sein könnten.[230]

Eine interessante Sonderunterkunft ist in der Retentura des claudischen Kastells Oberstimm beobachtet worden. Der kleine Holzbau enthielt zwei Reihen von je sechs kleinen Stuben; sie rahmten einen länglichen Innenhof mit offenem Umgang ein. In mehreren Stuben sind gut erhaltene Herde beobachtet worden. Die Stuben dienten also offenbar als Wohnräume. Im Süden hatte das Gebäude einen Anbau mit drei größeren Räumen und einem Hof. In diesem Gebäude haben vielleicht Handwerker gewohnt, die in der nahegelegenen Fabrica arbeiteten. Das ist jedoch nur eine der möglichen Deutungen. Bei neueren Ausgrabungen zeigte es sich oft, daß in einem Kastell mehr Unterkünfte standen als nach der Theorie zu erwarten sind. So sind im Kastell einer Cohors quingenaria equitata acht Baracken zu erwarten; im Kastell Künzing, in dem wohl

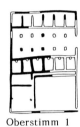

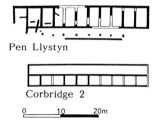

Pen Llystyn

Abb. 145
Sonderunterkünfte.
Maßstab 1 : 1000.

Corbridge 2

Oberstimm 1

0   10   20m

eine solche Truppe lag, wurden aber neun nachgewiesen. Möglicherweise waren in manchen Kastellen zusätzlich kleine Einheiten (Numeri) untergebracht. Das gilt besonders für die Militärlager am obergermanisch-raetischen Limes. Es mag eine der Erklärungen dafür sein, warum die Kastelle für gleichartige Truppen an der germanischen Grenze des Imperiums im Mittel größer waren als in Britannien.

Bäder in den Kastellen

Bei den Legionslagern standen die Bäder (Thermen) üblicherweise innerhalb der Mauern. Das war bei den Kastellen der Hilfstruppen anders. Ihre Bäder lagen im allgemeinen vor den Toren, und nur ausnahmsweise ist innerhalb der Mauern ein Badegebäude errichtet worden. Solche Bäder waren dann oft klein und einfach gestaltet und bestanden nur aus drei oder vier Räumen für das kalte, das warme und das heiße Bad und enthielten vielleicht noch einen Umkleideraum und eine Toilette. In den Kastellen Bar Hill und Balmuildy (Antoninusmauer) waren derartige kleine Bäder an die Innenseite der Wehrmauer angebaut. In den Kastellen Cadder und Mumrills (ebenfalls Antoninusmauer) dagegen standen sie frei. Bei den Kastellen der Antoninusmauer gab es oft noch ein größeres Badegebäude außerhalb des Kastells, jedoch innerhalb eines befestigten Annexes (Balmuildy, Cadder). — Bäder innerhalb der Mauern sind auch in Wales gefunden worden, in der Praetentura der Kastelle Brecon Gaer und Caernarfon. Sie gehören aber kaum zum ursprünglichen Bebauungsplan. Sie dürften für die Bequemlichkeit einer kleinen Restbesatzung errichtet worden sein, die nach Abzug der Haupttruppe im Lager verblieb. Die Bäder sind dort gebaut worden, wo der Platz nicht mehr für Mannschaftsbaracken benötigt wurde. — Auch an der germanischen Grenze des Reichs sind — wenn auch selten — Bäder innerhalb der Kastellmauern gefunden worden, etwa im Kastell Welzheim-Ost. Es gibt sogar ein Beispiel für einen recht großen Thermenbau im Kastell Niederbieber (Rheinland-Pfalz); er stammt vom Ende des 2. Jahrhunderts. — Im Kastell Köngen (Baden-Württemberg) ist zwar auch ein relativ großes Bad ausgegra-

Abb. 146

Abb. 146,
215

213

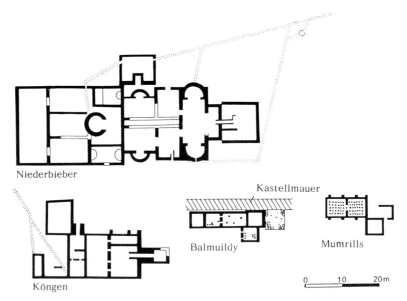

Niederbieber

Kastellmauer

Balmuildy

Mumrills

Köngen

0   10   20m

Abb. 146   Badegebäude innerhalb der Kastellmauern. Maßstab 1 : 1000.

ben worden. Dieses Bauwerk ist aber wohl erst nach dem Abzug der Truppe in der Mitte des 2. Jahrhunderts für die Bedürfnisse einer zivilen Niederlassung erbaut worden. — Bereits erwähnt wurden die Baderäume, die mitunter innerhalb des Praetoriums beobachtet worden sind. Sie stellten aber kein eigenständiges Gebäude dar und standen auch nur dem Kommandeur der Truppe zur Verfügung.

KAPITEL 6

Ernährung und Wasserversorgung

NAHRUNG

Das Grundnahrungsmittel des römischen Soldaten war Getreide (*frumentum*), in erster Linie Weizen. Polybios schrieb sein Geschichtswerk nach der Mitte des 2. Jahrhunderts v. Chr. Bei ihm sind genaue Angaben zu den Getreiderationen der Legionäre und Hilfstruppen überliefert. Quittungen für die monatlichen Getreidezuteilung sind bei Ausgrabungen gefunden worden. Sie haben sich in Ägypten und Syrien auf Papyrus und Tonscherben (Ostraka) erhalten. Aus diesen Quellen folgt, daß die tägliche Getreideration für einen Mann bei knapp 1 kg lag.[1] Ferner kam bei Ausgrabungen in den Getreidespeichern einiger Kastelle verkohltes Getreide zutage, sowohl Weizen als auch Gerste.[2] Gerste (*hordeum*) wurde üblicherweise an Pferde verfüttert; Soldaten erhielten sie zur Strafe anstelle von Weizen.[3] Auf einer Vorratsliste, die sich auf einem Schreibtäfelchen aus Chesterholm (Hadriansmauer) erhalten hat, wird Gerste mehrmals erwähnt. Diese Liste wurde im Juni geschrieben; sie mag eine ungewöhnliche Situation kurz vor der Ernte widerspiegeln, als der Weizen noch nicht reif war und die Truppe daher Gerste essen mußte.[4] — Das Getreide wurde gemahlen und zu Brot verbacken oder auch zu Teigwaren oder Grütze verarbeitet. Auf Feldzügen wurden eiserne Rationen ausgegeben, die aus haltbar gebackenem Brot (*bucellatum*) bestanden. Ein Rezept für Vollkorn-Fladenbrot, wie es wohl auch die Soldaten gebacken haben, hat Cato in der Schrift über die Landwirtschaft angegeben.[5]

In der römischen Kaiserzeit wurde das meiste Getreide für die Heeresversorgung gegen gute Bezahlung requiriert. Ein Teil stammte aus Ländereien, die dem Militär gehörten. Jede Legion besaß in der Umgebung ihres Lagers eigenes Land, das sich über mehrere Kilometer erstrecken konnte. Diese Ländereien werden auf Inschriften als *territorium* oder *prata* bezeichnet. Über die Organisation und Verwaltung dieser Legionsterritorien ist allerdings wenig bekannt. Die Soldaten mögen sich an Landwirtschaft und Viehzucht beteiligt haben. Wahrscheinlich aber wurde das Land verpachtet, und die Pächter mußten einen Teil der Ernte als Pachtzins abliefern. — Die Auxiliartruppen scheinen wenigstens gelegentlich auch eigenes Land besessen zu haben. Dies könnte aus einer fragmentarischen Inschrift aus dem Jahr 216 hervorgehen, die in Chester-le-Street im County Durham gefunden wurde und anscheinend das Territorium einer unbekannten Ala erwähnt.[6] Über die Ausdehnung und Organisation dieses Territoriums ist nichts bekannt.

Aus dem »Gallischen Krieg« Caesars erhält man den Eindruck, daß das römische Heer vornehmlich Getreide aß und Fleisch nur in Notfällen akzeptierte. Aus anderen Schriftquellen und den archäologischen Funden geht aber hervor, daß die Nahrung abwechslungsreicher war und eine Vielfalt von Fleisch und Gemüse umfaßte.[7] Vegetius überliefert, daß die Soldaten »stets hinreichend viel Getreide, Wein, Essig und Salz« erhalten sollen. Ein Papyrus aus Pselcis (Ägypten) enthält die Empfangsbestätigung des Reiters einer Cohors equitata über »Linsen, Salz und Essig«[8] In den Standlagern gehörten Getreide, Speck und Schinken, Käse, Schmalz, Gemüse, Weinessig, Salz und Olivenöl zu den wichtigsten Lebensmitteln. Wahrscheinlich wurden dafür bestimmte Beträge vom Sold abgezogen (*ad victum*).[9] Diese Grundration konnte durch Hinzukauf ergänzt werden. Manche Soldaten schrieben auch nach Hause und baten, ihnen das Fehlende zu schicken. Im Wadi Fawakhir in Ägypten sind Briefe von Soldaten gefunden worden. Sie bedankten sich bei Verwandten für »Freßpakete«. Die Briefe haben sich erhalten, weil sie auf Tonscherben geschrieben waren (Ostraka).[10] — Auf einer Vorratsliste aus Chesterholm waren einige Eintragungen mit dem Vermerk *per privatum* bezeichnet. Manche Soldaten haben also offenbar zusätzliche Lebensmittel auf eigene Kosten bezogen.

Vegetius überliefert, welche Lebensmittel für den Fall einer Belagerung in eine Stadt oder Festung gebracht werden sollen: »Schweine und andere Tiere, die man in einem festen Platz nicht lebend erhalten kann, müssen geschlachtet und eingepökelt werden, damit der Brotvorrat durch Fleisch gestreckt werden kann. Geflügel kann ohne Mühe erhalten werden; es ist für die Versorgung der Kranken nützlich . . . Wein, Essig, Getreide und Früchte aller Art müssen reichlich vorhanden sein«.[11]

Die Untersuchung der Tierknochenfunde aus den Kastellen gibt Aufschluß darüber, welche Tierarten als Nahrung dienten, ja sogar welche Fleischstücke bevorzugt wurden.[12] Die Vorratsliste aus Chesterholm enthält einzelne Posten von Fleischwaren, die im Lauf nur einer Woche ausgegeben wurden. Es war eine abwechslungsreiche Kost, denn darunter befanden sich folgende Fleischsorten: Hammel, Schwein, Rind, Ziege, Ferkel, Schinken, ferner Wild. Die schon erwähnte Räucherkammer in der Fabrica des Kastells Oberstimm zeigt, daß Fleisch wohl oft durch Räuchern konserviert wurde; das wurde auch durch die Untersuchung der Tierknochen aus dem Kastell Valkenburg bestätigt.[13]

Andere Posten auf der Liste aus Chesterholm sind Würzsoße aus Fisch (*muria*), Schmalz, Gewürze, Wein, Essig und Bier. Die Weinmengen waren beachtlich: am 22. Juni wurde 73 Modii (über 600 l) ausgegeben.[14] Die Soldaten bereiteten auch ein Essiggetränk, das den Namen *posca* führte. Auf dem Henkel einer Amphore aus dem Kastell Newstead war das Wort *vinum* eingeritzt, um den Inhalt zu bezeichnen; Graffiti auf Amphoren aus dem Legionslager Chester verzeichnen »gewürzten und aromatisierten, alten Wein, zur Vorratshaltung«; aus dem Kastell Mumrills: »süßer Wein«; vom Kastell Wallsend: »mit Honig gesüßter Wein«.[15] Amphorenbruchstücke gibt es in den Kastellen häufig. Die Amphoren enthielten allerdings nicht immer Wein. In einer Amphore aus dem Legionslager Vindonissa war Honig, in einer anderen Bohnen und eine aus dem Kastell Brough-on-Noe war anscheinen mit Pflaumen gefüllt.[16] Olivenöl und die in der Antike so beliebte, eigenartige Würzsoße aus Fisch sind ebenfalls in Amphoren gelagert und transportiert worden. Olivenöl und andere Pflanzenöle wurden zum Kochen benötigt; bestimmte Ölsorten dienten zur Beleuchtung, andere auch als Körperpflegemittel in den Thermen. Die damalige Vielfalt von Obstsorten und Nüssen ist durch Funde von Kernen und Schalen in der Saalburg, Vindonissa und anderen Fundorten bekannt. In vielen Militärlagern sind Fischgräten und Austernschalen ausgegraben worden; sogar Gemüsereste haben sich nachweisen lassen.[17]

MAHLEN, BACKEN UND KOCHEN

Die antiken Autoren, die Inschriften und Funde geben nur wenige Hinweise auf die Essensversorgung und die Zubereitung der Mahlzeiten bei den Hilfstruppen. Das gleiche gilt für die Legionen. Weder Paternus noch Vegetius führen Köche und sonstiges Küchenpersonal in ihren Listen der Gefreiten (Immunes) auf, und in keiner der erhaltenen Mannschaftslisten steht etwas über den Küchendienst.[18] Zwar werden Soldaten, die für das Requirieren von Getreide und anderen Versorgungsgütern zuständig waren, oft in Quittungen und Listen erwähnt; das gilt auch für diejenigen, die die entsprechende Verwaltungsarbeit ausführten. Auch gibt es Quittungen für Getreide, die von einzelnen Soldaten unterschrieben worden sind. Es fehlen aber Quellen darüber, wo das Getreide gemahlen wurde, wer die Mahlzeiten vorbereitete und kochte und wo gegessen wurde.

Abb. 147 Experimentelle Archäologie: Schroten von Weizen auf der Handmühle und Pflege der Ausrüstung am Abend eines Marschtages; Ausrüstung aus der Zeit des Augustus. Im Hintergrund Lederzelt. Marsch von Verona nach Augsburg im Mai 1985 (Planung und Durchführung: M. Junkelmann).

Das liegt daran, daß diese Vorgänge sehr einfach waren und jeder sie kannte; sie bedurften weiter keiner schriftlichen Erwähnung.

Eine Gemeinschaftsverpflegung für die gesamte Kastellbesatzung hätte zentrale Einrichtungen im Lager erfordert: eine Mühle, eine Bäckerei, eine Gemeinschaftsküche und einen Speisesaal, jeweils mit eigenem Personal. Es gibt nur ein mögliches Beispiel aus einem Auxiliarkastell, nämlich die Bäckerei im Kastell Stockstadt am Main. Das Bauwerk enthielt aber nur zwei kleine Backöfen _Abb. 148_ von jeweils 2,4 m Durchmesser. In einem anschließenden Raum gab es ein Steinfundament und die Reste von zwei Handmühlen. Vermutlich diente die Bäckerei nur der Versorgung von zwei Centurien der Kastellbesatzung.

Der römische Historiker Herodian teilt eine Anekdote über Kaiser Caracalla (211 – 222) mit; sie spielte sich im Marschlager ab: »Er aß das übliche Soldatenbrot; mit eigener Hand mahlte er seine Getreideration, formte den Teig zu einem Fladen, backte ihn in der Asche und verzehrte ihn«.[19] Es ist das klassische Benehmen eines Heerführers und Politikers, der Popularität dadurch an- _Abb. 147_ strebt, daß er »wie der einfache Mann« lebt. Dadurch erfahren wir aber, wie sich der römische Soldat verpflegte. Bei Ausgrabungen wird man daher nicht etwa eine einzige, große Mühle oder Bäckerei in einem Kastell finden, sondern eine Menge kleinerer Mahlsteine und Backöfen. Allerdings hat wohl doch nicht jeder Soldat seine Getreideration stets selbst gemahlen und verarbeitet. Wahrscheinlich besaß die Centurie im Standlager immer einen Backofen und eine etwas größere Mühle; kleinere Handmühlen waren zusätzlich im Besitz der Stubengemeinschaften (Contubernien). Die Truppe konnte die großen Mühlen der Centurien wegen ihres Gewichts auf Märschen und im Krieg wohl nicht mitnehmen. Daher wurden die kleinen Handmahlsteine der Contubernien auf Tragtieren mitgeführt. Auf einem solchen Handmahlstein hat Kaiser Caracalla seine Ration gemahlen.

Die antiken Autoren und die erhalten gebliebenen Quittungen auf Papyrus erwähnen zwar die Tages- oder Monatsration eines Mannes, aber anscheinend nur als Rechengröße. Es ist recht unwahrscheinlich, daß die 500 oder 1000 Mann einer Einheit täglich oder monatlich vor dem Speicher Schlange standen, um ihre Ration zu empfangen. Eher ist anzunehmen, daß ein oder zwei Mann eine abgemessene Menge für ihre Centurie oder für eine kleinere Abteilung (Contubernium) abholten, um sie dann an ihre Kameraden zu verteilen. Das mag täglich, wöchentlich oder monatlich geschehen sein. Wenn das Getreide in Säcken oder Körben von rund einem Zentner Gewicht ausgegeben wurde — dieses Gewicht läßt sich leicht handhaben — so würden neun Säcke pro Woche für eine Centurie reichen. Für das Zumessen der Getreiderationen gab es bei der

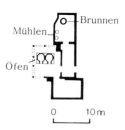

Abb. 148 Kastell Stockstadt a. Main (Bayern). Bäckerei im Kastellinneren. Die drei in Steinbauweise errichteten Räume waren Teile eines Gebäudes, das auch hölzerne Bauteile enthielt. Von diesen ist mit den Grabungsmethoden der Zeit vor 1900 nur der Raum mit den Öfen erfaßt worden; möglicherweise gehörten weitere Fachwerkräume dazu. Maßstab 1 : 1000.

Legion besondere Gefreite, die *mensores tritici* oder *mensores frumenti*. Mensores sind gelegentlich auch bei Hilfstruppen bezeugt, etwa der Soldat Maximus aus der Cohors I Asturum von Mainhardt am obergermanischen Limes (CIL XIII 6538). Seine Funktionsbezeichnung »Mensor« ist ohne zusätzliche Erklärung allerdings nicht eindeutig; Maximus kann auch »Landmesser« gewesen sein.

Hinweise auf die centurienweise Ausgabe von Verpflegung stammen vom Kastell Nanstallon. Dort kam ein Amphorengriff in einer Mannschaftsbaracke zutage mit der eingeritzten Inschrift: . . .)XIIII ›A; dies bedeutet: »(Mengenangabe) . . . 14: Centurie des A . . .«[20] Die Amphore mag Wein enthalten haben, vielleicht auch Öl oder Fischsoße für die Centurie. Daß eine Centurie bei der Verpflegungsausgabe eine Einheit darstellte, scheint auch aus dem Griff eines Bronzegefäßes (*patera*) hervorzugehen, der in Saham Toney (Norfolk) gefunden wurde. Er trug die Inschrift ›Primi, aufgelöst *centuriae Primi*, »Eigentum der Centurie des Primus«.[21] Jede Centurie benötigte demnach Speicherplatz für Vorräte und Geräte. Er befand sich vielleicht in der Mannschaftsbaracke, möglicherweise aber auch in einem besonderen Magazinbau. Es wurde schon darauf hingewiesen, daß bei den Centurien-Unterkünften im Kastell Valkenburg besondere »Endbauten« vorhanden waren, in denen eine Mühle stand und wohl auch Getreide aufbewahrt wurde. Bei einer Mannschaftsbaracke im Kastell Oberstimm gab es einen »Endbau«, in dem drei dicht aneinandergereihte Pfostengräben auf eine Kornkammer mit erhöhtem Fußboden hindeuten können.[22]

Abb. 149

Mahlsteine mit Centurieninschriften sind von den Kastellen Greatchesters, Wiesbaden und Straubing und vom Legionslager Mainz bekannt.[23] Diese Funde deuten darauf hin, daß es Mühlen jeweils für eine Centurie gegeben haben muß. Im Vicus des Kastells Zugmantel (Taunus) fand H. Jacobi ein eisernes Mühlengetriebe und zwei zugehörige Mühlsteine in einem römischen Brunnen.[24] Die beiden Mühlsteine (Läufer und Ständer) hatten rund 75 cm Durchmesser (ca. 2 1/2 römische Fuß) und wogen je etwa 125 kg. An der Fundstelle gab es kein fließendes Wasser, das

Abb. 149   Kastell Zugmantel (Taunus). Großer Mühlstein aus Basalt für eine Getriebemühle (Durchmesser 76 cm), Ansicht von oben und von unten. Daneben zugehörige eiserne Mühlenachse (80 cm lang) mit laternenförmigem Triebrad. Maßstab 1 : 10.

eine Wassermühle hätte antreiben können. Die Arbeitsleistung, die notwendig ist, um die Mühle in Bewegung zu setzen, kann von einem einzigen Menschen nicht aufgebracht werden. Jacobi rekonstruierte daher die Mühle ähnlich wie die von Vitruv beschriebene Wassermühle.[25] Der Antrieb der Rekonstruktion erfolgte jedoch mit einer großen Kurbel, an der vier bis sechs Mann anpacken konnten. Diese Rekonstruktion dürfte indessen unzutreffend sein. Die Mühle wurde eher durch Tiere über ein Göpelwerk angetrieben.[26] Mit Mühlen dieser Größe konnten etwa 100 kg in einer Stunde gemahlen werden; das entspricht reichlich dem Tagesbedarf einer Centurie.[27] Spuren von Mühlen-Göpelwerken sind auch in den schon erwähnten »Endbauten« der Mannschaftsbaracken im Kastell Valkenburg beobachtet worden. Einige mögliche Mühlenhäuser lagen unter der Nordmauer einer späteren (antoninischen) Bauperiode des Kastells Chesterholm. Vier kleine, kreisrunde Steinhäuser standen in einer Reihe und wiesen mit ihren Eingängen auf einen ehemaligen Weg; ein weiteres Gebäude dieser Art stand gegenüber. Die Fußböden der Rundbauten waren gepflastert. Funde aus dem Inneren zeigten, daß die Bauwerke ein Ziegeldach trugen.[28]

Abb. 150

In den römischen Kastellen sind zwei Größenklassen von Mahlsteinen benutzt worden. Besonders deutlich wurde dies durch die reichen Fundbestände der Kastelle Saalburg und Newstead. Unter den über 100 Mahlsteinen der Saalburg gibt es große Steine von 66 bis 81 cm Durchmesser; sie entsprechen den beiden erwähnten Steinen aus dem Brunnenfund vom Kastell Zugmantel. Diese großen Steine dürften von Centurien-Mühlen stammen. Außerdem ist eine bedeutende An- *Abb. 151* zahl kleiner Mahlsteine gefunden worden mit Durchmessern von 35 bis 45 cm. Einer von ihnen trug die Inschrift *Con(tubernii) Brittonis* »Eigentum der Stubengemeinschaft des Britto«.[29] Damit wird deutlich, daß die kleinen Mahlsteine jeweils einer Stubengemeinschaft gehörten. Die Herstellung des Kommißbrotes (*panis militaris*) war ein spezialisierter Vorgang, der offenbar von der Centurie mit einer entsprechenden Mühle und einem größeren Backofen vorgenommen wurde. Das Getreide dafür wurde der Centurie wohl insgesamt zugewiesen. Den übrigen Teil der Getreideration erhielten vermutlich die Contubernien. Mit Hilfe der kleinen Handmühle konnten die Soldaten des Contuberniums einfache Getreideverpflegung selber bereiten, etwa Mehl für Fladenbrot oder Schrot für »Müsli« und Grütze. Wie schon gesagt, konnten die größeren, ortsfesten Mühlen der Centurien auf Feldzügen nicht mitgeführt werden. Das war sicher der Grund dafür, den Contubernien die kleinen, transportablen Handmühlen zu belassen.

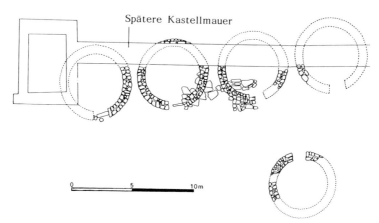

Spätere Kastellmauer

0   5   10 m

Abb. 150 Kastell Vindolanda (Chesterholm, Northumberland). Rundbauten, vielleicht für Mühlen-Göpelwerke; später überdeckt von der jüngeren Umwehrung des Kastells.

Auch bei den Legionen wurde Brot von den Centurien gebacken. Das zeigt ein Brotstempel vom Legionslager Mainz. Er trägt den Namen der 14. Legion und die Bezeichnung einer bestimmten Centurie, ferner die Namen dreier Soldaten, die wohl Bäcker waren und schließlich die *Abb. 192* Zahl 5, vermutlich die Nummer des Ofens.[30] — Im Auxiliarkastell Fendoch sind fünf Backöfen an den Innenfront der Wehrmauer gefunden worden, und zwar stets dort, wo Mannschaftsbaracken standen. Der Ausgräber nahm an, daß jeweils ein Ofen einer bestimmten Centurie gehörte, und daß sich die Contubernien der Centurie beim Brotbacken turnusmäßig ablösten.[31] Der am besten erhaltene Ofen hatte einen runden Steinboden, der von einer Steinmauer eingefaßt war; darüber befand sich einst eine Kuppel, die aus Lehm und Steinen aufgesetzt war. In anderen Kastellen sind Backöfen beobachtet worden, deren Kuppel aus festgebranntem Lehm bestand. Sie ist so hergestellt worden, daß der Lehm über eine kuppelförmige Formschablone aus Flechtwerk gestrichen wurde; beim ersten kräftigen Anheizen verbrannte das Flechtwerk, der Lehm aber wurde hart. Im Kastell Saalburg liegen mehrere Backöfen seit der Ausgrabung frei und können besichtigt werden. Auch sie liegen dicht an der Umwehrung und waren ähnlich gebaut wie die Öfen in Fendoch. Um einen solchen Ofen aufzuheizen, wurde trockenes Astwerk darin verbrannt. Sobald der Ofen warm genug war, wurden Asche und Glut herausgekratzt, das Brot eingeschoben und die Tür fest geschlossen, bis das Brot gar war.[32] Eine Brotschaufel mit langem Stiel zum Einschieben und Herausholen der Brote stammt vom Kastell Zugmantel (Taunus); sie befindet sich im Saalburgmuseum.

Abb. 151 Kastell Saalburg (Hessen). Läufer (oberer Stein) einer Handmühle aus Basalt (Durchmesser 42 cm). Oben: Aufsicht auf den Stein; unten: Abrollung des Randes mit Inschrift: *con(tubernium) Brittonis* (CIL XIII 11954 a). Übersetzung: »Stubengemeinschaft des Britto«. Maßstab 1 : 10.

Backöfen sind in vielen Kastellen gefunden worden. Sie lagen stets an der Innenseite der Wehrmauer oder im Intervallum. Im Kastell Birrens wurde beispielsweise ein wohlerhaltener Ofen hinter der Ostmauer gefunden, deren Rückseite hier mit einer Steinwand verkleidet war. Die steinerne Wandung des Ofens war noch 0,6 m hoch erhalten; als die Lehmkuppel zusammenbrach, ist ein Teil davon in den Ofen gefallen.[33] *Abb. 152*

Im Kastell Pen Llystyn lag ein Abstand von 3 m zwischen der Innenseite der Umwehrung und der Via sagularis. Diese schmale Fläche, die um das gesamte Kastell herumlief, wurde durch zwei bis drei Lagen von Schotter und Lehm ein wenig über das Straßenniveau angehoben. Darauf standen mehrere Öfen. In der Westecke stand eine Gruppe von drei größeren Öfen, jeder mit einem Steinboden; von den Kuppeln waren zahlreiche Lehmbrocken heruntergefallen. Zwischen den Öfen und der Innenseite der Wehrmauer zeigte sich die Spur eines Schwellenbalkens. Die Beobachtung weist darauf hin, daß es für die Öfen hölzerne Schutzbauten gab; hier war es wohl nur ein einfacher, vorne offener Schuppen, der Wind und Regen abhalten sollte. In diesem Kastell kamen noch zwei andere Ofentypen zutage. Einige hatten größere, gepflasterte Böden; bei anderen bestand der Boden nur aus festgebranntem Lehm. Wahrscheinlich waren die drei großen Öfen die »offiziellen« Backöfen je einer Centurie, während die kleinen eher der Verpflegung kleinerer Gruppen dienten.[34]

Gelegentlich standen einzelne Öfen oder auch Gruppen von Öfen in etwas festeren »Backhäusern« aus Fachwerk oder Stein. Solche Bauwerke sind im Legionslager Caerleon (Wales) und im Kastell Stockstadt gefunden worden. Im Kastell Saalburg sind um die Mitte des 2. Jahrhunderts wenigstens fünfzig Öfen an der Rückseite der älteren Umwehrung des Kohortenkastells entstanden. Diese Öfen waren allerdings nicht gleichzeitig in Benutzung. Vor einer der Ofengruppen zeigte sich die Spur einer Pfostenreihe, so daß auch hier ein leichtes Schutzdach ähnlich wie im

Abb. 152 Kastell Birrens (Schottland). Unterer Teil eines Backofens hinter der Wehrmauer.

Kastell Pen Llystyn anzunehmen ist. Im Kastell Caerhun (Wales) können Reste von Steinmauern nahe den Backöfen ebenfalls von »Backhäusern« herrühren.[35]

In seinem Bericht über das römische Heer führte der antike Historiker Flavius Josephus folgendes aus: »Es steht dem einzelnen Mann nicht frei, die Hauptmahlzeit oder das Frühstück nach eigenem Gutdünken einzunehmen; der Zapfenstreich, die Nachtwachen und das Wecken werden durch Hornsignale angegeben, nichts geschieht ohne Befehl«.[36] Das bedeutet aber nicht, daß das Essen in einem großen Speisesaal eingenommen wurde, den es in keinem Kastell gab. Vielmehr speisten jeweils die Soldaten eines Contuberniums gemeinsam in ihrem Quartier. Offensichtlich besaß jede Stubengemeinschaft eigenes Geschirr und eigene Haushaltsgeräte. Die kaminartige Feuerstelle in der Unterkunft eignete sich gut zum Kochen. Die zahlreichen Kochgeschirre aus Ton und Metall, die in den Kastellen zutage kamen, sind von den Soldaten in ihrer Unterkunft verwendet worden, ebenso die eisernen Grillroste. Auf ihrem ebenerdigen Herd haben die Soldaten auch das bei einfachen Leuten beliebte Fladenbrot »sub testu« (unter einer umgedrehten Tonschüssel, einem »Backteller«) in der Asche gebacken. Zum Zubereiten der Mahlzeiten in den Contubernien diente außer Kochtöpfen und Backtellern auch anderes Geschirr: In dem neronischen Legionslager Usk kam eine Reibschale zutage, die eine eingeritzte Inschrift auf dem Rand trug; sie besagt, daß es sich um »die Reibschale des Contuberniums des Messor« handelte. Die Reibschalen dienten zum Herstellen der beliebten Würzsoßen. — Inschriften auf den Bruchstücken zweier Terra-Sigillata-Gefäße aus den Kastellen Valkenburg und Utrecht (Niederlande) beziehen sich ebenfalls auf das Contubernium.[37]

WASSERVERSORGUNG

Bei der Auswahl des Lagerplatzes achteten die Römer sehr auf eine gute Versorgung mit einwandfreiem Wasser. Vegetius schrieb dazu: »Das Wasser muß gesund sein und darf nicht faulig schmecken. Schlechtes Wasser ist wie Gift und verursacht Seuchen«.[38] Eine Kastellbesatzung benötigte viel Wasser. Berechnungen ergaben, daß pro Mann und Tag 2,5 Liter zum Essen und Trinken notwendig waren. Dazu kam der Bedarf der Pferde und Lasttiere sowie die Wasserversorgung des Badegebäudes, der Toiletten, Werkstätten und des Praetoriums.[39] Auch erforderte die Brandgefahr, die von der engen Bebauung im Kastell ausging, eine reichliche Wasserversorgung; das galt besonders für Holzkastelle.

Im Idealfall besaß ein Militärlager eine Quelle innerhalb der Umwehrung. Jedenfalls bemerkte Vegetius in dem Buch über die Befestigung von Städten: »Ständig fließende Quellen innerhalb der Stadtmauern sind äußerst vorteilhaft. Wo die Natur diesen Vorteil nicht gewährt, müssen Brunnen gegraben werden, wie tief es auch sei, und das Wasser wird dann mit Seilen hochgezogen«. Vitruv erwähnt ebenfalls die Notwendigkeit, Brunnen zu graben, wenn kein fließendes Wasser vorhanden ist, ebenfalls im Zusammenhang mit dem Städtebau.[40] — Brunnen sind in vielen Kastellen gefunden worden, in denen diese Art der Wasserversorgung notwendig war und die Lage des Grundwasserspiegels den Brunnenbau erlaubte. Im Innenhof der Principia gehörte ein

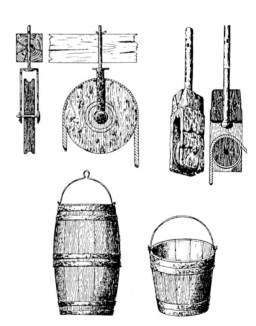

Abb. 153 Kastell Saalburg (Taunus). Seilrollen für Brunnen und Wassereimer aus Holz. Brunnenfunde, die sich unter dem Grundwasserspiegel erhalten haben. Maßstab 1:15.

Brunnen sogar zur üblichen Ausstattung. Es gab damals drei Bauweisen für Brunnen: sie wurden unverschalt in den Fels getrieben, wo Fels vorkam; im lockeren Boden dagegen wurden sie mit Holz verschalt oder mit Mauerwerk verkleidet. Im Kastell Saalburg und im zugehörigen Vicus sind bei den Ausgrabungen 99 Brunnen gefunden worden, die allerdings nicht alle gleichzeitig in Benutzung waren. Diese Brunnen waren gemauert oder mit Holz verschalt; die Holzbrunnen überwogen. Da die tieferen Teile der Brunnenschächte unter den Grundwasserspiegel reichten, hat sich dort unter Luftabschluß nicht nur Holz, sondern auch anderes organisches Material erhalten. Dadurch erhielten die Ausgräber interessante Informationen über die Art der hölzernen

Abb. 153 Brunnenverschalungen. Sie fanden außerdem hölzerne Eimer, Flaschenzugrollen, ja sogar Reste der Brunnenseile, die aus Bast bestanden.[41] Diese Funde erlaubten es, einige römische Brunnen zu rekonstruieren, die jetzt in der Saalburg zu sehen sind.

Eine andere Vorrichtung zur Förderung des Wassers aus dem Brunnen war der *tolleno*. Er konnte allerdings nur bei relativ hochliegendem Grundwasserspiegel verwendet werden. Der Dichter Martial, der im 1. Jahrhundert n. Chr. lebte, beschrieb diese Vorrichtung, die er zur Bewässerung seines Gartens benutzte. Sie bestand aus einer langen Stange oder einem Baumstamm, der an einem Bock schwenkbar befestigt war. Das dünnere Ende des Stamms schwebte über dem Brunnen; ein Eimer war mit einer Kette oder einem Strick daran befestigt. Das andere, dickere Ende des Stammes diente als Gegengewicht. Fast mühelos konnte man den Eimer in den Brunnen absenken und gefüllt wieder hochziehen.[42] Von einem römischen Brunnen-Tolleno würde man heute allerdings bei Ausgrabungen nur noch die zwei Pfostengruben für die senkrechten Ständer des Bocks in der Nähe des Brunnens vorfinden. — Ürigens gab es eine gleichnamige Vorrichtung, mit der die Belagerer Soldaten auf die Mauerkrone der belagerten Stadt setzen konnten; Vegetius beschreibt sie: »Für den Tolleno wird ein hoher, kräftiger Pfosten senkrecht in die Erde eingelassen. An seinem oberen Ende wird ein waagerechter Balken etwa in der Mitte beweglich angebracht, so daß er im Gleichgewicht ist; das eine Ende aber muß sich erheben, wenn man das andere niederdrückt. An dem einen Ende befestigt man einen aus Brettern oder Flechtwerk gefertigten Korb, in dem einige Soldaten stehen können. Zieht man nun mit Stricken das andere Ende nieder, so erhebt sich der Korb und setzt die Leute auf der Mauer ab.«[43]

Die Antike hat auch technisch anspruchsvollere Lösungen für die Wasserförderung gekannt. Besonders interessant sind die Zweizylinder-Unterwasserpumpen, die im Brunnen unter dem Wasserspiegel installiert waren und über ein Gestänge von oben her betätigt wurden. Eine Steigleitung förderte das Wasser zutage. Solche Pumpen sind durch die Funde von Silchester, Metz-Sablon, Wederath, Zewen-Oberkirch, Benfeld und Trier bekannt.[44] Mit ihnen konnten beispielsweise Hochbehälter an Bädern gefüllt werden, so daß im Bad fließendes Wasser aus dem Hahn zur Verfügung stand.

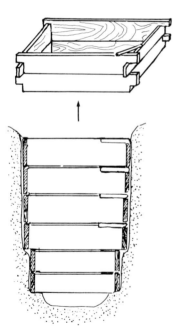

Abb. 154 Kastell Saalburg (Taunus). Brunnenkonstruktion aus Holz: weiterverbreiteter Typ der Brunnenverschalung aus Spalthölzern mit Ecküberblattung; nach Brunnenfunden. Maßstab ca. 1 : 60.

Bei manchen Kastellgrabungen sind hölzerne Brunnenverschalungen unter dem Grundwasser-spiegel in einem hervorragenden Erhaltungszustand beobachtet worden, nicht nur in der Saal-burg, sondern beispielsweise auch am Zugmantel, in Krefeld-Gellep und in Welzheim-Ost. Die Konstruktionen zeigen eine erstaunliche Vielfalt. Die Querschnitte sind meist quadratisch, selte-ner länglich-rechteckig; die lichte Weite lag zwischen 0,8 und 2,2 m.[45] Als Baumaterial ist meist Eiche verwendet worden. In der Saalburg enthielten einige Brunnen noch die Hölzer der quadrati-schen, kastenartigen Verschalung aus übereinandergesetzten Bohlen, die jeweils an den Enden mit den Nachbarbohlen verzapft waren. Die Steifigkeit des Verbandes wurde bisweilen durch innen angebrachte, schräge Holzverstrebungen verbessert, die auch als Leiter für Reinigungs- und Repa- *Abb. 154*

Abb. 155   Krefeld-Gellep. Brunnen-konstruktion aus Holz: genagelte Holzschalung auf Rahmenwerk. Maßstab 1 : 40.

raturarbeiten dienten. — Der obere Teil eines Brunnens in Krefeld-Gellep besaß eine Schalung aus horizontalen Eichenbohlen, die an den Enden auf Gehrung geschnitten waren, so daß sie genau aneinanderpaßten. Nach oben und unten waren sie durch je zwei flache Holzzapfen gegen Ver-schiebung gesichert. Der untere Teil des Brunnens ähnelte einem Faß. Seine 18 Eichendauben wurden wiederum durch flache Zapfen miteinander verbunden und außen durch zwei Eisenringe zusammengehalten. Eine solche Kombination von oberer quadratischer und unterer faßartiger Verschalung eines Brunnens ist oft und in verschiedenen Gegenden des Römerreichs beobachtet worden. Nicht selten wurden ausgediente Fässer dafür verwendet.

Eine andere Brunnenkonstruktion in Krefeld-Gellep besaß innen einen hölzernen Rahmen aus senkrechten Pfosten und horizontalen Streben. Die Streben waren in die Pfosten eingezapft. Der Rahmen hielt die horizontalen Bohlen der Außenverschalung. Die Konstruktion war so gearbei- *Abb. 155* tet, daß sie durch den Erddruck zusammengehalten wurde; sie kam ohne Nägel oder Dübel aus. Ähnlich gebaute Brunnen kamen unter anderem in den Kastellen Künzing und Oberstimm zu-

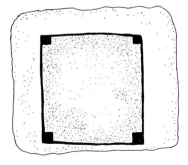

Abb. 156   Waagerechter Schnitt durch die Reste eines römi-schen Brunnens, dessen Holzwerk vergangen ist. Schwarz: Bodenverfärbung, verursacht durch das verfaulte Holz der Eck-pfosten und Brunnenbohlen. Außerhalb des ehemaligen Brun-nenschachtes, hell punktiert: Baugrube für den Brunnen. Maß-stab etwa 1 : 40.

Abb. 156 tage. Allerdings war hier das Holz vergangen, doch gab die verbliebene Erdverfärbung einen Hinweis auf die Bauweise. — Steinerne Brunnen sind aus vielen Kastellen bekannt, wo sie unter anderem im Innenhof der Principia vorkamen, beispielsweise in den Kastellen Stockstadt am Main, Bar Hill und Birrens.

Nach Möglichkeit wurde den Kastellen das Wasser allerdings durch eine Wasserleitung (*aquaeductus*) zugeführt, denn »lebendiges«, fließendes Wasser hat man damals wie heute vorgezogen. Die Leitungen waren unterschiedlich gebaut, darauf wird noch einzugehen sein. Nur dort, wo das Wasser wegen der Lage des Kastells weder aus einer nahegelegenen Quelle herangeführt noch Brunnen gebaut werden konnten, wurde Regenwasser in Zisternen gesammelt. Wenn beispielsweise ein Kastell auf einer Höhe mit felsigem Untergrund lag und sich der Grundwasserspiegel sehr tief darunter befand, war es mit den damaligen Mitteln schwierig oder gar unmöglich, Brunnen zu bauen. Die Wasserversorgung aus Zisternen war allerdings hygienisch fragwürdig; sie war bei den römischen Militärbauten unseres Raums selten, kam aber in ariden Gegenden des Mittelmeergebiets vor.

Neuere Ausgrabungen im Kastell Oberstimm (Bayern) haben interessante Erkenntnisse zur Wasserversorgung dieses Militärlagers geliefert. Obwohl es auf der Niederterrasse unweit vom Fluß lag, erhielt das Lager sein Wasser überraschenderweise nicht aus Brunnen, sondern aus einer hölzernen Wasserleitung. Die Beobachtung zeigt, daß die Römer auch hier fließendes Wasser dem Brunnenwasser vorzogen. — Die Wasserleitung bestand innerhalb des Kastells aus einer unterirdischen, holzverschalten Rinne. Sie war rund 0,6 m tief, hatte leicht schräg nach außen aufsteigende Wände und war mit Brettern abgedeckt. Eine solche Leitung war gleich zu Beginn der ersten Bauphase des Kastells gebaut worden, noch vor Errichtung der meisten Gebäude, denn man benötigte Wasser zur Herstellung des Lehmfachwerks. Als dann das Lager fertig war, wurde der ursprüngliche Kanal durch einen neuen ersetzt. Er lief vom rückwärtigen Tor unter der Mitte der Via decumana in das Kastell und verteilte von dort das Wasser: Abzweigungen lagen zu beiden Seiten des Praetoriums, eine weitere führte zu einer holzverschalten Zisterne im Hof der Fabrica. Unter der Via quintana wurde im Zuge der Wasserleitung eine quadratische Erdverfärbung von 3 m Seitenlänge gefunden. Vermutlich befand sich hier ein gedecktes, hölzernes Bassin, wohl ein Verteiler, vielleicht auch zugleich ein Klär- und Wasserentnahmebecken. — Das nächste Gewässer war das Flüßchen Brautlach, ein Nebenfluß der Donau, rund 70 m von der Porta decumana entfernt. Allerdings lag der Wasserspiegel etwa 3 m tiefer als die ausgegrabene Wasserleitung. Der Ausgräber vermutet daher, daß die Römer ein Schöpfrad einsetzten, wie es Vitruv beschrieben hat.[46] Es war ein großes, hölzernes Rad, das mit Schaufeln versehen war. Die Schaufeln tauchten unten in das fließende Wasser und trieben das Rad an. Zugleich enthielt das Rad an seinem Umfang Wasserkästen. Sie füllten sich unten beim Eintauchen in den Fluß und gaben das Wasser oben in den Versorgungskanal, der zum Kastell führte.

Der Bau oder die Reparatur von Wasserleitungen wird mitunter durch Steininschriften bezeugt, von denen die meisten aus dem ersten Viertel des 3. Jahrhunderts n. Chr. stammen. Daraus darf jedoch nicht geschlossen werden, daß das römische Militär vorher keine Wasserleitungen baute; das oben angeführte Beispiel Oberstimm stammt ja aus dem 1. Jahrhundert n. Chr. Der Bau der hölzernen Leitung kann dort durch eine Inschrift auf Holz dokumentiert gewesen sein, die kaum eine Chance hatte, überliefert zu werden. — Der Aquädukt des Kastells Caernarfon wurde zwischen 198 und 209 n. Chr. von der Cohors I Suniciorum erneuert; neue Wasserleitungen sind 216 für das Kastell Chester-le-Street, 222 für das in South Shields und wohl zur gleichen Zeit auch für das Kastell Chesters gebaut worden.[47] Die Inschriften dreier Nymphen-Altäre, die am Praetorium des Bürgkastells in Öhringen zutage kamen, berichten von dem wechselvollen Schicksal des Aquädukts.[48] Die älteste aus dem Jahre 187 verzeichnet den Bau eines Aquädukts unter Aufsicht eines Centurio der Legio VIII Augusta Commoda »*quod aqua non esset*« (weil es kein Wasser gab). Am 23. Juli 231 feierte der Kommandeur der Besatzung, der Cohors I Belgarum, wieder die Einweihung einer neuen Leitung. Nur ein Jahrzehnt später mußte sie schon wie-

Abb. 157 Kastell Öhringen (Baden-Württemberg), Weihung an die Nymphen. Einer der drei Weihe-Altäre, in deren Inschrift die Wasserleitung des Kastells erwähnt wird. Die Weihung erfolgte am 4. Dezember 241 n. Chr. (CIL XIII 11759). Lateinischer Text ergänzt, Abkürzungen aufgelöst:
In honorem domus divinae Nymphis perennibus aquam Gordianam cohortis I Septimiae Belgarum Gordianae multo tempore intermissam sub cura . . . ani consularis Gaius Julius Rogatianus, eques Romanus, praefectus cohortis eiiusdem, novo aquaeductu perduxit per pedes V̄DCCCCVII, quam salere instituit i . . . in praetorium . . . s et in balineum. Dedicata pridie nonas decembres Imperatore domino nostro Gordiano Augusto II et Pompeiano consulibus. — Übersetzung: »Zur Ehre des Kaiserhauses! Die Gordianische Wasserleitung der Cohors I Septimia Belgarum Gordiana, die lange Zeit unterbrochen war, hat der römische Ritter Gaius Julius Rogatianus, Präfekt der Kohorte, den nie versiegenden Nymphen in einer neuen Leitung von 5907 Fuß (1,7 km) Länge zugeführt, unter dem Kommando des konsularischen Statthalters . . . anus. Er hatte beschlossen, das Wasser . . . im Praetorium . . . und im Badegebäude wieder fließen zu lassen. Die Einweihung fand am Tage vor den Nonen des Dezember statt, als unser Kaiser und Herr Gordianus zum zweitenmal und Pompeianus Konsuln waren«.

Abb. 157 der erneuert werden »*multo tempore intermissa*« (nachdem sie lange unterbrochen war), vielleicht wegen der Alamanneneinfälle im Jahre 233. Der damalige Kommandeur teilte am 4. Dezember 241 in der Weiheinschrift mit, daß er den 5907 Fuß langen Aquädukt habe renovieren lassen, weil er im Praetorium und im Badegebäude fließendes Wasser haben wollte.

Die Versorgungsleitung zum Kastell Greatchesters führte das Wasser von dem fast 4 km entfernten Haltwhistle Burn in einem 1 m tiefen Kanal heran. Um ein gleichmäßiges Gefälle zu erhalten, mußte sie in weiten Umwegen in die Flanken mehrerer Hügel eingeschnitten werden und wurde dadurch 9 km lang. Wie das Wasser im Lager verteilt wurde, ist unbekannt.[49] — Ein Stück des Aquädukts zum Lager der Classis Britannica (der Britannischen Flotte) in Dover wurde an dessen Nordwestecke entdeckt. Dort endete die Leitung, die aus einer steinernen Rinne bestand; das Wasser wurde von hier aus in Holz- und Tonrohrleitungen weiter verteilt.[50] — Oft lief die Wasserleitung unterirdisch durch eines der Tore in das Kastell und mündete dann in einer Vertei-

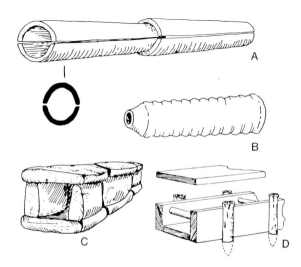

Abb. 158 Verschiedene Bauarten einfacher Wasserleitungen: A und B Tonrohre; C Kanal aus Natursteinen; D Kanal aus Holz.

lerkammer, die architektonisch als Nymphäum ausgestaltet sein konnte. Von dort führten Rohre oder Kanäle unterschiedlicher Bauart zu den Verbrauchern. Im Kastell Brough-on-Noe beispielsweise lief die Leitung unter dem rückwärtigen Tor hindurch und mündete in einem Steintrog, der direkt an der Durchfahrt lag. Der Trog war aus einem einzigen Steinblock gearbeitet; er hatte zwei Auslaßöffnungen, von denen eine in einen drucklosen, steinernen Kanal führte. Die andere war kreisrund, wohl um ein Bleirohr aufzunehmen. Leider ist die Wasserversorgung von dieser Stelle ab nicht mehr erhalten. Man darf sich aber vorstellen, daß Zweigleitungen vom Hauptverteiler zur Fabrica, zum Praetorium, zu den Toiletten, vielleicht auch zu einem Wasserbehälter in den Principia liefen. Selbstverständlich muß es Wasserentnahmestellen für die Mannschaften gegeben haben; gelegentlich sind entsprechende Behälter oder Tröge an den Kasernenbauten und Ställen gefunden worden.

Vitruv beschreibt drei Arten, Wasser in Leitungen zu befördern: in Kanälen aus Mauerwerk (*canales structiles*), in Bleirohren (*fistulae plumbeae*) und in Tonrohren (*tubuli fictiles*). Plinius maior erwähnt ferner Rohre aus Leder und aus Holz, besonders aus Kiefer, Tanne oder Erle.[51] Beispiele für diese verschiedenen Rohre sind aus Auxiliarkastellen bekannt, mit der Ausnahme von Lederrohren, die wohl stets kurz waren und in der Art von Schläuchen gewerblichen Zwecken dienten. In Legionslagern wurden Bleileitungen wohl häufiger verlegt; man kennt sie aber auch von Auxiliarkastellen, etwa von der Saalburg, der Kapersburg und vom Zugmantel im Taunus. Hier waren sie für den Betrieb der Bäder unerläßlich, andernfalls hätten die Römer in ihren Thermen nicht wie gewohnt kaltes und warmes Wasser aus metallenen Hähnen zapfen können. In Wiesbaden gefundene Bleirohre trugen Stempel der Legio XIIII Gemina Martia Victrix.[52] Allerdings war die Gefahr einer Bleivergiftung den antiken Autoren nicht unbekannt: Vitruv meinte, daß Tonrohre gesünder seien und gibt als optimale Wandstärke dafür zwei digiti (etwa 3,8 cm) an; es handelt sich dabei allerdings um Großrohre für die städtische Wasserversorgung. Er empfiehlt, sie mit Nut und Feder überlappend zu verbinden und mit einem guten Kitt zu dichten.[53] Tonrohre hat man unter anderem bei den Kastellen Dover, Jagsthausen und Marköbel gefunden, auch im Legionslager Mainz.

Im Vicus des Kastells Zugmantel sind Reste hölzerner Wasserleitungen im feuchten Boden erhalten geblieben. Die Römer kannten unterschiedliche Konstruktionen. Es gab kastenartig mit Brettern verschalte, unterirdische Kanäle. Sie waren ähnlich gebaut wie die bereits beschriebene, hölzerne Wasserleitung im Kastell Oberstimm. Die Kanäle bestanden aus je vier Eichenbohlen: zwei an den Seiten, je eine oben und unten. Um dem Bodendruck zu widerstehen, wurden sie innen durch Querhölzer verstärkt, während außen zusätzlich senkrechte Pfosten angebracht waren. Diese geschlossenen Kanäle wurden unterirdisch verlegt; oft lagen sie unter den Kastellstraßen und wurden dann vom Straßenschotter bedeckt. Eine andere Leitung am Zugmantel bestand aus den zwei Hälften ausgehöhlter Baumstämme. *Abb. 158*

Neben dem Kastell am Feldberg (Taunus) lagen Quellen, die die Römer mit einer Holzkonstruktion gefaßt hatten. Das Wasser wurde in durchbohrten Baumstämmen unterirdisch weitergeleitet. Die Stöße dieser Deuchelleitungen waren ungefähr 1,8 m lang und etwa 20 cm dick. Von anderen Fundstellen sind auch längere Stöße bei Holzrohrleitungen bekannt; sie konnten bis zu 4 m lang sein. Die Bohrungen solcher Holzrohre besaßen lichte Weiten von 4–6 cm. Die Holzrohre wurden durch eiserne Ringe miteinander verbunden. Meist bleiben von einer hölzernen Deuchelleitung nur die eisernen Verbindungsringe im Boden erhalten. Sie haben eine bezeichnende Form und sind von zahlreichen Militärlagern bekannt, etwa von den Limeskastellen Saalburg und Kapersburg. Im Gegensatz zu den kastenartig verschalten Rinnen, die das Wasser drucklos durch ein leichtes Gefälle beförderten, handelte es sich bei ihnen um Niederdruckleitungen. Sie waren recht beliebt, denn mit ihnen konnte man Wasser beispielsweise in den Hochbehälter eines Badegebäudes leiten oder auch eine kurze Strecke bergauf führen.

Ein Stück einer hölzernen, kastenförmigen Wasserleitung wurde unter der Via praetoria des Kastells Pen Llystyn entdeckt. Sie hatte einen quadratischen Querschnitt und lag in einem Baugraben, der nach Einlegen der Leitung mit Schotter aufgefüllt worden ist. Der hölzerne Kanal wurde von der Straßenschotterung überdeckt. In Abständen von etwa 8 m war der Graben zu rechteckigen Gruben von 1,2 mal 0,9 m erweitert, in denen vielleicht Anschlüsse für Abzweigungen lagen; möglicherweise waren es aber auch Wasserentnahmestellen oder Kontrollschächte. — Von prinzipiell ähnlicher Bauweise waren unterirdische, gedeckte Kanäle aus Steinplatten, die in *Abb. 158* zahlreichen Kastellen gefunden worden sind, unter anderem in Birrens und High Rochester.

Vitruv beschreibt den Vorgang beim Klären von Wasser in Absetzbecken:

»Wenn die Zisternen aber doppelt oder dreifach vorhanden sind, kann man das Wasser langsam hindurchlaufen lassen und erreicht dadurch, daß es angenehmer und gesünder wird. Denn wenn die Sinkstoffe einen Platz haben, wo sie sich absetzen können, wird das Wasser klarer sein und geruchlos seine Qualität bewahren. Anderenfalls muß man Salz zusetzen und es auf diese Weise reinigen«.[54]

Eine verwandte Art der Wasserklärung, allerdings für fließendes Quellwasser, wurde im Kastell Benwell angewandt. Dort wurden Teile eines gemauerten Behälters im Hof der Principia entdeckt. Er hatte eine lichte Weite von 3,1 m, eine Tiefe von 0,6 m und ist auf 7,6 m Länge ausgegraben worden. Er enthielt mindestens fünf Absetzbecken. Das Wasser floß von einem Becken in *Abb. 159* das nächste und schließlich in ein Verteilerbecken. Dort lief es durch runde, unterschiedlich hoch

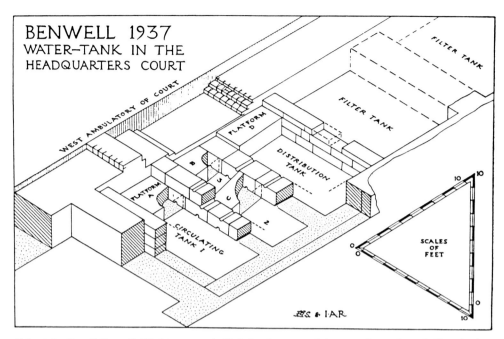

Abb. 159 Kastell Benwell (Hadriansmauer), Hof der Principia. Folge von Sammel- und Absetzbecken (Klärbecken) für Frischwasser (nach I. A. Richmond).

angebrachte Abflüsse den drei letzten Kammern zu, aus denen es den verschiedenen Verbrauchern zuging. Durch diese Klärung wurde das Wasser, das über rund fünf Kilometer mit geringem Gefälle herangebracht worden war, gereinigt, gelüftet und gewann so seine Frische zurück.[55]

Mitunter sind Wasserbehälter gefunden worden, die anscheinend keine Zu- und Ableitung besaßen. Einige können zum Sammeln von Regenwasser von den umliegenden Dächern gedient haben, wie es verschiedene antike Autoren empfehlen. Auf diese Art ließ sich zusätzliches Wasser zum Waschen, Feuerlöschen und zum Tränken der Tiere gewinnen.[56] In den Mittelmeerländern waren solche Zisternen weit verbreitet. Die Wasserversorgung der Kastelle in Britannien und an der germanischen Grenze beruhte aber wohl nur zu einem geringen Teil auf dem Sammeln von Regenwasser. In solchen Kastellen, in denen mehrere Wasserbehälter gefunden worden sind, etwa in Housesteads an der Hadriansmauer, gibt es stets auch Hinweise darauf, daß sie mit fließendem Wasser aus Kanälen oder Rohren versorgt wurden. In Housesteads standen drei steinerne Wasserbehälter dicht an der Mannschaftstoilette in der Südostecke des Kastells, ein weiterer war an die Rückseite eines Torturms am Nordtor angebaut und ein fünfter lag im Nordosten im Intervallum. Die Mannschaftstoilette wurde ständig durch Zuleitungen aus den Überlauföffnungen der benachbarten Wasserbehälter gespült; daher sind die Behälter offensichtlich nicht durch Regenwasser aufgefüllt worden. Indirekt war eine von den Dachwässern unabhängige Versorgung daran zu erkennen, daß die Dachtraufen der Mannschaftsbaracken in der linken Hälfte der Praetentura nicht in eine Zisterne liefen, was man erwarten müßte, wenn das Kastell alleine mit Regenwasser versorgt worden wäre. Vielmehr führte ein Kanal das Regenwasser in der Nordostecke aus dem Kastell. Einen positiven Hinweis auf die Art der Wasserversorgung lieferte der Fund von Bruchstücken eines Reliefs. Es zeigt Neptun mit Dreizack auf einem Bruchstück, seine

Füße und zwei Nymphen auf einem anderen. Ein Loch in der Mitte war für den Anschluß eines Bleirohrs an das metallene Mündungsstück eines Brunnen-Wasserspeiers vorgesehen. Es muß also sogar Druckwasser in dem Kastell gegeben haben.[57] Allerdings ist bis heute kein Aquädukt gefunden worden. Wegen der Hanglage des Kastells dürfte er das Kastell durch das Westtor erreicht haben. Vielleicht gab es nur eine hölzerne Niederdruck-Deuchelleitung, wie sie oben beschrieben wurde. Die geringen Spuren solcher Leitungen sind bei alten Ausgrabungen meist übersehen worden. — Die vielen steinernen Behälter dienten wohl hauptsächlich als Wasserentnahmestellen für die Besatzung; sie können auch den Druck und die Fließgeschwindigkeit des Wassers in dem stark geneigten Kastellinneren reguliert haben. Ein Ausgrabungsarbeiter des 19. Jahrhunderts meinte, die Römer hätten sie gebraucht, »um ihre schottischen Gefangenen darin zu waschen«.[58]

Die meisten Legionslager und viele Auxiliarkastelle lagen in der Nähe von Flüssen, aus denen sie versorgt werden konnten. Dafür gab es unterschiedliche technische Lösungen, unter anderem jene, die oben für das Kastell Oberstimm beschrieben wurde. — Eine Szene auf der Trajanssäule in Rom zeigt eine Gruppe von Legionären auf einer hölzernen Plattform am Flußufer beim Füllen von Wasserschläuchen. Es ist ein Kriegsbild; man darf sich die Wasserversorgung der römischen Standlager im Frieden keineswegs so primitiv vorstellen. Nur bei kriegerischen Aktionen ist ein Militärlager, wenn es gar nicht anders ging, für relativ kurze Zeit auf diese Art mit Wasser versehen worden. In Britannien mußte das Lager Hod Hill, das nur relativ kurze Zeit bestanden hat, wohl in dieser Weise versorgt werden, denn oben auf dem Hügel gab es kein Wasser. Es mußte *Abb. 181* entweder unten im Fluß Stour entnommen und hochgetragen werden oder die Besatzung hat das Regenwasser der Dachtraufen gesammelt. Im Kastell wurde es in hölzernen Behältern gespeichert, von denen einer gefunden wurde; er hatte einen Inhalt von 6000 Litern.[59]

ENTWÄSSERUNG

Das Regenwasser tropfte von den Dächern der Kastellbauten in ebenerdige Traufrinnen hinab, denn Dachrinnen gab es nur selten. Von hier aus gelangte es in größere Sammler. Sie waren als offene oder gedeckte Gräben bzw. Kanäle angelegt und folgten den Hauptstraßen des Kastells und dem Intervallum. Auch um die Innenhöfe der Principia und des Praetoriums zogen sich Traufrinnen; sie mündeten in einen gedeckten Kanal, der das Oberflächenwasser unter dem Vorderteil des Gebäudes hindurch in den Hauptsammler unter der Via principalis leitete.

Im Kastell Housesteads war der Hof der Principia mit einem Steinplattenbelag versehen; Steinplatten mit einer flachen Wasserrinne rahmten ihn ein und bildeten die Dachtraufe. Aus dieser

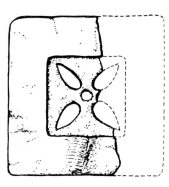

Abb. 160   Kastell Housesteads (Hadriansmauer). Steinerner Kanaldeckel mit rosettenförmigen Öffnungen für den Wasserablauf. Maßstab etwa 1 : 12.

Traufrinne lief das Wasser in einen unterirdischen Kanal und verließ das Gebäude an der Südost-ecke. An der Einmündung lag eine quadratische Grube, die als Sinkkasten diente. Sie besaß ur-sprünglich sicherlich einen durchlochten Deckstein als »Gullydeckel«. Solch ein Stein, dessen Durchlochung ein charakteristisches Muster bildete, kam bei den Ausgrabungen an einer anderen Stelle im Kastell zutage. Er war von gleicher Machart wie die Steinplatten des Hofpflasters in den Principia und ist wohl ursprünglich dort verwendet worden. Steinerne Gullydeckel sind auch von anderen römischen Militärbauten bekannt, ebenfalls von öffentlichen Bauten römischer Städte. In der Saalburg sind Abflüsse mit durchlochten Steindeckeln dieser Art rekonstruiert worden.

Abb. 160

Der Hauptsammler verließ das Kastell an der tiefsten Stelle. Der Kanal konnte unter der Um-wehrung nach draußen führen oder unter einer Tordurchfahrt, wobei er unterirdisch lief und vom Straßenschotter bedeckt wurde. Oft mündete er einfach in den Verteidigungsgraben. An diese Abwasserkanäle waren auch die Offizierstoiletten im Praetorium und in den Offizierswohnungen am Kopfende der Mannschaftsbaracken angeschlossen. Die Mannschaftstoilette lag häufig im In-tervallum an der tiefsten Stelle des Kastells, wo der Hauptsammler das Lager verließ. Man be-nutzte das Abwasser des ganzen Kastells zum Spülen dieser großen Toilette.

Die Bauart der Abwasserkanäle war praktisch die gleiche wie die der holzverschalten oder stei-nernen Frischwasserkanäle. Bei Ausgrabungen können sie an der Gefällerichtung unterschieden werden. In einem erhaltenen Dienstplan auf Papyrus wird ein Soldat namens C. Julius Valens er-wähnt, der »*ad cunicula*« (»zu den Kanälen«) abkommandiert war.[60] Daraus geht hervor, daß die Abwasserkanäle regelmäßig gewartet und gereinigt wurden.

MANNSCHAFTSTOILETTEN

Im Praetorium und in den Offizierswohnungen in den »Kopfbauten« der Mannschaftsbaracken sind bei Ausgrabungen häufig Toiletten gefunden worden. Die großen Toilettenanlagen für die Mannschaften sind dagegen seltener untersucht worden. Eine weit verbreitete Bauform in den Steinkastellen war ein langgestrecktes, rechteckiges Steingebäude, das im Intervallum lag oder unmittelbar an die Kastellmauer angebaut war. Wie schon gesagt, lag es an der tiefsten Stelle des Kastells, wo der Hauptabwasser-Sammler hinausführte, so daß das Abwasser zugleich zum Spü-len benutzt werden konnte, bevor es das Kastell verließ.

Abb. 161, 162

Im Kastell Housesteads an der Hadriansmauer ist eine gut erhaltene Mannschaftstoilette dieser Bauart heute noch zu sehen.[61] Der kleine Steinbau war nahe dem südöstlichen Eckturm an die Wehrmauer angebaut. In der ersten (hadrianischen) Bauperiode befand sich der Eingang an der östlichen Schmalseite, dem Eckturm zugewandt. Im Inneren des Gebäudes lief ein offener, stei-nerner Kanal dicht an den beiden Langseiten und an der Schmalseite, die der Tür gegenüberlag. Über diesem Kanal waren hölzerne Sitze angebracht; man erkennt noch die steinernen Konsolen an den Wänden, auf denen die hölzernen Träger für die Sitze lagen. Durch den Kanal lief das Ab-wasser des Kastells. Es trat durch die Nordwand des kleinen Gebäudes ein, lief in dem Kanal un-ter den Sitzen weiter und verließ den Bau unter der Ostmauer neben der Tür. Ein unterirdischer Kanal leitete das Spülwasser weiter und führte es neben dem Eckturm durch die Umwehrung in den Kastellgraben. In der zweiten Bauperiode wurde ein großer, steinerner Wasserbehälter an den Eckturm angebaut. Der Wasserbehälter besteht aus zehn großen Steinplatten. Sie sind mit Nut und Feder versehen, so daß sie gut passen und dicht sind; Die Fugen waren außerdem mit Blei ge-dichtet. Schwalbenschwanzförmige Klammern halten die Steinplatten oben zusammen. Außer-dem sind Nuten an den Seiten und am Boden angebracht, in denen einst eiserne Zuganker für zu-sätzliche Stabilität sorgten. Zwei Decksteine des Bassinrandes sind an der Seite, die an den Turm stößt, noch in ihrer ursprünglichen Lage erhalten. Wahrscheinlich diente das Bassin als Wasser-entnahmestelle für die Mannschaften; es dürfte durch eine Niederdruck-Frischwasserleitung ge-speist worden sein. Eine Auslaßöffnung am Boden war durch einen kurzen Kanal mit der Toilette

Abb. 161   Kastell Housesteads. Mannschaftstoilette. Im Hintergrund links: Wasserbehälter aus Steinplatten, an einen Eckturm der Umwehrung angelehnt.

verbunden. Die Toilette konnte daher nach Bedarf mit dem Wasser aus dem Behälter gespült werden. Der Abwasserzufluß der ersten Periode wurde aufgegeben; wahrscheinlich ist das Abwasser dann an einer anderen Stelle aus dem Kastell geleitet worden.

Die Toilette besaß innen einen Steinplattenboden, der zu den Sitzen hin mit einer flachen Steinrinne abschloß. In dieser Rinne floß sauberes Wasser, in das die damals anstelle von Toilettenpapier benutzten Schwämme eingetaucht und gespült werden konnten.[62] Die Rinne hatte ein schwaches Gefälle; das gebrauchte Wasser lief schließlich in den Hauptkanal unter den Sitzen. Auf dem Steinfußboden standen zwei steinerne Handwaschbecken mit Einlaß- und Auslaßöffnungen für Bleirohre. Die Rohre selbst sind zwar nicht mehr vorhanden, so daß es unklar bleibt, wo das Wasser herkam. Sie bezeugen aber, daß das Kastell wenigstens zeitweise über eine Druckwasserversorgung verfügte. Es ist ferner nicht klar, ob die Spülrinne und die Handwaschbecken der zweiten oder einer späteren Bauperiode zuzurechnen sind. Jedenfalls wurde die südliche Wehrmauer des Kastells in einer späteren Phase baufällig und mußte erneuert werden. Bei den Wiederaufbauarbeiten wurde der ursprüngliche Eingang zur Toilette zugemauert. Der neue Zugang entstand an der gegenüberliegenden Seite; er erhielt ein Vordach. Außerdem wurde ein neuer Abfluß gebaut und ein weiterer Frischwasserbehälter, ferner neue Steinkanäle für die Versorgung der Wasserrinne und zum Spülen des Hauptkanals unter den Sitzen. — Reste ähnlicher steinerner Toilettenbauten sind unter anderem in der Saalburg ausgegraben worden (Nordostecke des Kastells) und im Kastell Großkrotzenburg am Main (Mainseite); in Britannien in den Kastellen Castlecary, Chesterholm, Neath und Piercebridge.

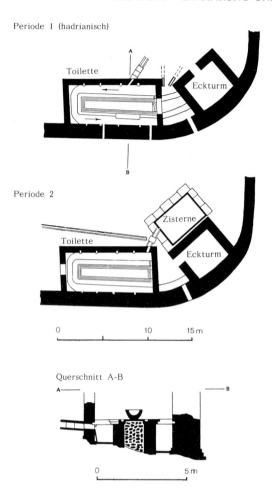

Periode 1 (hadrianisch)

Periode 2

Querschnitt A-B

Abb. 162 Kastell Housesteads. Mannschaftstoilette, Grundrisse und Schnitt.

Abb. 163 Die Mannschaftstoilette des Kastells Bar Hill war in das Badegebäude im Lagerinnern eingebaut. Sie lag wie üblich an der tiefsten Stelle des Kastells und wurde vom Abwasser des Bades gespült. Relativ große Toilettenanlagen gehörten regelmäßig auch zu den Militärbädern, die ja meist außerhalb des Kastells lagen.

In den Kastellen Nanstallon und Gelligaer gab es Mannschaftstoiletten innerhalb abgegrenzter Höfe im Mittelstreifen der Lager. — In den Holzkastellen dürfte es ähnliche Bauwerke wie die Mannschaftstoilette von Housesteads gegeben haben, nur in Holzbauweise. Auch sie mußten an der tiefsten Stelle des Kastells errichtet werden, damit der holzverschalte Abwasser-Hauptsammler die Spülung übernehmen konnte. Solche Bauwerke hinterlassen aber nur geringe Spuren im Boden. Sie sind daher bei den alten Ausgrabungen nicht hinreichend dokumentiert oder übersehen worden.

In manchen Holz- und Steinkastellen gab es zusätzlich oder auch ausschließlich primitivere Aborte, die ohne Spülung auskamen. Sie sind bis in unsere Zeit vom Militär gebaut und als »Donnerbalken« bezeichnet worden. Dazu wird eine längliche Grube eingetieft und ein leichter Holzbau mit Sitzmöglichkeiten darübergesetzt. Ist die Grube voll, so wird eine neue gegraben, der Holzbau dahin versetzt und die alte Grube zugeworfen. Solche einfachen Aborte standen vornehmlich dicht an der Umwehrung im Intervallum. Wegen ihrer leichten Holzbauweise, die im Boden nicht unbedingt Spuren hinterläßt, sind sie archäologisch schwer nachzuweisen. Im Legionslager Usk (Wales) sind zwei einfache Aborte dieser Bauart entdeckt worden.[63] Der Nachweis gelang auch im Kastell Künzing durch die Untersuchung der vertorften Grubenfüllung. Die Grube lag dicht an der Umwehrung des Steinkastells (Periode 3; Mitte 2. Jahrhundert). Sie war immerhin 14 m lang und 2 m breit, ihre Sohle reichte 1,4 m unter die Oberfläche; wegen ihres beträchtlichen Rauminhalts ist sie jahrzehntelang benutzt worden. Eine Anzahl von Pfostengruben

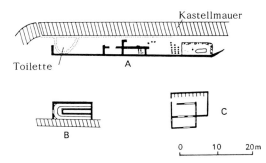

Abb. 163 Mannschaftstoiletten. A. Bar Hill; B. Housesteads; C. Hod Hill. Maßstab 1 : 1000.

deutet auf einen hölzernen Oberbau hin, der jedoch im einzelnen nicht rekonstruiert werden kann. Die Untersuchung der Füllung wies nicht nur Reste halbverdauter Lebensmittel nach (Getreide, Fleisch), sondern zahlreiche Eihüllen eines menschlichen Darmparasiten, des Peitschenwurms (Trichuris trichiura). Die Besatzung war erheblich verseucht. Die Infektion hat sich nicht unbedingt wegen unhygienischer Lebensweise so stark ausgebreitet, sondern vielleicht auch wegen nicht ausreichender, frühzeitig erworbener Immunität.[64] Dazu kam der Mangel wirksamer Medikamente. — Schon damals gab es für die Soldaten den wenig beliebten Dienst des Toilettenreinigens: aus dem Fragment eines Dienstplans einer Legionsabteilung in Ägypten vom 2. Oktober 87 n. Chr. geht hervor, daß der Soldat M. Longinus A... dazu abkommandiert war (ad stercus).[65]

KAPITEL 7

Außenanlagen

EXERZIERPLATZ (CAMPUS)

Neben jedem Auxiliarkastell lag ein freier Platz, der für Waffenübungen und zum Formations-exerzieren verwendet wurde. Dort konnte die Truppe auch bei Paraden, Inspektionen oder Feiern antreten.[1] Die Notwendigkeit militärischer Übungen war in der Antike unbestritten; Vegetius schrieb dazu: »Da die Gewohnheit ständiger körperlicher Anstrengung die Gesundheit im Lager aufrechterhält und den Sieg auf dem Schlachtfeld verschafft, kann man gar nicht genug mit den Waffen üben«.[2] Solche Übungen hielten die Soldaten nicht nur körperlich in Form, sie sollten sie auch beschäftigen, um Müßiggang und Meuterei fernzuhalten. »Selbst im Winter, wenn es nur nicht gerade schneite oder regnete, mußte die Truppe auf dem Übungsplatz exerzieren, damit nicht etwa durch eine Unterbrechung die Disziplin und die körperliche Fitness nachließen«.[3] So-wohl Rekruten als auch ausgebildete Soldaten mußten täglich am Exerzieren teilnehmen, wozu vornehmlich der Exerzierplatz neben dem Lager diente. Wie Vegetius berichtet, gab es für schlechtes Wetter sogar Übungshallen.[4] Es ist jedoch unsicher, aus welcher Epoche der römischen Militärgeschichte diese Mitteilung des Autors stammt und auf welche Truppe sie sich bezieht. Eine solche Halle ist bis jetzt archäologisch nicht nachgewiesen worden; wie oben schon ausge-führt, waren die Vorhallen der Principia wohl zu klein für diesen Zweck.

Vegetius rechnete Marschieren, Laufen, Springen und Schwimmen zu den notwendigen Übun-gen während der Grundausbildung. Waffenübungen waren selbstverständlich ebenso wichtig. Nahkampf mit Schwert und Schild wurde gegen einen Pfahl mit relativ schweren Waffenattrap-pen geübt.[5] Ebenso wurden Speerwerfen und Bogenschießen gelehrt. Auch ein Teil der Kaval-lerieübungen fand auf dem Exerzierplatz statt. Unter Kaiser Hadrian beschrieb Arrian die Vor-bereitung eines Übungsplatzes für Kavallerie; die römischen Pferde waren im allgemeinen nicht beschlagen und benötigten daher einen weichen Boden: »Sie wählen einen Platz für ihre Übungen aus, der eben ist und zusätzlich noch besonders hergerichtet wird. In der Mitte des Platzes, vor der Offizierstribüne, stecken sie eine quadratische Fläche ab, graben den Boden in gleichmäßiger Tiefe um und zerkleinern die Erdschollen, um einen weichen Untergrund zu schaffen«.[6] Die *Abb. 143,* runde, eingezäunte Arena im Kastell Baginton kann ebenfalls ein solcher Platz zum Üben und Zu-*144* reiten von Pferden gewesen sein (siehe oben). — Es gab für die Infanterie außerdem feldmarsch-mäßige Übungen draußen im Gelände, auch größere Manöver, ebenso für die Reiter, die schwie-riges und unebenes Gelände überwinden mußten, »um den Soldaten auf jede Möglichkeit vorzu-bereiten und ihn mit jeder Situation durch unablässiges Üben vertraut zu machen«.[7] Der Bau von Lagern und Befestigungen gehörte gleichfalls zum Schulungsprogramm, und so sind tatsächlich in der Nähe mancher Auxiliarkastelle, vor allem in Wales, ganze Gruppen von Übungsschanzen ent-deckt worden.[8] Tertullian faßte die wichtigsten Elemente der militärischen Ausbildung in fol-gende Worte: »selbst in Friedenszeiten lernten die Soldaten, sich auf den Krieg vorzubereiten durch schwere Arbeit, Geländemärsche mit voller Ausrüstung, Übungen auf dem Exerzierplatz, Bau von Schanzgräben und Herstellen der ›Schildkröten‹-Angriffsformation«.[9]

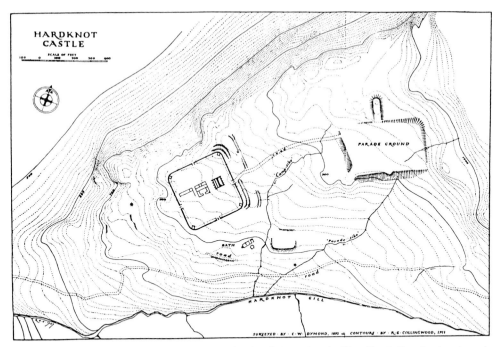

Abb. 164 Kastell Hardknott (Cumberland, Nordengland). Lageplan des Kastells mit Exerzierplatz (parade ground) und Badegebäude (bath).

Exerzierplätze sind bei mehreren Kastellen gefunden worden.[10] Nahe dem Kastell Hardknott (Nordengland) haben die Römer eine ebene Fläche von 1,3 ha in den Berghang terrassiert und durch eine Straße mit dem Kastell verbunden. In der Mitte der höher gelegenen Langseite dieser Fläche erhebt sich ein kleiner, künstlicher Hügel. Er ist 6 m hoch, aus Steinen aufgeschüttet und war über eine Rampe zugänglich. Es handelt sich zweifellos um eine Tribüne, wie sie Arrian erwähnt. Von hier aus konnte der Kommandeur seine Einheit inspizieren und auch Ansprachen halten. Ähnliche künstliche Hügel sind in der Nähe der Kastelle Maryport (hier nennt ihn der Volksmund heute »Puddinghügel«), Tomen-y-Mur und South Shields festgestellt worden.

Der Exerzierplatz wurde nicht nur für Übungen verwendet. Die Truppe versammelte sich hier auch bei bestimmten feierlichen religiösen Anlässen, die im militärischen Festkalender vorgeschrieben waren.[11] Gegen Ende des vorigen Jahrhunderts kamen an dem Exerzierplatz von Maryport 14 Altäre zutage, die dem Jupiter Optimus Maximus geweiht waren, ferner zwei für Mars Militaris.[12] Der Wortlaut der Inschriften war von stereotyper Ähnlichkeit; die Truppe wurde genannt und der jeweilige Kommandeur. Zweifellos handelt es sich um Altäre, die bei offiziellen Anlässen geweiht worden sind. Die zeitlich enge Abfolge der Inschriften deutet darauf hin, daß sie bei der jährlichen Erneuerung des Treue-Eides auf den Kaiser aufgestellt worden sind. Die Altäre waren nur wenig verwittert; sie sind von den Römern selbst vergraben worden. Wahrscheinlich standen nach einigen Jahre so viele Altäre neben dem Exerzierplatz, daß man jeweils die ältesten vergraben hat, um Platz für neue zu schaffen.[13] Eine Gruppe von drei entsprechenden Jupiter-Altären, die ebenfalls im Altertum vergraben worden sind, fand sich in dem rund 300 m breiten, freien Raum zwischen dem Kastell Mainhardt und dem Pfahlgraben. Hier lag offensicht-

Abb. 164, 165

237

Abb. 166   Auchendavy (Schottland). Den Campestres (Gottheiten des Exerzierplatzes) und anderen Göttern geweihter Altar (RIB 2177). Lateinischer Text, Abkürzungen aufgelöst: *Marti Minervae Campestribus Herculi Eponae Victoriae Marcus Cocceius Firmus, centurio legionis II Augustae.* — Übersetzung: »Dem Mars, der Minerva, den Campestres, dem Hercules, der Epona und der Siegesgöttin weiht Marcus Cocceius Firmus, Centurio der Legio II Augusta, (diesen Altar)«.

lich der Exerzierplatz der Besatzung, der Cohors I Asturum. An der entsprechenden Stelle, zwischen Pfahlgraben und Kastell, dürfte der Übungsplatz auch bei einigen anderen Kastellen des obergermanischen Limes zu suchen sein, etwa bei der Saalburg, wo der Kastellvicus diese Fläche ausspart. — Neben dem Exerzierplatz standen gewiß auch die Jupiter-Altäre, die die Cohors I Dacorum am Kastell Birdoswald (Hadriansmauer) geweiht hat. Ähnliche Altäre sind vom Kastell Auchendavy (Schottland) bekannt, von denen einer dem Jupiter Optimus Maximus und der Victoria Victrix, der andere Mars, Minerva, Hercules, Epona, Victoria und den Campestres geweiht war. Diese Campestres waren spezielle Gottheiten des Exerzierplatzes (*campus*). Sie sind allerdings mehr von Reitern als von Infanteristen verehrt worden. Weitere Weihungen an die Campestres sind unter anderem von den Kastellen Benningen am Neckar, Newstead, Cramond und Castlehill bekannt.[14] Eine Inschrift vom Kastell Benwell (Hadriansmauer) erwähnt den Wiederaufbau eines Tempels, der den Campestres und dem Genius der Einheit geweiht war. Vielleicht stand der Tempel dicht am Exerzierplatz.[15]

Abb. 166

Arrian beschrieb den im wahrsten Sinn blendenden Eindruck einer Ala in Paraderüstung: viele der höherrangigen Soldaten und jene, die sich besonders ausgezeichnet hatten, traten mit blitzenden goldglänzenden Helmen an, die farbige, wehende Federbüsche trugen. Ihre Gesichter waren durch eigentümliche, metallene Parademasken verdeckt, die Silberauflagen trugen. Auch die Pferde waren mit glänzender Rüstung und farbigem Zaumzeug geschmückt.[16] Paradehelme

Abb. 167, 168

◁ Abb. 165   Kastell Hardknott, Luftbild; Blick von Westen. Hinter den Ruinen des Kastells ist die künstliche Terrasse am Berghang zu erkennen, die als Exerzierplatz diente. Südlich vom Kastell: Grundmauern des Badegebäudes.

Abb. 167   Straubing (Bayern). Parade-Gesichtsmasken aus Bronze. Erste Hälfte des 3. Jahrhunderts n. Chr.

kamen unter anderem in den Kastellen Echzell, Straubing, Newstead und Ribchester zutage; dort sind zum Teil noch weitere Teile der Paraderüstung gefunden worden, etwa Beinschienen und Kopfschutzplatten für Pferde.[17]

Als weiteren Übungsplatz besaß jedes Legionslager ein Amphitheater vor seinen Mauern. Es bot den Vorteil, daß bestimmte Übungen einer größeren Zuschauermenge gezeigt werden konnten. Kleine Amphitheater, die wohl dem gleichen Zweck dienten, wurden nahe den Auxiliarkastellen Zugmantel im Taunus, Dambach (Bayern) und Tomen-y-Mur (Wales) entdeckt.

BADEGEBÄUDE (BALINEUM, THERMAE)

Abb. 169

Das Badegebäude lag im allgemeinen außerhalb der Mauern. Es war stets ein Steinbau, denn die Holzbauweise ist für Feuchträume ungeeignet. Bei den Kastellbädern werden mehrere Bautypen unterschieden, unter denen der Reihentyp und der Blocktyp die häufigsten waren. Auch die Größe und Ausstattung der Thermen konnten verschieden sein. Die Funktionen der Baderäume

Abb. 168 Straubing (Bayern). Prächtig verzierter Kopfschutz für ein Pferd (Bronze). Erste Hälfte des 3. Jahrhunderts n. Chr.

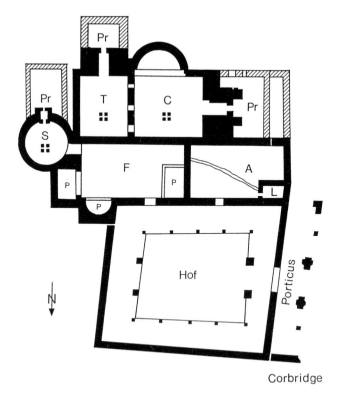

Corbridge

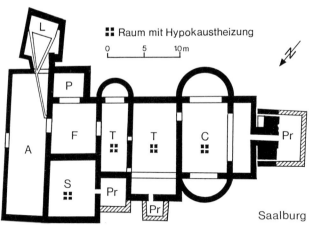

Saalburg

Abb. 169   Grundrisse von Kastellbädern. Oben: Red House, Corbridge (Northumberland); Badegebäude vom Blocktyp, Ende des 1. Jahrhunderts n. Chr. — Unten: Saalburg (Hessen); Badegebäude vom Reihentyp, um 135 n. Chr. — A Apodyterium (Umkleideraum); F Frigidarium (Kaltbaderaum); P Piscina (Kaltwasserbecken); T Tepidarium (lauwarmer Baderaum); C Caldarium (Warmbaderaum); S Sudatorium (Sauna); L Sella pertusa (Toilette); Pr Praefurnium (Feuerung). Maßstab 1 : 500.

Abb. 170   Chesters (Hadriansmauer), Badegebäude. Blick über den Umkleideraum in die Baderäume. In den
überwölbten Nischen (rechts) befanden sich Regale zur Kleiderablage (vgl. Taf. 7 b).

waren jedoch durch die recht einheitlichen Badesitten festgelegt. Daher waren die wichtigsten
Teile eines Bades und ihre Abfolge im Bauwerk weitgehend genormt. Sie sind auch von einigen
römischen Autoren beschrieben worden.[18]

Der römische Soldat badete in den Nachmittagsstunden, wo üblicherweise dienstfrei war zum
corpora curare (»Körperpflege« im weitesten Sinn, auch Essensbereitung). Daher lagen die wichtigsten Baderäume fast immer so, daß sie von der Nachmittagssonne beleuchtet wurden. Der Eingang ins Bad führte in den Umkleideraum (Apodyterium), an den oft eine Toilette angebaut war.
Das Apodyterium war seiner Funktion nach kein Feuchtraum und ist daher bei manchen Kastellbädern als einziger Raum aus Holz gebaut worden. Die Reste von Kastellbädern mit hölzernem
Apodyterium sind in Walldürn (Nordbaden), Theilenhofen (Bayern) und Bearsden (Antoninus-
mauer) freigelegt und können dort besichtigt werden. Im Kastellbad von Chesters sind an einer   *Abb. 170,*
Wand des Umkleideraumes sieben rundbogige Nischen erhalten, die wohl genauso wie ähnliche   *Taf. 7 b*
Nischen in den städtischen Thermen vom Pompeji und Herculaneum der Kleiderablage dienten.
Manche Apodyterien sind im Vergleich zum Gesamtbau recht groß; sie waren daher wohl zugleich
Aufenthaltsräume und erlaubten Geselligkeit und Spiel. Jedenfalls ist in diesem Raum oft ein
Fortuna-Altar oder eine Statue der Göttin gefunden worden. Fortuna hatte hier jedoch eher einen
Bezug auf das Bad und die Gesundheit. — Der Römer badete prinzipiell in der Reihenfolge warm
— kalt, wobei natürlich jeder seiner individuellen Vorliebe und seinen Gewohnheiten folgen
konnte. Er ging wohl zuerst in den wärmsten Raum, das Sudatorium oder Laconicum, eine Art   *Abb. 169*
Sauna; dieser Raum liegt daher nie weit vom Apodyterium. Es folgte das Warmbad (Caldarium),
in dem sich große Becken mit warmem Wasser befanden. Über das Laubad (Tepidarium), das

243

auch der Körperpflege diente, erreichte er schließlich das Kaltbad (Frigidarium), in dessen Kaltwasserwanne er den erwärmten Körper gewissermaßen abschreckte, bevor er wieder den Umkleideraum aufsuchte. Das Frigidarium grenzt daher immer unmittelbar an das Apodyterium. — Während des Bades, nachdem sich die Hautporen in der Wärme geöffnet hatten, wurden Schweiß und Schmutz mit einem besonderen Reinigungsgerät, dem Strigilis, abgeschabt. Der Strigilis war ein gebogener, löffelartiger Schaber aus Bronze. Die Massage und schließlich das Einölen der Haut mit parfümiertem Öl waren andere, verbreitete Formen der Körperpflege im Bad.

Taf. 7a   Die römischen Thermen besaßen bemerkenswerte technische Einrichtungen. Sie wurden durch eine Unterflurheizung (Hypokaustum) erwärmt. Der Fußboden ruhte auf steinernen Pfeilern. Heiße Rauchgase strömten aus der Feuerung (Praefurnium), die von außen erfolgte, unter den Fußboden und längs der Innenwände in Tonrohren nach oben ab. So wurde nicht nur der Fußboden, sondern auch die Wände erwärmt. In den Bädern gab es stets warmes und kaltes Wasser, das aus Hähnen und Mischbatterien strömte. Es kam üblicherweise aus einem Hochbehälter am Bad und lief entweder direkt oder über Durchlauferhitzer, die über der Feuerung angeordnet waren, durch Bleirohre zu den Zapfstellen. Die Thermen besaßen Glasfenster und waren fast immer farbig ausgemalt. So boten sie viele Annehmlichkeiten und bildeten ein Freizeitzentrum für die Mannschaft. Selbst abgelegene Kastelle kleiner Einheiten besaßen ihr Bad.

244

KAPITEL 8

Entwicklung römischer Militärlager

In den vorangegangenen Kapiteln sind die Wehranlagen und die Innenbauten römischer Auxiliar-kastelle im einzelnen behandelt worden. In diesem Kapitel soll nun der Kastellplan als Ganzes be-trachtet und in seiner zeitlichen Entwicklung dargestellt werden. Dabei wird die Entwicklung von den frühen Marschlagern der römischen Republik bis zu den kaiserzeitlichen Standlagern des frü-hen 3. Jahrhunderts n. Chr. verfolgt. Während dieser Zeit erreichte die Macht des Imperiums ihren Höhepunkt. Das Reich festigte sich innerhalb langer Militärgrenzen. Zugleich wurde es ver-wundbarer. Denn manche der Nachbarvölker, etwa die Germanen, erstarkten gerade durch Ein-flüsse aus dem Römerreich; zunehmend gewannen sie die Fähigkeit, dem Imperium entgegenzu-treten. Diese historische Entwicklung läßt sich auch an der Planung und Konstruktion der Auxi-liarlager ablesen, die ja die Grenze zu sichern hatten.

MILITÄRLAGER DER RÖMISCHEN REPUBLIK

Die Tradition regelmäßig geplanter römischer Städte und Wehrbauten entwickelte sich aus der Übernahme griechischer und etruskischer Techniken der Stadtplanung und Landvermessung. Die frühesten bekannten Beispiele militärischer Bauplanung sind einige römische Koloniestädte (*colo-niae*) in Mittelitalien. Es waren wehrhafte Städte, von römischen Bürgern bewohnt und von ihnen selbst verwaltet. Manche der frühen Kolonien sind unweit Roms an strategisch wichtigen Punk-ten der Küste entstanden, um den Einfluß der Stadt auszudehnen und ihre Interessen nach außen zu wahren. Das antike Ostia, die einstige Hafenstadt Roms, lag 25 km westlich von Rom an der Tibermündung. Bei der Ausgrabung der antiken Stadt zeigte es sich, daß die ältesten Baureste von einer römischen Kolonie herrührten, die schon im späten 4. Jahrhundert v. Chr. gegründet worden ist. Sie war wohl die älteste römische Kolonie überhaupt. Sie besaß bereits einen regel-mäßigen Grundriß mit Straßen und Gebäuden, die über einem rechtwinkligen Raster geplant waren; sie wurde durch eine kräftige, steinerne Wehrmauer verteidigt. Andere römische Kolonie-städte der gleichen, frühen Epoche sind ebenfalls nach einem regelmäßigen, »hippodamischen« Schema geplant worden.[1]
  Während der sommerlichen Feldzüge errichtete das römische Heer jeden Tag ein neues Lager, wenn es sich auf dem Marsch befand. Nach dem Bericht des Polybios, der aus der Mitte des 2. Jahrhunderts v. Chr. stammt, waren diese Marschlager (*castra aestiva*) quadratische oder läng-lich-rechteckige Verschanzungen. Sie wurden von Wall und Graben umschlossen, auf denen — wenn nötig — hölzerne Palisaden aufgestellt wurden. Im Inneren standen in langen Reihen die Lederzelte der Soldaten. Das Lager wurde an jedem Marschtag nach einen feststehenden Plan im Gelände neu vermessen. Beim Einmarsch auf den Lagerplatz wußten die Einheiten daher genau, wo sie ihre Zelte aufzustellen hatten. Der Krieg wurde damals nur im Sommer geführt; im Herbst wurde das Heer nach Hause entlassen. Nur in seltenen und besonderen Fällen hat das Heer im La-ger überwintert. Das soll zum erstenmal bei der Belagerung von Veji geschehen sein (403 v. Chr.).

Die ungewöhnlich feste Stadt war anders nicht zu bezwingen. Da man in Zelten schlecht überwintern kann, errichteten die Soldaten leichte Buden und Baracken aus dem Baumaterial, das gerade zur Hand war. Diese rasch und kunstlos gebauten Unterkünfte nannten die Römer *hibernacula*.[2] Auch in den folgenden Jahrhunderten ergab sich mitunter die Notwendigkeit, die Soldaten längere Zeit am gleichen Platz im Lager zu halten, besonders bei Belagerungen. Dann sind wieder statt der üblichen Zelte der Marschlager Hibernacula, leichte Baracken, entstanden, die aus Holz, Steinen oder Rasensoden gebaut waren. Die Notwendigkeit, solche Unterkünfte statt der Zelte zu errichten, nahm in der Zeit der späten Republik zu, als Rom ferne Provinzen erobert hatte und dort mitunter langwierige Kriege führen mußte. Die Soldaten konnten von dort nicht wie gewohnt im Herbst nach Hause entlassen werden; sie mußten in der Provinz überwintern.

Spanien

Von den Militärlagern der römischen Republik hat man in Italien wenig gefunden. Die wichtigsten archäologischen Quellen dafür stammen aus Spanien, darunter einfache Marschlager, aber auch dauerhaftere Lager, die mit festeren Unterkünften (Hibernacula) versehen waren. Einige dieser römischen Lager sind zeitgleich mit der Schrift des Polybios. Das berühmteste Beispiel ist der römische Belagerungsring um die einheimische Festung Numantia, der aus einer Steinmauer und einer Anzahl von Truppenlagern bestand. Die Römer haben sich wiederholt und über Jahrzehnte hinweg bemüht, die Stadt zu erobern. Erst Scipio Africanus hat sie 133 v. Chr. erobert und zerstört. Die Geschichte dieses Krieges ist hauptsächlich durch den mehr als zwei Jahrhunderte späteren Autor Appian überliefert.[3] Durch die umfangreichen Ausgrabungen von A. Schulten in den Jahren 1905–1912 konnte jedes einzelne Lager nachgewiesen werden, das der antike Autor erwähnt.[4] Die Sommerlager (*castra aestiva*) sollten nur vorübergehenden Schutz bieten. Von ihnen war nur noch der Verteidigungsgraben vorhanden; die einstigen Zeltreihen im Lager hinterließen keine archäologisch faßbaren Spuren. Interessanter waren die Lager des Belagerungsringes um Numantia, die auch im Winter besetzt bleiben mußten. Sie besaßen steinerne Wehrmauern und einfache, steinerne Innenbauten. Vor allem in drei Lagern hat Schulten umfangreiche Reste der Innenbebauung festgestellt: in Renieblas, Castillejo und Peña Redonda. Es muß allerdings betont werden, daß nicht bei allen Lagern die Datierung und die Identifikation der Innenbauten mit völliger Sicherheit feststehen.

Abb. 171   Die ältesten Lager befanden sich auf dem Hügel von Renieblas, etwa 5,5 km von Numantia entfernt. Das früheste (Lager I) wird mit dem Feldzug des älteren Cato im Jahre 195 v. Chr. in Verbindung gebracht. Allerdings reichen die Funde für ein genaues Eingrenzen der Benutzungszeit nicht aus. — Einige Zeit später ist das wesentlich größere Lager III errichtet worden, wohl bei dem Feldzug des Q. Fulvius Nobilior 153–152 v. Chr. Darin konnten vermutlich zwei Legionen überwintern. Beide Lager haben einen unregelmäßigen Umriß, dessen leicht geschwungene Linienführung dem Gelände folgt. Die Wehrmauer bestand aus einer inneren und einer äußeren Steinschale, zwischen denen Bruchsteine eingefüllt waren. Ein Verteidigungsgraben war wegen

Abb. 171   Renieblas bei Numantia (Spanien). Aufeinanderfolgende römische Militärlager. Lager I — ältestes Lager, vermutlich 195 v. Chr.; Lager III — 153–152 v. Chr., etwa 40 ha groß; Lager V — wahrscheinlich 75–74 v. Chr.
(1)–(6) Mannschaftsbaracken, die meist drei Seiten eines offenen Hofs einschließen; (7) langgestreckte, zum Teil doppelte Baracken der Hilfstruppen, auch einige kleinere, hufeisenförmige Unterkünfte; (8) Mannschaftsbaracken des Lagers V, an drei Seiten eines offenen Platzes angeordnet wie im Lager III. Maßstab 1 : 6000.

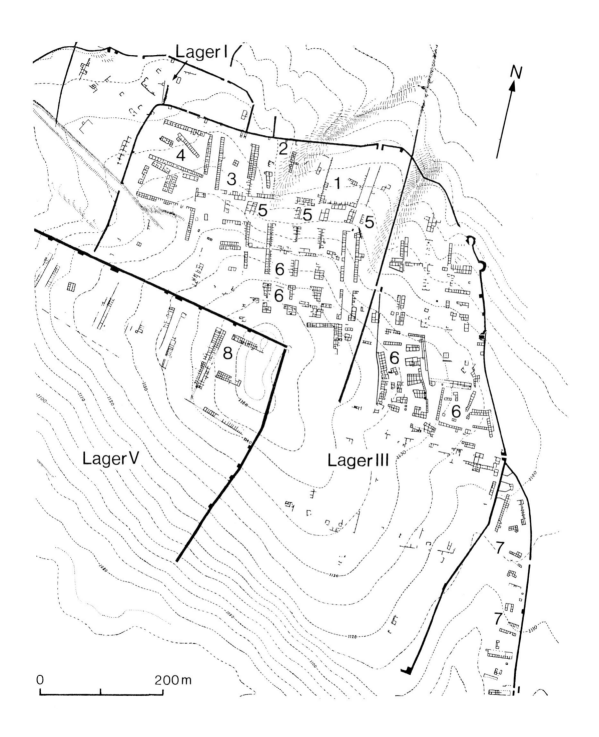

Lager I

N

4

2

3

1

5 5 5

6

6

8

6

Lager V

Lager III

6

6

7

7

0 200 m

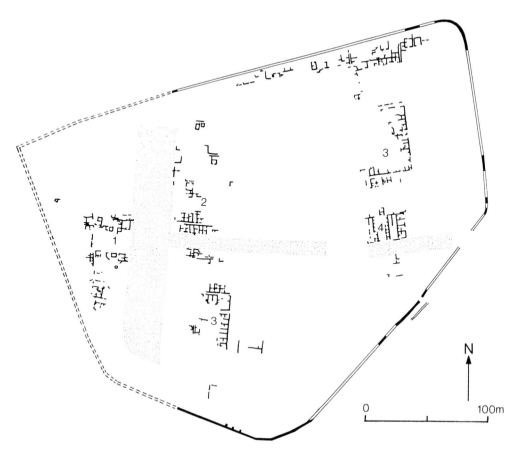

Abb. 172   Lager Castillejo III bei Numantia. Um 133 v. Chr., Fläche etwas über 7 ha. (1) Praetorium;
(2) paarweise angeordnete Mannschaftsbaracken; (3) an drei Seiten eines offenen Hofs angeordnete Baracken
(entsprechend dem älteren Schema in Renieblas). Maßstab 1 : 3000.

der steilen Hügelflanken nicht erforderlich und hätte wegen des felsigen Bodens auch nicht leicht
angelegt werden können. Eines der Tore des älteren Lagers war durch einen besonderen Wall geschützt, ein frühes Beispiel des *titulum*. In einer der Lagerecken fand der Ausgräber eine aufgeschüttete Plattform, die er als Geschützstand deutete (*ballistarium*). Zwar waren die Innenbauten
nicht gut erhalten, doch ließ sich erkennen, daß sie planvoll angeordnet waren. Die Unterkünfte
hatten bereits die charakteristische, im Grundriß U-förmige Gestalt, die im Lager III noch deutlicher hervortritt. — Die Inneneinteilung des Lagers III entsprach ungefähr der Beschreibung des

Abb. 173   Lager Peña Redonda bei Numantia (Spanien). Um 133 v. Chr., Fläche 11 ha. (1) Praetorium;   ▷
(2) Forum (?); (3) Reste paarweise angeordneter Mannschaftsbaracken; (4) Tribunenhäuser nahe dem Osttor.
Maßstab 1 : 3000.

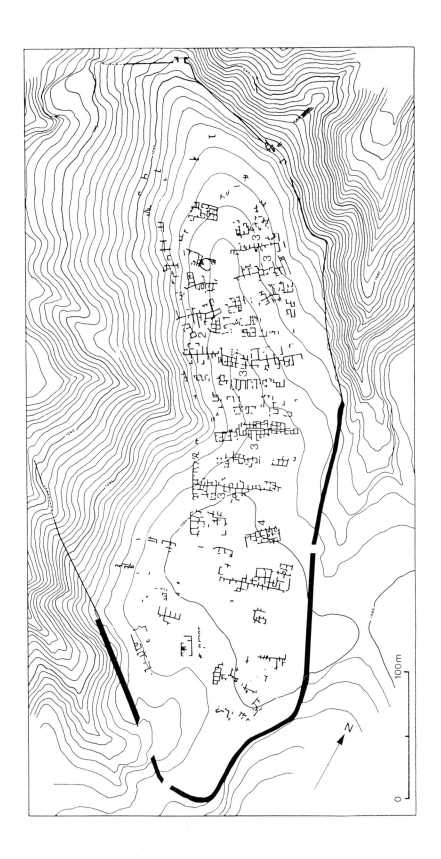

Polybios. Allerdings lagen alle Verwaltungsbauten im Norden dicht an der Wehrmauer. Hinter ihnen war kein Platz mehr für die Unterkünfte der Verbündeten (Auxilia), die anscheinend in dem befestigten Annex des Lagers kampierten. — Die leichten, steinernen Unterkünfte der Mannschaften standen an drei Seiten des offenen Hofes und bildeten daher im Grundriß die schon erwähnte U-Form. Eine solche Unterkunft war jeweils für die zwei Centurien eines Manipels bestimmt. So spiegelt der Plan der Militärlager die Kampf- und Marschordnung des Heeres: Das Manipel war damals die kleinste taktische Einheit innerhalb der Legion. — Wie Polybios überliefert, sah die Lagerform eines Manipels in den ungefähr gleichzeitigen Marschlagern etwas anders aus: jede der beiden Centurien stellte ihre Zelte jeweils in einer langen Reihe auf; zwischen den beiden Zeltreihen zog eine Lagergasse hindurch. — Im Annex des Lagers III standen langgestreckte, zum Teil doppelte Baracken, die nicht den charakteristischen, U-förmigen Grundriß der Unterkünfte des Hauptlagers aufweisen. Ihre Bauform stand den Zeltreihen des Polybios nahe. Vielleicht waren diese Unterkünfte für die Auxilia bestimmt.

Während des Feldzuges des Scipio schloß das römische Heer im Jahre 133 v. Chr. die einheimische Festung Numantia vollständig mit einer Steinmauer ein (*circumvallatio*). Sie hatte einen Umfang von 9 km und wurde durch wenigstens sieben Militärlager verstärkt, die auf den Hügeln um Numantia lagen. Die Inneneinteilung der beiden Lager Castillejo[5] und Peña Redonda ist eingehender erforscht worden. Wie in Renieblas hat die Form der Hügel den Umriß der Lager mitbestimmt, die daher eine unregelmäßige Gestalt erhielten. In dieser Hinsicht unterscheiden sich auch *Abb. 172, 173* die Lager des Scipio bei Numantia von dem quadratischen oder länglich-rechteckigen Lager, das Polybios beschrieben hat. — In Castillejo wurden im Lager III zwei Typen von Mannschaftsunterkünften entdeckt, U-förmige Baracken und langgestreckte Bauwerke, zwischen denen jeweils eine Lagergasse hindurchzog. Der Ausgräber deutete die langgestreckten Bauten als Infanterie-, die U-förmigen als Reiterunterkünfte. — In Peña Redonda schließlich gab es nur langgestreckte, paarweise angeordnete Unterkünfte, deren Contubernien in zwei Räume unterteilt waren. In Castillejo wurden sogar zwei Getreidespeicher nahe dem Südosttor gefunden, die an ihren regelmäßigen Strebepfeilern und den Unterzügen für den belüfteten Fußboden zu erkennen waren. Sie ähnelten bereits den Horrea der kaiserzeitlichen Militärlager.

Im Gegensatz zu den Lagern um Numantia, deren unregelmäßige Umrisse durch das Gelände bedingt waren, hat das Militärlager bei Cáceres el Viejo in Estremadura (Mittelspanien) einen regelmäßigen Grundriß länglich-rechteckiger Gestalt. Es ist das älteste, bisher bekannte Lager, das die von Polybios beschriebene Gesamtform besitzt. Dieses Lager spielte bei dem Feldzug des Q. Caecilius Metellus während des Sertorius-Krieges eine Rolle. Während der Kämpfe ist es um 80 v. Chr. zerstört worden. Es besaß eine steinerne Wehrmauer mit zwei vorgelagerten Verteidigungsgräben (im Querschnitt V-förmige »Spitzgräben«); solche Gräben waren auch später bei den Lagern Caesars und in der Kaiserzeit üblich. Die Innenbauten des Lagers sind nicht gut erhalten und nur ungenügend erforscht. Nur soviel ist sicher, daß es durch die Querstraßen Via Principalis und Via Quintana in drei ungleich große Lagerflächen unterteilt war. Das Praetorium befand sich an der üblichen Stelle an der Kreuzung von Via praetoria und Via principalis.

Abb. 171 Fast zeitgleich sind die beiden späteren Lager IV und V von Renieblas, die mit dem Feldzug des Pompeius gegen Sertorius 74–75 v. Chr. in Verbindung gebracht werden. Beide Lager waren dem Rechteck mehr angenähert als ihre Vorgänger. Das ältere Lager IV war ein Sommerlager, in dem nur Zelte standen; Gebäudereste sind bei der Ausgrabung nicht gefunden worden. Sein Nachfolger, Lager V, ließ trotz starker Zerstörung durch nachrömischen Ackerbau die Reste von Mannschaftsunterkünften erkennen, die in zwei Größen vorkamen. Beide zeigten noch den alten, U-förmigen Grundriß. Die Tribunenhäuser und die Getreidespeicher dagegen ähnelten bereits den späteren, kaiserzeitlichen Bauwerken.

Die Innenbauten der beschriebenen Militärlager sind zwar offensichtlich nach einem festen Planungsschema entstanden. Wie die Ausgrabungspläne zeigen, sind die Grundrisse der Unterkünfte aber sorglos und ungenau abgesteckt worden. Die Unterkünfte waren im Aufgehenden zweifellos sehr einfache Bauwerke. Es waren provisorische Hütten, für vorübergehenden Gebrauch gebaut, aus denen das römische Heer bald wieder zu neuen Eroberungen aufbrechen wollte. Noch für Livius, der unter Augustus schrieb, war »*militariter aedificare*« (auf militärische Art bauen) gleichbedeutend mit »rasch und nachlässig bauen«. In dieser Hinsicht unterscheiden sich die Hibernacula des republikanischen Heeres beträchtlich von den präzise abgesteckten und sauber gebauten, dauerhaften Unterkünften in den Militärlagern der Kaiserzeit.

Julius Caesar
(Gallischer Krieg 58–51 v. Chr.)

In dem Bericht über den Gallischen Krieg erwähnt Caesar häufig die Marschlager und Belagerungswerke seiner Truppen. Er überliefert eine Fülle von Einzelheiten des Lagerbaus, der Heeresorganisation und der Taktik. Archäologisch ist von den Marschlagern und Winterquartieren seines Heeres bis jetzt nicht viel bekannt. Das ist deswegen bedauerlich, weil eine wichtige Neuerung des Lagerbaus in dieser Epoche ihre Wurzel haben dürfte. Zur Zeit Caesars hatte sich das römische Heer von dem Bauernaufgebot der Frühzeit schon weit entfernt. Die Entwicklung führte zur Berufsarmee. Die Soldaten blieben jahrzehntelang unter der Fahne. Das galt nicht nur für die Zeit des Gallischen Krieges selbst, sondern auch für die folgenden Jahrzehnte der militärischen Besetzung Galliens. Es kam nun vor, daß die Legionen lange am gleichen Standort blieben. Durch das Berufssoldatentum wurde das Heer auch technisch professioneller; zahlreiche Bauhandwerker und technische Spezialisten waren in seinen Reihen. Statt der Hibernacula sind damals wohl die ersten präzise gebauten, dauerhaften Lagerinnenbauten entstanden, die archäologisch erst in der folgenden Epoche — unter Augustus — faßbar werden.

Nur von wenigen Lagern aus der Zeit Caesars kennt man den Verlauf der Umwehrung, und nirgends sind Innenbauten ausgegraben worden. Allerdings sind in jüngster Zeit Fortschritte durch die Luftbildarchäologie erzielt worden. Dabei wurde eine Anzahl bisher unbekannter Lager entdeckt. Weitere Forschungen auf diesem Gebiet könnten unsere Kenntnisse wesentlich erweitern.[6] — Auch von den beiden Expeditionen Caesars nach Britannien (55 und 54 v. Chr.) sind keine Spuren bekannt; das gleiche gilt für seine militärischen Unternehmungen im Rheinland (Rheinüberquerung bei Koblenz 55 und 53 v. Chr.). Man weiß daher so gut wie nichts über die Einteilung und die Innenbauten der Militärlager dieser Epoche.

In einigen Fällen gelang es jedoch, bestimmte Orte, die Caesar erwähnt, zu lokalisieren. Beispiele dafür sind die keltischen Oppida Alesia und Gergovia. Diese festen Plätze spielten bei dem gallischen Aufstand unter der Führung des Vercingetorix eine wichtige Rolle. Caesar hat sie im Jahre 52 v. Chr. belagert.[7] Der doppelte Einschließungsring um Alesia bestand nach den Angaben Caesars aus Schanzwerken mit mehreren vorgelagerten Gräben und einer Vielzahl raffinierter Verteidigungsvorrichtungen. Acht Truppenlager gehörten zu dem Einschließungsring. Diese Circumvallation ist auf Veranlassung Napoleons III. in den Jahren 1861–1865 untersucht worden.[8] Leider war die Methodik archäologischer Ausgrabungen zu jener Zeit noch völlig unentwickelt und dem schwierigen Objekt nicht gewachsen. Damals ist auch eines der beiden Militärlager erforscht worden, die für die Belagerung Gergovias entstanden sind. Es nahm eine fast rechteckige Fläche von 35 ha ein; die Nordseite folgte in Windungen dem Gelände. — Ein 41 ha großes Marschlager in Mauchamp (Aisne) hatte ebenfalls einen nahezu rechteckigen Grundriß, an dem eine abgerundete Ecke festgestellt wurde. Jedes der fünf Tore wurde durch Claviculae gesichert, die dort aus einem nach innen gebogenen Stück der Umwehrung bestanden.[9] Luftbilder zeigten die doppelten Verteidigungsgräben einiger anderer römischer Militärlager vermutlich gleicher Zeitstellung, etwa in Breteuil-sur-Noye, wo die Verteidigungsgräben eines großen Lagers beobachtet wurden. Einem der Tore war ein *titulum* (kurzes Grabenstück) vorgelagert.[10]

AUGUSTUS
(30 v. – 14 n. Chr.)

Von den beiden militärischen Expeditionen Caesars jenseits des Rheins (55 und 53 v. Chr.) sind, wie schon gesagt, bis jetzt keine archäologischen Spuren bekannt. Die Operationen Caesars waren auch nur kurz und zielten nicht auf Landgewinn. Erst seit der militärischen Besetzung des Rheins unter Augustus (etwa 16–13 v. Chr.) und den darauffolgenden Germanenkriegen ist die Anwesenheit des römischen Militärs an der germanischen Grenze archäologisch zu belegen. Um diese Zeit wurden die Legionen am Rhein erstmals in dauerhaften Lagern untergebracht. Die neuen Militärbasen beherbergten zum Teil mehr als eine Legion, dazu Hilfstruppen.

Manche dieser Standorte sind vom römischen Heer jahrhundertelang beibehalten worden. Sie waren zum Teil auch in nachrömischer Zeit besiedelt und sind es oft noch heute (Mainz, Köln). Die Bodenschichten aus der Frühzeit der römischen Okkupation sind daher immer wieder durch spätere Eingriffe gestört worden, so daß von vielen der ältesten römischen Militärlager nur geringe Spuren bekannt sind. Es ist unwahrscheinlich, daß wir je einen vollständigen Grundriß von ihnen gewinnen können. Nur wenige Lager aus dieser Epoche sind nach relativ kurzer Zeit von den Römern aufgegeben worden und wurden auch später nicht überbaut. Von ihnen konnten detaillierte Grundrisse aufgenommen und zahlreiche Funde ausgegraben werden. Die antiken Historiker überliefern zwar verhältnismäßig viel über die Germanenfeldzüge des Augustus. Dennoch ist es bei vielen Militärlagern dieser Epoche schwierig, sie mit einem der überlieferten geschichtlichen Ereignisse exakt zu verbinden. Durch die Untersuchung der Keramik- und Münzfunde kann eine Fundstätte nicht aufs Jahr datiert werden, und bei manchen Bauphasen römischer Militärlager läßt sich die Zeitstellung daher nur ungefähr ermitteln.[11]

Zur Zeit des Augustus hatten die Militärlager häufig einen polygonalen Umriß. Die Wehranlagen bestanden aus einer Holz-Erde-Mauer, die stets an der Feindseite eine senkrechte Holzversteifung besaß, manchmal auch an der Innenseite. Die senkrechten Träger der Holzversteifung standen entweder in durchlaufenden Pfostengräben oder in einzelnen Pfostengruben. Vor der Wehrmauer lag mindestens ein V-förmiger Verteidigungsgraben (»Spitzgraben«). Die Lager besaßen charakteristische Torbauten, bei denen der eigentliche Torverschluß zurückgesetzt war und an beiden Seiten von länglichen Tortürmen flankiert wurde.

Wo die hölzernen Innenbauten ausgegraben wurden, zeigte es sich, daß ihre Anordnung auf einem regelmäßigen Planungsraster beruhte. Die Via principalis bildete oft die Längsachse des Lagers und nicht die Querachse, wie es seit der Zeit des Claudius gebräuchlicher wurde. Principia und Praetorium waren in den dauerhaften Legionslagern schon getrennte Bauten, etwa in Haltern. In dem kleinen Versorgungslager Rödgen waren jedoch die Wohnung des Kommandeurs und die Räume der Verwaltung anscheinend noch im gleichen Bauwerk untergebacht. Aus dem Legionslager Dangstetten und dem Lager Rödgen sind große, hölzerne Getreidespeicher mit erhöhtem Fußboden bekannt, deren Stützpfosten in Pfostengräben standen; es sind die ältesten, uns bekannten Beispiele hölzerner Speicherbauten des Militärs. Seit der Zeit des Augustus läßt sich für die Mannschaftsbaracken ein Standardtyp nachweisen, der vor allem im Legionslager Haltern beobachtet wurde.

Zu den frühesten, gut datierbaren Legionslagern gehört Dangstetten am Nordufer des Hochrheins. Es ist wohl erst um 12 v. Chr. nach dem Alpenfeldzug des Drusus und des Tiberius (15 v. Chr.) entstanden und dürfte schon um 9 v. Chr. wieder aufgegeben worden sein. Es war also nur kurze Zeit besetzt. Seine Innenbauten waren noch keine soliden, wirklich auf Dauer berechneten Gebäude, sondern leichte, provisorische Baracken (Hibernacula), wie sie das Heer zur Zeit der Republik in den Winterlagern errichtet hatte. Die Besatzung bestand aus Legions- und Auxiliarsoldaten; ein Bronzetäfelchen mit Inschrift der 19. Legion und Reiter- sowie Bogenschützenausrüstung sind gefunden worden.[12]

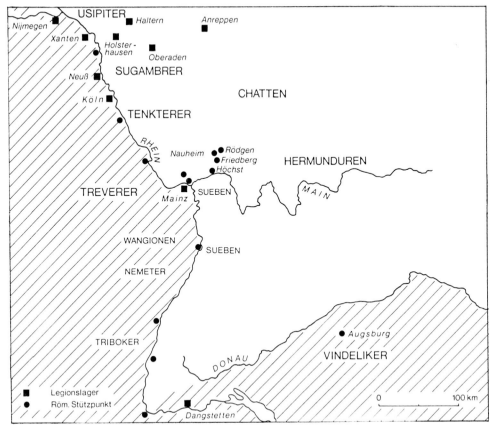

Karte 1 Römische Militärlager im Rheinland, etwa 15 v. – 16. n. Chr.

Im Jahre 12 v. Chr. eröffnete Augustus die Germanenkriege, deren Leitung er seinem Stiefsohn Drusus anvertraute. Die Feldzüge gingen von den großen, rheinischen Legionslagern aus. Römische Heeresabteilungen durchzogen weite Gebiete Germaniens und erreichten auf verschiedenen Wegen schließlich die Elbe.[13] Das römische Heer benutzte hauptsächlich drei Einfallsrouten, wobei schiffbare Wasserverbindungen für den Transport des Nachschubs eine wichtige Rolle spielten.

Karte 1

Der nördlichste Weg verlief rheinabwärts. Im Rheindelta ließ Drusus einen Kanal von einem der Mündungsarme des Stroms hinüber zum Ijsselmeer anlegen (*fossa Drusiana*). Er sollte die Schiffsverbindung zur westfriesischen Küste abkürzen. Die römischen Schiffe folgten dann der Küste und gelangten zu den Mündungen von Weser und Elbe.[14] Ein kleines Versorgungs- und Marinelager aus dieser Zeit in Fectio (Bunnik-Vechten) am Kromme Rijn zeugt von dem Vorstoß zur Nordsee. Das Lager hatte eine Umwehrung von rechteckigem Grundriß, die aus einer Holz-Erde-Mauer mit vorgelagertem Verteidigungsgraben bestand. Innenbauten sind nicht gefunden worden; vielleicht standen genauso wie in Dangstetten nur provisorische, leichtgebaute Hütten darin, deren geringe Spuren vergangen sind.

253

Eine der wichtigsten Ausgangsbasen für Feldzüge vom Niederrhein aus war das Legionslager Vetera bei Xanten, gegenüber der Lippemündung. Dort sind die Reste von wenigstens sieben Militärlagern der vorclaudischen Zeit entdeckt worden. Von Vetera aus stießen die Römer lippeaufwärts nach Germanien vor. Längs der Lippe errichteten sie eine Anzahl von Militärlagern, von denen das große Lager in Oberaden noch aus der Zeit des Drusus stammt. Es hatte eine Umwehrung mit polygonalem Grundriß, die eine Fläche von 54 ha einschloß. Das Lager dürfte im Sommer des Jahres 11 v. Chr. errichtet und gegen Ende des Jahres 8 v. Chr. aufgegeben worden sein. Ähnlich wie das Lager Dangstetten hat es nur wenige Jahre bestanden. Für die Geschichte des römischen Lagerbaus ist es recht interessant. Die Römer bauten ähnlich wie in Dangstetten zunächst nur leichte, provisorische Unterkünfte (Hibernacula), die nur geringe Spuren im Boden hinterließen. Als das Lager aufgegeben wurde, war die Besatzung gerade dabei, diese durch solide und genau gebaute, dauerhafte Mannschaftsbaracken aus Holz zu ersetzen. Einige dieser Baracken waren schon fertig, bei anderen waren nur die Centurionenquartiere erneuert worden.[15] 2,5 km westlich davon lag unmittelbar an der Lippe das kleine Kastell Beckinghausen, das *Abb. 174* nur 1,6 ha umfaßte. Seine Innenbauten sind nicht erforscht; es ist auch nicht sicher, ob es gleichzeitig mit dem großen Lager bestanden hat.

Die dritte Einfallsroute der Römer ging von Mainz aus. Hier errichteten sie auf einer Hochfläche gegenüber der Mainmündung eine der bedeutendsten Militärbasen dieser Epoche. Sie ist leider ungenügend erforscht. — Der römische Vormarschweg folgte ein Stück dem Untermain, wendete sich im Frankfurter Raum nach Norden, durchquerte die Wetterau und zog längs der Hessischen Senke nach Mitteldeutschland. Das römische Heer mußte hier im deutschen Mittelgebirge operieren, das damals wesentlich dichter bewaldet war als heute. Nur in den Beckenlandschaften längs der Hessischen Senke gab es Siedlungskammern der einheimischen Bevölkerung. Anders als in den reichen Gegenden Galliens waren sie nicht umfangreich genug, um das römische Heer aus dem Land ernähren zu können. So mußten die Römer wegen der geringen Siedlungsdichte den Nachschub über weite Entfernungen organisieren. Zu diesem Zweck errichteten sie an ihrem Vormarschweg Versorgungsdepots. Ein solches Versorgungslager aus der Zeit der

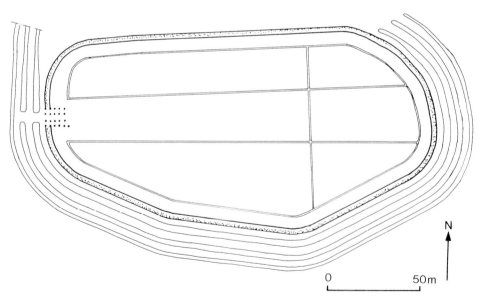

N

0   50m

Abb. 174   Lager Beckinghausen bei Oberaden (Nordrhein-Westfalen). Augusteisch. Maßstab 1 : 2000.

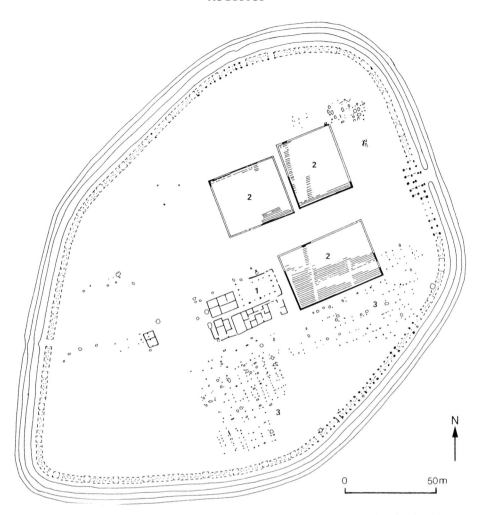

Abb. 175 Versorgungslager Rödgen (Hessen); augusteisches Holzkastell. (1) Stabsgebäude; (2) Horrea; (3) Reste der Mannschaftsbaracken. Maßstab 1 : 2000.

Drususfeldzüge ist in Rödgen bei Bad Nauheim gefunden worden. 60 km von der Basis in Mainz entfernt, hatte es die Aufgabe, das römische Heer zu versorgen, das weit im Norden operierte. *Abb. 175* Wahrscheinlich wurde es im Sommer des Jahres 10 v. Chr. errichtet und gegen Ende des Jahres 8 v. Chr. aufgegeben, bald nach dem Tode des Drusus (9 v. Chr.).[16] Es umfaßte eine Fläche von 3,2 ha. In der Zeit seines Bestehens sind drei große Horrea und das Stabsgebäude als solide Holzbauten errichtet worden, nicht aber die Mannschaftsbaracken. Ihre Spuren waren so schwach und so unregelmäßig, daß der Ausgräber Mühe hatte, sie zu erkennen. Auch hier handelte es sich wie in Dangstetten und Oberaden um leichte, provisorische Unterkünfte, Hibernacula. Ähnlich wie in dem gleichzeitigen Lager Oberaden waren die Soldaten wohl gerade dabei, das Depot mit dauerhaften Holzbauten zu versehen, als eine Änderung der politisch-militärischen Situation zur Aufgabe des Lagers führte.

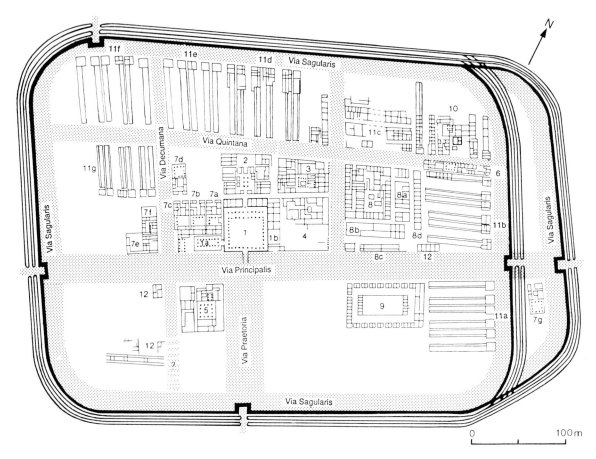

Abb. 176 Legionslager Haltern (Nordrhein-Westfalen; augusteischer Holzbau. (1), (1 a), (1 b) Principia mit Anbauten; (2) Praetorium (?); (3)–(7 g) Wohnhäuser für höhere Offiziere, u. a. Tribunenhäuser; (8), (8 a)–(8 d) Fabrica mit Nebengebäuden; (9) Valetudinarium; (10) Heiligtum (?); (11 a)–(11 g) Mannschaftsbaracken; (12) Bauwerk unbekannter Funktion (nach S. von Schnurbein). Maßstab 1 : 4000.

Abb. 176

Nachfolger des Drusus war dessen Bruder Tiberius, der spätere Kaiser. Er hat die Eroberung Germaniens nahezu vollendet und während der Feldzüge 8–7 v. Chr. wohl auch die Elbe erreicht. Auf diese Zeit kann das Legionslager Haltern an der Lippe zurückgehen. Es hatte einen annähernd rechteckigen Umriß mit abgerundeten Ecken und umschloß eine Fläche von 18 ha. Nachträglich wurde es im Osten um 50 m erweitert und damit um 2 ha vergrößert. Die hölzernen Innenbauten sind einem Brand zum Opfer gefallen, der wohl mit der Varusniederlage (9 n. Chr.) zusammenhängt. Zu dieser Zeit hatten die Bauwerke bereits Reparaturen und Umbauten erfahren. Das Legionslager Haltern ist das älteste, uns bekannte römische Militärlager, das vollständig mit solide gebauten, präzise geplanten Innenbauten versehen war. Sie unterschieden sich grundlegend von den gleichzeitigen und älteren Hibernacula. Die solidere Bauweise kann als äußerer Ausdruck dafür angesehen werden, daß sich die römische Armee zu einem Berufsheer gewandelt hatte; die Heeresreform des Augustus hatte den Vorgang der Professionalisierung des Militärs zum Abschluß gebracht.

256

Im Lager Haltern stand das Praetorium nicht mehr in der Mitte. Wo sich im Marschlager einst das Praetorium im Lagerzentrum erhoben hatte, stand nun das Stabsgebäude (Principia) mit seinen Verwaltungsfunktionen. Das Wohnhaus des Legaten (Praetorium) lag hinter den Principia. Außerdem stand im Mittelstreifen des Lagers eine große und typische Fabrica mit Innenhof. Ihr gegenüber lag in der Praetentura das Valetudinarium (Lazarett), dessen zahlreiche Krankenzimmer ebenfalls um einen Innenhof angeordnet waren. Die Grundrisse der Mannschaftsbaracken treten klar hervor und zeigen die gleiche präzise Bauweise wie die Großbauten des Lagerinneren. Jede Centurie war in einem langgestreckten Bau untergebracht; zwei solcher Baracken standen jeweils einander gegenüber, zwischen ihnen lief eine Lagergasse. Jedes Contubernium hatte sein Quartier in der Baracke. Es bestand aus einem Raum, der mitunter durch eine Zwischenwand unterteilt war. — Bei den Militärlagern der augusteischen Zeit sind bemerkenswerte Unterschiede in der Anzahl der Contubernien pro Centurienbaracke zu beobachten. Vielleicht sind sie so zu erklären, daß die Lager in dieser Epoche mitunter eine aus Legionären und Auxiliarsoldaten gemischte Besatzung hatten, die aus abkommandierten Abteilungen (Vexillationes) unterschiedlicher Stärke bestehen konnten. Außerdem ist zu bedenken, daß die Bauform der dauerhaften, präzise gebauten Centurienkaserne in dieser Zeit neu war und sich noch nicht verfestigt hatte, so daß mit verschiedenen baulichen Lösungen experimentiert wurde.

Nach Feldzügen in den Jahren 4 und 5 n. Chr. verließ Tiberius die Rheingrenze. Sein unmittelbarer Nachfolger ist unbekannt, doch bald erhielt P. Quinctilius Varus den Auftrag, die eroberten germanischen Gebiete jenseits des Rheins als römische Provinz zu organisieren. Im Jahre 9 n. Chr. erlitt Varus jedoch im Kampf gegen den Germanenfürsten Arminius eine katastrophale Niederlage im Teutoburger Wald. Der Verlust dreier Legionen bewirkte ein abruptes Ende der römischen Expansion jenseits des Rheins und veranlaßte Augustus, weitere Eroberungspläne zurückzustellen und schließlich ganz aufzugeben. Sein Rat an den Nachfolger Tiberius (14–37 n. Chr.) lautete, das sicher Erworbene zu festigen und die Grenzen des Imperiums nicht weiter vorzuschieben.[17] Tiberius folgte diesem Rat. Bis auf die wenig erfolgreichen Feldzüge des Germanicus 15–16 n. Chr., die noch einmal rechtsrheinisches Gebiet berührten, haben römische Truppen unter seiner Regierung keine Germanenkriege geführt. Rhein und Donau erhielten langsam die Funktion einer Reichsgrenze.[18] Die Militärlager am linken Rheinufer, die während der Regierung des Tiberius besetzt waren, haben zahlreiche Bauphasen durchlaufen, doch sind nur wenige scharf datierbare Bauwerke und nirgends ein vollständiger Lagergrundriß bekannt. Längs der Donau gab es noch keine Militärlager; sie sind erst unter Claudius entstanden. Zwar kontrollierten die Römer das Alpenvorland bis zur Donau, doch lagen die Stützpunkte der augusteischen und tiberischen Epoche im Landesinneren, weit entfernt von der Donau, oft an verkehrsgünstigen Plätzen, etwa Flußübergängen an den Nebenflüssen Iller, Lech und Isar.[19]

CLAUDIUS
(41–54 n. Chr.)

Die Regierung des Kaisers Claudius brachte für die germanische Grenze des Reichs eine Zeit des Friedens und der Stabilisierung. Im Jahre 43 n. Chr. beschloß der Kaiser jedoch, Britannien zu erobern. Ein römisches Invasionsheer kreuzte den Ärmelkanal und begann, das südliche Britannien zu unterwerfen.

An der germanischen Grenze blieben die Truppen in ihren Standorten. Die Römer sahen die Legionslager und Auxiliarkastelle am linken Rheinufer inzwischen als dauernde Garnisonen des Grenzheeres an; zu weiteren Eroberungen kam es unter Claudius nicht. In dieser Zeit entstanden die ersten Steinbauten in den Lagern. So errichtete die Besatzung im Zweilegionen-Lager Vetera bei Xanten als eines der ersten Steingebäude ein Lazarett. Der Grundriß des Lazaretts von Vetera zeigt die typische Doppelreihe von Krankenzimmern, die in vier Flügeln angeordnet waren, so

Abb. 177 Kastell Hofheim am Taunus (»Erdlager«); claudischer Holzbau. (1) Principia; (2) Praetorium; (3) Schuppen oder Speicher; (4) Mannschaftsbaracken. Maßstab 1 : 2000.

Abb. 177, 178 daß sie einen Innenhof einschlossen. Es ist der gleiche Grundriß, der schon bei dem Holzbau im augusteischen Legionslager Haltern auftrat und der dann in den späteren Legionslagern regelmäßig zu beobachten ist. — Die Innenbauten des obergermanischen Legionslagers Vindonissa bei Brugg (Schweiz) wurden unter Claudius vollständig in Steinbauweise erneuert. In anderen Lagern blieben Holzbauten bestehen; insgesamt sind die rheinischen Legionslager erst in einer späteren Periode durchgängig in Stein ausgebaut worden.

Wie oben ausgeführt wurde, waren Militärlager mit polygonalem Umriß in der späten Republik und zur Zeit des Augustus üblich und weit verbreitet. Dahinter stand die Absicht, das Lager zur besseren Verteidigung dem Gelände anzupassen. Auch bot ein polygonales Lager mehr Flexibilität bei der Anordnung der differenzierten Innenbauten, die das Berufsheer der Kaiserzeit nunmehr benötigte (Principia, Lazarett, Fabrica, Speicher usw.).

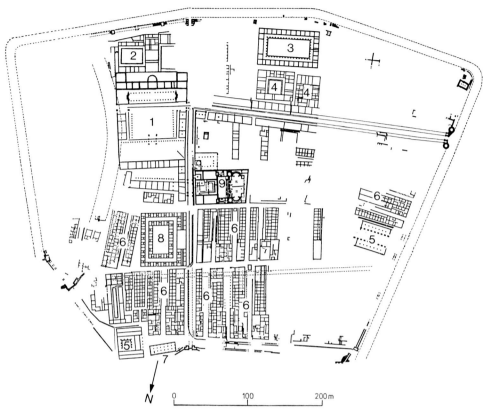

Abb. 178 Legionslager Vindonissa (Windisch bei Brugg, Kanton Aargau, Schweiz), claudischer Bauzustand mit einigen späteren Umbauten, Steinbau. (1) Principia; (2) Praetorium; (3) Fabrica oder Speicherbau; (4) Tribunenhäuser; (5) Fabrica; (6) Mannschaftsbaracken; (7) Horreum; (8) Valetudinarium; (9) Thermen. Maßstab 1 : 5000.

Seit der Zeit des Claudius wird jedoch eine neue Tendenz deutlich, nämlich den Lagern einen länglich-rechteckigen, bisweilen auch quadratischen Umriß zu geben, wobei die Lagerecken stets abgerundet wurden (»Spielkartenform«). An sich war das rechteckige Entwurfsschema nicht neu, es ist ja von Polybios schon im 2. Jahrhundert v. Chr. beschrieben worden. Wenn jetzt wieder stärker darauf zurückgegriffen wurde, so hatte das Gründe im militärischen Bereich, aber auch in der zeitgenössischen Architektur. So ist bei den öffentlichen Bauwerken der Städte seit der frühen Kaiserzeit eine Tendenz zur symmetrischen Gestaltung zu beobachten, auch zur repräsentativen Gliederung des Raums, den die Bauwerke beherrschen. Das läßt sich bei neuen städtischen Fora, Thermen und Tempeln beobachten. Mit der Übernahme städtischer Bauformen für manche Großbauten der Legionslager (Principia, Speicherbauten, Thermen) gelangten solche Ausdruckstendenzen der zeitgenössischen Architektur auch in die Militärlager. Die ausgesprochen symmetrische, klare Innengliederung der Lager mit rechteckigem Grundriß kam zugleich dem Selbstverständnis des präzise organisierten Berufsheeres entgegen. Zwar mögen rechteckige Lager die Geländeform nicht immer so gut für die Verteidigung genutzt haben wie polygonale. Der Gedanke

259

an Verteidigung lag dem römischen Heer in dieser Zeit aber fern; es befand sich auf der Höhe seiner militärischen Stärke und dachte eher an Angriff als an Verteidigung.

Abb. 179   Die claudische Epoche ist im übrigen die erste, in der Auxiliarkastelle häufig und mit vielen Baudetails nachzuweisen sind. Literarische und epigraphische Schriftquellen treten hinzu. Zwar sind aus der Regierungszeit des Augustus kleine Militärlager bekannt, in denen Hilfstruppen gelegen haben können (etwa Rödgen oder Beckinghausen), aber sichere Quellen zur Art der Besatzung haben wir nicht; die Besatzung dieser Stützpunkte kann auch aus abkommandierten Legionssoldaten bestanden haben. Hinter dem deutlichen Hervortreten der Auxiliarlager seit claudischer Zeit steht die Eingliederung der Hilfstruppen als fester Bestandteil des kaiserzeitlichen Berufsheeres. Zur Zeit der römischen Republik sind die Auxilia (Hilfstruppen) nur im Kriegsfall aufgrund der Verträge mit den Verbündeten aufgeboten worden, sie wurden bei Kriegsende wieder entlassen. Seit der Heeresreform des Augustus ist der Kern der Auxilia einheitlich in Kohorten und Alen organisiert und dem Berufsheer eingegliedert worden; aus Aufgeboten der Verbündeten wurden Truppengattungen des Berufsheers. Daneben bestand die ältere Form des fallweisen Auf-

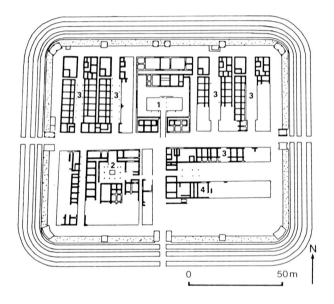

0   50 m

N

Abb. 179   Kastell Valkenburg (Niederlande), Periode 1. Holzbau, etwa 40 n. Chr. (1) Principia; (2) vermutlich Praetorium; (3) Mannschaftsbaracken; (4) Mannschaftsbaracke oder Stall(?). Maßstab 1 : 2000.

gebots von Verbündeten weiter, verlor jedoch langsam an Bedeutung. Der Vorgang der Eingliederung der Auxilia in das kaiserzeitliche Berufsheer hatte zur Zeit des Claudius einen gewissen Abschluß erreicht. Dieser Vorgang bildet den Hintergrund für das erstmals deutliche Hervortreten der Auxiliarlager in den archäologischen Quellen der claudischen Epoche.

Die Umwehrung claudischer Standlager war an der germanischen Grenze meist als Holz-Erde-Mauer ausgeführt, in Britannien wurden Rasensoden als Baumaterial vorgezogen. Vor der Wehrmauer lagen ein oder zwei Verteidigungsgräben. Die Tore wurden von zwei Türmen flankiert, die oft mit der Feindseite der Wehrmauer bündig abschlossen, in einigen Fällen auch leicht zurückgesetzt waren. Ihre Bauform hatte sich von jener der augusteischen Vorbilder entfernt, deren Torverschlüsse weit nach innen versetzt waren. Die Via principalis bildete auch jetzt noch häufig die Längsachse der Auxiliarkastelle, wodurch das Lagerinnere in zwei Hälften geteilt wurde. In der einen Hälfte standen die Stabs- und Verwaltungsbauten, von Mannschaftsbaracken seitlich gerahmt; die andere Hälfte bildete die Praetentura, die vornehmlich Unterkünfte enthielt. In manchen Lagern gab es keine eigentliche Retentura. Die Principia besaßen einen Innenhof mit Um-

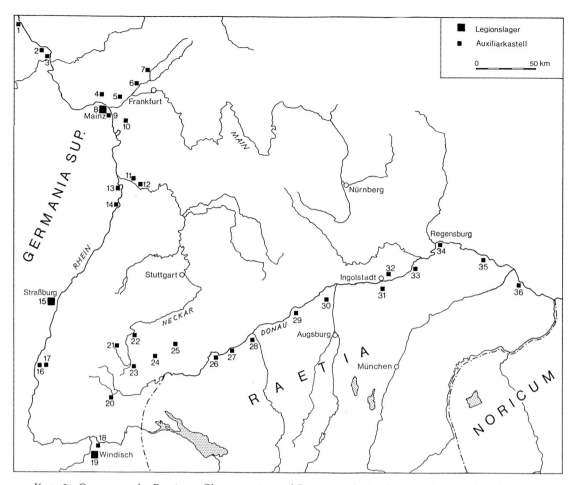

Karte 2   Grenzzonen der Provinzen Obergermanien und Raetien mit Legionslagern und Auxiliarkastellen
von etwa 40–80 n. Chr.

1	Remagen	19	Windisch (Legionslager)
2	Urmitz	20	Hüfingen
3	Koblenz	21	Waldmössingen
4	Wiesbaden	22	Sulz
5	Hofheim a. Ts.	23	Rottweil
6	Frankfurt-Heddernheim	24	Lautlingen
7	Okarben	25	Burladingen-Hausen
8	Mainz (Legionslager)	26	Emerkingen
9	Mainz-Weisenau	27	Rißtissen
10	Groß-Gerau	28	Unterkirchberg
11	Ladenburg	29	Aislingen
12	Heidelberg-Neuenheim	30	Burghöfe
13	Ludwigshafen-Rheingönheim	31	Oberstimm
14	Speyer	32	Kösching
15	Straßburg (Legionslager)	33	Eining
16	Sasbach	34	Regensburg-Kumpfmühl
17	Riegel	35	Straubing
18	Zurzach	36	Moos-Burgstall

Abb. 178

Abb. 179

gang und einer Reihe von Verwaltungsräumen im rückwärtigen Trakt. Die Querhalle fehlte den Auxiliar-Principia noch, sie ist in den Legions-Principia aber schon nachzuweisen. Als Beispiel sei die claudische Bauperiode der Principia im Legionslager Vindonissa genannt (Windisch bei Brugg, Schweiz).

Die Ausgrabung des Auxiliarkastells Valkenburg (Niederlande) unweit der Rheinmündung hatte besonders interessante Ergebnisse. Die Bauperioden des Kastells sind gut datiert; es ist kurz vor der römischen Invasion Britanniens entstanden. In Valkenburg hat der feuchte Boden die unteren Teile der Holzkonstruktionen hervorragend erhalten, so daß eine Fülle von Einzelheiten der militärischen Holzbautechnik beobachtet werden konnte. — Das Stabsgebäude enthielt im rückwärtigen Teil eine doppelte Reihe von Räumen, ferner eine Gruppe kleiner Räume zu beiden Seiten des Eingangs. Zunächst wurde vermutet, daß in diesem rückwärtigen Flügel der Kommandeur

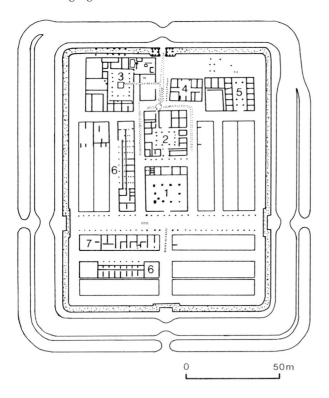

Abb. 180   Kastell Oberstimm (Bayern), Periode 1. Holzbau, etwa 40 n. Chr. (1) Principia; (2) Praetorium; (3) Fabrica; (4) Korridorhaus, Valetudinarium oder Speicherbau (?); (5) Unterkunft für Handwerker oder Sanitäter (?); (6) Mannschaftsbaracken; (7) Schuppen oder Speicherbau. Maßstab: 1 : 2000.

0   50 m

der Besatzung untergebracht war. Die Raumeinteilung und die Größe der Raumgruppen sprechen jedoch nicht dafür. Als Wohnhaus des Kommandeurs kommt eher das Gebäude mit Innenhof in Betracht, das in der rechten Hälfte der Praetentura stand. — Seitlich von den Principia lagen je zwei Doppelbaracken. Jede Doppelbaracke enthielt eine Centurionen-Wohnung, dreizehn Contubernien und einen kleinen Anbau mit Werkstatt, Mühle und Speichermöglichkeit. Die Besatzung ist nicht sicher bekannt; es lag wohl keine vollständige Hilfstruppe in dem Kastell. Vermutlich bildete ein Teil der Cohors III Gallorum quingenaria equitata die Besatzung. Der Name der Truppe stand auf zwei Wachstäfelchen, die bei der Ausgrabung zutage kamen.[20]

Karte 2

Unter Kaiser Claudius ist die neue Provinz Raetia geschaffen worden. Um sie zu sichern, wurden die Truppen aus dem Landesinneren an die Donau verlegt. Am Südufer des Stroms entstanden jetzt erst zur Grenzsicherung Auxiliarkastelle. Zugleich ließ der Kaiser in den Jahren 46–47

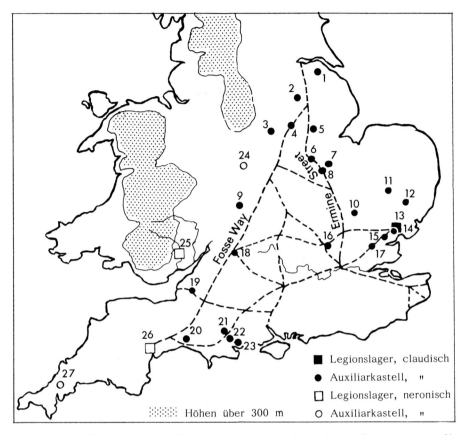

Karte 3 Römisches Straßennetz und Militärlager aus der Zeit der Eroberung Britanniens unter Kaiser Claudius bis zum Beginn der Regierung Neros.

Claudische Militärlager

1	Kirmington
2	Littleborough
3	Broxtowe
4	Thorpe by Newark
5	Ancaster
6	Greet Casterton
7	Longthorpe
8	Water Newton
9	Alcester
10	Great Chesterford
11	Ixworth
12	Baylham House
13	Legionslager Colchester (Camulodunum)
14	Stanway
15	Kelvedon

16	Verulamium
17	Chelmsford
18	Cirencester
19	Charterhouse
20	Waddon Hill
21	Hod Hill
22	Shapwick
23	Lake Farm

Neronische Militärlager

24	The Lunt, Baginton
25	Legionslager Usk
26	Legionslager Exeter
27	Nanstallon

263

eine Straße von Italien über die Alpen an die Donau bauen, die Via Claudia Augusta. Ihr nördlicher Abschnitt folgte dem Lech, berührte die neue Provinzhauptstadt Augsburg und endete am Kastell Burghöfe unweit von Donauwörth.[21] Die Lage der meisten raetischen Donaukastelle ist bekannt, doch nur das östlichste in Oberstimm ist großflächig ausgegraben worden, so daß der Kastellplan einigermaßen vollständig vorliegt.

Abb. 180 Das Holzkastell Oberstimm Periode 1 war von etwa 40–69/70 n. Chr. besetzt. Seine Planung zeigt neue Einzelheiten des Lagerbaus: Die Via principalis bildete hier nicht mehr die Längsachse, sondern die Querachse. Das Kastellinnere wurde durch die Via principalis und eine weitere Querstraße in drei Abschnitte geteilt, die Praetentura, den Lager-Mittelstreifen und die Retentura. Diese Entwicklung erfolgte allerdings nicht im Kastell Oberstimm, sondern ging von einem der benachbarten Legionslager aus, deren verkleinerte Abbilder die Hilfstruppenlager waren. Der neue Lagerentwurf ist in Oberstimm das erstemal zu fassen; er hat sich rasch durchgesetzt und bildete für längere Zeit den Standardplan der römischen Militärlager. — Der Kommandeur der Besatzung wohnte in einem Peristylhaus hinter den Principia. Diese beiden Gebäude, die im Mittelstreifen des Lagers standen, wurden von Mannschaftsbaracken eingerahmt. Eine solche Anordnung war in den Legionslagern üblich, ist aber nicht in allen Auxiliarkastellen angewandt worden. Besonders in Britannien war der Mittelstreifen der Kastelle den Verwaltungs- und Gemeinschaftsbauten vorbehalten, während die Mannschaftsbaracken in der Praetentura und in der Retentura lagen. — In Oberstimm war die Retentura in ungewöhnlicher Weise mit Werkstätten und Speichern gefüllt, vielleicht auch mit einer Unterkunft für die dort beschäftigten Handwerker.

Von einer Anzahl anderer Donaukastelle der gleichen Zeit ist die Umwehrung bekannt, die meist einen rechteckigen Grundriß besaß. Nur bei wenigen dieser Militärlager sind Innenbauten ausgegraben worden, etwa in Rißtissen.[22] Vor den Toren eines dieser Kastelle, in Burghöfe, sind Spuren eines Vicus gefunden worden.[23]

Zur Invasion Britanniens zogen die Römer ein Heer zusammen, das aus vier Legionen (Legio II Augusta, IX Hispana, XIV Gemina und XX Valeria) und zahlreichen Hilfstruppen bestand. Es wurde von dem Legaten Aulus Plautius kommandiert. Dieses Heer landete 43 n. Chr. in Kent (Südengland) und überquerte nach heftigem Kampf den Fluß Medway. Dann marschierte es zur Themse. Hier mußte das Heer einige Wochen auf die Ankunft von Kaiser Claudius warten. Der Kaiser wollte selber an der Spitze seiner siegreichen Truppen stehen und persönlich die Kapitulation des feindlichen Hauptorts Camulodunum entgegennehmen (heute Colchester, nordöstlich von London). Nach der Einnahme von Camulodunum wurden die Streitkräfte in drei Gruppen geteilt, die sich auf Mittelengland, den Süden und Südwesten Britanniens sowie nach East Anglia verteilten. Sie sollten jeden Widerstand brechen und die Herrschaft Roms in der neuen Provinz aufrichten.

Über den Vormarsch nach Südwesten ist mehr bekannt als über die anderen Operationen. Die dorthin abkommandierte Legio II Augusta ist nämlich von Titus Flavius Vespasianus, dem späteren Kaiser, kommandiert worden. Der römische Historiker Sueton berichtet in der Biographie Vespasians von dreißig Gefechten, der Unterwerfung zweier Stämme, der Eroberung von zwanzig Orten (*oppida*) sowie der Insel Wight.[24] Spuren dieser Kämpfe sind bei der Ausgrabung der einheimischen Befestigung Maiden Castle bei Dorchester entdeckt worden.

Abb. 181, 182 In einer anderen einheimischen Befestigung, in Hod Hill (Dorset), sind ebenfalls Kampfspuren gefunden worden. Durch die umfangreichen Ausgrabungen in den fünfziger Jahren konnte außerdem der bisher vollständigste Grundriß eines Holzkastells aus der Zeit der Invasion gewonnen werden. Das römische Kastell ist in eine Ecke der einheimischen Befestigung hineingebaut worden, so daß die keltische Wehrmauer für zwei der Kastellseiten benutzt werden konnte. An diesen Seiten fällt der Hang steil ab. Der Zugang zum Kastell war dadurch so erschwert, daß die Römer dort keine Tore gebaut haben; sie legten nur eine Schlupfpforte an, die den Zugang zum Fluß ermöglichte. Zu dem ungewöhnlichen Grundriß des Kastells trug ein etwa 20 m breiter Streifen hinter der keltischen Umwehrung bei, in dem zahlreiche, kleine Steingewinnungsgruben lagen. In diesen »Materialgruben« hatten die Erbauer der einheimischen Befestigung das Steinmaterial für ihre Wehrmauer abgebaut. — Vor den Toren des Kastells lag als zusätzlicher Schutz ein kurzes Wallstück mit vorgelagertem Graben (Titulum). Die Inneneinteilung des Lagers war der in Valkenburg ähnlich; die Via principalis bildete die Längsachse und teilte das Kastell in zwei Hälften. Der Ausgräber vermutete, daß die Besatzung aus Legionären und einer Abteilung von Auxiliarreitern bestand. Seine Vermutung stützt sich auf eine Anzahl militärischer Ausrüstungsstücke, die bei seiner Ausgrabung und im 19. Jahrhundert beim Pflügen zutage gekommen waren.[25] Die

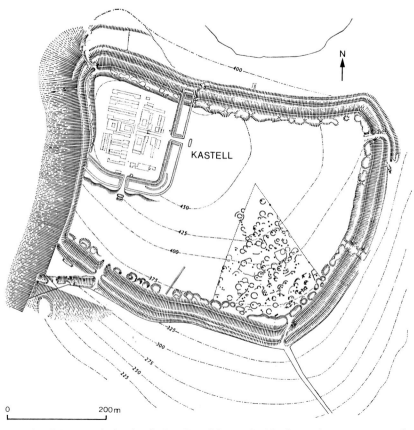

Abb. 181   Hod Hill (Dorset, Südengland). Das Kastell lag in der Nordwestecke einer vorrömischen, keltischen Höhenbefestigung. In der Südecke dieser Befestigung: Ausgrabung vorrömischer Rundhäuser. Maßstab 1 : 7500.

Möglichkeit, aufgrund solcher Funde Legions- und Auxiliarsoldaten unterscheiden zu können, wird von der heutigen Forschung allerdings skeptischer beurteilt. Die Ausrüstung der Truppengattungen hatte sich in der Mitte des 1. Jahrhunderts schon in vielen Einzelheiten angeglichen. — Zwei Peristylhäuser, eines hinter den Principia und das andere in der Praetentura, sind als Wohnungen der beiden Truppenkommandeure gedeutet worden.[26] Diese Deutung ist ebenfalls unsicher, weil es in der Praetentura noch ein weiteres Gebäude mit Innenhof gibt; drei Kommandeure erscheinen in dem kleinen Kastell unwahrscheinlich. — Die Mannschaftsbaracken waren

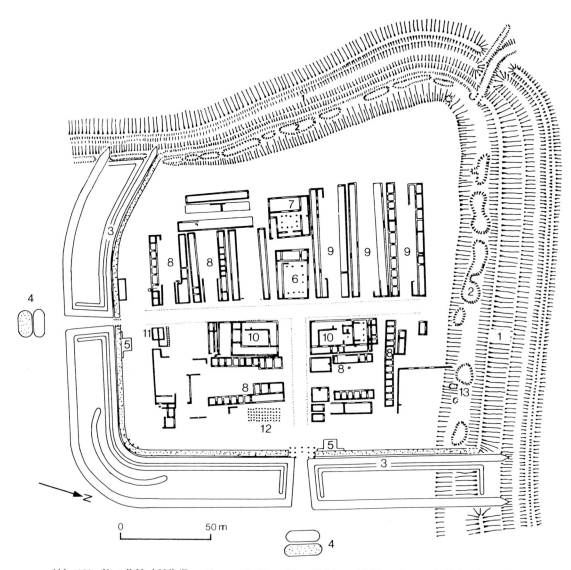

Abb. 182 Kastell Hod Hill (Dorset), um 43–44 n. Chr., Holzbau. (1) Umwehrung der keltischen Befestigung; (2) keltische Steinbrüche; (3) Umwehrung des römischen Kastells; (4) vorgelagertes Grabenstück (Titulum); (5) Aufgänge auf den Wehrgang (Ascensus); (6) Principia; (7) Praetorium; (8) Mannschaftsbaracken;
(9) Ställe (?); (10) Gebäude unbekannter Funktion mit Innenhof; (11) Toiletten; (12) Horreum; (13) Wasserbehälter. Maßstab 1 : 2000.

ungewöhnlich eng, sie besaßen auch nur je einen Raum pro Contubernium. Das dürfte mit der
besonderen Lage während des Feldzugs zusammenhängen. Das Kastell war nicht als Standlager
gedacht, sondern hatte lediglich die Aufgabe, die eroberte Befestigung vorübergehend zu besetzen. In den Standlagern waren die Unterkünfte wesentlich geräumiger.

Ein anderes römisches Kastell, das in ein einheimisches Befestigungswerk hineingebaut worden ist, wurde kürzlich in Stanway nahe dem erwähnten Oppidum Camulodunum vom Flugzeug aus entdeckt. Es lag dem bedeutenden keltischen Heiligtum auf dem Cheshunt Field bei Gosbecks gegenüber. Die Römer haben das Kastell im Gebiet der eigentümlichen Dykes von Camulodunum errichtet, langer Erdwälle, die die Trinovanten zur Verteidigung ihres Hauptorts angelegt hatten. Die Westseite des Kastells dürfte sich an einen dieser Wälle angelehnt haben. Da das Kastell noch nicht durch eine Ausgrabung untersucht worden ist, kann keine sichere Datierung angegeben werden. Vermutlich gehört es in die Frühphase der Eroberung Britanniens. Es dürfte entstanden sein, als sich Camulodunum den Römern unterwerfen mußte, noch bevor im Ort das Legions-

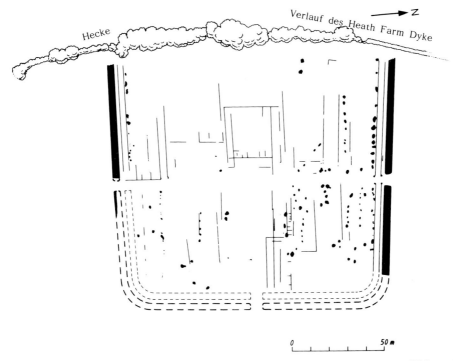

Abb. 183   Kastell Stanway, Gosbecks bei Colchester. Grundriß nach Luftbildern. Das Kastell lehnt sich an einen keltischen Wall (Dyke) an. Maßstab 1 : 2000.

lager errichtet wurde. Vielleicht ist es aber auch erst nach dem Aufstand der Königin Boudicca im Jahre 60 errichtet worden, als die Römer ihre Herrschaft wiederherstellten. Die Luftbilder zeigen eine Umwehrung von ungefähr rechteckigem Grundriß mit vorgelagertem Verteidigungsgraben. Die Via principalis bildete wie in Oberstimm die Querachse; die Retentura besaß nur wenig Tiefe. Das Luftbild läßt die Pfostengräben der Principia sowie einiger anderer Gebäude und eine Anzahl von Siedlungsgruben erkennen.

Zu dieser Zeit ist das Konzept einer Grenzlinie (Limes), an der die Auxiliarkastelle zum Grenzschutz aufgereiht waren, weder in Britannien noch an der germanischen Grenze verwendet worden. Einige Hilfstruppen waren zusammen mit den Legionen in den großen Legionslagern statio-

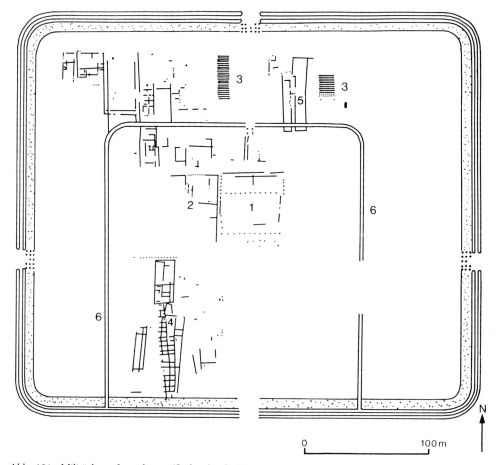

Abb. 184 Militärlager Longthorpe (Südengland). Um 44–48 n. Chr.; Holzbau. (1) Principia; (2) Praetorium (?); (3) Horrea; (4) große Mannschaftsbaracke; (5) kleine Mannschaftsbaracke; (6) Verteidigungsgraben des verkleinerten Lagers. Maßstab 1 : 3000.

niert. Die meisten aber waren in Kastellen untergebracht, die in den Siedlungsgebieten der unterworfenen Völker errichtet worden sind. Sie sollten die römische Herrschaft der einheimischen Bevölkerung gegenüber durchsetzen und absichern. Aus dem Fundmaterial einiger Kastelle hat man entnehmen wollen, daß auch in den kleinen Lagern Abteilungen von Legionären zusammen mit Hilfstruppen lagen. Wie oben zum Kastell Hod Hill ausgeführt, erscheint diese Möglichkeit nach neueren Forschungen unwahrscheinlich, wenngleich sie nicht in jedem Fall auszuschließen ist. Militärisch gesehen, wäre es bedenklich gewesen, die großen Verbände der Legionen in viele

Abb. 185 Legionslager Vetera bei Xanten, Mitte 1. Jahrhundert n. Chr. Das Lager war für zwei Legionen ▷ bestimmt, die Legio V Alaudae und die Legio XV Primigenia. Steinbau. (1) Principia; (2) Tribunenhäuser; (3) Lazarett; (4) Zwei Praetoria für die beiden Legionskommandeure; (5) Vorrats- oder Werkstättenbau; (6) Mannschaftsbaracken. Maßstab 1 : 5000.

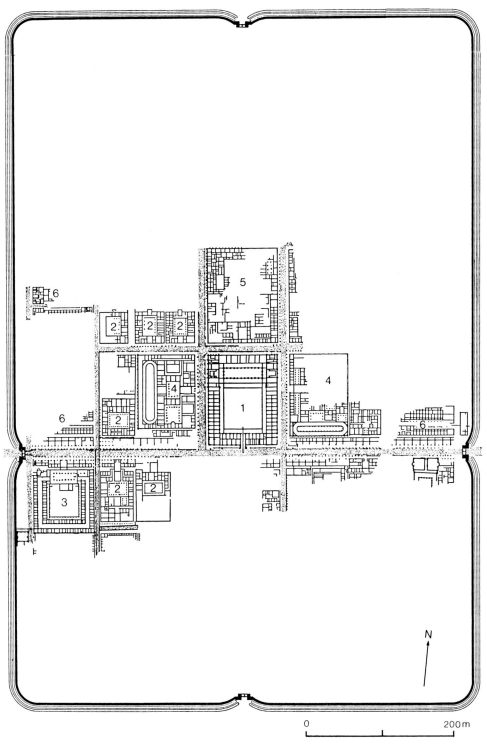

N

0   200m

kleine Abteilungen aufzulösen und über das Land zu verstreuen. — Wegen des Mangels an Inschriften aus den claudischen Holzkastellen gibt es über die Art und Zusammensetzung der Besatzungen nur wenige Informationen. Die Analyse der Innenbauten ist schwierig und gibt oft keine eindeutige Auskunft über die Besatzung. — In Britannien ist eine Anzahl kleiner Lager festgestellt worden, ähnlich Hod Hill, doch gab es auch größere im Bereich von 8–12 ha Fläche. Sie sind vermutlich nur für kurze Benutzungszeit angelegt worden, vielleicht als Winterquartiere für kleinere Heeresabteilungen während der Anfangsphase der Eroberung. Einige von ihnen mögen allerdings länger besetzt gewesen sein als ursprünglich vorgesehen. Etwa ein Dutzend dieser größeren Lager, die in der britischen Forschung als »Vexillations-Lager« bezeichnet werden, sind in Mittelengland und in Wales gefunden worden.[27] Ihre Fläche lag zwischen der eines einfachen Auxiliarkastells und eines Legionslagers; ob die Besatzung eine Legionsabteilung (Vexillatio) war oder aus mehreren Auxiliareinheiten bestand, ist ungewiß.

Nur eines dieser Lager ist ausgegraben worden, Longthorpe bei Peterborough (Mittelengland).

Abb. 184

Es hatte eine Umwehrung von rechteckigem Grundriß mit abgerundeten Ecken und vorgelagertem, doppeltem Verteidigungsgraben. Die Lagerfläche betrug 11 ha. Die Via principalis bildete die Längsachse wie in Hod Hill, doch war die Retentura stärker ausgebildet. Die Principia wurden ausgegraben, ferner zwei Getreidespeicher in der Retentura und eine vollständige Mannschaftsbaracke in der Praetentura. Diese hatte einen merkwürdig ungenau abgesteckten Grundriß; die Achse war verbogen, die Contubernien ungleich groß. Mit 104 m Länge gehörte sie zu den größten Mannschaftsbaracken des römischen Heeres, die man kennt. Ihr Grundriß erinnert in seiner Ungenauigkeit an manche Unterkünfte in den Militärlagern der späten Republik, etwa in Peña Redonda bei Numantia (Spanien). Die Baracke von Longthorpe war zweifellos ein provisorischer Bau vom Charakter der Hibernacula. Sie dürfte während des Feldzugs rasch von einfachen Soldaten ohne Fachausbildung abgesteckt und aufgeschlagen worden sein. Man vermutet, daß ein aus mehreren Truppenkörpern zusammengesetzter Verband die Besatzung bildete, die etwa 2800 Mann umfaßt haben kann. Das große Lager hat wohl nur kurze Zeit bestanden. Nachdem es aufgegeben worden war, ist in seinem Inneren sogleich ein kleineres gebaut worden, das einen Teil der Südumwehrung des großen Lagers weiterbenutzte. Als Belegungsperiode beider Lager kommt sowohl die Zeit der Kämpfe während der Okkupation 44–48 n. Chr. in Betracht als auch die Zeit des Boudicca-Aufstandes 61–62. Es ist nicht möglich, den Bau des kleineren Lagers im Rahmen dieser Zeitgrenzen genauer zu datieren.[28] Dieses besaß nur einen Verteidigungsgraben, der eine Fläche von 4,4 ha einfaßte. An der Umwehrung entstand eine neue Porta decumana. Die hölzernen Innenbauten des großen Kastells blieben innerhalb des kleinen einfach stehen. So wurden die Principia und wohl auch die Mannschaftsbaracken weiterbenutzt, obgleich sie ursprünglich nicht für das kleinere Kastell geplant waren.

Karte 3

Die neu gewonnene Provinz Britannia endete im Norden an einer natürlichen Grenze. Diese begann an der Ostküste Britanniens am Humber-Fjord und lief von dort längs den Flußtälern des Trent und Avon hinüber nach Südwesten zum Severn-Fjord an der Westküste. Nach der Eroberung Südenglands unter Claudius legten die Römer ein Netz von Kastellen über die neue Provinz. Die Grenze wurde noch nicht als überwachte Militärgrenze ausgebaut. Die Kastelle lagen ungefähr einen Tagesmarsch voneinander entfernt, verbunden durch den Fosse Way und andere Militärstraßen.[29] Eine Anzahl der Kastelle ist durch die Luftbildarchäologie entdeckt worden. Weitere sind durch Funde militärischer Ausrüstung im Gelände nachgewiesen worden, andere durch die Ausgrabung von Teilen der Umwehrung oder von hölzernen Innenbauten. Die Verteidigungsgräben umschlossen in der Regel eine rechteckige Fläche mit angerundeten Ecken in »Spielkartenform«.[30] Im Norden lag das verbündete Königreich der Briganten als Pufferstaat. Die Westflanke der Provinz war stärker gefährdet. Hier lebten die unruhigen und noch unbezwungenen Stämme von Wales. — Das Rückgrat der Verteidigung bildeten die Legionen. Ihre Lager nahmen Schlüsselstellungen in den Ebenen und Flußtälern der südenglischen Lowlands ein.[31]

NERO
(54–68 n. Chr.)

Der Regierungsbeginn Kaiser Neros im Jahre 54 brachte keine Änderung der Politik in den Rhein-Donau-Provinzen. Die unter Kaiser Claudius angestrebte Festigung der Grenzverteidigung wurde fortgesetzt. Am Niederrhein wurde zu dieser Zeit das große Zweilegionslager Vetera auf dem Für-stenberg bei Xanten völlig neu aus Stein errichtet. Es hatte einen genau rechteckigen Grundriß, *Abb. 185* der seitdem bei den meisten Militärlagern zur Norm wurde. Die Via principalis bildete die kürzere Querachse des Lagers. Seine Fläche lag bei 56 ha, so daß zwei Legionen Platz darin hatten. Jeder der beiden Legionslegaten wohnte in einem geräumigen Palast, der nach den neuesten Bauideen der zeitgenössischen Architektur ausgestattet war. Diese Praetorien lagen zu beiden Seiten des Stabsgebäudes. Das riesige Lager ist bis heute zwar nicht vollständig ausgegraben, die erforschten Teile geben aber einen Eindruck von seiner präzisen Planung und dem weitgehend symmetrischen Aufbau. Das Dach der farbig ausgemalten, dreischiffigen Querhalle im Stabsgebäude wurde von achtundzwanzig kannelierten, korinthischen Säulen getragen. Sie hatten einen Durchmesser von 0,7 m und waren rund 7 m hoch. Die Halle maß im Lichten 62 mal 24,4 m.

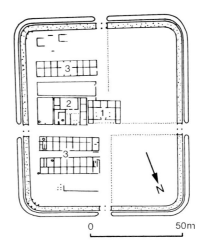

Abb. 186   Kastell Nanstallon (Südengland), um 60 n. Chr. Holzbau. (1) Principia; (2) Praetorium mit Anbau; (3) Mannschafts-baracken. Maßstab 1 : 2000.

0   50m

Für die neue Provinz Britannia stellten die unruhigen Stämme in Wales von Anfang an eine Be-drohung dar. Der zeitgenössische Historiker Tacitus berichtet von Feldzügen gegen einzelne dieser Völker seit 48 n. Chr.[32] Während seiner Regierung ernannte Kaiser Nero zwei erfahrene Feldher-ren als Statthalter, Q. Veranius (57–58) und C. Suetonius Paulinus (58–61). Offensichtlich beab-sichtigte er eine militärische Lösung in Wales. Tatsächlich verzeichnet Tacitus erfolgreiche Kriegs-züge gegen mehrere Stämme. Ihr Höhepunkt war die Eroberung der Insel Anglesey, der Hoch-burg der einflußreichen Priesterkaste der Druiden (60 n. Chr.). Im gleichen Jahr brach jedoch in East Anglia der Aufstand der Königin Boudicca aus. Die römischen Truppen mußten sofort aus Wales abgezogen werden, um den Aufstand zu bekämpfen. Erst zwanzig Jahre später konnte ein anderer Statthalter die begonnene Unterwerfung vollenden.[33] Abgesehen von den Spuren einiger Marschlager ist wenig von den militärischen Aktivitäten dieser Jahre gefunden worden. Nur in Usk (Gwent) und Exeter (Devon) sind Reste neronischer Legionslager gefunden und genauer un-tersucht worden.

Das Legionslager Usk ist in der Mitte der fünfziger Jahre im Gebiet der Silures entstanden. Das 19 ha große, hölzerne Lager war nur wenige Jahre voll belegt und wurde schließlich in der Mitte der siebziger Jahre durch das neue Legionslager Caerleon ersetzt, das in nur 13 km Entfernung errichtet wurde. Die Ausgrabung einiger relativ kleiner Flächen im Lagerinneren zeigte, daß das Lager Usk regelmäßig geplant war; bemerkenswert war die Aufdeckung mehrerer großer, hölzerner Horrea. Das Legionslager Exeter ist zur gleichen Zeit entstanden. Dort ist der bisher älteste militärische Steinbau der Römer in Britannien entdeckt worden. In der Praetentura, nicht weit von der Lagermitte, stand zwischen hölzernen Mannschaftsbaracken, Werkstätten und Speichern ein großer und eindrucksvoller, steinerner Thermenbau.

Abb. 186   Die beiden einzigen neronischen Auxiliarkastelle, die genauer untersucht worden sind, wiesen ungewöhnliche Merkmale auf. In Nanstallon bei Bodmin (Cornwall) wurde ein Holzkastell von 0,8 ha Fläche teilweise ausgegraben. Es war zu klein, um eine vollständige Auxiliarkohorte oder -ala zu beherbergen. Daher bildete wohl nur eine abkommandierte Abteilung einer Hilfstruppe die Besatzung. Ihre Aufgabe kann darin bestanden haben, die Blei- und Silberminen in der Umge-

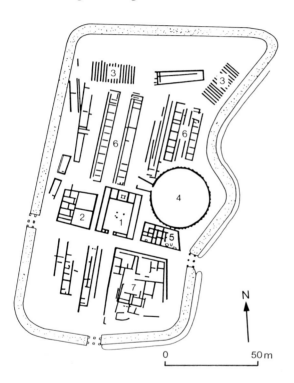

Abb. 187   Kastell The Lunt, Baginton (Mittelengland), um 64 n. Chr. Holzbau. (1) Principia; (2) Praetorium (?); (3) Horrea; (4) Rundbau; (5) Gebäude unbekannter Funktion mit mehreren Wasserbecken; (6) Mannschaftsbaracken; (7) zweites Praetorium (?). Maßstab 1 : 2000.

N

0   50 m

bung zu beaufsichtigen und zu schützen.[34] Der Grundriß der Principia ist merkwürdig, das Gebäude war bei geringer Tiefe ziemlich breit. An den beiden Seiten des Innenhofs befanden sich längliche Hallen (Armamentaria); der Eingang war zurückgesetzt und mit einem Vordach versehen, das auf Holzstützen ruhte (Portikus). Die Mannschaftsbaracken waren rechteckige Bauten, die in Contubernien unterteilt waren. Es wurden jedoch keine vorspringenden »Kopfbauten« gefunden und auch nicht die üblichen Stützen für das Vordach vor den Contubernien. Möglicherweise waren die größeren Räume an den Enden der Baracken als Offiziersquartiere vorgesehen.

Der Aufstand der Iceni und ihrer Nachbarn unter Boudicca im Jahre 60 hat ganz Südengland bedroht und weite Landstriche betroffen. Die Verluste an Menschenleben und die Zerstörungen im Gebiet von Colchester bis London erreichten ein solches Ausmaß, daß Kaiser Nero die Aufgabe der Provinz in Erwägung gezogen haben mag. Er hat diesen Entschluß jedoch nicht gefaßt,

Abb. 188 Kastell The Lunt. Rekonstruktionszeichnung von Alan Sorrell. Nach neueren Grabungsergebnissen (Oberstimm, Bayern) waren die Innenbauten nicht in Sichtfachwerk ausgeführt. Sie waren vollständig mit weiß getünchtem Verputz überzogen.

sondern im Lauf der nächsten zehn Jahre eine Politik der Befriedung und Reorganisation verfolgt. Dabei mußten zusätzliche Truppen in East Anglia und in den Midlands stationiert werden, um weiteren Aufständen vorzubeugen. Das bedeutete ein vorläufiges Ende weiterer Eroberungen in Wales und im Norden Britanniens. Zu den neuen Kastellen in den Midlands gehörte das Auxiliar-kastell Baginton bei Coventry.

Abb. 187, 188

Die früheste Belegung des Kastellplatzes geht auf das Jahr 60 zurück. Die Größe und Art des ältesten Kastells sind größtenteils unerforscht. Es lag unter dem ausgegrabenen, späteren Kastell, erstreckte sich jedoch darüber hinaus; seine Umwehrung wurde nicht ausgegraben. Zu den Innenbauten des ersten Kastells gehörten zwei Getreidespeicher. Eine Mannschaftsunterkunft wurde statt als lange Baracke in der Gestalt zweier kürzerer Holzbauten errichtet, um dem eigentümlichen Rundbau (»Gyrus«) Platz zu schaffen, der oben bereits beschrieben wurde. Im Jahre 64 wurde das kleinere, spätere Kastell an der gleichen Stelle errichtet. Zwei Seiten der Umwehrung wurden ausgegraben, die beiden anderen konnten mit einiger Wahrscheinlichkeit ergänzt werden. Die Umwehrung muß eine Fläche von ungefähr 1,2 ha umschlossen haben. Drei Kastellseiten waren einigermaßen dem üblichen, rechteckigen Grundrißschema entsprechend angelegt. Die vierte umschloß den Rundbau, der bestehen blieb, in einer eigentümlichen, wellenförmigen Kurve. Entsprechendes ist sonst weder aus Britannien noch aus den germanischen Provinzen bekannt. Für den Rundbau innerhalb des Kastells gibt es bis jetzt ebenfalls keine Entsprechung. So

273

mag dieser Stützpunkt eine besondere Aufgabe besessen haben, die vielleicht in der Ausbildung von Pferden und Reitern bestand. — An den Seiten des Principia-Innenhofs lagen wie im Kastell Nanstallon langgestreckte Räume. Im Fahnenheiligtum gab es einen kleinen, holzverschalten Keller unter dem Fußboden, in dem die Truppenkasse aufbewahrt wurde. Es ist das früheste Beispiel dieser Vorrichtung in Britannien. Die Mannschaftsbaracken waren wie im Kastell Nanstallon einfache, rechteckige Bauwerke, die zwar ein Vordach besaßen, jedoch keinen vorspringenden Kopfbau als Offiziersquartier aufwiesen. Die ganze linke Seite der Praetentura wurde von einem großen, komplizierten Bauwerk eingenommen, das als Wohnung eines höheren Offiziers interpretiert wurde, der vielleicht die Aufsicht über die Kavallerieausbildung hatte. Allerdings lag schon an der rechten Seite der Principia, an der üblichen Stelle, ein Gebäude, das als Praetorium angesprochen werden kann. So ist das Bauwerk der Praetentura vielleicht eine Fabrica gewesen, ähnlich der in dem nur wenig älteren Kastell Oberstimm. Über die Art der Besatzung konnte wenig ermittelt werden. Reste von Schienenpanzern und von Reiterausrüstung wurden gefunden. Die Schienenpanzer können sowohl von Legionären als auch von Auxiliarsoldaten getragen worden sein; eine reine Auxiliarbesatzung erscheint in dem kleinen Kastell wahrscheinlicher.

DIE FLAVISCHEN KAISER
(Vespasian 69-79; Titus 79-81; Domitian 81-96)

Der Selbstmord Kaiser Neros im Jahre 68 löste einen Bürgerkrieg aus, den Vespasian schließlich als Sieger beendete. Die Rheingrenze befand sich bei seinem Regierungsantritt in Chaos und Aufruhr. Vitellius, einer der unterlegenen Thronprätendenten, war mit dem Kern des römischen Rheinheeres im Jahre 69 nach Italien marschiert, um sich dort als Kaiser gegen Otho durchzusetzen. Durch den Abmarsch der kampfkräftigsten Verbände entstand an der Rheingrenze ein Machtvakuum, das die Bataver am Niederrhein unter der Führung des Civilis zum Aufstand benutzten. Ihnen schlossen sich bald auch Gallier und rechtsrheinische Germanen an. Die Reste des römischen Rheinheeres wurden geschlagen und kapitulierten. Zahlreiche Militärlager, darunter das Zweilegionslager Vetera, wurden zerstört und geplündert, ebenso Dörfer und Städte der römischen Provinzbevölkerung.[35] — Vitellius hatte aus Britannien ebenfalls Truppen abgezogen. Das führte zwar nicht zum Aufstand in der Provinz. Die Schwäche des Provinzheeres hatte jedoch einen politischen Umsturz im Königreich der Briganten zur Folge. Dieses Königreich grenzte bisher als verbündeter Pufferstaat nördlich an die Provinz. Venutius, der Gatte der römerfreundlichen Königin Cartimandua, verstieß seine Gemahlin, um damit zugleich den römischen Einfluß abzuschütteln.[36]

Sobald Vespasian unbestrittener Herrscher des Imperiums war, hatte er freie Hand, die Ordnung wiederherzustellen. Seine Legaten zerschlugen in kürzester Zeit die Aufstände der Bataver und Gallier. Das Rheinheer wurde umorganisiert und die Militärlager erneuert, um ähnlichen Unruhen in Zukunft vorzubeugen. Anstelle des zerstörten Zweilegionslagers Vetera entstand in 1,5 km Entfernung dicht am Rhein ein neues Lager für nur eine Legion (Vetera II). Ein weiteres Legionslager errichteten die Römer in Nijmegen innerhalb des Siedlungsgebiets der Bataver.[37] Die Legionslager in Neuss, Bonn und Mainz, die während der Aufstände 69-70 zerstört oder beschädigt worden waren, wurden in solider Steinbauweise erneuert. Das Lager in Neuss ist fast vollständig durch Ausgrabungen bekannt, von den Lagern in Bonn und Mainz weiß man dagegen wenig. Seit der flavischen Zeit war für die Legionslager generell jenes Entwurfsschema üblich, das durch den Plan des Neusser Lagers bekannt ist. Das Legionslager Neuss ist allerdings schon in spättiberischer oder claudischer Zeit im Umriß festgelegt worden. Seine Bauten bestanden anfangs aus Holz; seit spätclaudischer und neronischer Zeit erhielt es die ersten Steinbauten. Unter Vespasian wurde es völlig in Steinbauweise erneuert. Umfangreiche Umbauten erfolgten dann unter Domitian vor 90 n. Chr.

Abb. 176

Im Gegensatz zu den Legionslagern, die in flavischer Zeit allgemein in Stein ausgebaut waren, sind die Auxiliarkastelle zunächst noch in Holzbauweise errichtet worden. Ihre Bauform hing von den Legionslagern ab und stellte eine Vereinfachung und Verkleinerung dieser großen Lager dar. Seit flavischer Zeit war der Bauplan der Auxiliarkastelle weitgehend genormt, wenn auch mit vielen Abweichungen im einzelnen. Eine Holz-Erde-Mauer oder — wie meist in Britannien — eine Rasensodenmauer umschloß ein rechteckiges Lager mit abgerundeten Ecken. Die Umwehrung war in regelmäßigen Abständen mit hölzernen Wehrtürmen besetzt, ein oder zwei Verteidigungsgräben lagen davor. Die Tore wurden wie schon in der Jahrhundertmitte von zwei Türmen flankiert, die ein wenig in das Kastellinnere zurückgesetzt waren oder mit der Feindseite der Wehrmauer bündig abschlossen. Die Principia besaßen einen Hof mit gedecktem Umgang, an den mitunter seitlich Armamentaria anschlossen. Die Rückseite des Stabsgebäudes bildete oft eine Flucht von fünf Räumen. Sie waren mitunter durch eine doppelte Stützenreihe, die das Dach einer Art von Querhalle trug, vom Innenhof getrennt; so etwa bei den Principia der Kastelle Rottweil III und Pen Llystyn. Bei vielen Kastellen Britanniens stand an der einen Seite der Principia das Praetorium, an der anderen ein Paar Getreidespeicher (Pen Llystyn, Fendoch). Die Mannschaftsbaracken besaßen nunmehr oftmals die bezeichnenden, vorspringenden Centurionenquartiere (»Kopfbauten«), wodurch der Grundriß der Baracke einem »L« ähnelte. Vor den Contubernien öffnete sich ein Vordach, das von einer Reihe Holzstützen getragen wurde.

Abb. 191, 192

Die Grenzpolitik Kaiser Vespasians war auf Wiederaufbau und vorsichtige Expansion gerichtet. In Obergermanien überschritt der Statthalter Gn. Pinarius Cornelius Clemens den Rhein und brachte das gesamte Oberrheintal und die Wetterau unter römische Herrschaft. Er ließ zur Sicherung des eroberten Gebiets Kastelle jenseits des Rheins anlegen und Straßen bauen. Ein Meilenstein berichtet vom Bau einer Straße, die unter seiner Aufsicht entstand.[38] Sie ging vom Legionslager Straßburg aus, durchquerte den Schwarzwald und lief durch das obere Neckarland zur Donau. Die Straße sollte eine kürzere Verbindung zwischen den Provinzen Obergermanien und Raetien herstellen, die vor allem aus militärischen Gründen notwendig erschien. Die damals neu gewonnen, rechtsrheinischen Gebiete wurden von dem zeitgenössischen Historiker Tacitus als *decumates agri* bezeichnet.

Damals ist auch das Land am Oberlauf des Neckar mit Kastellen gesichert und in das Reich einbezogen worden. So sind beispielsweise in Rottweil mehrere Holzkastelle entstanden, von denen Kastell III besonders interessant ist.[39] Es hatte eine Fläche von 3,9 ha. Für seine Datierung ist ein stempelfrischer Dupondius (Kupfermünze) Vespasians wichtig, der 72 – 73 n. Chr. geprägt worden ist; diese Münze kam aus der Wehrmauer. Das Kastell dürfte im Jahre 73 oder kurz darauf gebaut worden sein, es war bis etwa 80 besetzt. Die eigentümliche Konstruktion der Wehrmauer aus Rasensoden und Holz wurde schon beschrieben. Nur der Mittelstreifen des Kastells und die Retentura konnten ausgegraben werden. Die etwa 70 m langen Mannschaftsbaracken enthielten eine ungewöhnlich hohe Anzahl von Contubernien, nämlich 13. Im allgemeinen hatten die Hilfstruppen-Unterkünfte weniger Contubernien. Daher lassen sich die Unterkünfte des Kastells Rottweil III auch mit den Mannschaftsbaracken in den Legionslagern vergleichen, die oft eine höhere Anzahl von Contubernien besaßen. Als Besatzung des Kastells wurde daher eine abkommandierte Legionsabteilung vermutet.[40] Doch gab es in manchen anderen Kastellen auch recht große Auxiliarunterkünfte (Kastell Heidenheim: 86 m lang, 12 Contubernien). Die Mannschaftsbaracken der Hilfstruppen sind an der germanischen Grenze des Römerreichs noch immer ungenügend erforscht; ein absolut sicherer Schluß von der Größe und dem Grundriß der Unterkunft auf die darin untergebrachte Truppe kann nicht gezogen werden. — Im Kastell Rottweil III können durchaus auch zwei Auxiliareinheiten gelegen haben; die beiden Gebäude mit Innenhof zu beiden Seiten der Principia können zwei Praetorien gewesen sein. Leider sind die Unterkünfte in der Praetentura unbekannt; hier wäre Raum für acht weitere Baracken.

Karte 2

Abb. 189

Unter Vespasian sind auch im Oberrheingraben von der Gegend um Freiburg i. Br. bis hinauf nach Wiesbaden Kastelle entstanden, ebenso die ersten Militärlager in der Wetterau nördlich

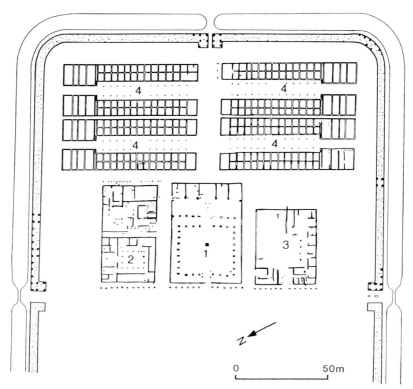

Abb. 189 Kastell Rottweil III (Baden-Württemberg), um 73/74 n. Chr. Holzbau. (1) Principia; (2) Praetorium mit Anbau; (3) zweites Praetorium; (4) Mannschaftsbaracken. Maßstab 1 : 2000.

Abb. 190 Frankfurt a. M. Von besonderem Interesse ist das Steinkastell Hofheim am Taunus, dessen erste Bauphase nach den Ergebnissen der neuen Ausgrabungen unter Vespasian entstand. Es hatte anfangs eine Umwehrung aus Rasensoden mit hölzernen Türmen und Torbauten, die eine Fläche von 2,1 ha einschloß. Von diesem Kastell ist die gesamte Innenbebauung bekannt. Bei der Kastellgröße von rund 2 ha ist nach gängiger Vorstellung mit einer Cohors quingenaria peditata als Besatzung zu rechnen; eine solche Kohorte benötigte sechs Baracken für ihre sechs Centurien. Im Kastell Hofheim sind aber 14 Baracken aufgedeckt worden, so daß eine stärkere, wohl aus zwei Einheiten zusammengesetzten Besatzung anzunehmen ist. Leider sind keine Inschriften gefunden worden, die die Namen der Einheiten überliefern. Das überraschende Ergebnis dieser neuen Ausgrabung lehrt, wie sehr die Erforschung der römischen Auxiliarlager noch in den Anfängen steckt. — Das Kastell erhielt unter Kaiser Domitian eine Steinumwehrung. Es gehörte zu jenen römischen Wehrbauten, die — ähnlich wie in Britannien — im Siedlungsgebiet der einheimischen Bevölkerung lagen und die römische Herrschaft dieser Bevölkerung gegenüber durchsetzen sollten.

Von der raetischen Donaugrenze sind aus dieser Epoche Steininschriften aus den Kastellen Günzburg (77–78 n. Chr.), Kösching (80 n. Chr.) und Eining (79–81) bekannt. Zusammen mit Ausgrabungsergebnissen im Kastell Rißtissen deuten sie darauf hin, daß der Ausbau in Stein bei den raetischen Auxiliarkastellen in diesen Jahren begann.[41]

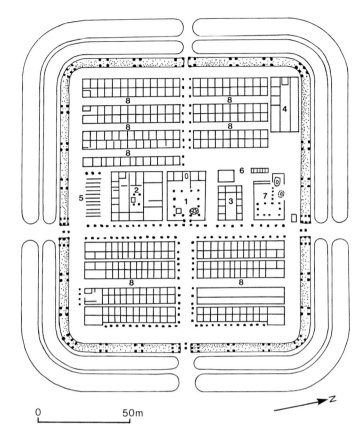

Abb. 190 Kastell Hofheim
(Holzphase des »Stein-
kastells«), um 72–74 n. Chr.
(1) Principia; (2) Praetorium; (3) zweite Offiziersunterkunft (?); (4) Valetudinarium; (5) Horreum;
(6) Speicherbau; (7) Fabrica;
(8) Mannschaftsbaracken.
Maßstab 1 : 2000.

0   50m

In Britannien beauftragte Kaiser Vespasian den erfahrenen Feldherren Petilius Cerialis mit der Befriedung der unruhigen Nordgrenze. Cerialis hatte sich kürzlich beim Niederwerfen des Bataver-Aufstandes bewährt. Er brachte eine weitere Legion nach Britannien. Mit der verstärkten Provinzarmee besiegte er die Briganten unter Venutius. Nur wenig später haben die Römer das ehemals verbündete Königreich der Provinz einverleibt. Zwar berichtet Tacitus von der Niederlage des Venutius, doch gibt es so gut wie keine archäologisch nachgewiesenen Spuren des römischen Feldzugs. Zu dieser Zeit wurde das Legionslager York errichtet. Der Bau dieser bedeutenden militärischen Basis zeigt an, daß die Römer nun auch im Norden Britanniens Fuß gefaßt hatten.

Wie Tacitus berichtet, begann der nächste Statthalter Britanniens, Julius Frontinus (74–78), mit der Eroberung von Wales. Er unterwarf schließlich die Silures in Südwales. — Julius Agricola, Statthalter von 78–84/85, mußte gleich nach dem Amtsantritt einen Aufstand der Ordovices niederschlagen, die im Bergland von Wales wohnten. Sie hatten eine römische Reitereinheit vernichtet. Nach ihrer Unterwerfung ließ er ein Netz von hölzernen Auxiliarkastellen im eroberten Gebiet errichten. Sie lagen etwa einen Tagesmarsch (15–20 km) voneinander entfernt und wurden durch gute Straßen verbunden. Das neue Legionslager Caerleon sicherte Wales von Süden, während im Norden in Chester ein weiteres Legionslager entstand. Auf diese Weise erreichte Agricola die Befriedung der unruhigen Bevölkerung. — Viele der flavischen Auxiliarkastelle in Wales sind später in Stein ausgebaut worden. Die Umwehrungen sind zwar meist gut bekannt, die Innenbauten sind aber zum Teil nicht gut erhalten oder nur ungenügend erforscht.

Karte 4

Abb. 191   Nur in Pen Llystyn, etwa 19 km südlich von Caernarfon, konnte der vollständige Grundriß eines flavischen Kastells festgestellt werden. Das war deswegen möglich, weil es weitgehend von späterer Überbauung verschont geblieben ist. Der nahezu quadratische Wehrbau von 1,8 ha Fläche ist etwa 78–79 n. Chr. entstanden und war wohl nur rund zehn Jahre belegt, als er abbrannte. Der Grundriß weist die typischen Elemente auf, die im späten ersten und zweiten Jahrhundert zur Norm werden sollten. Das Kastell enthielt allerdings mit zwölf Mannschaftsbaracken zu je zehn Contubernien eine im Vergleich zu seiner Größe ungewöhnlich hohe Anzahl von Unterkünften. Ähnlich wie in Rottweil oder Hofheim passen die Unterkünfte zu keiner überlieferten Gliederung einer Hilfstruppe, auch nicht zu jener der Cohors milliaria (10 Centurien), die damals gerade aufkam. — Innerhalb des Kastells wurde ein hölzerner Torbau auf der Via decumana entdeckt, der die letzten sechs Baracken abtrennte. Diese Beobachtung weist darauf hin, daß die Besatzung aus mehreren Einheiten bestanden haben dürfte, vielleicht aus zwei Cohortes quingenariae.[42]

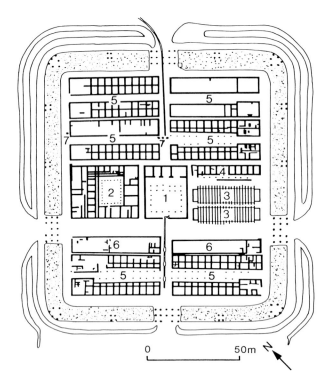

0   50m

Abb. 191 Kastell Pen Llystyn (Wales), um 78–79 n. Chr. Holzbau. (1) Principia; (2) Praetorium mit Anbau; (3) Horrea; (4) Verwaltungs- oder Vorratsbau, Sonderunterkunft (?); (5) Mannschaftsbaracken; (6) Schuppen; (7) Torbau zur Abtrennung der Unterkünfte in der Retentura. Maßstab 1 : 2000. (Karte 4)

Die Statthalterschaft des Julius Agricola ist durch Tacitus besonders gut bekannt. Agricola war der Schwiegervater des Tacitus; der römische Historiker hat seinem Schwiegervater mit einer Biografie ein Denkmal gesetzt. Trotz der Fülle überlieferter Einzelheiten fehlt es darin an präzisen geografischen Angaben, an deren Darstellung der antike Historiker nicht vorrangig interessiert war. Um ein Bild der Feldzüge Agricolas im Norden Britanniens zu erhalten, müssen daher archäologische Beobachtungen herangezogen werden: Fotos von Marschlagern und Kastellen aus der Luft, Aufmessungen und Ausgrabungen ihrer Umwehrungen und Innenbauten auf dem Boden. In der Kombination dieser Methoden hat die britische Forschung Hervorragendes geleistet. — Agricola hat in den beiden Perioden seiner Statthalterschaft nicht nur den Aufstand der

Ordovices in Wales unterworfen, sondern auch Feldzüge nach Nordengland unternommen und ist dabei weit nach Schottland hinauf bis in die Gegend von Strathmore gekommen. Den Höhepunkt der Expeditionen in den Norden Britanniens bildete die Schlacht gegen die Caledonier am Mons Graupius, der wohl in der Nähe von Aberdeen gelegen hat.[43] Während des Vormarsches sicherte Agricola das erworbene Gebiet wie in Wales mit einem Netzwerk von Kastellen und Straßen. Man hat seiner Initiative in Nordengland und Schottland mehr als siebzig Kastelle zugeschrieben.[44] Die archäologischen Datierungsmittel sind allerdings nicht so genau, daß alle diese Militärbauten mit Sicherheit in die Amtszeit nur eines Statthalters gesetzt werden könnten. Durch die Zufälle der Überlieferung ist heute sehr viel über die Tätigkeit Agricolas in Britannien bekannt, so daß man geneigt ist, alle Bauten der flavischen Zeit ihm zuzuschreiben. In Wirklichkeit dürften aber seine Vorgänger und Nachfolger auch Anteil daran haben.

Karte 4

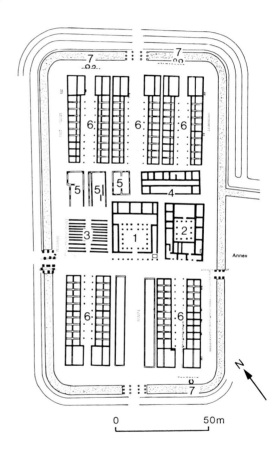

Abb. 192 Kastell Fendoch (Schottland, um 82–84 n. Chr. Holzbau. (1) Principia; (2) Praetorium; Horrea; (4) Korridorbau, für Vorräte oder Werkstätten (?); (5) verschiedene Vorratsbauten; (6) Mannschaftsbaracken; (7) Backöfen an der Umwehrung. Maßstab 1:2000.

In Schottland wurde nicht der Versuch unternommen, die Highlands zu erobern. Vielmehr entstanden am Rande der Highlands Kastelle an den Ausgängen der Gebirgstäler (glens). So konnten die Bewegungen der Einheimischen kontrolliert und Einfälle feindlicher Gruppen verhindert werden. Ein neues Legionslager in Inchtuthil am Tay stellte die Basis der Feldzüge Agricolas dar und bildete zugleich das Rückgrat der Verteidigung am Rande der Highlands. Eines der Auxiliarkastelle ist großflächig untersucht worden, Fendoch am Ausgang des Sma' Glen unweit Crieff (Tayside).[45] Das 1,7 ha große Kastell stand auf einer länglichen Gletschermoräne und beherrschte

Abb. 192

279

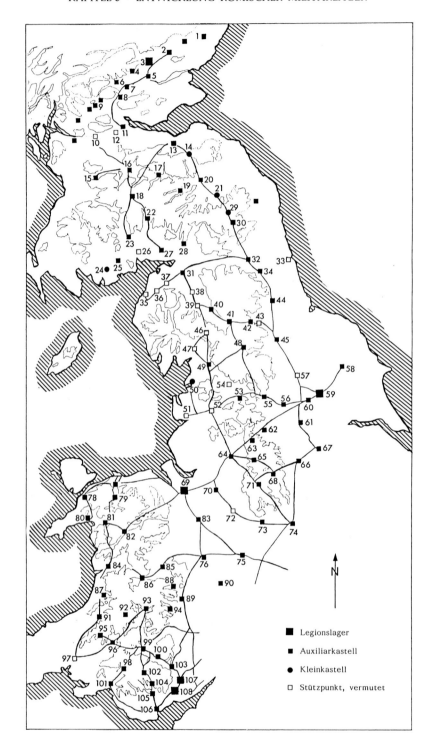

◁ Karte 4 Römische Straßen und Militärlager in Wales und im nördlichen Britannien, Zeit der flavischen Kaiser.

1	Stracathro	38	Old Penrith	75	Eaton House
2	Cardean	39	Brougham	76	Wroxeter
3	Inchtuthil (Legionslager)	40	Kirkby Thore	77	Caerhun
4	Fendoch	41	Brough	78	Caernarfon
5	Bertha	42	Bowes	79	Bryn-y-Gefeiliau
6	Dalginross	43	Greta Bridge	80	Pen Llystyn
7	Strageath	44	Binchester	81	Tomen-y-Mur
8	Ardoch	45	Catterick	82	Caer Gai
9	Bochastle	46	Low Borrow Bridge	83	Whitchurch
10	Cadder	47	Watercrook	84	Pennal
11	Camelon	48	Brough by Bainbridge	85	Forden Gaer
12	Castlecary	49	Overborough	86	Caersŵs
13	Elginhaugh	50	Lancaster	87	Trawscoed
14	Oxton	51	Kirkham	88	Clun
15	Loudon Hill	52	Ribchester	89	Leintwardine
16	Castledykes	53	Elslack	90	Walltown
17	Easter Happrew	54	Long Preston	91	Llanio
18	Crawford	55	Ilkley	92	Beulah
19	Oakwood	56	Adel	93	Castell Collen
20	Newstead	57	Aldborough	94	Discoed
21	Cappuck	58	Malton	95	Pumsaint
22	Milton	59	York (Legionslager)	96	Llandovery
23	Dalswinton	60	Newton Kyme	97	Carmarthen
24	Gatehouse of Fleet	61	Castleford	98	Coelbren
25	Glenlochar	62	Slack	99	Brecon Gaer
26	Ward Law	63	Castleshaw	100	Pen-y-Gaer
27	Birrens	64	Manchester	101	Neath
28	Broomholm	65	Melandra	102	Penydarren
29	Chew Green	66	Templeborough	103	Abergavenny
30	High Rochester	67	Doncaster	104	Gelligaer
31	Carlisle	68	Brough on Noe	105	Caerphilly
32	Red House	69	Chester (Legionslager)	106	Cardiff
33	South Shields	70	Middlewich	107	Usk (Legionslager bis
34	Ebchester	71	Buxton		ca. 74 n. Chr.)
35	Maryport	72	Chesterton	108	Caerleon (Legionslager seit
36	Caermote	73	Rocester		ca. 74 n. Chr.)
37	Old Carlisle	74	Littlechester		

von dort die Talsohle. Wegen der Geländeform bildet der Kastellgrundriß ein langgestrecktes Rechteck. Es ist wohl in den Jahren 82–84 entstanden; seine Innenbauten wiesen nur eine Bauperiode auf. Das Kastell hat nicht lange bestanden. Bevor die Römer das Lager verließen, haben sie die Bauwerke regelrecht niedergelegt. Die Anzahl und Anordnung der Unterkünfte deuten an, daß eine Kohorte von 1000 Mann Sollstärke (Cohors milliaria peditata) in dem Kastell lag.

Das Legionslager Inchtuthil ist in den Jahren 1952–1965 untersucht worden. Dabei gelang es, *Abb. 17a* durch eine Kombination von Luftbildarchäologie und Ausgrabung den Grundriß vollständig zu erkunden. Das Lager ist einmalig in Nordwesteuropa, weil es nur wenige Jahre bestanden hat. In dieser kurzen Zeit sind die Innenbauten nicht nachträglich verändert oder durch eine spätere Bauphase überbaut worden. Der Lagerplan ist daher von großer Klarheit und zeigt, wie die römische

Armee auf dem Höhepunkt ihrer Macht ein großes Lager plante und baute. Die Bauarbeiten begannen 83 n. Chr. Nur wenige Jahre wurde das Lager benutzt, als es wegen einer unvorhergesehenen Änderung der politischen und militärischen Lage aufgegeben werden mußte. Das geschah wohl in den Jahren 86 oder 87. In dieser kurzen Zeit konnten nicht alle Innengebäude errichtet werden. Das Lager wurde systematisch niedergelegt und alles Wertvolle entfernt oder vergraben, damit es nicht in die Hände der Feinde fallen konnte. In einer Grube innerhalb der Fabrica wurde beispielsweise eine Million Nägel in verschiedenen Größen geborgen. — Das ungefähr quadratische Lager hatte eine Fläche von 21,8 ha. Anfangs besaß es eine Rasensodenmauer; später erhielt die Umwehrung eine Vorderfront aus Stein. Die hölzernen Tortürme standen im Wallkörper, sie ragten nicht in das Lagerinnere vor. Diese Anordnung ist bei gleichzeitigen und späteren steinernen Torbauten ebenfalls zu finden. Sämtliche Innenbauten bestanden aus Holz. Die Principia waren überraschend klein im Vergleich zu anderen Legionslagern; das Bauwerk stand auch nicht

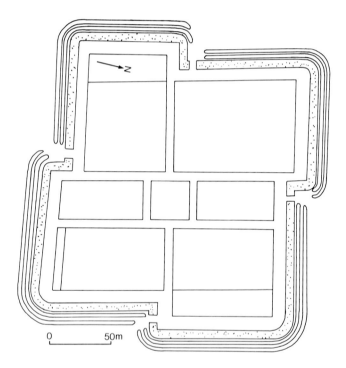

Abb. 193 Kastell Newstead (Schottland), um 80 n. Chr. (vgl. Abb. 209). Maßstab 1 : 3000.

direkt an der Via principalis. Wahrscheinlich war es ein provisorisches Gebäude, das rasch am Anfang der Bauarbeiten entstanden ist, damit die Verwaltung der Legion sogleich über Diensträume verfügen konnte. Zweifellos bestand der Plan, das provisorische Bauwerk im Lauf der Bauarbeiten durch ein Stabsgebäude normaler Größe zu ersetzen. Das Legionslager wurde aber aufgegeben, bevor es dazu kam. Links neben den Principia und hinter dem Gebäude befanden sich freie Flächen, auf denen unter anderem das Praetorium (Wohnung des Legionslegaten) errichtet werden sollte; diese Gebäude waren noch gar nicht angefangen, als das Lager verlassen wurde. Das gilt auch für die Tribunenhäuser jenseits der Via principalis, von denen nur vier statt der üblichen sechs fertiggestellt waren. Im Gegensatz zu anderen Legionslagern, die über geräumige Thermen innerhalb des Lagers verfügten, gab es in Inchtuthil nur ein kleines Badegebäude an der Südseite außerhalb der Mauern. Sicherlich bestand der Plan, innerhalb des Lagers auf einer der freien Flächen einen großen Thermenbau zu errichten. Von besonderem Interesse sind in Inchtuthil die Mannschaftsunterkünfte, die alle fertiggestellt worden sind. Sie geben in einzigartiger Klarheit Auskunft über die militärische Bauplanung dieser Epoche und vermitteln auch wichtige Einzelheiten über die taktische Gliederung der Legion.

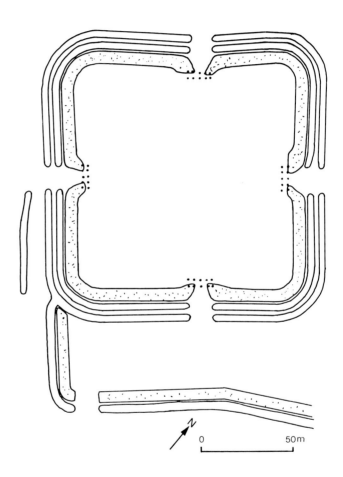

Abb. 194 Kastell Oakwood
(Schottland), um 80 n. Chr.
Maßstab 1 : 2000.

0   50m

Bei einigen flavischen Auxiliarkastellen in Schottland sind Abweichungen vom normalen Grundriß festzustellen. Die Principia des 1,8 ha großen Kastells Strageath (südlich von Fendoch)   *Abb. 98* waren insofern ungewöhnlich, als die Räume seitlich vom Innenhof unregelmäßige Grundrisse hatten. Die rückwärtige Raumflucht wies aber die üblichen fünf Räume auf, es war auch eine kleine Querhalle vorhanden. — In Cardean, 24 km nordwestlich von Inchtuthil, konnte durch Luftbilder und Sondierungsgrabungen die Umwehrung des Kastells festgestellt werden. Sie bildete ein Parallelogramm, dessen Größe noch nicht genau bekannt ist. Am Südtor bog die Wehrmauer

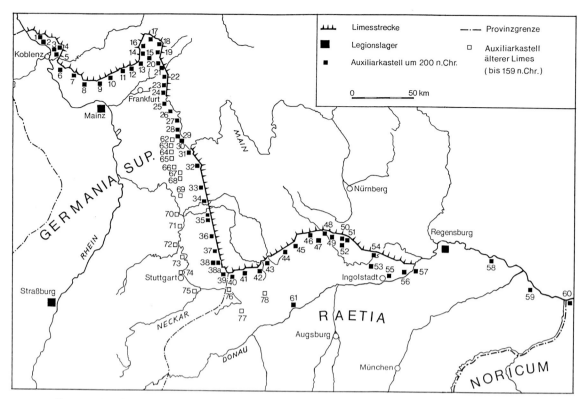

Karte 5 Der obergermanisch-raetische Limes von der Mitte des 2. bis zur Mitte des 3. Jahrhunderts. Ein Teil des Grenzabschnitts wurde um 159 n. Chr. vorverlegt. Der ältere Limes (Odenwald, Neckar, Schwäbische Alb) wurde damals mit seinen Kastellen aufgegeben.

Kastelle, um 200 n. Chr. besetzt

1	Niederbieber	22	Marköbel
2	Heddersdorf	23	Rückingen
3	Niederberg	24	Groß-Krotzenburg
4	Arzbach	25	Seligenstadt
5	Ems	26	Stockstadt
6	Hunzel	27	Niedernberg
7	Holzhausen	28	Obernburg
8	Kemel	29	Wörth
9	Zugmantel	30	Trennfurt
10	Heftrich	31	Miltenberg (Miltenberg-Altstadt und Miltenberg-Ost)
11	Feldberg (Taunus)	32	Walldürn
12	Saalburg	33	Osterburken
13	Kapersburg	34	Jagsthausen
14	Langenhain	35	Öhringen (Bürgkastell und Rendelkastell)
15	Friedberg	36	Mainhardt
16	Butzbach	37	Murrhardt
17	Arnsburg	38	Welzheim
18	Inheiden	38 a	Welzheim-Ost
19	Echzell	39	Lorch
20	Oberflorstadt		
21	Altenstadt		

40 Schirenhof
41 Böbingen
42 Aalen
43 Rainau-Buch
44 Halheim
45 Ruffenhofen
46 Dambach
47 Gnotzheim
48 Gunzenhausen
49 Theilenhofen
50 Ellingen
51 Oberhochstatt
52 Weißenburg
53 Pfünz
54 Böhming
55 Kösching
56 Pförring
57 Eining
58 Straubing
59 Künzing
60 Passau-Innstadt
61 Faimingen

284

Kastelle des älteren Limes, um 159 n. Chr. aufgegeben

62	Lützelbach	71	Heilbronn-Böckingen
63	Vielbrunn	72	Walheim
64	Eulbach	73	Benningen
65	Würzberg	74	Stuttgart-Bad Cannstatt
66	Hesselbach	75	Köngen
67	Schlossau	76	Eislingen
68	Oberscheidental	77	Ursprung
69	Neckarburken (West- und Ostkastell)	78	Heidenheim
70	Wimpfen		

auf der einen Seite scharf nach innen, auf der anderen Seite beschrieb sie eine sanftere Kurve. — Der Grundriß des kleinen Kastells Crawford in Strathclyde (0,8 ha) ist deswegen merkwürdig, weil die Via principalis die Längsachse bildete, und das Kastell nur den »Mittelstreifen« und die Praetentura besaß. So hatte es eine gewisse Ähnlichkeit mit claudischen Kastellen wie Hod Hill oder Valkenburg. — Obgleich bei flavischen Kastellen eher eine Tendenz zu regelmäßigen, rechteckigen Grundrissen festzustellen ist[46], gibt es doch einige auffällige Ausnahmen, die vielleicht auf ein Experimentieren mit der Planung der Wehranlagen hindeuten. In Newstead (Melrose) *Abb. 193* wurde um 80 ein Kastell gebaut, das den Übergang der Dere Street über den Fluß Tweed sichern sollte. Zwar hatte die Umwehrung prinzipiell einen quadratischen Grundriß, doch besaß sie an jedem Tor einen starken Rücksprung. Sie erhielt so einen ungewöhnlichen Umriß. Durch den Rücksprung wurden die Tore besonders geschützt. Der Angreifer mußte seine ungeschützte, rechte Seite dem einspringenden Wallstück zuwenden, von dem aus er beim Angriff auf das Tor seitlich geschossen werden konnte.[47] — Eine andere Einrichtung zum besseren Schutz des Tores wurde in Oakwood (Südschottland) beobachtet. Die Enden der Wehrmauer bogen an den Toren *Abb. 194* nach innen, so daß der hölzerne Torbau zurückgesetzt war.[48] Dieser Grundriß erinnert an ältere *Abb. 219* Torbauten der claudisch-neronischen Zeit (z. B. Vetera I). – Von besonderem Interesse ist das kürzlich ausgegrabene Kastell Elginhaugh bei Edinburgh (Schottland). Das 1,6 ha große Holzkastell besaß präzise geplante Innenbauten, doch lassen sich die elf festgestellten Mannschaftsbaracken auf keine der bekannten Hilfstruppen-Gattungen beziehen.

Im Jahre der Abberufung Agricolas durch Kaiser Domitian (84 n. Chr.) schien Schottland auf dem besten Weg zu sein, ein Bestandteil der Provinz zu werden. Nur kurze Zeit später änderte sich die Lage grundlegend. Im Lauf weniger Jahre gab die römische Armee nicht nur das Legionslager Inchtuthil auf, sondern die meisten Auxiliarkastelle nördlich der Landenge zwischen Firth of Forth und Firth of Clyde. Dieser Rückzug wurde durch die katastrophalen Niederlagen ausgelöst, die das römische Heer seit 85 n. Chr. an der unteren Donau durch die Daker erlitt. Eine der vier Legionen Britanniens, die Legio II Adiutrix, wurde mit Hilfstruppen abkommandiert, um in die Grenzkämpfe an der Donau einzugreifen.[49] Das Provinzheer Britanniens war nach dieser Schwächung nicht mehr imstande, die schwierige Befriedung Schottlands weiterzuführen. — Eine militärisch überwachte Grenzlinie gab es damals im Norden Britanniens nicht. Nordengland und Südschottland waren mit einem Netz von Kastellen überzogen, das — mit wenigen Ausnahmen *Karte 4* — die Forth-Clyde-Linie nicht überschritt. Dieses militärisch besetzte Gebiet zeigte zugleich an, wie weit der unmittelbare römische Einfluß in Britannien nunmehr reichte.

Bald nach Regierungsantritt führte Kaiser Domitian an der Grenze Obergermaniens Krieg gegen die Chatten. Ihr Stammesgebiet lag in der Hessischen Senke mit dem Zentrum um Kassel und Fritzlar. Die Chatten standen dem Reich schon seit der Zeit des Augustus feindlich gegenüber. Der Kriegsgrund ist den dürftigen Schriftquellen nicht sicher zu entnehmen; ob der Kaiser die Germanen lediglich angriff, um die Provinz zu vergrößern und Kriegsruhm zu erwerben oder ob er einen Präventivkrieg begann, weil die Chatten eine drohende Haltung angenommen hatten, steht dahin. Jedenfalls versammelte der Kaiser im Jahre 83 ein großes Heer in Mainz und eröffnete

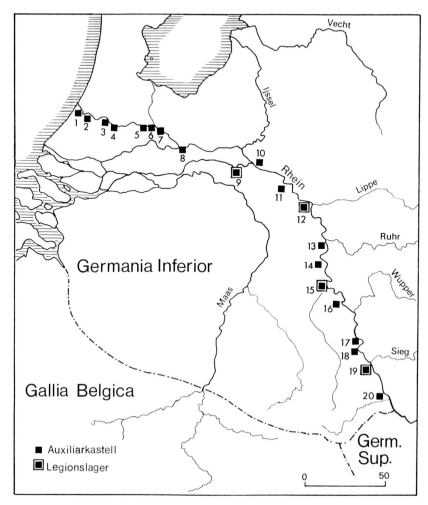

Karte 6   Der niedergermanische Limes von der Mitte des 1. bis zur Mitte des 3. Jahrhunderts n. Chr.

1	Valkenburg	11	Altkalkar
2	Leiden-Roomburg	12	Xanten (Legionslager)
3	Alphen	13	Moers-Asberg
4	Alphen-Zwammerdam	14	Krefeld-Gellep
5	Vleuten-De Meern	15	Neuss (Legionslager)
6	Utrecht	16	Dormagen
7	Bunnik-Vechten	17	Köln-Alteburg
8	Maurik	18	Wesseling
9	Nijmegen (Legionslager)	19	Bonn (Legionslager)
10	Herwen en Aerdt-De Bijland	20	Remagen

den Krieg. Die Chatten stellten sich nicht zur Entscheidungsschlacht; der Krieg zog sich in die
Länge. Bevor er zu einem für die Römer günstigen Abschluß kommen konnte, erzwangen die
römischen Niederlagen an der unteren Donau im Jahre 85 den Abbruch des Chattenkrieges. Truppen mußten von der germanischen Grenze abgezogen werden, um die gefährdete Provinz
Moesien zu retten (heute in Rumänien und Bulgarien).

Der Gebietsgewinn an der germanischen Grenze war gering. Vielleicht ist damals (85 n. Chr.)
die Provinz Obergermanien gegründet worden; sie existierte spätestens 90 n. Chr. — Im Winter
88/89 revoltierte der obergermanische Statthalter C. Antonius Saturninus in Mainz. Zwar wurde
der Aufstand rasch niedergeschlagen, doch nutzten die Chatten die Gelegenheit, römische
Kastelle und Siedlungen östlich des Rheins zu plündern und zu zerstören.[50] Der niedergermani-

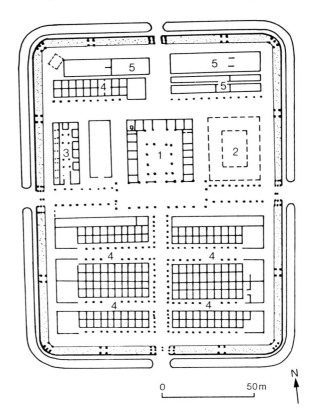

Abb. 195 Kastell Künzing (Nieder-
bayern), um 90 n. Chr. Holzbau.
(1) Principia; (2) Praetorium, vermutet; (3) Valetudinarium (Lazarett); (4) Mannschaftsbaracken; (5)
Ställe (?). Maßstab 1 : 2000.

0   50m

N

sche Statthalter A. Bucius Lappius Maximus unternahm sogleich im Jahre 89 von Mainz aus einen
kurzen, erfolgreichen Feldzug gegen die Chatten. Seit dieser Zeit herrschte an der obergermanischen Grenze für lange Zeit Frieden. Da inzwischen weitere Legionen vom Rhein an die gefährdete Donaugrenze versetzt worden waren, mußte das Imperium den Gedanken an Eroberungen
jenseits des Rheins aufgeben.

Allerdings hielten die Römer an der obergermanischen Grenze das bereits besetzte Gebiet fest.
Der Rheingau, die Wetterau und das heutige Südhessen blieben in der Provinz, ebenso die Gebiete am Neckar, die schon unter Vespasian und später unter Domitian besetzt worden waren.
Am Rande der Wetterau legten die Römer zum Schutz der Provinz die ersten Strecken des Limes
an. Sie schlugen eine Schneise in die Mittelgebirgswälder, die die Wetterau und den Rheingau um-

Karte 5

rahmen. Die Grenzsicherung bestand zunächst nur aus einer Kette hölzerner Wachttürme, die durch einen Postenweg verbunden waren. Die Wachtmannschaften waren in kleinen Holzkastellen am Limes untergebracht.[51] Mit dem Bau von Limesstrecken, der in Obergermanien unter Kaiser Domitian einsetzte, begann eine völlig neue Art römischer Grenzsicherung. Bisher hatten die Römer neu erworbene Gebiete nach der Eroberung mit einem Netz von Auxiliarkastellen und Straßen gesichert. Diese Maßnahme richtete sich vornehmlich gegen die Bevölkerung, die zu befrieden und der römischen Verwaltung zu unterwerfen war, weniger gegen äußere Feinde. Sobald die Provinzverwaltung problemlos funktionierte, wurden die Kastelle aufgegeben; das römische Heer konnte zu neuen Eroberungen schreiten und einen weiteren Streifen Landes mit einem Netz von Kastellen überziehen. In Britannien schoben sich in dieser Art gesicherte Zonen mit der Be-

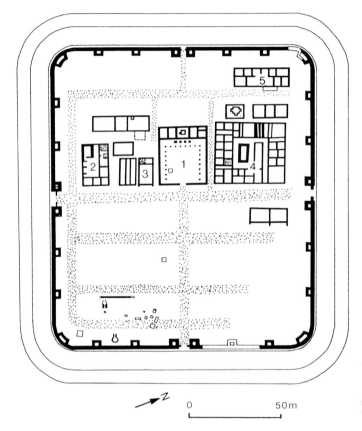

Abb. 196 Kastell Wiesbaden (Hessen). Steinbau, nach 85 n. Chr. (1) Principia; (2) Praetorium; (3) Horrea; (4) Fabrica (?); (5) Mannschaftsbaracke. Maßstab 1 : 2000.

friedung der Provinz immer weiter nach Norden. Eine neue Situation mußte jedoch entstehen, wenn weitere Eroberungen nicht mehr stattfanden. Die Provinzgrenzen änderten sich dann kaum noch, die einheimische Bevölkerung war nach einiger Zeit integriert. Die Streitkräfte erhielten nunmehr eine defensive Aufgabe, nämlich die Provinz gegen äußere Feinde zu schützen. Das geschah in Friedenszeiten durch eine militärisch überwachte Grenze, den Limes.

Die Grenzlinie wurde in Obergermanien bald nach Nordwesten verlängert, so daß sie das Neuwieder Becken einschloß. Zwischen Rheinbrohl und Bad Hönningen lief sie an den Rhein, gegenüber der Einmündung des Vinxtbachs (»ad fines«), der im Altertum die Grenze zwischen den Provinzen Germania inferior und Germania superior bezeichnete. Die Grenze der Provinz Germania

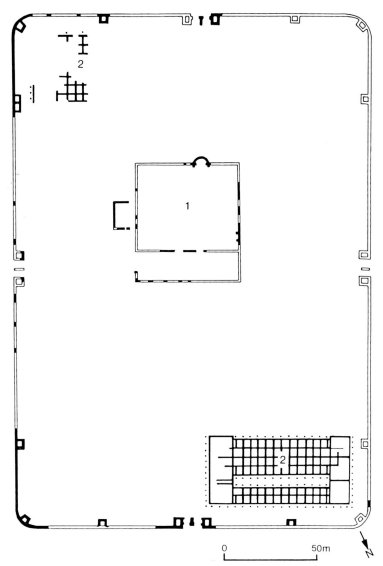

Abb. 197 Kastell Heidenheim (Baden-Württemberg), nach 90 n. Chr. (1) Principia; (2) Mannschaftsbaracken. Maßstab 1 : 2000.

inferior gegen die Germanen blieb unverändert der Rhein. — Nach Süden hin zog der obergermanische Limes von der Ostflanke der Wetterau hinunter zum Main, folgte dem Fluß bis Wörth und   *Karte 5*
stieg von dort auf die Höhe des Odenwaldes. Er durchzog die Wälder in südlicher Richtung und
stieß bei Bad Wimpfen an den Neckar. Von hier ab bildete der Neckar die Grenze. Unter den flavischen Kaisern ist auch das Land nördlich der oberen Donau besetzt und in die Provinzen Germania superior und Raetia einbezogen worden. Allerdings haben die Römer in dieser Region an-

fangs noch keine militärisch überwachte Grenzlinie gezogen. Das Land am oberen Neckar und die Schwäbische Alb sind vielmehr durch ein Netz von Auxiliarkastellen gesichert worden, die durch Straßen verbunden waren. Vom Kastell Eining (westlich Regensburg) flußabwärts bildete die Donau die Provinzgrenze Raetiens. Hier sind seit flavischer Zeit Grenzkastelle entstanden, die zum Teil sehr lange besetzt blieben. Am besten untersucht ist das Kastell Künzing, das um 90 n. Chr. entstanden ist. Von seinen Innenbauten und den verschiedenen Bauperioden besitzen wir ein klares Bild.

Abb. 195   Das Kastell Künzing umfaßte eine Fläche von 2,2 ha. Die vollständig ausgegrabenen Principia besaßen eine Vorhalle, die älteste bisher bekannte Halle dieser Art. Die vier Barackenpaare in der Praetentura sind als die Unterkünfte der vermuteten Besatzung interpretiert worden, der Cohors III Thracum civium Romanorum equitata. Die Ställe für die Pferde der teilweise berittenen Einheit dürften in der Retentura gelegen haben, wo außerdem eine weitere Mannschaftsbaracke gefunden wurde. Dort war wohl eine zusätzliche, kleine Truppe untergebracht, möglicherweise Exploratores (»Kundschafter«).[52] So sind auch bei diesem großflächig ausgegrabenen Kastell mehr Unterkünfte gefunden worden als eine Auxiliarkohorte benötigte; ein Hinweis darauf, daß neben der Kohorte noch eine weitere Einheit in dem Kastell lag.

Abb. 197   Aus der gleichen Zeit stammt das Kastell Heidenheim, das bis in die Mitte des 2. Jahrhunderts besetzt war. Mit einer Fläche von 5,2 ha war es damals das größte Auxiliarkastell der Provinz Raetien. Die Besatzung war die Ala II Flavia pia fidelis milliaria, eine tausend Mann starke Reitertruppe. Durch Ausgrabungen ist die Steinumwehrung untersucht worden, ferner Teile der ebenfalls steinernen Principia, die eine Vorhalle besaßen. In der linken Hälfte der Praetentura wurden drei große, hölzerne Mannschaftsbaracken ausgegraben. Es sind die bisher einzigen Beispiele für Reiter-Unterkünfte einer Ala milliaria. Jede Baracke besaß zwölf Contubernien (je sechs für eine Turma) und zwei vorspringende »Kopfbauten« für die beiden Decurionen.

Abb. 196   Einige Holzkastelle im Vorfeld des Legionslagers Mainz sind um 90 n. Chr. in Stein ausgebaut worden.[53] Ein gut erhaltenes Beispiel ist das Kastell Wiesbaden. Es war bis zur Gründung der Civitas Mattiacorum unter Trajan besetzt. Das Steinkastell umfaßte eine fast quadratische Fläche von 2,2 ha. Die Via principalis teilte es in zwei Hälften, so daß sich eine geräumige Praetentura ergab. Hinter der Via principalis lag der Mittelstreifen des Kastells; hier standen Steinbauten, deren Fundamente bei den Ausgrabungen im vorigen Jahrhundert aufgemessen worden sind. Die Retentura ist bei diesem Kastell auf einen schmalen Streifen begrenzt. Hier und in der Praetentura standen Holzbauten, wohl meist Mannschaftsbaracken, die mit den Ausgrabungsmethoden des vorigen Jahrhunderts nicht erkannt werden konnten.

TRAJAN
(98–117)

Trajan hat während seiner Regierung in zwei Kriegen erfolgreich die Daker bekämpft (101–102 und 105–106 n. Chr.).[54] Danach wandte er sein Interesse dem Osten des Imperiums zu, gewann die Provinz Arabia und führte mit geringerem Erfolg Krieg gegen die Parther.[55] Unter seiner Regierung gab es keine neuen militärischen Initiativen in den westlichen Provinzen.

Als Marcus Ulpius Trajanus von Kaiser Nerva zum Nachfolger bestimmt wurde, war er Statthalter von Obergermanien. Trajan hat sogleich mit der Vorbereitung des Dakerkriegs begonnen, denn die Dakerfrage war unter Domitian nicht gelöst worden. Solange das Dakerreich unter König Decebalus unbesiegt war, mußten die Römer um die Sicherheit der Provinz Moesia fürchten. Nach der Ernennung zum Kaiser blieb Trajan noch einige Monate an der Rheingrenze. Er leitete einige Maßnahmen ein, die auf die Festigung der Rheingrenze abzielten; sie durfte während des geplanten Krieges gegen die Daker keine Gefahr im Rücken darstellen. So hat er im Grenzgebiet Städte gegründet (Colonia Ulpia Traiana bei Xanten) und die Selbstverwaltung der Provinzbevölkerung durch die Gründung von Civitates gestärkt. Vor allem aber trieb er den Ausbau des Limes voran. Eine Anzahl neuer Kastelle ist unter seiner Herrschaft an der obergermanischen und an der raetischen Grenzlinie entstanden. Der Kaiser konnte nun zwei weitere Legionen von der Rheingrenze abziehen, die zur Verstärkung des Donauheeres abkommandiert wurden. Am Rhein standen jetzt nur noch vier Legionen, die wohl zur Verteidigung ausreichten, jedoch keinen Angriffskrieg mehr erlaubten. So sind unter seiner Regierung auch keine Vorstöße gegen die Germanen unternommen worden.

In Britannien wurden die Truppen unter Trajan aus den gleichen Gründen aus Schottland abgezogen und auf die Linie Tyne — Solway (Newcastle — Carlisle) zurückgenommen. Dort befand sich eine Straße, die schon unter Agricola erbaut worden war, der Stanegate. Sie verband zwei Flußübergänge von wichtigen Süd-Nord-Verbindungen, die bei Carlisle im Westen und bei Corbridge im Osten lagen. Es gibt zwar nur wenige archäologische Beobachtungen von Bauwerken

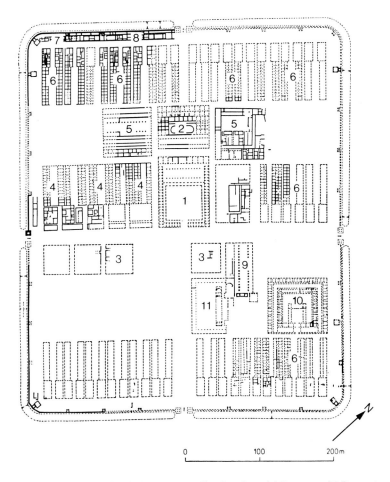

Abb. 198   Legionslager Caerleon (Wales), um 100 n. Chr. Steinbau. (1) Principia; (2) Praetorium; (3) Tribunenhäuser; (4) Baracken der 1. Legionskohorte; (5) Vorratsbauten oder Werkstätten; (6) Mannschaftsbaracken; (7) Toilette; (8) Werkstätten; (9) Fabrica (?); (10) Valetudinarium; (11) Thermen. Maßstab 1 : 5000.

dieser Periode, doch war der Stanegate anscheinend in regelmäßigen Abständen mit Kastellen und Wachttürmen gesichert.[56] Sie sollten den Verkehr auf der Straße schützen und die neue Grenzzone absichern. Der Bau einer Grenzsperre ähnlich der späteren Hadriansmauer war allerdings noch nicht vorgesehen.

Soweit die Holzkastelle und Legionslager aus flavischer Zeit noch besetzt waren, waren sie nach nunmehr 20 bis 30 Jahren baufällig geworden. Die auffälligste Einzelheit der militärischen Bautätigkeit am Beginn des 2. Jahrhunderts war daher der allmähliche Übergang zur Steinbauweise. Die Entscheidung zum Umbau bisher hölzerner Kastelle in Stein unter Trajan weist ebenfalls darauf hin, daß der Kaiser in Britannien keine weitere Expansion plante, sondern die Provinz in ihren augenblicklichen Grenzen festigen wollte; denn Steinbauten sind ihrer Natur nach auf Dauer berechnet. Die Fertigstellung eines großen Gebäudes oder einer Wehranlage wurde gerne auf einer Steininschrift festgehalten. Mit der wachsenden Zahl der Steinbauten ist auch eine entsprechende Anzahl von Bauinschriften überliefert. Sie geben oft Einzelheiten an, etwa das genaue Datum der Fertigstellung oder den Namen der ausführenden Einheit. Durch solche Inschriften sind beispielsweise Bauarbeiten im Legionslager Caerleon (*castra legionis*) um 100 überliefert, in Chester von 102–117 und in York 107–108.[57] Zunächst wurden nur die Wehranlagen erneuert, die Innenbauten folgten nach und nach. Daher haben sich die Arbeiten oft über längere Zeit hingezogen.[58]

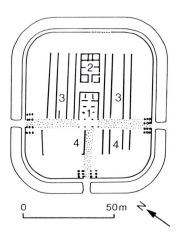

Abb. 199   Kastell Hesselbach (Hessen), Periode 1; um 100 n. Chr. Holzbau. (1) Principia; (2) Praetorium (?); (3) Mannschaftsbaracken; (4) Bauwerk unbekannter Funktion. Maßstab 1 : 2000.

Abb. 198   Die Innenbauten des Legionslagers Caerleon sind am besten bekannt, weil das Lager später kaum überbaut worden ist. Sie entsprechen im Prinzip denen des Legionslagers Inchtuthil. Allerdings gab es einen großen Thermenbau in der Praetentura, außerdem ist vor dem Südwesttor ein kleines Amphitheater entdeckt worden.

Vermutlich haben zur gleichen Zeit auch einige Auxiliarkastelle steinerne Umwehrungen erhalten.[59] Üblicherweise wurde die Frontseite einer vorhandenen Rasensodenmauer abgegraben, um eine Steinmauer an ihre Stelle zu setzen. Der Kern der alten Rasensoden- oder Holz-Erde-Mauer blieb hinter der neuen Steinmauer als Wall bestehen. Auch die Torbauten und Türme wurden in Stein erneuert. Wie bei den Legionslagern ging die Erneuerung der Innenbauten allmählich vor sich, zuerst bei den Gebäuden im Mittelstreifen des Kastells.

Vollständig neue Kastelle wurden unter Trajan in London und in Gelligaer (Südwales) errichtet. Durch Ausgrabungen um die Jahrhundertwende ist fast der gesamte Grundriß des Kastells

Gelligaer bekannt. Das neue, trajanische Kastell ist seitlich neben dem flavischen Vorgänger erbaut worden; es hatte eine Fläche von 1,5 ha. Hinter der steinernen Wehrmauer war, wie üblich, ein Erdwall aufgeschüttet. Zum Kastellinneren hin wurde er durch eine Stützmauer begrenzt. Die Tore wurden durch quadratische Tortürme geschützt, die genauso tief waren wie die Wehrmauer. Dieser Tortyp war im 2. Jahrhundert weit verbreitet. Nahe den Seitentoren sind Bauinschriften gefunden worden, aus denen hervorgeht, daß die Umwehrung in der Zeitspanne zwischen 103–111 von der Legio II Augusta errichtet worden ist.[60] Die Steinfundamente der Innenbauten, die bei der Ausgrabung freigelegt wurden, haben vielleicht nur einen hölzernen Aufbau getragen. Im Grundriß und in der Anordnung entsprechen sie weitgehend dem Schema, das schon bei flavischen Kastellen angewandt wurde, etwa bei Fendoch oder Künzing. Nordöstlich vom Kastell lag ein geschotterter Exerzierplatz. Im Südosten war ein befestigter Annex an die Kastellumwehrung angebaut, der das Badegebäude und einige weitere Häuser enthielt. Die steinerne Umfassungsmauer des Annexes ist möglicherweise erst im 3. oder 4. Jahrhundert n. Chr. entstanden.

In Obergermanien und Raetien ist der Ausbau des Limes unter Trajan fortgeführt und zu einem vorläufigen Abschluß gebracht worden. Zahlreiche Kastelle sind damals an der Grenzlinie ent-

Abb. 200

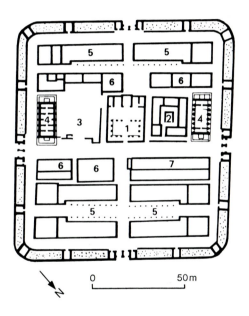

Abb. 200 Kastell Gelligaer (Wales), um 103–111 n. Chr. Steinbau. (1) Principia; (2) Praetorium; (3) eingefriedigter Hof; (4) Horrea; (5) Mannschaftsbaracken; (6) Schuppen (?); (7) Stall (?), davor Wasserbecken. Maßstab 1 : 2000.

standen. Das Provinzgebiet östlich vom Rhein und nördlich der Donau war inzwischen befriedet, die Bevölkerung soweit romanisiert, daß sie sich in römischen Formen selbst verwaltete. Die anfangs in flavischer Zeit mitten im Siedlungsgebiet der Bevölkerung errichteten Auxiliarkastelle hatten ihre Aufgabe erfüllt; die Hilfstruppen konnten an den Limes verlegt werden. Ihre Aufgabe war es nun, die Provinz vor germanischen Überfällen zu schützen. — Unter Trajan sind an der germanischen Grenze anders als in Britannien hauptsächlich Holzkastelle entstanden. Nur einige bereits bestehende Holzkastelle erhielten steinerne Umwehrungen, etwa die Kastelle Stuttgart-Bad Cannstatt und wohl auch Benningen.[61]

Nach 90, vielleicht erst um 100 ist am Odenwaldlimes eine Kette recht kleiner Auxiliarkastelle erbaut worden (0,6 ha Fläche). Ihre Besatzungen waren Numeri von wohl nur 150 Mann Stärke. Eines dieser Kastelle ist in Hesselbach ausgegraben worden. Es war ein Holzkastell. In der Mitte stand ein kleines Stabsgebäude, dahinter wohl das Praetorium. Seitlich neben den Principia lagen

Abb. 199

je zwei Mannschaftsbaracken, eine in Obergermanien auch sonst beobachtete Anordnung der Unterkünfte, die bei den Auxiliarkastellen Britanniens nicht üblich war. Die Deutung der Bauwerke in der Praetentura ist schwierig; vermutlich standen hier Ställe und Speicher. — Das Kastell erhielt später eine steinerne Wehrmauer; es war bis zur Verlegung des Odenwaldlimes um 159 n. Chr. besetzt.[62]

HADRIAN
(117–138)

Kaiser Hadrian setzte in Britannien und an der germanischen Grenze die Politik seines Vorgängers fort. Sie war auf Bewahrung des Provinzgebiets und auf Sicherung der Grenzen bedacht. Eine antike Biografie berichtet, der Kaiser habe dort, wo die Nachbarn des Reichs (*barbari*) nicht durch Flüsse, sondern durch überwachte Grenzwege (*limites*) von der Provinz ferngehalten wurden, eine Palisade aus mächtigen, untereinander verbundenen Baumstämmen bauen lassen. Diese Nachricht bezieht sich auf den obergermanisch-raetischen Limes, wo die Reste der Palisade bei Ausgrabungen tatsächlich gefunden worden sind. — In Britannien ließ der Kaiser ein noch mächtigeres Hindernis errichten, eine Steinmauer, 76 römische Meilen lang (112 km), die vom Fluß Tyne im Osten zum Solway im Westen führte. Sie sollte, wie die Palisade an der germanischen Grenze, »die Römer und die Barbaren voneinander trennen«; so drückt der Biograph die Funktion der Grenzsperren aus.[63] Die Sperren werden keineswegs als Verteidigungsanlagen angesprochen, denn ihr militärischer Wert war gering. Ihre Aufgabe war es, die Provinz in Friedenszeiten vor den Einfällen kleiner Barbarengruppen zu schützen und den Verkehr an der Grenze zu überwachen. Im Krieg hatten die Limites nur eine geringe Bedeutung. Kriegerische Auseinandersetzungen fanden im Altertum nicht an langen, starren Frontlinien statt, sondern in der Bewegung. Die Legionen operierten im Verband mit den Hilfstruppen möglichst im Feindesland. Die Grenzstrecken und Limeskastelle waren im Fall eines Konflikts nur schwach oder gar nicht besetzt, weil die Hilfstruppen zur Unterstützung der Legionen abgezogen wurden. Zu den Auxiliartruppen gehörten auch die zahlreichen Spezialeinheiten, etwa Kavallerie oder Bogenschützen, die für die bewegliche Kriegführung unentbehrlich waren.

Karte 7   Im Jahre 122 besuchte Kaiser Hadrian Britannien. Der im gleichen Jahr eingesetzte Statthalter Aulus Platorius Nepos erhielt den Auftrag, die gewaltige Grenzsperre zu bauen (122–126). Zunächst wurde nur ein Teil der Mauer aus Stein gebaut, nämlich der östliche Abschnitt von Newcastle upon Tyne bis zum Fluß Irthing. Im Westabschnitt entstand bis Bowness on Solway lediglich eine Mauer aus Rasensoden. Später ist auch die Rasensodenmauer durch eine Steinmauer ersetzt worden, und im Osten wurde die Mauer nachträglich verlängert. Sie zog dann über Newcastle hinaus am Nordufer der Tyne entlang bis Wallsend. — Jede römische Meile war ein kleines Kastell in die Mauer gebaut. Diese Meilenkastelle hatten je ein Tor zur Feindseite und zur Provinz, so daß man die Grenzmauer durchschreiten konnte. Außerdem befanden sich in den Meilenkastellen Unterkünfte für Wachtsoldaten und Patrouillen. Zwischen den Meilenkastellen standen jeweils zwei Wachttürme an der Mauer. Im gleichen Rhythmus erstreckten sich Meilenkastelle und Wachttürme im Westen längs der Küste von Bowness aus noch mindestens 40 km weit südwärts, um Überfälle von der See her zu verhindern. Eine Grenzmauer ist hier nicht gebaut worden.

Anfangs bestand der Plan, die bereits vorhandenen Kastelle am Stanegate in die neue Grenzsicherung einzubeziehen. Diese Militärlager sollten als Standorte für die Hilfstruppen dienen, die für den Wachtdienst an der Mauer notwendig waren. Die Hadriansmauer ist in geringem Abstand nördlich vom Stanegate errichtet worden; die Entfernung beträgt stellenweise nur wenige hundert Meter, sie überschreitet selten 3 km. — Im Vorfeld der Hadriansmauer entstanden drei Kastelle als Vorposten (Birrens, Netherby und Bewcastle). Wahrscheinlich sollten sie das Gebiet eines verbündeten Stammes schützen, der sonst durch die neue Grenzsperre isoliert worden wäre.[64]

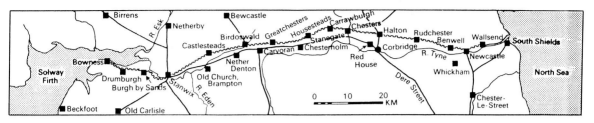

Karte 7   Die Kastelle der Hadriansmauer.

Es erwies sich bald als günstiger, die Hilfstruppen nicht am Stanegate, sondern unmittelbar an der Mauer unterzubringen. So wurden vierzehn oder fünfzehn neue Steinkastelle in die Mauer gebaut.[65] Wo die Mauer oder auch Wachttürme bereits standen, wurden sie niedergelegt, um für die Kastelle Platz zu schaffen. Wahrscheinlich sollten alle diese Kastelle derart mit der Mauer verbunden werden, daß der Vorderteil des Kastells über die Mauer zur Feindseite hinausragte. Drei Tore: die Porta praetoria, die Porta principalis dextra und principalis sinistra öffneten sich zur Feindseite. Neben den Seitentoren schloß die Hadriansmauer zu beiden Seiten an das Kastell an. Der rückwärtige Teil des Kastells war ebenfalls mit drei Toren versehen, der Porta decumana sowie zwei Toren, die seitlich an den beiden Enden der Via quintana angebracht waren. So war von beiden Seiten der Mauer ein leichter und rascher Zugang zum Kastell möglich.[66] Allerdings gab es auch Ausnahmen, etwa bei den Kastellen Housesteads und Bowness, wo vor der Mauer ein steiler Hang lag, und die Kastelle daher hinten an die Hadriansmauer angebaut werden mußten. — Etwa in den Jahren 128–138, als schließlich die letzten Kastelle an der Mauer errichtet wurden, war das anfängliche Schema aufgegeben worden, so daß zwei dieser Kastelle — Greatchesters und Carrawburgh — nunmehr hinten an die Mauer angebaut wurden, während Carvoran die Mauer überhaupt nicht berührte. — Hinter der Hadriansmauer lief in geringem Abstand ein weiteres Annäherungshindernis, das Vallum, das die militärischen Anlagen zur Provinz hin abschloß. Es bestand aus einem flachen Graben, an dem sich zu beiden Seiten Erdwälle entlangzogen. Das Hindernis war insgesamt 36 m breit.

Abb. 10

Abb. 1, 201

Die Kastelle der Hadriansmauer sind im allgemeinen nach dem gleichen Schema gebaut worden, das schon bei den Holzkastellen der flavischen Zeit zu beobachten ist; sie bestanden allerdings aus dauerhafterem Material. Ihre Flächen lagen meist bei 1,4–2,1 ha, doch gab es größere wie Stanwix, in dem eine Ala milliaria untergebracht war (3,8 ha). Einige Kastelle waren auch kleiner, etwa Drumburgh und Beckfoot an der Küste von Cumbria.[67] Alle hatten einen rechteckigen Grundriß mit abgerundeten Ecken; sie besaßen eine steinerne Wehrmauer, hinter der sich ein Erdwall befand. Die Ecktürme und Zwischentürme waren quadratisch. Die vier wichtigsten Tore (Porta praetoria, decumana, principalis sinistra und dextra) hatten eine doppelte Durchfahrt. Die Tortürme schlossen bündig mit der Wehrmauer ab, sie hatten quadratische oder länglichrechteckige Grundrisse. Bei denjenigen Kastellen, die über die Hadriansmauer vorsprangen, waren Tore mit einfacher Durchfahrt an den Enden der Via quintana vorgesehen. Sämtliche Militärlager der Hadriansmauer waren bis in das 4. Jahrhundert belegt und haben daher viele Reparaturen und Umbauten erlebt. Für den Archäologen ist es daher oft schwierig, den ursprünglichen hadrianischen Baubestand unter den späteren Bauphasen zu entdecken. In fast allen Fällen war es jedoch möglich, die Umwehrung festzustellen und den Grundriß wenigstens der Gebäude im Mittelstreifen des Kastells zu ermitteln, vielleicht auch noch ein oder zwei Mannschaftsbaracken auszugraben.

Das Kastell Housesteads ist umfassend untersucht worden. Die steinerne Wehrmauer mit dahinterliegendem Erdwall umschloß eine Fläche von 2,1 ha. Die Ausgrabungen von 1898 erga-

Abb. 1

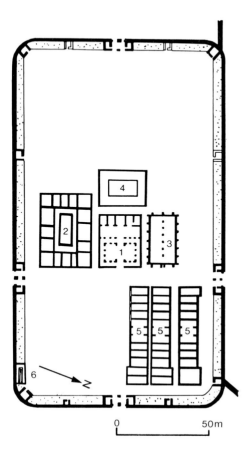

Abb. 201 Kastell Housesteads (Hadrians-mauer). Hadrianischer Steinbau. (1) Principia; (2) Praetorium; (3) Doppelhorreum; (4) Laza-rett; (5) Mannschaftsbaracken; (6) Toilette. Maßstab 1 : 2000.

ben einen vollständigen Grundriß mit allen Innenbauten, doch sind damals die Bauphasen nicht getrennt worden.[68] Erst durch die neuen Untersuchungen, die das Department of the Environ-ment in den letzten zwanzig Jahren unternommen hat, ist mehr Klarheit über die ursprünglichen hadrianischen Bauten gewonnen worden. — Vom Kastell Wallsend konnte bei neuen Ausgrabun-gen fast der gesamte Grundriß der hadrianischen Gründungsphase gewonnen werden, vom Kastell Benwell nur etwa die Hälfte. Bei allen drei Kastellen lag rechts neben den Principia das Praetorium, das als Gebäude mit Innenhof ausgeführt war. Links neben den Principia befand sich ein doppelter Getreidespeicher und hinter dem Stabsgebäude ein weiterer Bau mit Innenhof, der als Lazarett gedeutet worden ist. Von den anderen Kastellen der Hadriansmauer weiß man wenig über den ursprünglichen Grundriß, mit Ausnahme der Stabsgebäude.[69] Sie hatten in allen Kastellen prinzipiell den gleichen Aufbau: fünf Räume im rückwärtigen Flügel, davor eine zwei-schiffige Querhalle; in der Mitte ein Hof mit gedecktem Umgang, doch keine Armamentaria. Stei-nerne Vorhallen sind nicht festgestellt worden; eine Ausnahme machen neuerdings die Principia von Wallsend, wo eine anfangs hölzerne Vorhalle ausgegraben wurde. — Die Mannschaftsbaracken in Housesteads und Benwell hatten vorspringende Kopfbauten und enthielten zehn bzw. neun Contubernien. Die Unterkünfte im Kastell Wallsend waren dagegen einfache, rechteckige Baracken. Sie besaßen neun Contubernien, jedoch keinen vorspringenden Kopfbau; allerdings war für den Centurio eine Wohnung an einem Ende der Baracke vorgesehen.

Abb. 203
Abb. 202

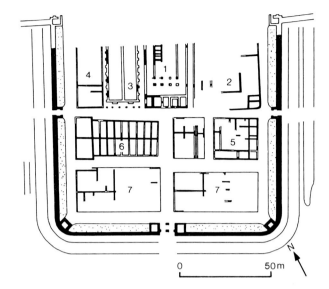

Abb. 202 Kastell Benwell (Hadriansmauer). Hadrianischer Steinbau. (1) Principia; (2) Reste des Praetoriums; (3) Doppelhorreum; (4) Werkstatt; (5) Lazarett; (6) Mannschaftsbaracken; (7) Baracken oder Ställe (?). Maßstab 1 : 2000.

0   50 m

Zur gleichen Zeit sind weitere Steinkastelle gebaut worden, beispielsweise Ambleside und Hardknott in Cumbria. Sie entstanden in dem Bergland südlich dem Westabschnitt der Hadriansmauer, dessen Bewohner die römische Herrschaft offenbar noch nicht akzeptiert hatten. Die Kastelle dienten dabei auch zum Schutz der Straße, die vom Kastell Ravenglass an der Westküste über Wrynose und den Hardknott-Paß zum Kastell Ambleside am Nordende des Windermere-Sees führte. Von diesen Kastellen sind nur die Umwehrung und die Bauten im Mittelstreifen untersucht worden. Diese Bauwerke hatten Steinfundamente, das Aufgehende kann aber aus Holz bestanden haben. Bei den Principia umfaßte die rückwärtige Raumflucht nur drei Räume, davor lag eine einfache Querhalle und ein Hof, der von Räumen mit L-förmigen Grundriß eingefaßt war. Im Praetorium des Kastells Hardknott bestand nur ein Flügel aus Stein. Vielleicht ist das Gebäude nicht fertig geworden; es ist jedoch wahrscheinlicher, daß die übrigen Gebäudeteile aus Fachwerk gebaut waren. Bei den Ausgrabungen, die schon einige Zeit zurückliegen, konnten Holzbauten noch nicht erkannt werden. — In Nordengland und Wales sind unter Hadrian viele bereits bestehende Kastelle erneuert worden, wobei vor allem die alten Holz- oder Rasensodenmauern in Stein ausgebaut wurden.[70]

An der germanischen Grenze hat Kaiser Hadrian, wie schon ausgeführt, die Palisade errichten lassen. Sonst hat er an der Organisation der Grenze wenig geändert; als der Kaiser den Thron bestieg, war der Ausbau des obergermanisch-raetischen Limes im wesentlichen abgeschlossen.[71] Gegen Ende seiner Regierung ist noch eine Kohorte an den Taunuslimes verlegt worden, für die das Kastell Saalburg erbaut wurde.[72] Die Saalburg ist schon früh und intensiv erforscht worden. Der Neubau dieses Limeskastells unter Hadrian ist daher von der Forschung zunächst verallgemeinert worden, und man vermutete ähnliche Vorgänge auch an anderen Abschnitten des Limes. Wie neuere Untersuchungen zeigten, handelte es sich jedoch um eine isolierte Maßnahme. — Das kleine, spätdomitianische Holzkastell der Saalburg (0,7 ha Fläche) ist um 135 n. Chr. durch ein großes Kohortenkastell ersetzt worden, das von der Cohors II Raetorum civium Romanorum equitata bezogen wurde. Das neue Kohortenkastell hatte eine Fläche von 3,2 ha. Damit war das Kastell bedeutend größer als die Militärlager für gleichartige Einheiten in Britannien. Diese Beobachtung gilt allgemein: sämtliche Kastelle an der germanischen Grenze waren größer als die ent-

Abb. 204
Abb. 164

Taf. 1

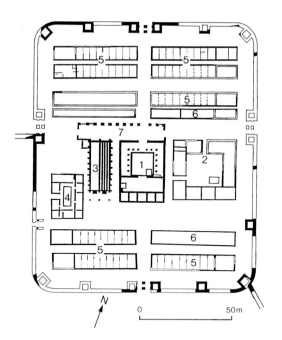

Abb. 203 Kastell Wallsend (Hadrians-mauer). Hadrianischer Steinbau. (1) Principia; (2) Praetorium; (3) doppeltes Horreum; (4) Lazarett; (5) Mannschaftsbaracken; (6) Vorratsschuppen oder Ställe; (7) Vorhalle der Principia (nachhadrianischer Steinbau mit Vorgänger aus Holz). Maßstab 1:2000.

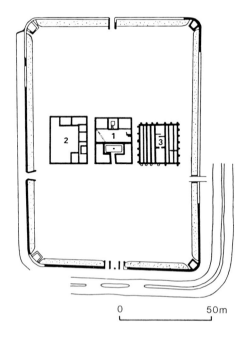

Abb. 204 Kastell Ambleside (Westmoreland). Hadrianischer Steinbau. (1) Principia; (2) Praetorium; (3) Doppelhorreum. Maßstab 1:2000.
(Karte 8)

sprechenden Wehrbauten in Britannien, sie waren zum Teil mehr als doppelt so groß. Einer der Gründe liegt wohl darin, daß am Limes in Deutschland oft noch eine weitere kleinere Einheit neben einer Kohorte oder Ala untergebracht war. Im Kohortenkastell Saalburg könnte weiterhin jene kleine Einheit stationiert gewesen sein, die vorher in dem kleinen Holzkastell gelegen hatte.
— Von den Innenbauten der hadrianischen Zeit ist bei der Saalburg wenig bekannt, nur die erste Umwehrung ist untersucht worden. Sie hatte eine ungewöhnliche Konstruktion, denn sie besaß an der Feindseite und an der Innenseite je eine unvermörtelte Steinverschalung, zwischen denen sich eine Erdfüllung befand. Die beiden Steinschalen wurden durch waagerechte Balken zusammengehalten. Zu dieser Umwehrung gehörten hölzerne Torbauten und Holztürme.[73] — Das schon erwähnte Numeruskastell Hesselbach am Odenwaldlimes erhielt in dieser Zeit eine ähnliche Wehrmauer, die jedoch ohne die waagerechten Balken ausgeführt worden ist. Eine entsprechende Umwehrung besaß das Kastell Gelligaer (Wales) in der trajanischen Phase.

Bei einigen Kastellen des obergermanisch-raetischen Limes sind die alten Holz-Erde-Umwehrungen durch Steinmauern ersetzt worden; als Beispiel dafür sind die Kastelle Butzbach und Echzell (Hessen) zu nennen. Über die Bauphasen der Umwehrung ist aber bei den meisten Kastellen wenig bekannt, weil sie größtenteils am Ende des vorigen und zu Beginn dieses Jahrhunderts von der Reichslimeskommission ausgegraben worden sind. Bei den damaligen Ausgrabungen lernte die Archäologie gerade, Holzbauten zu erkennen und die Bauphasen zu datieren. — Viele Limeskastelle am obergermanisch-raetischen Limes besaßen unter Hadrian immer noch hölzerne Umwehrungen; das wurde bei neuen Grabungen mehrmals beobachtet (Zugmantel, Altenstadt, Künzing). Das gleiche gilt für die Innenbauten.[74] — So zeigen sich sowohl bei den Kastellgrößen als auch bei dem Ausbau der Militärlager in Stein deutliche Unterschiede zwischen der Provinz Britannien und den germanischen Grenzprovinzen.

ANTONINUS PIUS
(138–161)

Unter Antoninus Pius ist der Limes in Britannien und an der germanischen Grenze vorverlegt worden. Dabei wurden die älteren Grenzlinien aufgegeben, die Hadriansmauer und der Odenwald-Neckarlimes.

Die Hadriansmauer ist nur zwanzig Jahre nach Baubeginn schon wieder verlassen worden. Die Römer schoben den Limes um 160 km nach Norden vor und bauten dort eine neue Grenzsperre über die Landenge zwischen Firth of Forth und Firth of Clyde. Der Grund dafür ist in den nur lückenhaft überlieferten Schriftquellen nicht überliefert. Vielleicht hatte es zu Beginn der Regierung des Kaisers Antoninus Pius einen Aufstand in den schottischen Lowlands gegeben, die zwar jenseits der Hadriansmauer lagen, von den Römern aber als Einflußgebiet und Pufferzone angesehen wurden. Es ist aber auch mit der Möglichkeit zu rechnen, daß der Kaiser aus innenpolitischen Gründen den Vormarsch befohlen hat, um den bisher noch fehlenden militärischen Lorbeer zu gewinnen.[75] Die ersten Maßnahmen setzten sogleich nach Regierungsbeginn des Kaisers ein. Der neue Statthalter, Quintus Lollius Urbicus, ließ das Nachschubzentrum für den Vormarsch in Corbridge ausbauen; zwei Inschriften aus den Jahren 139–140 überliefern Bauaktivitäten.[76] Auf dem Vormarsch nach Norden ließ Lollius Urbicus an den wichtigen Vormarschstraßen und an der neuen Grenzsperre Kastelle errichten. Außerdem entstanden Vorpostenkastelle in Strathmore, nördlich der Grenzsperre. Viele dieser Kastelle sind an den gleichen Plätzen errichtet worden, an denen schon unter Agricola sechzig Jahre vorher Militärlager gestanden hatten.[77]

Die neue Grenzsperre zwischen Forth und Clyde, die Antoninusmauer, ist 42 n. Chr. begonnen   *Karte 8*
worden. Sie bestand aus einer breiten Rasensodenmauer, die über einem unvermörtelten Fundament aus Steinen errichtet wurde. Vor der Mauer lag ein Verteidigungsgraben; dahinter lief eine Militärstraße. Die Antoninusmauer war mit 60 km nur halb so lang wie die Hadriansmauer. Sie

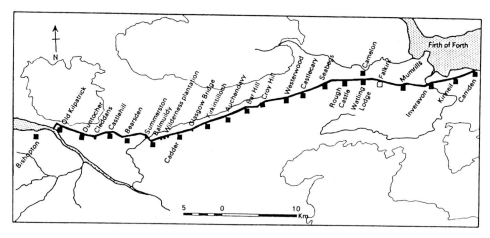

Karte 8   Die Kastelle der Antoninusmauer.

erstreckte sich von Bridgeness am Firth of Forth bis Old Kilpatrick am Clyde. Wie die ältere Grenzsperre war nicht nur die Mauer selbst mit Kastellen besetzt. Die Grenzsicherung schloß auch die Südufer der beiden Meeresbuchten im Osten und Westen mit ein. Dies diente der Flankensicherung der Sperre und schützte sie vor Überfällen von der See her.[78] Die Antoninusmauer war vermutlich mit neunzehn Auxiliarkastellen besetzt. Sechzehn sind gefunden worden, die übrigen werden vermutet. Bisher sind nur wenige kleine Kastelle von der Art der Meilenkastelle der Hadriansmauer gefunden worden; auch ist bisher kaum Entsprechendes zu den Wachttürmen der älteren Grenzsperre bekannt. Neue Untersuchungen deuten aber an, daß »Meilenkastelle« an der Antoninusmauer doch wohl häufiger vorhanden waren, und die Diskussion um die Existenz von Türmen an der Mauer ist noch nicht abgeschlossen. Die beiden Grenzsperren waren wohl ähnlicher im Entwurf und in der Funktion, als man es auf den ersten Blick meinen könnte.[78a]

Die meisten Kastelle sind an die Innenseite der Antoninusmauer gebaut worden. Die Ausnahme bildete das Kastell Bar Hill, das hinter der Mauer lag, ohne sie zu berühren. Die Kastelle hatten Flächen von 0,3 ha (Duntocher) bis 2,6 ha (Mumrills); der Durchschnitt lag bei 1,3 ha.[79] Einige waren sicher zu klein, um eine vollständige Hilfstruppe aufzunehmen. Bei einem mittleren Abstand von 3 km lagen sie näher aneinander als die Kastelle der Hadriansmauer. Die Abstände sind aber unregelmäßiger, offensichtlich ist bei der Planung der Antoninusmauer mehr Rücksicht auf das Gelände genommen worden. Wie die Antoninusmauer selbst, bestanden auch die Kastellumwehrungen aus Rasensoden auf einem unvermörtelten Steinfundament. In diesem Fundament lagen in regelmäßigen Abständen Drainagekanäle, um die Standfestigkeit der Rasensodenmauer zu verbessern. Ausnahmen bildeten die Kastelle Balmuildy und Castlecary, die steinerne Umwehrungen erhielten. Die Anzahl der Verteidigungsgräben schwankte zwischen zwei und vier. Die wichtigsten Innenbauten waren aus Stein oder hatten doch wenigstens ein Steinfundament; die Mannschaftsbaracken, Ställe und Speicher waren Fachwerkbauten. Jedes Kastell besaß einen umwehrten Anbau (Annex), oft so groß wie das Kastell selbst. Leider sind die Annexe meist ungenügend ausgegraben worden, so daß es schwierig ist, ein klares Bild von ihrer Innenbebauung zu gewinnen. Sie enthielten üblicherweise ein steinernes Badegebäude und im übrigen wohl hölzerne Speicherbauten und Schuppen für militärisches Gerät. Ob auch zivile Bauwerke darin standen wie sonst in den Vici der Kastelle, ist ungewiß. Die Annexe stellten eine Bauform dar, die es an der Hadriansmauer in dieser Form nicht gab. Dort lag allerdings die vom Vallum abgegrenzte

Taf. 4b

Abb. 206

Militärzone hinter der Mauer, die in der Nähe der Kastelle vielleicht ähnlichen Zwecken gedient hat wie die Annexe an der Antoninusmauer.

Im Mittelstreifen der Kastelle standen — wie üblich — die Principia. An beiden Seiten des Stabsgebäudes lagen zwei einzelne Getreidespeicher mit Strebepfeilern. Den verbleibenden Platz füllte auf der rechten Seite das Praetorium aus, während auf der linken Seite Werkstätten und andere Speicher lagen. Es ist eine andere Anordnung als bei den Kastellen der Hadriansmauer, wo meist ein doppelter Getreidespeicher links neben dem Stabsgebäude stand und das Praetorium unmittelbar rechts neben den Principia lag. Die Innenbauten der Kastelle an der Antoninusmauer sind allerdings weniger genormt als es bei den Kastellen an der älteren Grenzsperre der Fall war.[80] — Die Kastelle der Antoninusmauer waren meist nach Norden orientiert, so daß die Via principalis parallel zur Grenzmauer lief. Diese Straße war bei den Kastellen Mumrills und Castlecary die längere Achse und nicht wie in dieser Zeit sonst üblich die kürzere. Eine weitere Ausnahme bildete das Kastell Cadder, das nach Osten orientiert war. — Verschiedene Kastelle besaßen außer dem größeren Thermenbau im Annex noch ein kleineres Bad innerhalb der Umwehrung. Es stand dicht an der Wehrmauer.

Abb. 205

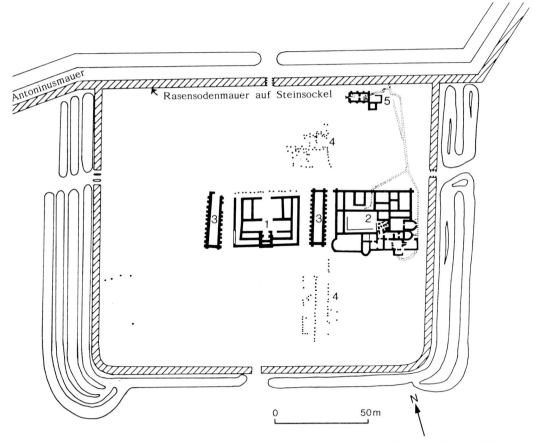

Abb. 205 Kastell Mumrills (Antoninusmauer). Mitte 2. Jahrhundert, Hauptgebäude aus Stein. (1) Principia; (2) Praetorium mit Thermentrakt; (3) Horrea; (4) Pfostengruben von Holzbauten; (5) Badegebäude. Maßstab 1 : 2000.

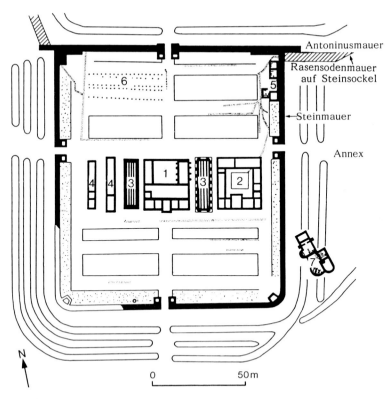

Abb. 206   Kastell Balmuildy (Antoninusmauer). Mitte 2. Jahrhundert, Hauptgebäude aus Stein. (1) Principia; (2) Praetorium; (3) Horrea; (4) Schuppen (?); (5) Badegebäude; (6) Reste von Mannschaftsbaracken aus
Holz; (7) Badegebäude außerhalb des Kastells im »Annex«. Maßstab 1 : 2000.

Abb. 207   Neuere Ausgrabungen zeigten, daß das Kastell Bearsden eine ungewöhnliche Innenbebauung
besaß. Der größte Teil der Gebäude bestand aus Fachwerk, nur die beiden Horrea waren aus
Stein; sie hatten die üblichen Strebepfeiler. Ihre Lage im Kastell war ungewöhnlich, sie standen
nahe dem Westtor zu beiden Seiten der Via principalis. Vom Stabsgebäude fand sich keine Spur.
Dort, wo man es erwarten müßte, wurden nur wenige Pfostengruben gefunden; dicht daneben
lag ein dreiflügliges Bauwerk, vielleicht eine Werkstatt. Die Baracken waren bemerkenswert
kurz. Das offensichtliche Fehlen der Principia und die relativ große Speicherfläche der Horrea für
ein so kleines Kastell (1,1 ha) könnte bedeuten, daß Kastell Bearsden nur ein Außenposten einer
größeren Einheit war. Vielleicht lag hier eine abkommandierte Abteilung einer Kohorte, deren
Hauptruppe mit dem Kommandeur in einem größeren Nachbarkastell stationiert war.[81] — Die
guterhaltenen Fundamente eines steinernen Badegebäudes mit hölzernem Apodyterium standen
in dem Annex östlich vom Kastell.

Mit der Fertigstellung der Antoninusmauer um 145 wurde die Hadriansmauer aufgegeben. Die
Torflügel in den Meilenkastellen der Hadriansmauer wurden ausgehängt, und auch das Vallum ist
in regelmäßigen Abständen einplaniert worden, um in der Nähe der Mauer die freie Bewegung
des Weideviehs wieder zu ermöglichen. Trotz der allgemeinen Vorverschiebung der Grenze blieben einige Kastelle der Hadriansmauer wohl weiterhin besetzt.[82] — Wie schon angedeutet, sind

auch in den Lowlands von Schottland neue Kastelle gebaut worden, oft an den gleichen Stellen, die schon Agricola hatte besetzen lassen. Mit diesen Kastellen ist zunächst das Land zwischen den beiden Mauern gesichert worden, und zwar längs alter Nord-Süd-Verbindungen, der Dere Street im Osten und einer Straße über Annandale und Nithsdale nach Clydesdale im Westen. Diese neuen Kastelle sind mit Einheiten bemannt worden, die von der Hadriansmauer, von den Pennines südlich der Hadriansmauer und vielleicht auch aus Wales kamen.

Bei einer Anzahl von Kastellen der Antoninusmauer sind zwei Bauperioden festgestellt worden, von denen die erste wesentlich länger als die zweite dauerte. Die Datierung dieser Bauperioden ist aber nicht völlig sicher, und es gibt auch Kastelle, in denen nur eine Bauperiode festgestellt wurde

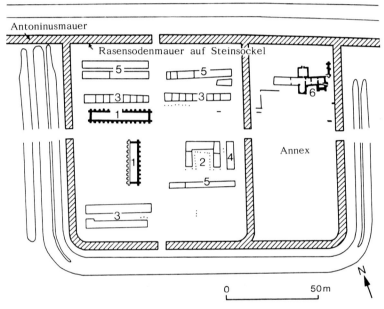

Abb. 207 Kastell Bearsden (Antoninusmauer). Mitte 2. Jahrhundert. Nur die Horrea (1) waren aus Stein, die übrigen Innenbauten bestanden aus Holz. (2) Fabrica; (3) Mannschaftsbaracken; (4) Schuppen; (5) Bauten unbekannter Funktion (Ställe, Schuppen?); (6) im Annex: steinernes Badegebäude mit Umkleideraum aus Fachwerk. Maßstab 1 : 2000.

(Bar Hill, Bearsden). Nach dem Ende der ersten Bauperiode sind einige Militärlager anscheinend für eine kurze Zeit nicht besetzt gewesen. Ob das Ende der ersten Bauperiode durch einen Aufstand der Bevölkerung oder durch eine Organisationsänderung des römischen Grenzschutzes verursacht wurde, ist ungewiß.[83] Sicher ist nur, daß die Antoninusmauer insgesamt nicht lange besetzt blieb. Nach dem kargen Fundmaterial zu urteilen, der Terra Sigillata, den Münzen und Steininschriften, dürfte sie bis Anfang der Regierung von Kaiser Mark Aurel (161–180) bestanden haben, vielleicht bis spätestens 163. Die Truppen kehrten zur Hadriansmauer zurück, die wieder instandgesetzt wurde. — Die Kastelle der Antoninusmauer wurden zerstört. Ob die Zerstörung eine Folge feindlicher Einwirkung war oder ob die Römer vor dem Abzug ihre Bauwerke selber niederlegten, läßt sich den archäologischen Beobachtungen bisher nicht sicher entnehmen. Ebenso ist die Ursache des römischen Rückzugs noch unbekannt. Vielleicht geht er — ebenso wie der Bau der Antoninusmauer — weniger auf dramatische Ereignisse in Britannien als auf innenpolitische Erwägungen zurück, da ja mit dem Tod des Antoninus Pius auch seine Motive der Grenzvorverlegung gefallen sein können. Schließlich ist zu bedenken, daß die Wehrbauten der Antoninusmauer, die ja fast alle aus Rasensoden und Holz bestanden, baufällig zu werden begannen und in aufwendiger Arbeit in Stein hätten ersetzt werden müssen. Dabei standen die überaus soliden Steinbauten der Hadriansmauer gewissermaßen »eingemottet« immer noch gebrauchsfertig zur Verfügung.

Taf. 4 a
Abb. 208

Eine kleine Anzahl von Kastellen der antoninischen Zeit besaß mehrfache Verteidigungsgräben, die heute noch sehr gut an dem Vorpostenkastell Ardoch zu sehen sind. Auch an den Kastellen Brough-on-Noe (Derbyshire) und Birrens (schottische Lowlands) sind sie vorhanden. — Das Kastell Birrens hat eine komplizierte Geschichte. Der Platz ist zuerst in flavischer Zeit besetzt worden. Dann ist dort eines der westlichen Vorpostenkastelle der Hadriansmauer gebaut worden. Unter Antoninus Pius ist es erneuert worden und hatte nun die Aufgabe, die Straße durch Annandale zu sichern, die zu der neuen Grenzmauer führte. Offensichtlich war die Bevölkerung in dieser Gegend noch immer nicht im Sinne der Römer befriedet. — Zu den Wehranlagen gehör-

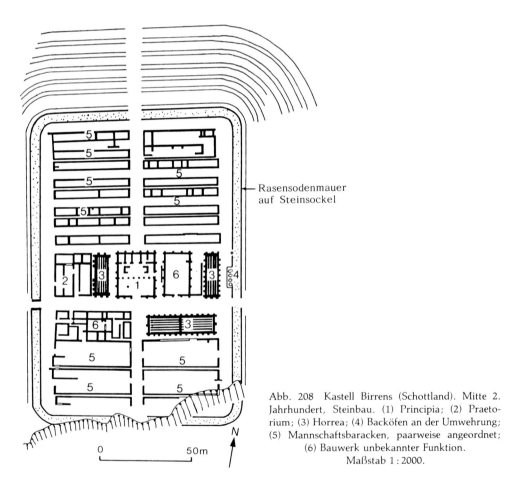

Rasensodenmauer
auf Steinsockel

Abb. 208 Kastell Birrens (Schottland). Mitte 2. Jahrhundert, Steinbau. (1) Principia; (2) Praetorium; (3) Horrea; (4) Backöfen an der Umwehrung; (5) Mannschaftsbaracken, paarweise angeordnet; (6) Bauwerk unbekannter Funktion. Maßstab 1 : 2000.

0   50m

N

ten sechs Verteidigungsgräben an der Bergseite im Norden; die Westseite wurde nur durch einen Graben geschützt, die Ostseite vermutlich durch zwei. Die Südseite ist großenteils durch den Fluß weggerissen worden. Die Rasensodenmauer ruhte auf einer Steinunterlage wie bei den Kastellen der Antoninusmauer; sie schloß eine Fläche von 2,8 ha ein. Bei den alten Ausgrabungen im Jahre 1895 wurden zwei Bauperioden der steinernen Innengebäude festgestellt, doch sind damals die Perioden nicht getrennt worden, so daß auf dem veröffentlichten Kastellplan beide Bauperioden zugleich erscheinen. Die Grundrisse sind daher zum Teil schwer zu deuten. Bei den Ausgrabungen 1962–1967 wurden sechs paarweise angeordnete Baracken in der Retentura und vier in der Praetentura beobachtet. Jedes dieser langen, schmalen Doppelgebäude ist als eine einzige Mannschaftsunterkunft gedeutet worden, die jeweils eine doppelte Trennmauer in Längsrichtung besaß.[84] — Zu Beginn der zweiten antoninischen Bauperiode wurde das Kastell über der dicken Brandschicht der ersten Periode neu errichtet. Einige der alten Fundamente sind wiederverwendet worden. Die neuen Gebäude waren von minderer Qualität. Das Kastell wurde nicht zusammen mit der Antoninusmauer aufgegeben, sondern nach Wiederbesetzung der Hadriansmauer einige Jahrzehnte lang wie schon in hadrianischer Zeit als Vorpostenkastell weiterbenutzt.

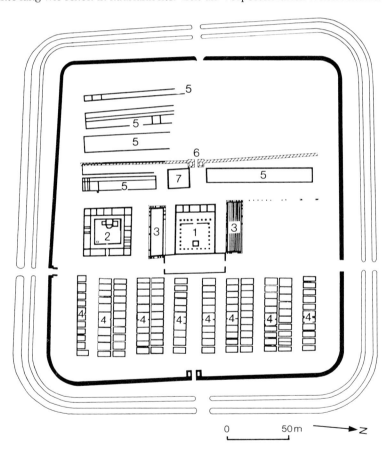

Abb. 209   Kastell Newstead (Schottland). Perioden »Antonine 1 und 2« (Mitte 2. Jahrhundert); Steinbau. (1) Principia; (2) Praetorium; (3) Horrea; (4) Mannschaftsbaracken; (5) Ställe, Unterkünfte oder Geräteschuppen(?); (6) innere Trennmauer; (7) Bauwerk unbekannter Funktion. Maßstab 1 : 3000.

305

Abb. 209 Ein anderer wichtiger Stützpunkt in den schottischen Lowlands zwischen den beiden Sperr-mauern war Newstead, das antike Trimontium. Die Militärlager sind auf einem Hügel bei Mel-rose errichtet worden, von dem aus der Übergang der Dere Street über den Fluß Tweed kontrol-liert werden konnte. Trimontium dürfte außerdem einen Siedlungsschwerpunkt der einheimi-schen Bevölkerung gebildet haben, den es zu überwachen galt. Die militärische Bedeutung des Platzes zeigt sich in dem aufeinanderfolgenden Bau von vier großen Kastellen. Das älteste geht auf die Feldzüge des Agricola zurück, das nächste stammt aus spätdomitianischer Zeit. Ihm fol-gen — mit einigem zeitlichen Abstand — die beiden Perioden des antoninischen Kastells.

Die Umwehrung des ersten antoninischen Kastells bestand aus einer steinernen Wehrmauer mit dahinter aufgeschüttetem Erdwall; davor lagen zwei Verteidigungsgräben. Das Kastell bedeckte eine Fläche von 6 ha. Es hatte steinerne Innenbauten. Im Mittelstreifen des Kastells standen die üblichen Bauwerke: die Principia wurden an beiden Seiten von Horrea flankiert, das Praetorium befand sich rechts auf dem verbleibenden Platz zwischen Horreum und Umwehrung. Diese An-ordnung entspricht jener an der Antoninusmauer. In der Praetentura standen zwölf ungefähr gleichgroße Mannschaftsbaracken, jede mit elf Contubernien. Ganz ungewöhnlich ist eine innere Trennmauer in der Retentura mit Tor und Tortürmen über der Via decumana, 32 m hinter den Principia. Das Kastell wurde um 1900 ausgegraben. Der Ausgräber meinte, die Mauer hätte zur Verkleinerung des Militärlagers gedient und sei bei einer Reduktion der Besatzung nachträglich eingezogen worden.[85] Neuere Ausgrabungen scheinen darauf hinzudeuten, daß es sich um eine interne Trennmauer handelte, die einen Teil der Retentura abgrenzte. Die Besatzung ist nicht sicher bekannt, allerdings sind Centurionen der Legio XX Valeria Victrix auf einigen undatierten Altären erwähnt, ferner die fünfhundert Mann starke Ala Vocontiorum.[86] So ist anzunehmen, daß das Militärlager mit mehreren Truppenkörpern belegt war, wohl mit einer Legionsvexillation und der Ala Vocontiorum. Sollte das zutreffen, könnte die Legionsvexillation in der Praetentura untergebracht gewesen sein, während die Unterkünfte für die Reiter und Pferde der Ala in der Retentura hinter der Trennmauer gelegen haben können.[87] Allerdings sind die Vereinigungs-punkte der Trennmauer mit der Umwehrung nicht untersucht worden, so daß keine Gewißheit über den zeitlichen Zusammenhang besteht. Auch hat man keinerlei Bauwerke in dem abgetrenn-ten Bereich gefunden, die dieser Periode zuzuweisen wären. So bleiben wichtige Fragen zur Besat-zung und Innenbebauung des Kastells offen.[88]

Das Kastell wurde in der zweiten antoninischen Periode auf dem gleichen Grundriß erneuert. Die Trennmauer wurde jedoch abgerissen und drei Verteidigungsgräben vor der Umwehrung ge-zogen, die erheblich verstärkt wurde. Auch jetzt ist die Besatzung nicht sicher bekannt, doch wurde vermutet, die Ala Petriana könne hier gelegen haben, die einzige tausend Mann starke Ala in Britannien, für die auch die Kastellgröße passend gewesen wäre.[89] Die meisten Gebäude im Mittelstreifen und die Unterkünfte in der Praetentura wurden mit einigen Änderungen weiter-benutzt. In der Retentura entstanden einige einfache, rechteckige Steinbauten, wohl Ställe oder Speicher.

Als die Antoninusmauer entstand, wurde zusätzliches Militärpersonal zur Bemannung der Wehrbauten benötigt. In der Provinz fand eine durchgreifende Reorganisation der Hilfstruppen statt, die dazu führte, daß eine Anzahl von Kastellen in Wales aufgegeben wurde. Ihre Besatzun-gen kamen in den Norden.[90] Bei denjenigen Kastellen in Wales, die beibehalten wurden, sind die hölzernen Innenbauten und Wehranlagen durch soliden Steinbau ersetzt worden.[91] Bemerkens-

Abb. 70 wert sind die Seitentore von Castell Collen, die von vorspringenden, halbrunden Tortürmen ein-gefaßt waren. Sie bilden die ältesten Beispiele dieser Bauweise an einem Kastell Britanniens und deuten auf einen neuen Trend in der römischen Militärarchitektur. Er bestand darin, längst er-probte Verteidigungseinrichtungen des antiken städtischen Wehrbaus auf Militärlager zu übertra-gen, um ihren Festungscharakter zu stärken. — Ein anderes Beispiel dafür bieten die stark vor-springenden Tortürme des Kastells Brecon Gaer, ebenfalls in Wales, die aber einen rechteckigen Grundriß aufweisen.

Abb. 210 Kastell Welzheim-Ost am äußeren obergermanischen Limes (Baden-Württemberg), um 160 n. Chr. Rekonstruiertes Westtor des Numeruskastells, Blick vom Kastellinneren. Die Bruchsteinmauern waren im Altertum verputzt. Hinter der Wehrmauer befand sich keine Erdrampe, sondern ein hölzerner Wehrgang.

Unter Kaiser Antoninus Pius haben in Obergermanien verschiedene kleine Grenzeinheiten der Brittones steinerne Wachttürme am Odenwaldlimes errichtet. Die Bauinschriften dieser Numeri Brittonum stammen aus dem Jahre 145 – 146.[92] Auch die Kastellumwehrungen des Limesabschnitts sind damals in Stein ausgebaut worden. Die Bautätigkeit spricht dafür, daß die Römer zu dieser Zeit — anders als in Britannien — keineswegs die Absicht hatten, die Limesstrecke zu verlegen. Doch nach nur rund fünfzehn Jahren wurde der Odenwald-Neckar-Limes zugunsten einer neuen Linie aufgegeben, die zwanzig bis dreißig Kilometer weiter östlich lag. Die letzte Inschrift der alten Limeslinie steht auf einem Altar aus dem Badegebäude des Kastells Neckarburken-Ost, sie stammt aus dem Jahr 158. Die neue Linie war 161 schon besetzt, wie aus einer Inschrift aus Jagsthausen hervorgeht. Am Kastell Osterburken, das ebenfalls zu dem neuen Limes gehörte, ist das bisher älteste, dendrochronologisch datierte Bauholz im Jahr 159 gefällt worden.[93] Die antiken Schriftquellen erwähnen diese Limesvorverlegung nicht. Sie brachte auch wesentlich weniger neues Land in die Grenzen des Imperiums als die Limesverlegung in Britannien. Der schmale Landstreifen war schon vorher zweifellos ein Einflußgebiet Roms gewesen. So handelte es sich wohl um eine eher untergeordnete Verbesserung des Grenzschutzes. Vielleicht ist sie ausgelöst worden durch neue Entwicklungen und Spannungen im freien Germanien weit jenseits der Grenze.

Abb. 18

Der neue, vordere Limesabschnitt Obergermaniens begann im Norden in Miltenberg am Main. Er zog in südlicher Richtung nach Walldürn. Von dort lief er schnurgerade weitere 80 km nach

Karte 5

Süden bis zum Haghof bei Welzheim. Von hier wandte er sich in südöstlicher Richtung zum Remstal. Dort schloß er östlich von Lorch an den ebenfalls in dieser Zeit vorverlegten West-abschnitt des raetischen Limes an. Die Grenzlinie wurde durch eine Palisade gesperrt; eine solche Palisade hatte schon seit hadrianischer Zeit an der älteren Linie im Odenwald gestanden. Der vor-dere Limes wurde von steinernen Wachttürmen aus überwacht. Ihr durchschnittlicher Abstand betrug etwas über 400 m. Von Miltenberg am Main bis Lorch im Remstal erbauten die Römer an der neuen Linie sieben Kohortenkastelle, ein Alenkastell und einige kleinere Numeruskastelle.[94] Den Kastellen an der älteren, rückwärtigen Strecke entsprach jeweils ein neues an der vorgescho-benen Linie; nur die kleinen Numeri wurden an der neuen Strecke zum Teil anders untergebracht. Soweit Inschriftenfunde vorliegen, läßt sich erkennen, daß die Truppen in der Regel einfach aus den alten Standorten in die entsprechenden neuen am vorderen Limes vorverlegt worden sind.[95]

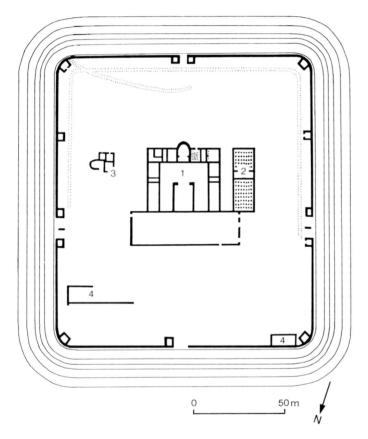

Abb. 211 Kastell Unter-böbingen (Baden-Württem-berg). Mitte 2. Jahrhun-dert, Steinbau. (1) Princi-pia; (2) Horreum; (3) Reste des Praetoriums; (4) Ge-bäude unbekannter Funk-tion (Baracke?). Maßstab 1 : 2000.

Durch die Ausgrabungen der Reichslimeskommission sind fast immer die Umwehrung und die Principia bekannt, doch ist wenig über andere Innenbauten und über die Bauphasen bekannt. Da-durch werden Vergleiche mit anderen Limites erschwert. — Wie die Vorgängerkastelle, waren die meisten Kastelle der neuen Linie für fünfhundert Mann starke, teilweise berittene Kohorten (*cohortes quingenariae equitatae*) bestimmt. Sie waren zwischen 2 und 3 ha groß, nur das Alen-kastell Welzheim bedeckte mit 4,2 ha eine größere Fläche. Außerdem gab es eine Anzahl von Numeruskastellen (Miltenberg-Ost, Walldürn, Osterburken, Welzheim-Ost und wohl auch

Abb. 212 Kastell Pfünz (Bayern). Luftbild. Das Kastell ist in spätflavischer Zeit entstanden, zunächst als Holzkastell. Seine steinerne Wehrmauer wurde in der Mitte des 2. Jahrhunderts erbaut. Der niedrige Sonnenstand im Winter läßt die Reste der Umwehrung deutlich hervortreten. Das Haupttor (Porta praetoria) liegt rechts im Bild.

Öhringen). In Osterburken lag der Numerus seit der Zeit des Commodus in einem Annex des *Abb. 216* Kohortenkastells.[96] Weitere Numeri mögen zusammen mit den Kohorten in einem Kastell untergebracht gewesen sein. — Anfangs sind mindestens bei einigen Kastellen zunächst Holzumwehrungen gebaut worden, etwa bei dem Bürgkastell in Öhringen. Später hatten alle Kastelle Steinumwehrungen mit innen angeschüttetem Erddamm; die Wehrmauer war mit Eck- und Zwischentürmen sowie rechteckigen Tortürmen versehen. Meist waren zwei Verteidigungsgräben vorhanden. — Anfangs waren viele Innenbauten bei den Kastellen der vorderen Limeslinie aus Holz, besonders die Mannschaftsbaracken. Auch die Gemeinschaftsbauten einschließlich der Principia können zunächst aus Holz gewesen sein. So war beispielsweise das Stabsgebäude des Bürgkastells in Öhringen sogar bis zum Fall des Limes größtenteils ein Holzbau. — Die Grundrisse der steinernen Principia der Kastelle Miltenberg, Murrhardt und Welzheim-West sind mehr oder weniger gut bekannt; geringe Reste sind in Osterburken, Öhringen-Bürg und Mainhardt beobachtet worden. Es ist aber keineswegs sicher, daß diese Steinbauten aus der antoninischen Periode stammen, sie sind zum Teil wohl erst während späterer Ausbauphasen errichtet worden. — In den Principia der nördlichen Kastelle Miltenberg und Osterburken hatte das Fahnenheiligtum einen rechteckigen Grundriß, während es bei den südlichen Kastellen Mainhardt, Murrhardt und Welzheim-West mit einer halbrunden Apsis abschloß. An den Seiten der Innenhöfe lagen — soweit beobachtet — stets Armamentaria. Principia-Vorhallen sind überall dort beobachtet worden, wo das Gebäude vollständiger untersucht wurde (Miltenberg, Öhringen-Bürgkastell, Murrhardt, Welzheim-West; im Bürgkastell ein Holzbau). Daher ist anzunehmen, daß alle Stabsgebäude der vorderen Linie mit einer Vorhalle versehen waren.

Wie schon gesagt, ist der Westabschnitt des raetischen Limes ebenfalls bald nach der Jahrhundertmitte vorgeschoben worden; zugleich entstanden hier ebenfalls neue Kastelle.[97] Der raetische Limes begann nunmehr östlich von Lorch im Remstal und zog in einem großen, nach Norden gewandten Bogen in östlicher Richtung zur Donau, die er bei Eining westlich Regensburg erreichte. Von hier ab bis Passau bildete die Donau die Grenze der Provinz Raetia. — Von den Kastellen sind die steinernen Wehrmauern bekannt sowie einige Innenbauten. Allerdings fanden die meisten Ausgrabungen um 1900 statt, als die Holzbauten noch nicht erfaßt werden konnten und auch präzise Datierungen der Bauphasen Schwierigkeiten bereiteten. Ein Teil der beobachteten, steinernen Kastellbauten dürfte erst in späteren Ausbauphasen des Limes entstanden sein.

Das größte Kastell des raetischen Limes lag in Aalen. Es war Standort der Ala II Flavia milliaria (Fläche 6 ha). Von den Innenbauten sind nur zwei bekannt. Von besonderer Bedeutung ist das *Abb. 82* Stabsgebäude, das kürzlich ausgegraben wurden. Dieses große Bauwerk besaß weder eine Querhalle noch Armamentaria. Das Fahnenheiligtum war mit einer halbrunden Apsis versehen; es war unterkellert. Vor dem Stabsgebäude lag eine breite Vorhalle mit der bedeutenden freien Spannweite von 15 m. Der rechts neben dem Stabsgebäude beobachtete Steinbau dürfte ein Flügel des Praetoriums gewesen sein, dessen übrige drei Flügel wohl aus Fachwerk bestanden.

Ähnlich wie einige der ungefähr zeitgleichen Kastelle in Schottland besaßen die Kastelle Unter-*Abb. 211* böbingen und Schirenhof drei Verteidigungsgräben, möglicherweise auch mehr. Bei den Kastellen Unterböbingen und Schirenhof sind Steinumwehrungen festgestellt worden. Das Fahnenheiligtum war bei beiden wie in Aalen mit einer Apsis ausgestattet. In den Stabsgebäuden anderer Kastelle am raetischen Limes hatte das Fahnenheiligtum allerdings einen rechteckigen Grundriß (z. B. Kastell Buch); vielleicht gehören die unterschiedlichen Grundrisse verschiedenen Ausbauphasen des *Abb. 70* raetischen Limes an. — Die Tortürme der Porta decumana des Kastells Schirenhof besaßen einen ungewöhnlichen Grundriß. Sie sprangen ähnlich wie die Türme an den Seitentoren von Castell Collen (Wales) halbrund nach außen vor. — Vorspringende Tortürme gab es auch bei der Porta decumana des raetischen Kastells Theilenhofen, sie waren jedoch zum Tordurchgang hin halbrund eingezogen.

An anderen Abschnitten des raetischen Limes sind unter Antoninus Pius bereits bestehende Kastelle erneuert und zum Teil wohl überhaupt erst in Stein ausgebaut worden; darauf deuten In-*Abb. 212* schriften aus Gnotzheim, Pfünz, Kösching und Pförring.[98] — Weiter östlich, am Donauabschnitt des raetischen Limes, erhielt das Kastell Künzing zur gleichen Zeit eine steinerne Umwehrung; es war seit spätflavischer Zeit ein Holzkastell gewesen. Die beiden bisherigen Verteidigungsgräben wurden beibehalten, drei weitere vor ihnen ausgehoben. Vor der neuen Steinumwehrung lagen nun insgesamt fünf Gräben; hier sind Anklänge an ähnliche Erscheinungen in Britannien zu erkennen. Von den Innenbauten sind nur die Principia bekannt. Das Gebäude bestand aus Holz, es *Abb. 85* ist bis zum Ende des Kastells in der Mitte des 3. Jahrhunderts nicht vollständig in Stein ausgebaut worden. — Das antoninische Stabsgebäude hatte ein Fahnenheiligtum mit rechteckigem Grundriß, das über die Rückfront des Gebäudes hinaussprang. Vor dem Gebäude lag eine Vorhalle.[99]

DAS SPÄTERE 2. JAHRHUNDERT
Marcus Aurelius (161–180); Commodus (180–192)

Die zweite Hälfte des zweiten Jahrhunderts brachte für die Grenze Britanniens eine Zeit der Unruhe. Mehrmals wurde die Provinz von den Nordstämmen bedroht. Auch in den germanischen Grenzprovinzen nahm die lange Friedenszeit ein Ende, die in der ersten Hälfte des Jahrhunderts geherrscht hatte.

Die Hadriansmauer wurde wohl zu Anfang der Regierung Mark Aurels wieder besetzt. Die Grenzmauer und die Kastelle sind repariert und teilweise erneuert worden. Die Hadriansmauer blieb nun bis zum 4. Jahrhundert in Gebrauch. In dieser langen Zeit ist noch viel verändert und umgebaut worden. Nach dem Rückzug von der Antoninusmauer wurden die Kastelle Birrens und Netherby als Vorposten vor dem Westabschnitt der Hadriansmauer beibehalten, während im Osten an der Dere Street die Kastelle Newstead und Risingham bis etwa 180 n. Chr. besetzt blieben. Zahlreiche Auxiliareinheiten sind bei dem Rückzug von der Antoninusmauer und den zugehörigen Vorposten- und Hinterlandkastellen abgezogen worden. Sie erhielten neue Standorte an der Hadriansmauer und südlich von ihr. Bauinschriften und andere Funde zeigen, daß in den sechziger und siebziger Jahren des 2. Jahrhunderts viele der alten Kastelle im Bergland südlich der Hadriansmauer (Pennines) und auch sonst in Nordengland erneuert und wieder in Gebrauch genommen worden sind.[100]

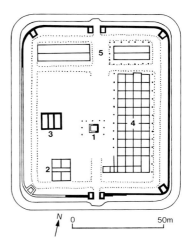

Abb. 213   Kastell Ellingen (Bayern). Steinbauphase, errichtet 182 n. Chr.; vorläufiger Plan. (1) Mittelbau; (2) Wohnhaus des Kommandeurs; (3) Horreum; (4) Mannschaftsbaracke (Doppelbaracke); (5) Speicher, Ställe oder zusätzliche Unterkünfte. Maßstab 1:2000.

Die Schriftquellen berichten, daß es unter Kaiser Mark Aurel mehrfach zu Unruhen und Kämpfen an der Grenze kam.[101] Am Anfang der achtziger Jahre, zu Beginn der Regierung von Kaiser Commodus, ist im Norden ein gefährlicher Einfall britischer Stämme in die Provinz bezeugt. Einheimische Volksstämme aus dem Norden Britanniens durchbrachen die Hadriansmauer; sie vernichteten ein römisches Heer, das ihnen entgegentrat, mit seinem Kommandeur (184 n. Chr.). Der sofort von Commodus neu eingesetzte Statthalter Ulpius Marcellus griff jedoch erfolgreich ein und stellte die Lage zugunsten Roms wieder her. Wahrscheinlich hat er auch die Hilfstruppen an der Grenze umorganisiert.[102]

Unter Mark Aurel war die germanische Grenze des Reichs außerordentlich gefährdet und umkämpft. Die schwersten Kämpfe hatte das Reich seit 167 gegen die Markomannen zu bestehen. Sie spielten sich besonders an der mittleren Donau in den Provinzen Panonnia und Noricum ab. 170 n. Chr. brachen die Markomannen tief in die Provinzen ein und schlugen das römische Heer

Abb. 214 Legionslager Regensburg, Porta Praetoria (Nordtor, um 179 n. Chr.); Blick von der Feldseite. Der Torbau besaß einst zwei halbrund vorspringende Türme und eine doppelte Durchfahrt. Erhalten sind nur der östliche Tortum und die westliche Durchfahrt, deren Portal hinter dem Turm sichtbar ist. — Die Bauwerke der Legionslager waren Vorbilder für die Auxiliarkastelle. Die Torbauten mit halbrund vorspringenden Türmen bei den raetischen Kastellen Schirenhof und Weißenburg können auf die Lagertore des Legionslagers Regensburg zurückgehen.

in Pannonien. Ohne Widerstand zu finden, konnten sie die Alpen überschreiten. Sie erreichten Oberitalien und versuchten sogar, Aquileia zu belagern. Der Kaiser kam selber auf den Kriegsschauplatz, um die Operationen zu leiten. Nach langen Kämpfen gelang es ihm, die Grenze an der mittleren Donau zu halten und wieder zu sichern. Der Osten der Provinz Raetia wurde damals in Mitleidenschaft gezogen, wie Münzschätze und andere archäologische Beobachtungen erweisen. Zur Verstärkung der Grenzverteidigung ist die Legio III Italica in der bis dahin legionslosen Provinz stationiert worden. Sie bezog spätestens 179 n. Chr. ihr neues Lager in Regensburg. Nach *Abb. 214* Beendigung der Markomannenkriege sind am raetischen Limes zerstörte Kastelle wieder aufgebaut worden, wie aus den Bauinschriften der kleinen Kastelle Böhming und Ellingen in Bayern hervorgeht. Durch neue Ausgrabungen wurde die Innenbebauung des Kastells Ellingen erforscht. *Abb. 213* Es gehört zu den wenigen Numeruskastellen, deren Gesamtgrundriß bekannt ist. Das 0,7 ha große Kastell besaß nur zwei Tore. Das südliche mit leicht vorspringenden Tortürmen darf als Porta praetoria angesprochen werden, zumal hier die Bauinschrift gefunden wurde. In der Kastellmitte lag ein kleines Bauwerk mit gedecktem Umgang, wohl ein Rudiment des Stabsgebäudes, das hier vielleicht auf das Fahnenheiligtum reduziert war. In der östlichen Lagerhälfte stand eine große Doppelbaracke mit zweimal zehn Contubernien und einer Art Kopfbau im Süden. Diese Unterkunft konnte zwei Centurien normaler Stärke aufnehmen. Die Besatzungsstärke würde sich entsprechend zu zweimal 80, also 160 Mann errechnen und entspricht jener der kleinen Numeruskastelle am obergermanischen Odenwaldlimes. In der westlichen Lagerhälfte befand sich unweit der Südmauer ein Bauwerk, vielleicht das Wohnhaus des Kommandeurs. Üblicherweise wurde ein Legionscenturio als Führer eines Numerus abkommandiert; die Größe des Bauwerks würde zu diesem Rang passen. Der Steinbau in der Westhälfte des Lagers kann ein Horreum gewesen sein, während die beiden unterteilten Rechteckbauten an der Nordumwehrung wohl Ställe oder Speicherschuppen waren. Die Bauinschrift aus dem Jahr 182 nennt zwar den Namen des Kastells (*castellum Sablonetum*), erwähnt aber nicht die Besatzung, sondern nur die Truppe, die die steinernen Wehrbauten errichtet hat (*murum cum portis lapidi substitutum*; »die Mauer mit den Toren aus Stein ersetzt«). Eigenartigerweise war es die Leibwache des Statthalters (*pedites singulares*), die gewiß nur für kurze Zeit ihren Dienst in der Provinzhauptstadt Augsburg für die Bauarbeiten in Ellingen unterbrochen hat.[103]

Die Unruhe der Germanen wirkte sich auch am obergermanischen Limes aus. Hier ist die Grenze in den Jahren 162 und vor allem wohl 170 durch die Chatten gefährdet worden. Diese Angriffe sind abgeschlagen worden, doch gab es einige Zerstörungen am Limes. Ebenso kam es am niedergermanischen Limes zu Übergriffen der Chauken, die im Jahre 172 in die Provinz einfielen. Die Rheingrenze ist jedoch wesentlich geringer gefährdet gewesen als die Provinzen an der mittleren Donau. — Um 185 brachen unter Kaiser Commodus Unruhen in Obergermanien aus. Sie hatten wohl keine größeren Zerstörungen zur Folge, doch sind damals einige Kastelle am Limes neu errichtet oder vergrößert worden; soweit wir wissen, Niederbieber und Holzhausen (Rheinland-Pfalz) sowie ein Anbau am Kastell Osterburken (Baden-Württemberg).

Das Steinkastell Niederbieber im Neuwieder Becken wurde bald nach 185 errichtet.[104] Mit einer *Abb. 215* Fläche von 5,2 ha war es eines der größten in Obergermanien, vergleichbar etwa mit dem Kastell Echzell (5,2 ha) oder dem Alenkastell Welzheim (4,2 ha). Seine Besatzung muß entsprechend zahlreich gewesen sein, etwa so stark wie eine Ala milliaria. Tatsächlich dürfte der als Besatzung bezeugte Numerus Exploratorum Germanicorum Divitiensium diese Stärke besessen haben, wie aus dem Rang des Kommandeurs hervorgeht.[105] Außer dieser Truppe lag noch eine zweite Einheit in dem Kastell, ein Numerus Brittonum. — Der Steinumwehrung war nur ein Kastellgraben vorgelagert, der ungewöhnlich weit von der Wehrmauer entfernt lag; die Bermenbreite lag bei 5,5–6,5 m. Ungewöhnlich waren auch die Eck- und Zwischentürme, die nur nach außen vorsprangen, und zwar so weit, daß von ihnen aus die zwischenliegende Mauerstrecke seitlich beschossen werden konnte. Auch die Tortürme sprangen so kräftig vor, daß flankierender Beschuß möglich war. Niederbieber ist das älteste bekannte römische Militärlager, bei dem die gesamte

Umwehrung von den Türmen aus flankierend beschossen werden konnte. Mit dieser verbesserten Verteidigungseinrichtung, die bei städtischen Wehrmauern des Altertums allerdings schon seit Jahrtausenden bekannt war, markiert das Kastell Niederbieber einen weiteren Schritt zu den als Festung ausgebauten Militärlagern der Spätantike. — Die Innenbauten waren nach dem üblichen Schema angeordnet. Zu beiden Seiten des Stabsgebäudes standen Horrea, jedoch ohne Strebepfeiler. Ganz rechts im Mittelstreifen des Kastells ist bei den Ausgrabungen um 1900 nur der steinerne Nordflügel des Praetoriums gefunden worden. Die drei übrigen Flügel, die wie üblich einen

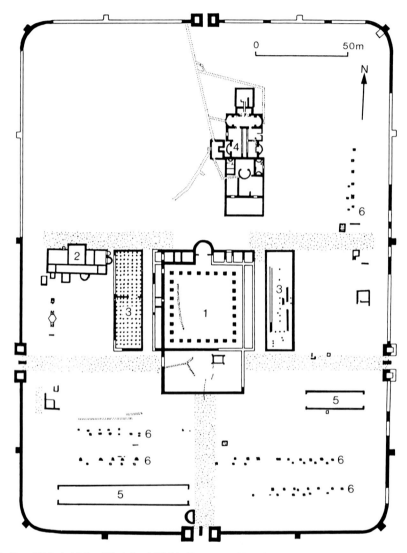

Abb. 215   Kastell Niederbieber (Rheinland-Pfalz). Um 185 n. Chr., Steinbau. (1) Principia; (2) Praetorium; (3) Horrea; (4) Badegebäude; (5) Ställe; (6) in Reihen angeordnete Herde, Reste der hölzernen Mannschaftsbaracken. Maßstab 1:2000.

Innenhof eingefaßt haben dürften, bestanden aus Holz und konnten damals nicht erkannt werden. Von den einst hölzernen Mannschaftsbaracken ist daher auch nur wenig beobachtet worden. Der Grundriß zeigt lediglich in der Praetentura mehrere Reihen von Herden, die die Contubernien mehrerer Mannschaftsbaracken bezeichnen. Zwei lange, nicht unterteilte Steinbauten in der Praetentura dürften Ställe gewesen sein. — In der Retentura müssen weitere Unterkünfte gelegen haben, von denen nur eine durch eine Reihe von Herden deutlich wird. Ungewöhnlich ist das große und reich ausgestattete Badegebäude in der Retentura; es lag bei den Kastellen Obergermaniens sonst regelmäßig außerhalb der Mauern.

Das Kastell Osterburken erhielt zur gleichen Zeit einen umwehrten Anbau von 1,3 ha Fläche. *Abb. 216* Er hatte den Zweck, den steilen Hang einzubeziehen, von dem aus das Kohortenkastell eingesehen und leicht überrannt werden konnte. Als das Kohortenkastell (2,1 ha) um 159 errichtet wurde, fühlte sich die Truppe so sicher, daß sie das Kastell wegen der leichteren Wasserversorgung in einer verteidigungstaktisch ausgesprochen ungünstigen Lage baute. Das wurde nun unter Commodus korrigiert. Offensichtlich war man sich der wachsenden Gefahr an der Grenze bewußt geworden. Trotzdem springen die Türme an dem Anbau nur wenig vor die Mauer; seitlich flankierender Beschuß der Mauer von den Türmen aus wie bei dem gleichzeitig gebauten Niederbieber war hier nicht möglich. Diese Einzelheit beleuchtet die Variationsbreite des römischen Militärbaus innerhalb einer Provinz. — In dem Anbau war wahrscheinlich ein Numerus stationiert. Allerdings steigt das Gelände in seinem Inneren steil hangaufwärts. Die Innenbauten können daher nicht so dicht aneinander gestanden haben wie sonst üblich.

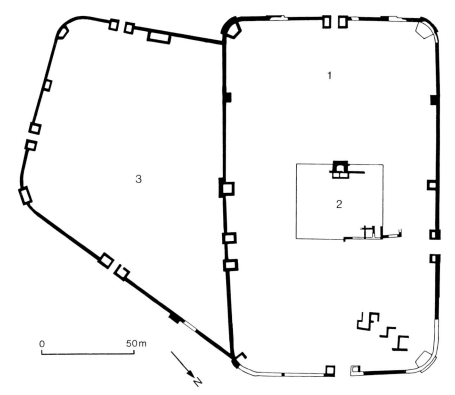

Abb. 216 Kastell Osterburken (Baden-Württemberg). (1) Hauptkastell, Mitte 2. Jahrhundert, mit Resten der Principia (2); (3) Anbau, um 185 n. Chr. Maßstab 1 : 2000.

315

SEPTIMIUS SEVERUS
(193–211)

Die Ermordung von Kaiser Commodus 192 n. Chr. stürzte das Römerreich in einen Bürgerkrieg. Erst 197 n. Chr. ging Septimius Severus als unbestrittener Sieger daraus hervor, nachdem er seinen Hauptrivalen Clodius Albinus in der Schlacht bei Lyon geschlagen hatte. Albinus war vorher Statthalter von Britannien gewesen. — Unter der Regierung des Septimius Severus herrschte am Rhein und an der oberen Donau Frieden. Germaneneinfälle oder besondere Baumaßnahmen sind an dieser Militärgrenze nicht bezeugt. So hatte der Kaiser den Rücken frei, als er sich für größere militärische Operationen in Britannien entschied.

Die schriftlichen Quellen überliefern neue Angriffe der Nordstämme Britanniens auf die Provinz. Clodius Albinus hatte einen großen Teil des Provinzheeres abgezogen, um sich im Bürgerkrieg gegen Septimius Severus durchzusetzen. Diese Gelegenheit hatten die Maeatae wahrgenommen, um Plünderungszüge in die Grenzzone der Provinz zu unternehmen. Die Maeatae lebten unmittelbar nördlich von der Hadriansmauer. Auch ihre nördlichen Nachbarn, die Caledonier, zeigten sich aktiv. Der Statthalter Lupus mußte gegen eine große Summe Geldes den Frieden erkaufen, da der Kaiser die Truppen auf dem Kontinent dringend zur Festigung seiner Herrschaft benötigte und daher keine Hilfe senden konnte.[106] Die Schwierigkeiten an der Grenze dauerten an; fast zehn Jahre später berichtet der Historiker Cassius Dio wieder von Siegen in Britannien.

In dieser Zeit ist an der Militärgrenze Britanniens viel gebaut worden, an der Hadriansmauer selbst und in den Vorpostenkastellen Risingham und High Rochester. Dieses Bauprogramm war

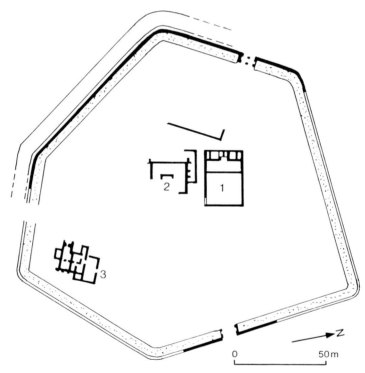

Abb. 217   Kastell Bewcastle (Cumberland, Nordengland). Um 200 n. Chr., Steinbau. (1) Principia; (2) Praetorium; (3) Badegebäude. Maßstab 1 : 2000.

keine Folge von Feindeinwirkung. Vielmehr hatte es sich als notwendig erwiesen, die militärischen Anlagen zu modernisieren. Solche Umbauten und Modernisierungen sind auch in den nächsten Jahrzehnten erfolgt, sie sind bis in die Mitte des 3. Jahrhunderts nachzuweisen. — Im Kastell Risingham kam eine Inschrift am Südtor zutage. Sie berichtet, daß der Torbau und die Wehrmauer im Zeitraum zwischen 205 und 207 wegen Altersschäden völlig erneuert wurden.[107] Die severische Kastellmauer bestand aus großen Sandsteinblöcken; sie besaß einen Sockel mit Schräggesims. Der Torbau war aus dem gleichen Stein. Er hatte nur eine Durchfahrt und war mit stark vorspringenden, siebenseitigen Tortürmen versehen. Der einzige bekannte Innenbau, der in diese Zeit gehören kann, ist ein Badegebäude in der Südostecke; es wurde im vorigen Jahrhundert ausgegraben.

In Bewcastle ist damals ein neues Vorpostenkastell für die Hadriansmauer gebaut worden, *Abb. 217* allerdings lag hier auch schon in hadrianischer Zeit ein Vorpostenkastell. Das gesamte Plateau eines Hügels wurde durch die Kastellumwehrung umfaßt, die einen ungewöhnlichen, sechseckigen Grundriß hatte. Die Umwehrung bestand aus einer Steinmauer mit dahinter aufgeschüttetem Erdwall; davor lag nur ein Graben. Sie faßte eine Fläche von 2,2 ha ein. Im Mittelstreifen des Kastells standen Steinbauten, von denen die Principia und das Praetorium bekannt sind. Das Praetorium wurde nur teilweise untersucht; es war ein Gebäude mit Innenhof und stand, wie

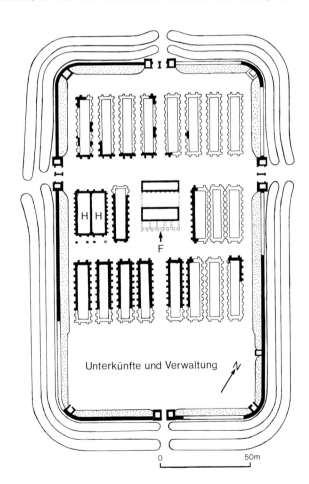

Abb. 218 Versorgungslager South Shields bei Newcastle (Nordengland). Zustand um 208 n. Chr. Das ursprünglich kleinere Kastell wurde unter Kaiser Septimius Severus vergrößert, um insgesamt 24 Horrea Platz zu machen. Nur das Doppelhorreum H-H gehörte zu dem ursprünglichen Kastell. Die zwei querliegenden Horrea in der Kastellmitte benutzten die Mauern des älteren Stabsgebäudes (Grundriß gestrichelt; F: ehemaliges Fahnenheiligtum). Die Truppenunterkünfte und die Verwaltung müssen sich in dem freien Raum am Südostende des Kastells befunden haben.
Maßstab 1 : 2000.

Unterkünfte und Verwaltung

0   50m

üblich, rechts neben dem Stabsgebäude. Von den Gebäuden in der Retentura ist nur eine Mannschaftsbaracke ausgegraben worden. Sie hatte eine andere Ausrichtung als die Principia und das Praetorium und stand parallel zu dem rückwärtigen Abschnitt der Wehrmauer, der die Porta decumana enthielt. In der Praetentura wurde ein Badegebäude untersucht. Es ist schon in der hadrianischen Bauperiode entstanden, wurde aber noch im 3. Jahrhundert weiterbenutzt.

Anfangs waren die Provinzstatthalter Britanniens erfolgreich im Kampf gegen die Nordvölker. Um 208 mußten sie jedoch Niederlagen hinnehmen. Der Kaiser beschloß, in die Provinz zu kommen, um die Feldzüge selber zu führen, und brachte Verstärkung mit.[108] Umfangreiche Vorbereitungen wurden für den geplanten Krieg getroffen, der die Grenzkämpfe im Norden Britanniens endgültig beenden sollte. Dazu gehörte die Erneuerung von Speichern in dem alten Versorgungslager Corbridge südlich der Hadriansmauer.[109] An der Tyne-Mündung wurde im Kastell South Shields ein Versorgungsdepot errichtet, um Nachschub über See heranzuschaffen, ebenso in Cramond am Firth of Forth.

Abb. 218,
220 Besonders eindrucksvoll ist der Umbau des alten Auxiliarkastells South Shields in ein Versorgungslager. Ein großer Teil der Bauwerke ist ausgegraben, ihre Fundamente liegen frei und können besichtigt werden. Das Stabsgebäude wurde außer Betrieb gesetzt und in seine Mauern zwei Horrea eingebaut. Das nahegelegene, alte Doppel-Horreum wurde beibehalten. Zwanzig weitere Horrea entstanden neu; davon sind vierzehn durch Ausgrabungen nachgewiesen, die sechs übrigen werden vermutet. Sie füllen die neue Retentura (die vor der Neuorientierung der Principia Praetentura war), den Mittelstreifen des Lagers und die Hälfte der neuen Praetentura. Mannschaftsbaracken gab es nur im Südosten des vergrößerten Kastells. Sie dienten als Unterkunft für die inschriftlich belegte Besatzung, die Cohors V Gallorum. — Bei den Ausgrabungen sind dreißig Bleietiketten zutage gekommen, die als Anhänger an Versorgungsgütern befestigt waren. Die Hälfte davon zeigt Büsten der severischen Kaiserfamilie. Sieben weitere, die von der Besatzung gestempelt waren, kamen von anderen Versorgungslagern und sollten in South Shields nur durchlaufen. Sie trugen Daten aus der Zeit zwischen 198 und 209. Die Cohors V Gallorum ist außerdem auf einem undatierten Altar aus Cramond erwähnt.[110] Daher ist es möglich, daß diese Einheit für den Transport von Heeresgütern zwischen den beiden befestigten Depots eingesetzt war.

Das Kastell Cramond lag an der Einmündung des Flußes Almond in den Firth of Forth. Es besaß die übliche Umwehrung mit Steinmauer und dahinter aufgeschüttetem Erdwall; seine Größe betrug 1,9 ha. Nur Teile der Innenbauten sind ausgegraben worden, darunter Getreidespeicher und Werkstätten.

Die Feldzüge von Kaiser Septimius Severus führten in den Jahren 208–211 weit in den Norden Schottlands. Sie waren erfolgreich, obgleich das römische Heer einige Verluste durch die geschickte Guerilla-Taktik der Caledonier hinnehmen mußte. Der Bau des großen Lagers Carpow am Tay zeigt, daß der Kaiser dem Reich wenigstens Teile von Schottland einverleiben wollte. Nach seinem Tod im Jahre 211 hat sein Sohn und Erbe Caracalla jedoch einen Vertrag mit den Maeaten und Caledoniern abgeschlossen und kehrte nach Rom zurück.[111] Diese Entscheidung bewirkte, daß die Hadriansmauer die Grenze des Imperiums blieb. Allerdings reichte der römische Einfluß weit über die Mauer hinaus, auch haben römische Hilfstruppen ein ausgedehntes Gebiet im Vorfeld überwacht.

Wie schon gesagt, herrschte unter Kaiser Septimius Severus Frieden an der germanischen Grenze des Reichs. Sein Nachfolger, Kaiser Caracalla, hat jedoch 213 n. Chr. einen Präventivkrieg gegen die Alamannen geführt. Die Alamannen traten damals zum erstenmal in der Geschichte auf. Auch einige Militärbauten des Limes sind damals repariert oder erneuert worden. Spätestens unter diesem Kaiser sind Wall und Graben (Pfahlgraben) am obergermanischen Limes und die Steinmauer (Teufelsmauer) am raetischen Limes entstanden. Allerdings steht die Datierung dieser Grenzhindernisse bisher noch nicht genau fest; sie können auch schon am Ende des 2. Jahrhunderts unter Kaiser Commodus errichtet worden sein.[112]

KAPITEL 9

Kastelltyp und Besatzung

Auf den ersten Blick sehen die Auxiliarkastelle der römischen Kaiserzeit einander sehr ähnlich. Es gibt aber keine zwei Kastelle, deren Grundrisse sich gleichen. Zwar sind die militärischen Bauplaner offensichtlich einheitlichen Richtlinien gefolgt, doch sind die Bauwerke nicht in dem Maß standardisiert worden, wie es heute als selbstverständlich gilt. — Vegetius schreibt zu den Marschlagern: »Die Vermessungsfachleute müssen die Abmessungen genau berechnen, damit das Lager zur Stärke des Heeres paßt. In einem zu engen Lager behindern sich die Verteidiger gegenseitig, in einem weiten müssen sie sich auf einen zu großen Raum verteilen.«[1] Ähnliche Überlegungen, wie sie Vegetius hier zu den Marschlagern mitteilt, hat es gewiß auch zu den Auxiliarkastellen gegeben. So sind theoretisch zwar sechs Kastelltypen zu erwarten, die den sechs Gattungen der Hilfstruppen entsprechen: Cohors quingenaria peditata, Cohors quingenaria equitata, Cohors milliaria peditata, Cohors milliaria equitata, Ala quingenaria und Ala milliaria.[2] Offensichtlich aber hatten die Planer innerhalb ihrer Vorschriften viel Freiheit, besondere Faktoren zu berücksichtigen, etwa das verfügbare Baumaterial oder die Lage im Gelände. Auch gab es eine baugeschichtliche Entwicklung der Kastelle; mit dem Ablauf der Zeit änderten sich die Bauformen. Schließlich sind regionale Besonderheiten zu beobachten, so daß die in verschiedenen Provinzen gleichzeitig errichteten Kastelle unterschiedlich ausfielen.

Eine große Schwierigkeit liegt darin, daß wir oft nicht wissen, welche Einheiten in den Kastellen lagen. Zwar ist eine große Anzahl von Steininschriften bekannt, die die Namen von Truppenteilen nennen. Aber davon sind nur wenige genau datiert. Auch sind keineswegs in jedem Kastell Inschriften gefunden worden. Bauinschriften aus Holzkastellen sind so gut wie unbekannt. Sie waren auf Holztafeln angebracht, die fast immer verlorengegangen sind. — Nur bei wenigen Kastellen sind die Innenbauten einigermaßen vollständig ausgegraben worden. Daher ist es nur selten möglich, einen Zusammenhang zwischen einer inschriftlich überlieferten Einheit und ihren Unterkünften herzustellen.[3]

Im übrigen stimmen die Unterkünfte auch dort nicht immer mit dem theoretischen Modell überein, wo sowohl die Einheit als auch die Innenbauten bekannt sind, etwa in den Kastellen Künzing in Bayern und Elginhaugh in Schottland. Das kann unterschiedliche Gründe haben. So hatten manche Kastelle eine aus zwei oder mehr Einheiten zusammengesetzte Besatzung, von denen aber meist — wenn überhaupt — nur eine durch Inschriften bekannt ist. Bei diesen Kastellen wird ein scheinbarer Überschuß an Unterkünften beobachtet. Von anderen Truppen sind ganze Abteilungen für längere Zeit auf Außenposten oder mitunter sogar in andere Provinzen abkommandiert worden. In diesen Lagern sind weniger Unterkünfte vorhanden als theoretisch zu erwarten.

Abb. 219

Gelegentlich kann der Weg einer Einheit bei der Versetzung von einem Kastell in ein anderes verfolgt werden, etwa bei der Vorverlegung des obergermanischen Limes unter Antoninus Pius. Das könnte interessante Vergleiche der Bauwerke erlauben. Leider sind die Kastell-Innenbauten an diesen Limesabschnitten meist nur ungenügend erforscht, so daß solche Vergleiche kaum möglich sind.[4]

An den Reichsgrenzen waren oft Truppenverlegungen notwendig. Bei manchen Kastellen haben die Besatzungen daher im Lauf der Zeit gewechselt.[5] Eine inschriftlich bezeugte Truppe muß daher nicht in jedem Fall diejenige gewesen sein, für die das Kastell errichtet wurde. Die Umwehrung blieb in diesen Fällen häufig unverändert, während die Innenbauten verändert und an die neue Besatzung angepaßt wurden. Die Ausdehnung neuer Gebäude war dann durch die vorhandene Umwehrung und durch beibehaltene Bauwerke des ursprünglichen Kastells beschränkt.

Abb. 132 Als Beispiel mag Periode 1a des Kastells Valkenburg dienen. Dort wurden die Contubernien in den Mannschaftsbaracken vergrößert und die Einteilung der Baracken in der Weise verändert, daß die Anzahl der Contubernien von sieben auf sechs reduziert wurde. Dies wurde als Folge der Anpassung der Unterkünfte an eine andere Truppengattung gedeutet, und zwar von den Centurien einer Cohors quingenaria equitata zu den Turmen einer Ala quingenaria.[6] In ähnlicher Weise *Abb. 73* wurde eine Unterkunft im Kastell Corbridge mehrmals umgebaut, so daß die Anzahl der Contubernien in den verschiedenen Bauphasen zwischen acht (vielleicht für Reiter) und zehn (für Infanterie?) schwankte; die Umwehrung blieb unverändert.[7] Auch das deutet auf einen Wechsel der Besatzung, allerdings sind dafür weder in Valkenburg 1a noch in Corbridge inschriftliche Belege vorhanden.

Ist die Besatzung eines Kastells nicht durch inschriftliche Überlieferung bekannt, lassen sich die Truppengattung und die Besatzungsstärke durch Vergleiche der Kastellflächen grob abschätzen. Wie unten näher ausgeführt wird, ist dieses Verfahren allerdings unsicher. — Falls die Anzahl und Anordnung der Unterkünfte durch Ausgrabungen bekannt ist, können Vergleiche mit größerer Sicherheit erfolgen.[8] Dabei erweisen sich auch die Angaben zur Lagerform der Auxilien bei Hygin, »De munitionibus castrorum« als nützlich, obgleich sie sich auf ein Marschlager beziehen. — Bei Vergleichen dient die Anzahl der Mannschaftsbaracken als Maßstab, auch ihre Abmessungen sowie die Anzahl und Größe der Contubernien sind zu berücksichtigen; ferner werden die Ställe und die Speicherfähigkeit der Horrea betrachtet. Dies wird mit vollständig ausgegrabenen Kastellen verglichen, deren Besatzung bekannt ist, und zwar möglichst mit gleichzeitigen Kastellen aus der gleichen Provinz, die aus gleichem Material gebaut sind. Sonst werden baugeschichtliche Entwicklungen, regionale Besonderheiten und bautechnisch bedingte Abweichungen den Vergleich erschweren oder sogar unmöglich machen. Da nur wenige, halbwegs sichere Vergleichsbeispiele vorhanden sind, hat die hier aufgestellte Forderung einen mehr theoretischen Charakter. Auch müssen die oben erwähnten, weiteren Vorbehalte beachtet werden; sie erschweren die Vergleiche zusätzlich. So zeigt sich, daß die Erforschung römischer Kastelle trotz vieler erfolgreicher Ausgrabungen noch keineswegs beendet ist.

KASTELLGRÖSSE

Die Kastelle Heidenheim und Aalen in Baden-Württemberg beherbergten nacheinander die gleiche Reitertruppe, die Ala II Flavia milliaria. Die Kastelle nahmen Flächen von 5,2 und 6 ha ein und standen damit am oberen Ende der Größen-Skala. Am unteren Ende lagen Kastelle, in denen eine Cohors quingenaria peditata stationiert war, beispielsweise das obergermanische Kastell Holzhausen (Rheinland-Pfalz), das nur 1,4 ha groß war; es war Standort der Cohors II Treverorum. In Britannien muß mit noch etwas kleineren Kastellen für Cohortes peditatae quingenariae gerechnet werden.

Zwischen diesen Extremwerten bewegen sich die Kastellgrößen der regulären Auxilien.[9] — Geringere Flächen besaßen die Kastelle der »nationalen Numeri«, die hier nicht weiter behandelt werden. Ihre Flächen lagen am obergermanischen Limes in der Regel zwischen 0,6 und 0,8 ha (z. B. Kastell Schlossau, Besatzung: Numerus Brittonum Triputiensium; Kastell am Feldberg, Besatzung: Exploratio Halicanensium).

Als Kastellfläche ist hier stets jenes Areal angegeben worden, das von der Außenfront der Umwehrung eingeschlossen wird. Zwar wäre für Vergleichszwecke die Fläche aussagekräftiger, die innerhalb der Umwehrung für die Bebauung zur Verfügung stand. Sie konnte allerdings durch breite Wallaufschüttungen, unbebaute Streifen im Intervallum oder die Via sagularis zum Teil wesentlich vermindert werden. Diese Einzelheiten sind nur bei wenigen, gut ausgegrabenen Kastellen bekannt. Daher lassen sich auf dieser Basis nur für wenige Kastelle Vergleichsflächen berechnen. — Andererseits ist die Umwehrung bei sehr vielen Kastellen ausgegraben worden. So kann nur die Berechnung der von der Wehrmauer eingeschlossenen Fläche eindeutige Vergleichszahlen für die große Masse der Kastelle liefern.

Allgemein gilt als gesichert, daß zwei Reiter-Turmen eine Unterkunft gleicher Größe benötigten wie eine Infanterie-Centurie; ferner, daß die Pferde von zwei Turmen in einem Stall untergebracht werden konnten, der ebenfalls ungefähr so groß war wie eine Centurienbaracke. Daraus folgt, daß eine tausend Mann starke, reine Infanterie-Kohorte den gleichen Raum beanspruchen konnte wie eine fünfhundert Mann starke Ala mit Pferden. An der Hadriansmauer ist vielleicht von dieser Möglichkeit Gebrauch gemacht worden. Dort sind die Bauarbeiten von Legionsabteilungen ausgeführt worden, und die Vermessungsfachleute der Legion mögen einen Einheitsgrundriß für diese beiden Gattungen von Hilfstruppen entwickelt haben. Solche Kastelle konnten dann je nach den örtlichen Gegebenheiten mit geringen Änderungen entweder einer Cohors milliaria peditata zugewiesen werden, wie es vermutlich in Housesteads geschah, oder einer Ala quingenaria wie in South Shields. In beiden Fällen betrug die Kastellfläche 2,1 ha. Bei anderen Standorten einer Ala quingenaria schwankt die Größe zwischen 2,3 – 4,2 ha.[10] Dabei fällt auf, daß die Kastelle an der germanischen Grenze wesentlich größer waren als in Britannien, mitunter doppelt so groß (z. B. Welzheim-West; 4,2 ha).

Ähnliche Verhältnisse zeigen sich bei anderen Truppengattungen. So ist ein Vergleich der Kastelle Künzing und Birrens aufschlußreich. Bei beiden Kastellen gibt es epigrafische Hinweise auf die Besatzung. Das Kastell Künzing beherbergte eine Cohors quingenaria equitata und nahm 2,2 ha ein, während in Birrens eine doppelt so große Einheit angenommen wird, eine Cohors milliaria equitata, doch war das Kastell nur 1,9 ha groß. Es wurde versucht, den Unterschied durch die Vermutung zu erklären, daß ein Teil der in Birrens stationierten Einheit abkommandiert war.[11] Diese Erklärung mag zutreffen, sie ist alleine aber unbefriedigend, zumal sie nicht überprüft werden kann. Weitere Gründe für den Flächenunterschied werden beim Vergleich der Kastellgrundrisse deutlich. Im Kastell Künzing befanden sich mehr Unterkünfte als für eine Cohors quingenaria equitata notwendig; dort lag offenbar noch eine weitere, kleine Einheit. Ähnliches dürfte für viele andere Kastelle an der germanischen Grenze gelten (z. B. Hofheim). Ferner waren die Straßen im Kastell Künzing wesentlich breiter und von offenen Hallen gesäumt, was in Obergermanien und Raetien oft beobachtet wurde, in Britannien aber selten zu sein scheint. Die Principia und andere Gebäude waren in Künzing merklich größer als in Birrens. Hier machen sich regionale Unterschiede zwischen den verschiedenen Provinzen bemerkbar.

SPEICHERRAUM DER HORREA

Bei einigen Kastellen wurde überschlagsweise der Getreidebedarf der Besatzung abgeschätzt. Er wurde dann mit dem Speicherraum der ausgegrabenen Horrea verglichen.[12] Wie Tacitus überliefert, ließ der römische Feldherr Agricola Kastelle im Norden Britanniens anlegen und wies ihnen Vorräte für ein Jahr zu, damit sie Belagerungen aushalten konnten und auch vor anderen Unterbrechungen des Nachschubs sicher waren.[13] Diese Textstelle kann als Grundlage für Berechnungen dienen, um die Stärke einer Kastellbesatzung aus der Speicherfähigkeit der Horrea abzuleiten.[14]

Eine solche Rechnung enthält allerdings viele unbekannte Faktoren. Nur wenn ein Kastell vollständig ausgegraben wurde, kann man sicher sein, alle Horrea zu kennen. Beispielsweise können außer den Speichern im Mittelstreifen noch weitere an anderen Stellen des Kastells liegen. Es erscheint auch fraglich, ob die Mitteilung des Tacitus allgemeingültig ist; vielleicht bezog sie sich nur auf die damaligen schwierigen Verhältnisse im Norden Britanniens, wo es notwendig war, Vorräte für ein Jahr zu lagern. Unter anderen Bedingungen mag ein Vorrat von wenigen Monaten genügt haben, der bei Bedarf aus anderen Vorratslagern ergänzt wurde. Das Kastell South Shields an der Tyne-Mündung war ein solches Versorgungslager; es hatte allerdings die besondere Aufgabe, den Nachschub für die Feldzüge des Kaisers Septimius Severus in Schottland zu sichern. Doch gab es sicherlich andere Versorgungslager, die Vorräte für die Grenzkastelle bereithielten. — Unbekannt ist ferner der Anteil der Speicherfläche für Getreide an der Gesamtspeicherfläche eines Horreums; man weiß nicht sicher, welche Mengen anderer Nahrungsmittel dort auch noch aufbewahrt wurden.

Interessant ist auch ein Vergleich der gesamten Speicherfläche innerhalb eines Kastells mit der Kastellfläche selbst. Vorausgesetzt wird, daß alle Horrea bekannt sind. Die Werte für die beiden Flächen sind ungefähr proportional zueinander, was natürlich auf die jeweilige Stärke der Besatzung zurückgeht.[15] Allerdings gibt es Schwierigkeiten, wenn Pferde im Kastell gehalten wurden. Pferde haben einen hohen Futterbedarf, für den viel Speicherplatz notwendig war. Sieht man von dieser Besonderheit ab, bleiben in manchen Fällen immer noch Abweichungen bestehen. Sie können darauf hindeuten, daß das Kastell besondere Verpflegungsreserven hielt oder die Funktion eines Versorgungslagers hatte.

UNTERKÜNFTE

Ist bei einem Kastell keine Inschrift gefunden worden, die den Namen der Kastellbesatzung nennt, dann ergeben sich aus den Grundrissen der ausgegrabenen Mannschaftsbaracken die zuverlässigsten Hinweise auf die Art der Besatzung. Ihre Anzahl und Anordnung sowie die Inneneinteilung

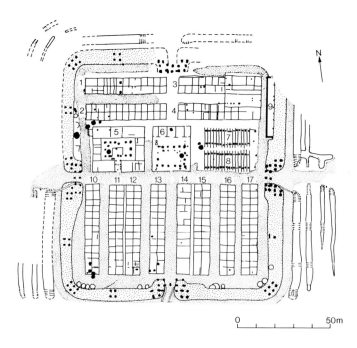

N

0 _____ 50m

Abb. 219 Kastell Elginhaugh bei Edinburgh (Schottland), domitianisch. Holzkastell mit Rasensoden-Mauer, vorläufiger Plan der Ausgrabung 1986. (6) Principia; (5) Praetorium; (7) – (8) Horrea; (1) – (4), (10) – (13), (15) – (17) Mannschaftsbaracken; (9) Schuppen, vielleicht Schutzbau für Backöfen, einziger Steinbau in dem Kastell; (14) Gebäude unbekannter Funktion (Speicher, Werkstatt oder Stall?). Die elf Mannschaftsbaracken in dem sonst präzise geplanten Kastell können bisher auf keine der bekannten Gattungen von Hilfstruppen bezogen werden. Maßstab 1 : 2000.

Truppengattung	Centuriae	Turmae	Baracken	Ställe	gesamt
Ala milliaria	—	24	12	12	24
Ala quingenaria	—	16	8	8	16
Cohors mill. peditata	10	—	10	—	10
Cohors quing. ped.	6	—	6	—	6
Cohors mill. equitata (19)	10	8 (10)	14 (15)	4 (5)	18
Cohors quing. equ.	6	4	8	2	10

Tabelle 2. Mannschaftsbaracken und Pferdeställe der Hilfstruppen (abweichende Möglichkeiten in Klammern, siehe Kap. 1)

enthalten die notwendigen Informationen. Die Grundrisse der Pferdeställe wären nicht weniger aussagekräftig, sie sind aber noch zu wenig erforscht. Der Lagerbedarf, der für jede der sechs Gattungen der Auxilia anzunehmen ist, geht aus Tabelle 2 hervor. Die Tabelle wurde aus den Angaben zum Lagerplatz der Hilfstruppen bei Hygin, »De munitionibus castrorum« entwickelt (siehe auch Kapitel 1). Gewisse Unklarheiten entstehen dadurch, daß die Überlieferung bei Hygin lückenhaft ist; dort fehlt unter anderem die Anzahl der Turmen der Cohors milliaria equitata.

Leider läßt sich nur in wenigen Fällen eine inschriftlich überlieferte Truppe auf ausgegrabene Unterkünfte beziehen.[16] Lediglich bei den Kastellen Künzing und Birrens kann der vollständige Lagergrundriß bei bekannter Besatzung mit dem theoretischen Raumbedarf nach Tabelle 2 verglichen werden. Die festgestellten Unterkünfte stimmen mit den Angaben in Tabelle 2 nicht genau überein, darauf wurde schon hingewiesen. Die Schwierigkeiten werden dadurch vergrößert, daß die Mannschaftsbaracken im Kastell Birrens einen ungewöhnlichen Grundriß aufweisen. Gerade bei neueren, großflächigen Ausgrabungen zeigte es sich mehrmals, daß die Anzahl der Mannschaftsbaracken zu keiner der bekannten Hilfstruppengattungen paßte (Kastelle Hofheim am Taunus, Elginhaugh). *Abb. 190, 219*

Kastell Künzing war vermutlich Standort der Cohors III Thracum equitata (quingenaria). Der Grundriß des Kastells liegt weitgehend vollständig vor. Allerdings sind die meisten Unterkünfte nur mit relativ kleinen Grabungsflächen nachgewiesen worden. Daher sind große Teile des Kastellgrundrisses ergänzt, vor allem die Inneneinteilung der Mannschaftsbaracken. Die zehn für diese Hilfstruppengattung notwendigen Mannschaftsbaracken lagen nach Ansicht des Ausgräbers alle in der Praetentura; sie hatten jeweils zehn Contubernien. Zwei breitere und zwei schmalere Holzbauten in der Retentura sind als Ställe interpretiert worden, doch gibt es dafür keine sicheren Belege. Außerdem lag in der Retentura eine eindeutige Mannschaftsbaracke, die überzählig ist. Der Ausgräber vermutet hier die Unterkunft einer kleinen, zusätzlichen Sondertruppe.[17] — Im Kastell Birrens dürfte anfangs die Cohors I Nervana Germanorum milliaria equitata gelegen haben. Eine solche Truppe benötigte vierzehn oder fünfzehn Mannschaftsbaracken und vier oder fünf Pferdeställe. Sowohl in der Praetentura als auch in der Retentura sind zahlreiche, sehr schmale Bauwerke gefunden worden. Diese Gebäude sind ungewöhnlich. Möglicherweise waren je zwei Gebäude durch einen Mittelkorridor verbunden und bildeten eine einzige Baracke.[18] Dafür gibt es aber sonst keine Beispiele. — Aber auch dann reicht die Wohnfläche nicht aus, um sämtliche Männer und Pferde einer Cohors milliaria equitata unterzubringen. *Abb. 195* *Abb. 208*

Bei der Interpretation der Unterkünfte sind bestimmte Annahmen üblich, die zum Teil ebenfalls auf Hygin zurückgehen: erstens, daß eine Centurie Infanterie in einer Baracke mit üblicherweise zehn Contubernien wohnte, in denen jeweils acht Mann unterkamen; zweitens, daß zwei Turmen Kavallerie, jede 32 Mann stark, in einer Baracke untergebracht waren, wiederum mit acht Mann pro Contubernium. Eine Reiterbaracke müßte demnach acht Contubernien aufweisen. Vermut-

Abb. 192,
201

Abb. 129,
202
Taf. 6 b

Abb. 191

Abb. 209

lich standen die Pferde von je zwei Turmen in einem Stall, der ungefähr die gleichen Außenmaße hatte wie die Reiterbaracke.[19] Auf der Grundlage dieser Annahmen ergibt sich, daß sowohl in dem Holzkastell Fendoch als auch im Steinkastell Housesteads an der Hadriansmauer jeweils eine Cohors milliaria peditata gelegen haben müßte. Denn dort gibt es je zehn Mannschaftsbaracken mit zehn Contubernien. Andererseits werden Unterkünfte mit acht oder neun Contubernien, wie sie etwa in den Kastellen Benwell, Wallsend oder Carzield ausgegraben wurden, gerne als Reiterunterkünfte angesehen. Diese Deutung ist jedoch nicht sicher, denn in den seltenen Fällen, in denen eine Überprüfung durch Inschriften möglich ist, scheint sie nicht immer zuzutreffen. Das gilt etwa für die Baracken mit zehn Contubernien im Kastell Chesters, die auf eine Infanteriebesatzung hinzudeuten scheinen, ursprünglich aber wohl für eine Reitereinheit gebaut worden sind, nämlich eine Ala quingenaria, die Ala Augusta.[20]

Vergleiche zwischen Barackenlängen in verschiedenen Kastellen können vielleicht auch Hinweise auf die Art der Besatzung geben. Interessanter sind aber Längenunterschiede der Unterkünfte im gleichen Kastell. So sind im Kastell Haltonchesters an der Hadriansmauer die Baracken in der Praetentura (mit acht Contubernien) sechs Meter kürzer als die in der Retentura. Dieser Längenunterschied kann darauf hindeuten, daß eine aus Infanterie und Reitern zusammengesetzte Truppe die Besatzung bildete, eine Cohors equitata.[21]

Schwierigkeiten bereitet die Deutung der Innenbauten bei Kastellen, in denen mehrere Einheiten lagen. Auf die vermutete Häufigkeit solcher Zusammenlegung von Truppen in den Kastellen der germanischen Grenze wurde schon hingewiesen. In Britannien kann das Kastell Pen Llystyn (Wales) als Beispiel dafür dienen. Dort trennte innerhalb des Kastells ein Tor über der Via decumana sechs der insgesamt zwölf Baracken ab. Möglicherweise waren zwei Cohortes quingenariae peditatae zusammen in diesem Lager stationiert. Im antoninischen Kastell Newstead kann eine Ala quingenaria im abgetrennten Teil der Retentura untergebracht gewesen sein, während in der Praetentura Infanterie in zwölf Baracken lag. Wir wissen zur Zeit noch nicht, wie häufig eine solche Zusammenlegung von Einheiten in Britannien war.

Abb. 220 Kastell South Shields bei Newcastle (Nordengland). Rekonstruktion des Westtors über den antiken Fundamenten (1987 fertiggestellt). Der ursprüngliche Torbau ist in der Mitte des 2. Jahrhunderts n. Chr. errichtet worden (um 163 n. Chr.).

In anderen Fällen ist die inschriftlich überlieferte Truppe zu groß für das ausgegrabene Kastell, etwa in Birrens. Es wurde vermutet, daß Teile der Einheit in kleine Grenzstationen abkommandiert waren. Ähnliches mag auch an anderen Grenzabschnitten geschehen sein. An der Antoninusmauer gehörten außer den eigentlichen Limeskastellen eine Anzahl kleiner Wehrbauten zum Grenzschutzsystem. Möglicherweise mußten die Hilfstruppen mehrere verschieden große Abteilungen abgeben, um diese Kleinkastelle zu bemannen. Dies könnte ein Hinweis auf eine gewisse Knappheit an militärischem Personal sein.[22] Leider ist von den Unterkünften in den kleinen Lagern nur wenig bekannt. — Schließlich können römische Kastelle Sonderaufgaben wahrgenommen haben, worauf ja mehrfach hingewiesen wurde. Als Beispiel für ausgedehnte handwerkliche Tätigkeit kann das Kastell Oberstimm in Erinnerung gerufen werden; eine andere Spezialaufgabe hatten Versorgungslager wie Rödgen, South Shields oder Cramond. Die Sonderaufgaben bewirkten zweifellos eine abweichende Organisation der Besatzung und eine entsprechende Planung der Unterkünfte. Es ist möglich, daß in einigen dieser Lager gar keine vollständige Auxiliareinheit stationiert war.

Abb. 180
Abb. 175, 218

Diese Schwierigkeiten zeigen auf, wie wenig wir noch immer von den römischen Militärlagern und ihren Innenbauten wissen. Obgleich seit über 150 Jahren Hunderte römischer Kastelle untersucht worden sind, blieben viele Fragen unbeantwortet. Oft ist unbekannt, welche Einheit in einem bestimmten Kastell lag; manche Unsicherheit herrscht bei der Deutung der Unterkünfte und anderer Innenbauten der Kastelle. Läßt sich die Mitwirkung der Legionen bei der Planung der Hilfstruppenlager nachweisen? Gibt es Hinweise auf individuelle »Baustile« der jeweils zuständigen Legionen? Wie sind die beachtlichen Größenunterschiede der Kastelle in Britannien und an der germanischen Grenze zu verstehen? Wie sahen die Innenbauten überhaupt aus? Wie wirkten sich Änderungen der Organisation des Heeres während der ersten zwei Jahrhunderte n. Chr. auf die Militärbauten aus? — Nur sorgfältige und großflächige neue Ausgrabungen werden es erlauben, einige dieser Fragen besser beantworten zu können.

Literaturabkürzungen

AA	Archaeologia Aeliana. Newcastle upon Tyne.
ANRW	Aufstieg und Niedergang der römischen Welt. Berlin.
Ant. J.	The Antiquaries Journal. London.
Arch. J.	Archaeological Journal. London.
BAR	British Archaeological Reports. Oxford.
Ber. RGK	Bericht der Römisch-Germanischen Kommission. Frankfurt a. M.
BJ	Bonner Jahrbücher. Bonn.
CIL	Corpus Inscriptionum Latinarum. Berlin.
Curr. Arch.	Current Archaeology. London.
CW	Transactions of the Cumberland and Westmorland Antiquarian and Archaeological Society. Carlisle.
Epigr. Stud.	Epigraphische Studien. Köln 1967 ff.
HRW	J. Collingwood Bruce, Handbook to the Roman Wall. 13. Aufl. bearb. von C. Daniels (Newcastle upon Tyne 1978)
ILS	H. Dessau, Inscriptiones Latinae Selectae. Berlin 1892–1914.
JRS	Journal of Roman Studies. London.
JVT	Jaarverslag van de Vereniging voor Terpenonderzoek, Groningen.
LF	Limesforschungen. Berlin 1959 ff.
NL	J. E. Bogaers u. C. B. Rüger (Herausg.), Der Niedergermanische Limes. Köln 1974.
ORL	E. Fabricius, F. Hettner, O. von Sarwey, Der obergermanisch-raetische Limes des Römerreiches (Berlin 1894–1937)
PSAS	Proceedings of the Society of Antiquaries of Scotland. Edinburgh.
R. BW.	Ph. Filtzinger, D. Planck u. B. Cämmerer, Die Römer in Baden-Württemberg. 3. Aufl. (Stuttgart 1986).
R. H.	D. Baatz u. F.-R. Herrmann, Die Römer in Hessen (Stuttgart 1982).
RE	Pauly-Wissowa, Realencyclopädie der Classischen Altertumswissenschaft. Stuttgart.
RFIW	V. E. Nash-Williams. The Roman Frontier in Wales. 2. Aufl. herausgeg. von M. G. Jarrett. Cardiff 1969.
RIB	R. G. Collingwood u. R. P. Wright, The Roman Inscriptions of Britain I. Oxford 1965.
SJ	Saalburg-Jahrbuch. Mainz.
Vollmer	F. Vollmer, Inscriptiones Baivariae Romanae. München 1915.

Anmerkungen

EINLEITUNG

1. Zur Entwicklung der Militärlager während der römischen Republik: siehe unten Kap. 8.
2. Änderungen in der Organisation der Legionen während der Republik: Kromayer u. Veith, Heerwesen und Kriegführung der Griechen und Römer. Handbuch d. Altertumswiss. Bd. IV 3.2 (München 1928) 251 ff. – J. Harmand, L'armée et le soldat à Rome (Paris 1967). – F. Webster, The Roman Imperial Army. 3. Aufl. (London 1985). – L. Keppie, The Making of the Roman Army (London 1984).
3. Häfen gab es wahrscheinlich bei den Kastellen Caerhun, Pennal, Neath und Caernarfon in Wales. Bei den Kastellen Ravenglass, Maryport und Bowness an der Küste von Cumbria dürften Häfen für die Versorgung der Hadriansmauer existiert haben. Entsprechende Anlagen gab es für die Antoninusmauer in Schottland bei Cramond und Inveresk am Firth of Forth im Osten und bei Old Kilpatrick am Clyde im Westen.
4. Pumsaint: G. D. B. Jones u. J. H. Little, Carmarthenshire Antiquary (1973) 3 ff. – D. R. Wilson, JRS 59, 1969, 198 f. fig. 25. – Charterhouse: K. Branigan u. P. J. Fowler, The Roman West Country (Newton Abbot 1976) 183 ff. fig. 46 – D. R. Wilson, Britannia 2, 1971, 277 f. fig. 12.
5. CIL VII 1201; Branigan u. Fowler a.a.O. (Anm. 4) Appendix 4, 230 ff.
6. Brough on Noe: Derbyshire Archaeol. Journal 59, 1938, 62 ff. (Bleierz). – Brough on Humber: P. Corder u. I. A. Richmond, Journal Brit. Arch. Ass. 3. Ser. 7, 1942, 25 (Bleibarren). – Brough under Stainmore: I. A. Richmond, CW 2. Ser. 36, 1936, 104 ff. (Bleisiegel mehrerer Auxiliareinheiten deuten auf besondere Funktion des Kastells). – Aalen und Buch: R. BW. 153 f.
7. Zu Hygin: Hygini Gromatici Liber de munitionibus castrorum. Ed. A. von Domaszewski (Leipzig 1887, mit deutscher Übersetzung). – Pseudo-Hygin, Des fortifications du camp. Ed. M. Lenoir (Paris 1979, mit französischer Übersetzung). Zur Entstehungszeit: E. Birley in: Corolla memoriae Erich Swoboda dedicata. Röm. Forschungen in Niederösterreich 5, 1966, 57; Lenoir a.a.O. 113 ff.; S. S. Frere, Britannia 11, 1980, 51 ff.; E. Birley, Britannia 12, 1981, 287. – Zu Vegetius: Flavi Vegeti Renati Epitoma rei militaris. Ed. C. Lang (Leipzig 1885); D. Schenk, Flavius Vegetius Renatus, Die Quellen der Epitoma rei militaris. Klio Beiheft 22 (1930).
8. Polybios, Geschichte. Deutsche Übersetzung von H. Drexler. 2. Aufl. (Artemis, Zürich 1978). – C. Julius Caesar, Commentarii de bello Gallico; Commentarii de bello civili (z. B. die deutsch-lateinischen Tusculum-Ausgaben von Artemis, Zürich).
9. Flavius Josephus, De bello Judaico. Ed. E. Michel u. O. Bauernfeind (München 1963, griechisch–deutsch).
10. F. Kiechle, Die »Taktik« des Flavius Arrianus. Ber. RGK 45, 1964, 87 ff. (griech. Text des Reitertraktats m. deutscher Übers. u. Kommentar).
11. C. B. Welles, R. O. Fink u. J. F. Gilliam, The Parchments and Papyri. The Excavations at Dura-Europos, Final Report V, 1 (New Haven 1959).
12. Wadi Fawakhir: O. Guéraud, Bulletin de l'Institut Français d'Archéologie Orientale 41, 1942, 141 ff. – Pselkis: Préaux, Chronique d'Egypte 26, 1951, 121 ff. – Ferner: S. Daris, Documenti per la storia dell'esercito Romano in Egitto (Mailand 1964).
13. A. K. Bowman u. J. D. Thomas, Vindolanda: The Latin Writing-Tablets. Britannia Monogr. Series 4 (London 1983). – R. Birley, Vindolanda, A Roman frontier post on Hadrian's Wall (London 1977) 132 ff.
14. Die lateinischen Inschriften aus den germanischen Provinzen sind veröffentlicht in: CIL XIII mit Nachträgen in Ber. RGK; eine Auswahl daraus: A. Riese, Das rheinische Germanien in den antiken Inschrif-

ten (Berlin 1914). – Inschriften aus Raetien: F. Vollmer, Inscriptiones Baivariae Romanae (München 1915), Nachträge ebenfalls in Ber. RGK. – Inschriften aus Britannien: R. G. Collingwood u. R. P. Wright, The Roman Inscriptions of Britain I. Inscriptions on Stone (Oxford 1965; abgekürzt RIB); Nachträge bis 1970 in JRS, dann in Britannia.

15. Militärische Ziegelstempel aus den germanischen Provinzen: CIL XIII, 6; aus Raetien: G. Spitzlberger, SJ 25, 1968, 65 ff.

16. Militärdiplome: CIL XVI (1936) mit Supplement (1955). Nachtrag: M. M. Roxan, Roman Military Diplomas 1954–1977 (London 1978).

17. C. Cichorius, Die Reliefs der Traianssäule (Berlin 1896–1900). – L. Rossi, Trajan's Column and the Dacian Wars (London 1971). – I. Miclea u. R. Florescu, Decebal si Traian (Bukarest 1980). – Kommentar zu einigen wichtigen Szenen: I. A. Richmond, Trajan's Army on Trajan's Column. Papers of the British School at Rome 13, 1935, 1 ff.

18. Bericht von Robert Smith, veröffentlicht in Camden, Britannia (1722). – Übersicht zur Forschungsgeschichte der Hadriansmauer: E. Birley, Research on Hadrian's Wall (Kendal 1961).

19. W. Stukeley, Iter Boreale (1776) 49 ff.

20. A. Hedley, AA 1. Ser. 1, 1821, 212 ff.

21. Zur Forschungsgeschichte des obergermanisch-raetischen Limes: E. Fabricius in ORL Abt. A. Bd. 1 (1936) S. I ff. – R. Braun, Die Anfänge der Erforschung des rätischen Limes. Limesmuseum Aalen, Heft 33 (1984). – Neue Ergebnisse am niedergermanischen Limes: J. E. Bogaers u. C. B. Rüger, Der Niedergermanische Limes (Köln 1974).

22. Ardoch: D. Christison, PSAS 32, 1897/98, 399 ff. – Richborough: J. P. Bushe-Fox, Excavations at Richborough, Kent I (1926); II (1928); III (1932); IV (1949).

23. S. S. Frere u. J. K. St. Joseph, Roman Britain from the Air (Cambridge 1983). – I. Scollar, Archäologie aus der Luft (Düsseldorf 1965). – R. Christlein u. O. Braasch, Das unterirdische Bayern (Stuttgart 1982).

24. Zu den Wehrbauten des spätrömischen Heeres: H. von Petrikovits, Fortifications in the North-western Roman Empire from the Third to the Fifth Centuries AD. JRS 61, 1971, 178 ff.; S. Johnson, The Roman Forts of the Saxon Shore (London 1976).

25. C. S. Sommer, The Military Vici in Roman Britain. BAR Brit. Ser. 129 (Oxford 1984).

1. DAS RÖMISCHE HEER

1. Zur Organisation der kaiserzeitlichen Legion: Kromayer u. Veith a.a.O. (Einleitung, Anm. 2) 470 ff.; Webster a.a.O. (Einleitung, Anm. 2); D. J. Breeze, The organisation of the legion: The First Cohort and the equites legionis. JRS 59, 1969, 50 ff.; S. S. Frere, Britannia 11, 1980, 51 ff.; E. Birley, Britannia 12, 1981, 287.

2. Offiziere der Legion: A. von Domaszewski, Die Rangordnung des römischen Heeres. 2. Aufl. herausgeg. von B. Dobson (Köln 1967) 122 ff.; E. Birley, Roman Britain and the Roman Army (Kendal 1953) 133 ff. (Offiziere aus dem Ritterstand); ders., Senators in the Emperor's Service. Proceedings of the Brit. Academy 39 (1954) 197 ff.

3. Centurionen: von Domaszewski a.a.O. (Anm. 2) 80 ff.; E. Birley, Promotions and Transfers in the Roman Army II: The Centurionate. Carnuntum Jahrb. 1963/64 (1965) 21 ff.; B. Dobson, Die Primipilares (Köln 1978); M. P. Speidel, The Centurion's Titles. Epigr. Stud. 13 (1983) 43 ff.

4. Principales und Immunes: von Domaszewski a.a.O. (Anm. 2) 1 ff.; D. J. Breeze, The Career Structure below the Centurionate during the Principate. ANRW II, 1 (1974) 435 ff.; ders., BJ 174, 1974, 245 ff. – Eine Anzahl von Immunes werden aufgezählt von Tarruntenus Paternus in: Digesten 50, 6, 7.

5. Tacitus, Annalen IV, 5. – Eine Übersicht über die Anzahl der Legionen: G. Webster a.a.O. (Einleitung), Anm. 2) 109.

6. Birley a.a.O. (Einleitung, Anm. 7) 54 ff.

7. G. L. Cheesman, The Auxilia of the Roman Imperial Army (Oxford 1914) 25 ff. – P. A. Holder, Studies in the Auxilia of the Roman Army from Augustus to Trajan. BAR Int. Ser. 70 (Oxford 1980) 5 ff.

8. R. W. Davies, Cohortes equitatae. Historia 20, 1971, 751 ff. – Holder a.a.O. (Anm. 7) 7 ff.

9. R. W. Davies, Epigr. Stud. 4 (1967) 111.

10. Arrian, Taktik 21. – Hygin, De mun. castr. 16. – Vegetius II 14.

11. Hygin, De mun. castr. 16.

ANMERKUNGEN

12. E. Birley a.a.O. (Einleitung, Anm. 7) 57.
13. Hygin, De mun. castr. 28.
14. Hygin, De mun. castr. 28.
15. CIL XVI 31; E. Birley a.a.O. (Einleitung, Anm. 7) 60.
16. Hygin, De mun. castr. 27; R. W. Davies, Historia 20, 1971, 751 ff.
17. CIL III 6760.
18. J. D. Thomas u. R. W. Davies, JRS 67, 1977, 50 ff. – H. Schönberger, Kastell Künzing-Quintana. LF 13 (1975) 110 f.
19. E. Birley a.a.O. (Einleitung, Anm. 7) 54.
20. Thomas u. Davies a.a.O. (Anm. 18) 60.
21. Schönberger a.a.O. (Anm. 18) 111.
22. Hygin, De mun. castr. 26.
23. J.C. Mann, A Note on the Numeri. Hermes 82, 1954, 501 ff. – H. Callies, Die fremden Truppen im römischen Heer des Prinzipats und die sogenannten nationalen Numeri. Ber. RGK 45, 1964, 130 ff. – M. P. Speidel, The Rise of the Ethnic Units in the Roman Army. ANRW II, 3 (1975) 202 ff.
24. D. Baatz, Kastell Hesselbach. LF 12 (1973) 54 ff.
25. Inschriften der Cohors I Tungrorum mill. aus Housesteads: RIB 1578–1580, 1584–1586, 1598, 1618–1619: des Numerus Hnaudifridi: RIB 1576; des Cuneus Frisiorum: RIB 1594. – Vom obergermanischen Limes sind eine Anzahl von Numeri bekannt: E. Stein, Die kaiserlichen Beamten und Truppenkörper im römischen Deutschland unter dem Prinzipat (Wien 1932) 233 ff.
26. Exploratores: Callies a.a.O. (Anm. 23) 215 ff.; Baatz a.a.O. (Anm. 24) 69 f.; M. P. Speidel, Exploratores. Epigr. Stud. 13 (1983) 63 ff. speziell 75. – Nach Speidel sind bei den Exploratores größere, mobile Eliteeinheiten zu unterscheiden von den mehr ortsfesten Besatzungen bestimmter, kleiner Numeruskastelle (etwa in Obergermanien).

2. GRUNDRISS UND INNENEINTEILUNG RÖMISCHER MILITÄRLAGER

1. Organisatorische Änderungen des Heeres: siehe oben, Kap. 1, Anm. 1. – Zu den Quellen: D. Baatz, Quellen zur Bauplanung römischer Militärlager, in: Bauplanung und Bautheorie der Antike. Diskussionen zur archäologischen Bauforschung 4. Herausg. Deutsches Archäologisches Institut (Berlin 1984) 315 ff.
2. W. Fischer, Das römische Lager (Leipzig 1914) 59 ff. 206 f. – E. Fabricius, JRS 22, 1932, 78 ff. – A. Oxe, BJ 143-44, 1939, 47 ff.
3. Polybios VI, 24. – Kromayer u. Veith a.a.O. (Einleitung, Anm. 2) 264. 299.
4. Hygin, De mun. castr. 21.
5. H. von Petrikovits, Die Innenbauten römischer Legionslager während der Prinzipatszeit (Opladen 1975) 55 ff.; danach ist es nicht sicher, ob die im Legionslager Neuss gefundenen Hilfstruppen-Unterkünfte eine Ala beherbergten.
6. L. F. Pitts u. J. K. St. Joseph, Inchtuthil (London 1985) 179 ff.

3. BAU EINES KASTELLS

1. Vegetius I, 22.
2. Tacitus, Agricola 20. – D. Breeze weist allerdings darauf hin, daß Tacitus hier lediglich eine konventionelle Phrase wiederholt, die »den fähigen Feldherren« charakterisieren soll; Scottish Archaeol. Forum 12 (1981) 14.
3. Hygin, De mun. castr. 56.
4. Etwa Kastell Fendoch am Ausgang des Sma'Glen.
5. Vegetius I, 22; III, 2.
6. PSAS 90, 1956/57, 101.
7. Transactions of the Woolhope Naturalist's Field-Club 39, 1968, 222 ff.
8. Brough on Humber: J. Wacher, Excavations at Brough on Humber 1958 bis 1961 (London 1969). – Pen Llystyn: Arch. J. 125, 1968, 188 ff.
9. W. S. Hanson, The Organisation of Roman Military Timber Supply. Britannia 9, 1978, 293 ff. – U. Körber-Grohne u. a., Flora und Fauna im Ostkastell von Welzheim (1983).

10. Hanson a.a.O. (Anm. 9) 297
11. Hanson a.a.O. (Anm. 9) 298.
12. Etwa bei den Kastellen Buckton und Castledykes in Britannien oder Altenstadt (Periode 4) und Rottweil (Kastell III)·in Obergermanien.
13. Bowness: CW 2. Ser. 75, 1975, 29 ff.; Birdoswald: CW 2. Ser. 34, 1934, 121 ff. – Zu den Vorarbeiten zur Errichtung eines Lagers auch Josephus, Bell. Jud. III, 77: »Sie arbeiten nicht planlos durcheinander. Falls der Boden uneben·ist, wird er eingeebnet und ein rechteckiges Lager abgesteckt«.
14. Zu den verwendeten Werkzeugen: M. J. Jones, Roman Fort Defence to AD 117. BAR 21 (Oxford 1975) 38 ff. fig. 6.
15. Digesten 50, 6, 7; Vegetius II, 7.
16. Vegetius III, 8.
17. Hygin, De mun. castr. 21.
18. Vegetius I, 23; III, 8.
19. Hygin, De mun. castr. 56; Vegetius I, 23.
20. Polybios VI, 27; Vegetius I, 23.
21. Hygin, De mun. castr. 21; Vitruv I, 6.
22. E. Nowotny, Groma. Germania 7, 1923, 22 ff. – O. A. W. Dilke, The Roman Land Surveyors (Newton Abbot 1971) 66 ff.
23. Eisernes Gerät aus Pfünz: ORL Abt. B Nr. 73 S. 27 Nr. 64; Taf. 5, 40. – Maßstab aus Weißenburg: ORL Abt. B Nr. 72 S. 38 Nr. 88; Taf. 4, 6; 7, 53.
24. J. Ward, The Roman Fort at Gelligaer (London 1903) 22 ff. fig. 2.
25. Zu den römischen Maßeinheiten: Dilke a.a.O. (Anm. 22) 82 ff.; RE IX A, 1 Sp. 654 ff. (Artikel Uncia; H.Chantraine, 1961). – Maßeinheiten, die das römische Heer benutzte: C. V. Walthew, Britannia 12, 1981, 15 ff.; kritisch dazu: M. Millett, Britannia 13, 1982, 315 ff.
26. Arch. J. 125, 1968, 129. – Ähnlich in Inchtuthil: L. F. Pitts u. J. K. St. Joseph, Inchtuthil (1985) 59. 78 fig. 11. 81.
27. ORL Abt. B Nr. 11 S. 17 f.
28. CW 2. Ser. 34, 1934, 130.
29. Vegetius II, 10.
30. Digesten 50, 6, 7.
31. Günzburg: Vollmer 196. – Kösching: Vollmer 257. – Benwell: RIB 1340. – Carvoran: RIB 1820.
32. Beispielsweise im Kastell High Rochester 139–143 n. Chr., RIB 1276; Porta decumana des Kastells Pförring 141 n. Chr., Vollmer 263; Kastell Gnotzheim, 144 n. Chr.: Ber. RGK 37-38, 1956/57, 236 Nr. 81.
33. Haltwhistle: Ordnance Survey (Herausg.), Map of Hadrian's Wall. 2. Aufl. (1972), nahe dem Kastell Greatchesters. – Llandrindod Common: RFIW 126 ff. fig. 67-68. – Übungslager bei Alpen-Veen südlich Xanten: NL 112 Nr. 29 m. Faltkarte. Diese Lager sind vermutlich von Legionstruppen aus Vetera gebaut worden.
34. D. J. Breeze u. B. Dobson, Hadrian's Wall (London 1976) 56 ff. fig. 10-14, table 4-5. – R. Hunneysett, AA 5. Ser. 8, 1980, 95 ff.
35. Legio II Augusta: Kastelle South Shields, Rudchester, Housesteads und Greatchesters. – Legio VI Victrix: Kastelle Benwell, Haltonchesters, Chesters, Birdoswald und vielleicht auch Stanwix und Bowness; siehe Breeze u. Dobson a.a.O. (Anm. 34) 76.
36. D. Baatz, Kastell Hesselbach. LF 12 (1973) 26. 131 ff.
37. Vollmer 291 = ILS 5338.

4. UMWEHRUNG

1. Vegetius III, 8.
2. Folgende Szenen auf der Trajanssäule zeigen das Ausheben von Gräben: XI/XII, XIX/XX, XXXIX, LII,LX, und LXV. Numerierung der Szenen nach C. Cichorius a.a.O. (Einleitung, Anm. 17). – Zu den Werkzeugen: Jones a.a.O. (Kap. 3, Anm. 14).
3. Arch. J. 89, 1932, 17 ff.
4. Hygin, De mun. castr. 49.
5. Aus erhalten gebliebenen Dienstplänen auf Papyrus ergibt sich, daß die Gräben regelmäßig gereinigt wurden: A. Bruckner u. R. Marichal, Chartae Latinae Antiquiores III, 3.

6. Die Fossa Punica ist seltener verwendet worden. Dieser Grabentyp wurde u. a. bei folgenden Kastellen gefunden: Hod Hill, Stracathro, Ward Law, Waddon Hill und Newstead III in Britannien; Hesselbach, Würzberg und Vielbrunn am Odenwaldlimes in Deutschland; Baatz a.a.O. (Kap. 3, Anm. 36) 14. – Zur Herkunft der lateinischen Bezeichnung: I. A. Richmond, Hod Hill II (London 1968) 68 Anm. 5.
7. Nash-Williams a.a.O. (Kap. 3, Anm. 33) 153.
8. Entsprechendes wurde bei den Kastellen Caerphilly, Caernarfon und Bryn-y-Gefeiliau in Wales sowie bei der Saalburg in Hessen beobachtet.
9. O. G. S. Crawford, Topography of Roman Scotland (Cambridge 1949) 35 ff. fig. 9.
10. Kastelle Wiesbaden, Hofheim (Steinkastell), Heddernheim, Okarben.
11. Jones a.a.O. (Kap. 3, Anm. 14) 113.
12. Hygin, De mun. castr. 49-50. – J. P. Wild, A note on »titulum«. Archaeologia Cambrensis 117, 1969, 133 ff. – I. A. Richmond, Arch. J. 89, 1932, 23 ff.
13. Innere Clavicula kommen vor bei den flavischen Marschlagern Cawthorn, Chew Green, Four Laws und Birrenswark; äußere Clavicula bei den Kastellen Newstead, Cadder und Ardoch (alle in Schottland).
14. ORL Abt. B Nr. 71a Taf. 3, 1.
15. Solche Annäherungshindernisse u. a. erwähnt bei Polybios XVIII, 18; Livius XXXIII, 5.
16. Caesar, Bell. Gall. VII, 73.
17. Caesar, Bell. Gall. VII, 73; lilia auch bei Dio 75 (76), 6 (Schlacht bei Lugdunum 197 n. Chr.).
18. ORL Abt. B Nr. 3 S. 3 Taf. 2, 1.
19. Vegetius IV, 3.
20. Altenstadt: H. Schönberger, Die Kastelle in Altenstadt. LF 22 (1983) 17 Taf. 1. – Butzbach: G. Müller, Kastell Butzbach. LF 2 (1962) 12 Taf. 19, 1. – Britische Beispiele: Jones a.a.O. (Kap. 3, Anm. 14) 74 ff.
21. Jones a.a.O. (Kap. 3, Anm. 14) 78.
22. R. E. Birley a.a.O. (Einleitung, Anm. 13) 165.
23. Vegetius III, 8.
24. Vitruv I, 5, 3.
25. Jones a.a.O. (Kap. 3, Anm. 14) 70 fig. 14.
26. Jones a.a.O. (Kap. 3, Anm. 14) 70.
27. J. Ward, Romano-British Buildings and Earthworks (London 1911) 50 fig. 15.
28. B. Hobley in: S. Applebaum (Herausg.), Roman Frontier Studies 1967 (Tel Aviv 1971) 23.
29. Vegetius III, 8.
30. z. B. beim Kastell Strageath: Jones a.a.O. (Kap. 3, Anm. 14) 80.
31. Gute Beispiele dafür: Kastelle Bochastle, Great Casterton, Hod Hill und Ilkley. Gelegentlich waren die Rasensoden-Verkleidungen schmaler, etwa in Pen Llystyn, Chesterton und Brough on Humber.
32. Beispiele: siehe Anm. 20.
33. Hobley a.a.O. (Anm. 28) 25 ff.
34. Hobley a.a.O. (Anm. 28) 27 ff.
35. Künzing: H. Schönberger, Kastell Künzing. LF 13 (1975) 11 ff. – Rödgen: H. Schönberger u. H.-G. Simon, Römerlager Rödgen. LF 15 (1976), 12 ff. – Oberstimm: H. Schönberger, Kastell Oberstimm. LF 18 (1978) 16 ff. – Valkenburg: JVT 33-37, 1949–1953, Abb. 33-35. 44. 50; pl. 2-3. 7.
36. Holz-Erde-Mauern in Britannien: Wall Per. 3, Verulamium, Clyro, Stanway; nur mit vorderer Versteifung: Bowes, Chelmsford, Metchley Per. 2, Pen-y-Gaer und Barochan Hill.
37. W. S. Hanson, Britannia 9, 1978, 295.
38. Dazu: Jones a.a.O. (Kap. 3, Anm. 14) 86 ff.
39. Vegetius III, 8.
40. Baatz a.a.O. (Kap. 3, Anm. 36) 20 Anm. 35.
41. Caesar, Bell. Gall. V, 40 (Zinnen und Brustwehr aus Flechtwerk).
42. B. Cichy, Das römische Heidenheim (Heidenheim 1971) 41.
43. Hygin, De mun. castr. 58.
44. Schönberger a.a.O. (Anm. 35).
45. CIL III 14485 a.
46. Arrian, Periplus Ponti Euxini 9.
47. ILS 2487.
48. Rekonstruktionen von Rasensodenmauern gibt es in Baginton und Chesterholm; von Umwehrungen aus Erde in Overton Down und Wareham.

49. W. S. Hanson, Britannia 9, 1978, 296.

50. ORL Abt. B Nr. 66 a S. 5 ff. Taf. 3, 3.

51. Baatz a.a.O. (Kap. 3, Anm. 36) 17.

52. Caesar, Bell. Gall. VII, 23.

53. P. Goessler u. R. Knorr, Cannstatt zur Römerzeit (Stuttgart 1921) 6 f. Taf. A.

54. HRW 20.

55. ORL Abt. B Nr. 36 S. 3 ff. Abb. 1-2.

56. D. Baatz, SJ 21, 1963–1964, 57 f. Anm. 61-62; ders. in: J. Maloney u.B. Hobley (Herausg.), Roman Urban Defences in the West. CBA Research Report 51 (London 1983) 136 f.

57. Wehrmauern von Kastellen mit Verputzresten sind u. a. festgestellt worden in Heidenheim: Cichy a.a.O. (Anm. 42) 49; Neckarburken-Ost: ORL Abt. B. Nr. 53 S. 9; Niederbieber: ORL Abt. B. Nr. 1 S. 11 Taf. 7, 2; Holzhausen: ORL Abt. B. Nr. 6 S. 4; Vielbrunn: ORL Abt. B. Nr. 47 S. 3; Arnsburg: ORL Abt. B. Nr. 16.

58. Northumberland County History 15, 1940, 84 fig. 14.

59. R. E. Birley a.a.O. (Einleitung, Anm. 13) 162 ff.

60. Josephus, Bell. Jud. III, 5, 2.

61. Vegetius III, 8.

62. Carvoran: RIB 1816, 1818 und 1820. – Zugmantel: CIL XIII 7613-7613 a.

63. RIB 1813, 1814 und 1822. – Vgl. auch RIB 420-428, 577-80.

64. JRS 52, 1962, 193 Nr. 14. – Vgl. auch RIB 1445.

65. Josephus, Bell. Jud. III, 5, 2.

66. D. B. Campbell, Britannia 15, 1984, 80 ff.

67. Jones a.a.O. (Kap. 3, Anm. 14) 92.

68. Ähnliches in Bowness: CW 2 Ser. 75, 1975, 29 ff.

69. Vegetius IV, 26.

70. S. Johnson, The Roman Forts of the Saxon Shore (London 1976).

71. H. Schönberger, BJ 164, 1964, 39.

72. Vegetius IV, 4. – Kastell Feldberg: ORL Abt. B. Nr. 10 S. 7 Taf. 3, 22. 23. 29. – Torbeschlag von der Hadriansmauer, Meilenkastell 52: CW 2. Ser. 35, 1935, 253.

73. Zur Typologie hölzerner Torbauten: H. Schönberger, BJ 164, 1964, 39 ff. – W. H. Manning u. I. R. Scott, Britannia 10, 1979, 19 ff.

74. Manning u. Scott a.a.O. (Anm. 73) 21.

75. Am Meilenkastell High House (50 Turf Wall).

76. I. A. Richmond, PSAS 73, 1938–1939, 117 ff. fig. 4

76 a. J. Caruana, Curr. Arch. 101, August 1986, 172 ff.

77. F. Krischen, Die Stadtmauer von Pompeji und griechische Festungsbaukunst in Unteritalien und Sizilien (Berlin 1941).

78. B. Hobley, Curr. Arch. 24, Jan. 1971, 17 ff.

79. Für Fertigung und Montage an der Baustelle: W. S. Hanson, Britannia 9, 1978, 298 ff.

80. Baginton: Transact. Birmingham and Warwickshire Arch. Soc. 85, 1971–1973, 19. – Oakwood: PSAS 86, 1951–1952, 94 f.

81. Zur Typologie und Rekonstruktion steinerner Torbauten: I. A. Richmond u. F. A. Child, AA 4. Ser. 20. 1942, 134 ff. – T. Bechert, BJ 171, 1971, 201 ff.; kritisch dazu: Baatz, Germania 51, 1973, 538 ff.

82. Housesteads: HRW 146 m. Abb. – Chesters: J. Clayton, An Account of the Roman Antiquities preserved in the Museum at Chesters, Northumberland (London 1903) 106.

83. R. G. Goodchild, Oasis Forts of Legio III Augusta on the Routes to the Fezzan. Papers of the British School at Rome 22, 1954, 57 ff. Fig. 1. – R. Rebuffat, J. Deneauve u. G. Hallier, Libya Antiqua 3-4, 1966–1967, 53 ff. Taf. 11 a; 35.

84. Zu Darstellungen von römischen Wehrtürmen mit Dächern: W. Kubitschek, Germania 3, 1919, 9 ff.; R. Herbig, Germania 9, 1925, 138 ff. – Tonmodell von Dunapentele: R. Engelmann, Röm.-german. Korrespondenzblatt 1, 1908, 41 ff. Abb. 9.

85. W. Stukeley, Iter Boreale (1776) pl. 65.

86. Z. B. in Holzhausen: CIL XIII 7616. – Feldberg: CIL XIII 7494 d. – Saalburg: CIL XIII 7465 a. – Pfünz: Vollmer 289 A. – Eining: Vollmer 334. – Schirenhof: Vollmer 298.

87. Siehe oben Anm. 81

88. Regensburg, Porta Praetoria: K. Dietz, U. Osterhaus, S. Rieckhoff-Pauli u. K. Spindler, Regensburg zur Römerzeit (Regensburg 1979) 198 ff. Abb. 37-38.
89. Vegetius II, 25. – Josephus, Bell. Jud. V, 6, 3. – Ammianus XXIII, 4, 4 ff.
90. E. W. Marsden, Greek and Roman Artillery I. Historical Development (Oxford 1969) 174 ff. – D. Baatz, Britannia 9, 1978, 1 ff. – Ders., Mitteilungen d. Deutschen Archäol. Instituts Rom 87, 1980, 283 ff.
91. D. Baatz, BJ 166, 1966, 194 ff. – D. B. Campbell, Britannia 15, 1984, 80 ff.
92. RIB 1280-81.

5. INNENBAUTEN

1. I. A. Richmond, Roman timber building in: E. M. Hope (Herausg.), Studies in Building History (London 1961) 15 ff. – Zahlreiche Einzelheiten zur Holzbauweise sind in Valkenburg beobachtet worden: A. E. van Giffen, JVT 25-28, 1941-1944; 29-32, 1944-1948; 33-37, 1948-1953. – W. Glasbergen, De romeinse Castella te Valkenburg Z. H. (1972) 16 ff. Abb. 7-18. – Überputztes Fachwerk: H. Schönberger, Kastell Oberstimm. LF 18 (1978) Taf. 6, 1; 8, 2; 9, 1, 2. – Schindeln: L. Jacobi, Das Römerkastell Saalburg bei Homburg v. d. H. (1897) 233 f. Taf. 14, 10; SJ 8, 1934, 24 Taf. 4, 3.
2. W. S. Hanson, The Organisation of Roman Military Timber-Supply. Britannia 9, 1978, 297 f.
3. I. A. Richmond u. J. McIntyre, PSAS 73, 1938-1939, 151 ff.; dazu: B. Hobley, Curr. Arch. 24, Jan. 1971, 17 ff. – Zur Frischverwendung von Bauholz in der Antike: E. Hollstein, Mitteleuropäische Eichenchronologie (Mainz 1980) 35 f.
4. Hanson a.a.O. (Anm. 2) 295 ff.
5. Hanson a.a.O. (Anm. 2) 298 ff. tables 3-5.
6. Beispielsweise bei den Kastellen Zugmantel, Urspring, Stockstadt u. Echzell.
7. Zwammerdam: J. K. Haalebos, Zwammerdam – Nigrum Pullum (Amsterdam 1977) 36 f. Taf. 7. – Valkenburg: JVT 25-28, 1941-1944, Abb. 15-16.
8. Hygin, De mun. castr. 11-12. – Polybios VI, 27. – W. Fischer, Das römische Lager (Leipzig 1914) 36 ff.
9. A. von Domaszewski, Neue Heidelberger Jahrb. 9, 1899, 141 ff.
10. Rough Castle: RIB 2145; Birdoswald RIB 1912..
11. Chesterholm: RIB 1685. – Zur Benennung des Stabsgebäudes zuletzt: R. Fellmann, Principia – Stabsgebäude. Limesmuseum Aalen, Heft 31 (Stuttgart 1983).
12. H. von Petrikovits, Die Innenbauten römischer Legionslager während der Prinzipatszeit (Opladen 1975) 75.
13. CIL XIII 7800.
14. G. Macdonald u. A. Park, The Roman Forts on the Bar Hill (Glasgow 1906) 8 f. 133 ff. – A. Robertson, M. Scott u. L. Keppie, Bar Hill: A Roman Fort and its Finds. BAR 16 (1975) 12 ff. 38 ff.
15. Robertson, Scott u. Keppie a.a.O. (Anm. 14) 42.
16. J. Hopkinson, The Roman Fort at Ribchester. 3. Aufl. herausgeg. von D. Atkinson (Manchester 1928) 17.
17. ORL Abt. B Nr. 11 S. 33 Anm. 1.
18. von Petrikovits a.a.O. (Anm. 12) 73; Fellmann a.a.O. (Anm. 11) 16 f.
19. RIB 1092.
20. CIL XIII 8824.
21. A. von Domaszewski, Westdeutsche Zeitschrift 21, 1902 Korrespondenzblatt Sp. 21 ff.
22. Niederbieber: ORL Abt. B. Nr. 1 S. 20. – Stockstadt: ORL Abt. B Nr. 33 S. 11. – Künzing: F.-R. Herrmann, SJ 26, 1969, 129 ff.
23. I. A. Richmond, Ant. J. 41, 1961, 224 ff.
24. ORL Abt. B. Nr. 11 S. 33. – Für eine gedeckte Querhalle auch: Fellmann a.a.O. (Anm. 11) 17.
25. Zu den städtischen Fora: H. Cüppers, Festschrift 100 Jahre Rheinisches Landesmuseum Trier (Mainz 1979) 250 ff.
26. Die Gruppe umfaßt mehr als zwanzig Kastelle (u. a. Saalburg); solche Räume gab es auch in den Principia einiger Legionslager.
27. R. Cagnat, Mémoires de l'Académie des Inscriptions et Belles-Lettres 38, 1908, 33 ff.
28. Zu den Scholae: von Domaszewski a.a.O. (Anm. 9) 149 ff.
29. Diese Entwicklung ist u. a. bei den Querhallen der Principia von Caernarfon und Bar Hill zu beobachten.

30. Bei den Principia größerer Kastelle sind oft mehr (Niederbieber, Aalen, Echzell), bei den Principia kleinerer Kastelle weniger Räume festgestellt worden (Hesselbach, Ambleside).
31. Die Bezeichnung *aedes* in der Inschrift von Reculver, siehe Anm. 23. – Aus dem 3. Jahrhundert ist auch *caesareum* überliefert; siehe unten Papyros von Syene, Anm. 34. Diese Benennung weist auf die steigende Bedeutung des Kaiserkults im Fahnenheiligtum hin. – Eine Inschrift aus dem Kastell Aalen nennt den Raum sogar *capitolium* (Anfang 3. Jahrhundert): G. Alföldy in: Studien zu den Militärgrenzen Roms III (Stuttgart 1986) 71. Der Raum scheint demnach im Altertum keine einheitliche Bezeichnung getragen zu haben.
32. C. B. Welles, R. O. Fink u. J. F. Gilliam, The Parchments and Papyri. The Excavations at Dura-Europos, Final Report V, 1 (New Haven 1959) 191 ff.
33. Tacitus, Hist. III, 13; Annalen IV, 2. – Funde: G. Gamer, Fragmente von Bronzestatuen aus den röm. Militärlagern an der Rhein- und Donaugrenze. Germania 46, 1968, 53 ff.
34. von Domaszewski a.a.O. (Anm. 9) 159 ff.
35. A. von Domaszewski, Westdeutsche Zeitschrift 14, 1895, 9 ff.
36. ORL Abt. B Nr. 1 S. 23. – H. G. Horn, Das Rheinische Landesmuseum Bonn, Berichte aus der Arbeit des Museums 1982/4, 52 ff.
37. RIB 1904.
38. Tacitus Hist. I, 36.
39. Welles, Fink u. Gilliam a.a.O. (Anm. 32) 192; 199 ff.
40. RIB 327-328.
41. RIB 882-883.
42. Vegetius II, 20.
43. G. R. Watson, The Roman Soldier (London 1969) 99 ff. 104 ff. 220 f. – J. F. Gilliam, BJ 167, 1967, 233 ff. – M. Speidel, JRS 63, 1973, 141 ff. – J. Jahn, in: M. R. Alföldi (Herausg.), Studien zu Fundmünzen der Antike 2 (Berlin 1984) 53 ff.
44. Sueton, Domitian 7.
45. Vegetius II, 20.
46. H. Lehner, BJ 111-112, 1904, 405 f. Abb. 20-21, Taf. 33 B, 52.
47. H. Schönberger, Kastell Künzing-Quintana. LF 13 (1975) 43 f. Abb. 9 (Periode 3).
48. Eindeutige Beobachtung in den Principia des Kastells Aalen; D. Planck in: Studien zu den Militärgrenzen Roms III (Stuttgart 1986) 252.
49. Ein ähnlicher Verschluß in den Principia des Kastells Ambleside.
50. HRW 114.
51. CIL III 3526 = ILS 2355.
52. Tertullian, De corona.
53. Vegetius II, 19.
54. Welles, Fink u. Gilliam a.a.O. (Anm. 32).
55. CIL XIII 7752.
56. *Cornicularius*: CIL XIII 7395 (Friedberg in Hessen); RIB 1742 (Greatchesters); *actuarii*: RIB 1101 (Ebchester), RIB 429 (Caernarfon) u. JRS 53, 1963, 160 Nr. 4 (Ambleside); *librarii*: CIL XIII 6489 (Neckarburken) u. RIB 1134 (Corbridge).
57. CIL XIII 7753.
58. I. A. Richmond, Hod Hill II (London 1968) 75.
59. H. Lehner, Vetera, Röm.-Germ. Forsch. 4 (Berlin 1930) 50.
60. Solche Verbindungen mit Nachbargebäuden sind u. a. in Butzbach, Weißenburg, Unterböbingen, Newstead u. Haltonchesters beobachtet worden. Richmond vergleicht mit Lambaesis, wo die Vorhalle zusammen mit dem Straßenportikus eine architektonische Einheit bildet: AA 4. Ser. 14, 1937, 169; vgl. auch Anm. 62.
61. In Britannien bisher nur in den Kastellen Brecon Gaer, Ribchester, Haltonchesters, Newstead und Wallsend.
62. W. Schleiermacher, Trierer Zeitschr. 18, 1949, 246 ff.
63. Lambaesis: F. Rakob u. S. Storz, Mitteilungen des Deutschen Archäol. Instituts Rom 81, 1974, 253 ff.
64. D. Baatz, Kastell Hesselbach. LF 12 (1973) 32.
65. RFIW 50 f. fig. 20.
66. ORL Abt. B Nr. 71 a S. 8.
67. ORL Abt. B Nr. 1 a S. 18 f.

68. R. Fellmann, Jahresbericht Gesellschaft pro Vindonissa 1956/1957, 171.

69. Baatz a.a.O. (Anm. 64) 46 f. Abb. 28.

70. A. von Cohausen, Der römische Grenzwall in Deutschland (Wiesbaden 1884) 111.

71. RIB 978.

72. R. E. M. Wheeler, Y Cymmrodor 37, 1926, 42 ff. - Lancaster: RIB 605.

73. Murrhardt: R. BW. 448 ff. - Holzhausen: R. H. 357 ff. - Künzing Per. 3: Schönberger a.a.O. (Anm. 47) 43 f. Abb. 9; 114 f.

74. Vegetius II, 23.

75. Vegetius III, 2.

76. Schleiermacher a.a.O. (Anm. 62) 248.

77. R. Fellmann a.a.O. (Anm. 68) 93 ff. Abb. 40-41.

78. W. Glasbergen a.a.O. (Anm. 1) 46 f. 150. - Andere Deutung: Schönberger, Germania 57, 1979, 135 ff.

79. RE XXII Sp. 2535 ff. (F. Lammert, Artikel »Praetorium«, 1954); RE Suppl. IX, Sp. 1180 f. (W. Schleiermacher, Artikel »Praetorium«, 1962). - Die Bezeichnung *praetorium* auch auf zwei Inschriften aus den Ruinen der Kommandeurswohnung in Chesterholm: RIB 1685-1686.

80. RIB 1909 und 1919.

81. Umfangreichere Lederfunde stammen u. a. aus den Kastellen Bar Hill, Balmuildy, Newstead, Chesterholm, Hardknott, Valkenburg, Saalburg, Zugmantel u. Welzheim-Ost.

82. Städtische Peristylhäuser aus Britannien: R. G. Collingwood u. I. Richmond, The Archaeology of Roman Britain (London 1969) 128. - Beispiel aus Deutschland: Führer zu vor- und frühgeschichtl. Denkmälern Bd. 38 Köln II (Mainz 1980) 68 ff. Abb. 1-4 (Haus mit dem Dionysos-Mosaik; Wasserbecken auf dem Innenhof).

83. Vitruv VI, 3-5.

84. I. A. Richmond, PSAS 73, 1938-1939, 127 ff. fig. 8.

85. D. Charlesworth, AA 5. Ser. 3, 1975, 17 ff.

86. AA 5. Ser. 5, 1976, 56 ff.

87. I. A. Richmond a.a.O. (Anm. 58) 78 f.

88. B. Hobley, Britannia 5, 1974, 431; ders., Transactions of the Birmingham and Warwickshire Archaeol. Society 87, 1975, 11 ff.

89. D. Planck, Arae Flaviae I (Stuttgart 1975) 87. 91 f.

90. G. L. Cheesman, The Auxilia of the Roman Army (Oxford 1914) 23 ff. 90 ff. - E. Birley, Beförderungen u. Versetzungen im röm. Heer. Carnuntum Jahrb. 1957, 13 ff. - ders., Corolla memoriae E. Swoboda dedicata. Röm. Forsch. in Niederösterreich 5, 1966, 57 ff. (zur Militia quarta). - A. von Domaszewski, Die Rangordnung des römischen Heeres. 2. Aufl. herausg. von B. Dobson (Köln 1967) XXXIV ff. 122 ff.

91. E. Birley a.a.O. (Anm. 90).

92. Kapersburg: CIL XIII 7441. - Corbridge: RIB 1143. - Weitere Erwähnungen militärischer Horrea: RIB 1909, 1151 u. 1738 (Birdoswald, Corbridge? u. Greatchesters); CIL XIII 7749 (Niederbieber)

93. T. A. Oxley, The Scientific Principles of Grain Storage (Liverpool 1948).

94. P. J. Osborne, Britannia 2, 1971, 156 ff. - H. K. Kenward u. D. Williams, Biological Evidence from the Roman Warehouses in Coney Street. The Archaeology of York 14: The Past Environment of York 2 (York 1979) 62 ff.

95. A. O. Gentry, Roman Military Stone-Built Granaries in Britain. BAR 32 (1976) 62 ff.

96. Cato, De agri cultura 92. - Varro, Res rusticae I, 57.

97. Columella, De re rustica I, 6, 9-17.

98. Varro, Res rusticae I, 57.

99. Columella, De re rustica II, 20, 6.

100. Varro, Res rusticae I, 63.

101. Varro, Res rusticae I, 57.

102. Vitruv VI, 6, 4.

103. Plinius, Naturalis historia XVIII, 73 (301-308).

104. Baugeschichte der Horrea: G. E. Rickman, Roman Granaries and Storebuildings (Cambridge 1971) 251 ff.

105. Rickman a.a.O. (Anm. 104) 215 ff. - W. H. Manning, Roman Military Timber Granaries in Britain, SJ 32, 1975, 105 ff.

106. Manning a.a.O. (Anm. 105) 109.

107. Manning a.a.O. (Anm. 105) 106.
108. Rickman a.a.O. (Anm. 104) 215 ff. – Gentry a.a.O. (Anm. 95).
109. Rickman a.a.O. (Anm. 104) 221 (Gelligaer u. Pennydarren).
110. Okarben Per. 4 (nach 90 n. Chr.): H. Schönberger u. H.-G. Simon, Das Kastell Okarben. LF 19 (1980) 27 ff. Abb. 13. – Benningen (Ende 1. bis 1. Hälfte 2. Jh.): ORL Abt. B Nr. 58 S. 6 ff. Taf. 1, Bauten B u. C.
111. Beginnend mit dem spätdomitianischen Bau in Okarben bis zu den severischen Horrea in South Shields.
112. Hüfingen: ORL Abt. B Nr. 62 a S. 20 f. Taf. 3, 4. – Unterböbingen: R. BW. 247 f. Abb. 88. – Neuss: C. Koenen, BJ 111 - 112, 1904, 190 f. Taf. 15, Bau 13 - 14. – Bonn: von Petrikovits a.a.O. (Anm. 12) 83
113. J. P. Gillam, AA 5. Ser. 5, 1977, 67. [Abb. 19, 8.
114. RIB 1340.
115. J. Clarke, The Roman Fort at Cadder (Glasgow 1933) 42.
116. Manning a.a.O. (Anm. 105) 114.
117. J. Ward, The Roman Fort at Gelligaer (London 1903) 60 ff.
118. Manning a.a.O. (Anm. 105) 109 ff.
119. Beobachtungen in Usk, Baginton und Crawford.
120. B. Hobley, Curr. Arch. 44, Mai 1974, 276 ff.
121. Rickman a.a.O. (Anm. 104) 236.
122. Gentry a.a.O. (Anm. 95) 15.
123. W. Bulmer, AA 4. Ser. 47, 1969, 10.
124. B. Philp, Curr. Arch. 38, Mai 1973, 86.
125. F. Haverfield u. R. G. Collingwood, CW 2. Ser. 20, 1920, 127. – O. Wahle in: Mitteilungen der Vereinigung der Saalburgfreunde II, 2 (Berlin 1920) 29 ff. – I. A. Richmond, PSAS 73, 1938–1939, 131 ff. fig. 10. – Bulmer a.a.O. (Anm. 123) 7 ff.
126. Grundsätzliche Erwägungen zur Getreidelagerung: Rickman a.a.O. (Anm. 104) 85 f. (gegen die Annahme von Holzverschlägen, für Lagerung in Säcken).
127. Plautus, Captivi IV, 4, 6. – Cato, De agri cultura 13 - 4. 68 u. 162. – Plinius, Naturalis historia XVIII, 60.
128. In den Kastellen Wiesbaden, Kapersburg, Weißenburg und wohl auch Ruffenhofen und Pfünz; in Britannien Templeborough.
129. Vegetius I, 27; III, 2.
130. Vegetius I, 8. – R. W. Davies, Joining the Roman Army. BJ 169, 1969, 208 ff. – Watson a.a.O. (Anm. 43) 39.
131. Watson a.a.O. (Anm. 43) 123.
132. Celsus, De medicina (1. Jh. n. Chr.). Ed. W. G. Spencer (Loeb). – Galenos von Pergamon (umfangreiches Werk aus dem 2. Jh. n. Chr., keine neuere Gesamtedition). – Paulos von Aegina (7. Jh. n. Chr.). – Übersicht: A. Krug, Heilkunst und Heilkult. Medizin in der Antike (München 1985).
133. R. W. Davies, The Roman Military Medical Service. SJ 27, 1970, 84 ff.
134. Vegetius II, 10. – optio valetudinarii: Davies a.a.O. (Anm. 133) 86 Anm. 14 - 15.
135. von Domaszewski a.a.O. (Anm. 90) XV. XVIII. 45. 55. 58. – Davies a.a.O. (Anm. 133) 86 f.
136. CIL VIII 2553.
137. Davies a.a.O. (Anm. 133) 87.
138. Hygin, De mun. castr. 4.
139. von Petrikovits a.a.O. (Anm. 12) 98 ff.
140. Vetera: F. Oelmann, Germania 15, 1931, 223 ff. Abb. 2; R. Schultze, BJ 139, 1934, 54 ff. – Inchtuthil: L. F. Pitts u. J. K. St. Joseph, Inchtuthil (London 1985) 91 ff. (mit Diskussion anderer Valetudinaria).
141. Medizin. Instrumente: C. Koenen a.a.O. (Anm. 112) 182. – Pflanzl. Arzneimittel: K.-H. Knörzer, Novaesium IV. LF 10 (1970) 137.
142. Apothekerbüchse: A. Stieren, Germania 12, 1928, 70 Abb. 1; 75. – C. M. Wells, The German Policy of Augustus (Oxford 1972) 189 ff. – herba Britannica: Plinius, Nat. hist. XXV, 20 f.
143. JRS 53, 1963, 166 Nr. 51.
144. Davies a.a.O. (Anm. 133) 92 Anm. 62; 93 Abb. 9.
145. Nachweise bei: R. W. Davies, The medici of the Roman armed forces. Epigr. Stud. 8 (1969) 83 ff.; 9 (1970) 1 ff.
146. Einige Nachweise bei: R. W. Davies, SJ 27, 1970, 91 Anm. 52 (Straubing, Saalburg, Newstead, Hod

Hill). – Gilson, A group of Roman surgical and medical instruments from Corbridge. SJ 37, 1981, 5 ff.

147. F. G. Kenyon u. H. I. Bell, Greek Papyri in the British Museum (London 1893–1917) Nr. 2851.
148. D. Charlesworth, AA 5. Ser. 4, 1976, 17 ff.
149. Pitts u. St. Joseph a.a.O. (Anm. 140) 91.
150. Nachweise bei: Davies a.a.O. (Anm. 146) 96 f. – Wallsend: Britannia 15, 1984, 277; 279 fig. 5.
151. Collingwood u. Richmond a.a.O. (Anm. 82) 31.
152. Hanson, Daniels, Dore u. Gillam, AA 5. Ser. 7, 1979, 17 ff. fig. 5.; 80 f.
153. AA 5. Ser. 7, 1979, 80.
154. C. M. Daniels, AA 4 Ser. 46, 1968, 115 ff.
155. Die stratigrafische Zuordnung des Hortfundes erscheint nicht völlig geklärt; eine endgültige Veröffentlichung steht noch aus.
156. Rickman a.a.O. (Anm. 104) 77.
157. Rickman a.a.O. (Anm. 104) 87 ff.
158. Funde von Lederzelten: J. McIntyre u. I. A. Richmond, CW 2. Ser. 34, 1934, 62 ff.; W. Groenman-van Waateringe, Romeins lederwerk uit Valkenburg Z. H. (Groningen 1967) 79 ff. – A. Robertson, M. Scott u. L. Keppie, Bar Hill. BAR 16 (1975) 83 ff.
159. Hygin, De mun. castr. 1.
160. »Centuria« als Benennung der Baracke: RIB 334 (Caerleon); JRS 51, 1961, 192 Nr. 4 (Bainbridge).
161. Z. B. in Housesteads: JRS 51, 1961, 161 fig. 11. – Hesselbach: Baatz a.a.O. (Anm. 64) 39 Abb. 20; 42 ff. Abb. 24.
162. Kastell Echzell: D. Baatz, Germania 46, 1968, 40 ff. – M. Schleiermacher, Germania 63, 1985, 507 ff. – Wandmalerei aus dem Kastell Hofheim: H. U. Nuber, Die röm. Kastelle bei Hofheim am Taunus. Archäol. Denkmäler in Hessen 29 (1983).
163. M. Todd, The Roman Fort at Great Casterton, Rutland (Nottingham 1968) 53 Nr. 14. – Ähnliche Gruben auch in Künzing: H. Schönberger, Kastell Künzing-Quintana. LF 13 (1975) 27.
164. J. Wilkes, AA 4. Ser. 39, 1961, 282 f. – Sklaven bzw. Freigelassene von Legionscenturionen: CIL XIII 8648 (Xanten); RIB 200 (Colchester).
165. Baatz a.a.O. (Anm. 64) 56 Anm. 128-129.
166. Baatz a.a.O. (Anm. 64) 54 ff. Anm. 132.
167. Beispiele für Barackenpaare, bei denen die linke Offiziersunterkunft größer war: Caerhun, RFIW 58 fig. 25 (Praetentura); Baginton Per. 2 (Retentura).
168. B. Cichy, Das röm. Heidenheim (Heidenheim 1971) 27 ff. m. Abb.
169. Vgl. Anm. 168; ferner: H. Schönberger, Kastell Künzing-Quintana. LF 13 (1975) 112.
170. Ausrüstung eines Legionärs: Josephus, Bell. Jud. III, 5, 5 (außer den Waffen trägt der Soldat Säge und Korb, Spaten und Axt, Riemen, Haumesser und Handschellen). – Vgl. auch Szenen III-IV der Trajanssäule. Sie zeigen den Ausmarsch von Soldaten mit Gepäcktragestangen (*furcae*), auf denen das Marschgepäck (*sarcina*) hängt.
171. D. J. Breeze, AA 4. Ser. 50, 1972, 94 (Carrawburgh).
172. Heidenheim: 10 Contubernien, falls die zwei vergrößerten Contubernien neben den Kopfbauten nicht mitgezählt werden: Cichy a.a.O. (Anm. 168) Abb. S. 16. – Valkenburg Pers. 2/3: 6 Contubernien: W. Glasbergen u. W. Groenman-van Waateringe, The Pre-Flavian Garrisons of Valkenburg Z. H. (Amsterdam 1974) 13 f. fig. 4.
173. Hygin, De mun. castr. 25-26.
174. Glasbergen u. Groenman-van Waateringe a.a.O. (Anm. 172) 17 ff.
175. I. A. Richmond, Hod Hill II (London 1968) 79 f.
176. Glasbergen u. Groenman-van Waateringe a.a.O. (Anm. 172) 20 f. Fig. 9.
177. D. Baatz, SJ 22, 1965, 142 f Abb. 2, 8.
178. Glasbergen u. Groenman-van Waateringe a.a.O. (Anm. 172) 10 ff.
179. R. BW. 321 ff.
180. Fläche eines Contuberniums in Housesteads: 25 qm; Fendoch: 27 qm.
181. Zur Anzahl der Pferde und ihrem Ersatz: R. W. Davies, The Supply of Animals to the Roman Army and the Remount System. Latomus 28, 1968, 429 ff.
182. C. M. Wells, Where did they put the horses? Cavalry Stables in the Early Empire. Limes, Akten des XI. Internationalen Limeskongresses Szekesfehervar, herausgeg. von J. Fitz (Budapest 1977) 659 ff.
183. J. C. Ewart in: J.Curle, A Roman Frontier Post and its People: the Fort of Newstead (Glasgow 1911) 362 ff.

5. INNENBAUTEN

184. Einige Pferdeknochen-Funde von der Rhein- und Donaugrenze m. osteologischer Auswertung: K. H. Habermehl, SJ 18, 1959/1960, 83 ff. 104 f. (Butzbach). – J. Boessneck, Zur Entwicklung vor- und frühgeschichtl. Haus- u. Wildtiere Bayerns. Stud. an vor- u. frühgeschichtl. Tierresten Bayerns 2 (München 1958) 68 f. – K. Waldmann, Die Knochenfunde aus der Colonia Ulpia Traiana. Archaeo-Physika 3 (Köln 1967) 9 ff. – M. Kokabi, Ein Pferdeskelett aus dem röm. Reiterlager Dormagen. BJ 182, 1982, 389 ff. – V. Gulde, Osteol. Untersuchungen an Tierknochen aus dem röm. Vicus von Rainau-Buch. Materialhefte z. Vor- und Frühgeschichte in Baden-Württemberg 5 (Stuttgart 1985) 27 ff. – Zur Größe römischer Pferde ferner: Wells a.a.O. (Anm. 182) 661 f.

185. Die empfohlenen Maße für eine Box betragen heute 1,8 mal 3,4 m. Der Platz, den ein heutiges Pferd zum Niederlegen benötigt, wird mit 1,8 mal 2,7 m angegeben: S. Rowland Pierce u. P. Cutbush, Planning: The Architect's Handbook (London 1959) 475 ff.

186. Die übliche Breite eines Stalles mit einer Reihe Boxen liegt bei 5,5 m, mit zwei Reihen Boxen bei 9,5 m; J. Wortley Axe, The Horse: Its Treatment in Health and Disease VIII (1905) 323. – Vor dem Ersten Weltkrieg wurden »bei Militärställen Breiten von 9 bis 10,5 m gefordert, in Österreich z. B. je 3,16 m für die beiden Reihen der Pferdestände und den Mittelgang. Die Breiten der einzelnen Pferdestände schwanken . . . in den verschiedenen Ländern zwischen 1,45 bis 1,60 m«; nach E. Ritterling, ORL Abt. B Nr. 1 a S. 47 f.

187. Xenophon, De re equestri 4, 3.

188. B. R. Hartley, The Roman Fort at Ilkley. Proceedings Leeds Phil. and Lit. Society, Lit. and Hist. Sect. 12, 2, 1966, 23 ff.

189. G. Müller, Ausgrabungen in Dormagen 1963 bis 1977. Rheinische Ausgrabungen 20 (Köln 1979) 27 ff.

190. O. Schröder u. K. H. Knörzer in: Müller a.a.O. (Anm. 189) 129 f. 130 ff. – Zweifel an der Deutung der Grabungsbefunde äußert H. Schönberger, Ber. RGK 66, 1985, 459 ff.

191. Xenophon, De re equestri 5, 2.

192. Welles, Fink u. Gilliam a.a.O. (Anm. 32) Nr. 101 Col. XXXIII, 9; andere Lesung bei: R. O. Fink, Roman Military Records on Papyrus (1971) 72 Nr. 2 Col. XXXIII, 9.

193. I. A. Richmond, Hod Hill II (London 1968) 82 ff.

194. Wells a.a.O. (Anm. 182) 661.

195. Rekonstruktionsversuch: Schönberger a.a.O. (Anm. 169) 58 ff. Abb. 13-14.

196. Polybios VI, 39.

197. B. P. Grenfell u. A. S. Hunt (ed.), The Amherst Papyri (London 1900 ff.) Nr. 107. – 1 Artaba = 23,6 kg. Die Gerste wog also 472 t.

198. R. E. Walker in: J. M. C. Toynbee, Animals in Roman Life and Art (London 1973) 342 Anm. 40.

199. Fink a.a.O. (Anm. 192) 283 ff. Nr. 76.

200. Z. B. Fink a.a.O. (Anm. 192) 333 ff. Nr. 80.

201. RFIW 62 f.

202. Wells a.a.O. (Anm. 182) 664. – Zu den Weidegründen für die Tiere der Legion (*prata legionis*): A. Mocsy in: Studien zu den Militärgrenzen Roms. Beiheft BJ 19 (Köln 1967) 211 ff. – Grenzstein der *prata* der Legio I Minervia: H. von Petrikovits in: J. E. Bogaers u. C. B. Rüger (Herausg.), Der niedergermanischen Limes (Köln 1974) 27 f. Abb. 1; ders., Militärisches Nutzland in den Grenzprovinzen des römischen Reiches. Actes du VII. congrès international d'épigraphie grecque et latine 1977 (1979) 241 ff.

203. Für die Strohschüttung eines Pferdes werden heute 3,6 kg pro Tag gerechnet, d. h. 25,2 kg pro Woche: Wortley Axe a.a.O. (Anm. 186) 355.

204. Wortley Axe a.a.O. (Anm. 186) 107.

205. Vegetius II, 14.

206. Hygin, De mun. castr. 4. – Andere Deutung des Veterinarium: von Petrikovits a.a.O. (Anm. 12) 101 ff.

207. R. W. Davies, SJ 17, 1970, 87.

208. Davies a.a.O. (Anm. 207).

209. Vegetius II, 11. – Paternus: Digesten 50, 6, 7. – Zum Personal der Legions-Fabricae: E. Sander, BJ 162, 1962, 145 ff. – In der Kaiserzeit war der Praefectus Fabrum kein Legionsoffizier. Leiter der Legions-Fabricae war der Optio Fabricae: B. Dobson, The Praefectus Fabrum in the Early Principate; in: M. G. Jarrett u. B. Dobson (Herausg.), Britain and Rome (Kendal 1966) 61 ff.

210. Vegetius II, 11.

211. Hygin, De mun. castr. 4.

212. von Petrikovits a.a.O. (Anm. 12) 89 ff.

213. Pitts u. St. Joseph a.a.O. (Anm. 140) 109 ff. pl XVIIIB-XX; 289 ff. fig. 86-91.
214. H. Schönberger, Kastell Oberstimm. LF 18 (1978) 30 ff.
215. Schönberger a.a.O. (Anm. 214) 38 ff. Abb. 19 (Rekonstruktionszeichnung).
216. Schönberger a.a.O. (Anm. 214) 138.
217. ORL Abt. B Nr. 31 S. 32 ff.
218. H. Schönberger, Germania 57, 1979, 135 ff.
219. Robertson, Scott u. Keppie a.a.O. (Anm. 158) 86.
220. Bar Hill: Robertson, Scott u. Keppie a.a.O. (Anm. 158) 59 ff. – Ledersachen vom Niedergermanischen Limes, Valkenburg: Groenman-van Waateringe a.a.O. (Anm. 158); vom obergermanischen Limes, Kastelle Saalburg, Zugmantel und Feldberg: A. L. Busch, SJ 22, 1965, 158 ff.
221. Der *coriarius* befindet sich nicht auf der Liste des Paternus (Digesten 50, 6, 7) und ist auch sonst beim römischen Heer inschriftlich nicht nachzuweisen.
222. R. Birley, Vindolanda, a Roman Frontier Post on Hadrian's Wall (London 1977) 123 ff.
223. Vegetius IV, 8.
224. Zur Aufbewahrung von Vorräten und Küchengeschirr der einzelnen Centurien und Contubernien siehe unten Kap. 6.
225. Glasbergen u. Groenman-van Waateringe a.a.O. (Anm. 172) 10 ff.
226. Hod Hill: Richmond a.a.O. (Anm. 193) 89 Anm. 3. – Pen Llystyn: A. H. A. Hogg, Arch. J. 125, 1968, 142 ff.
227. Oberstimm: Schönberger a.a.O. (Anm. 214) 118. – »Tabernae« der Legionslager: Pitts und St. Joseph a.a.O. (Anm. 140) 179 ff.
228. Xenophon, De re equestri 3, 5.
229. B. Hobley, Transactions Birmingham and Warwickshire Archaeol. Society 85, 1971-1973, 30 ff.; 87, 1975, 10 f. pl. 2; ders., Curr. Arch. 28, Sept. 1971, 127 ff.
230. J. P. Gillam, AA 5. Ser. 5, 1977, 58 f.

6. ERNÄHRUNG UND WASSERVERSORGUNG

1. Polybios VI, 39. – Unter den Ostraka von Pselcis (Ägypten) befinden sich Quittungen für Lebensmittel und Wein von Soldaten einer Cohors equitata, die aus der Zeitspanne von 179 bis 205 n. Chr. stammen. Sie führen als monatliche Getreideration eines Soldaten eine *artaba* auf, was etwa 24 kg entspricht: R. O. Fink, Roman military Records on Papyrus (Cleveland 1971) Nr. 78, 79 und 81. – Abschätzungen der Getreiderationen: A. P. Gentry, Roman military stone-built Granaries in Britain. BAR 32 (1976) 23 ff.
2. Verkohltes Getreide z. B. aus den Horrea von Theilenhofen und Pfünz, ORL Abt. B. Nr. 72 S. 14; 56 Nr. XI, 4. – ORL Abt. B Nr. 73 S. 7; 34. – In Britannien: aus den Kastellen Ribchester und Brough-by-Bainbridge.
3. Polybios VI, 38. – Sueton, Augustus 24.
4. A. K. Bowman und J. D. Thomas, Vindolanda: The Latin Writing-Tablets (London 1983) Nr. 4.
5. Cato, De agri cultura 74.
6. RIB 1049.
7. R. W. Davies, The Roman Military Diet. Britannia 2, 1971, 122 ff. – Im Verteidigungsgraben des Kastells Bearsden kam eine torfartige Schicht zutage, die aus Ablagerungen der nahegelegenen Mannschaftstoilette herrührte. Die Analyse ergab Reste von Getreide, die darauf hindeuten, daß die Soldaten Vollkornbrot gegessen haben. Der geringe Anteil von Cholesterin-Verbindungen weist darauf hin, daß die Nahrung vorwiegend vegetarisch war; D. Breeze u. a., Journal of Archaeol. Science 10, 1983, 139 ff.
8. Vegetius III, 3. – Fink a.a.O. (Anm. 1) Nr. 78, 15.
9. Davies a.a.O. (Anm. 7) 125.
10. Hinzukauf: Davies a.a.O. (Anm. 7) 124 Anm. 15. – A. K. Bowman, Britannia 5, 1974, 368. – Ostraka vom Wadi Fawakhir: O. Guéraud, Bulletin de l'Institut Français d'Archéologie Orientale 41, 1942, 141 ff.
11. Vegetius IV, 7.
12. Davies a.a.O. (Anm. 7) 126 ff. Tabellen I-III.
13. P. J. A. van Mensch u. G. F. Ijzereef in: B. K. van Beek, R. W. Brandt u. W. Groenman-van Waateringe (Herausg.), Ex Horreo. Cingula IV (Amsterdam 1977) 144 ff.

14. Bowman u. Thomas a.a.O. (Anm. 4) Nr. 4.
15. Newstead: J. Curle, A Roman Frontier Post and its People: the fort of Newstead in the parish of Melrose (Glasgow 1911) 268. – Chester: Britannia 2, 1971, 294 Nr. 26. – Mumrills: JRS 54, 1964, 184, Nr. 40. – Wallsend: Britannia 7, 1976, 390 Nr. 56.
16. Zu den Amphoreninhalten: M. G. Callender, Roman Amphorae (Oxford 1965) 37 ff.; u. a. Wein, Olivenöl, Oliven, Fischsoßen, eingelegte Fische, eingelegte Früchte, getrocknete Früchte, Honig. – Brough-on-Noe: JRS 53, 1963, 166 Nr. 50; dazu: Davies a.a.O. (Anm. 7) 131.
17. Davies a.a.O. (Anm. 7) 132 f. – Zu Gemüse, Obst u. Nüssen: J. Baas, SJ 10, 1951, 14 ff.; 28, 1971, 61 ff.; 36, 1979, 45 ff.; 38, 1982, 110 ff.; K. H. Knörzer, SJ 30, 1973, 71 ff. – U. Körber-Grohne, M. Kokabi, U. Piening u. D. Planck, Flora u. Fauna im Ostkastell von Welzheim (Stuttgart 1983).
18. Nach G. R. Watson, The Roman Soldier (London 1969) 76 sind die überlieferten Listen bei Paternus und Vegetius möglicherweise nicht vollständig.
19. Herodian IV, 7, 5.
20. JRS 58, 1968, 213 Nr. 69.
21. Britannia 9, 1978, 480 Nr. 61.
22. W. Glasbergen u. W. Groenman-van Waateringe, The Pre-Flavian Garrisons of Valkenburg Z. H. (Amsterdam 1974) 10 f. – H. Schönberger, Kastell Oberstimm. LF 18 (1978) 108; 115 Abb. 53, Bauphase 1 c.
23. Greatchesters: AA 2. Ser. 7, 1886, 96 f. – Straubing: Jahresbericht Hist. Verein f. Straubing u. Umgebung 79, 1976 (1977) 90 Nr. 37 Abb. 10. – Mainz: K. Körber, Römische Inschriften im Mainzer Museum (Mainz 1897) 212 Nr. 84. – Frankfurt a. M.-Nied: Altertumskunde u. Geschichtsforschung 1901/02, 56 f.
24. H. Jacobi, SJ 3, 1912, 88 f.
25. Vitruv X, 5. – Wassermühlen wurden im 3. Jahrhundert auch an der Hadriansmauer eingesetzt: F. G. Simpson, Watermills and Military Works on Hadrian's Wall (Kendal 1976) 26 ff.
26. L. A. Moritz, Grain-Mills and Flour in Classical Antiquity (Oxford 1958) 125 ff.
27. Jacobi a.a.O. (Anm. 24) 94.
28. E. Birley, I. A. Richmond u. J. A. Stanfield, AA 4. Ser. 13, 1936, 238 ff. Taf. 18. 20.
29. H. Jacobi, SJ 3, 1912, 21; Taf. 5, 40.
30. CIL XIII 6935.
31. I. A. Richmond u. J. McIntyre, PSAS 73, 1938–1939, 138.
32. Backofenschieber: SJ 7, 1930, 17 Taf. 1.
33. A. S. Robertson, Birrens (Blatobulgium) (Edinburgh 1975) 19 f. fig. 6.
34. A. H. A. Hogg, Arch. J. 125, 1968, 123 ff.
35. Stockstadt: ORL Abt. B Nr. 33 S. 15 Taf. 3, 2 (Bau K). – Saalburg: H. Jacobi, SJ 7, 1930, 10 ff. – Caerhun: P. K. Baillie-Reynolds, Kanovium (Cardiff 1938) 36 ff.
36. Josephus, Bell. Jud. III, 5, 3.
37. Usk: Britannia 7, 1976, 391 f. Nr. 66. – Valkenburg: JVT 25-28, 1941–1944, 201 Nr. 6.
38. Vegetius III, 2.
39. H. von Petrikovits, Die Innenbauten römischer Legionslager während der Prinzipatszeit (Opladen 1975) 105 f.
40. Vegetius IV, 10. – Vitruv VIII, 6, 12.
41. Bauweise der Brunnen: J. Hoops, Reallexikon d. german. Altertumskunde 2. Aufl. Bd. 4 (1981) 3 ff. – H. Jacobi, Die Be- und Entwässerung unserer Limeskastelle. SJ 8, 1934, 32 ff.
42. Martial IX, 18. – Tolleno: Jacobi a.a.O. (Anm. 41) 43 f.
43. Vegetius IV, 21.
44. A. Neyses, Trierer Zeitschrift 35, 1972, 109 ff.
45. Siehe oben Anm. 41. – Krefeld-Gellep: W. Piepers u. D. Haupt in: Beiträge z. Archäologie d. röm. Rheinlands 3 (1968) 238 ff.
46. Vitruv X, 5. – H. Schönberger a.a.O. (Anm. 22) 132 f. Abb. 63.
47. Caernarfon: RIB 430. – Chester-le-Street: RIB 1049. – South Shields: RIB 1060. – Chesters: RIB 1463.
48. CIL XIII 11757-59. – Dazu: A. Wolf, Röm.-german. Korrespondenzblatt 5, 1912, 2 ff.; ORL Abt. A Strecken 7-9 S. 143 Anm. 3.
49. HRW 183.
50. B. J. Philp, Curr. Arch. 38, Mai 1973, 86.
51. Vitruv VIII, 6, 1-11. – Plinius, Naturalis historia XVI, 42 (81).

52. Jacobi a.a.O. (Anm. 41) 54 ff. – Kapersburg: ORL Abt. B Nr. 12 S. 18.
53. Vitruv VIII, 6, 8-11.
54. Vitruv VIII, 6, 15.
55. F. G. Simpson u. I. A. Richmond, AA 4. Ser. 19, 1941, 14 ff. fig. 2.
56. Zum Sammeln von Regenwasser: Vitruv VIII, 2, 1 hält Regenwasser für besonders gesund. – Varro, Res rusticae I, 11 empfiehlt den Bau von Zisternen, falls eine Versorgung mit Brunnen- oder Quellwasser nicht möglich ist. – Vegetius IV, 10 behandelt die Wasserversorgung einer Stadt bei Belagerungen. Als zusätzliche Maßnahme wird das Sammeln des Regenwassers von den Dächern vorgeschrieben.
57. D. J. Smith in: Simpson a.a.O. (Anm. 25) 143 ff.
58. Erzählt von R. C. Bosanquet, AA 2. Ser. 25, 1904, 249.
59. I. A. Richmond, Hod Hill II (London 1968) 87 f. – Trajanssäule: C. Cichorius, Die Reliefs der Trajanssäule (1896–1900) Taf. 13 Szene XIV.
60. Fink a.a.O (Anm. 1) Nr. 9, S. 108 (am 3. Oktober).
61. Bosanquet a.a.O. (Anm. 58) 249 ff. pl. 18. – Simpson a.a.O. (Anm. 25) 133 ff.
62. Verwendung von Schwämmen auf der Toilette: Seneca, Epistulae ad Lucilium 70, 20; Martial XII, 48, 7.
63. W. H. Manning, Report on the Excavations at Usk. The Fortress Excavations 1968 bis 1971 (Cardiff 1981) 190 ff.
64. H. Schönberger, Kastell Künzing-Quintana. LF 13 (1975) 26 f. Abb. 8. – W. Specht, Eine interessante Erdprobe aus einer Abortgrube im Römerkastell Künzing. SJ 21, 1963/64, 90 ff.
65. Fink a.a.O. (Anm. 1) Nr. 9, S. 111.

7. AUSSENANLAGEN

1. R. W. Davies, The Training Grounds of the Roman Cavalry. Arch. J. 125, 1969, 73 ff. – ders., Roman Military Training Grounds; in: E. Birley, B. Dobson u. M. Jarrett, Roman Frontier Studies 1969 (Cardiff 1974) 20 ff.
2. Vegetius III, 2.
3. Vegetius II, 23.
4. Vegetius II, 23.
5. Vegetius I, 11.
6. Arrian, Taktik 34, 1.
7. Vegetius I, 27.
8. R. W. Davies, Archaeologia Cambrensis 117, 1968, 103 ff. – Übungslager bei Llandrindod und Haltwhistle: siehe oben, Kap. 3 Anm. 33.
9. Tertullian, Adversus Marcionem 3. – Die »Schildkröte« (testudo) entstand dadurch, daß eine Gruppe von Soldaten ihre Schilde dichtgeschlossen in der Art eines Daches zur Deckung benutzte.
10. T. Garlick, Hardknott Castle Roman Fort (Clapham 1985) 22 f.
11. Ein militärischer Festkalender ist in Gestalt des feriale Duranum erhalten; siehe oben, Kap. 5 Anm. 32.
12. RIB 815-17, 819, 822, 824-28, 830-31, 838-43. – Zum Exerzierplatz von Maryport: M. G. Jarrett, Maryport, Cumbria: A Roman Fort and its Garrison. CW Extra Series 22 (Kendal 1976) 8 ff.
13. L. P. Wenham, CW 2. Ser. 39, 1939, 19 ff. – M. G. Jarrett, CW 2. Ser. 65, 1965, 115 ff.
14. Mainhardt: H. Nesselhauf, Ber. RGK 40, 1959, 173 ff. Nr. 134–139. – Birdoswald: RIB 1874–1883. – Auchendavy: RIB 2176-77. – Benningen: CIL XIII 6449. – Newstead: RIB 2121. – Cramond: RIB 2135. – Castlehill: RIB 2195.
15. RIB 1334.
16. Arrian, Taktik 34.
17. J. Garbsch, Römische Paraderüstungen (München 1978).
18. W. Heinz, Römische Thermen (München 1983) 142 ff.

8. ENTWICKLUNG RÖMISCHER MILITÄRLAGER

1. R. Meiggs, Roman Ostia. 2. Aufl. (Oxford 1973) 16 ff. – Frühe, römische Beispiele rechtwinkliger Vermessungsraster: O. A. W. Dilke, The Roman Land Surveyors (Newton Abbot 1971) 31 ff. – U. Heimberg, Römische Landvermessung. Limesmuseum Aalen, Heft 17 (1977) 21 ff.

2. D. Baatz, Hibernacula. Germania 63, 1985, 147 ff.

3. Appian, Iberica.

4. A. Schulten, Numantia I, III, IV (München 1914, 1927 und 1929); ders., Geschichte von Numantia (München 1933).

5. Peña Redonda u. Castillejo: Schulten, Numantia III. Die Lager des Scipio (München 1927) 93 ff. 167 ff.

6. R. Agache, La Somme Pré-Romaine et Romaine. Mémoires de la Société des Antiquaires de Picardie 24 (Amiens 1978) 297 ff.

7. Caesar, De bello Gallico VII, 34-53 (Gergovia); VII, 68-89 (Alesia).

8. Napoléon III, Histoire de Jules César I-II (Paris 1865–1866).

9. M. J. Jones, Roman Fort Defences. BAR 21 (1975) 12 ff. gibt eine Übersicht über Militärlager in Gallien, die als caesarisch gelten. Die Datierung mancher dieser Lager ist indessen unsicher; das gilt auch für Mauchamp a.a.O. 11 fig. 1 f.

10. Die Datierung der vom Flugzeug aus entdeckten Lager ist unsicher. Römische Heeresbewegungen mit Marschlagern hat es in Gallien auch nach Caesar gegeben. – Breteuil-sur-Noye: Agache a.a.O. (Anm. 6) 235 ff.

11. Mainz: D. Baatz, Mogontiacum. LF 4 (1962). – Köln: NL 160 ff. – Neuss: NL 139 ff. – Xanten (Vetera): NL 106 ff. – Nijmegen: NL 76 ff.; J. H. F. Bloemers in: Studien zu den Militärgrenzen Roms (Köln 1977) 87 ff.

12. Dangstetten: G. Fingerlin, Ber. RGK 51-52, 1970–1971, 197 ff.; ders., Fundberichte aus Baden-Württemberg 3, 1977, 278 ff.; ders., in D. Planck (Herausg.), Führer zu röm. Militäranlagen in Süddeutschland (Stuttgart 1983) 20 ff.

13. C. M. Wells, The German Policy of Augustus (Oxford 1972). – Zur neueren archäologischen Forschung zusammenfassend: H. Schönberger, Ber. RGK 66, 1985, 324 ff.

14. Fossa Drusiana: Tacitus, Annalen II, 8. – Sueton, Claudius 1.

15. Oberaden: S. von Schnurbein, Ber. RGK 62, 1981, 10 ff. – Beckinghausen: von Schnurbein a.a.O. 23 ff. – Hibernacula in Oberaden: Baatz a.a.O. (Anm. 2) 151 ff.

16. H. Schönberger u. H.-G. Simon, Römerlager Rödgen. LF 15 (1976).

17. Haltern: S. von Schnurbein, Die römischen Militäranlagen in Haltern. Bodenaltertümer Westfalens 14 (Münster 1974). – Ders., Ber. RGK 62, 1981, 33 ff.

18. Rat des alten Augustus, sich mit den erreichten Grenzen zu bescheiden: Tacitus, Annalen I, 11.

19. Schönberger a.a.O. (Anm. 13) 336 ff.

20. W. Glasbergen u. W. Groenman-van Waateringe, The Pre-Flavian Garrisons of Valkenburg Z. H. (Amsterdam 1974) 8 ff. 20.

21. »Claudischer Limes« an der Donau: Schönberger a.a.O. (Anm. 13) 355 ff. mit Literaturnachweisen. – Ders., Kastell Oberstimm. LF 18 (1978).

22. Rißtissen: G. Mildenberger, Germania 39, 1961, 69 ff.; ders., Fundberichte aus Schwaben NF 16, 1962, 106 ff.

23. Vicus am Kastell Burghöfe: G. Ulbert, Die röm. Donau-Kastelle Aislingen u. Burghöfe. LF 1 (1959) 18 ff. Abb. 3.

24. Sueton, Vespasian 4. – Vespasian als Kommandeur der Legio II Augusta: Tacitus, Historien II, 44. – Zur Geschichte der Okkupation Britanniens: S. S. Frere, Britannia: a history of Roman Britain 3. Aufl. (London 1969) 61 ff.

25. Militär. Ausrüstungsstücke, Funde aus dem 19. Jh.: W. Brailsford, Hod Hill I (London 1962). – Ausgrabungen: I. A. Richmond, Hod Hill II (London 1968).

26. Richmond a.a.O. (Anm. 25) 76 ff.

27. Vexillations-Lager sind festgestellt worden in Rhyn, Leighton und Clyro in Wales; Longthorpe, Malton, Rossington Bridge, Kinvaston und Newton-on-Trent in den Midlands; Great Chesterford in East Anglia und Lake in Wiltshire.

28. Longthorpe: S. S. Frere u. J. K. St Joseph, Britannia 5, 1974, 1 ff.

29. Eine Übersicht über die nachgewiesenen und vermuteten Kastelle dieser Epoche: G. Webster, The Roman Invasion of Britain (London 1980) 1259 ff. Karte II.

30. Nur in wenigen dieser Kastelle ist gegraben worden, darunter in Great Casterton: M. Todd, The Roman Fort at Great Casterton, Rutland (Nottingham 1968).

31. Zur Verteilung der Legionen in claudischer Zeit: W. H. Manning, Report on the Excavations at Usk 1965–1976: The Fortress Excavations 1968–1971 (Cardiff 1981) 24 ff. Abb. 9.

32. Tacitus, Annalen XII, 31 ff. u. XIV, 29 ff. – Tacitus, Agricola 14 ff.

33. Tacitus, Agricola 17 ff.
34. Nanstallon: A. Fox u. W. Ravenhill, Britannia 3, 1972, 56 ff.; 90 f. (Blei- und Silberverhüttung).
35. Tacitus, Historien IV u. V. – R. Urban, Der »Bataveraufstand« und die Erhebung des Julius Classicus (Trier 1985); dort weitere Literatur.
36. Tacitus, Annalen XII, 40.
37. Vetera (Xanten): NL 106 ff. – Nijmegen: NL 76 ff.; J. E. Bogaers u. J. K. Haalebos in: Studien zu den Militärgrenzen Roms II (Köln 1977) 93 ff.; H. Brunsting, ebd., 115 ff.
38. CIL XIII 9082 (Offenburg; 74 n. Chr.).
39. Kastelle in Rottweil: R. BW. 521 ff. – Besatzung von Rottweil III: D. Planck, Arae Flaviae I (Stuttgart 1975) 90 ff.
40. H. U. Nuber in: Studien zu den Militärgrenzen Roms III (Stuttgart 1986) 226 ff.
41. Günzburg: Vollmer 196. – Kösching: Vollmer 257. – Eining: Vollmer 331-332.
42. A. H. A. Hogg, Arch. J. 125, 1968, 111.
43. Tacitus, Agricola 29-38. – J. Kenworthy (Herausg.), Agricola's Campaigns in Scotland. Scottish Archaeol. Forum 12 (Edinburgh 1981).
44. S. S. Frere a.a.O. (Anm. 24) 115. – Anders: D. Breeze in: Scottish Archaeol. Forum 12 (1981) 14 ff.
45. I. A. Richmond u. J. McIntyre, PSAS 73, 1938–1939, 110 ff.
46. Crawford: G. Maxwell, PSAS 104, 1971–1972, 147 ff. – Die meisten Kastelle waren länglich-rechteckig. Bei manchen erforderten die Geländeverhältnisse den Bau schmaler, langer Umwehrungen (Fendoch, Crawford), andererseits gab es auch flavische Kastelle mit quadratischem Grundriß (z. B. Caerhun, Oakwood, Ebchester, Burladingen, Urspring, Heidelberg-Neuenheim).
47. I. A. Richmond, PSAS 84, 1949–1950, 2 ff.
48. K. A. Steer u. R. W. Feacham, PSAS 86, 1951–1952, 89 ff.; ebenso in Cardean, Elslack, Caermote u. Bochastle.
49. J. K. St. Joseph in: L. F. Pitts u. J. St. Joseph, Inchtuthil (London 1985) 279.
50. Schönberger a.a.O. (Anm. 13) 371 f.
51. Schönberger a.a.O. (Anm. 13) 375 f.
52. Schönberger, Kastell Künzing-Quintana. LF 13 (1975) 112.
53. z. B. Okarben: H. Schönberger u. H.-G. Simon, Kastell Okarben. LF 19 (1980) 36. – Andere dieser Kastelle: Wiesbaden, Hofheim am Taunus, Frankfurt a. M.-Heddernheim, Friedberg (Hessen).
54. Die Kriegführung in Dakien und die Siege des Kaisers sind auf der Trajanssäule in Rom abgebildet. Die Reliefs enthalten eine Fülle unschätzbarer Informationen über das römische Heer und seine Bauten.
55. R. P. Longden, JRS 21, 1931, 1 ff. – The Cambridge Ancient History XI (Cambridge 1954) 236 ff.
56. D. Breeze u. B. Dobson, Hadrian's Wall (London 1976) 20 ff.
57. Caerleon: RIB 330. – Chester: RIB 464. – York: RIB 665.
58. Die Thermen in den Legionslagern dürften allerdings von Anfang an Steinbauten gewesen sein. Bei den heizbaren Naßräumen kam die Holzbauweise aus technischen Gründen nicht in Betracht.
59. Eine trajanische Inschrift aus Lancester (RIB 604) deutet auf Steinausbau in dieser Zeit.
60. RIB 397-399.
61. Es ist oft schwierig, die Umwehrungen genau zu datieren. – Stuttgart-Bad Cannstatt: R. BW. 573 ff. – Benningen: R. BW. 239 ff.
62. Baatz, Kastell Hesselbach. LF 12 (1973).
63. Grenzmauer in Britannien: Scriptores Historiae Augustae, Vita Hadriani 11,2. – Palisade als Grenzsperre: ebd., 12, 6.
64. Vorpostenkastelle: Birrens, Netherby und Bewcastle.
65. Wallsend, Benwell, Rudchester, Haltonchesters, Chesters, Housesteads, Birdoswald, Castlesteads, Stanwix, Burgh-by-Sands und Bowness-on-Solway gehörten zu den ersten Kastellen, die schon während der Statthalterschaft des Platorius Nepos (122 bis um 126) begonnen wurden. Bevor dieses Bauprogramm beendet war, wurde Greatchesters hinzugefügt; sodann entstanden Carrawburgh und Carvoran. – An der Küste von Cumbria bestand bereits das Kastell Maryport; hier entstanden zusätzlich die Kastelle Beckfoot und Moresby, das letztere während des Zeitraums 128–138. – Dazu: Breeze u. Dobson a.a.O. (Anm. 56) 28 ff. mit Tabellen 6-7.
66. Die Forschung nahm anfangs an, die solcherart nach Norden über die Hadriansmauer hinausragenden Kastelle seien für Reitereinheiten (Alae) bestimmt gewesen. Inschriften aus der Gründungsepoche der Kastelle sind jedoch selten und reichen zum Nachweis dieser These nicht aus. Wahrscheinlicher ist es, daß anfangs alle Kastelle in dieser Weise gebaut werden sollten, soweit die örtliche Topographie das zu-

ließ. Später wurde das Vorspringen der Kastelle über die Mauer als unnötig erkannt, so daß die zuletzt errichteten Kastelle die Mauer nur berührten oder sogar völlig von ihr getrennt errichtet wurden.

67. Drumburgh: 0,8 ha. – Beckfoot: 1,1 ha.

68. R. C. Bosanquet, AA 2. Ser. 25, 1904, 193 ff.

69. Principia hadrianischer Zeitstellung sind aus Greatchesters, Carrawburgh, Rudchester, Chesters, Benwell, Wallsend und South Shields bekannt.

70. Ausbau von Umwehrungen in Stein: Watercrook, Neath, Buckton, Caersws und Tomen-y-Mur.

71. Schönberger a.a.O. (Anm. 13) 392 ff.

72. Schönberger a.a.O. (Anm. 13) 393.

73. Baatz in O.-H. Frey (Herausg.), Marburger Beiträge zur Archäologie der Kelten. Fundber. aus Hessen, Beiheft 1 (Bonn 1969) 1 ff.

74. Bei den Ausgrabungen um die Jahrhundertwende konnten die Bauphasen meist nicht festgestellt bzw. voneinander getrennt werden; auch hat man die häufigen Holzbauten noch nicht zuverlässig nachweisen können. Bei den meisten Limeskastellen sind daher Grundriß und Anordnung der Innenbauten aus der Epoche Hadrians unbekannt.

75. W. S. Hanson u. G. S. Maxwell, Rome's North West Frontier: The Antonine Wall (Edinburgh 1983) 59 ff.

76. RIB 1147-48.

77. Zu solchen Kastellen zählen Ardoch, Camelon und Strageath nördlich von der Antoninusmauer, Bar Hill und Cadder an der Mauer selbst sowie Birrens, Castledykes, Crawford, Newstead und High Rochester südlich der Antoninusmauer in den schottischen Lowlands.

78. Im Westen der Mauer: Kastell Bishopton sowie Kleinkastelle in Lurg Moor und Outerwards. – Im Osten: Carriden, Cromond und Inveresk.

78 a. Breeze u. Dobson a.a.O. (Anm. 56) 85 ff. – L. Keppie, The Antonine Wall 1960–1980. Britannia 12, 1982, 91 ff. – Hanson u. Maxwell a.a.O. (Anm. 75) 75 ff.

79. Hanson u. Maxwell a.a.O. (Anm. 75) 86 ff. Table 5. 1.

80. Die Variationen können daher rühren, daß die Kastelle der Antoninusmauer in zwei Phasen entstanden sind. Zur ersten werden die Kastelle Balmuildy, Mumrills, Castlecary, Old Kilpatrick und vielleicht Bar Hill gerechnet.

81. D. Breeze, Curr. Arch. 82, Mai 1982, 344.

82. Breeze u. Dobson a.a.O. (Anm. 56) 82.

83. Hanson u. Maxwell a.a.O. (Anm. 75) 137 ff.

84. A. S. Robertson, Birrens (Blatobulgium) (Edinburgh 1975) 85 ff.

85. J. Curle, A Roman Frontier Post and its People: the fort of Newstead in the parish of Melrose (Glasgow 1911) 82 ff.

86. Legions-Centurionen: RIB 2120, 2122-24, 2127. – Ala I Vocontiorum: RIB 2121. – Die Legions-Centurionen können allerdings auch als Praepositi einer Hilfstruppe in Newstead tätig gewesen sein. Die Inschriften belegen daher nicht unbedingt die Anwesenheit von Legionstruppen.

87. I. A. Richmond, PSAS 84, 1949–1950, 21 ff.

88. Nach den Ergebnissen von Curle sind einer der Getreidespeicher sowie die westliche Wehrmauer während der letzten Bauphase von Grund auf erneuert worden. Das könnte dafür sprechen, daß sie zeitweise nicht benötigt wurden, vielleicht deswegen, weil das Kastell verkleinert worden ist; Curle a.a.O. (Anm. 85) 82 ff.

89. Richmond a.a.O. (Anm. 87) 24.

90. RFIW 22.

91. Etwa in Brecon Gaer, Caerhun, Caernarfon, Caersws und Castell Collen; RFIW 22.

92. Baatz, Bayerische Vorgeschichtsblätter 31, 1966, 85 ff.

93. Inschrift Neckarburken-Ost: E. Schallmayer, Fundberichte aus Baden-Württemberg 9, 1984, 451 ff. – Inschrift Jagsthausen: CIL XIII 6561. – Dendrochronologisches Datum aus Osterburken: E. Schallmayer, Archäologische Ausgrabungen in Baden-Württemberg 1983, 176; R. BW. 475.

94. Kohortenkastelle: Miltenberg-Altstadt, Osterburken, Jagsthausen, Öhringen, Mainhardt, Murrhardt, Lorch. – Alenkastell: Welzheim-West.

95. Die Verlegung folgender Truppen ist durch Inschriften gesichert: Cohors I Sequanorum et Rauracorum equitata von Oberscheidental nach Miltenberg-Altstadt; Cohors III Aquitanorum equitata von Neckarburken nach Osterburken; Cohors I Helvetiorum von Heilbronn-Böckingen nach Öhringen; Cohors XXIV Voluntariorum c. R. von Benningen nach Murrhardt.

96. Größe der Numeruskastelle: Miltenberg-Ost 0,6 ha; Walldürn 0,8 ha; Osterburken, Annex: 1,3 ha; Welzheim-Ost 1,6 ha.
97. Schönberger a.a.O. (Anm. 13) 396 f.
98. Gnotzheim: Ber. RGK 37/38, 1956/57, 236 Nr. 812 (144 n. Chr.). – Pfünz: Vollmer 276, 278. – Kösching: Vollmer 258 (141 n. Chr.). – Pförring: Vollmer 263 (141 n. Chr.).
99. Schönberger, Kastell Künzing-Quintana. LF 13 (1975) 102 ff.
100. Bauinschriften aus Kastellen südlich der Hadriansmauer; Ribchester: RIB 589 (ca. 163 bis 66 n. Chr.). – Ilkley: RIB 636 (zwischen 161 und 169 n. Chr.).
101. Hanson u. Maxwell a.a.O. (Anm. 75) 194 ff.
102. Cassius Dio 72, 8.
103. Ellingen, Plan: G. Ulbert u. Th. Fischer, Der Limes in Bayern (Stuttgart 1983) 80 Abb. 62. – Bauinschrift: K. Dietz, Chiron 13, 1983, 497 ff.
104. Schönberger a.a.O. (Anm. 13) 408; 477 Nr. E 29.
105. In der Mainzer Grabinschrift CIL XIII 6814 eines ehemaligen Praefekten dieser Einheit, T. Flavius Salvianus, wird mitgeteilt, daß er dieses Amt als *militia quarta* bekleidete. Die *militia quarta* bedeutete üblicherweise das Kommando über eine Ala milliaria.
106. Cassius Dio 75, 5, 4.
107. RIB 1234.
108. Herodian III, 14. – Cassius Dio 76, 11.
109. RIB 1143: »... *praepositus curam agens horreorum tempore expeditionis felicissimae Britannicae* ...«; »... für die Verwaltung der Getreidespeicher abgestellter Offizier während der äußerst erfolgreichen britannischen Expedition ...«.
110. RIB 2134.
111. Herodian III, 15. – Cassius Dio 77, 1, 1.
112. Zum Ausbau von Wall und Graben in Obergermanien und der Teufelsmauer in Raetien: Schönberger a.a.O. (Anm. 13) 409 f. – Zum Alamannenkrieg Caracallas: Schönberger a.a.O. 412 ff.

9. KASTELLTYP UND BESATZUNG

1. Vegetius III, 8.
2. Siehe oben Kap. 1 mit Tabelle 1.
3. Manche Truppenkörper haben ihren Namen auf Ziegel gestempelt. Die Ziegel wurden jedoch häufig auch an andere Kastellplätze geliefert. Findet man gestempelte Ziegel in einem Kastell, so muß die dort genannte Einheit daher nicht unbedingt die Kastellbesatzung gewesen sein. – Bei günstigen Erhaltungsbedingungen kann der Truppenname auch auf Schreibtäfelchen überliefert sein (Valkenburg, Vindolanda). Ferner kann er auf Ausrüstungsstücken angebracht gewesen sein (z. B. Besitzerschildchen mit Truppenbezeichnung). – Hölzerne Bauinschriften von Holzkastellen sind extrem selten erhalten geblieben (Beispiel: RIB 1935 von der Hadriansmauer).
4. Siehe oben Kap. 8 Anm. 95.
5. So lag beispielsweise im Kastell Stockstadt am Main zuerst (seit etwa 100 n. Chr.) die Cohors III Aquitanorum equitata c. R. Sie wurde schon in der ersten Hälfte des 2. Jahrhunderts durch die Cohors II Hispanorum equitata ersetzt. In der Mitte des 2. Jahrhunderts trat erneut ein Wechsel ein. Die neue Besatzung war die Cohors I Aquitanorum veterana equitata; R. H. 480.
6. W. Glasbergen u. W. Groenman-van Waateringe, The Pre-Flavian Garrisons of Valkenburg Z. H. (Amsterdam 1974) 18 f. fig. 8.
7. J. P. Gillam, AA 5. Ser. 5, 1976, 47 ff.
8. I. A. Richmond hat als erster den viel beachteten Versuch unternommen, für die verschiedenen Truppengattungen bestimmte »typische« Kastelle (mit gut bekannten Innenbauten) zu benennen: Roman Britain and Roman Military Antiquities. Proceedings of the British Academy XLI (London 1955) 304 ff. – Allerdings sind einige seiner Zuweisungen später angezweifelt worden; D. J. Breeze u. B. Dobson, Fort Types as a Guide to Garrisons: A Reconsideration; in: E. Birley, B. Dobson u. M. G. Jarrett (Herausg.), Roman Frontier Studies 1969 (Cardiff 1974) 13 ff.
9. M. J. Jones, Roman Fort Defences to AD 117. BAR 21 (1975) 60 ff.
10. Chesters 2,3 ha. – Weißenburg 3,1 ha. – Stuttgart-Bad Cannstatt 3,7 ha. – Pförring 3,9 ha. – Welzheim-West 4,2 ha.

11. D. J. Breeze, Britannia 8, 1977, 458.
12. A. P. Gentry, Roman Military Stone-built Granaries in Britain. BAR 32 (1976) 25 f.
13. Tacitus, Agricola 22.
14. F. Haverfield u. R. G. Collingwood, CW 2. Ser. 20, 1920, 140. – W. Bulmer, AA 4. Ser. 47, 1969, 7 ff.
    – Gentry a.a.O. (Anm. 12).
15. Gentry a.a.O. (Anm. 12).
16. Beispiele: Heidenheim, einige Mannschaftsbaracken einer Ala milliaria. – Künzing, Baracken einer Cohors equitata. – Chesters, eine Baracke einer Ala quingenaria.
17. H. Schönberger, Kastell Künzing-Quintana. LF 13 (1975) 111 ff.
18. Siehe oben, Kap. 8 Anm. 84. – Vgl. aber Breeze a.a.O. (Anm. 11)!
19. I. A. Richmond, AA 4. Ser. 19, 1941, 30 ff. – Breeze u. Dobson a.a.O. (Anm. 8) 13.
20. P. S. Austen u. D. J. Breeze, AA 5. Ser. 7, 1979, 123 f.
21. Breeze u. Dobson a.a.O. (Anm. 8) 17 f.
22. Breeze u. Dobson, PSAS 102, 1969–1970, 116. – Später haben die gleichen Autoren darauf hingewiesen, daß die Antoninusmauer verhältnismäßig stark bemannt war. Obgleich sie nur die halbe Länge der Hadriansmauer besaß, war dort nahezu die gleiche Anzahl von Soldaten stationiert: Breeze u. Dobson, Hadrian's Wall (London 1976) 98.

Bibliographie (Auswahl)

1. DAS RÖMISCHE HEER

G. Alföldy, Die Hilfstruppen der römischen Provinz Germania Inferior. Epigr. Stud. 6 (1968).

H. Callies, Die fremden Truppen im röm. Heer des Prinzipats und die sogenannten nationalen Numeri. Ber. RGK 45, 1964, 130 ff.

G. L. Cheesman, The Auxilia of the Roman Imperial Army (Oxford 1914).

P. Conolly, Die römische Armee (Hamburg 1976; populär).

R. W. Davies, The Daily Life of the Roman Soldier under the Principate. ANRW II, 1 (1974) 299 ff.

A. von Domaszewski, Die Rangordnung des römischen Heeres. 2. Aufl. herausgeg. von B. Dobson (Köln 1967).

R. O. Fink, Roman Military Records on Papyrus (Cleveland 1971).

P. A. Holder, The Auxilia from Augustus to Trajan. BAR Int. Ser. 70 (1980).

P. A. Holder, The Roman Army in Britain (London 1982).

L. Keppie, The Making of the Roman Army (London 1984).

K. Kraft, Zur Rekrutierung der Alen und Kohorten an Rhein und Donau (Bern 1951).

J. Kromayer u. G. Veith, Heerwesen und Kriegführung der Griechen und Römer. Handbuch der Altertumswissenschaft IV 3, 2 (München 1928).

H. M. D. Parker, The Roman Legions (Oxford 1928).

I. A. Richmond, Trajan's Army on Trajan's Column. Papers of the British School at Rome 13, 1935, 1 ff.

E. Ritterling, Artikel »legio« in: RE XII (1925) 1186 ff.

D. B. Saddington, The Development of the Roman Auxiliary Forces from Augustus to Trajan. ANRW II, 3 (1975) 176 ff.

M. Speidel, Roman Army Studies (Amsterdam 1984).

E. Stein, Die kaiserlichen Beamten und Truppenkörper im römischen Deutschland unter dem Prinzipat (Wien 1932).

G. R. Watson, The Roman Soldier. 2. Aufl. (London 1969).

G. Webster, The Roman Imperial Army. 3. Aufl. (London 1985).

2. GRUNDRISS UND INNENEINTEILUNG RÖMISCHER MILITÄRLAGER

D. Baatz, Quellen zur Bauplanung römischer Militärlager; in: Bauplanung und Bautheorie der Antike. Diskussionen zur archäologischen Bauforschung 4 (Berlin 1984) 315 ff.

W. Fischer, Das römische Lager (Leipzig 1914).

M. Hassall, The Internal Planning of Roman Auxiliar Forts; in: B. Hartley u. J. Wacher (Herausg.), Rome and her Northern Provinces (Gloucester 1983).

H. von Petrikovits, Die Innenbauten römischer Legionslager während der Prinzipatszeit (Opladen 1975).

3. BAU EINES KASTELLS

O. A. W. Dilke, The Roman Land Surveyors (Newton Abbot 1971).

W. S. Hanson, The Organisation of Roman Military Timber Supply. Britannia 9, 1978, 293 ff. – ders., Roman Military Timber Building: Construction and Reconstruction; in: S. McGreil (Herausg.), Woodworking Techniques before AD 1500. BAR Int. Ser. 129 (1982) 169 ff.

BIBLIOGRAPHIE

R. Birley, Vindolanda: A Roman Frontier Post on Hadrian's Wall (London 1977) 158 ff. (experimentelle Rekonstruktionen).
B. Hobley, Roman Military Structures at »The Lunt« Roman Fort: Experimental Simulations 1966 bis 1977; in: P. J. Drury, Structural Reconstruction. BAR 110 (1982) 223 ff.

4. UMWEHRUNG

M. J. Jones, Roman Fort Defences to AD 117. BAR 21 (1975).
Birley a.a.O. u. Hobley a.a.O. (Kap. 3; experimentelle Rekonstruktionen von Umwehrungen).
H. Schönberger, Über einige neu entdeckte römische Lager- und Kastelltore aus Holz. BJ 164, 1964, 40 ff.
W. H. Manning u. I. R. Scott, Roman Timber Military Gateways in Britain and on the German Frontier. Britannia 10, 1979, 19 ff.
T. Bechert, Römische Lagertore und ihre Bauinschriften. BJ 171, 1971, 201 ff.; dazu: Baatz, Germania 51, 1973, 536 ff.
D. Baatz, Zur Geschützbewaffnung römischer Auxiliartruppen in der frühen und mittleren Kaiserzeit. BJ 166, 1966, 194 ff.
D. B. Campbell, Ballistaria in the first to mid-third century Britain: a reappraisal. Britannia 15, 1984, 75 ff.

5. INNENBAUTEN

H. von Petrikovits, Die Innenbauten römischer Legionslager während der Principatszeit (Opladen 1975).
R. Fellmann, Principia – Stabsgebäude. Limesmuseum Aalen, Heft 31 (Stuttgart 1983).
W. H. Manning, Roman Military Timber Granaries in Britain. SJ 32, 1975, 105 ff.
A. P. Gentry, Roman Military Stone-built Granaries in Britain. BAR 32 (1976).
G. Rickman, Roman Granaries and Storebuildings (Cambridge 1971).
R. Schultze, Die römischen Legionslazarette in Vetera und anderen Legionslagern. BJ 139, 1934, 54 ff.
R. W. Davies, The Roman Military Medical Service. SJ 27, 1970, 84 ff.
C. M. Wells, Where did they put the horses? Cavalry Stables in the Early Empire. Limes, Akten des XI. Internationalen Limeskongresses Szekesfehervar, herausgeg. von J. Fitz (Budapest 1977) 659 ff.
M. Hassall, The internal planning of Roman auxiliary forts; in: Rome and her northern provinces (ed. Hartley u. Wacher, Gloucester 1983) 96 ff.

6. ERNÄHRUNG UND WASSERVERSORGUNG

R. W. Davies, The Roman Military Diet. Britannia 2, 1971, 122 ff.
A. Labisch, Frumentum Commeatusque. Die Nahrungsmittelversorgung der Heere Caesars. Beiträge z. Klassischen Philologie 69 (Meisenheim am Glan 1975).
L. A. Moritz, Grain Mills and Flour in Classical Antiquity (Oxford 1958).
H. Jacobi, Die Be- und Entwässerung unserer Limeskastelle. SJ 8, 1934, 32 ff.
D. J. Breeze, Demand and supply on the northern frontiers; in: Between and beyond the Walls (ed. Miket u. Burgess, Edinburgh 1984) 264 ff.

7. AUSSENANLAGEN

R. W. Davies, The Training Grounds of the Roman Cavalry. Arch. J. 125, 1968, 73 ff. – Ders., Roman Military Training Grounds; in: E. Birley, B. Dobson u. M. Jarrett, Roman Frontier Studies 1969 (Cardiff 1974) 20 ff.

8. ENTWICKLUNG RÖMISCHER MILITÄRLAGER

Britannien:
I. Richmond in: R. G. Collingwood u. I. Richmond, The Archaeology of Roman Britain (London 1969) 25 ff.

BIBLIOGRAPHIE

G. Webster, The Roman Invasion of Britain (London 1980).
D. J. Breeze u. B. Dobson, Hadrian's Wall (London 1976).
W. S. Hanson u. G. S. Maxwell, Rome's North West Frontier: The Antonine Wall (Edinburgh 1983).
V. E. Nash-Williams, The Roman Frontier in Wales. 2. Aufl. herausgeg. von M. G. Jarrett (Cardiff 1969).
D. J. Breeze, Roman Forts in Britain (Aylesbury 1983)

Niedergermanien, Obergermanien und Raetien:
S. von Schnurbein, Untersuchungen zur Geschichte der römischen Militärlager an der Lippe. Ber. RGK 62, 1981, 5 ff.
J. E. Bogaers u. C. B. Rüger (Herausg.), Der Niedergermanische Limes (Köln 1974).
D. Baatz, Der römische Limes. 2. Aufl. (Berlin 1975).
H. Schönberger, Die römischen Truppenlager der frühen und mittleren Kaiserzeit zwischen Nordsee und Inn. Ber. RGK 66, 1985, 321 ff.

9. KASTELLTYP UND BESATZUNG

I. A. Richmond, Roman Britain and Roman Military Antiquities. Proceedings of the British Academy XLI (London 1955) 304 ff.
D. J. Breeze u. B. Dobson, Fort Types as a Guide to Garrisons: A Reconsideration; in: E. Birley, B. Dobson u. M. G. Jarrett (Herausg.), Roman Frontier Studies 1969 (Cardiff 1974) 13 ff.
J. Bennett, Fort sizes as a guide to garrison type. Studien zu den Militärgrenzen Roms III (Stuttgart 1986) 707 ff.
V. A. Maxfield, Pre-Flavian forts and their garrisons. Britannia 17, 1986, 91 ff.

Literatur zu den im Text erwähnten Kastellen

Die Literaturangaben erheben keinen Anspruch auf Vollständigkeit. Die neuere Literatur wurde bevorzugt angegeben, möglichst mit dem letzten, aktuellen Kastellplan.

BRITANNIA

Regionale Übersichten (mit Kastellplänen und -beschreibungen):

RFIW: V. E. Nash-Williams, The Roman Frontier in Wales. 2. Aufl. herausgeg. von M. G. Jarrett (Cardiff 1969).
HRW: J. Collingwood Bruce, Handbook to the Roman Wall. 13. Aufl. bearb. von C. Daniels (Newcastle upon Tyne 1978).
A. S. Robertson, The Antonine Wall: A Handbook to the Roman Wall between Forth and Clyde and a Guide to its surviving Remains. 3. Aufl. (Glasgow 1979).
D. J. Breeze, Roman Scotland. A Guide to the visible Remains (Newcastle upon Tyne 1979).
L. Keppie, Scotland's Roman Remains (Edinburgh 1986).

Kastelle:

Ambleside	CW 2. Ser. 14, 1914, 433 ff.; 15, 1915, 32 ff.; 16, 1916, 57 ff.; 21, 1921, 1 ff.
Ardoch	PSAS 32, 1897–1898, 399 ff.; 102, 1969–1970, 122 ff.; JRS 77, 1977, 135 ff.
Baginton	B. Hobley, Excavations at the Lunt Roman Fort, Baginton, Warwickshire. Transactions of the Birmingham and Warwickshire Archaeol. Society 87, 1975, 1 ff.
Balmuildy	S. N. Miller, The Roman Fort at Balmuildy (Glasgow 1922).
Bar Hill	G. Macdonald u. A. Park, The Roman Forts on the Bar Hill (Glasgow 1906). – A. S. Robertson, M. Scott u. L. Keppie, Bar Hill: A Roman Fort and its Finds. BAR 16 (1975).
Bearsden	Britannia 10, 1979, 276 f.; 13, 1982, 339. – D. J. Breeze in: Studies in Scottish Antiquity. Festschrift S. Cruden (1984) 32 ff.
Benwell	AA 4. Ser. 19, 1941, 1 ff. – HRW 64 ff.
Bewcastle	CW 2. Ser. 38, 1938, 195 ff.; Britannia 9, 1978, 421 f. – HRW 321 ff.
Birdoswald	HRW 198 ff.
Birrens	A. S. Robertson, Birrens (Blatobulgium) (Edinburgh 1975). – Britannia 8, 1977, 451 ff.
Brecon Gaer	RFIW 48 ff.
Brough by Bainbridge	Proceedings Leeds Phil. and Lit. Soc. 1, 1925–1928, 261 ff.; 2, 1929, 77, 234 ff.; 3, 1932, 16 ff.; 7, 1952–1955, 1 ff.; 9, 1960, 107 ff. – JRS 59, 1969, 206 ff. fig. 29–32.
Brough on Humber	J. Wacher, Excavations at Brough-on-Humber 1958–1961 (London 1969).
Brough on Noe	Derbyshire Archaeol. Journal 59, 1938, 33 ff. – JRS 59, 1969, 211. – Britannia 1, 1970, 283.
Buckton	RFIW 93 ff.
Cadder	J. Clarke, The Roman Fort at Cadder (Glasgow 1933).
Caerhun	RFIW 56 ff.
Caerleon	G. C. Boon, Isca. The Roman Legionary Fortress at Caerleon, Mon. (Cardiff 1972).

Caernarfon	RFIW 59 ff. – Britannia 9, 1978, 404 ff.
Caersws	RFIW 66 ff.
Camelon	PSAS 35, 1900, 329 ff. – V. A. Maxfield in: D. J. Breeze (ed.), Roman Scotland, some recent Excavations (Edinburgh 1979) 28 ff.
Carlisle	HRW 239 ff. – D. Charlesworth in: W. S. Hanson u. L. J. F. Keppie (Herausg.), Roman Frontier Studies 1979. BAR Int. Ser. 71 (1980) 201 ff. – Curr. Arch. 101, August 1986, 172 ff.
Carpow	J. D. Leach u. J. J. Wilkes, The Roman Military Base at Carpow, Perthshire; in: J. Fitz (Herausg.), Limes, Akten des IX. Internationalen Limeskongresses (Budapest 1977) 47 ff.
Carrawburgh	AA 4. Ser. 50, 1972, 81 ff. – HRW 125 ff.
Castell Collen	RFIW 74 ff.
Castlecary	PSAS 37, 1903, 271 ff.
Castledykes	A. S. Robertson, The Roman Fort at Castledykes (Edinburgh 1964).
Chesterholm	R. E. Birley, Vindolanda: E. Roman Frontier Post on Hadrian's Wall (London 1977). – HRW 156 ff.
Chesters	HRW 109 ff.
Corbridge	AA 4. Ser. 49, 1971, 1 ff.; 5. Ser. 5, 1976, 47 ff. – HRW 90 ff.
Cramond	Britannia 5, 1974, 163 ff.; 7, 1976, 305 f.; 8, 1977, 368 ff.
Crawford	PSAS 104, 1971–1972, 147 ff.
Croy Hill	Britannia 8, 1977, 364 f.; 9, 1978, 413 f.
Dover	B. J. Philp, The Excavation of the Roman Forts of the Classis Britannica at Dover 1970–1977 (Dover 1981).
Easter Happrew	PSAS 90, 1956–1957, 93 ff.
Ebchester	AA 4. Ser. 38, 1960, 193 ff.; 42, 1964, 173 ff.; 5. Ser. 3, 1975, 43 ff.
Elginhaugh	Curr. Arch. 104, April 1987, 268 ff.
Exeter	P. Bidwell, The Legionary Bath-house and Basilica and Forum at Exeter (Exeter 1979); ders., Roman Exeter: Fortress and Town (Exeter 1980).
Fendoch	PSAS 73, 1938–1939, 110 ff.
Gelligaer	J. Ward, The Roman Fort at Gelligaer (London 1903). – RFIW 88 ff.
Great Casterton	M. Todd, The Roman Fort at Great Casterton, Rutland (Nottingham 1968).
Haltonchesters	HRW 84 ff.
Hardknott	T. Garlick, Hardknott Castle Roman Fort (Clapham 1985).
High Rochester	HRW 295 ff.
Hod Hill	I. A. Richmond, Hod Hill II (London 1968).
Housesteads	E. Birley, Housesteads Roman Fort (London 1973). – HRW 138 ff. mit weit. Lit. 334.
Ilkley	Yorkshire Arch. Journal 28, 1926, 137 ff. – Proceedings Leeds Phil. and Lit. Society 12, 2, 1966, 23 ff.
Inchtuthil	L. F. Pitts u. J. K. StJoseph, Inchtuthil (London 1985).
London	P. Marsden, Roman London (London 1980).
Longthorpe	Britannia 5, 1974, 1 ff.
Lyne	PSAS 95, 1961–1962, 208 ff.
Maryport	M. G. Jarrett, Maryport, Cumbria: a Roman Fort and its Garrison (Kendal 1976). – HRW 273 ff.
Mumrills	PSAS 63, 1928–1929, 396 ff.; 94, 1960–1961, 86 ff.
Nanstallon	Britannia 3, 1972, 56 ff.
Newstead	J. Curle, a Roman Frontier Post and its People: The Fort of Newstead in the Parish of Melrose (Glasgow 1911). – PSAS 84, 1949–1950, 1 ff.
Oakwood	PSAS 86, 1951–1952, 81 ff.
Old Church, Brampton	CW 2. Ser. 36, 1936, 172 ff.
Old Kilpatrick	S. N. Miller, The Roman Fort at Old Kilpatrick (Glasgow 1928).
Pen Llystyn	Arch. J. 125, 1968, 101 ff. – RFIW 101 ff.
Pennydarren	RFIW 106 ff.
Ribchester	J. Hopkinson, The Roman Fort at Ribchester. 2. Aufl. herausgeg. von D. Atkinson (Manchester 1928).

LITERATUR

Risingham	HRW 289 ff.
Rough Castle	PSAS 39, 1905, 442 ff.; 59, 1925, 285 ff.; 67, 1933, 244 ff. – JRS 48, 1958, 132; 52. 1962, 163.
Rudchester	HRW 76 ff.
Slack	Yorkshire Archaeol. Journal 26, 1920–1923, 2 ff.
South Shields	J. N. Dore u. J. P. Gillam, The Roman Fort at South Shields (Newcastle upon Tyne 1979). – R. Miket, The Roman fort at South Shields: Excavation of the defences 1977–1981 (Newcastle 1983). – Britannia 16, 1985, 268.
Stanway	JRS 67, 1977, 126 ff. – Britannia 8, 1977, 185.
Stanwix	HRW 236 ff.
Strageath	Britannia 8, 1977, 361 ff.
Templeborough	T. May, The Roman Forts of Templeborough (Rotherham 1922).
Tomen-y-Mur	RFIW 111 ff.
Usk	W. H. Manning, Report on the Excavations at Usk II. The Fortress Excavations 1968 bis 1971 (Cardiff 1981).
Waddon Hill	Proceedings Dorset Nat. Hist. and Archaeol. Society 82, 1960, 88 ff.; 86, 1965, 135 ff.
Wall	Transactions Lichfield and South Staffordshire Archaeol. and Hist. Society 5, 1963–1964, 1 ff.; 11, 1969–1970, 7 ff.
Wallsend	HRW 55 ff. – Britannia 16, 1985, 268 ff.
Whitley Castle	AA 4. Ser. 37, 1959, 191 ff.

GERMANIA INFERIOR

Regionale Übersichten (mit Kastellplänen und -beschreibungen):

NL: J. E. Bogaers u. C. B. Rüger (Herausg.), Der Niedergermanische Limes (Köln 1974).
Eine Bibliographie sämtlicher Militärlager in den Provinzen Germania Inferior, Germania Superior und Raetia bis 1985 findet man bei: H. Schönberger, Die römischen Truppenlager der frühen und mittleren Kaiserzeit zwischen Nordsee und Inn. Ber. RGK 66, 1985, 425 ff. (mit Karten A bis E).

Kastelle:

Alphen-Zwammerdam	J. K. Haalebos, Zwammerdam-Nigrum Pullum (Amsterdam 1977)
Beckinghausen	NL 119 f.; Ber. RGK 62, 1981, 23 ff.
Bonn	NL 196 ff. – M. Gechter in: Studien zu den Militärgrenzen Roms III (Stuttgart 1986) 155 ff.
Bunnik-Vechten	NL 62 ff.
Dormagen	G. Müller, Ausgrabungen in Dormagen 1963–1977. Rheinische Ausgrabungen 20 (Köln 1979).
Haltern	S. von Schnurbein, Die römischen Militäranlagen bei Haltern. Bodenaltertümer Westfalens 14 (Münster 1974). – Ders., Ber. RGK 62, 1981, 33 ff.
Krefeld-Gellep	NL 135 ff. – R. Pirling, Römer und Franken am Niederrhein (Mainz 1986) 16 ff.
Moers-Asberg	NL 128 ff.; BJ 179, 1979, 104 f.
Neuss	NL 139 ff. – BJ 179, 1979, 100 ff.
Oberaden	Ber. RGK 62, 1981, 10 ff. – Germania 63, 1985, 147 ff.
Remagen	NL 208 ff.
Utrecht	NL 58 ff.
Valkenburg	JVT 25–28, 1940–1944; 29–32, 1944–1948; 33–37, 1948–1953. – W. Glasbergen, De Romeinse Castella te Valkenburg Z. H. (Groningen 1972). – W. Glasbergen u. W. Groenman-van Waateringe, The Pre-Flavian Garrisons of Valkenburg Z. H. (London 1974). – NL 40 ff.
Vetera	Lehner, Vetera. Röm.-German. Forschungen 4 (Berlin 1930). – NL 106 ff. – BJ 179, 1979, 106 ff.

LITERATUR

GERMANIA SUPERIOR

Regionale Übersichten (mit Kastellplänen und -beschreibungen):

R. H.: D. Baatz und F.-R. Herrmann, Die Römer in Hessen (Stuttgart 1982).
R. BW.: Ph. Filtzinger, D. Planck und B. Cämmerer, Die Römer in Baden-Württemberg, 3. Aufl. (Stuttgart 1986).
D. Baatz, Der römische Limes. 2. Aufl. (Berlin 1975).
W. Beck und D. Planck, Der Limes in Südwestdeutschland (Stuttgart 1980).
E. Schallmayer, Der Odenwaldlimes (Stuttgart 1984).
Siehe auch H. Schönberger, oben unter »Germania inferior«.

Kastelle:

Altenstadt	H. Schönberger und H.-G. Simon, Die Kastelle in Altenstadt. LF 22 (1983).
Arnsburg	ORL Abt. B. Nr. 16. – R. H. 228 ff.
Benningen	R. BW. 239 ff.
Butzbach	ORL Abt. B Nr. 14. – G. Müller, Kastell Butzbach. LF 2 (1962). – R. H. 246 ff.
Dangstetten	Ber. RGK 51– 52, 1970–1971, 197 ff. – R. BW. 376 ff.
Echzell	Germania 46, 1968, 40 ff.; 63, 1985, 507 ff. – R. H. 261 ff.
Feldberg	ORL Abt. B Nr. 10. – R. H. 266 ff.
Frankfurt a. M.-Heddernheim	ORL Abt. B Nr. 27. – U. Fischer, Grabungen im römischen Steinkastell von Heddernheim 1957–1959 (Frankfurt a. M. 1973). – R. H. 275 ff.
Heilbronn-Böckingen	ORL Abt. B Nr. 56. – Germania 38, 1960, 65 ff. – R. BW 332 f.
Hesselbach	D. Baatz, Kastell Hesselbach. LF 12 (1973).
Hofheim am Taunus	»Erdlager«: E. Ritterling, Nassauische Annalen 40, 1912, 1 ff. – »Steinlager«: H.-U. Nuber in: Studien zu den Militärgrenzen Roms III (Stuttgart 1986) 226 ff. – Gesamttopographie: R. H. 350 ff.
Holzhausen	B. Pferdehirt, Die Keramik des Kastells Holzhausen. LF 16 (1976). – R. H. 357 ff.
Hüfingen	R. BW. 337 ff.
Jagsthausen	R. BW. 351 ff.
Kapersburg	ORL Abt. B Nr. 12. – Germania 8, 1924, 39 ff.
Köngen	Ch. Unz, Das römische Kastell und Dorf in Köngen (Stuttgart 1982). – R. BW. 369 ff.
Mainhardt	ORL Abt. B Nr. 43. – R. BW. 435 ff.
Mainz	D. Baatz, Mogontiacum. LF 4 (1962). – K. Decker und W. Selzer in: ANRW II, 5, 1 (1976) 457 ff.
Miltenberg-Altstadt	Jahresberichte der Bayerischen Bodendenkmalpflege 17–18, 1976–1977, 62 ff. – R. H. 437 ff.
Miltenberg-Ost	R. H. 439 f.
Murrhardt	R. BW. 448 ff.
Neckarburken	ORL Abt. B Nr. 53. – R. BW. 279 ff.
Niederbieber	ORL Abt. B Nr. 1 a.
Öhringen	R. BW 463 f. (Bürgkastell und Rendelkastell).
Okarben	H. Schönberger und H.-G. Simon, Kastell Okarben. LF 19 (1980).
Osterburken	R. BW. 468 ff.
Rödgen	H. Schönberger, Römerkastell Rödgen. LF 15 (1976).
Rottweil	D. Planck, Arae Flaviae I (Stuttgart 1975). – A. Rüsch, Das römische Rottweil (Stuttgart 1981). – R. BW. 521 ff.
Saalburg	ORL Abt. B Nr. 11. – D. Baatz, Limeskastell Saalburg. 8. Aufl. (Bad Homburg 1984).
Stockstadt	ORL Abt. B Nr. 33. – Bayerische Vorgeschichtsblätter 34, 1969, 63 ff. – R. H. 479 ff.
Stuttgart-Bad Cannstatt	ORL Abt. B Nr. 59. – P. Goessler und R. Knorr, Cannstatt zur Römerzeit (Stuttgart 1921). – R. BW. 573 ff.

LITERATUR

Walldürn	ORL Abt. B Nr. 39. – SJ 35, 1978, 61 ff. – R. BW. 604 ff.
Wiesbaden	ORL B Nr. 31. – R. H. 485 ff.
Wörth	ORL Abt. B Nr. 36. – R. H. 497 f.
Zugmantel	ORL Abt. B Nr. 8. – SJ 10, 1951, 55 ff.; 24, 1967, 40 ff. – R. H. 501 f.

RAETIA

Regionale Übersichten (mit Kastellplänen und -beschreibungen):

D. Baatz, Der römische Limes. 2. Aufl. (Berlin 1975).
Raetia, Württembergischer Anteil: Ph. Filtzinger, D. Planck und B. Cämmerer, Die Römer in Baden-Württemberg. 3. Aufl. (Stuttgart 1986).
Bayerischer Anteil von Raetia: G. Ulbert und Th. Fischer, Der Limes in Bayern (Stuttgart 1983).
Siehe auch H. Schönberger, oben unter »Germania inferior«.

Kastelle:

Aalen	ORL Abt. B Nr. 66. – D. Planck in: Studien zu den Militärgrenzen Roms III (Stuttgart 1986) 247 ff.
Buch	ORL Abt. B Nr. 67. – D. Planck, Das Freilichtmuseum am rätischen Limes im Ostalbkreis. Führer zu archäol. Denkmälern in Baden-Württemberg 9 (Stuttgart 1983) 167 ff.
Burghöfe	G. Ulbert, Die römischen Donau-Kastelle Aislingen und Burghöfe. LF 1 (1959). – R. Christlein und O. Braasch, Das unterirdische Bayern (Stuttgart 1982) 182 f.
Dambach	ORL Abt. B Nr. 69. – G. Ulbert und Th. Fischer, Der Limes in Bayern (Stuttgart 1983) 65 f.
Eining	Th. Fischer und K. Spindler, Das römische Grenzkastell Abusina-Eining. Führer zu archäol. Denkmälern in Bayern, Niederbayern 1 (Stuttgart 1984).
Ellingen	Ulbert und Fischer a.a.O. 25 Abb. 5; 80 f. Abb. 62.
Gnotzheim	ORL Abt. B Nr. 70. – Ulbert und Fischer a.a.O. 70 f.
Heidenheim	B. Cichy, Das römische Heidenheim (Heidenheim 1971). – R. BW. 321 ff.
Kösching	ORL Abt. B Nr. 74. – Ulbert und Fischer a.a.O. 113 f.
Künzing	H. Schönberger, Kastell Künzing-Quintana. LF 13 (1975).
Munningen	ORL Abt. B Nr. 68 a. – SJ 33, 1976, 11 ff. – Ber. RGK 66, 1985, 471 (D 103).
Oberstimm	H. Schönberger, Kastell Oberstimm. LF 18 (1978).
Pförring	ORL Abt. B Nr. 75. – Ulbert und Fischer a.a.O. 110 ff.
Pfünz	ORL Abt. B Nr. 73. – Ulbert und Fischer a.a.O. 94 ff.
Regensburg	Legionslager: K. Dietz, U. Osterhaus, S. Rieckhoff-Pauli und K. Spindler, Regensburg zur Römerzeit (Regensburg 1979). – Ber. RGK 66, 1985, 489 (E 92).
Rißtissen	Germania 39, 1961, 69 ff. – Fundber. Schwaben NF 16, 1962, 106 ff. – R. BW. 272 ff.
Schirenhof	ORL Abt. B Nr. 64. – R. BW. 546 ff.
Straubing	N. Walke, Straubing-Sorviodurum. LF 3 (1965). – Ber. RGK 66, 1985, 457 f. (C 75). – Hortfund mit Paraderüstung: J. Keim und H. Klumbach, Der römische Schatzfund von Straubing. Münchner Beiträge zur Vor- und Frühgeschichte 3. 3. Auflage (München 1978).
Theilenhofen	ORL. Abt. B Nr. 71 a. – Ulbert und Fischer a.a.O. 74 ff.
Unterböbingen	ORL Abt. B Nr. 65. – R. BW. 247 ff.
Urspring	ORL Abt. B Nr. 66a. – R. BW. 430 ff.
Weißenburg	ORL Abt. B Nr. 72. – Ulbert und Fischer a.a.O. 81 ff.

Liste römischer Kaiser

von Augustus bis Gallienus, mit Regierungsjahren

Augustus	30 v. bis 14 n.Chr.	Pertinax, Didius Julianus	193
Tiberius	14–37	Septimius Severus	193–211
Caligula	37–41	Antoninus Caracalla	211–217
Claudius	41–54	Macrinus	217–218
Nero	54–68	Elagabal	218–222
Galba	68–69	Severus Alexander	222–235
Otho, Vitellius	69	Maximinus Thrax	235–238
Vespasianus	69–79	Gordianus I. und II.	238
Titus	79–81	Pupienus, Balbinus	238
Domitianus	81–96	Gordianus III.	238–244
Nerva	96–98	Philippus Arabs	244–249
Traianus	98–117	Decius	249–251
Hadrianus	117–138	Trebonianus Gallus	251–253
Antoninus Pius	138–161	Aemilianus	253
Marcus Aurelius	161–180	Valerianus	253–260
Commodus	180–192	Gallienus	253–268

Abbildungsnachweis

Aesculap Werke, Tuttlingen   119.

D. Baatz   48, 62, 64, 67, 94, 107, 108, 113, 149, 210, 214; Taf. 2a, 2c, 3a, 3b, 4a, 4b, 6a, 6b, 7a, 7b; Umschlag

Bayer. Landesamt f. Denkmalpflege   212 (Luftbild O. Braasch, freigeg. 65 300/8882-81); Taf. 8a (Luftbild O. Braasch, freigeg. 65 300/9119-82); Taf. 8b (Luftbild O. Braasch, freigeg. 65 300/9378-83).

P. Bidwell (Tyne and Wear Museums Service, Newcastle upon Tyne)   220.

BJ 111/112, 405   85.

Bodenaltertümer Westfalens 14, Taf. 20   37.

D. Charlesworth   56.

Clarendon Press, Oxford   44, 71.

Colchester and Essex Museum, Essex   12.

Comm. Aer. Photogr. Cambridge University   1, 11, 28, 165.

Coventry City Mus.   38, 58, 111, 112, 144, 188.

Crown Copyright   10, 103, 183.

Deutsches Archäologisches Institut Rom   116, 135.

English Heritage   161.

P. W. H. Gentry   47, 69, 109, 110, 170.

W. S. Hanson (Scottish Development Department)   219.

B. Hobley   39, 59.

Hunterian Museum, Glasgow   80, 141, 166.

IPP, Amsterdam   74.

A. Johnson   15, 16, 18, 19, 20, 22, 26, 27, 30, 33, 36, 41, 42, 45, 50, 51, 52, 53, 54, 55, 62, 68, 70, 72, 73, 74, 76, 78, 86, 87, 88, 93, 95, 96, 97, 98, 99, 101, 102, 104, 105, 106, 114, 117, 121, 122, 124, 129, 131, 132, 134, 136, 137, 138, 139, 140, 142, 143, 145, 146, 148, 150, 154, 155, 156, 158, 159, 162, 163, 171, 172, 173, 174, 175, 176, 177, 178, 179, 180, 181, 182, 184, 185, 186, 187, 189, 191, 192, 193, 194, 195, 196, 197, 198, 199, 200, 201, 202, 203, 204, 205, 206, 207, 208, 209, 210, 213, 214, 215, 216; Karten 1–8.

Landesdenkmalamt Baden-Württemberg   46, 49, 61, 82 (Luftbild freigegeben GS 300/0153-86), 133 (Luftbild freigegeben Innenmin. Bad.-Württ. 2/21130).

P. Leuschner, Hofstetten; aus Junkelmann   147.

Museum of Antiquities, Newcastle   5, 100.

D. Planck   57.

Prähistorische Staatssammlung, München   6a–b, 167, 168.

F. Reutti, Köngen   Taf. 2b.

Rheinisches Landesmuseum, Bonn   14, 79, 84, 91, 118.

I. Richmond   159, 181.

A. S. Robertson   152.

Röm.-German. Zentralmuseum, Mainz   13.

Royal Commission Anc. Hist. Hon. Scotland   34.

Saalburgmuseum, Bad Homburg   9 (Luftbild D. Baatz, freigegeben RP Darmstadt 13/81), 23, 40, 43, 92, 126, 127, 128, 130, 169, 190, 212, 218; Taf. 1 (Luftbild Geodata, Olpe, freigegeben RP Münster 10 627/85), 5 (Luftbild D. Baatz, freigegeben RP Darmstadt 331/82).

O. Savio Fot., Rom   123.

H. Schönberger   50, 55, 72 (aus LF 18 S. 139 Abb. 66).

The British Library, London   2.

University Newcastle upon Tyne   3.

Westfäl. Museum für Archäologie, Münster   120.

Württ. Landesbibliothek, Stuttgart   7.

Württ. Landesmuseum, Stuttgart   157.

Register

KULTURGESCHICHTE DER ANTIKEN WELT

VERLAG PHILIPP VON ZABERN · MAINZ

KULTURGESCHICHTE DER ANTIKEN WELT

VERLAG PHILIPP VON ZABERN · MAINZ

KULTURGESCHICHTE DER ANTIKEN WELT

VERLAG PHILIPP VON ZABERN · MAINZ